無錫文庫

第二輯

無錫之土地整理
蘇州無錫常熟三縣佃租制度調查
無錫之工業
無錫實業志略
錫山繡工會記述彙編
錫山荒政存稿
無錫旅滬同鄉會十周紀念刊
茂新福新申新總公司卅周年紀念冊

鳳凰出版傳媒集團
鳳凰出版社

ISBN 978-7-5506-1358-4

9 787550 613584 >

圖書在版編目（CIP）數據

無錫之土地整理等 / 阮蔭槐等撰. -- 南京 : 鳳凰出版社, 2012.6
（無錫文庫. 第2輯）
ISBN 978-7-5506-1358-4

Ⅰ. ①無… Ⅱ. ①阮… Ⅲ. ①農業史－史料－江蘇省－近代②工業史－史料－江蘇省－近代 Ⅳ. ①F329.53②F429.53

中國版本圖書館CIP數據核字（2012）第097130號

責任編輯　王　劍
裝幀設計　姜　嵩
出版發行　鳳凰出版傳媒集團
　　　　　鳳凰出版社（原江蘇古籍出版社）
　　　　　南京市中央路165號　郵編 210009
　　　　　發行部電話 025－83223462
集團網址　鳳凰出版傳媒網　http://www.ppm.cn
印　　刷　無錫市證券印刷有限公司
　　　　　無錫市揚名高新技術産業園B區75號　郵編 214024
開　　本　889×1194毫米　1/16
印　　張　52.25
版　　次　2012年6月第1版　2012年6月第1次印刷
標準書號　ISBN 978-7-5506-1358-4
定　　價　680.00圓
（本書凡印裝錯誤可向承印廠調換，電話：0510－85435666）

無錫文庫工作委員會

顧　問

黄莉新　朱克江　周和平　譚　躍　陳海燕

主　任

王國中　王立人

副主任

華博雅　曹佳中　吴小平　佘江濤

委　員

方標軍　尤文科　何承志　蔡文煜

金　政　須　儉　陳堯明　葉建興

施　展　嚴克勤　劉　川　雷群虎

李祖坤　瞿　敬　華瑞興　周興安

姜小青

無錫文庫編輯委員會

無錫文庫學術顧問

（按姓氏筆畫排列）

朱玉麒　朱維錚　江慶柏　李文海
沈衛榮　武秀成　金良年　胡福明
莫礪鋒　徐中玉　陳熙中　許倬雲
張仲禮　張廷銀　彭　林　程章燦
馮　遠　馮其庸　楊天石　趙生群
劉玉才　錢　遜　錢中文　錢文忠

總序

七千年文明史，三千年建城史，江南名城無錫，襟長江依太湖，自古以來就是魚米之鄉，禮儀之邦。無錫文化自泰伯南奔以來，騰蛟起鳳，尚德崇文，在數千年的傳承發展中，教化常持，經世務實，人杰輩出，大家林立，文藻絢麗，錯彩鏤金。舍南舍北皆春水，欲與湖山作主人，數千年的人文傳統，賦予了風光秀美的無錫以獨特的文化魅力，鑄就了城市剛柔相濟、秀逸清麗的文化品格。

無錫是中國吴文化的發源地。早在商代晚期，周太王古公亶父的長子泰伯三讓王位，携其弟仲雍奔吴，定居無錫梅里，建『勾吴國』，『端委以治周禮』，施以禮儀教化；興修水利，授以農桑，不數年而『民人殷富』。泰伯帶來的中原文化與無錫本地土著文明相結合，吴文化以及作爲其重要組成部分的無錫文化就此發端。晋室南渡，北方人群大量南遷，帶來了中原的文化技術，促進了無錫農業、水利、手工業和商業的發展，中原文明再度與吴文化進行融合互滲。在本土文化與异地文化的碰撞和交融中，不斷推動着無錫這座城市的文明進步。

無錫歷史文化『追歷七千餘載歲月滌蕩，遂經四大轉折而成其廣大深厚：泰伯西來，吴文化成焉；永嘉南渡，江左文脉振焉；宋室波遷，江南文風始焉；歐風東漸，錫邑占風氣之先，民族工商文化始焉。數百代鄉彦賢達智慧與創造累積，文獻足徵，無慮百千』（《錫山先哲叢刊》重版弁言）。無錫文化以兼容并蓄多樣化的形態不斷發展。

崇文尚教，以教促文。北宋嘉祐三年（一〇五八），無錫始設縣學；北宋政和元年（一一一一），理學傳人楊時在無錫創建東林書院，此後無錫出現了喻樗、尤袤、李祥、蔣重珍等一批知名的教育家。至明代，顧憲成、高攀龍等在東林書院講學，此後又有許多書院相繼而起。古代無錫對教育的重視，促進了『崇文』和『尚教』的風氣，也造就了大量的人才。自隋朝開創科舉取士到清末廢除科舉，無錫共出了五名狀元、三名榜眼、六名探花和三名傳臚，并有五百四十名進士，一千二百多名舉人；『一榜九進士』、『六科三解元』，自古傳爲佳話。近代以來，經濟的繁榮進一步帶動了教育的興盛。無錫籍國學大師錢穆曾説：『晚清以下，群呼教育救國，無錫一縣最先起。』此後無錫的實業家紛紛出資興辦文化教育事業。教育的繁興，在極大程度上促進了無錫的文化發展，出現了空前的文化人才崛起的高峰。

文脉綿延，後出轉强。歷來『文化』的概念有廣義和狹義之分，這裏的『文脉』之『文』，用的是狹義的概念，即指經史、文學、藝術等人類所創造的精神財富的總和。在無錫的歷史文化傳統中，自古及今，悠悠文脉，如瓜瓞之綿綿。必須指出的是，從文化發生學的角度來看，早期中華文化的中心是在黄河流域的中原地區，無錫在宋元以前，雖有像顧愷之、李紳、尤袤、蔣捷、倪瓚等一批人文英才，但在整體上，無錫的文氣是自明清以迄近現代達到巔峰。在整個江南地區文教昌明和無錫經濟繁盛、教育勃興的大背景下，無錫地區在經史、文學、繪畫、音樂等諸多領域中，建樹卓越，俊才雲蒸，真正呈現出『人文之盛，冠於南國；碩彦輩出，著述繁富』的局面。

求實務本，重工崇商。無錫自古爲江南富庶之地、魚米之鄉。明代東林講學者將士商并列爲『本行』，講求經世致用；近代早期維新的思想家、實踐家薛福成提出『黜浮靡，崇實學』，大力倡揚『工商爲先，耕戰植其基，工商擴其用』的觀念，這些都成了近代以來無錫人求實務本、重工崇商的重要的思想根源；兼以明清時期，封建自然經濟解體，資本主義開始萌芽，無錫經濟日趨繁盛。鴉片戰爭以後，上海開埠，由於商品經濟的發展和商業資本積累的增加，逐步形成了一個以上海爲中心的，北接江陰、靖江，西連蘇州、無錫、常州的經濟區域。有布、米、絲、錢『四大碼頭』的無錫，被譽爲『小上海』。到了十九世紀末、二十世紀初，無錫許多有識之士積極引進西方生産技術，大力興辦工廠，形成了近代六大資本系統，無錫成了近代中國民族工商業的發祥地和蘇南經濟中心。經濟的繁盛，不僅爲無錫文化的不斷發展提供了堅實的物質基礎，而且也形成了無錫文化的主流形態之一的，具有鮮明特色和豐富内涵的『工商文化』。

文化源長，文獻宏大。在歷史上，無錫有過兩次較大規模的文化整理。一八九九年，《常州先哲遺書》是包涵無錫在内的第一次區域性文化整理集成。一九二一年，《錫山先哲叢刊》是無錫真正意義上從城市角度進行的一次文化整理。當時，國家積貧積弱，社會動蕩離亂，身處亂世的有識之士高擎文化的旗幟，以縱覽千古的魄力和毅力致力於城市文化傳統的繼承與弘揚，爲無錫地方人文教育提供了文化楷模，對增强無錫崇文興教氛圍發揮了重要的作用，爲無錫躋身江南名城提供了文化動力，其意義至今爲後人感念。

滄桑巨變，天上人間。經過近一個世紀的奮鬥探索，特别是改革開放三十多年來的迅猛發展，中華民族强勢崛起。國運昌隆，盛世修典。中共無錫市委、市政府高度重視地方傳統文化的整理弘揚工作。自二〇〇七年提出『建設文明無錫，打造文化名城』以來，無錫全面深入開展歷史文化遺産的挖掘、清理、保護和修復工作，傳承弘揚優秀傳統文化，彰顯城市人文歷史底藴，掀起歷史文化名城建設新高潮。此後，市委、市政府在《無錫市文化大發展大繁榮行動綱要》中明確要求全面整理出版地方歷史文獻，市委、市政府在《關於深化文化體制改革加快文化强市建設的决定》中再次明確要求編纂《無錫文庫》，正式啓動迄今爲止無錫地區規模最大、綜合性鄉邦文獻集成的修編工作。爲確保《無錫文庫》的編纂工作順利進行，市委、市政府專門成立了『無錫文庫工作委員會』，由市委宣傳部牽頭，設立了『無錫文庫編輯委員會』，計劃用三年時間完成編纂出版工作。《無錫文庫》的編纂，將以嶄新的學術角度和現代學科框架對城市歷史文化進行全面梳理和弘揚，站在時代的高度，充分展示城市深厚的歷史底藴，彰顯先賢哲人的智慧創造，解讀無錫文化的獨特個性，提煉升華無錫的人文精神，光前裕後，古爲今用，以文化人，由人化文，以史爲鑒，開啓未來。

《無錫文庫》的編纂出版必將發揮重要的文化功能：首先是搶救文獻。無錫自古即有豐富的地方文獻，無論經史子集，都有重要著作流傳於世。然而無錫近代歷經戰亂，一些重要典籍已毁佚，僅有書名存留；還有一些珍貴的明清地方史籍，也以孤本存世，處於若存若亡之間。由於各種原因，一些代表無錫文化的典籍保存於國内外各大圖書館中，在無錫不易見到。從清末到民國期間，在文化上有不少重要成果，而這部分書籍因長期被忽視而處於毁佚的邊緣。《無錫文庫》的編纂就是爲了搶救文獻，保存文脉。其次是古籍整理。無錫先賢留下的載籍很多，但現存書籍，版本雜亂，良莠不齊，整體而言没有經過系統編排梳理，使用不便。《無錫文庫》的編纂，就是從版本目録學的角度加以梳理，每書皆撰提要，鈎玄指要，便於閲讀使用。第三是服務大衆。《無錫文庫》所收皆爲地方古史遺文，是研究無錫歷史沿革和文化傳承的必讀書目。《無錫文庫》的編纂出版，使這些書籍的使用更加便捷和廣泛，對無錫的文化建設、城市規劃、古迹保護、名勝開發都具有很高的學術價值和實用價值。

歷史唯物主義觀是《無錫文庫》編纂出版工作的重要指導思想。《無錫文庫》是一部具有社會主義新時代特點的典籍集成，編纂理念和選編觀念更加科學，注重學術性、實用性和經典性相結合，并且儘量收入古籍版本研究的新成果，廣泛收集流散在國内外的珍貴典籍。編纂工作中，始終堅持『尊重歷史、尊重科學、尊重規律、尊重專家』的原則，堅持『雙百』方針，對傳統文化中重要的不同學派、不同觀點的資料兼收并蓄，力求客觀、完整和全面。當然，《無錫文庫》不可能包羅萬象，而以文史哲爲主要内容，兼顧其他類別著述，整體呈現出無錫歷史文化的發展脉絡。强化編纂工作的學術規範，提倡實事求是的良好學風，對文庫的整體規模、體例框架、所收書目、版式裝幀等進行反復論證，反復比較，多方聽取意見，慎之又慎，力争使《無錫文庫》成爲一部真正代表無錫文化的綜合性鄉邦文獻集成。

編纂出版《無錫文庫》的盛舉，得到了海内外衆多著名的文史專家、學者教授的熱烈響應。許倬雲、馮其庸、楊天石、李文海、徐中玉、馮遠、胡福明等無錫籍文化名人和劉玉才、程章燦、江慶柏、張廷銀、金良年等專家學者應邀擔任《無錫文庫》的學術顧問，他們扎實的學術功底、嚴謹的治學風範、卓越的學術見識，爲《無錫文庫》提供了有力的支撑。

千年吴地文明，百年工商繁華，賦予無錫人聰慧和靈秀，創造了具有獨特品質的城市文化和城市精神。當我們手捧先哲留下的珍貴文化遺産，不僅滿懷感恩、敬畏之心，更涌動着不負前賢、勵志圖新的激情，去努力創造城市文化嶄新的輝煌，讓無錫文化大發展大繁榮的春天更加姹紫嫣紅、繽紛燦爛！

無錫文庫編輯委員會

二〇一一年一月

凡例

一、《文庫》所收爲無錫籍作家的著述和與無錫相關的歷代文獻，分爲《官修舊志》、《地方史料專著》、《年譜家乘》、《無錫文存》和《近現代名家名著存目》五輯。

二、無錫地域範圍以現行行政轄區爲準。《文庫》立足無錫市區，兼顧江陰、宜興，適當選收江陰、宜興具有代表性的著作。

三、《文庫》所收著作，以史料價值高、使用價值大爲原則，適當兼顧其版本價值。

四、《文庫》主要采用影印方式出版，《近現代名家名著存目》收入作家小傳和主要著述目録。

五、《文庫》所收著作，其編纂年代下限爲一九四九年；《近現代名家名著存目》則不受此限。

六、《文庫》所收著作，原書如有蠹損、殘缺、漫漶不清處，原則上以相同版本予以換頁、補頁，使全書清晰、整齊。

七、《文庫》對所收每種圖書，均撰寫提要，置於每種書扉頁之背面；每册均新編頁碼，自爲起訖。

八、《文庫》編制書名索引和著者索引，以方便讀者使用。

第二輯編輯說明

本輯爲《無錫文庫》之第二輯《地方史料專著》。這些書籍皆爲個人著作，它們是官修方志之外最重要的地方史料，是對地方歷史更爲精細的記録和闡述。其中保存了官志中看不到的材料，所以也是官志極其重要的補充。無錫自古以來人文薈萃，所以歷史上存留下來的地方史料專著也非常豐富。明清以來這些著述得到了長足的發展。作爲方志體裁的史書，這些著作所述史事已細化到一個鄉村，一座寺廟，一幢宅第，一座園林，一所學府，一項工程，一個專題等，從而爲後人保存了大量第一手的史料。進入民國後，隨着社會的發展，在政治、經濟、文化、教育等方面，出現了許多專門的出版物，這些具有時代特色的文獻，爲我們保存了民國時期原生態的歷史材料。從這些文獻中可以看到當時無錫向現代都市邁進的步伐。第二輯所收書籍，不少都是孤本，彌足珍貴。特别是一些藏於外地圖書館的珍貴書籍，這次也盡了最大的努力加以搜集。由於歷史的原因，一些地方史籍已失傳，僅有書名存留，不無遺珠之憾。一些民國書籍也偶有缺葉。敬請讀者見諒。從另一個角度而言，也更説明了這次文庫編纂的必要。

目録

無錫之土地整理

（民國）阮蔭槐 撰

《無錫之土地整理》，（民國）阮蔭槐撰，《中國地政研究所叢刊》之一，手抄本之影印本，一九七七年臺北成文出版社暨美國中文資料中心合作出版。

臺灣蕭錚主編之《中國地政研究所叢刊》，乃二十世紀二十年代中國大陸土地問題資料彙編，資料共一百八十餘篇，本書即爲其中之一。二十世紀三十年代正是國民政府進行全面建設時期。從一九三二年至一九三七年，國民政府盡力拖延中日全面戰爭之爆發，目的在於爭取時間，加强建設，以便有效地抗擊日寇。這五年作爲民國經濟發展的黄金時期，留下了許多寶貴資料，地政即爲其中之一。爲實現孫中山『耕者有其田』的理想，首先對土地狀況進行了一系列科學研究。中央政治學校於一九三一年至一九四〇年設有地政學院，招收大學畢業而有志於研究土地問題的學生，入院當研究生。在第一年進行基本學科的培訓，然後派往全國各地實習、調查三個月。返院時須呈交調查實習報告，由教授予以審閲。然後由調查者以所得資料撰成論文，再經一年即研究生畢業。當時參與調查之學員共一百六十八人，阮蔭槐即爲其中之一。全部論文内容有田賦研究、土地整理、農村經濟、租佃制度、土地制度、地價地税、農業金融、市地問題、土地徵收等方面，涉及十九省一百八十餘縣、市，均收録當地實際情形及重要文書存於報告書中。後來這些當時的科研成果全部被帶到臺灣，成爲臺灣五十年代解决土地問題之科學依據。臺灣之土地改革早已稱譽於西方國際社會，並爲東南亞所仿效。阮氏此書撰於民國二十四年（一九三五），論述無錫之土地整理。所謂整理即是重新丈量土地，改進土地登記及地價的申報辦法等。『無錫爲蘇省名邑，言整理則得風氣之先，論辦法尤足爲他山之助。』這篇論文今天已成爲不可多得的無錫地方歷史資料。地政學院於抗戰中停辦。它所留下的中國近代土地問題研究資料，至今仍有其積極意義和現實意義。

本書據臺北成文出版社暨美國中文資料中心出版之《中國地政研究所叢刊》本整理影印。

（徐志鈞）

民國念四年十二月

無錫之土地整理（一）

阮蔭槐 阮蔭槐印

序

經國之道，首在養民，養民之方，基乎地利，地利不修，民生何託？故推行地政為經國之大計，而整理土地，又為實施地政之前提。邇來各省，亟謀進行，然以踵襲則易，首創維艱，失之毫釐，差以千里，利民之政，反致病民，是以創辦之前，貴有所取法，滯則疏之，壅則洩之，利則效之，弊則剔之，慎思遠慮，妥為規劃，庶幾事半功倍，利國而利民也。粵稽江蘇，係全國精英，舉辦地政，深具規模，無錫復為蘇省名邑，言整理則得風氣之先，論辦法尤足為他山之助。作者不敏，本年暑期奉命前往調查，搜集材料，不揣譾陋，而有此無錫土地整理之編撰。由斯地政機關之組織，地價申報之舉辦，土地測量之實施，土地登記辦法之改變，皆可洞悉軒輊，知所取捨，尤於人測航測之比較，推行地政之方法，均臚述綦詳。雖所獲材料，東鱗西爪，剪裁論斷，須具才能，擇焉未精，語焉未當，魯魚亥豕，自知難免，顧有此一舉，則於土地整理，已可略知端倪。倘有人焉，從而探討筆削，修飾潤色，所謂萬仭崔巍，初不過一簣之土，千頃汪洋，始不過一勺之泉，安見其無微補於地政之推行哉！刻本書之作，得吾師　祝平先生指導殊多，而無錫土地局長胡品芳同學，航測分隊長吳烊先生，以及友人周玉麟君竭力匡襄，足徵好賦之懷，孰弗若我，用抒愚忱，畧述梗概，以就正於高明博雅，而冀其南針之錫焉。

中華民國二十四年十二月十五日阮蔭槐序於南京
地政學院

無錫之土地整理目次

論文　地政學院

論文　地政學院

無錫之土地整理

第一章　緒言

第一節　土地整理之意義與重要

第一款　土地整理之意義

土地整理者，即舉辦土地調查、測丈、登記等等，使漫無稽考之土地，備明確之圖册，以謀土地分配之平均，生產之增加，田賦積弊之剔除，並爲一切政治設施之根據也。攷考吾國，太古之世，人類獵於山野，漁於河海，其生活與猿猴相類似，無所謂土地整理，迨人口繁殖，漁獵不易，生活資料，發生恐慌，乃有農事之興。史稱神農作耒耜，重稼穡；黄帝經土設井，立步制畝，嫘祖講究農桑，以利民生，唐堯立農師以整農政，虞舜設后稷專官，以業農務，遂形成土地爲經濟上重要部份。漢代設立田之科，以察民勤惰，宋時立社倉，以流通農民金融，元明設社法里法，以獎農事之成效，他如各代之倡均田限田之制，以防止豪右兼併，而拯救子民，亦恒見於載籍。此可見土地爲民生之基礎，政治設施之核心，治國者莫不以整理土地爲經國之大計，此孟軻所謂仁政必自經界始，大學所謂有土此有財，有財此有用，由此可知土地整理與國計民生之關係大也。惟自明季以還，各處田畝，久不清理，上中下九則之地質，混淆莫辨，縮弓寬弓之大尺，亦不劃一，至清時則更混亂，尤以中葉以後，各省魚鱗圖冊，散軼殆盡，所有征糧數額，類皆仍照前明，輾轉朦混，殊與事實相反，雖有一二賢達，明知征收不實，任意侵漁，每思改革，然終以考查無方，莫由着手，以致隱匿脫漏，飛洒詭寄，弊竇叢生，不一而足矣。民國初年，雖有經界局之設，但以曇花一現，無補實際，經界依然紊亂，田糧仍告短收，民間負擔日重，已至聲嘶力竭，公家則帑藏支絀，事業停頓，是以欲望政治之清明，財政之裕收，國民經濟之繁榮，非先整理土地，不足以正本而清源。

中國自海禁大開以來，因農業本身之組織不健全，及關稅之受限制，不能保護國內生產事業，於是受列強經濟之侵畧，致使舉國農村，頻於破產，総懷國民生計者，莫不以復興農村，以固國基為亟務，惟復興之道，首在土地能有公允之分配，所謂不患寡而患不均，次及於土地之盡量利用，以增加生產，所謂地盡其利，生衆食寡也。夫以公允之分配，合理之利用，其目的均在解決農民之生計問題，關於此點，總理已一再昭示於吾人，彼以為革命之目的，在求三民主義之實現，三民主義之終竟目的，則在民生主義之完成，民生主義之完成、端賴平均地權之完滿達到，易言之即在土地問題之能充分解決矣。總理建國大綱及地方自治開始實行法中，以測量土地及定地價墾荒地等為諄諄訓勉，是可知平均地權，必先以紊亂無緒之土地，一一之齊之，董而理之，如治紛絲，先求端緒，端緒既得，乃可平均，故整理土地，為平均地權之初步工作焉。

土地為自然產物，為人類衣食住行之資源，在未有人類以前，已有其存在，在人類消滅以後，亦有其存在，此因土地之特性，為固定而非人力所能創造或毀滅，土地之量數，既有一定，而人口之增加，又屬無窮，於是供需失其調和，地主得利用此土地之獨佔性質，而專公衆之利益，供一己之享樂，於是社會財富，遂分配不均，强者廣事兼併，弱者貧無立錐，以致貧困隨進步而增加，窮乏隨文明而繼長之矛盾現象，恒久存在而不滅。夫以土地制度，為經濟制度之中心，亦即最後決定社會一切之原動力，其壟斷愈甚，匪特直接影響農村衰落，致農民飢寒交迫，且因購買力減少，而影響工商事業之發展，同時因農村失業者湧集都市覓食，增大都市勞動之供給，於是使工資逐漸下落，工業勞動者之生活，遂呈不安穩之現象，且因失業者之過處皆有，社會治安，亦為之紊亂。不特此也，土地集中於少數人之手，此少數人必係貪鄙之夫固無論，而整個社會因經濟之困難，必致奸巧百出，上下交征，天下熙熙，均為利來，天下攘攘，均為利往，此種不合正義之社會，結果未有不頻於崩潰者也。蓋人類有生存平等之權利，對於生存所必需之土地，應公平享用，非私人所得獨佔。剝地租地價之增高，多係社會進步之結果，以公衆之努力，而歸少數人享受，不平孰甚焉。此所以土地改革運動，能見重於世人矣。吾國關於此項運動，自中國地政學會努力宣傳以後，近年已如雨後春筍，逐漸進展，國人之注意此者，已日形加多，浸潤滋溉，必能由理論而至實行，但欲從事土地改革，必先知土地之真實情況，即在量方面，明瞭土地之面積及分配，在質方面，明瞭土地之性質與作用，然後推行土地政策，始有明瞭之依據。準前所述，可知吾人無論從歷史之觀點，或三民主義之觀點，或土地改革理論之觀點，均可見土地整理，有其深長之意義存在焉。

第二款　土地整理之重要

土地整理之重要，可分為下列七端述之

一曰從政治之設施言，吾人知政治，乃國家管理衆人之事，而國家之要素為土地人民主權三者，此三者缺一即不成國家，亦即缺一即無所謂政治。三者之中，以土地最為重要，蓋以主權基於人民，而人民必賴土地以資生。會稽吾國土地，向乏整理，位置狀況，政府均屬茫然，一切設施，無從着手，於是土地之兼併愈熾，生產之數量遂減，哀哀子民，日趨困境，國家前途，潛伏隱憂。苟土地加以整理，則無論市地農地，孰為改良，孰為未改良，詳載圖冊，班班可考，其關於水利交通之應興應革，按圖索驥，一目了然，尤其對於人口之需要，物產之情形，以及地方經濟與人民習慣，於冊籍莫不應有盡有，使一切政治設施，均得有所依據，不致無的放矢，無裨實際焉。

二曰從經濟之繁榮言，吾國連年天災人禍，農村已瀕破產，復興農村，刻不容緩；而都市方面，亦以近年世界不景氣之影響，及國人購買力之減少，市場蕭條，亦有待於謀經濟之繁榮。然繁榮經濟，端賴生產，而生產之要素有三，即土地資本勞力，此三者中之最要者，厥為土地，蓋土地為資本之源泉，勞力之所寄託者，故吾人欲謀生產之增加，以繁榮社會經濟，必先自整理土地始。

三曰從財政之原則言，吾國各省，向以田賦為重要稅收，奈以地丁、條銀、抵押金、附加稅等名目繁多，納稅人民，莫由知其究竟；政府因無圖籍，不能向地主直接征收，假手胥吏，徒使資為利藪，浮收包辦，作惡多端，人民困於負擔，國課失於隱匿，地方財政，日瀕枯絕，少數之人，負擔奇重，不平之事，無過於此。苟土地加以整理，則地籍清而田賦理，有圖有冊，纖微難隱，糧地不符者，予以糾正，有地無糧者，從事征課，有糧無地者，加以豁免，不追既往，但策將來，於是樂苦均而收入裕，盡合於財政之普遍公平豐裕之原則。

四曰從減輕人民負擔言，吾國各省繁盛之區，饒富之地，收益既豐，價值較昂，顧所負擔之稅率，恒與窮鄉瘠土，無甚軒輊之分。更有豪強賦輕，細民稅重，於情於理，均屬不平，若土地加以整理，則備明確之圖冊，胥吏無從舞弊，而人民之課賦，涓滴得以歸公矣。政府更依據地價，厘定公平稅率，調整民間負擔，則民困亦賴以蘇解。

五曰從流通金融言，已瀕破產之中國農村，資金異常缺乏，農民大多因無購買耕牛種子肥料等費，遂使農業經營，異常粗放，甚而有至聽其荒蕪，束手無策者。於是生產銳減，洋米侵入，食糧一項，形成入超之重要部份，以農立國之國家，反購食於外人，前途實不寒而慄。是以流通農村金融，為救濟農村之根本要圖。徒以民間偽契疊出，放款者多有顧慮，遂使資金盡流入都市，而使工商業資金，頓呈飽和狀態，農村愈步於枯境。拯救之方，惟有整理土地，使每起地之界限，畝分均用科學方法，實測清楚，絲毫不爽，再經依法登記，換給土地憑証，附發實測地圖，俾資永遠執守，藉以確定產權，取得法律保障，於是人民持政府機關所給之証狀抵押，金融遂得以流通，生產以是而增加，農村得以富庶矣。

六曰從免除土地之糾紛言，按土地糾紛，大都起於經界不明，証據不全，往往一經訴訟，在政府既乏簿籍可依據，不能遽明其曲直，而人民又不能提出確實証據，亦難得正確之判斷，涉訟累年，莫由解決，傾家蕩產，貽害無窮，此皆因土地之未經整理，產權遂無保障可言，若土地加以整理後，則使單契者，得更新券，其單契全失或單地不符者，亦得依額補給，載諸圖籍，於是經界明定，覬覦無人，攘奪之風可絕，縱有糾紛發生，亦得迎刃而解，在政府可以減少繁難，於人民則永免訟累。不特此也，他如省與省間，或縣與縣間，其行政區域，恒發生界址爭執，政府人民，兩蒙厥害，若土地加以整理，其整理之初，即須調查行政區域，劃清疆界，製成圖說，詔關轄地，則糾紛立弭。

七曰從改良稅制言，中國向依田地面積課稅，而各起地之面積，又未明確備載圖册，欺隱之事發生最多，如江蘇全省面積，為一萬六千餘萬畝，額征之地僅七千餘萬畝，豈不駭人聽聞！矧依面積課稅制度之自身，亦殊欠公允，此因土地有肥瘠位置之差異，往往同一面積之土地，其價值上下，竟懸若霄壤，夫課以同一稅率，其不平可知，故　總理斤斤昭示國人以照價抽稅，漲價歸公，為改革不良稅制之途徑。惟以公平地價稅制之施行，非先由整理土地着手，則莫由進展，蓋以蕩滌稅收弊竇，必使每起地之畝分，四至，地價，業主姓名等詳載圖册，始能如願以償。綜上數端，足知土地整理，於國計民生，關係至鉅，故政府與人民，應整齊步伐，協力圖進，不以繁重為止步，弗因艱難而氣餒，本百折不回之精神，達此利國福民之大業，務須由整理而進於謀公平之分配，及合理之利用，俾耕者有其田，地則無遺利，然後吾人於黨於國，職責始盡，庸詎可以趑趄卻顧者哉。

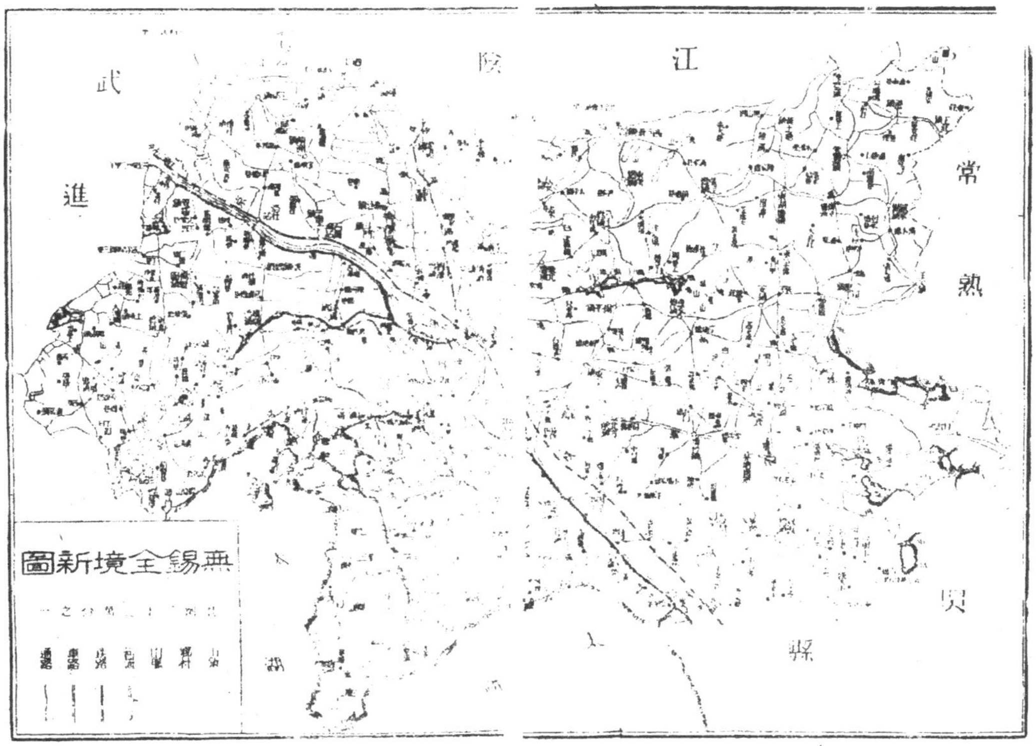

第二節 無錫之自然地理

第一款 位置面積及氣候

(一)位置 無錫位於江蘇之南，為京滬之中樞，全邑東西相距約一百二十餘里，南北相距約一百十餘里，其四境界限，西接武進，東至常熟，南臨吳縣，北連江陰，太湖繞於南，風景最為優美，運河貫其間，灌溉頗資厥利。京滬鐵道與錫澄諸公路，均會輳於此，交通甚形發達。地勢卑窪，南部較高於西北。土壤為揚子江流域之冲積土，表土為褐灰色至灰色，土質為黏質壤土，頗為肥沃，誠江南魚米之鄉，國內工商事業發達之區也。其全邑所在之經緯度數則如下表：

無錫縣經緯度數表

名稱	經度 極東	經度 極西	緯度 極南	緯度 極北	城廟 經度	城廟 緯度	世界經度	備註
度數	偏東4°6'5'5"	偏東3°34'36"	31°20'38"	31°44'31"	偏東3°50'46"	31°38'23"	120°13'12"	經度為中國經度以北平為起點

「註一」上表根據無錫年鑑

(二)面積 全縣面積，約三千六百五十方里，除官河公路，以及其他官產外，民間所有，計共一百四十四萬餘畝，其中村莊市場坟墓所佔土地，約佔百分之五點五，荒地約佔百分之零點五，耕地約佔百分之九十四。全邑計有十七市鄉，舊分為十七區，二十三年六月歸併為十區，茲將各市鄉地域及各區面積列表於後：

無錫全縣各鄉市地域表

市鄉名稱	民國十八年分區	現在分區	備註
無錫市	第一區	第一區	照舊
景雲市	第二區	第二區	二、十兩區合併
揚名鄉	第三區	第三區	三、十三、十四三區合併
開原鄉	第四區	第四區	四、十七兩區合併
天上市	第五區	第五區	五、六兩區合併
天下市	第六區	第六區	即原七區
懷上市	第七區	第七區	八、九兩區合併
懷下市	第八區	第八區	十一、十二兩區合併
北上鄉	第九區	第九區	即原十五
北下鄉	第十區	第十區	即原十六區
南延市	第十一區		
泰伯市	第十二區		
新安鄉	第十三區		
開化鄉	第十四區		
青城市	第十五區		
萬安鄉	第十六區		
富安鄉	第十七區		

無錫各區面積一覽表

區別	原名	面方里	田積額	與全縣面積之比較
第一區	無錫市	九二·三	三三·三七一畝	二·五三%
第二區	景雲鄉、北下鄉	三六〇·二	一二九·八七三畝	九·八二%
第三區	揚名鄉、開化鄉	五八五·三	一八八·二一四畝	一六·〇二%
第四區	開原鄉、富安鄉	四六三·三	一六三·二六〇畝	一二·六九%
第五區	天上市、天下市	四二八·〇	一三三·五一六畝	一一·七三%
第六區	懷上市	二三〇·〇	一〇四·三四二畝	六·三二%
第七區	懷下市、北上鄉	四〇九·九	一二七·九二七畝	一一·二三%
第八區	南延市、泰伯市	五二三·四	一九八·二三三畝	一四·三四%
第九區	青城市	二七二·二	八三·九一九畝	七·四六%
第十區	萬安市	二八五·四	九七·九四三畝	七·八二%
合計		三六五〇·〇	一二五八·三九〇	

註二 文內數字及百分比，根據無錫縣社會調查特刊。

註三 各鄉市地域表及各區面積表，根據無錫概覽，作者改製。

全邑農地 面積，向分高田、平田、低田三種，平田之較高者，夏麥秋稻，歲可兩熟，較低者種水稻，年計一熟。近四十年來，農民競事蠶桑，平田多改種桑，桑田面積，依五年前之估計，至少在三十萬畝以上，育蠶最盛時期，農家幾乎十九養蠶，蠶業遂為無錫農業經濟上之重要收入。據民國十六年之調查，水田佔十分之六，桑田佔十分之三，園藝約佔十分之一。最近因絲價慘落，農民養蠶，無利可圖，又多將桑樹伐去，改種稻麥，桑田又遂有減少之勢。園藝在城市附近為多，種植菜蔬，以供城廂內外之需要，並無大宗出產。所佔面積不大。使用山鄉山峯之種植，亦僅佔全境三十分之一有奇。因灘而成田者，則為低田，類多種植蘆科。茲將其上中下三等農地面積比較 列表於後：

無錫上中下三等農地面積比較表

耕地土質	上等	中等	下等
在本縣使用習慣之田畝名稱	平田之較高者		高田、低田（指山坡埠[illegible]）
出產	夏麥秋稻 桑樹菜蔬	水稻 菜	樹木 燃料 蘆料
面積	40%	45%	15%

註四 上表根據與註二同

(三)氣候 無錫氣候，尚稱溫和，夏季最高溫度，在華氏九十度左右，冬季最低溫度在華氏表二十五度左右；每年雨量，在一千公厘左右，歷年均甚調和，惟於客歲，三月不雨，釀成巨災，茲將其溫度昇降，降雨數量，降雨時間數，列表於後：

無錫縣降雨量統計表

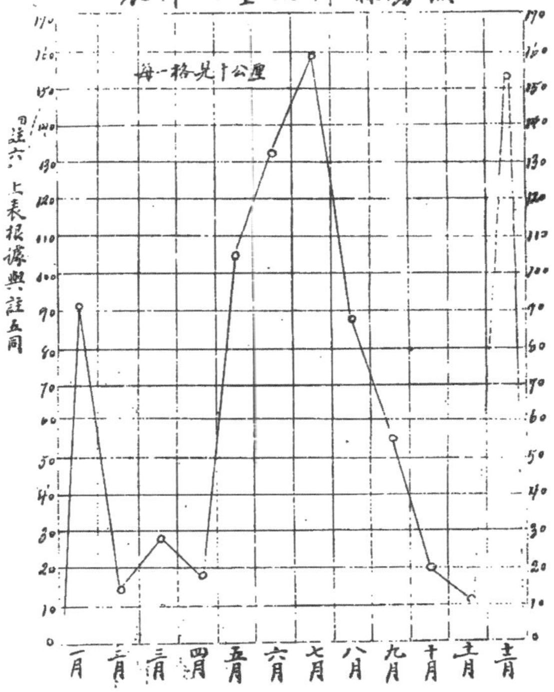

無錫縣溫度昇降表

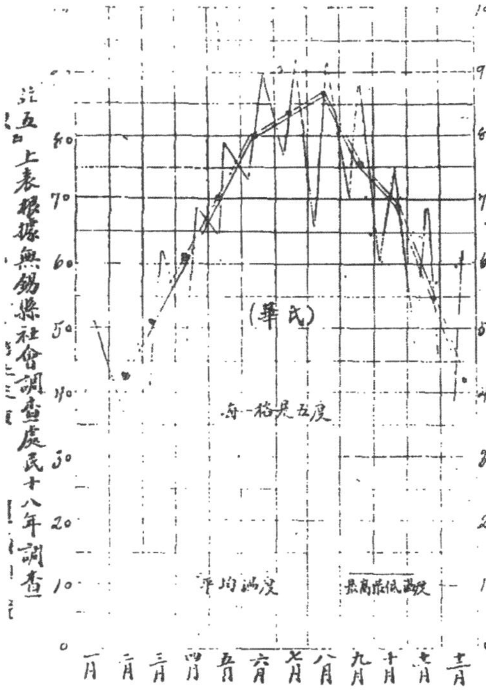

無錫縣降雨時間數統計表

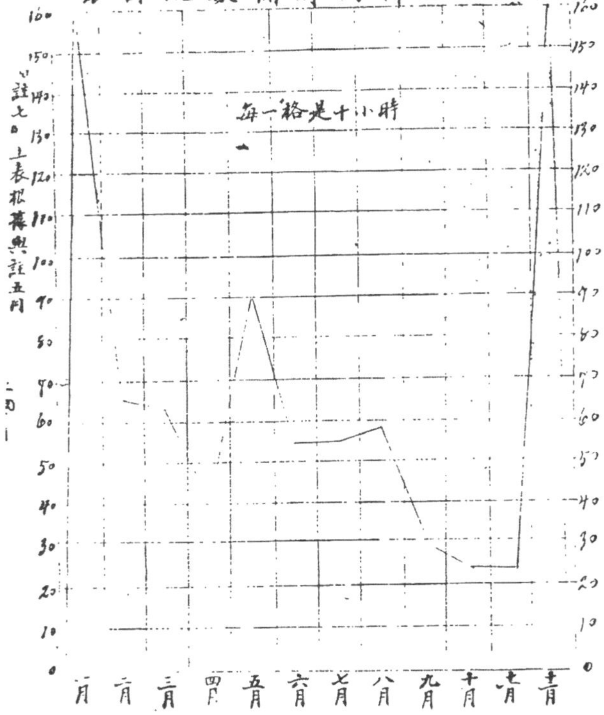

、第二款　山脈河流與產物

(一)山脈　無錫山脈以錫山為主峯，其脉自南嶺山脉之浙江天目山渡湖而來。自閶江入境，蜿蜒起伏於邑之西南境，有惠山、青山、璨山、章山、墨潭山、嶧崰山、舜山、橫山、管社山、唐山、夏陰山、石步山、西顧山、鵝籠山、華藏山、鯉灣山、歸山、大雷山、盤墩山、胥山、安陽山、獨山、三山、充山、許舍山、南橫山、五浪山、軍嶂山、吳塘山、等峯。其散布於邑之四境者，有西高山　、猴山、膠山、嵩山、皇山、芙蓉山、夾山、斗山、顧山等峯，因民間於山地利用，不甚注意，故大多童山濯濯。

(二)河流　錫邑河流，以運河為主幹，各鄉村支河密佈，如人身脈絡，皆係其分支，著名湖泊，以跨江浙之太湖為最；五里湖，在邑之西南境，週三十餘里，湖邊白楊毵毵，碧水粼粼，風景絕佳。其外與吳縣交界之鵝湖，與常熟分界之宛山蕩，均為諸水之滙，農村灌溉，深利賴焉。惟近湖低地，易成澤國，邑人建堤置閘，以事即遇旱年，而河閘亦不輕開，東北地亢之各鄉，自戽水機興，水流上達，無遠勿屆，高田遂得盡熟。航行亦極便利，民十三年，航政開放，民營航業，數量驟增，近以公路次第完成，營業稍遜，航行地點，以上海為最多，常熟江陰次之。茲將全縣河流列表於後：

無錫河流表

名稱	流經區域	長度	備註
江南運河	起[illegible]	七十餘里	河身大船暢處寬深
梁溪河	[illegible]	十六里	[illegible]
錫澄運河	[illegible]在錫境者[illegible]	[illegible]	[illegible]
蠡瀆	[illegible]為錫山縣之分界。	十四里	為太湖東北隅之通江要道。
沙墩港	自太湖[illegible]分界。	三里	為太湖東北隅[illegible]
直湖港	[illegible]	三十六里	[illegible]
雙河	[illegible]	五十七里	橋門過狹，[illegible]俗名桑河。
馬蠡港	自仙蠡墩南行入五里湖。	五里半	河面甚狹。
伯瀆港	起城南之清明橋，經[illegible]村等處入蕩口。	三十六里	河面狹。
轉水河	起城北之[illegible]橋[illegible]	六里	為太湖東北[illegible]
南仙塘河	[illegible]	三十五里	為錫城東部水道[illegible]
鮎魚塘	起東亭八十橋，迄大[illegible]橋之東。	九里	
戚塘	起吳鶯橋，迄乾山塘。	二里半	每歲[illegible]，水亦淤[illegible]。
張涇	[illegible]	三十二里	河淺船行不便。
大河	起東[illegible]河，迄常熟之南湖。	在錫境長十里	河身狹淺，源[illegible]將淤塞。

註八　上表根據與註二同，作者改製。

(三)產物　無錫產物除主要農產品米麥及絲繭以外，尚有各種副產物如下：

泥塑品　惠泉山所產之泥土，潤澤無比，色淡黃，有斑紋，富黏性，能經久不坼裂，鄉人取而掬之，並加入黏性之物，作土坯，花樣極多，維妙維肖，臉目光中稍乾塗以油，飾以色彩，銷行頗廣。

油麵筋　以純潔之麩皮，用水濯之，即有一部份黏質，凝合成塊，置熱油中炸之，立刻取出，遂成鼓脹之球形，可分二種，一種售於本地食戶，品質稍次，一種售給外來旅客，價格稍貴，食味較佳，且以竹簍盛之，攜

[illegible]似。此外尚有西南鄉所出之白泥，可製花鉢等用品，潔淨雅觀。北泉鄉之黃草，可[illegible]，絲格細密而勻淨，夏季供製草鞋及席子之用。茲將該縣產物每年輸出數量及銷售場所列表於後：

無錫產物每年輸出數量及銷售場所表

名稱	產量	輸出數量	銷售場所
米	二八〇〇萬担	近年無甚輸出	本地
麥	二〇〇〇萬担	同右	本地
豆	一萬五〇〇〇餘担	少數輸出	本地上海
蔬菜	一八〇萬担	少數輸出	本地上海
瓜果	三七萬餘担	半數輸出	本縣及鄰縣地方
[illegible]		[illegible]	[illegible]
桑葉	五〇〇萬担		本地
蠶繭	二四〇・〇〇〇		本地各絲廠
絲	二萬一千餘擔	一萬餘担	由上海轉運歐美各國
紗	十萬餘件	五千餘件	本省各縣・安徽・陝西・甘肅・南洋
麵粉	二百萬包	一百萬包	本省各縣・浙江・河北・南洋
魚	二萬餘担	五千餘擔	本省各縣
豬牛羊	合計十萬餘頭	數百餘頭	本地及上海
雞鴨鵝	合計百萬餘隻	數十萬隻	本地及上海

註九 上表根據與註二同

第三節　無錫之地權分配與土地利用

第一款　土地所有與使用之矛盾

土地少，人口密，地價高，住宅難，地權集中於資本者之手，此為近代都市之特質；促進市地利用，此又為資本者所必取之途徑。錫市為國內有名之工商業區，其面積為九二·三方里，佔全縣面積百分之二·五三，人口為十七萬一千二百五十六人，約佔全縣人口百分之十八強。（無錫各區面積表，參看本章第二節第一款；各區戶口統計表如下。）

無錫縣戶口數統計表

區別	戶數	人口數 男	人口數 女	人口數 合計
[illegible]	95.60	94.333	76.923	171.256
第二區	12.391	30.330	27.358	57.668
第三區	9.526	16.590	23.365	39.955
第四區	7.091	17.346	16.177	33.523
第五區	11.648	29.620	25.705	55.325
第六區	10.512	26.564	23.751	50.315
第七區	12.545	27.954	25.661	53.255
第八區	9.274	21.051	18.677	39.728
第九區	5.706	12.603	11.357	23.962
第十區	5.799	13.400	12.042	25.442
第十一區	9.303	19.716	16.699	36.415
第十二區	12.152	26.905	25.926	52.831
第十三區	9.210	20.706	19.240	39.946
第十四區	9.904	23.068	21.439	44.507
第十五區	15.263	33.306	26.728	62.036
第十六區	12.724	33.555	30.126	63.679
第十七區	8.934	22.620	20.154	42.774
合計	154.630	467.327	425.330	894.657
備考	照該縣原有十七區為十區，詳本章第二節第一款，今仍以前區數表。			

註一 上表根據民國二十二年無錫保衛團調查

錫市既以工商業發達，人多麕集求食，土地頗感缺乏，地價遂為之高漲，有畝價至一萬五千元者，由下列二表，即可知之。

無錫縣各區土地最高及最低價格表

區別	市鄉	最高畝價	最低畝價	區別	市鄉	最高畝價	最低畝價
第一區	無錫市	一五,〇〇〇元	二〇〇元	第十區	北下鄉	一五〇元	八〇元
第二區	景雲市	五〇〇元	八〇元	第十一區	南延市	二〇〇元	一〇〇元
第三區	揚名鄉	三〇〇元	一五〇元	第十二區	泰伯市	二〇〇元	一二〇元
第四區	開原鄉	五〇〇元	一〇〇元	第十三區	新安鄉	二〇〇元	一〇〇元
第五區	天上市	三〇〇元	一〇〇元	第十四區	開化鄉	三〇〇元	一二〇元
第六區	天下市	三〇〇元	一〇〇元	第十五區	青城市	一五〇元	八〇元
第七區	懷上市	三〇〇元	五〇元	第十六區	萬安鄉	二〇〇元	一〇〇元
第八區	懷下市	一〇〇元	四〇元	第十七區	富安鄉	一〇〇元	四〇元
第九區	北上鄉	一五〇元	五〇元				

『註一〇』上表根據，與註一同，作者改製。

無錫土地價格表

類別	等別	最高價格	最低價格	普通價格
農耕田	上等田畝	二〇〇元	一〇〇元	一五〇元
農耕田	中等田畝	一〇〇元	五〇元	七〇元
農耕田	下等田畝	四〇元	一五〇元	二〇元
非農耕田	城市田畝	一五〇〇〇元	一〇〇〇元	二〇〇〇元
非農耕田	市鎮田畝	一〇〇〇〇元	一五〇元	三〇〇元
非農耕田	鄉村田畝	五〇〇元	一〇〇元	二〇〇元
湖濱		四〇元	二〇元	一〇元
山丘		四五元	二五元	一五元

『註一一』上表根據，與註二同，作者改製。

此地價之增高，反映錫市已資本主義化，如現時最繁盛之漢昌路等，在民國初年，本為「墳地」，計畝值不到二十元，尚無人收買，今則已至萬元以上，比之往昔，其相差何止倍蓰。地價愈高，而一般市民之住宅益難，勞動者欲得一間房屋住居，月租必六七元左右，商店貴者，除押租外，有月租至百元之數，如土地局租駁岸上侯姓之房辦公，月租亦八十元。故錫市土地非惟貧者無享有之可能，即租用之租金負擔，亦殊非易易，由是可知錫市，已充分表現受資本主義之洗禮，備近代都市之特質矣。是以投資於錫市者頗多，如麗新染織廠之投資一百萬元，美恒水泥廠之投資四十萬元，其他甚多，縷不勝述。以此而論，市容之整飭，為當然應有之事，實則不然，市地利用，異常粗放，某第某堂，仍存封建餘型，在土地所有與使用上，現出極矛盾之現象。

農地在錫，甚為重要，以其為太湖流域之膏腴，且佔全縣面積百分之九十七以上也。

無錫市地與農地比較表

區別	面積 方里	面積 田畝	百分比
市區	九二·三	三二·三七一	二·五三%
鄉區	三五五七·七	一二二五·九一九	九七·四七%

『註一二』上表根據同註一，作者改製。

田權種類，根據中央研究院陳翰笙先生之調查，有下列諸種：

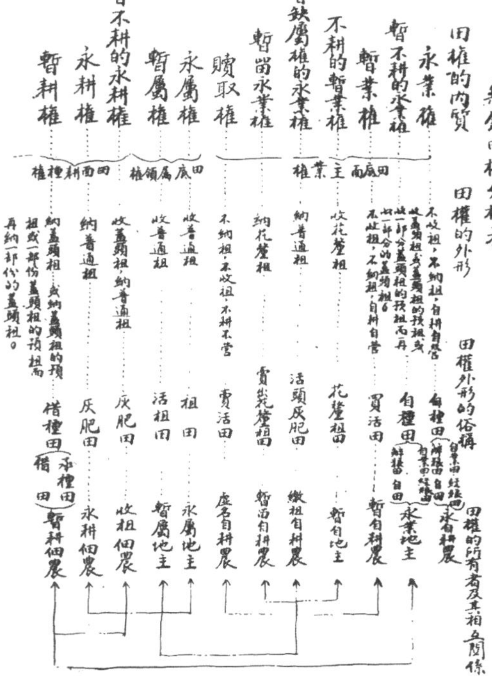

田權之名目雖夥，而地權則日趨於集中。據一九一九年，中央研究院社會科學研究所，在無錫調查二十村各階級土地分配，計如下表：

無錫土地分配表

類別	農家數目	農家百分比	佔有地畝	地畝百分比	每家平均地畝
地主	五九	五・七	三二一七	四七・三	五四・五
富農	五八	五・六	一二〇六	一七・七	二〇・八
中農	二〇五	一九・八	一四一八	二〇・八	六・九
貧農與僱農	七一五	六八・九	九六五	一四・二	一・四
總計	一・〇三五	一〇〇	六八〇六	一〇〇	六・六

註一三 上表根据陳翰笙之現代中國的土地問題

二十四年六月中國農村經濟研究會，調查無錫三個農村之土地分配，所得結果，與上列統計，大致相同。

無錫三村土地分配表

	所有田畝	%	每戶平均所有田畝	每人平均所有田畝
地主	611	53.5	42.4	12
富農	275	24	27.5	5.1
中農	185	16.2	4.1	1.0
貧農	72	6.3	1.1	0.2
總計	1143	100	7	1.4

註一四 上表根據章使雄之無錫三個農村底農業經營調查。

註一五 三村指莊前、孫巷、大鴻橋而言。

註一六 上表地主所有田畝，係從全部使用田畝之中，減去各類農民所有田畝而得，包括村內村外地主。所有田畝總數。每戶每人平均田畝，限於村內地主，村外地主及村內純粹收租地主均未列入。

同年江蘇省教育學院北夏普及民眾教育實驗區調查無錫第十區，該區為無錫貧苦之地，調查結果，地主有百分之一・六戶口，佔有田畝百分之五十以上，百分之七十六戶口，僅有土地百分之五七，此為如何可驚奇之現象！其與整個江蘇省比較，該區土地問題，尤為嚴重。

北夏一五二一農家土地分配情形與本省比較表

	本省的		本區的			
地畝組	農民百分比	地畝百分比	農民數	農民百分比	地畝數	地畝百分比
25畝以下者	91	41.7	4380	96.3	4691.7	46.3
26—99	7.6	16.8	85	1.7	477.1	4.7
100—499	1.1	11.1	85	1.7	3270	32.2
500畝以上者	0.3	30.4	12	0.3	1700	16.8
總計	100	100	5.013	100.0	10138.8	100

「註一七」上表根據北夏第二年

無錫地主雖已佔有全部耕地之半數上下，但其經營，極不發達，耕地中絕大部份，租與農民耕種。出租土地不僅地主，富農亦恒出租一部份。彼等所有土地愈多，出租土地所佔之比值愈大，此乃富農並不能利用其所有廣大土地，沿資本主義之道路發展，而在漸次轉化，變為收租地主。下列二表，足資證明。

無錫二十村富農出租田畝表

佔有田畝	戶數	所有田畝	出租田畝	出租對所有之百分比
十六畝以下	二二	一八一	一·五	〇·三八
一六—三一·九九畝	二九	六六七·一	八〇·四	一二·〇五
三二畝以上	七	三五八·二	一四三·三	四〇·〇一
總計	五八	一二〇六·三	二二五·二	一八·六七

「註一八」上表根據，與註一三同。

無錫三村地主富農出租田畝表

名稱	所有田畝	出租田畝	出租對所有的%
地主	611	544	87.
富農	275	156	56.6

「註一九」上表根據，與註一四同。

無錫地權日趨集中，已表現農村資本主義之尖銳化，似應使資本主義之農業經營，迅速擴大，一變而為大規模之農場方式，耕地化零成整，充分利用機械。但事實則反，於土地利用，仍維繫「封建之零細經營，且而有逐漸分散趨勢，由下列無錫三村使用田畝分割情形表，即可看出。

無錫三村使用田畝分割情形表

名稱	戶數	使用田畝	分割塊數	平均每戶塊數	平均每塊畝數
地主	5	66.5	32	6.4	2.08
富農	10	176.3	80	8.0	2.20
中農	39	352.9	219	5.6	1.61
貧農	67	547.6	348	5.2	1.57
總計	121	1143.3	679	5.6	1.68

「註二〇」上表根據，與註一四同。

但上土地之分割，並不以此為止，若進而考查，每一經營之中，其農場之狹小，更屬驚人！作者在錫，曾往農田調查，見田間遍植小楊樹，代田埂以分界，每起地僅為數分。又聞無錫航測隊負責人云，全縣二百萬畝地，有三百萬起地號，其分割之細碎可知，於農業生產技術，顯然為一極大障碍。是可知錫邑目下一方地權日趨集中，一方土地使用，則逐漸分散，遂形成資本主義與半封建式之矛盾狀態。

第二款　佃租制度與佃農生活之轉變

佃租制度之發生，原由農民無田耕種，每年願上納其所得之一部份與地主，租種其田地。查錫邑業佃之間，有所謂「生賬」者，利用農民需要土地迫切之心理，恒提高租額，以見好於主人，自己亦可假主濟私，從中漁利。公有機關之田地，如學田義田，大多採取包租制，恒由催租員承包征收，再轉租於佃農，收取額外之潤。凡租田先雙方訂立契約，謂之「承種」之押租，有十元至三十元不等，亦有舉行口頭契約，免去押租者，但其弊所在，業主隨時任意提高租額，重困佃農。至業主不能任所欲為者，則為永佃農，因該邑田權有田底田面之分，田底者即地主之所有權，田面者即佃戶之使用權，永佃農所有之田面，通常稱為「灰肥田」。彼等尚能安於鄉土，但以不利地主，地主遂多方設法取得田面權，故此制近已日趨崩潰矣。租物可分錢租（折租）與物租（米麥租）二種，往昔物租較多，近以經濟不景，物價漲落不定，又多改用錢租，限期令佃戶繳納，於地主固得淨收之利，於農民則受賤價之壓。在未改用錢租之地主，其租額亦甚奇重，茲將第十區四十二農戶納租數量表列後，以見其一般。

無錫第十區四十二農戶納租數量表

納租數量	麥	米
	—	17.0
	—	35.0
	—	67.0
	—	146.4
	76	1321.4
	—	88.0
	—	120.0
	77	1546.4

畝數	戶數	每畝平均納租數量(註二一)
17.0	2	6斗
5.0	1	7〃
8.0	3	8〃
11.4	5	9〃
135.4	29	10〃
8.0	1	11〃
10.0	1	12〃
174.0	42	合計

註二一　上表根據，與註一七同。

錫邑佃農，因備受剝削，生活至苦，不惟壯丁離鄉，卽婦女亦多入城市工廠工作，由是農業生產，唯有沒落，作者在錫調查時，見各農村，均有殘破之劇台，聞鄉人云，從前村鄉富庶，所謂衣食足而後娛樂興，今則農村凋敝，往昔之劇台，殘破而無人過問，實不勝今昔之感矣。錫邑近日農民生活，除少數之自耕農可維持外，人多寅吃卯糧，其維持方法，可分為四：

地政學院

(一)聚會　有七子會及十子會等名目，自首會起至末會止，其收與利息均相等，七子會一年一舉，普通以廢曆五月十一日為會期，以點多者為得會。

(二)借貸　農村放款機關，除鄉村富戶外，則為地方公款，常以一定之日期，為收放款項之期，歷年不爽，至期非還本卽還利，其利息大都為週年二分。

(三)典質　鄉鎮皆有典當，抵押品除衣飾外，兼當木器穀米，月利二分，衣飾十八個月滿期，穀　以每年穀雨為滿期，米以白露為滿期，過期則不得回贖矣。

(四)預約賒欠及抵賣　預約賒欠抵賣，卽以貧苦之家，將青菜、青苗，出票預賣，其價目常在普通時值價半數以下，至清明節可贖還，借三還四。或有於冬春之間，賒放白米，及其他貨物，約期至蠶市清還，而其價值須增至十之三四，近數年來蠶桑失敗，農村金融無流通之可言，初時尚能聚會，借貸，典物，預約賒欠抵賣等維持；近則聚會乏會腳，借貸無門，典當無物，預約賒欠少主顧，愈趨於困苦之境矣。

第三款　土地利用之不合理化

錫邑土地利用，可稱述者固有，如圍圩治田，始於昔周文襄，為蘇省水利之著績，迄今已墾者十萬餘畝，均土質肥沃，產量甚豐。又者縣公路造成六十六公里，農事機關，則有七個之多。

地政學院

無錫縣已築省縣道路線表

路名	起點	終點	經過地點	約計里數	類別	附記
錫宜路	無錫	宜興界之閘口	惠山、榮巷、梅園	二五	省道	二十三年通車
錫滬路 錫虞路	無錫	常熟交界之羊尖鎮	東亭、查家橋、安鎮	二六	省道	本年內通車
錫澄路	無錫	江陰界洼橋	堰橋、塘頭、陳土橋	一五	縣道	二十年通車
總計	省道	已成五一公里				
	縣道	已成一五公里				

註二二　上表與下表根據同註三

無錫縣境省縣公私立農事機關一覽表

名稱	地點	省立縣立或私立	開辦年月	職員人數	業務	設備
省立蠶絲試驗場	總辦公處西門外倉浜	省立	民國二十二年八月由前蠶業試驗場及蠶業取締所併組而成二十三年十二月無錫農業推廣所亦併本場設推廣股	六十餘人	共分蠶種取締絲繭試驗農事推廣總務股等五股辦理蠶業研究試驗蠶種取締及農事推廣指導等工作	絲繭蠶桑試驗股有田地一百六十五畝係蠶種取締股有田地三十一畝係以上三部房屋計有一百另八間推廣股各繁殖場計有田地一百十三畝係房屋五十間絲繭蠶桑試驗股各項儀器設備及蠶種取締股各項檢驗設備均全推廣股各項農業具亦敷應用
省立教育學院農場	通惠路社橋	省立	民國十八年	專任者三人 兼任者十餘人	為教員實驗學生實習及繁殖推廣材料分作物園藝畜牧昆蟲植物病理農村工藝農藝化學等七項	農場兩個社橋附近一百三十畝蕭領港一百畝房屋二十餘間農具儀器齊備
無錫縣蠶桑模範區	東門外南倉門	縣立	二十三年四月	長期二十餘人 短期一百餘人	分總務技術二股辦理育蠶指導蠶種統制桑苗調查蠶種貸借貸款土改良及其他改良蠶桑有關事項	
無錫小麥試驗場	第四區梅塘橋	私立	民國十九年	兼任者二人	稻麥之試驗繁殖	田地七十餘畝房屋十間尚有絲繭共用實驗室玻璃室等設備農具敷用
墾業農牧場	惠山	私立	民國二十年	一人	水蜜桃除蟲菊桐油樹等	面積十餘畝
我華種植試驗場	胡埭	私立	民國八年	二人	除蟲菊栽植製造為主業	面積約十畝

任大部言之，離合理化之標準尚遠，茲分述於次：

一曰市容不整　錫邑工商業發達，向有小上海之譽，惜市容不整，街道窄狹，車輛輻輳，來往擁擠，房屋建築，參差不齊，工廠住宅，雜然混處，黑煙瀰漫，滿天烏雲，影響市民健康殊巨，於市地利用，頗不合理。其間雖有縣府之製定拓寬街道辦法，分為六級辦理。（甲等十八公尺，乙等十六公尺，丙等十二公尺，丁等十公尺，戊等八公尺，己等六公尺，里巷寬度，以四公尺計算，人行道建築標準，則依下表。）

人行道寬闊斜度表

路寬	寬闊度	高度	斜度
十二公尺	四英尺	三英寸	百分之五
十六公尺	五英尺	三英寸	百分之五
十八公尺	六英尺	三英寸	百分之五

註二三　上表根據與註三同

於二十二年一月，就三下塘街，勘釘樁界，限期令兩旁住戶，照規定遷移拆讓，建築路面，八月告成，改名新生路，為無錫市地利用之第一聲，但其他繁盛而未改進之街面，以及種種不合理之利用，尚比比皆是也。

二曰耕地細碎　錫邑素為江南水鄉之典型，地面平坦，田土膏腴，惜夫耕地細碎，於農業經營之原則，實大相背馳，其破碎程度，及增加趨勢，前已述及，茲不再贅。

三曰良田葬人　錫邑肥美之田，競相葬人，青塚纍纍，滿目皆是，普通人家，其每塊墳墓面積，在二分左右，因其祖人等，皆各分葬，每家多在三塊以上；豪右之家，其墳墓面積，在二三畝左右，甚至達十數畝不等，若門戶沒落，無人收買，將能生產之土地，全數轉移，而此不生產墳墓，即成產去糧存之現象。試以城區論，假定人口二十萬，每年死亡率，約佔百分之三，每人所佔地位，約二百平方尺，合計則每年需地一百二十萬平方尺，合一百六十五畝，假定人口不再增加，一百年後，所佔之面積，須一萬六千畝散居田間，佔此極大面積，致碍農事經營，使收穫減少，置有用之地而為無用，其不理可知。

四曰荒土尚多　錫邑耕地，頗感不足，每年不敷食米，尚賴米商招徠，在此情形之下，曠土仍多，據內政部二十三年八月間調查，無錫荒山有三·二〇一畝，荒原有一五〇畝，合計有荒地三千三百五十一畝。又縣府調查二十三年荒地，有一百三十二頃六十八畝四分三厘六毫一絲四忽。由此可見無錫之荒土尚多，在土地利用之觀點上，為極不合理之現象。茲將無錫歷年荒地統計列表於後：

無錫歷年荒地統計表（單位以畝計）

年份	畝數	材料來源	備考
民國四年	八·九一七	農商部	
民國五年	一八·六一一	農商部	
民國六年	一八·四五五	農商部	
民國七年	一七·八六七	農商部	
民國八年	四·八三八	農商部	
民國九年	四·八三八	農商部	
民國十年		農商部	
民國十一年	一八·二四一五一六八四	無錫年鑑	錫邑習慣逐年報墾，至成熟時征糧。
民國十二年	一七·一九七七五六五	無錫年鑑	
民國十三年	一七·〇八一八二五六五	無錫年鑑	
民國十四年	一六·八二六七八一一五	無錫年鑑	
民國十五年	一六·六四四三七五一四	無錫年鑑	
民國十六年	一六·五九五七二七九八	無錫年鑑	自本年份起，改由秋勘時報墾，至次年成熟時征糧。
民國十七年	一四·三六七二三八三	無錫年鑑	
民國十八年	一三·八九九六六八三	無錫概覽	
民國十九年	一三·五七一七五三二	無錫概覽	
民國二十年	一三·三七〇三七二二二	無錫概覽	
民國二十一年	一三·〇三一九九四五二	無錫概覽	
民國二十二年	一三·三〇三七五一五二	無錫概覽	
民國二十三年	一三·二六八四三六一四	無錫概覽	

綜觀以上三點，知無錫地權集中，土地既患寡而又患不均，同時土地利用未合理化，地仍未能盡其利，土地問題之嚴重，不言而喻，整理土地，迫不可緩矣。

第四節　無錫之田賦

第一款　田賦在財政及農民生活上之重要性

無錫以農業經營為生產之主體，以人口計，農民佔百分之七十五，以土地面積計，農地佔百分之九十以上，故農業稅收之田賦，久視為地方財政收入之唯一大宗來源，凡一切政警各費，胥惟其是賴，但以向來征收，一憑胥吏私藏之書冊，積習相沿，弊竇百出，人民之所出，不能涓滴歸公，政府之收入，遂日形短少。以言根本整理，則在釐定地籍，改征地價稅。抑有進者，錫邑土地荒蕪尚多，地不能盡其利，稅不能闢其源，人民收益有限，政府稅收無增，故整理田賦，必求之於土地整理中也。無錫田賦，民國元年佔歲入額百分之四十二，以後因政府需款孔殷，不時從事增加，於是田賦征收，乃急遽增高。迨至二十四年，竟佔歲收百分之六四.五二，由是可見田賦歲入，在財政上之重要矣。茲將無錫二十四年度預算各項收入比較及二十二年征獲田賦省縣稅，列表於後。

無錫縣二十四年度預算各項收入比較表

全年預算收入經常費1,048,414元

項目	稅名	稅額	百分比
第一項	田賦縣稅	676,207元	64.52
第二項	契稅縣稅	30,667元	2.93
第三項	屠牙雜稅	17,697元	1.69
第四項	雜捐	181,337元	17.30
第五項	地方財產收入	12,047元	1.15
第六項	地方事業收入	6,115元	0.58
第七項	補助款收入	12,903元	1.23
第八項	其他收入	111,441元	10.60

註二四　上表應用縣政府二十四年度預算書改製而成

無錫二十二年度征獲田賦省稅表

稅別	年額	征獲數	比較 增	比較 減
省稅	三六五.九四三.○○元	三七九.七四一.三六元	一三.七九八.三六	
省教育專款	一八八.六七四.○○	一六九.○六八.三六		一九.六○五.六四
省建設專款	三一.四九一.○○	二九.三二一.六○		二.一七九.四○
合計	五八六.一○八.○○	五七八.一三○.○○	一三.七九八.三六	二一.七八五.○四

無錫二十二年度征獲田賦縣稅表

款別	年額	征獲數	比較 增	比較 減	備註
縣稅	一一八.九一○.○○元	一一一.七五六.七八元		七.一五三.二二	十六年…[illegible]
地方費	二五.四四五.○○	二三.七二七.八四		一.七一七.一六	
警察捐	一五一.一五六.○○	一三八.四四三.一八		一二.七一二.八二	
普教畝捐	一○○.七七一.○○	九二.九六六.三五		七.八○四.六五	
教育畝捐	二九.四七五.○○	二六.一二○.一八		三.三五四.八二	
民政畝捐	三二.七五○.○○	三○.六四一.○九		二.一○八.九一	
地方畝捐	七五.五七八.○○	六七.九九五.九二		七.五八二.○八	
積穀費	六.二九八.○○	四.一九○.二四		二.一○七.七六	
築路畝捐專款	三一.四九一.○○	二九.三二一.六○		二.一七九.四○	
農業改良捐	二五.一九三.○○	二二.五七○.四一		二.六二二.五九	
清丈費	一二五.九六三.○○	九三.八七四.六二		三二.○八八.三八	
保衛事捐	二○.○○○.○○	一一.五九五.九○		八.四○四.一○	
征收費	三三.六三○.○○	三一.二九二.六五		二.三三七.三五	
滯納金		三八.九八一.二三	三八.九八一.二三		
附加滯納金		二.二六○.二	二.二六○.二		
合計	七七六.六六○.○○	七二五.七○五.○○	四一.二一七.二五	[illegible]	

註二五　上二表根據與註二同

無錫農村經濟，漸趨崩潰，其原因固複雜，而田賦問題之關係殊大。無論附加稅之繁重，稅則之紊亂，征收制度之不良，在在均足使農民因負擔加重，而生活困難。茲將田賦影响於農民生活之情形，分列述之。

一田田賦與人口之比較　本縣人口，據二十二年調查，總數為八十九萬九千二百九十一人，田賦總數，為一百三十二萬四千五百六十四元，平均每人負擔田賦額為一元四角七分二厘九毫。

二田田賦與農戶之比較　田賦之來源，全數出自農戶，據二十一年之中國勞動年鑑上所載江蘇省農田分配表內，每戶平均所攤得之畝數，無錫每農戶平均為七畝八分九厘一毫，以每畝田賦一元零一分六厘九毫計，則每農戶平均負擔田賦數為八元零二分四厘。

三田田賦與農家收支之比較　無錫農家田賦之支付，約佔每畝農田純收益六分之一，由下表即可知之。若係半自耕農，尚負擔田租，尤為可憐，農民生活之苦痛，可想見矣！

顧炎武先生云：「曠觀古今，自有田賦以來，未有若是之重者也。夫農夫蠶婦，凍而織，餒而耕，供稅不足，則賣田鬻女，又不足，然後不得已而逃，以致田地荒蕪，錢糧年年拖欠。」淒涼而深刻之敘述，足為田賦在農民生活上重要性之寫照。

無錫農田每畝收支表

收入				支出		
米	2.4石	7元	16.8元	人工	15工 0.5元	7.5元
稻柴	4.5石	0.4元	1.8元	戽水費		1.7元
小麥	0.6石	5.0元	3.0元	種子(稻)(麥)		0.35元
麥柴	2石	0.4元	.8元	肥料		4.9元
蠶豆	0.2石	5元	1.0元	農具消耗		0.3元
				房屋租稅		0.4元
				田賦（自田不納）（自田不納）（租田不納）		[illegible]
				田租	米半石 5.6元 麥二斗 1元	1.1元
總計			23.4元	總計		13.1元 23.8元

註二六　上表根據北夏周玉麟君調查

第二款　田畝科則與征收制度之概述

(1)田畝科則　無錫全縣計有額征田一百二十七萬三千三十一畝，其各類田之畝數，有如下表：

田別	畝數
農田	一百二十五萬四千三百三十七畝
學田	九百八十畝
義田	一千三百二十一畝
灘田	三千一百二十五畝
荒田	一萬三千二百六十八畝
合計	一百二十七萬三千三十一畝

至實征畝數，係於勘後，始能確定。各地遇有水旱風雹蟲傷諸災，即行查勘，剔荒征熟，以均人民負擔。

錫邑容歲，旱災奇重，計秋勘全荒蠲免田十四萬八千七十一畝，次荒普減一成田十一萬一千一百六十九畝，其實征田額，計一百萬五百二十三畝。以上所謂田額，實數尚不止此，祠廟寺觀祭田，因其概免科賦，均未列入。計算田畝之法，向以畝為單位，田畝面積，大小不一，農民以稻棵為測臆田畝大小之標準，以五百棵目之為「官田」，此種最為普遍，小者僅四百棵左右，最大竟達六百棵以上，相懸甚大。官府應用畝法，襲用清制，每畝以六十平方為標準，每一平方即指每一方丈而言。丈量儀器，應用舊式部弓，一弓即一步，每步約合中國營造尺三尺強，普通田畝，約計二百四十部弓。計畝方法，

畝以下遞十折為分、厘、毫、絲、忽，等位。

按錫邑前為無錫金匱兩縣，迨民元廢金匱併無錫，因兩縣征收習慣，互有異同，故縣治雖合，而糧櫃未併，僅改錫櫃為易字櫃，匱櫃為貴字櫃，以示區別，其科則即按貴字易字，分為平田、高田、低田、坂灘蕩、山塝墩五等。因錫邑以産米著，故征收漕米，漕糧則以石斗升合計。丁銀分上下忙征收，稱為忙銀，忙銀則以兩錢分厘計，茲將無錫之科則細目列後：

無錫縣田賦科則表

易字漕米	
平田	每畝應完漕米 六升二撮六圭一粟零
高田	四升七合六勺九抄四撮三圭八粟零
低田	四升四合四勺六抄三撮四圭七粟零
坂灘蕩	二升三合二勺九抄三撮三圭二粟零
山塝墩	六合一勺五抄四撮一圭一粟零

忙銀（上下忙數目）	
平田	每畝應完忙銀 五分七厘三毫一絲零
高田	四分五厘五毫五絲零
低田	四分二厘四毫六絲零
坂灘蕩	二分二厘二毫四絲零
山塝墩	五厘八毫七絲零

貴字漕米	
平田	每畝應完漕米 六升二撮六圭八粟七棵
高田	四升七合六勺九抄四撮四圭四粟零
低田	四升四合四勺六抄三撮五圭二粟零
坂灘蕩	三升三合二勺九抄三撮三圭五粟零
山塝墩	六合一勺五抄四撮一圭二粟零

忙銀（上下忙數目）	
平田	每畝應完忙銀 五分七厘一毫二絲零
高田	四分五厘四毫零
低田	四分二厘三毫三絲零
坂灘蕩	二分五厘一毫七絲零
山塝墩	五厘八毫五絲零

註二七。上表根據與註三同

此種科則尚係襲前清舊物，土地之變動無常，昔為灘蕩，今成沃壤，昔為肥土，今已磽瘠，故此科則，早已失去公平之意義矣。民二十年採用一條鞭法，概以銀元計算，將全縣田畝按分三級，規定上則田為一百一十元，中則田為一百元，下則田為八十元，平均每畝九十六元六角，以不得超過地價百分之一為原則，確定每年每畝税額九角六分六厘，將以前各類科則廢除，實行一則平田科算，其折計成數如下：

高田每畝折計	七分九四八七一八	山塝每畝折計	一分〇二五六四一
低田	七分四一〇二五六	平田	實計
灘蕩	三分八八二〇五一		

註二八　上表根據與註三同

因所厘定地價，漫無標準，故實際仍襲用舊制，以兩石計其銀元，人民負擔，依然奇重。如城市地畝價最高為一萬五千元，鄉地畝價最低僅四十元，二者相差四千倍之多，所納稅率則一，其不平孰甚。且稅率逐漸增加，自民國十二年至二十三年止，十三年中，增加高度，達百分之八十九，幾須一倍，茲列表如左：

年代	每畝田賦	指數	年代	每畝田賦	指數
十二年	〇.六二六元	一〇〇	十八年	〇.九四八元	一五一
十三年	〇.七二六元	一一六	十九年	一.一一八元	一七八
十四年	〇.六四八元	一〇八	二十年	一.〇三六元	一六五
十五年	〇.九八六元	一五七	二十一年	〇.九六元	一四六
十六年	〇.九三六元	一四九	二十二年	一.一八二元	一八九
十七年	〇.九六二元	一五三	二十三年	一.〇一七元	一六二

註二九　上表據陳翰笙先生統計。

稅率突增之速度，誠令人驚怵，考其原因，由於地方財政之窘絀，收支難抵，欲彌補其不足，即在賦稅上，添一新項目，故結果附加名稱，不一而足矣。

(II)征收制度

(丁)征收憑証　無錫征收制度，可分為下列九種述之：

錫邑糧冊，操於胥吏之手，如土地移轉，須向區書過戶推收，每歲造科銷冊二次，以轉移稅賦，彼輩視糧冊為寶藏，沿傳子孫，且以之作私產變賣，其值每圖以千元計。政府在開征前一二月，即通知各圖區書，編算業戶賦額，於是種種弊端，由斯起矣！

(乙)征收機關　無錫設田賦征收處，掌理一切稅收，並負責整理糧戶及征收田賦之責，以縣長及財政科長為經征官，其組織系統如次：

(甲)組織系統表

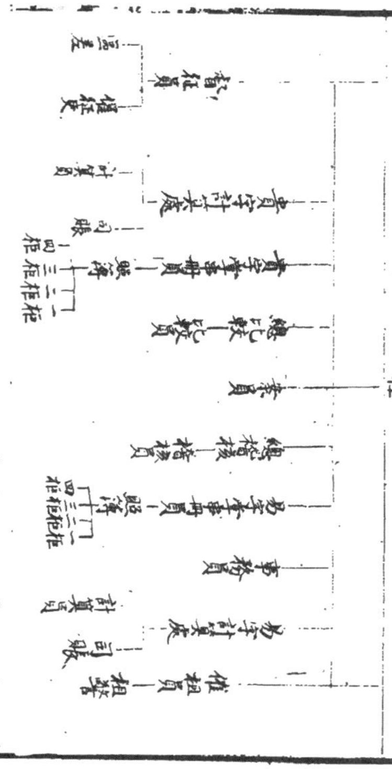

自二十四年七月起，改由農民銀行代徵，收稅處組織平時設主任及

收税員各一人，收税員助理三人，共為五人，忙時則添臨時收税員。其辦理手續，於每日結束時，所有簿冊須加以總結，交由主任復核，主任即造日報表，收税員並將本日所收之欵，悉數點交主任，封送銀行，現已正式開征矣。

一、徵收方法、無錫征收方法，可分兩種：

(甲)自封投櫃，即人民自携税銀，親赴粮櫃完納，隨取串票，惟各鄉並無分櫃，故鄉民完納困難，吏胥因此即代收代繳，於是浮收中飽，弊竇滋生。

(乙)義圖制，即由每圖舉出甲長十人，負徵收田賦全責，對下辦事，十甲長共同負責，對上以每年輪值一甲長負專責，十年輪畢，則另行公舉，以圖內田產最豐富者為當選標準。按年分二征收，第一期在蚕忙麥熟後開征，第二期在秋熟後開征，在半月前，則由征收處分發通知單，限期為二月。開征之前，設櫃於公共場所，各粮戶即投櫃完納，延宕拖欠，甲長隨時協助催收，如限期已屆，尚有未納者，即飭一人持黄牌，另一人手敲銅鑼，沿途高呼。催促完納，期滿即赴總櫃繳納，如有不足，則由甲長墊繳，掣串回鄉後，即定期發串，以昭大信，如此則政府得如期徵收之利，而人民無吏胥勒索之苦，官民交益，惟近年則逐漸破壞，全縣存者，僅八十一圖，據二十三年十二月無錫第十區梅涇鄉鄉長呈省財廳文中謂：義圖甲長藉口征税不足，自由加征役費，每畝平田自一角五分至三四角不等，人民困於負擔，是則義圖制日久亦生弊竇矣。

(二)征收手續，每屆開征前一月，催促各圖彙繳科銷，由櫃員繕寫通知單，送用鈐記後，即確定徵收日期，由縣長召集各催征員及各圖圖正諭語，同時出示佈告，及分發通知單，飭令各圖圖正遵照辦理，嗣後各業戶憑單完納，至於串票，前者即由櫃員在完納時，核明總數，在小票上填明，發給暫時執憑，迨手續完成，即由業戶將前發小票，投櫃換取正式粮串，此種小票，既不註明闔分年月姓名，又無號數可查，漫無稽考，弊竇易生，於十七年即行廢除，改掣現串。所有限外民欠，即由櫃員於限滿之後，將未完業戶抄下，分別飭催征吏嚴追。茲將業戶，粮櫃應有手續，歸納為幾點如下：

(甲)粮戶手續

一、粮戶持由單到櫃（現改為計算處），由計算員核算無訛，於由單下簽名蓋章，仍將由單交粮戶。

二、粮戶在計算處取到核算加章之通知單，持赴收款處繳款，經驗收後，給第一聯收條。

三、粮戶取到正式收據，即赴發串處守候以收條換領印串。

乙、收款處、計算處、管冊室、管串室手續。

附無錫縣徵收田賦手續順序表（二十四年四月訂定）

一、收款處除將第一聯收條繫交粮戶外，其第二聯及由單，應即送交計算處。

二、計算處收到收條及由單，隨時登入現金日收簿，將原件轉送管冊室。

三、管冊室收到收條及由單，隨時查對科銷冊，予以銷號，一面代填臨時繫串登記簿，連同原件，轉送管串室。

四、管串室收到收條及由單，隨時憑同由單，先行繫串，除由單保存外，其收條及串，送交發串處。

五、發串處收到收條印串隨時收回各粮戶第一聯收條，換給印串。

六、管串室，每日於經過收稅時間後（即下午五時）即行按照由單分圖分戶補登截串登記簿。

七、管串室，每日於經過收稅時間後，補填繫串日報表，可用複紙寫四張，一存串室，一存田賦處，一送收款處，一送計算處，以資互相對照。

八、發串處於每日繫出之串，以發清為度，按日將收回第一聯收條與第二聯比對相符，送管串室，不可缺漏。

（5）征收串票　無錫串票，現用三聯式，一聯糧戶通知，二聯征收執照，三聯存縣府。其式樣如左：

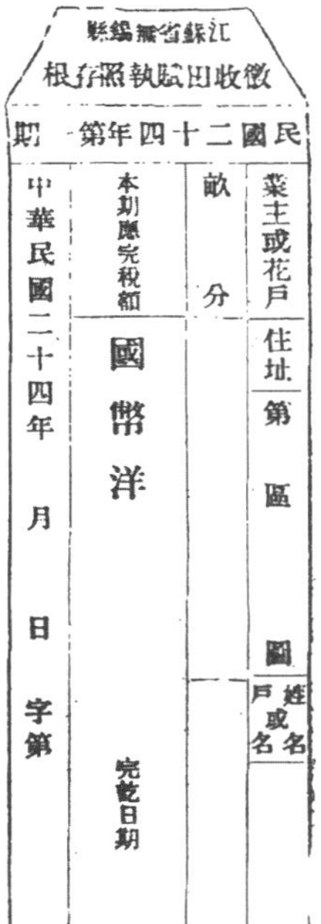
江蘇省無錫縣
徵收田賦執照存根
民國二十四年第　期

業主或花戶	住址 第　區　圖	戶姓名或名
畝　分		
本期應完稅額	國幣洋	完乾日期

中華民國二十四年　月　日　字第　號

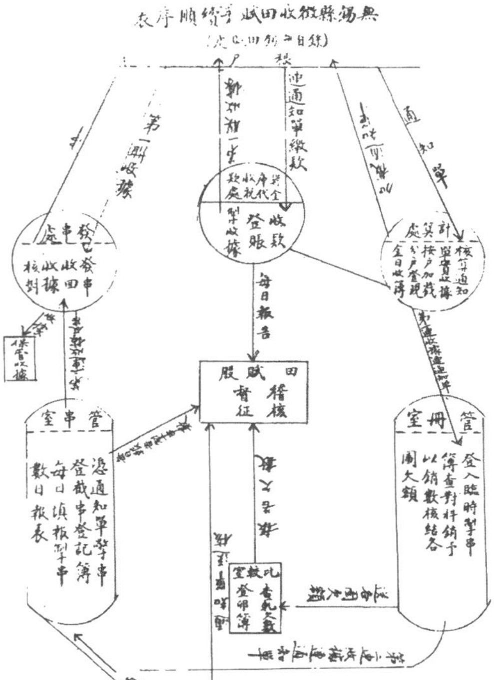

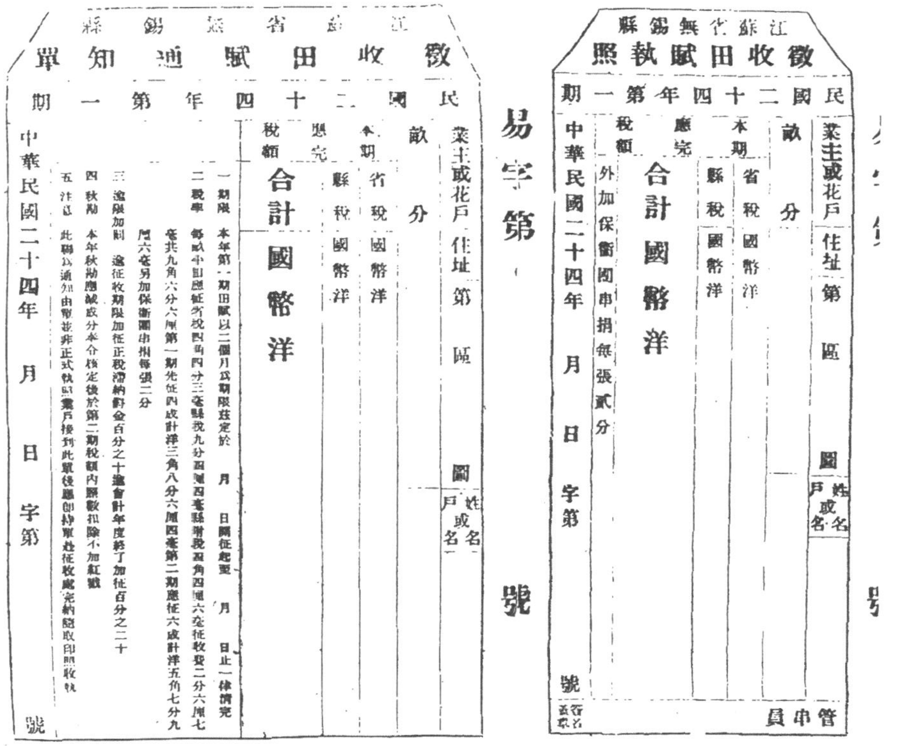

江蘇省無錫縣
徵收田賦執照
民國二十四年第一期
業主或花戶　住址　第　區　圖　姓名或戶名
畝　分
本期　省稅　國幣　洋
縣稅　國幣　洋
應完稅額　合計國幣　洋
外加保衛團串捐每張貳分
中華民國二十四年　月　日　字第　號
管串員　簽名蓋章

易字第　號

江蘇省無錫縣
徵收田賦通知單
民國二十四年第一期
業主或花戶　住址　第　區　圖　姓名或戶名
畝　分
本期　省稅　國幣　洋
縣稅　國幣　洋
應完稅額　合計國幣　洋
一　期限　本年第一期田賦以二個月為期限茲定於　月　日開征起至　月　日止一律清完
二　稅率　每畝中則應征省稅四角四分三毫縣稅九分四厘四毫縣附稅四角四厘六毫征收費二分六厘七毫共九角六分六厘第一期先征四成計洋三角八分六厘四毫第二期應征六成計洋五角七分九厘六毫另加保衛團串捐每張二分
三　逾限加罰　逾征收期限加征正稅滯納罰金百分之十逾會計年度終了加征百分之二十
四　秋勘　本年秋勘應減成分奉令核定後於第二期稅額內照數扣除不加紅鐵
五　注意　此聯為通知由業主戶正式執照業戶接到此單後應即持單赴征收處完納隨取印照收執
中華民國二十四年　月　日　字第　號

(6)開征日期　無錫按年分成二期，第一期在八月一日開征，限二月結束，先征四成，第二期在十月間開征，限至廢歷年終結束，征六成。

(7)滯納罰金　無錫滯納罰金，過第一限罰百分之十，逾會計年度(即第二限終)，加征百分之二十。

(8)考成　無錫考成，分初限末限兩期辦理，初限於每年一月底行之，末限於每年六月底行之，並額定初限屆滿，應征足七成以上，末限屆滿，應照秋勘實征額全征，年清年款，如初限征收到七成五以上者得記功，征收至八成以上者，得加俸晉級，末限如照秋勘實征額全征者，特別褒獎，並給予勞績金，按照三年收數平均比例，給予多收成數百分之十。如初限不足七成五者，記大過，征不足六成者罰俸或降級，末限征不足九成者記過，不足八成五者罰俸或降級，不足八成者撤職。立法雖嚴，但無錫之積欠仍多也。如自民國十六年起，新舊田賦，歷年積欠，有一百餘萬之鉅，先經財廳嚴催，並派員赴錫催征，規定於六個月內，解征三十餘萬元，但結果僅征五萬餘元(見四月七日申報)。

(9)田賦蠲免　政府體恤民瘼，乃有蠲免田賦之舉，但法久弊生，官或怠於履勘，吏或從而需索，國家實惠，不逮於民，據錫報二十二年十二月十四日所載：去年無錫秋勘旱荒，各區編造荒冊，一般糧書圖正，欺鄉愚無知，遂以熟報荒，以荒報熟，勒索荒費，弊竇百出，鄉民怨聲載道。如此則蘇民之仁政，反為病民之虐政矣。

第三款　田賦積弊與土地整理關係之檢討

目前檢討中國賦稅者，莫不憂苛捐雜稅之繁重，因農村經濟破產，苛捐雜稅為其主因，而不知田賦積弊，更為其因中之因。田賦有積弊，則公家收入不足，於是不得不出於苛捐雜稅之一途，農村經濟，為之破產，公私交困矣。茲列舉無錫田賦之積弊六端如下：

一曰科則失平　無錫田賦科則，向沿舊制，滄桑歷變，早失公平，雖民二十年曾釐定一種標準，但係臆測普通價格之平均數，每畝九十六元六角，每年納稅九角六分六厘，將市地與農地，熔於一爐，實難公允。

二曰藏冊居奇　無錫自洪楊事後，圖冊散佚民間，征賦之根據，掌於書吏之手，陋弊於焉叢生，如此次造第一期通知單，某圖區書，（即掌粮冊者）挾冊逃隱，致該圖無法造串，於此可見一般矣（根據征收主任述）。且是項圖冊，由書吏私抄之底本，零星湊集，即成今日之圖冊，其實已非確數，加以書吏從中作弊，顛倒山圩，假造魚冊，且又因土地轉移而不過割，有因賣地而不賣糧者；（為希望易於出賣起見，原主每願允買主過戶不過糧之要求，而私行酌貼。）有因逃亡死絕而不知道者，於是有糧無地，有地無糧，或糧多地少，或糧少地多等等發生，

論次　　北收墾院

南至三十埧

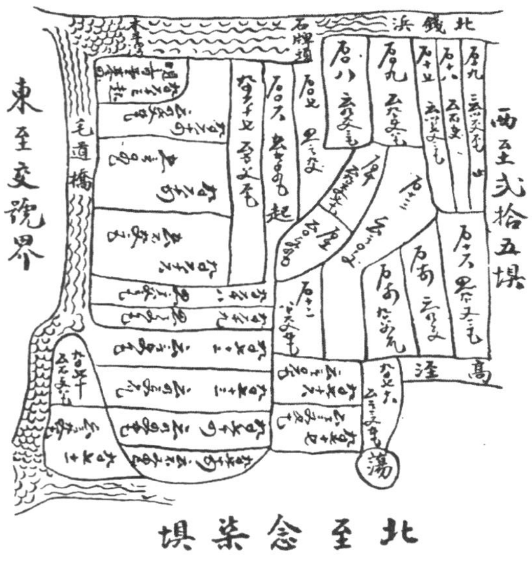

北至念柒埧

胥吏可佼佔隱匿，任所欲為，視糧冊為生活之寄託，，密藏不宜，如示人時，其區域畝數，皆不詳載，其姓名大都筆劃之最簡者，如丁王等姓，其秘密記號，有斜點者，有梅花形者，有十字形者，有三角形者，令人無從識別，（例如田畝六分五厘四毫寫作[illegible]）以之授於子孫，子孫以為有業有承，往往不求知識，惟究舞弊之技；如無子孫，則傳之門徒，充門徒者，先須厚納修金，為之服務數年，始將其內容傳授，彼輩藏冊居奇，以為利藪，政府亦惟有仰其鼻息，代代相傳，莫能革除，現縣府有令其公開交出，彼輩以無關冊對之，縣府因無証據，甚感辦到之非易。作者在錫調查時，多方託友向民間借閱得數冊。茲錄一頁如下，以見其秘密字號及該縣魚鱗冊圖式之一般焉。

三曰逃糧留賦　逃糧則為糧戶隱匿，無從征收，大約有下列數種情形，第一通常凡由沙泥漲成之沙田，若能稍加改良，即可耕種，此種沙田，官廳常不加注意，任聽土豪侵佔，既不升科，又不完糧。第二現有一般農民之賣契內，常載明若干年內，賣者得備價贖回，其產權不甚確定，對於納糧，時互相推諉，不易征收。第三因舊日驗契，稅費甚重，農民為避免負擔起見，在土地買賣時，不事推收過戶，如是該戶應納之田賦，終至無法征收。第四征賦所依據之區書圖冊，多沿自清代，其中所列花戶姓名，因人事變遷，不甚可靠，故常冊有其人，而無法征收者。第五原主因事離鄉出走，而產權又已轉移，原主既不易尋獲，而現主又堅不承認，田賦起征不易。第六原主死亡，而田地又因分析家產之結果，產權轉移，田賦遂難起征。第七無錫地主喜用堂名，或別字，其後子孫繁衍，經歷數代，納稅之主體，則難確定，征收不易。留賦即「產去糧存」，農民有田，雖售於他人，而賦仍有完者，其原因有二：一為前清無賦者，不准應考，故田雖售，而賦仍留，時過境遷，完賦無人；一為買主懼納稅之煩，恒加田價若干，使賣主仍負納稅責任，田過戶而賦不過戶，日久賣主貧困或死亡，而賦遂無人完納。

四曰隱匿滕報　隱匿即胥吏之匿欵不報，其匿報方法有二，一則對於每業戶之田賦總額，匿不呈報，因業主田賦既已清繳官廳必給糧串為憑，如糧票已去，而欵不呈報，一經盤查，不難水落石出，不易久匿也。一則對業主之分期繳納者，於最後一期，未繳清以前，向例不給糧串，業主往往圖貪便利，繳納數期後，即任意拖延，胥吏亦任其自然，不加窮追，萬一上峯盤查時，因串尚在胥吏之手，不易查出其弊端，吏胥遂可吞匿，政府嚴厲催繳時，胥吏甚至誣為鄉民未繳，追罰兼施，不亦冤乎？結果不惟細民受累，公家之收入，亦逐漸而短少。朦報即欠熟之地，朦報新墾，希圖展緩征糧也。

五曰捲尾中飽　捲尾者即化零成整之法，一為地畝捲尾，一為錢糧捲尾，例如每甲有田九分一厘，每畝應征錢糧三錢五分七厘八毫，彼即捲去尾數，將畝加為壹畝，三錢五分七厘八毫，使折成四錢，原如須付。九八一兩，須現付一兩，積少成多，其數可觀。無錫在未改一則平田制以前，糧櫃上之司賬者、收款者，均為無給職，其生活費用，全恃在各糧戶納稅時以捲尾法計數，，每日每人可得一二元不等。自二十年改制以後，司賬給薪，串以銀洋折算，弊實稍滅。但一般催征官吏，尚為無給職，每次下鄉，肆意勒索，小民苦矣。以飽取之於民而未歸之於公之謂，糧差下鄉，必隨帶糧串，凡完納之人，應發以糧串，鄉民每不明糧串之重要，以為輸納之後，於己無關，不索糧串。或因一時未曾完全輸納，糧差即不給糧串，遂得中飽機會。祇須返縣報告，並未收到，結果鄉民已納之數，遂置於無何有之鄉焉。

六曰劣串墊票　劣串即指糧串不良，易生弊端而言，茲搜集得無錫十餘年來之糧串　發現許多劣點，擇其要者，可分三種，第一串票為最劣等之紙所製印，藏於袋中二二日，即紙破字滅矣。第二附加稅名目及附加之數，大多臨時加蓋戳記，且模糊不清，遂有大頭小尾之發生。第三串票上不詳細載明畝數，人民僅知完納銀兩總數，胥吏朦混，人民無從知之。此種劣串，現雖經政府改進之處甚多，但弊竇積深，未能盡革也。墊票即撕票之俗稱，因農民繳納如過限期，吏胥即乘機將串票墊下，持票向業主加息勒索追償，其息往往超越正數，因串票已墊下，農民無可奈何，惟有忍受剝削耳。

綜上各種弊端，多源自政府無圖冊可憑，其間雖不乏用治標之法，從事改革，如改由農行代征，改良糧串，司賬給薪等等，果爾革新之處不少。但因治本之土地整理未竣，地籍未清，產權不定，物尚隳腐，蟲何不生？作者在錫調查時，據田賦主任云，欲澈底整理無錫田賦積弊，唯有將土地早測量完畢，辦理登記，政府自備坵戶圖冊，由此可見滌除田賦積弊與土地整理關係之密切矣。

第二章　無錫之土地行政及業務機關

第一節　沿革

本縣地處長江之南，扼京滬鐵路之中樞，人煙稠密，工商發達，誠所謂田肥美民殷富之邦也。惜自清代以還，談吏治者，不務其本，置經界於不問，視清丈如敝屣，循至田賦不均，弊竇滋生，胥吏施其詐偽之術，人民疲於應付之方，國計民生，莫困於是，以故地方之繁榮，難於進展，農村之經濟，類於破產。民國以來，又為軍閥所盤据，兵禍連年，擾攘不已，奚暇論整理經界為當今之急務哉。迨至民十五年，革命軍誓師北伐，而年之間，削平宇內，積極從事於內政之整理。本縣市政

籌備處，即應運而生，其於整理土地之事業，由財政科掌理之，雖規模狹小，而計劃尚有可觀，例如土地登記，以及報價諸事項，均有詳章規定，惜乎曇花一現，不匝月而撤銷之令至矣！民十九年，江蘇省政府，於軍事告終，訓政開始之際，首先成立土地整理委員會，旋即成立江蘇省土地局。二十一年秋十月，本縣陳縣長傳德，奉令兼任土地局籌備處籌備員，負責進行籌備事宜，同時並遵令組織清丈費保管委員會。二十二年四月，省局以陳縣長已奉令交卸，遂將籌備員一職，令由繼任嚴縣長慎予接充。二十二年二月，省局令派第一分隊第五組長李壽圖暨組員三人，實習員一人，來縣實施測設縣圖根點工作，十一月又派周厚熙為本縣清丈隊隊長，先行從事舊第三區導線測量，分戶測量，以及調繪計算諸業務，本縣實施整理土地之工作自此始。二十三年二月，省局以本縣籌備處業務，日形繁重，乃委任傅華耕為籌備員，另設辦公處於縣府之內，於是進行籌備事項。及五月傅籌備員忽奉令前往江西行營第二廳服務，而籌備員職，省局則令由吳縣土地局籌備處籌備員胡品芳兼任，胡籌備員以籌備事業，均已就緒，惟辦公地點，則太覺窄狹，呈准省局租賃大成巷七號民房作為辦公處所焉。秋八月籌備處奉令成立縣土地局，即以胡籌備員為局長，聘任陳銘為第一課長，清丈隊長周厚熙為第二課長

，張銘為技術員，其第三課長，則由局長自行兼任之。此外如課員辦事員及錄事諸人，均依江蘇省縣土地局之組織委用之，本縣之正式地政機關，至是始告成立。同時省局以南通及錫邑為本省江南北工商業發達之區，城市地價之高，迥非他縣所可比擬，實有從事試辦地價申報之必要，於是委任嚴縣長慎予為主任，胡局長品芳為副主任，金廷澤、何夢雷、馬寶華三人為指導員，成立城市地價申報辦事處，任用事務員一人，書記六人，設辦公處於縣府內，專辦地價申報事宜，是時本縣又添一地政機關矣。冬十月圖根組李組長，以本縣圖根點已測文完竣，遂呈報省局撤銷結束，而所有儀器什物，交由

縣土地局接管。十一月有局又令清丈縮小範圍，變更組織，改清丈隊為清丈組，調周厚熙為丹陽隊隊長，而以黃輝祖為清丈組組長，所有外業人員，均調往他縣，僅留調查及繪算數人，專事舊第三區未了之工作，此因有局變更計劃，已與參謀本部陸地測量局航空測量隊，訂約辦理本縣航空測量也。十月中旬，航空測量隊無錫分隊成立。二十四年二月，城市地價申報辦事處，奉令撤銷，其未了業務，如公告及發給証書等事，統歸縣土地局繼續辦理，由是縣局業務，陡形緊張，惟以職員太少，不敷分配，乃呈准省局，添用臨時書記二人，俾易應付，及至夏六月，舊第三區清丈工作，已完全告竣，省局即將清丈組撤銷，而縣局遂開始辦理土地登記事業矣；然因辦理登記，人數必大有增加，辦公地點，及職員宿舍，均發生問題，乃於七月一日，再遷局址於跂岸上十二號，同時并成立登記處，並設南橋鎮登記分處於第三區區公所內，即行開始南橋鎮登記工作；二十一日復成立青祁鄉登記分處於蠡園之培本小學內，辦理青祁鄉之登記工作焉。余以在錫未久，見聞甚稀，對於該縣土地行政及業務機關之沿革，僅就管見所及，略述之以享閱者。

第二節　土地局籌備處之組織及經費支配

(一)組織　無錫土地局籌備處，為期一年又九個月，中間已曾四度易人，其組織係遵照省方規定，設籌備員一人，受省局之命，若非縣長兼任籌備員者，尚秉承縣長之命，綜理籌備處事務，及指揮監督所屬職員。設事務員二人，書記一人，各承籌備員之命，助理一切事務。茲將該處組織人員表，及組織章程列後：

無錫縣土地局籌備處組織人員表

職別	姓名	任期	備考
籌備員	陳傳德	二十一年十月	縣長兼任
事務員	桑錫棠		
書記	金文炳		
	劉政淵		
籌備員	嚴楨予	二十二年四月	縣長兼任
事務員	劉研南		
	梅樹人		
書記	錢組善		
籌備員	傅華耕	二十三年二月	另設辦公處於縣府
事務員	陳鋒		
	梅樹人		
書記	錢組善		
籌備員	胡品芳	二十三年五月	吳興土地局籌備員兼任
事務員	陳鋒		
	梅樹人		
書記	錢組善		

無錫縣土地局籌備處組織章程

第一條　無錫縣土地局籌備處，隸屬於縣政府，受江蘇省土地局之指揮監督，負責籌備全縣土地整理事宜。

第二條　縣土地局籌備處職掌左列事項：

甲、關於事業經費之籌畫預擬及預決算之編製事項；

乙、關於全縣土地調查測量登記之規畫、設備、及實施事項；

丙、關於成立縣土地局之準備事項；

丁、關於其他一切整理土地事業應行籌備事項；

第三條　縣土地局籌備處設置左列各職員：

一　籌備員一人

(二)　事務員二人

(三)　書　記一人

第四條　縣土地局籌備處職員，除籌備員由省土地局局長遴請省政府核委外，事務員及書記，由籌備員分別委用，呈請省土地局備案。

第五條　縣土地局籌備員，受省土地局局長之命，並秉承縣長，綜理籌備處事務，及指揮監督所屬職員。

第六條　事務員書記，各承籌備員之命，助理一切事務。

第七條　辦公時間，悉照省局之規定，但遇有特別緊要事，得隨時延長之。

第八條　各職員承辦稿件，均須隨到隨辦，至多不得逾三日，其屬緊要者，尤應提前速辦。

第九條　各職員對於一切文件圖表，未經籌備員許可，不得私自印錄宣洩。

第十條　各職員請假應依照省局職員請假規則辦理。

第十一條　縣圖根組暨清丈隊，進送業務支出計算書據，須經籌備員審核轉呈。

第十二條　縣土地局籌備處購用一切物品，須經籌備員之核准，並指定職員一人負責保管。

第十三條　縣土地局籌備處，俟縣土地局成立之日結束。

第十四條　本章程如有未盡事宜得隨時呈請修改之。

第十五條　本章程經江蘇省土地局核准施行。

(二)經費支配　錫邑土地局籌備處，自二十一年十月成立，至二十三年六月份結束，改設土地局止，共用去經常費洋四千四百六十八元七角五分二厘。可分兩期述之。

(1)籌備員兼任時期之經費支配　錫邑土地局籌備處，自成立至二十三年一月份止，為縣長兼任籌備員時期，每月經費，省局規定為二百元，計一年三個刂零十天，實支出經常費三千零八十三元九角六分二厘。茲列表於後：

無錫縣土地局籌備處經常費月支預算表

科目		每月預算數	說明
第一款	縣土地局籌備處行政經費	二〇〇元	
第一項	俸給	一一二	
第一目	職員俸給	一一〇	籌備員由縣長兼任不支薪，辦事員二人，平均每人月各支四十五元，書記一人，月支二十元。
第二目	公役工食	一二	公役一名
第二項	辦公費	八八	
第一目	文具	五三	如紙張筆墨印刷廣告等項。
第二目	郵電	一〇	
第三目	雜支	二五	如旅費茶水消耗等項。

論文

『註三二』上表根據省土地局頒縣之預算

無錫縣土地局籌備處自二十一年十月二十日起至二十三年一月份止經常費預算決算表

年月	預算數	決算數		超出數	備註
二十一年十月二十日起至月底止	六六·六六六元	六八·二八八元		一·六二二元	共計十天，不敷由籌備員賠補。
十一月份	二〇〇	二〇一·四八		一·四八	由籌備員賠補
十二月份	二〇〇	二〇一·三五		一·三五	仝
二十二年一月份	二〇〇	二〇三·四一		三·四一	仝
二月份	二〇〇	二〇〇·四八		·四八	仝
三月份	二〇〇	二〇四·九三		四·九三	仝
四月份	二〇〇	二〇八·〇四		八·〇四	仝
五月份	二〇〇	一九九·七五	·二五		
六月份	二〇〇	二〇〇·一六		·一六	仝
七月份	二〇〇	一九六·三三	三·六七		
八月份	二〇〇	二〇二·五九		二·五九	仝
九月份	二〇〇	二〇〇·六四		·六四	仝
十月份	二〇〇	一九八·〇六	一·九四		
十一月份	二〇〇	二〇二·九六		二·九六	仝
十二月份	二〇〇	一九六·八八	三·一二		
二十三年一月份	二〇〇	一九八·六二	一·三八		
共計	三〇六六·六六六	三〇八三·九六二	一〇·三六	二七·六三六	

『註三三』上表根據無錫土地局籌備處經費卷宗製成

2）籌備員專任時期之經費支配　民二十三年二月內

，省局以籌備處業務，漸形繁複，乃派地政學院畢業同學傅華耕，為該縣籌備員，以後直至籌備處結束止，為籌備員專任時期；傅君接任後，以縣長兼任時，籌備員不支薪給，每月經常費二百元，尚足敷用，今籌備員既非兼任，勢必支薪，遂呈准省局每月增加行政經費一百元，合計三百元，另編訂月支預算。計五閱月，實支出經常費一千三百八十四元七角九分，茲列表於後：

無錫縣土地局籌備處經常費月支表

科目		每月份預算數	說明
第一款	籌備處行政經費	三〇〇	

科目	數	備註
第一項 俸給	二〇〇	
第一目 籌備員俸給	八〇	
第二目 事務員俸給	八〇	事務員二人，月各支四十元，合計如上數。
第三目 書記薪水	一六	書記一人，月支如上數。
第四目 公役工食	二四	公役二名，月各支十二元，合計如上數。
第二項 辦公費	七〇	
第一目 文具	四〇	如筆墨紙張宣傳印刷品等。
第二目 郵電	一〇	
第三目 雜支	二〇	如旅費消耗，及一切雜費。
第三項 籌備員辦公費	三〇	
第一目 籌備員辦公費	三〇	

無錫縣土地局籌備處自二十三年二月份起至同年六月份止經常費預算決算表

年月	預算數	決算數	節餘數	超出數	備註
二十三年二月份	三〇〇	二七九.六五	二〇.三五		
三月份	三〇〇	二九一.三四	八.六六		
四月份	三〇〇	二九九.〇九	九一		
五月份	三〇〇	二八七.一八	一二.八二		
六月份	三〇〇	二二七.五三	七二.四七		
共計	一五〇〇	一三八四.七九	一一五.二一		

註三四 上表根據與註三三同

第三節 圖根組之組織及經費支配

(一)組織 無錫圖根組，設立於民二十二年二月，名仝省土地測量隊第一分隊第五組，後以省局欲早觀圖根業務之完成，擴大圖根組織，於二十三年二月奉令改為第四組，其組織頗為簡單，茲列表於後：

無錫圖根組組織人員表

組名	職別	姓名	備考
第五組	組長	李壽圖	
	組員	朱逢慶	
		王德年	
		唐文翼	
	見習員	顏政	
第四組	組長	李壽圖	
		唐文翼	
		董國祥	
		覃光第	
	見習員	顧寶昇	
	實習員	唐昕梁	
		朱紫源	

地政學院論文

(二)經費支配 錫邑圖根組，自民二十二年二月起，至二十三年十月份結束止，為期一年又十個月，按其圖根測量，計分選點、造標、觀測、計算及基線、天體、水準等工作，其中以造標時期用費最鉅，照二十三年一月省局所頒發之無錫圖根點設置經費概算表，縣圖根點設置費三千七百六十二元中，圖根點標架材料工程費，即佔三千五百元。

無錫縣圖根點設置經費概算表

科目	共支額數	備考
第一款 縣圖根點設置費	三七六二元	本款設置費，應由組長應用時分期呈縣請領。
第一目 圖根點標架材料工程費	三五〇〇	圖根標架，計共三五〇份，每份應需材料工程費以十元計，共需如上數。
第二目 基線材料工程費	一五〇	基線二條，應需材料工程費，約如上數。
第三目 水準標點設置費	七六	二等水準計五〇點，應需標準及運費，約如上數。
備考	本表所列設置費總額，係該縣全部圖根點設置費數。	

地政學院 論文 頁七二頁

註三五 上表係自無錫圖根組經費卷宗

又該組經費，最為繁複，每月預算，不時變更，茲將其逐月支出，列表於後：

圖根隊第五組測設無錫縣圖根點逐月（二十二年二月起至二十三年一月止）經費支出計算表

月份	第一款 圖根測量經費	第一項 俸給	第一目 俸薪	第二目 工資	第二項 辦公費	第一目 文具	第二目 郵電	第三目 印刷	第四目 消耗	第五目 雜費	第三項 設備費	第一目 材料費
二月	344.43	196.14	137	57.14	21.58	14.25	1.		4.17	2.16	3.22	3.22
三月	703.54	426.	274	152	36.86	13.19	3	8.	14.22	6.45	63.76	63.76
四月	762.65	426	274	152	44.24	14.74	3	6.5	14.38	3.92	116.75	116.75
五月	1135.34	432	280	152	41.37	13.18	3		14.28	4.43	468.25	468.25
六月	918.85	432	280	152	35.95	14.35	3		13.86	4.71	265.8	265.8
七月	845.75	432	280	152	37.16	13.65	4		14.75	4.38	199.54	199.54
八月	612.58	432	280	152	34.44	10.43	5		14.05	4.47	40.4	40.4
九月	903.15	431.	279	152	30.7	8.19	3		14.67	4.87	261.81	261.81
十月	1271.07	635.39	393	242.39	56.89	26.77	2		13.35	14.75	313.24	313.24
十一月	762.65	50.	314	248	37.81	16.66	4		13.3	5.85	164.51	164.51
十二月	520.62	480.6	220.67	200	31.79	6.86	9	5.4	9.3	7.23	27.82	27.82
一月	527.63	355.77	213.17	152	28.13	7.43	5		6.3	10.2	14.19	14.19
共計	9655.46	5150.37	2314.84	1965.33	489.76	160.7	35	17.3	146.8	79.36	1939.51	1939.51

閘根隊第四組（無錫縣閘根測點）逐月（二十三年二月起至同年十月止）經費支出計算表

月份	全額	第一款 閘根測量經費	第一項 俸給	第一目 俸薪	第二目 工資
二月		603.35	394	234	160
三月		355.3?	394	234	160
四月		754.02	496.66	270.66	160
五月		132.06	554.5	364.64	190.21
六月		1146.37	994.5	410	284.5
七月					
八月					
九月					
十月					
共計					

第四項 特別費	第一目 外勤費	第二目 遷移
123.49	68.6	54.89
176.7	147	29.7
175.66	147	28.66
193.7	150	43.7
175.1	150	25.1
177.03	150	27.03
165.74	150	15.74
179.64	147	32.64
265.55	216	49.55
176.33	168	28.33
140.34	117	23.34
129.54	102	27.54
2098.82	1712.6	366.22

第二項 辦公費	第一目 文具	第二目 郵電	第三目 印刷	第四目 消耗	第五目 雜費
54.64	14.88	4	7.2	14.6	13.76
46.09	16.32	4		11.17	14.6
38.57	8.91	5	12.31	12.35	
77.69	26.65	5	9.	18.43	18.81
71.48	18.65	5.35	10.65	19.35	17.48

第三項 設備費	第一目 材料費	第四項 特別費	第一目 外勤費	第二目 遷移費
22.04	22.04	132.37	117	15.37
264.7	264.7	145.9	117	28.91
374.93	374.93	104.36	82	22.36
344.38	344.38	154.94	108	46.94
223.39	223.39	157	110.8	46.2

因上表尚缺七月至十月經費統計數字，圖根組支出總數，尚難確定，惟據最近出版江蘇地政載有無錫測得之圖根點共三四一點，水準一一〇點，共計用費一萬八千六百九十九元三角，則平均每點用費五十四元八角四分。

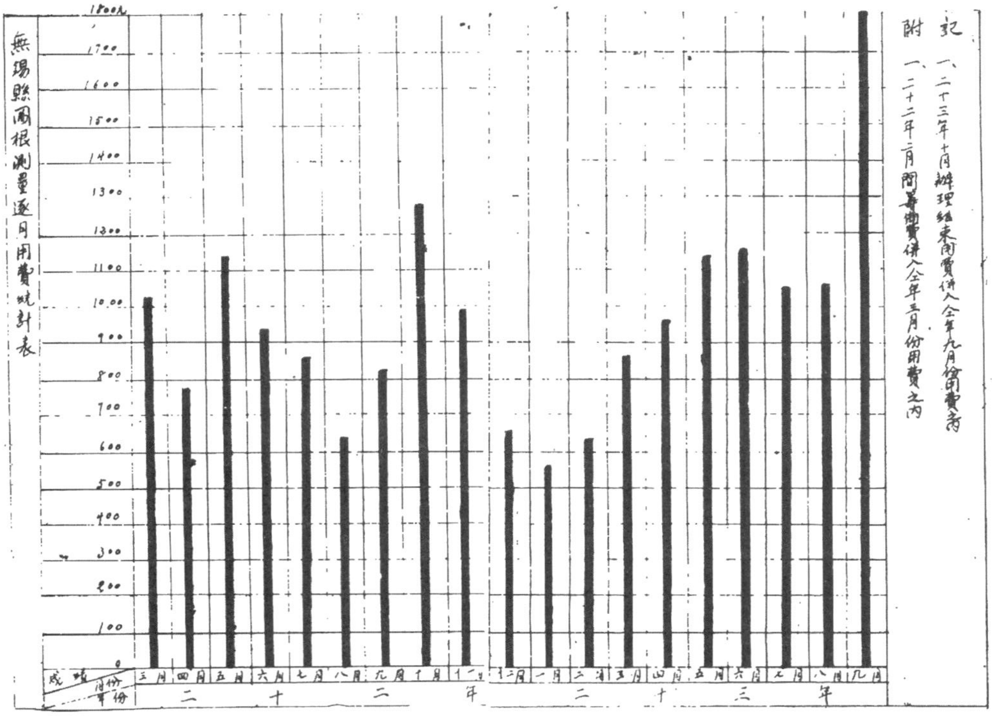

第四節 清丈隊組之組織及經費支配

(一)組織 無錫清丈隊於二十二年十一月成立，設分隊長一人，組長二人，組員四人，清丈員四人，辦事員一人，書記一人；省局派來第一屆測量實習學員五十九人，編設一二兩組，每組設抽查一班，導線一班，清丈八班，十一月二十三日，省局又派組員及試用清丈員各一人來隊，於是增加清丈兩班，共計清丈十八班。二十三年一月底，實習學員，實習期滿，奉令一律暫遣回籍。二月初旬，一二兩組各班，另行改編，第一組設導線一班，清丈四班，第二組設導線一班，清丈四班。四月奉令擴充組織，添設第三組。每組設檢查兩班，導線兩班，清丈十班，內業成立計算十九班，附設登記繪圖兩班，造冊一班。同月省局派來第二屆測量實習學員四十三人，計外業二十八人，分派三組實習，內業十五人，分繪算八班實習，茲將該隊組織，列表於後：

無錫清丈隊組織表

職別	人數	備考
隊長	一	二十二年十一月，省局委周厚熙為隊長。
辦事員	一	
書記	一	
檢查員	一	
繪算員	一四	分為繪算十四班
試用繪算員	五	分為繪算五班，即自十五班起，至十九班止。
登記繪算員	二	分為登記二班
造冊員	一	造冊一班
實習員	一五	分為實習九班
合計	四一	

無錫清丈隊各組組織表

組別	職別	人數	備考
第一組	組長	一	二十二年十一月，省局委曹昭萱為組長。
	檢查員	一	檢查一班
	二等清丈員	二	分為二班，即檢查第二班，與清丈第一班。
	三等清丈員	三	分為三班，即導線第一班，與清丈第二第三兩班。
	試用清丈員	七	分為清丈七班，即自四班起，至十班止。
	實習員	十	分為實習四班
	合計	二四	
第二組	組長	一	二十二年十一月，省局委唐鳳翔為組長。
	檢查員	一	檢查一班
	二等清丈員	二	分為二班，即檢查第二班，與清丈第一班。
	三等清丈員	五	分為五班，即導線第一班，清丈第二班起，至第五班止。
	試用清丈員	五	分為清丈五班，即自六班起，至十班止。
	實習員	九	分為實習四班
	合計	二三	
第三組	組長	一	二十三年四月，省局委黃輝祖為組長。
	檢查員	一	檢查一班
	二等清丈員	四	分為四班，即檢查第三班，導線第一第二兩班，清丈一班。
	三等清丈員	三	分為清丈三班，即自二班起，至四班止。
	試用清丈員	六	分為清丈六班，即自五班起，至十班止。
	實習員	九	分為實習四班
	合計	二四	
三組合計		七一	

〔註三七〕上表根據無錫清丈隊卷宗，作者改製。

縣清丈隊組織系統表

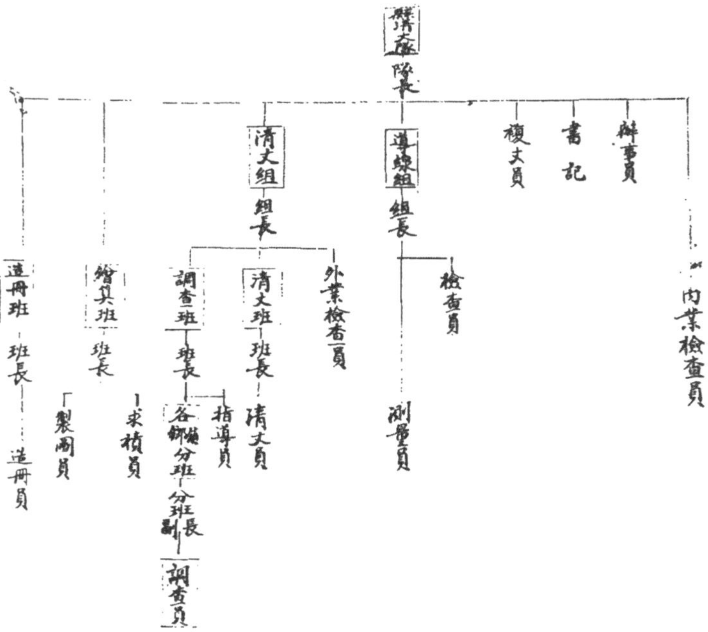

說明

(一)縣隊導線組，設組長一人，及測量員若干人，測量縣區鄉鎮界址導線。

(二)縣隊清丈組，設組長一人，置測丈班及調查班，測量二千分一或一千分一、五百分一地籍圖，及查定各起地地籍。測丈班每十班設班長一人，每組在十五班以下者，仍設班長一人，由組長兼任之；十五班以上，至二十班者，另設班長一人，由外業稽查員兼任之；二十班以上，依此類推。調查班設班長一人，指導員若干人，各鄉鎮分班，置正副分班長各一人，調查員若干人。正副分班長由鄉鎮長副及指導員等兼任之，調查員由冊書、保長、閭正、閭保，及其他適當人員充任之。

(三)縣隊繪算班，設班長一人，及求積員、製圖員若干人，繪製地籍圖及縣區鄉鎮總分圖，並計算面積。

(四)縣隊造冊班，設班長一人，及造冊員若干人，編造各鄉鎮土地清冊。

論文　第七七頁　地政學院

錫隊即遵照改編，先成立導線清丈兩組，原第一組長，改委為導線組長，第三組長改委為清丈組長兼測丈第一班長。又籌備組織地籍調查班，按趕按戶，精密調查，編製地籍調查冊，以供登記應用。民二十三年十一月省局改變無錫測量計劃，託由陸地測量局航空測量隊實施航測，乃將清丈隊範圍縮小，另成立清丈組，專任辦理舊第三區已測圖幅之檢查覆算等事宜，委黃輝祖為組長，該組外業，設檢查兩班，第一班由組長兼任，第二班由檢查員韓國華担任。內業設計算兩班。二十四年六月，清丈工作全竣，省局即將清丈組撤消，組長調充無錫縣土地局第二課長焉。

(二)經費支配　無錫清丈隊，自民二十二年十一月起，迄二十三年十一月上旬止，計一年又十日，用去經費三萬八千二百七十元八角六分；清丈組自民二十三年十一月中旬起，迄二十四年六月份止，計七月又二十日，用去經費四千五百三十五元八角六分。清丈隊組共計一年又八月，用去經費四萬二千八百零六元七角二分。照丈該無錫土地面積十二萬九千零二十五市畝計算，每市畝平均合清丈費三角三分一厘強。據江蘇地政載二十三年五月江蘇清丈總計劃實施前後無錫每畝清丈用費，三月份為六角五分強，六月份為二角四分，七月份為二角強，是則無錫清丈用費，在清丈總

論文　第七八頁　地政學院

計劃以前最貴，以後即大為減少矣。至該隊組每月預算，恒有改變，茲就清丈隊長周厚熙抵錫時省局所規定之每月暫支數目，及其逐月經費收支表於後：

無錫縣清丈隊事業費每月暫支數表

科目	每月支出數	說明
第一項 俸給	一一六一	
第一目 俸薪	七一五	按照核定職員薪資清單，合計如上數。
第二目 工資	四四六	測夫二十四人，平均月各支十四元，雜役八人，平均月各支十二元，信差一人，月支十四元，合計如上數。
第二項 辦公費	二二〇	文具、郵電、印刷、租賦、消耗、雜支，合計如上數。
第三項 設備費	六〇	導線、標點、竹尺、圖紙等材料費，約計如上數。
第四項 特別費	四八五	
第一目 外勤費	三四五	按照核職員外勤費，合如上數。
第二目 領丈費	八〇	
第三目 運輸費	四〇	
第四目 醫藥及其他	二〇	
合計	一九二六	

註三八　上表錄自無錫清丈隊經費卷宗

無錫縣清丈隊組逐月經費收支表

經費名稱	省局核准概算數	計算數	結存數	備考
購置零星儀器	一二〇〇	一〇九七·四五	一〇二·五五	
二十二年十一月份事業經費	一九二六	一四三一·四六	四九四·五四	
二十二年十二月份事業經費	一九二六	一六七七·七七	二四八·二三	
二十三年一月份事業經費	一九四八	一八一四·二	一三三·八	
二月份事業經費	一八九八	一七四八·〇七	一四九·九三	
添置傢具用費	二〇八	二〇五·五	二·五	
三月份事業經費	二一五〇	一九七二·一八	一七七·八二	
添置測量儀器及器具雜件用費	五〇〇	四四八·七七	五一·二三	
附設清丈登記訓練人員添置傢具雜件用品	三一六·二一	二四八·五	六七·七一	
修理改裝房屋用費	一四〇	一三四·六七	五·三三	
四月份事業經費	五〇七五	四七七三·六三	三〇一·三七	
第二屆清丈經費實習員應用器具補板等費	二一七·六	一八一·六九	三五·九一	
勘界之界樁竹籤等各種用具等費	二一四五·三	五八五·五二	一五五九·七八	
第二屆實習員第一個月辦公設備等費	六四·五	六一·八九	二·六一	
勘界遷移費	一七〇	一七〇		
五月份事業經費	五〇六五	四八九三·三一	一七一·六九	
五月份附設登記繪圖及造冊人員經費	九六	九六		
第二屆實習學員第二個月辦公設備等費	六四·五	六四	〇·五	
導線應備物品費	三一一·八	七二·六	二三九·二	

論文　第七九頁　地政學院

六月份事業經費	七四二七	六三三六·五五	一一〇〇·四五	
七月份事業經費	六五七八·九一	六二二四·五八	四五四·三三	
八月份事業經費	一四三四·〇八	一三八四·三八	四九·七	
九月份事業經費	一二九四·五	一二六一·六七	三二·八三	
十月份事業經費	一二九三	一二一六·三四	七六·六六	
青份上旬事業經費	二八七·七二	二八四·一三	三·五九	
合計	四三七三三·一二	三八二七〇·八六	五四六二·二六	以上為清丈隊經費
青份中下兩旬事業經費	四四六·九八	三六〇·七〇	八六·二八	以下為丈組經費
二十三年青份事業經費	五六八·〇	五五三·九六	一四·〇四	
二十四年一月份事業經費	五八四·五二	五五八·八九	二五·六三	
二月份事業經費	六四八·五	六三一·〇七	一七·四三	
三月份事業經費	六五三·五	六四〇·一三	一三·三七	
四月份事業經費	七一五·三六	六八九·〇四	二六·三二	
五月份事業經費	五一〇·二九	五〇一·八	八·四九	
六月份事業經費	六〇四·三	六〇〇·二七	四·〇三	
合計	四七三一·四五	四五三五·八六	一九五·五九	
總計	四八四六四·五七	四二八〇六·七二	五六五七·八五	此為清丈隊組經費之總數

〔註三九〕上表根據無錫清丈隊組經費卷宗製成

第五節　土地局之組織及經費支配

(一)組織　縣土地局，為一縣整理土地之中心機關，其組織不但為實地業務所攸關，亦為當前解決土地問題必要之途徑也。舉凡業務性質屬於臨時整理，或變更從來習慣者，宜採用合議制，如關於土地評價及土地裁判之類是；若注重於切實奉行，以圖增加行政之效率者，則又以採用獨裁制為宜，如關於土地整理之一般事務是。要之以頭腦勞動之組織為前提，始克充分表現土地行政之效果。錫局奉命設置三課，第一課長係專任，第二課長由清丈隊組長兼任，第三課長由局長兼任，凡兼職均不兼薪。茲將無錫土地局組織系統及組織人員列表於後：

無錫縣土地局組織系統表

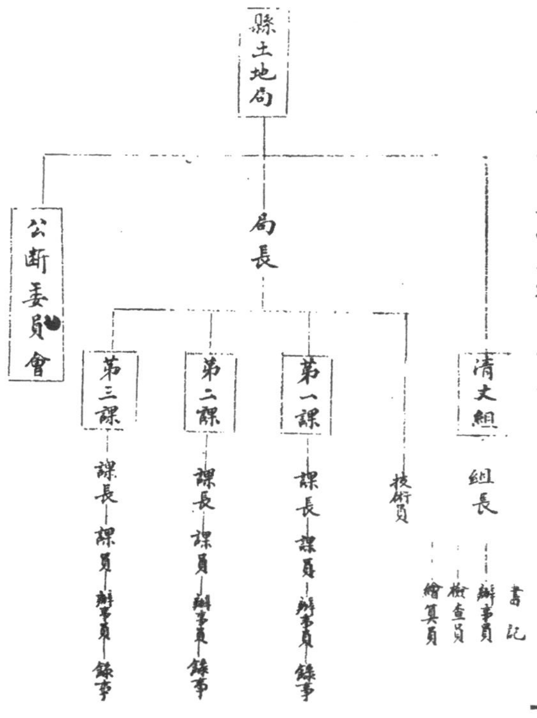

無錫縣土地局組織人員表

職別	姓名	備考
局長	胡品芳	二十三年七月一日就職，成立土地局。
第一課課長	陳鋒	前籌備處事務員升充。
第二課課長	黃輝祖	無錫清丈組長兼任。
技術員	張銘	
課員	畢浩如	
	洪小平	
辦事員	嚴保滋	
	錢組華	
	胡知平	
	張期頤	
錄事	潘文潤	
	連日新	

上表於本年六月清丈組結束後，即有更動，組長奉調專任第二課長兼技術員，技術員調任課員，課員嚴保滋調充登記處主任；第一課長無變動，第三課長職，仍由局長兼任。又該局為增進辦事效率起見，乃擬定辦事細則，並以登記開始，勢必召集公斷委員會，以處理土地糾紛之解決，及地價之評估，以是編訂公斷委員會組織章程，及公正人選任規則如後：

無錫縣土地局辦事細則

第一章　總則

第一條　本細則依據縣土地局組織規程第十條之規定訂定之

第二條　本局處理一切事務，除法令別有規定外，悉遵本細則辦理。

第二章　權限及責任

第三條　局長承省土地局之命，並受縣政府之指導，掌理全局事務，並指揮監督所屬各職員以及所轄機關。

第四條　課長承局長之命，掌理各該課一切事務。

第五條　技術員承長官之命，辦理技術上一切計劃審核事務。

第六條　課員辦事員承長官之命，辦理各該課事務。

第七條　錄事承長官之命，繕寫各種文件，及助理各項事務。

第八條　本局第一課職掌如左：

一、關於會計出納及庶務事項；

二、關於編製預算決算事項；

三、關於稽核收支各費事項；

四、關於典守印信，收發文電，保管卷宗事項；

五、關於編製報告及職員考勤進退事項；

六、關於購置及保管公用物品事項；

七、關於繕寫及校對事項；

八、關於其他不屬於各課事項。

第九條　本局第二課職掌如左：

一、關於土地測量考核事項；
二、關於圖冊考核及保管事項；
三、關於儀器保管事項；
四、關於其他技術行政事項。

第十條　本局第三課職掌如左：
一、關於土地登記須發証書事項；
二、關於土地調查統計事項；
三、關於估計地價事項；
四、關於撰擬標語，發行刊物，從事宣傳事項。

第十一條　本課事務如有互相關聯者，應由各課長協商辦理，彼此意見不同時，請局長裁決之。

第十二條　本局文件尚未披露時，各職員應嚴守秘密。

第三章　辦事程序

第十三條　凡文件到局，由收發接收摘由編號，登入收文簿，分送各課，擬定辦法，送局長核閱後，分配各該課辦理。

第十四條　各課職員撰擬稿件，均須簽名蓋章，登入稿簿，檢同原卷送由主管課長核簽，再送局長核判，但遇有局長指定特辦文件，得由擬稿人逕送局長核判，凡稿件有與各課關聯者，應由各該課長會核。

第十五條　稿件核判後，發交錄事繕寫，再行校對送印，轉文收發摘由編號，登入發文簿，按照送達機關發遞，文件發遞後，分別歸檔保管。

第十六條　各職員承辦文件，應隨到隨辦，至遲不得逾三日。

第十七條　凡款項收支，應由出納員逐條登入收支簿冊，每至月底結算賬目，造具計算書據表，送局長審核。

第十八條　庶務員購置物品時，應先送局長核批，再行購辦，並須將各該店鋪單據，送局長核後記賬。

第四章　辦公時間及考核

第十九條　本局辦公時間遵照省土地局規定時間為標準。

第二十條　每星期及例假，應由各課輪流派員值日，遇有緊要事件，得隨時辦理。

第二十一條　各職員上下午到局辦公時，均應書姓名於簽到簿，如有遲到或早退，須向局長聲明理由，並附註於簿內。

第二十二條　各職員因病或有重要事故，不能到局者，須依照本局職員請假規程辦理，請假規程另訂之。

第二十三條　各職員簽到簿，應由第一課逐日於上下午規定到局時間十五分鐘內，送局長查閱。

第二十四條 各職員應按規定時間辦公，若遇特別事件，或事務不能中止者，得延長之。

第五章 附則

第二十五條 本局為督促局務進行，增加工作效率起見，設置局務會議，局務會議規程另訂之。

第二十六條 本細則如有未盡事宜，得隨時呈請修改之。

第二十七條 本細則自呈准省土地局之日施行。

無錫縣土地局公斷委員會組織暫行章程

第一條 本章程依照縣土地局組織規程第九條之規定制定之。

第二條 公斷委員會，處理關於土地糾紛之解決，及地價之評估事件。

前項委員會設於縣土地局。

第三條 公斷委員會設委員五人至七人。

第四條 公斷委員會，以縣土地局長，財務局長，建設局長為當然委員，其他委員，由縣土地局長就地方公團代表，或公正人士，具有法律知識者，依額加倍推選，呈請省土地局局長選定聘任之。

第五條 每次開會，臨時由各委員互推主席一人。

第六條 公斷委員會，關於調解土地糾紛案件及評估地價事件，開會時須有委員過半數之出席，委員過半數之決議行之，遇有同數時，得參加主席之決議。

第七條 由各當然委員，互推常務委員一人，處理會務及執行決議案件。

前項常務委員推定後，呈報省土地局備案。

第八條　公斷事件，以書面為原則，遇必要時，得傳集當事人、利害關係人、及証人鑑定人到會詢問或調處。

第九條　當事人因前條之詢問，得委任代理人到會，但須具委任書。

第十條　公斷委員會，調處人民，關於土地爭執事件，遇疑義得函請縣土地局派員按地覆查或覆丈。

第十一條　公斷事件，遇有涉及委員本身者，會議時，其有關係委員，應行迴避，若因之不足法定人數時，於事前呈請省土地局，派員代理。

第十二條　公斷委員會，關於調解土地糾紛事件，應作成公斷書，由參與議決之委員簽名蓋章，並將副本分別送達當事人，及縣土地局，並須按月彙報省土地局備查。

第十三條　當事人對於公斷事件有不服時，得於公斷書送達後二十日內，聲明異議，或提起訴訟。

第十四條　當事人於規定時期內，並未聲明異議或提起訴訟者，其公斷即認為確定，由公斷委員會，函知縣土地局，依照公斷執行，同時應通知各當事人，補具同意書，送局備查。

第十五條　公斷委員會，處理評估地價事件，一切須以不抵觸土地法為範圍。

第十六條　公斷委員會，辦理文牘會計庶務收發等事務，由各縣土地局職員兼任之，製作筆錄繕寫文件，得酌設雇員。

第十七條　本章程呈請省土地局核准施行。

無錫縣土地局公正人選任規則

第一條　公正人之選任，應依照左列各項規定辦理：

一、由每調查區內之地主，互推數人，請縣土地局局長，東商縣長選定充任之；

二、由鄉村長兼任之；

三、由鄉村長保薦數人，請縣土地局長，東商縣長，選定充任之；

四、每調查區內公正人，至少須有兩人。

第二條　被選公正人應備具左列之資格：

一、年齡在二十八歲以上者；二、居住該地方，在五年以上者；三、品行端正者；四、通曉文字及明白事理者。

第三條　公正人之職務如左：

一、對於市鄉街村，或都圖堡圩之人民，應說明土地整理之旨趣，務使周知；

二、關於呈報書之說明收集及審查事項；

三、關於實地調查及測量之引導事項；

四、關於界標之建設及保存事項；

五、關於召集地主及其他關係人之到場事項；
六、呈報書提出後之土地，遇有變更，應隨時督促地主，重行呈報；
七、關於呈報者之調查報告；
八、關於土地整理諸法規所定公正人應辦事項；
九、其他土地整理人員囑託關係土地整理應辦事項；

第四條　公正人川資，呈經省土地局核定後，由縣土地局按月發給。

第五條　公正人選任後，非有不得已事故，不得辭職，但不勝任時，得由土地局長令其退職，另行……照第一條辦理。

第六條　同一縣或一市鄉之公正人，得召集會議研究職務上協同一致之方法。

第七條　公正人如有授受賄賂，及其他不正當情事時，除勒令退職外，並按法懲治。

第八條　本規則呈請省局核准施行。

（二）經費支配　經費為辦事之母，無米之炊，巧婦所難，即貲裕而用不當，亦虛糜公帑，無裨實際，尤以地政事業，為新興事業，所需經費，尚無經久之確款。負斯任者，如何規劃周詳，克己奉公，俾少數之款，獲宏大之效，樹堅強之信仰於人民心理，則地政前途，始朗指笄而上。錫邑土地局，上承省命，下接民衆，所負推行土地政策之使命殊大，其經費支配，頗值一研究之。該局於二十三年七月一日奉令成立，領開辦費三八一元，其支出如下表：

無錫縣土地局開辦費支出表

科目	銀數
傢具費	二五七·二七元
新具費	八一·四三
文具費	三一·一
修理費	一一·一六
共計	三八〇·九六九

〔註四一〕上表根據無錫縣土地局經費卷宗

設局以後之經常費，照省局規定之標準預算請領，按規定係將各縣土地局，分為三等，一等局每月九八〇元，二等局每月七六〇元，三等局每月五五五元。旋以經費拮据，各縣土地局，一律照三等局領款。茲將該局經常費支出預算表列後：

無錫縣土地局行政經常費支出標準預算表

支出經常門　全年度支出洋六千六百六十元　每月份支出洋五百五十五元

科目	全年度預算數	每月份預算數	
第一款　土地局經費	六六六〇	五五五	
第一項　俸薪工食	五三四〇	四四五	
第一目　俸給	四二〇〇	三五〇	
第一節　局長俸給	一二〇〇	一〇〇	局長一人月支一百元

第二節 課長俸給	一四四〇	一二〇	課長二人平均月各[illegible]元合計如上數
第三節 課員俸給	一〇八〇	九〇	課員三人平均月各支三十元合計如上數
第四節 技術員俸給	四八〇	四〇	一人月支如上數
第二目 薪水	七八〇	六五	
第一節 辦事員薪水	三〇〇	二五	一人月支如上數
第二節 錄事薪水	四八〇	四〇	二人平均月各支二十元合計如上數
第三目 工食	三六〇	三〇	
第一節 夫役膳食	三六〇	三〇	三人平均月各支十元合計如上數
第二項 辦公費	九六〇	八〇	
第一目 文具	二四〇	二〇	
第一節 紙張筆墨	一六八	一四	
第二節 雜品	七二	六	
第二目 郵電	二四〇	二〇	
第一節 郵費	一二〇	一〇	
第二節 電費	一二〇	一〇	
第三目 消耗	一八〇	一五	
第一節 茶水	七二	六	
第二節 油燭薪炭	一〇八	九	
第四目 雜費	三〇〇	二五	
第一節 雜費	三〇〇	二五	房租等項均由本局內開支故約支如上數
第三項 特別費	三六〇	三〇	
第一目 旅費	三六〇	三〇	
第一節 調查旅費	三六〇	三〇	

註四二 上表錄自江蘇省土地局經費卷宗

上表除七八兩月份照實具領外，從九月份起，因該縣地方機關經費，一律依原額九成發給，縣局折合四九九元五角，照領迄今。茲將該局一年來之經常費預算決算，列表於後：

無錫縣土地局自二十三年七月份起至二十四年六月份止經常費預算決算表

年月	預算數	決算數	節餘數	備註
二十三年七月份	五五五元	五〇九·九三元	四五·〇七元	本月份雜支費項下遵令剔出數元
八月份	五五五	五二五	三〇	
九月份	四九九·五	四九七·二五	二·二五	本月份遵令剔出數六角
十月份	四九九·五	四九四·三七	五·一三	
十一月份	四九九·五	四九九·二九	·二一	
十二月份	四九九·五	四九八·八	·七	
二十四年一月份	四九九·五	四九九·四六	·〇四	
二月份	四九九·五	四九八·四九	一·〇一	
三月份	四九九·五	四九九·二六	·二四	
四月份	四九九·五	四九九·三四	·一六	
五月份	四九九·五	四九九·四四	·〇六	
六月份	四九九·五	四九九·[illegible]	·一三	
計	六一〇五元	六〇三〇·一三元	七四·八七元	

註四三 上表根據無錫縣土地局經費卷宗製成

第六節 城市地價申報辦事處之組織及經費支配

一、組織

無錫城市地價申報辦事處，自二十三年七月成立起，至二十四年二月撤銷止。為期七閱月，均設於縣政府內。省局根據江蘇省城市地價申報辦法第二條：「辦理城市地價申報之縣，得設城市地價申報辦事處，由縣長兼任主任，土地局長或土地局籌備員，兼任副主任」，（參閱後列之辦事處組織人員表職掌欄）。其施行細則第六條：「辦理第四條所列各項事宜，其人數以土地面積，每千畝設置一人為度。」委任縣長嚴慎予兼主任，土地局長胡品芳兼任副主任，何夔雷等四人為指導員。辦事處根據細則第十七條：「辦事處設事務員一人」；第十八條：「辦事處得酌設書記」，任用梅樹人為辦事員，李嵩山等六人為書記。復根據細則第二十二條：「辦事處得設立地價申報協助委員會」，及協助委員會規則（附後）第十二條規定之協助委員聘任手續和額數，聘請當地士紳徐赤子等十一人為協助委員，組織城市地價申報協助委員會，協助進行。該會委員，雖於協會成立之初，[illegible]會議，但旋因地方反對城市地價申報之事發生，[illegible]，貌合而神離，如謝純車馬費等，即班班可見。故該會[illegible]等虛設。二十四年二月，縣土地局接辦申報辦事處未了業務，乃設立地價申報問訊處，指定職員二人，輪流兼任，解釋人民疑問，及指示申報手續。並分別指定局內職員兼任相當職務，俾專責成焉。茲將辦事處組織人員表，及土地局接辦後之職務分配表列後：

無錫城市地價申報辦事處組織人員表

職別	姓名	職掌	備考
主任	嚴慎予	指揮暨全部地價申報事宜	
副主任	胡品芳	綜理辦事處內一切事務	
辦事員	梅樹人	掌理處內會計及庶務事項	
書記	李嵩 張旭初 曾[illegible]城 梅晴霞 顧兆秀 王[illegible]	繕寫處內文件及抄錄冊籍事宜	
指導員	何夔雷 金廷澤 馬寶華 趙晉三	(一)調查城市疆界及劃定申報區段(二)調查地價(三)調查業主姓名住址及其所有地畝(四)宣傳(五)挨戶申報(六)公告(七)登記所有權以外之權利(八)造冊及頒發地價申報證明書	
協助委員	徐赤子 桂[illegible]臣 錢孫卿 陳湛如 楊翰西 趙子[illegible] 程敬堂 衛賢夫 蔣仲良 顧彬生 尤[illegible]臣	(一)協助城市地價申報進行事項(二)討論城市地價申報辦事處之諮詢事項	協助委員會，照章每半月舉行一次，由城市地價申報辦事處主任召集之。議決事項，即呈報[illegible]土地局[illegible]。委員均為無給職，但得酌支車馬費。

無錫縣土地局地價申報職務分配表

姓名	原有職務	派定職務
陳鋒	第一課課長	1.關於地價申報事務方面之擬稿；2.關於地價申報事務方面之設計。
畢浩如	第二課課員	1.公告報之張貼與送及保存；2.關於各種申報手續之指導；3.地價證明書之發給。
嚴保滋	第三課課員	1.申報錯誤之修正；2.通知填寫手續未完之申報人來局修改；3.關於申報技術方面之擬稿；4.審查証明文件；5.關於各項申報手續之指導及說明書之編訂。
張銘	技術員	移轉申報單他項權利申報單及土地設定負擔申報單之核收。
洪小平	第一課課員	1.公告底稿之抄寫；2.地價申報異議聲請書，以及其他聲請書之核收；3.土地糾紛等文件之核收；4.地價分戶冊之抄造。
錢組華	辦事員	1.公告底稿及公告報之校對；2.文稿之繕寫；3.地價分戶冊之抄造。
張期頤	辦事員	1.公告底稿之抄寫；2.地價分戶冊及公有土地地價冊之抄造。
胡知平	辦事員	1.地價分戶冊，共有土地地價冊，及公有土地地價冊之抄造；2.申報証明書之發給。
潘文潤	書記	1.文稿之繕寫；2.地價分戶冊及共有土地地價冊之抄造。
連日新	書記	1.申報單之整理與保存；2.地價分戶冊及公有土地地價冊之抄造；3.公告報之送印。
備考		

附 城市地價申報協助委員會規則

廿九、六、一

第一條　本規則依據江蘇省城市地價申報辦法第三條訂定之。

第二條　本會委員額定七人至十一人，由城市地價申報辦事處主任副主任，就地方公正士紳聘任之，但須呈請省土地局備案。

第三條　本會之職掌如左：

一、協助城市地價申報之進行事項；

二、討論城市地價申報辦事處之諮詢事項。

第四條　本會常會每年月舉行一次，由城市地價申報辦事處主任召集之。

第五條　本會議決事項應呈報省土地局。

第六條　本會委員均為無給職，但得酌支車馬費。

第七條　本規則由江蘇省土地局呈請　省政府備案施行。

二　經費支配

省局以城市地價申報辦事處，係為推行地價稅制之準備而設，於經費力求減縮，所需器具等件，均以設法借用為原則，僅撥支開辦費二百元。並檢發標準預算表如下：

城市地價申報辦事處經常費支出標準預算表

科目	每月支出數	備考
第一款　地價申報辦事處經費	七二六	
第一項　薪費	四四〇	
第一目　主任車馬費	四〇	主任一人，月支如上數。
第二目　副主任車馬費	三〇	副主任一人，月支如上數。
第三目　指導員薪水	二四〇	指導員三人，每人月支八十元。
第四目　辦事員薪水	四〇	辦事員一人，月支如上數。
第五目　書記薪水	九六	書記六人，每人月支十六元。
第六目　公役工食	一〇	公役一人，月支如上數。
第二項　辦公費	五〇	
第一目　文具傳單郵件	五〇	
第三項　協助人員車馬費	二一〇	協助人員七人至十人，每人月支二十元。

註四四　本表錄自無錫城市地價申報辦事處經費卷宗

但辦事處奉頒之初，以錫邑地價申報區域，南北相距，與東西距十有餘里，調查時徒步往返，於時間工作，兩受影響，為促進工作，增加效率起見，對於處內職員，奉命外出調查，勢必增加車馬費，假定以每日兩元計算，月計六十元；又辦事處向設縣府中，職員宿舍，以無空餘房屋足資借居，不得不向外租賃民房，此項租金，每月計需洋二十元，職員宿舍既租在外，則工役亦不得不添雇一人，計每月工資十元，計三項共添洋九十元，乃請省局追加預算，按月列入經常費內。此預算旋經省局核准，照領開支如下：

無錫縣城市地價申報辦事處經常費支出預算表

科目	每月支出數	備考
第一款　地價申報辦事處經費	八一六元	原為七二六元，因追加職員外勤車馬費六十元，房租二十元，添雇工役一人十元，合如上數。
第一項　薪費	四五六	
第一目　主任車馬費	四〇	主任一人，月支如上數
第二目　副主任車馬費	二〇	副主任一人，月支如上數。
第三目　指導員薪水	二四〇	指導員三人，每人月支八十元。
第四目　辦事員薪水	四〇	辦事員一人，月支如上數。
第五目　書記薪水	九六	書記六人，每人月支十六元。
第六目　公役工食	二〇	職員宿舍另租在外，不得不添雇一人，共二人，每人月支十元，合如上數。
第二項　辦公費	五〇	
第一目　文具紙筆雜費	五〇	
第三項　協助人員車馬費	二三〇	協助人員，自七人至十人，每人月支如上數。
第四項　職員外勤車馬費	六〇	奉命外出調查每日以二元計算，月支如上數。
第五項　房租	二〇	因縣府中無空餘房屋足資借居，不得不向外租賃民房，每月租金如上數。

註四五　上表根據與註四四同

迨後辦事處因迭經地方反對，所需宣傳費與印製費，逐出預算甚多，且地價申報單，原定三萬張已敷應用，即於開始申報時，挨戶分發各業主填報，自經反對後，各業主接到之申報單，大都遺棄無存，迨及反對平息，再便填報，衹得添印分發應用。其間復因填報不合規定，勒令重填者，又不在少數，故申報單之耗費，為數甚鉅。該處並為緩和反對空氣起見，印成勸告人民申報傳單，挨戶分發。又因人民對於地價申報與他項權利聲請書填寫方法，不甚明瞭，印成說明書，隨單附送。其他如土地所有權以外權利登記聲請書，城市土地移轉登記表，均未列入預算。京滬錫廣告費用支出之多，尤非該處初意所料及，不敷費用，勢必謀彌補之方。該處默需熱

論文　　地政學院

怨，以為照規定預算內，有協助委員車馬費一項，因多數委員謝卻不領，積存尚多，乃先擬呈准省局，撥充宣傳印製費。二十四年二月，縣土地局接收辦事處未完業務，每月發局臨時費七十七元，限領至八月份為止，實支五百三十九元。併前辦事處之經臨兩費八千零二元八角二分，共計錫邑城市地價申報，實支費用八千五百四十一元八角二分，為數尚不甚鉅焉。茲將無錫城市地價申報經費收支，列表於後：

無錫城市地價申報經費收支表

款別	年月	收入預算數	實支數	結存數	備考
無錫城市地價申報辦事處經常費					
經常費	民國二十三年七月	八九六元	五七九·三五元	二九八·六五元	按省局規定經常費以標準預算為七二六九元，[illegible]合如上數。
	八月	八九六	七一五·八七	一八〇·一三	
	九月	八九六	七一五·九五	一八〇·〇五	
	十月	八一六	六三五·九五	一八〇·〇五	因十月一日奉令[illegible]合如上數。
	十一月	八一六	六三五·八五	一八〇·一五	
	十二月	八九六	七一五·八	一八〇·一五	
	民國二十四年一月		三七七·二八	一八〇·二	另有八六七九[illegible]合如上數。
添補宣傳印製費			三七七·二八		奉令准於經常費內協助委員車馬費項下撥用。
合計		六〇三二元	五〇二九·八九	一〇〇二·一一元	
無錫城市地價申報辦事處臨時費					
開辦費	自二十三年七月起至二十四年一月止。	二〇〇元	一九九·七九元	〇·二一元	
宣傳印製費		五二〇	五一五·二三	四·七八	
擬定申報所需費		一四五〇	一四五〇		
公告費		八一〇	八〇七·九一	二·〇九	
合計		二九八〇元	二九七二·九二元	七·〇八元	
合計		九〇一二	八〇〇二·八二	一〇〇九·一八	
無錫縣土地局接收[illegible]臨時費					
臨時書記薪給	自二十四年二月起至八月份止，共七個月。	二二四元	二二四元		書記二人，每人月支十六元，七個月合如上數。
職員出差旅費		一四〇	一四〇		每月二十元，七個月合如上數。
郵費		七〇	七〇		每月十元，七個月合如上數。
紙張筆墨費		一〇五	一〇五		每月十五元，七個月合如上數。
合計		五三九元	五三九元		每月合七十七元。
合計		九五五一元	八五四一·八二元	一〇〇九·一八元	

論文　第一〇〇頁　地政學院

註四六　上表根據無錫城市地價申報辦事處，與土地局經費卷宗製成。

第七節　航空測量分隊之組織及經費支配

(一)組織　民二十三年夏季，省府為策進土地整理事業計，決定採用航空測量辦理無錫土地清丈，委託陸地測量總局，於九月中旬成立協定。十月中旬，測局委吳焯為分隊長，組織航空測量隊無錫分隊於南京，職員分部共有八人。同月籌設無錫辦事處，從事調查該邑土地狀況，並擬定無錫分隊暫行組織規則及編制表如下：

陸地測量總局航空測量隊無錫分隊暫行組織規則

第一條　本分隊依據航空測量隊組織規則第十二條之規定組織之。

第二條　本分隊隸屬於陸地測量總局航空測量隊，辦理無錫航空土地測量事宜。

第三條　本分隊組織，分為分隊部，及控制、航攝、糾正、複照、調繪五組，其編制依附表之規定。

第四條　分隊長承隊長之命，管理分隊一切事宜。

第五條　分隊附補助分隊長處理分隊一切事宜。

第六條　控制組主任秉承分隊長之命，督率所屬人員，測定控制點及計算等各業務。

第七條　航攝組主任，承分隊長之命，督率所屬人員，實施空中攝影業務。

第八條　糾正組主任，承分隊長之命，督率所屬人員，實施沖洗鑲嵌晒印各業務。

第九條　調繪組主任，承分隊長之命，督率所屬人員，實施調查繪圖業務。

第十條　書記軍需，承分隊長之命，分辦分隊之文牘經費各事務。

第十一條　分隊航測專門人員之俸給，除原薪外，得按照軍政部之規定，酌支飛行加給。

第十二條　航空測量分隊辦事細則另定之。

第十三條　本組織規則如有未盡事宜，得呈請修正之。

第十四條　本規則自呈准之日施行。

參謀本部陸地測量總局航空測量隊無錫分隊暫行編制表

分隊長	技正（或技士）	一
分隊附	技士（或技正）	一

組別	職別	階級	人數
分隊部	書記	上（中）尉	一
分隊部	軍需	上（中）尉	一
分隊部	僱員		四
控制組（主任技正（或技士）二）	審查	技士	四
控制組	組員	技士（佐）	一六
控制組	事務員		一
航攝組（主任技士）	駕駛員	上（中）校	一
航攝組	審查	技士	一
航攝組	組員	技士	一
航攝組（一（或技正））	組員	技佐	二
航攝組	機械士	中（少）尉	二
航攝組	助理員	技佐	一
糾正組（主任技正（或技士）一）	組員	技士	二
糾正組	助理員	技佐	六
調繪組（主任技正（或技士）一）	審查	技士	十
調繪組	調繪員	技士（佐）	五〇
調繪組	事務員		二

總計	階級	類數
	技正或技士	一
	技士或技正	四
	技士	一八
	技士（佐）	六六
	技佐	九
	上（中）校	一
	上（中）尉	二
	僱員	七
	職員一百零八員	

附記

一、各組組員助理員僱員等如業務緊張時得呈請增加之

二、僱員係臨時僱用故不列階級

三、複照組業務由總局製圖科第二股第一組人員兼任概不支薪以節經費故未列編制

航測隊無錫分隊與土地局因有相聯之關係，故其組織系統則如下表：

- 江蘇省土地局
  - 土地測量隊
    - 三角測量
  - 縣土地局
    - 土地行政
      - 地籍調查
      - 求積
      - 製圖
      - 登記
      - 造冊
- 參謀本部陸地測量總局航空測量隊
  - 江蘇無錫航測分隊
    - （土地測量）
      - 空中攝影
      - 控制點測量
      - 糾正
      - 複照
      - 調查清繪（擬調江蘇土地清丈人員充任）

（二）經費支配一　省局於二十三年九月委託陸地測量總局辦理無錫航測，經費經測局詳細預算，計為十一萬二千二百七十三元四角。全縣土地以舊制二百十餘萬畝計算，平均每畝需洋五分一厘七毫強，若以新制二百萬市畝算，則平均每畝需洋五分六厘一毫強。此項經費，由省局負擔，分為五期撥付。

無錫航測經費分期撥付表

期別	款數	備考
第一期	二〇〇〇〇元	於簽定合同後一週撥付。
第二期	二〇〇〇〇	於業務開始時撥付。
第三期	三〇〇〇〇	於糾正業務開始時撥付。
第四期	三〇〇〇〇	於調繪業務開始時撥付。
第五期	一二二七三.四	於全部工作完成時撥付。
合計	一一二二七三.四元	

測局照上開數目，並依據各項業務需要，製定無錫航測經費支配預算表如後：

無錫航測經費支配預算表

款目	銀數	備考
薪餉	四三.二一八.〇〇	分隊部六千零三十元，控制組九千五百三十八元，航攝組三千一百四十四元，糾正組三千六百二十四元，複照組三千七百一十四元，調繪組一萬七千一百六十八元，合計如上數。
旅費	一五.四八〇.四〇	分隊部七百七十四元，航攝組一千五百六十二元四角，控制組四千一百五十四元，調繪組八千九百九十元，合計如上數。
材料消耗品費	三〇.一六二.〇〇	航攝材料一萬一千零二十二元，控制點測量材料五千三百八十元，糾正材料五千八百四十元，複照材料五千八百元，調繪材料二千一百二十元，合計如上數。
飛行補助費	三.一五〇.〇〇	分隊部八百一十元，航攝組一千四百四十元，控制組二百四十元，糾正組四百二十元，調繪組二百四十元，合計如上數。
糾正複照夜工加班費	三.九三二.〇〇	糾正加班費一千八百元，複照加班費二千一百三十二元，合計如上數。
籌備辦公舟車搬運修理視察雇工預備等費	一六.三三〇.〇〇	籌備費三千元，辦公費二千二百四十元，舟車費二千二百九十元，搬運費一千五百六十元，雇工費一千八百元，修理費七百二十元，視察費七百二十元，預備費三千元，合計如上數。
合計	一一二.二七三.四〇	

附記　本預算薪餉一節，係按全體人員，並兵伕工匠預算之，共需洋四萬三千二百一十八元。

〔註四七〕上表錄自航測隊無錫分隊經費卷宗

此表所列經費，係概括預定，該局為與經費緊縮起見，又另擬經費支配預算，呈准參謀本部核准施行，節餘各組業務經費一萬三千六百七十一元六角五分，以資補充航測儀器之用，另改定經費支配預算總表於後：

無錫航測經費支配預算總表

款目	銀數	備考
薪餉	三七、八一[illegible]、〇〇	本項除伕役外職員薪俸以八折計應餘五千五百七十八元　詳附表一
旅費	一五、六六[illegible]、七五	詳附表二
材料消耗品費	二四、三〇〇、〇〇	詳附表三
飛行補助費	三、一二〇、〇〇	詳附表四
糾正複照夜工加班費	二、五二九、〇〇	詳附表五
籌備時公舟車搬運修理視察催工預備等費	一五、一八〇、〇〇	詳附表六
儀器補充費	一三、六七一、六五	外職員薪俸除測伕工餉外以八折計尚餘洋五千五百七十八元亦擬作補充儀器之用合上數共計一萬九千二百四十九元六角五分
總計	一一二、[illegible]七三、四〇	
附記	本預算薪餉一節，係按全體人員並伕役工餉預算之，共需洋三萬九千九百零六元。	

『附表一』航空測量分隊薪餉預算表

組別	職別	人數	每員每月薪額	每月薪額	月數	合支數	附記
分隊部	分隊長	一	一八〇、〇〇	一八〇、〇〇	九	一六二〇、〇〇	
	分隊附	一	一四〇、〇〇	一四〇、〇〇	九	一二六〇、〇〇	
	書記	一	八〇、〇〇	八〇、〇〇	九	七二〇、〇〇	
	軍需	一	八〇、〇〇	八〇、〇〇	九	七二〇、〇〇	
	司書	二	四〇、〇〇	八〇、〇〇	九	七二〇、〇〇	
	司事	二	三〇、〇〇	六〇、〇〇	九	五四〇、〇〇	
	公役	五	一二、〇〇	六〇、〇〇	九	五四〇、〇〇	
控制組	主任	一	一三〇、〇〇	一三〇、〇〇	四	五二〇、〇〇	
	審查	四	八〇、〇〇	三二〇、〇〇	四	一二八〇、〇〇	
	組員	一六	六〇、〇〇	九六〇、〇〇	四	三八四〇、〇〇	
	事務員	一	三〇、〇〇	三〇、〇〇	四	一二〇、〇〇	
	測伕	五九	一五、五〇	九一四、五〇	四	三六五八、〇〇	
航攝組	主任	一	一三〇、〇〇	一三〇、〇〇	三	三九〇、〇〇	
	駕駛員	一	二四〇、〇〇	二四〇、〇〇	三	七二〇、〇〇	
	審查	一	八〇、〇〇	八〇、〇〇	三	二四〇、〇〇	
	技士	一	〇〇	六〇、〇〇	三	一八〇、〇〇	
	技佐	二	五〇、〇〇	一〇〇、〇〇	三	三〇〇、〇〇	
	機械士	二	六〇、〇〇	一二〇、〇〇	三	三六〇、〇〇	
	助理員	一	四〇、〇〇	四〇、〇〇	三	一二〇、〇〇	
	場夫	三	二〇、〇〇	六〇、〇〇	三	一八〇、〇〇	
	測伕	四	一六、〇〇	六四、〇〇	三	一九〇、〇〇	
糾正組	主任	一	一三〇、〇〇	一三〇、〇〇	四	五二〇、〇〇	
	組員	二	一〇〇、〇〇	二〇〇、〇〇	四	八〇〇、〇〇	
	助理員	六	四〇、〇〇	二四〇、〇〇	四	九六〇、〇〇	
	公役	三	一二、〇〇	三六、〇〇	四	一四四、〇〇	
調繪組	主任	一	一三〇、〇〇	一三〇、〇〇	四	五二〇、〇〇	
	審查	一〇	八〇、〇〇	八〇〇、〇〇	四	三二〇〇、〇〇	
	調繪員	五〇	四〇、〇〇	二〇〇〇、〇〇	四	八〇〇〇、〇〇	
	事務員	二	三〇、〇〇	六〇、〇〇	四	二四〇、〇〇	
	測伕	八四	一五、五〇	一三〇二、〇〇	四	五二〇八、〇〇	
合計						三七、八一三、〇〇	
附記	複照組業務，由製圖科第二股第一組人員兼任，概不支津貼，以節經費。						

附表二 航空測量分隊旅費預算表

組別	職別	人數	每人每日支旅費	每月旅費數	月數	合支數	附記
分隊部	分隊長	一	二、九〇	五八、〇〇	九	五二二、〇〇	視察旅費，每月以二十日計，以九個月合支如上數。
	分隊副	一	二、六〇	五二、〇〇	九	四六八、〇〇	
控制組	主任	一	二、一〇	六五、一〇	四	二六〇、四〇	
	審查	四	一、九〇	二三五、六〇	四	九四二、四〇	
	組員	一六	一、四〇	六九四、四〇	四	二七七七、六〇	
	事務員	一	〇、七〇	二一、七〇	四	八六、八〇	
航攝組	主任	一	二、四〇	七四、四〇	三	二二三、二〇	
	駕駛員	一	三、二〇	九九、二〇	三	二九七、六〇	
	審查	一	二、一〇	六五、一〇	三	一九五、三〇	
	技士	一	一、六〇	四九、六〇	三	一四八、八〇	
攝影組	技佐	二	一、四〇	八六、八〇	三	二六〇、四〇	
	機械士	二	一、四〇	八六、八〇	三	二六〇、四〇	
	助理員	一	〇、九五	二九、四五	三	八八、三五	
	場夫	三	〇、三〇	二七、九〇	三	八三、七〇	
	測夫	四	〇、一五	一八、六〇	三	五五、八〇	此項實支與否，俟臨時情形酌定
調繪組	主任	一	二、一〇	六五、一〇	四	二六〇、四〇	
	審查	一〇	一、九〇	五八九、〇〇	四	二三五六、〇〇	
	調繪員	五〇	一、〇〇	一五五〇、〇〇	四	六二〇〇、〇〇	
	事務員	二	〇、七〇	四三、四〇	四	一七三、六〇	
合計						一五六六〇、七五	

附表三 航空測量分隊材料消耗品預算表

組別	品名	件數	單價	共價	附記
控制組	控制點標桁	三〇〇	一元、五〇	四五〇元、〇〇	
	計算簿冊			二四〇、〇〇	約月支六十元，四個月合支如上數
	各種消耗品			三二〇、〇〇	約月支八十元，四個月合支如上數。
	補充材料			三二〇、〇〇	約月支八十元，四個月合支如上數。
航攝組	飛行汽油	六〇〇加	七元、〇〇	四二〇〇、〇〇	
	材料滑油			四二〇、〇〇	
	軟片（快片代材料）	二〇筒	二〇〇、〇〇	四〇〇〇、〇〇	
	冲洗材料			二〇〇、〇〇	
	各種消耗品			一八〇、〇〇	鉛筆橡皮及一切消耗用品，每月六十元，三個月合支如上數。
糾正組	放大紙	四五〇張	五、〇〇	二二五〇、〇〇	
	印像紙	二〇〇捲	三、〇〇	六〇〇、〇〇	
	磅紙	三捲	五〇、〇〇	一五〇、〇〇	
	糾正藥品			一四〇〇、〇〇	攝影藥品，每月三五〇元，四個月合支如上數。
	補充材料			二〇〇、〇〇	郵電文具等費，每月約費五十元，四個月合支如上數。
複照組	六〇cm焦距鏡頭	一個		八〇〇、〇〇	附三稜鏡一個，及三色網綫單色細綫網版用光孔三組。
	攝影藥品			二〇〇〇、〇〇	三個月用合計如上數。
	圖紙	二〇〇張	〇、二〇	四〇、〇〇	
調繪組	補測材料			一〇〇〇、〇〇	圖紙、手簿、鉛筆等費，五十人每月約計二百五〇元，四個月合支如上數。
	清繪材料			八〇〇、〇〇	透明紙、鋼筆、墨等費，每月約需二〇〇元，四個月合支如上數。
	補充材料			三二〇、〇〇	文具及一切消耗用品，每月約支八十元，四個月合支如上數。
合計				二四、三〇〇、〇〇	

『附表四』航空測量分隊飛行補助費預算表

組別	職別	人數	每人每月補助費	每月合支補助費	總支數	附記
分隊部	分隊長	一	八〇元、〇〇	八〇、〇〇	七二〇、〇〇	分隊部以九個月計
	分隊副	一	六〇、〇〇	六〇、〇〇	五四〇、〇〇	
航撮組	主任	一	六〇、〇〇	六〇、〇〇	一八〇、〇〇	航撮組以三個月計
	駕駛員	一	一六〇、〇〇	一六〇、〇〇	四八〇、〇〇	
	技士	二	六〇、〇〇	一二〇、〇〇	三六〇、〇〇	
控制組	主任	一	三〇、〇〇	三〇、〇〇	一二〇、〇〇	控制組以四個月計
	審查	一	三〇、〇〇	三〇、〇〇	一二〇、〇〇	
糾正組	主任	一	三〇、〇〇	三〇、〇〇	一二〇、〇〇	糾正組以四個月計
	組員	二	三〇、〇〇	六〇、〇〇	二四〇、〇〇	
調繪組	主任	一	三〇、〇〇	三〇、〇〇	一二〇、〇〇	調繪組以四個月計
	審查	一	三〇、〇〇	三〇、〇〇	一二〇、〇〇	
合計					三一二〇、〇〇	

『附表五』航空測量分隊糾正複照兩組夜工加班費預算表

組別	職別	人數	每日加班時數	每小時加班費	每月加班費	總支數	附記
糾正組	主任	一	六小時	〇、三〇	五四、〇〇	二一六、〇〇	以四個月計
	組員	二	仝	〇、二〇	七二、〇〇	二八八、〇〇	
	助理員	六	仝	〇、一五	一六二、〇〇	六四八、〇〇	
	公役	三	仝	〇、〇五	二七、〇〇	一〇八、〇〇	
複照組	加班費					一三六九、〇〇	各項費用經製圖件擬定每日曬成藍圖二十二張，以上加班獎金三小時，每員支獎金十四元一角，每月需洋四百二十三元，以三個月合計如上數。
合計						二五二九、〇〇	

『附表六』航空測量分隊籌備、辦公、舟車、搬運、僱工、修理、視察、預備經費預算表

費別	銀數	附記
籌備費	三〇〇、〇〇元	開辦航空測量分隊一切購置籌備用費約計如上數。
辦公費	二二五〇、〇〇	辦公用紙、筆墨、文具、茶水、薪炭、灯油、雜支各費，每月約支二百五十元，以九個月計，合支如上數。
特別辦公費	一二六〇、〇〇	分隊長特別辦公費用，每月支八十元，分隊副月支六十元，九個月合計如上數。
舟車費	二二九〇、〇〇	各員出發回隊川資，控制組員夫八十二人，平均每人需洋十元，共需八百二十元；調繪組員夫一百四十七人，平均每人需洋十元，共需一千四百七十元，兩項合計如上數。
搬運費	一五六〇、〇〇	公務材料搬運作業地點各員遷站所需搬運費，控制組職員二十三人，每月每人搬運費六元，每月共需一百三十八元，四個月合支五百五十二元；調繪組職員六十三人，每月每人四元，每月共需二百五十二元，四個月合支一千零八元，兩項合支如上數。
僱工費	一八〇〇、〇〇	控制組每月需僱工十名，每名十五元，共一百五十元，四個月合支六百元；調繪組每月須僱工二十名，每名十五元，共三百元，四個月合支一千二百元，兩項共支如上數。
修理費	三〇〇、〇〇	修理飛機，及其他機械費用，每月約支一百元，以三個月計，合支如上數。
視察費	七二〇、〇〇	分隊長及分隊副，外業視察一切車船費用，每月約支八十元，以九個月計，合支如上數。
預備費	二〇〇〇、〇〇	為陰雨延期，及其他特別費用。
合計	一五一八〇、〇〇	

『註四八』上列總表與附表根據同註四七

測局又按照前列各表預算標準，及航測各組工作程序，編訂無錫航測經費月支預算表如後，但每月預算，因業務進行之遲速，各月經費得照實際推動情形，先後支用之。

航空測量隊無錫分隊每月經費預算表

費別＼月份	第一月	第二月	第三月	第四月	第五月	第六月	第七月	第八月	第九月	合計
薪餉	一、五七四．〇〇元	[illegible]	[illegible]	三、六四〇．五〇元	三、六四〇．五〇元	五、六六八．〇〇元	五、六六八．〇〇元	四、九七二．〇〇元	四、九七二．〇〇元	三七、八一二．〇〇元
旅費	[illegible]	[illegible]	[illegible]	[illegible]	[illegible]	[illegible]	[illegible]	[illegible]	[illegible]	[illegible]
材料消耗品費	一〇、二四〇．〇〇	三二〇．〇〇	三二〇．〇〇	一、六八〇．〇〇	一、五八〇．〇〇	一、二二〇．〇〇	一、六二〇．〇〇	五三〇．〇〇	五三〇．〇〇	一四、三〇〇．〇〇
飛行補助費	四八〇．〇〇	二四〇．〇〇	二四〇．〇〇	二九〇．〇〇	二九〇．〇〇	二九〇．〇〇	二九〇．〇〇	二〇〇．〇〇	二〇〇．〇〇	三、一二〇．〇〇
測正複製夜工加班費			三一五．〇〇	七三八．〇〇	七三八．〇〇	七三八．〇〇				二、五二九．〇〇
籌備費	三〇〇．〇〇									三〇〇．〇〇
辦公費	二五〇．〇〇	二五〇．〇〇	二五〇．〇〇	二五〇．〇〇	二五〇．〇〇	二五〇．〇〇	二五〇．〇〇	二五〇．〇〇	二五〇．〇〇	二、二五〇．〇〇
特別辦公費	一四〇．〇〇	一四〇．〇〇	一四〇．〇〇	一四〇．〇〇	一四〇．〇〇	一四〇．〇〇	一四〇．〇〇	一四〇．〇〇	一四〇．〇〇	一、二六〇．〇〇
舟車費	八二〇．〇〇				四七〇．〇〇					一、二九〇．〇〇
搬運費		一三八．〇〇	一三八．〇〇	一三八．〇〇	一三八．〇〇	二五二．〇〇	二五二．〇〇	二五二．〇〇	二五二．〇〇	一、五六〇．〇〇
傭工費		一五〇．〇〇	一五〇．〇〇	一五〇．〇〇	一五〇．〇〇	三〇〇．〇〇	三〇〇．〇〇	三〇〇．〇〇	三〇〇．〇〇	一、八〇〇．〇〇
修理費	一〇〇．〇〇	一〇〇．〇〇	一〇〇．〇〇							三〇〇．〇〇
視察費	八〇．〇〇	八〇．〇〇	八〇．〇〇	八〇．〇〇	八〇．〇〇	八〇．〇〇	八〇．〇〇	八〇．〇〇	八〇．〇〇	七二〇．〇〇
預備費	二〇〇．〇〇	二〇〇．〇〇	二〇〇．〇〇	二〇〇．〇〇	二〇〇．〇〇	二〇〇．〇〇	二〇〇．〇〇	二〇〇．〇〇	二〇〇．〇〇	二、〇〇〇．〇〇
共計	一七、六三二．八五	[illegible]	[illegible]	[illegible]	[illegible]	[illegible]	[illegible]	[illegible]	[illegible]	七八、六〇一．六五
儀器補充費										一三、六七二．六五
總計										一三三、七三三．四〇

『註四九』 同註四八

至無錫航測經費之決算，因錫分隊業務，在本人到縣調查時，尚未結束，故無完整之統計數字，茲將該分隊二十三年十一月起，至二十四年六月止之經費收支表列後：

航空測量隊無錫分隊經費收支表

年	月	收入數：實收經費	支出數：俸給費	支出數：辦公費	支出數：籌備費	支出數：特別辦公費	支出數：業務費	支出數：合計	結存
二十三年	十一月	6,757.60	952.45	115.61	635.18	140.00	2,050.02	3,893.29	2,864.51
	十二月	9,769.00	1,677.77	115.71	774.58	140.00	2,247.96	4,956.02	4,812.98
二十四年	一月	6,237.50	2,160.60	112.50	65.21	140.00	3,173.64	5,657.15	580.35
	二月	6,125.90	2,292.74	69.90		140.00	3,320.14	5,822.78	303.12
	三月	6,731.52	1,605.20	83.85		140.00	4,468.36	6,297.41	434.11
	四月	12,476.39	3,307.30	105.49	1,268.55	140.00	7,492.62	12,314.17	162.22
	五月	4,786.50	3,206.24	185.67		140.00	807.27	4,339.18	447.32
	六月	7,640.00	2,932.92	44.96		140.00	19.22	3,137.10	4,502.90
總計		62,744.91	18,335.45	893.39	2,743.53	1,120.00	23,384.73	46,317.30	16,127.61

說明：
1. 表內經費自二十三年十一月份起，至二十四年六月底止，結存一萬六千一百二十七元六角一分，除實存現金六百五十九元九角三分外，其餘一萬五千四百六十七元六角八分，均係暫記支出。
2. 暫記支出數，計控制組五百三十五元，複照組五千三百零九元，調繪組九千四百一十二元三角，無錫辦事處一百零一元三角八分，又薪餉及旅費項下共一百一十元。
3. 實存現金數，寄存經理科保險箱。

『註五〇』 與註四九同

第八節 土地登記處之組織及經費預算

(一)組織 民二十四年六月，錫邑舊第三區，(即揚名鄉)由人工測丈完畢，設立登記處及登記分處，辦理該區土地登記，其餘各區，俟航空測量完畢，即繼續辦理。該處組織，照其計劃，係設登記主任一人，下設各區登記分處，即以該區之名冠其首，分處各設分主任一人，下設核圖指導員，收件員，審查契據員，收費員，書記等，以專責成。因該縣轄地廣濶，全邑面積，約在一百八十一萬六千五百市畝，而起地反形細小，城區每起地，約佔五分，鄉區每起地，約佔八分故其於省局召集之全省地政會議決定一年登記完成計劃後，即擴大組織，以有如下表：

職別＼人數＼區域	全縣	第一區	第二區	第三區	第四區	第五區	第六區	第七區	第八區	第九區	第十區	合計
登記主任	一人											一
登記分主任		一	一	一	一	一	一	一	一	一	一	一〇
登記員		一	四	六	五	五	二	四	五	三	三	三八
核圖指導員		二	四	六	五	四	二	四	五	三	三	三八
發証員		一	四	六	五	四	二	四	五	三	三	三七
校對員		一	四	六	五	四	二	四	五	三	三	三七
收費員		二	三	六	五	四	二	四	五	三	三	三七
繪圖員		二	二	二	二	二	二	二	二	二	二	二〇
管理圖幅員		一	一	一	一	一	一	一	一	一	一	一〇
雇大員		二	二	二	二	二	二	二	二	二	二	二〇
書記		九	二一	三六	二八	二五	一三	二五	三二	一六	一八	二三三
合計	一	二三	四六	七二	五九	五二	二九	五一	六三	三七	三九	四七一

4.7 1

「註五一」上表根據無錫土地局草擬計劃，作者改製。惟以經費人才，兩不許可，故另擬計劃，估計全縣每日平均登記起數為七六八九起，照平均每二百起地任用登記員一人，收費員一人，核圖指導員二人，書記四人，則全縣須用登記人員三四五人，茲列表於後：

區別	每日平均登記起數	需用登記人員數
第一區	三〇四起	一五人
第二區	七四七	三三
第三區	一二一四	五五
第四區	九六一	四二
第五區	八八八	四〇
第六區	四七七	二〇
第七區	八五〇	四〇
第八區	一〇九二	五〇
第九區	五六四	二五
第十區	五九二	二五
共計	七六八九起	三四五人

「註五二」與註五一同。

以上係錫邑土地登記組織之計劃，至其見諸實際者，係按照舊第三區之需要而組織，計舊第三區人工測丈面積，有二〇五八三五方里，合七七一八八市畝，鄉鎮凡七，起地約十萬餘，限期半年完成，除例假外，以一百五十日計算，每日須登記六六〇起。委派土地局職員嚴保滋爲登記處主任，專責辦理，先從南橋鎮開始，設分處於第三區公所內，其登記日期，由七月一日起至二十日止。二十一日開始青祁鄉登記，設分處於該鄉王氏培本小學內，至八月十日爲止。茲將該處組織章則及開辦時之組織表列後，以見其一般；但該處組織，富於彈性，隨時有改變，如七月內覆丈員僅一人，八月初即增至十餘人，書記亦較前加多，要之因時制宜也。

無錫縣土地登記處組織章則

第一條　本細則根據本省各縣辦理土地登記實施程序訂定之。

第二條　本處設登記主任一人，受局長之命，處理本處事務。

第三條　本處設登記員，書記各若干人，受局長之命，並秉承主任分別辦理本處事務。

第四條　登記主任之職掌如左：

(一)關於土地登記之計劃事項；
(二)關於土地登記之指導事項；
(三)關於土地登記之統計事項；
(四)關於土地登記之報告事項；
(五)關於土地登記人員之考勤事項；

第五條　登記員之職務如左：

(一)關於指導核對測圖事項；
(二)關於審查證明文件事項；
(三)關於核收登記聲請書事項；
(四)關於催告事項；
(五)關於核收登記費及憑證費事項；
(六)關於發給土地所有權狀事項；
(七)關於土地登記之問訊事項；
(八)關於土地登記之宣傳事項；

第六條　書記之職務如左：

(一)關於收發文件事項；
(二)關於抄錄公告單事項；
(三)關於繕寫土地所有權狀事項
(四)關於謄寫公文事項。

無錫土地登記處組織表

職別	人數	業務
主任	一	綜理全處一切事務。
技術員	一	辦理技術上一切業務及兼辦覆丈。
登記員	三	核收土地登記聲請書及審查証件。
收費員	一	收覆丈費及繕寫覆丈通知書等。
核圖指導員	二	指導聲請人核對鄉鎮分段地籍圖。
繪算員	四	編列登記地號，校對複製圖，併接圖邊劃坵。
覆丈員	一	測量聲請覆丈坵地。
書記	九	抄寫一切公文表格繕寫公告單，及土地所有權狀。

土地登記事屬創舉，舉辦之初，民眾不無疑慮觀望，地方自治人員，係民眾領袖，平時多有信仰，協助每易為力，故登記處於舉辦登記時，即照章羅致當地區長鄉鎮長保甲長及公正人士，組織土地登記協助委員會，藉彼輩溝通官民情感，俾新政得以推行而無阻，每週開會一次，藉以解決各種問題。又錫邑雖為全國教育發達之區，但目不識丁者仍多，對於填寫登記聲請書等，殊感困難；即識字者，於登記手續亦多不明瞭。登記處為便利登記民眾計，遵章設立問訊處，以解釋民眾之疑問，並遴選當地人員設立代書處，規定登記聲請書每戶一分，呈文及抄件每百字四分，以備人民之請寫，茲將該處問訊及代書處規則列後：

無錫縣土地局登記處附設問訊處規則

第一條　本處為便利登記聲請人詢問關於登記一切手續起見，特附設問訊處，依本規則辦理之。

第二條　問訊處應置人員，視事務繁簡，酌定員額，就本局各職員中遴選兼任之。

第三條　問訊處人員，以專任解釋人民疑問，並指示登記手續為範圍，不得干涉聲請登記人其他事項。

第四條　問訊處人員對於登記聲請人問訊事項，無論口頭或書面，應隨即答復，不得無故任意延擱。

第五條　問訊處人員於答復時，應取誠懇和平態度並詳盡指示，務使人民明瞭一切，有所遵循。

第六條　問訊處辦公時間，每日規定至少四小時，倘人民有特別情故而來處訊問，已逾規定時間者，仍應酌量接受，以本處辦公時間為限。

無錫縣土地登記處附設代書處暫行規則

第一條　本處為便利登記聲請人繕寫起見，特附設代書處。

第二條　代書處代書人，由局長遴選當地人員充任，並受登記處之指揮及監察，但登記處職員，不得兼任。

第三條　代書人代書文件，應照請求人報告之事實及意見代書之。

第四條　除登記應用紙張，暫由縣土地局製備外，其抄錄用紙及應貼印花票，均由請求人自備。

第五條　代書人概不支薪，代書各項文件，得收代書費，規定如下：

一、登記聲請書　每戶一分；

二、呈文及抄件　每百字四分。

第六條　代書人不得格外需索及故意留難，若有得由請求人向登記處報告，轉呈局長核辦。

第七條 代書人在登記處辦公時間，不得擅離職守。

(二)經費預算 錫邑舉辦土地登記，始於本年七月一日，當作者在錫調查時，正值舉辦之初，故於登記處經費，只能就其預算一項陳述之。錫局於省局召開全省地政會議決定一年完成登記計劃後，即本此計劃擬訂全縣登記經費預算，照該預算，全縣可收入登記費及憑証費六十餘萬元，支出登記用費二十餘萬元，可望結存至四十餘萬元，苟能如願以償，則於該縣整理土地經費，將增一巨額來源。

無錫全縣土地登記經費預計表

款名	收入	支出	結存	備註
登記費	二一三六七五元			第一區地價，每畝平均四百元，以千分之二計算，可得登記費三六六〇〇元，其他各區地價，每畝平均五十元，以千分之二計算，可得登記費一七七〇七五元，全縣合計可得登記費如上數。
憑証費	四七九五一二元			第一區憑証，每起地一紙，平均每紙收洋四角，可得憑証費三六四四〇元，其他各區憑証，每起地一紙，平均每紙收洋二角，可得憑証費四四三〇七二元，全縣合計可得憑証費如上數。
簿籍費		七五六〇五元		係購備保証書，收支通知書，審查公告，地價冊，土地所有權狀，登記憑証，收支賬，提檔書，登記月報表等費用。
職員薪金費		一〇〇二〇〇元		登記主任一員，月薪六十元，以一年完成計算，為七二〇元，登記分處主任十人，每人月薪四十元，為四八〇〇元，共管登記人員為九四六八〇元，合如上數。
文具費		三六〇〇元		每月以三十元計算，合如上數。
印刷廣告費		三〇〇〇元		每區每月以二十五元計算，合如上數。
活動宣傳費		六〇〇〇元		每區每月以五十元計算，合如上數。
工食雜支費		四八〇〇元		每區每月以二十元計算，合如上數。
登區辦公津貼		一二〇〇〇元		各區每月津貼十元，合如上數。
合計	六九三一八七元	二〇五二〇五元	四八七九八二元	

〔註五三〕與註五二同

上列預算，因尚遠事實，擬而未呈省局，先從切近處着手，然後再逐步推進，以期完成，乃擬呈登記處開辦費概算表，旋經省局核准如下：

無錫土地登記處開辦費概算表

款別	銀數	備註
第一項 傢具費	二八七元	係指圖櫃儲藏聲請書木廚所有權狀存根木廚辦公桌椅木床登記櫃等
第二項 雜具費	一三元	係指鐘搖鈴茶壺茶杯等
第三項 文具費	一三·八六元	係指硯台水盂印泥等
共計	三一三·八六元	

〔註五四〕上表錄自無錫土地局登記經費卷宗

該局又以舊第二區土地登記，先行舉辦，應有一詳細之經費規劃，以是擬呈下列經費支出預算表於省局。照其預算，全區半年完成，共需經費五千九百餘元。

無錫辦理舊第三區土地登記經常費支出預算表

科目	半年預算數	備考
第一款 土地登記處經費	五九四五元	
第一項 薪給	五四九〇	
第一目 職員薪給	五二七四	
第一節 登記主任	三〇〇	登記主任一人，月支洋五十元，半年如上數。
第二節 登記員	五四〇	登記員三人，每人月支洋三十元，半年如上數。
第三節 核圖指導員	五四〇	核圖指導員三人，每人月支洋三十元半年如上數。
第四節 發証員	四五〇	發証員三人，每人月支洋二十五元，半年如上數。
第五節 收費員	四五〇	收費員三人，每人月支洋二十五元，半年如上數。

科目	概算	備考
第六節 校對員	四五〇	校對員三人，每人月支洋二十五元，半年如上數。
第七節 書記	一八二四	書記十九人，每人月支洋十六元，半年如上數。
第八節 覆丈員	五四〇	覆丈員二人，每人月支洋四十五元，半年如上數。
第九節 管理圖帖員	一八〇	管理圖帖員一人，月支洋三十元，半年如上數。
第二目 工食	二一六	
第一節 役工食	二一六	公役三人，每人月支洋十二元，半年如上數。
第二項 辦公費	三〇〇	
第一目 文具	一五〇	
第一節 紙張筆墨	一二〇	每月二十元，半年如上數。
第二節 雜品	三〇	每月五元，半年如上數。
第二目 郵電	六〇	
第一節 郵費	三〇	每月五元，半年如上數。
第二節 電費	三〇	每月五元，半年如上數。
第三目 消耗	三〇	
第一節 茶水	三〇	每月五元，半年如上數。
第四目 雜費	六〇	
第一節 雜費	六〇	每月十元，半年如上數。
第三項 特別費	一五五	
第一目 房租	一二〇	
第一節 房租	一二〇	每月五元，半年如上數。
第二目 旅費	三〇	每月五元，半年如上數。
第三目 遷移	三五	
第一節 遷移	三五	全區七鎮登記分處，須遷移七次，每次五元，半年如上數。
第四目 津貼	六〇	
第一節 津貼	六〇	區公所每月津貼車馬費洋十元，半年如上數。

『註五五』與註五四同

上表業經省局核示，以登記處經費，應俟開辦後，按照實際需要，另行按月編造，呈請發發，故該邑登記處設立後，即遵照擬呈二十四年七月份事業經費支出概算書，總數為九百九十二元，兹列表於後：

無錫縣土地登記處二十四年七月份事業經費支出概算提要表

科目	本月概算數	備考
第一款 無錫縣土地登記處經費	九九二四〇	
第一項 俸給工資費	六四四〇〇	
第二項 辦公費	九三〇〇	
第三項 作業費	八二〇〇	
第四項 特別費	一七三四〇	
合計	九九二四〇	

無錫縣土地登記處二十四年七月份事業經費出概算表

科目	概算書	備考
第一款 無錫縣土地登記處經費	九九二四〇	
第一項 俸給工資費	六四四〇〇	
第一目 俸給	四九三〇〇	
第一節 主任	五〇〇〇	
第二節 登記員	九〇〇〇	
第三節 收費員	二五〇〇	
第四節 核圖指導員	五〇〇〇	
第五節 繪算員	一〇四〇〇	
第六節 覆丈員	三〇〇〇	
第七節 書記	一四四〇〇	
第二目 工資	一五一〇〇	

科目	名稱	金額	附註
第一節	伕役	九六〇〇	
第二節	測伕	五五〇〇	
第二項	辦公費	九三〇〇	全處二一六,擬依照無錫清丈[illegible]辦法,每月支辦公費六一元五角,計[illegible],又本處[illegible]辛元,房租十元,合如上數。
第一目	文具	三四〇〇	
第一節	紙張	一三〇〇	
第二節	筆墨	八〇〇	
第三節	簿籍	六〇〇	
第四節	雜品	七〇〇	
第二目	郵電	七〇〇	
第一節	郵費	四〇〇	
第二節	電費	三〇〇	
第三目	消耗	二四〇〇	
第一節	燈燭	一〇〇〇	
第二節	茶水	九〇〇	
第三節	薪炭	五〇〇	
第四目	租賦	一〇〇〇	
第一節	房租	一〇〇〇	登記處以不登記區域,職員人數約十數人,需房子五間,合計如上數。
第五目	雜支	一八〇〇	
第一節	印刷	六〇〇	
第二節	雜費	一二〇〇	
第三項	作業費	八二〇〇	
第一目	登記作業費	七〇〇〇	
第一節	佈告費	五〇〇〇	登載上海暨本邑各報廣告及張貼佈告等費。
第二節	登記用品	二〇〇〇	
第二目	複丈作業費	八〇〇	複丈二班,每班四元,合如上數。
第一節	圖表簿冊	二〇〇	
第二節	測繪用品	四〇〇	
第三節	清丈佑尺	二〇〇	
第三目	繪算作業費	四〇〇	繪算四班,每班一元,合如上數。
第一節	簿冊	二〇〇	
第二節	繪算用品	二〇〇	
第四項	特別費	一七三四〇	
第一目	外勤	四三四〇	
第一節	技術員外勤費	三一〇〇	
第二節	複丈員外勤費	一二四〇	
第二目	旅費	五〇〇〇	
第一節	遷移費	三〇〇〇	每一鄉鎮登記,預計十五日完成,每月搬遷二次,每次以十五元計,合如上數。
第二節	出差費	二〇〇〇	
第三目	特別辦公費	二〇〇〇	
第一節	區長特別辦公費	一〇〇〇	
第二節	鄉鎮長特別辦公費	一〇〇〇	每一鄉鎮長,每月給五元,南橋、開原兩鄉鎮,合上數。
第四目	宣傳費	三〇〇〇	
第一節	宣傳品	一〇〇〇	
第二節	宣傳用品	二〇〇〇	
第五目	醫藥費	一〇〇〇	
第一節	醫藥費	一〇〇〇	
第六目	其他	二〇〇〇	
第一節	其他	二〇〇〇	
合計		九九二四	

「註五六」與註五五同

地政學院 論文 一二三

第九節　經費來源及清領銷款手續

(一)來源　錫邑地政機關之經費，均由清丈費項下撥支自民二十一年度起，奉命開征，至二十三年度為止，每畝隨糧帶征一角，每年額征為十二萬五千餘元，雖年有欠額，但實征之數已可觀，為本邑過去及現在整理土地經費之唯一大宗來源。

(二)請領手續　清丈費由田賦處征收後，照省方規定，由地方官紳組織保管委員會保管之，用時必經省局，及保管委員會簽名蓋章，始能動支。由下列清丈費保管委員會章程第七八兩條即可知之。

第七條　各縣征起清丈費，及存儲利息，專供實施清

論文　一二四頁　地政學院

丈之用，縣土地局動用時，應先編製概算草案，連同空白支款案據，呈請省土地局核准，於支票上簽明數目，加蓋局印，發交保管委員會，按照儲存機關協定手續，分別簽章撥放，上項規定應於存款時函知儲存機關，查照辦理。

第八條　各縣清丈費及動支數目，連同利息，按月由委員會造冊呈報省土地局備案。

註三。

迨後省府以全省經費，應統盤籌措，乃有各縣金庫制之設，錫邑於二十三年七月奉令實行，凡領款必照規定編造預算，經省局核准後，再經財廳蓋章，然後持支付命令到銀行領取，由下列江蘇省各縣縣款收支存放辦法第八九十十一十二五條及請款憑單舉例之式樣，即可知之。

第八條　縣地方一切支出，統由金庫支付之，若有不經金庫支付者，縣長或機關主管人員不得列入交代，

第九條　領支經費，應先具請款書送縣政府審核，是否與預算或支出法案相符，經核定後，由縣政府填就三聯支付命令，由縣長會同會計主任及公款公產管理處主任簽名蓋章，截留存根一聯備案外，以第二聯送交金庫，以第三聯通知交領款機關，領款機關收到支付命令後，備具四聯總收據，以一聯存根，其餘三聯聯同支付命令通知持向金庫領款，金庫接到上項支付命令通知聯，與縣政府所發支付命令核對相符，即以現金支付，並將總收據三聯中之一聯存庫備查，其餘二聯送縣政府，縣政府留存報告一聯備查，其報查一聯送會計主任。

第十條　縣政府對於符合預算或支出法案之請款書，不得拒絕填發支付命令。

第十一條　金庫核對領款人持來之支付命令通知，與支付命令不符或有污損糢糊之處，得拒絕支付。

第十二條　金庫對於合法之支付命令，不得遲緩付款。

註三一　江蘇省各縣縣款收支存放辦法，係二十三年三月九日省務委員會第六三九次會議通過，見無錫概覽。

請款憑單

江蘇省無錫縣城市地價申報辦事處二十三年度十月份請款憑單　字第　號

請款機關	科目	預算數	已發數	請領數	擬在某行支票或莊存款通知掣條付下支數	備考
無錫城市地價申報辦事處	十月份經常費	八一六元		八一六元	江蘇銀行	

左款業經遵具預算奉經核定理合填具請款憑單呈請核發

謹呈

江蘇省土地局

無錫縣縣長兼主任嚴慎予

無錫縣土地局局長兼副主任[illegible]

民國二十三年十月　日

（三）銷款手續

銷款手續，是按月造送計算書表，遵照期限，分別編就。上月計算書，至遲不得逾至下月十五日，送由錫邑會計主任，經審核無誤後，備文轉呈財廳核銷，逾期即停發支付命令，必俟補送後，始行補發，茲將會計主任稽核書表處理方法，及計算書表式樣列後，以見其一般。

會計主任稽核書表處理方法

1. 設計算書表編製不合程式者，得由會計主任指明不合程式各點，送還原編製機關，依式更造。
2. 設支出計算書表之列數，超越預算數，得由會計主任送還原編製機關，剔除更造。（如經編製機關於表內註明超越之數，自行賠補者，得免予更造）但原編製機關認為不能剔除更造者，得備具理由，函由會計主任併呈核奪。
3. 漏送附屬表件或單據，或單據有漏貼印花或未經蓋章者，或表內數字顯係筆誤者，會計主任核明後，得函請原編製機關分別補送或更正。原編製機關接到上項函知後，應即查照補送或更正，不得稽延，致誤限期。
4. 動用臨時費，或預備費之支出計算書，設事前未經呈准有案者，會計主任得檢還不為轉呈。
5. 會計主任稽核支出單據時，如認為有疑義者得簽具意見於稽核報告書上，該項報告書，即粘附於計算書之封面上，以憑審核，該項稽核報告書式樣，由廳製定另令印發各縣會計主任依式填報。

6. 會計主任於各機關所送收支計算書表，經稽核後，即將稽核結果，載明稽核報告書上，以資考核。

第三章　無錫之土地測量

整理土地為黨平均地權之初階，而徹底整理土地之方法，又必先從測量入手。總理手訂建國大綱第八條規定：「在訓政時期，全縣土地，應測量完竣。」又土地法第二十四條：「未經依法為地籍測量之土地，不得為所有權之登記。」此即見土地測量之重要。叩其目的，約有數端：一曰測定土地面積，以便統計各種用地，對於人口為適當之分配；二曰劃分公私有土地之範圍；三曰確定土地所有權之分配狀態，以解決私有權相互之爭持；四曰檢驗土地性質，以便編定使用土地之種類，並依其生產力而釐定等級；五曰為將來舉辦地價稅之依據，含義重大，不容或緩。是以實施測量，務本精度正確，時間與經費節省之原則，循正規之手續辦理，以作一勞永逸之計，免一再而三四，勞民與傷財也。若夫故步自封，苟且從事，則土地雖經測量，亦未與測量等，徒耗公帑，無裨於實際焉。錫邑土地測量，即本乎斯旨，先照人工測量之程序，逐步實施，將舊第三區土地，測量完畢。後省局因航測技術，較為進步，改行航空測量，其全縣航測業務，不久即可告竣。故言無錫之土地測量，必從上列兩種分述之。但此乃習慣之用語，非對等之名詞，二者實相輔而行，如荒山大澤，懸崖曲界，非人工所易為力，必有待於航測，他若航測作業之計算面積，及補測航測所不能測之細部測量等，均有待於人工測量，是以航測不能脫離人工測量而獨立，下列之所以分別叙述，係為研究上之便利耳。

第一節　人工測量

第一款　測量程序與實施辦法

人工測量者，即依據舊有之測量辦法，用人工辦理省縣圖根大小三角測量，推而進於細部圖根測量及戶地清丈是也。錫邑為全國富庶之區，土地紊亂情形，則較各處為甚，從事澈底整理，先從正式測量，以期正本清源，而收推行順利之效，此乃當然之事，惟以正式之人工測量，手續繁重，其有一定之程序，必按步以實施。茲將錫縣實施之程序，分別敘述於下。

第一項　縣圖根測量測

縣圖根測量，即小三角測量，於實施清丈之先，就本縣地勢情況，由已知之大三角點(省圖根點)，或另選基線，逐次測設，約每二十方市里，測設一點(即七千五百畝)，在山陵起伏處，並得酌設規定為二十五方市里一點(即九千三百七十五畝)。錫邑縣圖根測量，於民二十二年二月，由省局派來第五圖根組測設。計全縣應設圖根點三百五十點，基線二條，水準點五十點。迄二十三年十月，圖根業務完竣，圖根組奉令撤消。茲將其全縣主要圖根略圖及規則列後，以見其圖根點之分佈情況，及其實施辦法焉。

縣主要圖根測量規則

(甲)　總則

一、縣主要圖根之實施，佈置小三角鎖，或小三角網，並測定各點之水平及高程位置，以為細部圖根及清丈業務之根據。

二、縣主要圖根測量，就地勢情況及需要，由已知之一二等三角點或導線點起，或另選基線，逐次測設各圖根點，務使鄰境三角鎖(或網)，彼此聯絡，並與他縣主要圖根系銜接。

三、各圖根之水平位置，應用已知之經緯度及指角計算之，其高程位置，應用已知之高程點推算之。

四、縣主要圖根測量應實施之業務如左：

1.選點　2.三角圖根標點之設置　3.基線之測定

4.角度之測定　5.指角之測定　6.水準點之測定

7.計算　8.成果圖表之調製

五、在地勢蔭蔽，不便施行小三角測量時，得測設三等導線，其精密程度，應與各縣主要圖根相等，其測法與一二等導線相同。

(乙)　縣主要圖根點之選設及基線之測定

六、小三角鎖(或網)之組成，須為有中心站之多邊形，或四邊形，或單獨三角形，以各本點組成之，應注意圖形之良好，及計算之便利。

七、在本點之外，為便利測定細部圖根測量起見，得測設補點及交會點。

八、小三角本點間邊長，為一公里至四公里，各點之布置，以適合於細部測量之需要為主。所定邊長如為地勢所限，不能選定時，得酌予增減之。

九、每一三角鎖推進至相當距離時，應另測一基線，或連接於一二等圖根點間之已知邊，兩基線差之比率，以不得過五千分之一為準則。

十、基線之長由一公里至三公里，務於平坦適宜之地段選定之，其實測之真誤差，不得過七萬五千分之一、諒必誤差，不得過二十五萬分之一。

十一、每一圖根點選定後，須將應予登記各項，分別依照規定格式，詳確記載，並於該點上，設置標架標誌，或標樁以表示之，如限於地形，或視線被阻隔時，須設置特種標架，則應將標架需要之高度，預為計算，以免糜費。

（丙）測角

十二、水平角之測定，如用一秒讀方向經緯儀時，須施測三面，每回測得之結果，與各回測平均之，結果相差，不得過五秒，如逾此限，則此回之結果，須棄去補測，如用十秒讀連續經緯儀時，則須施測正反六次或二回測，如每回閉塞水平圈之差，超過四秒，即須棄去補測，倘用二十秒讀連續經緯儀，則須施測正反六次之三回測，每回閉塞水平圈之差，超過八秒，或每角每回測之值，與其各回測平均值相差至五秒時，亦須棄去補測。

十三、凡三角形之閉塞差，除去弧面差外，不得過十秒，其平均誤差，須在五秒左右。

十四、在本點觀測補點及交會點時，如補點為一單獨三角形，各角皆須觀測之交會點，須用三方向測定之。

十五、水平角觀測，在測站上遇有障碍，或限於地域時，得用離心法，但離心距離在本點站上所用者，以一公尺以內為佳。

十六、在一本點測站觀測水平角，須同時將各測點之垂直角測定之，以供計算各點高程之用。

十七、觀測垂直角時，對於應測之站，須觀測兩回，每回為正測反測各一次，每回正測與反測之和，在同一形狀時，應為常數，兩回測之結果相差，在用一秒讀經緯儀時，不得超過十秒，如用二十秒讀經緯儀，則不得超過四十秒，如用三十秒讀經緯儀，則不得超過一分。

（丁）指角之測定

十八、指角之測定，除在每一基線上應予測定者外，在三

十九、角鎖推進至十個圖形以上時，須測定一指角。指角之測定，用北極星任意時角法觀測之，同時測定該點概測緯度，並於測定指角之前後，將時錶之差測定，以資推算。

二十、指角之測定，如用一秒讀方向經緯儀，應於一夜觀測四組，每組施測三回，該四組之中，至少有九回可用之結果，而每組中可用之觀測，不得小於二回，其諒必誤差，不得超過五秒。

(戊) 水準測量

二十一、水準測量分為全省幹線水準測量，縣支線水準測量，及圖根點高程直接測量三項，分別稱為一等水準測量，二等水準測量，及圖根點高程測量三種。

二十二、一二等水準測量，應由一已知水準點起，閉塞於他已知水準點，或由已一知水準點起，復閉塞於原出發點，沿湖河堤岸鐵路公路等處布置網形水準測線，選擇水準標點。

二十三、水準點之高程，應自水準點原點推算，在水準原點未測定之前，得暫用其他機關已測定之水準點推算之。

二十四、水準點相隔之距離屬於一等者，由二公里至四公里，又測線如經過城市時，至少應設二點屬於二等者，由一公里至三公里。

二十五、一二等水準點除借用石質定着物為標點外，均應理設永久標誌，以表示之。

二十六、一二等水準測量，每隔一公里左右，得設臨時水準點，該項臨時水準點，不必理設標誌，得利用屋基石碑或樹根附加刻畫，以為標誌。

二十七、一等水準觀測，如用 Zeiss 三號精密水準儀，每站先各讀記鏡內三橫線所截前後標尺之數，至公釐為止，然後將望遠鏡沿視準軸，旋轉一百八十度，再行讀記中橫線與前後標尺所截之數，仍至公厘為止。

二十八、二等水準觀測，與一等水準觀測相同，惟在首次測定時，祇讀記鏡內横線與前後標尺所截之數，亦至公厘為止。

二十九、觀測一二等水準時，前後視距離須相等，該距離約為五十公尺，最大不得超過八十公尺。

三十、觀測水準時，除用臨時水準點，或用標尺鐵臺植立標尺外，得酌設木樁或借用附近定着物植立標尺，以備檢查誤差之用。

三十一、觀測水準時，應注意左列各項：

1、在傾斜地施測時，所讀標尺之數，不得小於三公寸。

2、往返兩次安置儀器及標尺之處，不得相同。

三十二、圖根點高程測量、如因地勢起伏、前後視距離不能相等者、得酌予變更、但最大距離、不能超過一百公尺。

(己) 計算

三十三、圖根點計算、分為三角鎖或三角網平均計算、三角形邊長計算、經緯度計算、縱橫線計算、高程計算五種。

三十四、三角鎖平均計算、依據一端之已知邊及其一點之已知位置、用觀測值推算他端之邊長及位置(經緯度及指角)、並用最小自乘法平均之、以求各角之改正數、但經緯度之改正、得另算之。

三十五、每一三角鎖平均計算完畢、即須施行邊長計算、位置計算、高程計算、及縱橫線計算。經度緯度算至秒數以下三位、指角算至秒數以下一位。

三十六、縱橫線計算、應以縣之中心為原點、由各點已算得之經緯度化算之。

三十七、一等水準點計算、分初步平均計算、及精密平均計算二種、初步平均計算、以每網之閉塞差、依其總距離及各二點間距離為比例分配、改正於各點標高之上。精密平均計算、由各網之閉塞差、組織規約方程式、用最小自乘法平均分配之。

(庚) 成果圖表之調製及測算簿之檢查

三十八、縣主要圖根測量、於指定區域實施完成後、應製成果表及圖根點圖、圖內應將縣區鄉鎮等之界線、河流、道路、以及城鎮位置一一繪入。

三十九、各作業人員所擔任之選點、造標、觀測、計算、應於各該手簿上簽名蓋章。

四十、每日作業完畢、須將應行計算各項、如平均數、水準高程差等、即晚算畢、不得積壓。各手簿及計算簿、應由測算人員核對整理、簽名蓋章。

第二項 導線測量

導線測量者、即根據省縣各圖根點、佈設區鄉鎮界導線、及鄉鎮境界導線網、約每隔二百公尺左右、測設一點、以為實施清丈業務之根據也。錫邑導線測量、照省局第一期清丈總計劃規定、係自二十三年五月開始、迄同年十一月截止。其實施照下列導線測量暫行簡則辦理。

導線測量暫行簡則

一、導線測量根據省縣主要圖根點測設導線點、並得用交會法測設交會點、以為實施分户測量之根據。

二、導線測量、以鄉鎮為單位、應先依鄉鎮界線進行、次於其內部添補橫綴線、如遇區域過大者、得酌量情形、分為數個導線環進行、但每環須有一部份沿鄉鎮界線測設。

三、導線點在縱四十公分、橫五十公分之分戶測圖原圖圖廓內，供給二千分一之用者，每幅平均須有十六點左右，供給一千分一、或五百分一之用者，每幅須有十點左右。

四、導線所經過之線路，應略測其重要地形。山地及不能直接實量之處，用交會補點。交會點應依已知三點以上之圖根點、或導線點測定之。

五、交會點與各已知點，所成各三角形，其各角均須在三十度以上、一百二十度以下。

六、一鄉鎮測量完竣，即計算其總面積，並謄寫導線點與重要地形圖一份，此導線點與重要地形圖，應附訂於成果表內。

七、總面積及成果表重要地形略圖，經遞呈縣清丈隊長，派員檢查無誤後，即可施行分戶測量。

八、選定導線點，用平板儀按一萬分一比例尺，將各已知點，展開於圖紙上，依據區鄉鎮界址，以定導線點選設之程序，並依分戶測量原圖圖幅，判定各導線點配置之適當與否。

九、導線測之實施業務如左：

1、導線點及交會點之選定；

2、導線邊長及水平角之測定；

3、鄉鎮界線附近地形之測定；

4、計算；

5、導線點成果表及導線點與重要地形略圖之調製。

十、導線邊長，在五百分一測圖之區域，以在一百公尺之內為適當；一千分一測圖之區域，以在一百五十公尺之內為適當；二千分一之區域，以在二百五十公尺之內為適當，但至短不得在三十公尺以下。

十一、兩導線之線路，不得平行進行。

十二、一導線之中間點，如與他導線脫離甚近時，應先與閉塞之。

十三、導線點之位置選定後，應顧及分戶測量之便利。

十四、交會點分為縣主要圖根交會點、及導線圖根交會點二種；縣主要圖根交會點，於縣主要圖根邊長過大時補選之，導線圖根交會點，於導線兩測不易直接測量之地點，按分戶測量原圖幅之需要補選之。

十五、導線點及交會點，均須埋設標樁。

十六、每一導線點或交會點選定後，應即記其點之號目及所在地區鄉鎮與附近小地名。

十七、導線之名稱，以所在鄉鎮之地名名之，例如某某鄉鎮，沿其鄉鎮邊界所測定之導線，即名為某某線，而屬於該鄉鎮之橫綴線，則以某某一、某某二名之。

十八、同一區内之交會點，以交1、交2、交3……等字為記號。

十九、導線邊長，得用竹尺量之（惟每天須與鋼捲尺校正一次），為求迅速起見，普通得僅實量一次，遇地形不良之處，得實量至二次以上。

二十、水平角觀測，普通測一測回（正反各一次），其在起訖測站點，及有疑慮處，當施測二測回。

二十一、導線點之方位角，以已知出發點之方位角推算之，但縣主要圖根點之已知方位角，因各點子午線均有球面偏差，用時先須改正。

二十二、導線點之計算，及閉塞差之配賦，依普通計算法計算之。交會法依各種交會法手簿所記載之計算式計算之。

二十三、導線角度閉塞差之最大限度，不得超過下式之規定：

$$W \leq 1.4B\sqrt{n}$$

式中B為所用經緯儀分劃上最小之讀數，n為測角數，在回歸線時，$n=N+1$，在起訖線時，$n=N+2$，N為新導線點數。

二十四、導線縱橫距閉塞差之限制，規定如左：

1.平坦地

本線 $0.01\sqrt{2(S)+0.0033(S)^2}$

支線 $0.01\sqrt{3(S)+0.0042(S)^2}$

2.起伏地

本線 $0.01\sqrt{3(S)+0.0042(S)^2}$

支線 $0.01\sqrt{4(S)+0.0050(S)^2}$

式中S為導線邊總和，以公尺為單位。

第三項 分户測量

分户測量者，即根據圖根點、導線點，測定各起地之形狀及面積，填註地目，編列地號，以資地籍調查是也。錫邑分户測量，照省局第一期清丈總計劃規定，係自二十三年六月開始，迄二十四年一月截止，其業務實施，係照下列分户測量暫行簡則辦理。

分戶測量暫行簡則

一、分戶測量之目的，在測定每一起地之形狀及面積。

二、分戶測量，用測斜照準儀，以光線法，半道線法，交會法及其他方法施行之。

三、分戶測量之比例尺，照左列規定：

1.普通田地，用二千分一。

2.城市地或地價特昂區域，用一千分一或五百分一。

3.山地、灘地、荒地以及其他地價低微之區域，得酌用四千分一至一萬分一之比例尺。

四、分戶測量之原圖，其圖廓為矩形，南北縱四十公

分，東西橫五十公分。一起地被圖廓線切斷時，應在能包容其大部之原圖外測繪其全部，若一起地過大，於與該起地有關係之原圖圖廓外，均不能繪其全部時，得依圖廓切斷之。

五、分戶測量，以鄉鎮為單位，一鄉鎮測量完竣，即須依照製圖簡則施行拼圖，着墨及編列地號等手續，並用透用紙複製騰寫圖，以供調查地籍之用。

六、編列地號，以鄉鎮為單位，每鄉鎮自為起訖，照反弓形或正弓形仰弓形編法，用阿拉伯數字編列之。但在一鄉鎮內各地號，僅許擇用一種方法。反弓形正弓形仰弓形編號式附後。

七、分戶測量時，應於實地，將每一起地之地目，查明填註於各該起形之中央。

八、土地之地目，規定如左：

1.宅地，包括住宅、店屋、工廠、祠廟、寺觀、教堂、學校、機關、軍營及市街中之無建築地、與附屬於宅地之池沼、晒場、花園等。

2.農地，包括水田、旱田、菓物地、桑地、藥材地、農場、苗圃、及十畝以下竹地等。

3.林地，包括十畝以上竹林地及森林地等。

4.礦地，包括礦山、礦泉等。

5.雜地，包括魚蕩、菱蕩、蓮蕩、水蕩、柴山、草

山、石山、蘆田、草地、灘地、水沙、蚶蜆田、牧場、起卸場、私堤、私溝、公園、操場、墳場等。

道路、河川、堤壩、城堞、鐵路等，另編地目。

九、分戶測量為求迅速起見，每起地之邊長，均暫緩註記。

十、寬在一公尺以上之道路，均須測出。

十一、湖蕩、河流、溝渠等，均須依形測出。

十二、橋樑均須測出。

十三、縣區鄉鎮界線，均須測繪清楚，其界線屬於河流者

，並當測繪其對岸線，其地屬於道路起地者，亦須畧測其界外之形狀。

十四、凡確定為道路溝渠等之土地，其工事業經開始，或工事雖未開始，而該管機關已樹立標樁，並交有實測圖時，應各依其新地目施行測量。

十五、凡一起地之崖岸畦畔等，其所屬不明時，應依左列各款處理之：

1.在高低兩地間者，則為高地所屬。

2.在無高低兩地間者，則以其中央為界。

3.依習慣之所屬。

十六、上層地為堤防或道路，而下層地為他種地目時，其

崖岸脚應作上層地之所屬。但有特別情形，或崖岸脚之傾斜甚緩，而與下層地之界址不明者，應以鍬鋤所至地點及其他認為適當之區域測劃之。

十七、下層地為江河溝渠或道路，而上層地為他種地目時，其崖岸脚應作上層地之所屬。但依實地之狀況，應認為下層地之所屬者，不在此限。

十八、凡同一業主之毗連住宅，惟因牆壁等建築物間隔致宅外之餘地，其面積狹小者，得拼合測量之。

十九、每一鄉鎮分戶測量，及原圖謄寫圖等之製作均告完竣時，即應調查地籍。

正弓形編號式

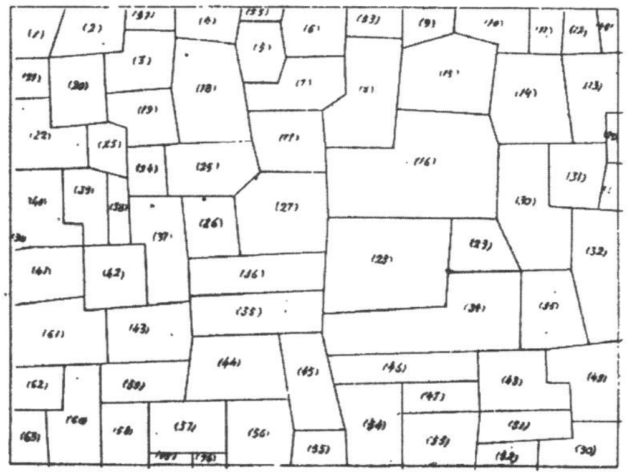

反弓形編號式

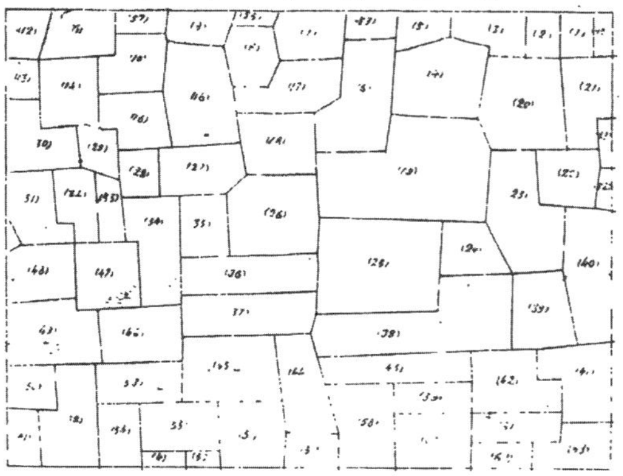

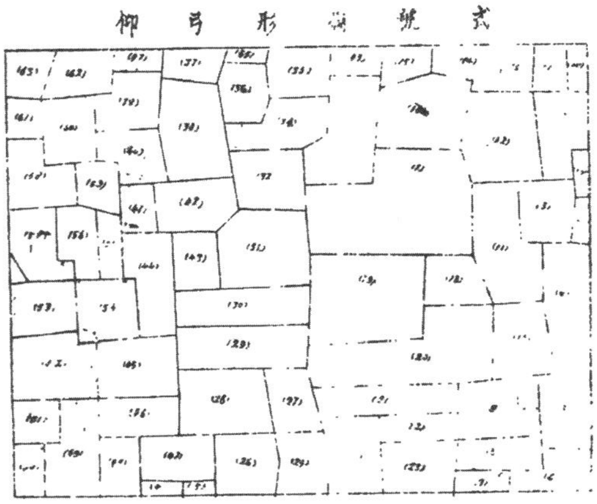

第四項　地籍調查

地籍調查者，即於分戶測量工作完竣後，按起按戶調查，將業主姓名、住址、及土地坐落、地目等，填寫於地籍調查簿上是也。錫邑地籍調查，照省局第一期清文總計劃規定，係自二十三年七月開始，迄二十四年一月截止。其實施照下列地籍調查暫行簡則辦理。

地籍調查暫行簡則

一、地籍調查業務分左列兩種：

(一)按起按戶調查；(二)覆查。

二、各縣清文隊辦理地籍調查，應組織調查班，設正副班長各一人，隸屬於清丈組，直接受該組組長之指揮監督，掌理全縣地籍調查事宜。此項班長除副班長由省局指定指導員一人兼任外，由縣長及土地局局長，遴薦該縣熱心地政及熟悉地方情形之公正士紳，開具履歷，會銜呈由省土地局核委之。

三、調查班設指導員一人至數人，分往各鄉鎮指導及督促地籍調查。指導員由清丈隊長遴選具有測繪學識及經驗之幹練人員，並負責將該項人員施行一日至二日之關於地籍調查之訓練，確保能勝任指導及督促之責，開具履歷，呈由全省土地測量隊轉請省土地局核委之。

四、調查班辦理各鄉鎮地籍調查，於各該鄉鎮分戶測量將次完成時、先派指導員前往、會同鄉鎮長副組織調查分班。

五、各鄉鎮調查分班設正副班長各一人。正副班長除副班長以指導員兼任外、即由各該鄉鎮長充任之、受全縣調查班班長之指揮監督、掌理各該鄉鎮地籍調查。

六、各鄉鎮調查分班為執行業務起見、得酌設調查員若干人。調查員由調查分班長副、就各該鄉鎮之掏保、地保、圖正、鄉丁、冊書、催征吏或其他適當人員中遴薦呈請核委或由省局派充之。

七、調查員以熟悉各該鄉鎮土地情形、及略擅小楷、能填寫地籍調查簿清楚整齊無誤者為合格。

八、各鄉鎮調查分班組織完竣後、派往各該鄉鎮指導督促之、調查班指導員應即將組織經過、連同擬定各該調查分班正副班長及調查員、詳細履歷表、遞級呈請　省土地局分別核委、一面即由各該指導員、召集正副班長及調查員、詳細說明調查方法。

履歷表式附後

九、清丈組組長於每一鄉鎮分戶測量及原圖謄寫圖等製作完竣檢查無誤後、除將原圖發交繪算班施行求積外、應即將謄寫圖發交調查班轉發各該鄉鎮調查分班、依據該項謄寫圖、施行挨起挨戶調查。

十、調查分班施行挨起挨戶調查、應於實施調查前六日、分派班內所有調查員、分頭前往各該鄉鎮內、所有各大小村落張貼布告、並鳴鑼及口頭通知全體業主、在規定期間、親自隨帶單契糧串等到場、指引界址畝分、如業主因事不能親自到場時、得委託代表人代理之。

十一、布告由縣政府及縣土地局長副署預先用鉛板印就、加蓋印信發交縣清丈隊遞次轉發調查員、於應用時填寫調查日期及小地名張貼之。

十二、業主依左列各項規定為限：

一、個人所有土地以該所有權人為業主；

二、數人共有土地以該共有人為業主；

共有土地、須將該共有者之真實姓名及住址、一併填列於地籍調查簿、每一共有人在簿上均佔一行、俟該號土地之共有人填列齊全後、再填次號土地之地號地以等。

三、凡非共有性質而一地數主之土地、及有田底田面等關係、或習慣上土地所有權不確定者、以負有完糧納稅之責者為業主。

四、土地屬於地方公有、而以其收益為經費者、以經營該土地之機關或團體名義為其業主。

十三、業主於調查時、如不親自到場指証、而又不委託代

表人、得由調查員代爲查填、日後如有發生異議時
、依照履丈規則辦理之。
十四、按起按戶調查時、調查員應隨帶空白地籍調查簿墨
盒小楷毛筆紅墨水等、以便隨查隨填地籍調查簿。
十五、按起按戶調查時、調查員應依據謄寫圖從各該鄉鎮
第一號土地起、會同到場指証之各該業主、或其代
表人、按號挨次將實地起形、與謄寫圖上起形、逐
一對照、隨即按地號先後、挨次逐一將地號、地目
、業主及佃戶、或經管人真實姓名、住址、原單戶
名、號數、畝分、粮串、戶名、粮額、四址、及坐
落地段等、填寫於地籍調查簿、並須由調查員及調

查班長簽名蓋章、地籍調查簿式附後。
地號及地目、係按照謄寫圖上編定之地號、及起形
內所註記之地目填註之地籍調查簿內地積一欄、係
調查完竣後、由縣調查班指導員照繪算班所編製之
面積計算手簿填註之。
十六、業主姓名須詳細查詢明確、無論音義筆畫、均不能
稍有錯誤。
十七、業主住址須填明何區何鄉鎮何街巷及門牌號數。
十八、佃戶係指承佃耕種人而言、經管人係指代表業主管
理土地之人而言。
佃戶或經管人不能攏統於地籍調查簿上、佃戶或經
管人欄填一姓名。凡係佃戶須於其姓名上註一佃字
、經管人註一經字。
十九、按起按戶調查時、如遇爭執未定之土地、在地籍調
查簿上、應以紅墨水填寫之。
二十、按起按戶調查時、如發現有界址錯誤、應由調查員
即在謄寫圖上用紅墨水在各該錯誤處所作一小「乂」記
號、俟全鄉鎮調查完竣、遞級彙報至清丈組、並繳
還謄寫圖、由清丈組長轉飭各該負責外業檢查員、
約同原調查員、及業主等前往各該錯誤處所實地檢
查、並在謄寫圖上用藍色綫逐一更正之、更正完竣
、即由檢查員通知繪算班求積人員、將其面積更正
。
二十一、按起按戶調查之後、如遇所有權或其他各項尚有
疑義之土地調查員應即再赴各該業主家中詳細覆
查。覆查時、應向業主調驗管業契據粮串及其他
有關係各項証件。
二十二、業主如有冒名指證、意圖佔爲己有者、得酌量情
形、與以最嚴重之處分。
二十三、鄉鎮調查分班除指導員外、正副分班長及調查員
津貼、均採成績制、每起土地以五釐計算、分班
正副班長共得一厘、調查員共得四厘、每一調查
員之津貼、即按上項分配標準、視其調查起數之

之多寡定之。

二十四、調查人員如有查填不實情弊、除扣除其應得津貼外、與以最嚴厲之處分。

二十五、各鄉鎮地籍調查完竣後、應由清丈隊填發清丈通知書。

二十六、各鄉鎮調查分班俟各該鄉鎮地籍調查完竣後撤消之。

二十七、派往指導督促之縣調查班指導員、俟一鄉鎮調查完竣、應即調往其他鄉鎮繼續進行指導督促地籍調查事宜。

縣第　區 鄉鎮調查分班擬定職員履歷表式

擬定職別	姓名	年齡	籍貫	學歷	經歷	備考

地籍調查簿式

地號	地目	地積 新畝	地積 舊畝	業主 姓名	業主 住址	佃戶或經管人 姓名	佃戶或經管人 住址	原糧串 戶名	原糧串 號數	原糧串 畝分	原糧串 戶名	四至 東西南北	坐落地段	備考
	[illegible]													

調查員簽名蓋章
調查班長簽名蓋章

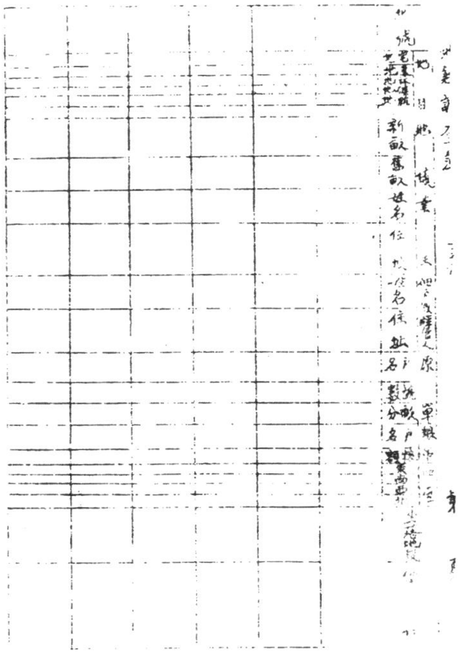

第五項　地積計算

地積計算者、即各起地之面積、就實測原圖上之界址、用量積儀及三斜法計算、以求得每起地確實之畝分數是也。錫邑地積計算、照省局第一期清丈總計劃規定、係自二十三年七月開始、迄二十四年一月截止、其實施照下列求積暫行簡則辦理。

求積暫行簡則

一、求積業務、為算定每起地面積、及製作面積一覽表。

二、起地面積、係就原圖上算定之、並換算為市畝。

三、面積普通均用量積儀算定、每次取二次讀定之平均數、但因起地形狀認為便利、或其面積甚小、約在一厘以下者、得用三斜法算定之。

前項二次讀定數之較差、不得逾下列之限制：

甲、五百分一縮尺

面積〇・五〇畝以下　〇、一分釐（〇、一分釐、係指在進捨[illegible]出者）

面積一・五〇畝以下　〇、二分釐

面積三・〇〇畝以下　〇、三分釐

面積六・〇〇畝以下　〇、四分釐

面積六・〇〇畝以上、每增四、五〇畝、加〇、一分釐

乙、一千分一縮尺

面積一、五〇畝以下　〇、一分釐

面積三·○○畝以下　○·二分釐
面積六·○○畝以下　○·三分釐
面積十二·○○畝以上、每增九·○○畝、加○·一分釐　○·四分釐

丙、二千分一縮尺
面積五·○○畝以下　○·一分釐
面積一○·○○畝以下　○·二分釐
面積二○·○○畝以下　○·三分釐
面積二○·○○畝以上、每增一○·○○畝、加○·一分釐

丁、四千分一至一萬分一縮尺、照以上三項之比例推定之。

四、起地之形狀過長或過大時、得分割算定之。
五、使用量積儀時、其儀器應先加以檢點。
六、換算係數、在五百分一者、爲○·二五、在二千分一者、爲○·○三七五、在一千分一者、爲○·一、在二千分一者、爲○·六、面積均以畝爲單位、五百分及一千分一者、至毫位爲止、毫位以下四捨五入、二千分一者、至釐位爲止。
七、一圖幅內、河流道路等、均須算定其面積。
八、施行求積時、須先將四面圖邊拼接一次、以檢其各起形是否符合。
九、施行求積時、如圖幅內各起地、發覺有漏號或重號或界址線連差、及其他錯誤情形、須詳細記載、交內業檢查員查正後、再行算定之。
十、圖幅內、各起地面積算定後、須與總面積核對、如其誤差數在百分之一以上者、須重行算定之。
十一、前項總面積、係實量其圖廓線求得之。
十二、每鄉鎮面積計算完竣、應將該鄉鎮之計算紙彙訂一本、其封面上書明、縣區鄉鎮名稱、及總起數總面積數等計算紙及封面式樣均附後。
十三、全縣面積計算完竣後、須製作面積一覽表、其式附後。

面積計算手簿

＿＿＿＿縣

第＿＿＿區＿＿＿鄉鎮

本鄉鎮共有起數……………………起
本鄉鎮共有面積……………………畝
　起地面積……………………畝
　河川面積……………………畝
　道路面積……………………畝
　其　他……………………畝

民國二十　年　月　日 開始 / 完成

計算員＿＿＿＿＿＿＿＿＿＿
檢查員＿＿＿＿股長＿＿＿＿＿＿
課　長＿＿＿＿＿

求積儀計算面積用紙　第　區　鄉鎮　比例尺1:

地號	始讀數 A 方公尺	第一次讀數 F 方公尺	第二次讀數 C 方公尺	B-A-C 方公尺	中數 3 方公尺	換算數	畝數	附註

＿年＿月＿日　　計算者＿＿＿＿

三斜法計算面積用紙　第　區　鄉鎮　比例尺1:

地號	底線長 公尺	垂線長 公尺	面積 底×垂/2	換算常數	畝數	附註

＿年＿月＿日　　計算者＿＿＿＿

[illegible]面積一覽表

區別	各鄉鎮[illegible]數及[illegible]項面積	各區共有[illegible]數及各項面積	附註
第　區			
全縣面積			

第六項　繪編圖冊

繪圖係指複製原圖而言，即每一鄉鎮，測丈完畢，調查求積告竣後，按照原圖，複製鄉鎮地籍圖以供登記時之應用。編冊係依據鄉鎮地籍圖及地籍調查簿，亦編造登記時應用之冊籍是也。錫邑照省局第一期清丈總計劃規定，複製原圖，係自二十三年八月開始，迄二十四年二月截止。編造冊籍，係自二十三年九月開始，迄二十四年三月截止。茲將其登記圖冊繪編辦法，賅述於次。

登記圖冊繪編辦法

一、登記用圖，分為鄉鎮分段地籍草圖、鄉鎮分段地籍[illegible]圖，戶地圖三種；登記用冊，分為鄉鎮分段地籍草冊、鄉鎮分段地籍冊二種。由清丈隊設員繪編，鄉鎮分段地籍圖在[illegible]時，則由縣府[illegible]人員繪製之。鄉鎮分段地籍冊，則由登記人員編製之（地籍冊分為[illegible]簿、及戶名[illegible]簿二種）。

二、鄉鎮分段地籍草圖，依照清丈原圖描繪之，其比例尺與原圖同，但必要時得縮放之。

三、鄉鎮分段地籍草圖，以鄉鎮為單位，其圖幅係照原[illegible]圖幅，略為擴大，以[illegible]，但有特殊情形者，不在此限。

四、鄉鎮分段地籍草圖描繪完竣後，一鄉鎮自為起訖，將各起地自東北而西南，並依圖幅順序挨次接編登記地號，如有分割或併合時，應以原地號為分割後之一起地地號，其餘各起地，順次編為該號之一之二之三之四……，其併合者，應以其最前之地號為合併後之地號，其他各地號編為缺號。

五、鄉鎮分段地籍草圖之註記，除登記地號外，應註載左列各項：

1.地目 2.面積 3.地主姓名 4.登記號數 5.所有權狀號數 前列第三項至第五項係所有權確定後由登記人員填註之

六、如一起地過小，不能將應行各項註記全行註入時，仍請註其登記地號，但須將該起地另為放大，繪於其圖邊相當空白處而填註其他各項註記，如登記地號，亦不能註入時，其在圖邊空白處之放大圖並請註明四鄰地號。

七、鄉鎮分段地籍草圖之描繪及註記，均經完竣後，應印緒繪鄉鎮分段地籍草圖圖幅一覽圖，以一覽圖為首頁，並依其圖幅之順序，將各幅草圖裝訂成冊。前項一覽圖，應繪示簡畧地形，並註記各圖幅號數、及各幅圖內起訖，登記地號，其比例尺定為一萬分一、如原圖多數為五百分一比例時，得改為五千分一。

八、鄉鎮分段地籍草冊，應依鄉鎮分段地籍草圖，及清丈原圖，暨實地調查簿編造之，其應記載之事項如左：

1.登記地號，2.地目，3.地主姓名住址，4.原丈面積（分註新舊畝分），5.覆丈面積，6.清丈原圖圖號，7.清丈原圖上假定地號，8.其他應行註記事項。

九、鄉鎮分段地籍草圖及鄉鎮分段地籍草冊完成後，應即連同實測原圖，暨實地調查簿等，一併呈報縣局。前項原簿，如有關於其他鄉鎮之土地，未經複製者，得於複製後再行繳局。

十、登記時如有更正，應將清丈原圖及鄉鎮分段地籍草冊，分別改正之。

十一、一鄉登記完竣後，應依第二、三、四、五、六、七、各條之規定辦法。並須註記各起地邊長製印鄉鎮分段地籍圖，并復編鄉鎮分段地籍冊。

十二、所有權狀附發之戶地圖，分印製及繪製兩種，一鄉鎮內之起地面積，平均在三畝以上者，用繪製戶地圖，在三畝以下者，用印製戶地圖。

十三、印製戶地圖，以一象限為單位，但一起地跨越兩象限以上者，須印製 其全起如有特殊起地，其面積特別廣大、或形狀尚為狹小長者、須另行縮繪之。

十四、一鄉鎮之戶地圖，如已繪製過全起數二分之一以上者，其餘各起地之戶地圖，亦應用繪製，以資一律。

十五、關於印製戶地圖之設備及費用，由縣局斟酌情形，擬具辦法呈省局核定。

第二款　進行狀況及儀器設備

第一項　進行狀況

第一　清丈隊成立之經過

無錫土地測量之最先施行者，為圖根測量，民二十二年二月，省局派圖根組長李壽圖到錫測設全縣圖根點。十月初間，組織導線兩班，專任第三區導線測量，以備清丈隊到縣清丈之用。十一月省局派清丈分隊長周厚熙來錫，組織清丈分隊於本縣城外通運路救火聯合會內，共設二組。工作地點，秉承縣長指定，由第三區開始測丈，第一組各班覓定三區曹王鄉善念橋錢敦厚蔭行為駐所，於六月遷入工作，第二組各班覓定三區南橋鎮德昌油坊為駐所，亦於六日遷入工作。惟外業應用各項零星儀器，一時未及購齊，不能開始測丈，即利用此時期，對於省局派來隊實習之學員，講解外業技術上應注意之各項要點，暨錫地土地之狀況，以及對於民衆須將土地測量之目的，及與人民國家之利益，隨時婉言詳解，到處宣傳，以免清丈時發生進行不順之事件，同時訓練測夫製造竹尺等測丈時應用之零件，至十一月二十三日，正式開始工作。省局派來之第一屆實習學員，由組長組員清丈員負責精慎指導，嚴密督促，且由組長逐日巡查各班，按月由主管組長，考查各學員品行之好壞，技術之優劣，工作之勤惰，體格之健弱，分四項評定分數，呈省考核，一月底實習學員期滿遣散。統計此三閱月之成績，計測成本支導線一千一百十七點，清丈一萬七千八百畝，調查二萬三千二百七十九起。二月內工作，第一組測成導線一百八十點，清丈三千九百八十畝，調查四千六百零六起，第二組測成導線一百六十八點，清丈三千零九十畝，調查一千六百七十起。於三月一日，第一組部由曹王鄉善念橋遷移至三區周新鎮區黨部辦公，同時奉令加測導線三百點，以便擴充之用，遂於三月一日起，抽調組員韓貽讓清丈員黄可文，及省局派來之王國禎，加入導線工作，遂於三月中，共測成導線九百三十二點，足數擴充時之應用矣。四月一日奉令擴充組織、增加一組、覓定西門外大字鄉巷上蘇秦巷為駐所。四月十日奉派來第二屆實習學員、即分發各組實習焉。

第二　新計劃之實施

於四月底省局奉承　主席之命、遵蔣委員長督飭辦理之旨、考察過去整理土地之利弊得失、釐訂江蘇省土地清丈之總計劃、以增加業務之速率、限期完成清丈之初步工作、其實施程序分為七步驟。

(1)勘定縣區鄉鎮界址　(2)地形及面積測量　(3)測定區鄉鎮界址　(4)核算面積　(5)分戶調查及填報面積　(6)核對填報面積　(7)舉辦登記　即遵照規定之步驟自五月一日起、即首先從事勘界工作、同時訓練導線及分戶測量人員、以便正式開始工作之用、爰將其進行概況分述於後：

(1)勘界工作

勘界工作、以舊有都圖界址不明、勘查非易、奉　令准依舊區新鄉鎮界址勘查、於五月一日起派湯炅等二十三員、每員隨帶伕役兩名、赴各區開始工作、每區依面積之大小、分派一人、或兩人不等、於六月上旬全縣勘界完竣、計共勘查十七區、一百三十九鄉、九十五鎮、茲將勘界工作表及勘界規則列後：

勘界工作表

區別	開始日期	查竣日期	每區鄉鎮數	備考
第一區	五月一日	六月三日	二鄉一八鎮	勘查者每區各一人每人帶伕役二名
二	五、一日	五、卅一、	十六鄉	
三	五、一日	五、廿七、	八鄉二鎮	
四	五、一日	六、三、	六鄉四鎮	
五	五、一日	五、卅、	五鄉九鎮	
六	五、一日	五、廿八、	十鄉六鎮	
七	五、一日	六、三、	九鄉七鎮	
八	五、一日	五、廿九	六鄉五鎮	
九	五、一日	五、卅、	六鄉三鎮	
十	五、一日	五、廿七、	四鄉五鎮	
十一	五、一日	六、五、	八鄉五鎮	
十二	五、一日	六、三、	十一鄉四鎮	
十三	五、一日	五、卅一、	六鄉五鎮	
十四	五、一日	六、二、	四鄉八鎮	
十五	五、一日	五、廿七、	十二鄉七鎮	
十六	五、一日	六、三、	六鄉五鎮	
十七	五、一日	六、二、	九鄉四鎮	

整理土地勘查區鄉鎮界規則

第一條　實施土地整理勘查區鄉鎮界、除照內政部頒發省市縣勘界條例辦理外、均依本規則之規定。

第二條　勘查區鄉鎮界由縣土地局或籌備處、設置勘查員會同清丈隊辦理之。

第三條　勘查各區鄉鎮名稱界址、應依照勘查當時之現狀辦理、但對於舊都圖之名稱界址、須同時調查、以資對照。

第四條　實施勘查時應先通知各關係區鄉鎮公所屆期會同辦理。

第五條　各區鄉鎮名稱界址、有左列情事之一、認為必須變更時、應由查勘員呈明主管長官、通知各關係區鄉鎮公所、推派負責人員、協議決定之。

一、名稱不甚明瞭者；

二、界址不明者；

地政學院

三、面積過於狹小或廣大者；

四、有插花地、飛地、嵌地、及其他犬牙交錯之地者。

第六條　各區鄉鎮因前條第一款而更名稱時依左列標準：

一、有同名稱時應變更其不著名者；

二、有二名稱時應存其較為通用者；

三、名稱有同音時應更定之。

第七條　各區鄉鎮因第五條第二款第四款而變更界址或分合時其新定界線依左列標準：

一、山脈之分水綫或合水綫；

二、道路河川溝渠等之中心線；

三、有永久性之關隘堤塘橋樑及其他堅固建築物可以為界綫者；

四、海岸潮滿時之水陸界綫。

第八條　各區鄉鎮因第五條第三款而為合併或分劃時、其分合之標準、應照前條辦理、但有為高山大河所圍繞、或與其他區鄉鎮相隔絕、風俗習慣均不同者、雖面積狹小、亦無庸合併、其面積廣大者、仍分別劃之。

第九條　關於第五條至第八條情事、經協議決定後、應會報主管局處、依法製具詳細圖說、呈請縣政府轉呈民政廳核轉備案後、始得執行、縣政府辦理此案、一俟呈奉核准、除分別轉飭遵照外、應錄全呈報省土地局備查。

第十條　關於第五條至第八條之協議、有必要時得呈請縣政府派員參加協議。

第十一條　各區鄉鎮之合分或界址之變更、如發生異議、或與關係區鄉鎮有爭議時、應繪具詳圖及計劃、報由主管局處、轉呈縣政府處理之。

第十二條　其已經勘查區鄉鎮之界線、至勘查其他毗鄰區鄉鎮之接壤部份時、如發現尚有一部份須行變更、或原製界址略圖、有與實地不符者、應另製略圖、並叙明須行變更理由、或不特事實、報請主管局處核辦。

第十三條 勘查區鄉鎮界與鄰縣勘定界線時、依省市縣勘界條例第四條第五條之規定、會同鄰縣政府派員辦理之。

第十四條 勘查區鄉鎮界與鄰縣縣界、必須新定界綫、或有省市縣勘界條例第七條規定之變更本縣縣編制時、依省市縣勘界條例第七條第九條辦理之。

第十五條 各區鄉鎮界綫確定後、應於其主要地點標立界標。

前項界標兩面應分記接壤區鄉鎮之名稱、另於

其一面書明界標號數、並於其上部附以矢形符號、指示界線之方向、若其界線適為省市縣界線時、並應記明某省市縣之名稱。

第十六條 清丈隊及勘查員出發時、主管局處、得隨時向縣政府領取劃區及劃分鄉鎮區域地圖、發交應用。

第十七條 勘查區鄉鎮界一切用費、應准於本縣征起清丈費項下支給之。

(2) 導線訓練工作

導線訓練、自奉 令後、即於五月一日開始組織、由清丈員實習員中遴選技術嫻熟者十八人、分為六班訓練、并指定組長曹昭萱黄鐸祖檢查員葉紹華韓國華等六人、分班指導、同月二十日、訓練完竣、二十一日起正式開始導線測設、以顧及將來二千分一地籍測圖之需要。

(3) 分戶測量訓練

分戶測量訓練、由奉 令後、即於五月十四日由清丈員繪算員實習員中遴選三十五人、予以訓練二千分一地籍清丈圖、派黄震亞、仇雪、王書福等八人、負責指導、責令勤於檢查督導、務冀訓練成績臻於至善、自開始訓練迄六月三日止、計各班均完成一幅。同時即開始第一步驟至六月初旬、已完全辦理完竣、

二步之地形及面積測量、第一組由第三區周新鎮遷移至第四區榮巷鎮清溪廟為組部辦公駐所、測丈附近一帶二千分一地籍原圖、并派導線班至十七區張舍鎮十二區楊巷一帶、測設區鄉鎮界址導線、及區鄉鎮境導線網。第二組由第三區南橋遷至新廟、奉 令照原辦法辦理、完成第三區清丈工作、仍用一千分一之比例尺、測丈地籍原圖、由原測丈之清丈員負責調查地籍、派導線班赴第十四區許舍鎮及南方泉測設區鄉鎮界址導線及區鄉鎮境導線網、以供二千分一分戶測量之用。第三組亦由第三區六字鄉巷上遷至十三區廟橋後陳廟、測丈附近一帶二千分一地籍圖、派三班至十四區南方泉測丈地籍圖、并

派導線班至十三區華大房莊及落霞橋一帶，測設區鄉鎮界址導線及區鄉鎮境導線網。至內業繪算員，遵照新規定工作標準，計算面積，統觀自五月一日起至六月底止，兩月之內各項工作，均能按照規定之步驟循序推進，業務成績，俱能達到預定標準，其工作速率，較前增加三倍焉。

第三　預備航測人員之調遣

七月初旬　省局與參謀本部陸地測量總局航空測量隊商洽，借該隊儀器與人才，由無錫縣土地局將無錫全境土地航測工作，委託該隊辦理，惟航空測量其於城市村莊宅地，因為房屋蔭蔽之故，未能攝測地面分戶，故仍須由清丈隊精密補測以完成之，但航測之藍晒地畝圖，須數月後方能完成，交與土地局，開始補測宅地，調查地籍，計算面積，以及製圖造冊等工作，以完成清丈應作之業務，故暫將原在隊之職員分調他隊服務，待航測完成後，再調回作業，遂於七月八日　省局令調檢查員韓國華、清丈員狄培昌、黃瑞鄉及實習員劉宗強等計十八人分赴嘉定、丹陽兩隊，於七月十八日奉令派實習員陳廷珍等四人，調赴鎮江縣隊，劉世雲等四人，調赴丹陽縣隊，王誠一等十三人調赴武進縣隊，清丈員湯昊等十人，實習員車樹人等四人調赴松江縣隊，清丈員朱振民等十人、繪算員張家鳳等十三人，實習員徐冀之等三人調赴南滙縣隊，檢查員仇雪調赴常熟縣隊，又於二十日奉　令調派清丈員張世棟為奉賢縣隊導線檢查員，仇錫琛、黃祥黃藝林、倪友竹、金俊良等五人為武進縣隊清丈員，檢查員黃震亞派充常熟縣隊外業檢查員兼測丈第二班班長之職、至三十日又奉　令暫調導線組組長曾昭萱為武進縣隊外業檢查員兼第八班班長之職，又調繪算員陸惟芹、繪圖員王鍾秀、王鍾璇、丁芳華、徐雪軒等五人為武進縣隊繪算員、造冊員陳志清、殷永成為嘉定縣隊造冊員，王永年為奉賢縣隊造冊員，自七月十四日起至八月十六日止，陸續奉令離隊調赴各縣隊服務者計九十六人，其留隊者，計隊長一人、組長一人、外業清丈九人、內業計算兩人、造冊員辦事員書記各一人，僅設清丈一組，外業清丈兼導線共九班，在第三區青祁鄉蘇家渚夏家邊一帶測丈一千分一地籍原圖，以完成舊制第三區之分戶測量，內業設繪算兩班，於十月三十日又將清丈員黃禎祥、王壽華等六人，奉　令調赴松江縣隊，至十月底第三區分戶測量完全告竣，省局遂將清丈員吳耀本、呂銀泉、楊致正等三人調赴武進縣隊工作，於十一月十日奉　令將隊中一切事務辦理結束。隊長周厚熙改委為丹陽縣隊隊長。茲將自七月份起至十一月份止調赴各縣之工作人員，依所派之縣別，在隊之職務，編列職員遣調各縣隊局人數一覽表於左：

職員遣調各縣隊局人數一覽表

調派隊局	在隊原任職務	遣調數	現派職務	備考
鎮江縣清丈隊	第二屆實習員	四	試用繪算員	兩員於七月二十三日離隊　兩員於七月二十四日離隊
丹陽縣清丈隊	隊長	一	隊長	十二月四日奉　令改委為丹陽縣清丈隊隊長於十二月十日辦理交卸完竣離隊赴丹
仝右	第二屆實習員	一五	試用清丈員	十四員於七月十四日離隊　一員於七月十五日離隊
仝右	仝右	四	試用繪算員	於七月二十日離隊
武進縣清丈隊	組長	一	暫調任班長	於八月十二日離隊赴武進縣隊暫任班長之職後即際委為該隊導線組組長
仝右	三等清丈員	三	清丈員	一員於七月三十日離隊　兩員於十一月十日離隊
仝右	繪算員	一	繪算員	於八月一日離隊
仝右	登記繪圖員	三	繪算員	於八月一日離隊
仝右	試用清丈員	五	清丈員	一員於七月二十九日離隊　三員於七月三十日離隊　一員於十一月十日離隊
仝右	試用登記繪圖員	一	試用繪算員	於八月七日離隊
仝右	第二屆實習員	六	試用清丈員	兩員於七月二十八日離隊　四員於七月三十日離隊
仝右	第二屆實習員	七	試用繪算員	一員於七月二十一日離隊　六員於七月二十二日離隊
松江縣清丈隊	二等清丈員	三	清丈員	一員於七月二十八日離隊　一員於七月三十日離隊　一員於八月三日離隊
仝右	三等清丈員	三	清丈員	兩員於七月三十日離隊　一員於十月三十日離隊
仝右	試用清丈員	七	清丈員	五員於七月三十一日離隊　二員於十月三十日離隊
仝右	試用繪算員	三	清丈員	於十月三十日離隊
仝右	第二屆實習員	四	試用清丈員	於七月三十日離隊
武進縣土地局	造冊員	一	登記員	於十月三十日離隊
南滙縣清丈隊	二等清丈員	一	清丈員	於七月三十日離隊
仝右	三等清丈員	二	清丈員	於七月三十日離隊
仝右	繪算員	三	清丈員	於七月三十日離隊
南滙縣清丈隊	繪算員	八	試用清丈員	於七月三十日離隊
仝右	試用清丈員	四	清丈員	於七月三十日離隊
仝右	試用清丈員	三	試用清丈員	於七月三十日離隊
仝右	試用繪算員	二	清丈員	於七月三十日離隊
仝右	第二屆實習員	三	試用清丈員	於七月三十日離隊
常熟縣清丈隊	外業檢查員兼班長	一	外業檢查員兼班長	於八月十二日離隊
仝右	檢查員	一	檢查員	於七月三十日離隊
嘉定縣清丈隊	外業檢查員兼班長	一	導線檢查員	於七月十五日離隊
	二等清丈員	二	測量員	一員於七月十五日離隊　一員於七月十六日離隊
	造冊員	二	造冊員	於八月十六日離隊
奉賢縣清丈隊	二等清丈員	一	導線檢查員	於七月三十日離隊
仝右	試用造冊員	一	試用造冊員	於七月三十日離隊

第四　清丈組之成立

同時將清丈隊範圍縮小，另成立清丈組，委派黃輝祖為組長，調吳縣隊檢查員韓國華、常熟縣隊檢查員張祖輝為無錫縣清丈組檢查員，原在隊之繪算員孫士珍、李鏡如、造冊員陳亞男及辦事員周承光、書記田蓋卿均仍留組工作，檢查員韓國華於十四日來組報到，張祖輝迄十二月底曾未見來組，造冊員陳亞男繼調委為武進縣土地局登記員於十一月三十日離組，組部辦公駐所初仍就前清丈隊租賃之房屋辦公，惟租費較大，遂於十二月一日另租廣勤路第二支路新鳳橋街第三號門牌房屋一所，作為辦公及女職員宿舍與存放儀器、通運路救火聯合會內，仍作男職員宿舍及寄放各項器具。於十二月底根據舊第三區所有之圖幅，依工作應備之精確和速率，通盤籌劃，擬具舊制第三區內外業應需人員及時間之計劃書，呈送總隊核奪，以作二十四年起作業進行之方針，茲將所擬之計劃書及舊制第三區地籍原圖圖幅一覽圖分列於後：

舊制第三區內外業應需人員及時間之計劃書

查全區二百八十二幅圖，平均每幅約五百起，共約十四萬一千起。

(1)外業檢查，未檢查者一百五十二幅，平均每人每月檢查二十七幅，三個人約須二個月，

(2)計　算　未計算者一百二十二幅，約六萬一千起，按每人每日計算三百起，兩個人約須四個月，

(3)複　算　未複算者一百八十三幅，約九萬一千五百起，三個人約須四個月，

(4)繪登記圖　未繪之圖約十三萬九千七百七十起，按每人每日繪三百起，四個人約四個半月，

(5)造　冊　未造冊約十三萬九千七百七十起，按每人每日二百起，六個人約須四個半月，

第二項　儀器

查測量儀器，為作業主要之用品，關於測圖之精確工作之速率，有特儀器之精良為斷。錫隊組設備儀器，由省局代辦，與由縣自購者兩種，皆選擇最近發明，構造精緻者而採辦之，各種應用儀器，均尚齊全，茲將錫隊組所有之重要儀器列表於後：

重要儀器一覽表

號碼	名稱		省局代辦暨自購數量合計	備考
No 34095 34048	一秒讀經緯儀	弍架	弍架	附件全
No [illegible]	二秒讀經緯儀	肆架	肆架	附件全
No [illegible]	蔡司平板儀	壹架	壹架	附件全
No 51881 51960 51452	蔡司第一水準儀	叁架	三架	附件全
	三公尺水準標尺	陸支	陸支	附件全
	五十公尺鎳鋼合金尺	壹盤	壹盤	附件全
No [illegible]	十八倍六角望遠鏡	肆個	肆個	附件全
	複晄量積儀	叁拾付	叁拾付	
	測斜照準儀	玖拾付	玖拾付	
	附件足架	玖拾付	玖拾付	
	測板	玖拾付	玖拾付	
	羅針	玖拾付	玖拾付	

	垂球	玖拾付		玖拾付	
	雨覆	玖拾付		玖拾付	
	移點器	玖拾付		玖拾付	
No 20237	六位對數表	拾本		拾本	
No 20215	繪圖儀	拾付		拾付	
No 20243	繪圖儀	二十五付		二十五付	
	四件頭繪圖儀	四十付		四十付	
	三稜尺	玖拾支		玖拾支	
	SV繪圖儀		叁拾付	叁拾付	清丈隊開辦時購置
	三十公尺鋼捲尺		叁支	叁支	仝右
	一公尺有分劃直尺		壹支	壹支	仝右

一公尺無分劃直尺		伍	伍支	仝右
三十公分平行邊尺		肆拾支	肆拾支	仝右
18吋明角三角板		叁付	叁付	仝右
明角三角板	壹佰貳拾付	肆拾付	壹佰陸拾付	有代辦一百二十付開辦時購置四十付
一公尺平邊木直尺		拾肆支	拾肆支	開辦時購置拾支附設[illegible]班時購置四支
24/32繪圖板		伍拾貳塊	伍拾貳塊	開辦時購置四十塊附設登記[illegible]班時購置十二塊
三十公尺布捲尺	玖拾捲	貳拾捲	壹百壹拾捲	有代辦九十捲開辦時購置二十捲內有損壞[illegible]捲[illegible]不能應用
三公尺標杆		貳佰肆拾支	貳佰肆拾支	開辦時購置二百四十支

『註五七』上表根據二十三年十一月無錫清丈隊之統計

第三款　業務效率之促進與成績統計

第一項　業務效率之促進

土地測量乃國家大業、着手實行、並非易事、嘗考世界各國前例、如在歐戰前之德國、其面積為二十萬八千七百八十方哩、其土地測量經四十年之久、始告成功。法國於一七九三年開始實行土地測量、當時僅測本國領土百分之十六、而所費已達三千六百萬佛郎、中間迭經變更、至一八五二年始將全國二十萬四千八百四十餘方哩之面積、測量完竣。即朝鮮土地不過六十六萬五千餘方里、而整理時間、亦經八年又十個月之久、從事人員先後達七千三百餘人、經費達二千四百萬六千四百八

十九元之多、事功之鉅、可以概見。吾國幅員遼闊、五十倍於朝鮮、二十倍於德法本國之領土、而測量事業、又瞠乎人後。全國之大、舉行精密之土地測量、僅無錫等少數區域而已、在此國困民窮之際、不惜公帑、辦理測量、其業務之效率、如何以求增加、為業務進行時之重要問題、故有的對於此點異常重視、所謂業務每月進程標準之規定也、督查制之創設也、獎懲辦法之厲行也、請假之限定也、人才之訓練也、均無非為達業務進展、精度正確之目的耳、茲分述於後焉。

第一　業務每月進程標準

業務之實施、最貴先有標準、有標準則人知所勉、

考核亦易也。錫邑業務每月進程標準、照二十三年二月省局令頒錫隊者、計導線班每人月應完成一等導線二百點、二等導線二百二十點；清丈班若在二千分一之比例尺、每人月應完成一千五百起畝；計算班若係用量積儀者、每人月應完成二千起；製圖班若係繪公布圖者、每人月應完成六千起、茲列表於後：

無錫清丈分隊各項業務每月進程標準表

班別	類別	每月完成數	備考
導線班	一等導線	二〇〇點	以一班為單位、班以測量員一人測夫二人組成之。
	二等導線	二二〇點	
清丈班	比例尺	每月完成數	
	五百分一	四〇〇起畝	
	一千分一	九〇〇起畝	以調查完竣及原圖描繪製成為止。
	二千分一	一五〇〇起畝	「起畝」將一幅原圖之總起數與該原圖之畝數相加、以二除之即為起畝數。
	四千分一	二五〇〇起畝	
計算班	計算方法	每月完成數	以一班為單位、以計算員一人為一班。
	用量積儀	二〇〇〇起	
	用三斜法	一三〇〇起	
	量積儀三斜法並用	自一三〇〇起至二〇〇〇起	
製圖班	業務類分	每月完成數	以一班為單位、以製圖員一人為一班。
	繪公布圖	六〇〇〇起	依原圖謄繪註地目、地號、地積、業主姓名、但不註坵長。
	摸繪户地圖	二五〇〇起	依原圖摸繪、若因起地過大或過小、須加縮放者得酌減之。
	𣏾繪縮繪清繪造冊等	另訂	
附記	導線班清丈班各項標準、係指一般普通地形而言、若地形簡單或複雜、應由分隊長組長、依其簡單複雜之程度、酌量增減之、並須於業務報告表附註欄內、加以概畧説明、如遇天氣嚴寒、或盛暑月份、亦可酌減標準數。		

第二　實施督查制度

、清丈業務、事緒紛繁、非有嚴密之查核、不足以臻於精善、而必致人員懈息、圖幅舛誤、妨及整個地政進行、貽患匪淺矣。省局有鑒於斯、乃有督查制度之創設、於測量總隊之下、特設督查股、股下設督查員、專司人事方面之考查、以督促工作之進行。又設抽查員、擔任技術方面之檢查、以求測圖之精確。錫隊於二十三年十一月奉行此制、當即由省局派員來縣實施督查、此制功效頗大、茲將其抽查業務暫行規則列後、以資參考。

江蘇省土地局全省土地測量隊抽查業務暫行規則

第一章　總則

第一條　江蘇省土地局全省土地測量隊抽查業務依本規則辦理之。

第二條　省縣主要圖根測量、及各縣清丈業務、應由本隊隨時指派抽查員分別抽查。

第三條　抽查員對於抽查成果、應絕對負責、並應在所查圖簿上、簽名蓋章、註記抽查日期。

第四條　抽查員對各隊組人員內外業之成績、及工作之勤惰、須嚴密考查之。

第五條　抽查員應具業務抽查記載表、及抽查報告表、附抽查及考查所得情形、分別填載、並簽名蓋章、隨時呈報總隊查核、業務抽查記載表及抽查報告表另定之。

第六條　抽查員對於前條各表之記載、如有不實、或其他曚蔽情事、一經查出、應即由總隊長呈請省土地局嚴懲之。

第二章　圖根業務之抽查

第七條　省縣主要圖根測量、依照左例各類業務分別抽查之。

一、選點　二、造標　三、觀測　四、計算　五、基線測量（附指角觀測）　六、水準測量

第八條　選點業務應予抽查之事項如左：

甲、全部佈置　乙、選點技術　丙、圖形強弱　丁、實地位置　戊、選點圖

第九條　造標業務應予抽查之事項如左：

甲、標架高度及其形狀　乙、標架所在地之形勢及地質　丙、工程　丁、完成日期　戊、各方向之通視

第十條　觀測業務應予抽查之事項如左：

甲、觀測技術　乙、誤差限度　丙、記載　丁、儀器之保護

第十一條　計算業務應予抽查之事項如左：

甲、方法　乙、程序　丙、完成日期　丁、演算

第十二條　基線業務應予抽查之事項如左：

甲、基線位置　乙、基線網圖形　丙、基線測算　丁、指角測算

第十三條　水準業務應予抽查之事項如左：

甲、水平點位置　乙、線路之配佈　丙、觀測　丁、計算

第十四條　抽查員對於各班成果抽查數目之標準規定如左

子、選點造標之抽查（一）屬於省圖根測量者至少須抽查一點（二）屬於縣圖根測量者至少須抽查二點

丑、實地觀測之抽查（一）屬於省圖根測量者至少須赴一點檢測方向（二）屬於縣圖根測量者至少須赴二點檢測方向（三）對於省縣圖根及基線指角水準

等測量業務、均須分別前往監視觀測一日。

寅、觀測簿冊之抽查（一）屬於省圖根測量者至少須抽查一點（二）屬於縣圖根測量者至少須抽查三點（三）省圖根基線須抽查百分之三（四）縣圖根基線須抽查十分之二（五）水準測量須抽查一點

卯、計算簿冊之抽查（一）屬於省圖根測量者須抽查一段之三十分之一（二）屬於縣圖根測量者須抽查一環須二十分之一（三）省圖根基線須抽查三十分之一（四）縣圖根基線須抽查五分之一（五）省圖根指角須抽查五分之一（六）縣圖根指角須抽查二分之一（七）水準線抽查一循

第十五條　抽查員施行第十四條第子丑款之抽查、如發現實施工作錯誤、或不適當時、應即分別通知圖根隊組轉飭原作業人改正之、並呈報總隊備案。

第十六條　抽查員施行第十四條丑款之抽查、如發現各方向觀測、與檢測之結果相差、超過省縣圖根點方向實測較二五秒之限制時、應將原觀測簿册、詳加審核、隨即分別通知圖根隊組、轉飭原觀測人重行觀測、如發現工作程序各項記載、及儀器保護有不適當時、亦應即分別通知圖根隊組、轉飭原作業人改正、並呈報總隊備案。

第十七條　抽查員施行第十四條寅款之抽查、如發現誤差超過規定限度時、應即分別通知圖根隊組、轉飭原測量人重行觀測、並呈報總隊備案。

第十八條　抽查員施行第十四條卯款之抽查、如發現(一)方法不當(二)程序不合(三)計算遲延(四)演算錯誤時、應即分別通知圖根隊組、轉飭原計算人改正、並呈報總隊備案。

第十九條　抽查觀測簿册或計算簿册時、應用紫墨水註記符號、結果正確者用(〇)註記之、結果錯誤者用(×)註記之。

第三章　各縣清丈業務之抽查

第二十條　各縣清丈業務應予抽查之事項規定如左：

一、導線測量

甲、手簿檢查

子、觀測手簿　丑、計算手簿　寅、各鄉鎮總畝分

乙、實地抽查

子、水平角　丑、邊長　寅、點之位置

二、分戶測量

甲、圖上抽查

子、圖廓及圖根根之展開　丑、各項註記及地號

寅、圖式　卯、隣圖拼接　辰、謄寫圖與原圖之校對

乙、實地抽查

子、補助圖根點(即圖解圖根)　丑、起地之位置及形狀　寅、地目及縣區鄉鎮都圖等界址

三、調查

甲、圖簿上抽查

子、地籍調查簿與謄寫圖之校對　丑、各項記載

乙、實地上抽查

子、起地界址及形狀　丑、地目及其他業主姓名住址等

四、求積　甲、起地面積　乙、計算手簿上之計算及記載

五、製圖

甲、各項註記式

乙、地籍圖與原圖之校對

六、造冊

甲、土地清冊之記載

乙、土地清冊與地籍圖及地籍調查簿之校對

第二十一條　各組班成果抽查數目、至少須有百分之二。前項抽查數目標準導線、以導線一支為單位、依其點數計算之、清丈以原圖一幅為單位、依其起數計算之、調查以賸寫圖一幅或調查簿一冊為單位、依其起數計算之、求積以原圖一幅、或計算手簿一冊為單位、亦依其起數計算之、製圖以一鄉鎮、或都圖為單位、依原圖圖幅數計算之、造冊以一鄉鎮或都圖或土地清冊一冊為單位、依起數計算之。

第二十二條　抽查員實施第二十條第一款所列各項抽查、如發現誤差超過規定限度時、應通知縣清丈隊、轉飭原測人員重行測算之。

第二十三條　抽查員實施第二十條第二、三、四、五、六、各款所列各項抽查、如發現錯誤時、其能改者須隨時以紫墨水在其圖冊上改正之、同時通知縣清丈隊、轉知各原辦人、改正其有關係部份之各種成果、如錯誤甚多、或不能改正者、應通知縣清丈隊轉知各原辦人員重行辦理之。

第二十四條　改正誤差時、不得將劃線或原註擦去、須另行添繪、或旁註、其原劃或原註以紫墨水畫X示之。

第二十五條　抽查第二十條第一款乙之1、2、3、及第二款乙之1、2、各項其誤差如不超過規定限度毋須改正。

第二十六條　起地抽查如遇原丈界址有變更時、而尚未經縣土地局派員覆丈者、得暫緩抽查。

第三　厲行獎懲辦法

凡事有褒貶之方、則工作效率加增、蘇有土地局、為鼓勵測量工作人員之奮發、以迅促清丈總計劃之完成、嚴訂獎懲辦法、令無錫測量工作人員奉行、彼輩尚能本斯旨、交相勸勉、以期業務之促進。照其獎懲辦法、獎勵係分記功、獎金、進級、提升。懲戒係分記過、罰金、降級、免職、茲將其獎懲規則列後：

測量人員獎懲規則

第一條　本隊測量人員之獎懲依本規則辦理之。

第二條　本隊為督飭業務勤加攷核起見、對於測量人員業務成績、每隔一月攷核一次、分別獎懲之。

第三條　測量人員之獎勵及懲戒辦法如左：

(甲)獎勵　一、記功　二、獎金　三、進級　四、提升

(乙)懲戒　一、記過　二、罰金　三、降級　四、免職

第四條　測量人員作業成績、超過規定標準百分之十以上、工作正確、經考核屬實者、應予記功；連續三次記功者、應予進級、其成績特優者得特予提升。

第五條　測量人員作業成績、超過規定標準、工作正確、經考核屬實者、除照前條辦法獎勵外、並按超過規定標準之百分比、各依其薪額給以同樣比例之獎金。

前項獎金、每三月彙發一次。

第六條　測量人員作業成績、不及規定標準、工作粗率、經查明屬實者、應予記過、記過三次者降級、其情節較重者免職。

第七條　測量人員作業成績不及規定標準、經查明屬實者、除照前條辦法懲戒外、並按不及規定標準之百分比、各依其薪額責以同樣比例之罰金。

前項罰金每三月彙收一次。

第八條　隊長組長督飭有方、各項應辦業務、均在規定限期之內提前完成、經考查屬實者、得呈由省土地局通令嘉獎之、其成績特優者、得特予進叙薪級。

第九條　隊長組長不遵命令、遇事敷衍、各項規定業務、未能依限完成者、應特予申誡、不聽申誡者、除責令賠償業務損失外、應立予免職、其情節較重者、得呈由省土地局呈請　省政府咨請銓叙部停止叙用。

第十條　測量人員如有不法行為、經查明認為確有嫌疑者、應即移送法院辦理。

第十一條　各隊隊長及各組組長之業務成績、由全省土地測量隊考核後、依照本規則擬定獎懲辦法、呈請省土地局核准執行。

各測量人員之業務成績、由主管隊長或組長考核後、依照本規則擬定獎懲辦法、呈請全省土地測量隊核定轉呈省土地局核准執行。

第四　限制職員請假

業務進程最大之妨礙、莫過於職員曠職、錫隊組對於此點、亦甚能注及、如婚喪病事假日期之限定、累計假期扣薪之辦法、均係本省局所定、嚴厲奉行、此皆為求業務之推進。茲將其請假規則列後：

測量人員請假規則

甲)　總則

一、各職員除因急切事故、或確有疾病外、不得無故請假。

二、凡在請假期內、除因病臨時請假、仍住作業地點修

養病治、而假期在一個月內不逾三日者外、均應停止支給外勤費。

三、各職員請假一律遵用製定假單、分別依式填明、親自簽名蓋章、並經主管長官核准。

四、各職員請假期滿後、一律遵用製定銷假單、填寫銷假日期、親自簽名蓋章、並經主管長官核簽。

五、各職員請假、在未經核准之前、不得擅離職守、違者以不守紀律論、應由主管者呈請處分、倘因特別事故、如父母妻子、或自身染患重病、急須離職就醫、不及候奉批准者、須有家中函電証明、或報告病狀、經主管者查核屬實、負責呈報、方可先行離職。

六、各職員請假期滿、因事故須續假者、應在假滿之前、聲請續假、並叙述續假原由及日期、由主管者核呈備案、倘到期不即銷假、或不即聲請續假、均以曠職論、曠職在三日以內者、呈述逾期原由、經主管者核簽呈報、得予銷假、並按照曠職日數扣除薪費、曠職在三日以上者、應由主管者呈請處分。

七、各職員請假期內、對於原任職務、應由同事兼代、但須經直接主管者之認可、或呈奉核准。

八、每屆月終編列各職員本月份內請假原由日期暨銷假日期表、呈測量總隊、及縣土地局備查。

(乙) 婚喪假

九、婚假准給十四日、路遠者酌加路程日期、惟兩項合併、不得逾二十日、逾期以事假論。

十、喪假以承重祖父母父母及妻喪為限、均准給假二十一日、路遠者酌加路程日期、惟兩項合併、不得逾三十日、逾期以事假論、期服喪假有特殊情形、必須請假者、准給假七日、不加路程日期。

十一、婚喪假作特別假論、於核計各職員每年請假日數時、得不列入累計。

十二、如有謊報婚喪藉故請假者、無論經奉核准與否、一經查覺、立予免職處分。

十三、凡職員請假若係圖根分隊者、由總隊長轉呈省局核准、清丈分隊者、由清丈分隊長轉呈縣土地局核准。

(丙) 病假

十四、凡請病假在三日以內者、須經直接主管人員証明、在三日以上者、須呈驗醫生正式診斷書、倘僅呈繳無脈案之藥單、作為無效。

十五、在三日以內之病假、屬於圖根分隊之職員、由分隊長核准、呈報總隊長備案、屬於清丈分隊職員、由清丈分隊長呈報縣土地局備案。

十六、圖根分隊職員、請病假在三日以上、六日以內者、由總隊長核准、倘再聲請續假、或原請病假日數在六日以上者、由總隊長呈省局核辦、清丈分隊職員請病假在三日以上者、由清丈分隊隊長呈請縣土地局核辦。

十七、凡請病假每年累計、不得逾十四日、其服務不滿十二個月者、年終核計時、按比例計算、倘超過規定之病假累計日數、暨聲請病假而無醫生正式診斷書、均作事假論、如確係重病、經醫生確實證明、得呈請主管機關酌量加病假日期。

(丁) 事假

十八、圖根分隊職員請事假在三日以內者、由分隊長核准、在三日以上、六日以內者、轉報總隊長核准、在六日以上者、呈請總隊長轉呈省局核辦。

十九、清丈分隊職員請事假在三日以內者、由分隊長核准、在三日以上者、由清丈分隊長呈請縣土地局核辦。

二十、凡請事假者無論在三日以內、六日以上、均自起假之日起算、每十二個月累計、不得逾二十日、其服務不滿十二個月者、年終核計時、按照比例計算、如有一年以上、未請事假者、其在本年內之應得假期、仍不得逾二十日、凡逾期者、按日扣薪、逾期之日數、再滿四十日者免職。

論文

第五　考送學員入省訓練

測量事業、乃技術事業、欲其業務效率之增加、人員必經訓練、一方造就其優良之技術、一方陶冶其工作之責任心、然後彼輩供職、始能勝任而愉快。故錫縣於二十二年五月奉頒省局訓練土地測量人員大綱、並令保送學員入省訓練後、即立遵照規定學額考送、旋經省局覆試錄取圖根班唐昕樑等三人、清丈班葉燕生等二十五人。照訓練大綱第十一條規定、學員畢業後須至少服務三年、否則追繳訓練時一切用費、因執行森嚴、是以所送學員畢業後多能勤於職守、鮮見異而思遷者、茲將該縣招考章程列後、以資參考。

一、無錫縣招考江蘇省土地局測量人員訓練所學員章程

本縣遵奉江蘇省土地局頒行訓練測量人員大綱暨學額表、特訂本章程辦理考送省局訓練所學員事宜。

二、投考者應分別圖根班及清丈班兩種應試。

三、投考者經本縣選取後、由縣呈候省土地局通知保送赴省覆試、經覆試合格、方得入學。

四、畢業期限訂圖根班六個月、清丈班四個月。

五、投考者以年在十八歲以上、二十四歲以下、志趣純正、體格健全、具有左列之資格者為合格。

(甲)圖根班　具有高中肄業二年以上之程度者

(乙)清丈班　具有初中畢業或相當之程度者

六、致試科目遵照省頒通則之規定分列如左：

(甲)圖根班

1.體格檢驗

2.第一試　黨義國文

3.第二試　數學代數幾何三角常識

4.口試

(乙)清丈班

1.體格檢驗

2.第一試　黨義國文

3.第二試　數學　初等代數　幾何　常識

4.口試

如體格檢驗不合格者，不得應第一試，其第一試第二試不及格者不得應口試

七、投考者應備具四寸半身照片二張，連同証明文件，（如畢業證書或修業證書等）來縣填就報名單，聽候定期考試，俟揭曉後再行覓取妥保來縣填寫保證書，以憑彙呈　省土地局審核覆試，不錄取者得仍回本縣領回各種文件。

八、學員入學後，由縣每月酌給學膳宿書籍用品等費，每月至多以十六元為度，惟畢業後須遵章服務至少須滿三年，如中途告退，應追繳訓練時一切費用。

九、學員畢業後由省土地局派在全省土地測量隊實習至少三個月，經考核成績優良，發給及格証書，分發各縣服務，其待遇得依照全省土地測量隊章程辦理。

第二項　成績統計

第一　圖根組之成績統計

無錫圖根組各主要圖根之測量成績，計全縣設圖根點三百五十點，基線二條，水準點五十點。若以年度計算，則二十二年度，計選點一百四十五、造標二百五十三、觀測二百六十七、計算八十九、外觀測水準點二，茲列表於後：

無錫二十二年度各主要圖根測量成績統計表

年	月份＼業務	選點	造標	觀測	計算	基線	其他
二十二年	七月	14	14	16			
	八月	7		32			
	九月		24	17			
	十月		51	6			
	十一月		19	17			
	十二月			31	4		
二十三年	一月	11	1	15	16		
	二月	27			37		
	三月	52	24				
	四月	13	51	15			
	五月	10	47	10	26		
	六月	11	22	108	6		觀測水準點二
合計		145	253	267	89		
備考	按圖根組自二十二年二月設立，至二十三年十二月結束，本表所列僅二十二年度一年。						

『註五八』　上表根據江蘇省土地局全省測量隊統計作者改製

第二　清丈隊組之成績統計

錫邑清丈隊組之成績統計、計外業測丈舊制第三區已完

全丈竣、其餘如第四、十三、十四、十七、等區均測丈一部份、計測成二千分一和一千分一地籍原圖三百二十二幅、累計丈竣面積十二萬九千零二十五市畝，其記載完竣者、計面積計算簿一百五十四本，實地調查簿二百八十二本，特殊戶地簿四十五本，茲將自開辦時起至二十三年十二月份止，業務按月之成績，分導線，計算，繪圖，造冊五類列表於後：

無錫縣圖根測量逐月成績統計表

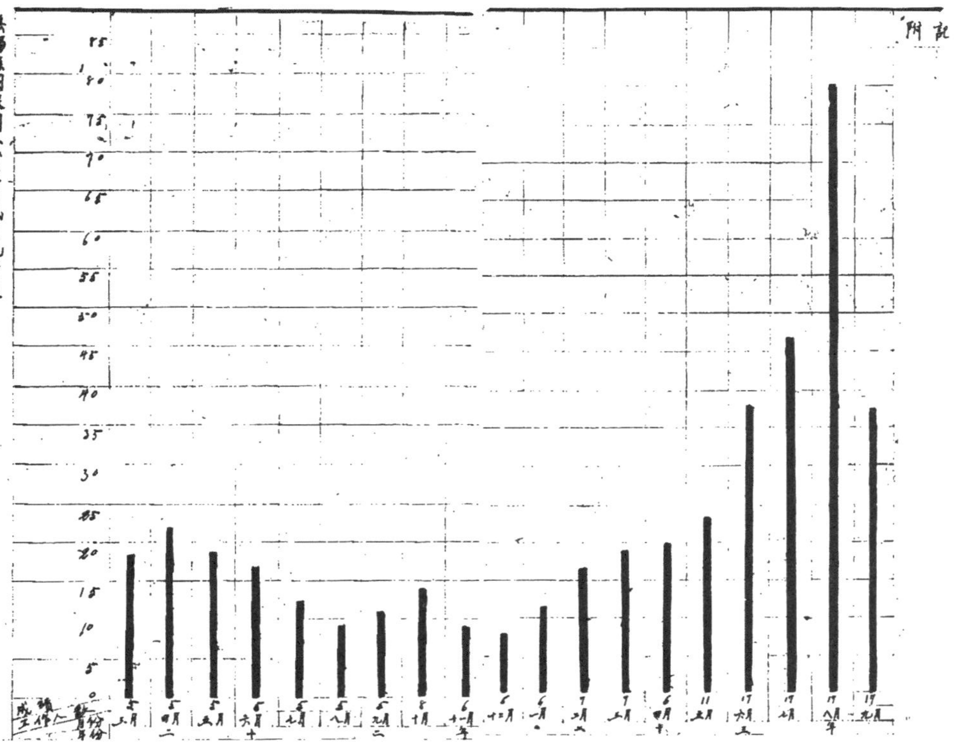

無錫縣清丈隊業務成績表

年月＼科目	導線：選點	導線：觀測	導線：量距	導線：計算	清丈：測	清丈：丈	計算：調查	計算：和標	計算：覆算	繪圖	繪圖	造冊	造冊	附註
					起		起	幅	起	丈	幅	起	本	
22.11	1019點	968點	91716尺	512點		2360畝								
22.12	260	261	24577	210		11145	773							
23.1	206	270	34587	365		4305	22486	52 1/5						
23.2	505	339	39137	398		7070	6276	1						
23.3	684	704	93730	932		3275	5461	1						
23.4	1489	949	103509	893		19062	31224	11690	3213					
23.5	974	772	88850	427		3588	5851	11032	10803					
23.6	2851	2489	446118	3001		31071	5063	40521	8452	1232	1	1232	1	
23.7	3149	2237	329472	231473		22539	11063	11234	8472					
23.8	288	283	15633	283		4425	6870	100	1988					
23.9	204	204	12106	204	3306	3310	273		4288					
23.10	111	111	9848	111	1815	4700	3336		5947					
23.11					45	250	105		5333					
23.12									7717					
24.1								10126起						
24.2								7420						
24.3								695						
24.4					318	711	358	18018		7078	15 5/10			
24.5							199	11907		27925	53 7/10			
24.6									2200	75428	174 5/10			
合計	11735	10038	1290485	168373	5234	129736	102409	52 1.5/10幅 92245	38438	111162	224 2/10	1232	1	

註五九 上表根據無錫清丈隊卷宗

附 無錫清丈隊職員到差離隊工作期間長短一覽表

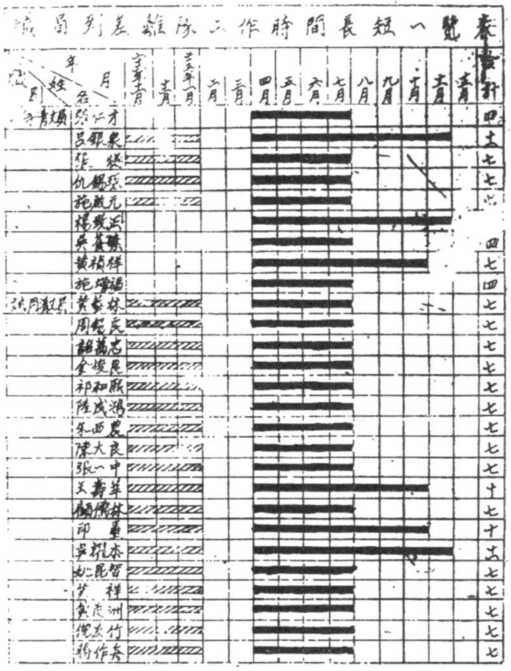
職員別差離隊工作時間長短一覽表

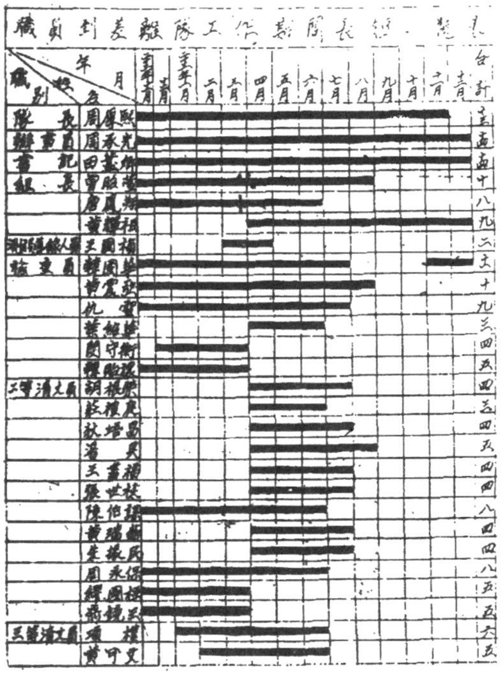
職員別差離隊工作期間長短一覽表

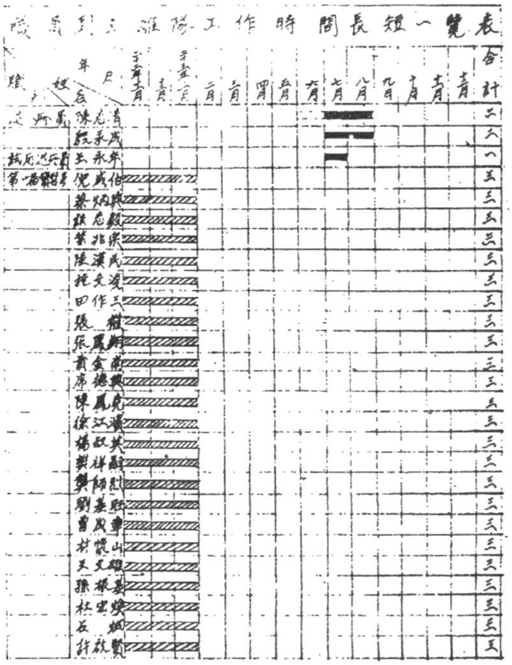
職員別差離隊工作時間長短一覽表

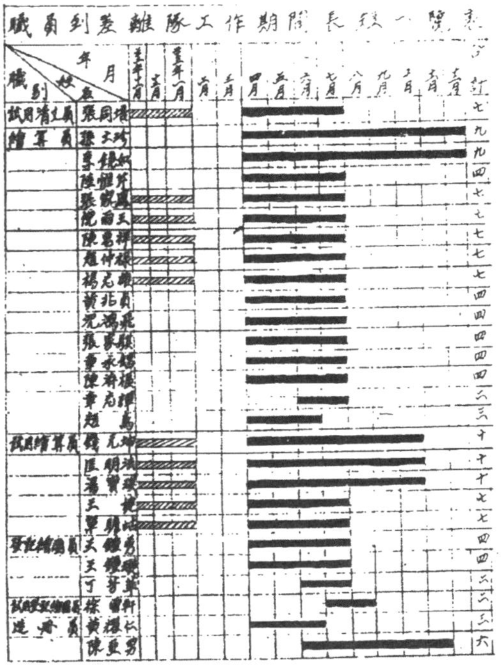
職員別差離隊工作期間長短一覽表

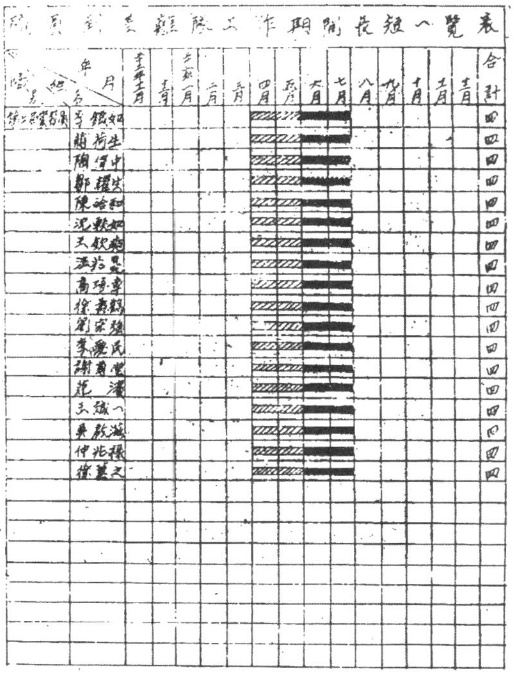

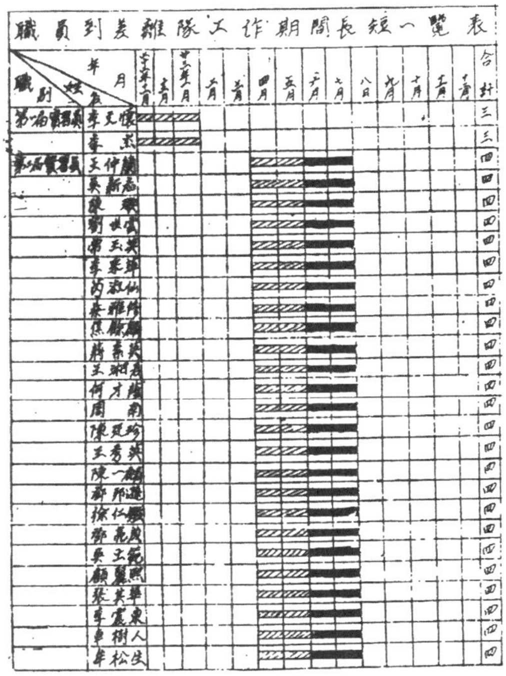

附四 江蘇省土地局全省土地測量隊督查暫行簡則

第一章 總則

第一條 本隊督查工作之施行，暫依本簡則辦理之。

第二條 各縣圖根組暨清丈隊之業務進行狀況，及其工作成果，應隨時由本局全省土地測量隊派員前往分別督查抽查，以資考核。

第三條 各縣土地局或土地籌備處之行政狀況，及工作情形，得由本隊承 省土地局之命，派員前往督查之。

第四條 各縣土地利用與分配狀態，租佃狀況，以及土地糾紛事件，得由本隊承省土地局之命，派員前往調查之。

第五條 凡施行督查時，宜力求嚴明精確，如有發現舛誤失實，或其他重大情形，督查人員須負完全責任，應由本隊呈請省土地局嚴予處分。

第二章 組織

第六條 本隊設督查股專掌一切督查事宜。

第七條 督查股之職掌如左：

(一)關於各縣清丈隊圖根工作之督察抽查，及調查事宜；(二)關於省土地局交辦事項；(三)關於督查報告之審核及統計事項；(四)關於其他

第八條 屬於督查一切事項。

督查股主任一人，秉承本隊隊長之命，處理全股事務，並負監督指揮督查人員之責。

第九條 督查股下設督查員四人，抽查員六人，調查員五人，技術員一人。

第十條 前條所載督查員，擔任關於行政方面之督查，業務進行之督飭等事項；抽查員擔任關於技術方面之檢核工作成果之抽查等事項，調查員擔任各種土地調查事項，技術員辦理審核報告，及編造統計等事宜。

第三章 督查之範圍

論文

第一節 各縣土地局或籌備處關於一般行政設施：

一、是否切實遵照省土地局之規定計劃與步驟；

二、是否切實舉行省土地局頒布之法令規章。

第十一條 關於辦理土地登記

一、過去辦理登記之成績（總共收登記件數）

二、現在辦理登記之情形（本月份收辦前月條存登記及收辦登記件數） 三、將來辦理登記之準備 四、各區開始登記日期及展限日期

五、已開辦或準備開辦登記之施行步驟； 六、登記簿文等費之征收及支解數目； 七、各項收據號數之起訖； 八、各項圖表書狀等之格式； 九、辦理登記時困難之點； 十、辦理登記時發生之糾葛或舞弊事件； 十一、其他屬於登記之事項。

第十二條 關於舉辦申報地價

一、事先之準備； 二、施行之步驟及其劃分區段界圖； 三、辦理之成績； 四、各區段開始申報之日期； 五、地價之統計； 六、各項表單書冊之格式； 七、各項收據號數之起訖；

論文

八、辦理申報地價時困難之點。 九、辦理申報地價時發生之糾葛或舞弊事件； 十、其他屬於申報地價之事項。

第十三條 關於局處職員工作情形

一、職員及工役之實數； 二、職員分配情形； 三、主管人員之辦事能力及精神； 四、職員之能力； 五、職員之勤情； 六、職員之請假情形。

第十四條 關於經費之事項

一、收入寔數（包括行政費及登記費等）； 二、支出實況； 三、各項收據聯單號數之起訖；

四、結存欵項之實數； 五、清丈費征存及支解情形。

第十五條 關於其他土地行政特殊事項

第二節 各縣清丈隊暨圖根組

第十六條 關於一般工作實施事項

一、是否切實遵照省土地局規定之計劃及步驟施行 二、是否切實奉行省土局及本隊所頒布之法令章則

第十七條 關於業務進行狀況

一、過去工作成績之累計 二、現在工作之實況 三、將來工作進行之準備及其成績預計 四、工作困難之點

第十八條 關於隊組內外業工作人員作業情形

一、內外業工作人員及夫役雇數 二、作業人員之工作分配情形 三、主管人員之辦事能力及精神 四、作業人員之能力（概指其個別成績而言） 五、作業人員之勤惰 六、作業人員之請假情形

第十九條 關於工作成果之檢查事項依照本局所頒布江省土地局全省土地測量抽查 業務暫行規則辦理之

第二十條 關於經費狀況

一、收入實數 二、支出實況 三、結存欵項之實數

第二十一條 關於設備事項

一、借領及置存之重要儀器數量與名稱 二、重要傢具之數量與名稱 三、購置儀器傢具之實數 四、測繪用品每月消費之數量及其實在價格（有無超過規定標準等情形）

第二十二條 關於其他土地測量特殊事項

第三節 各縣土地概況

第二十三條 關於土地利用方面

一、農地經營之狀況 二、森林之分布情形及其經營狀況 三、荒地利用之狀況 四、鹽墾地經營之狀況

第二十四條 關於土地分配方面

一、地權分配之狀態 二、自耕農佃農與半佃農之經濟狀況 三、佃租制度

第二十五條 關於其他特殊事件

第四章 督查之方法

第二十六條 凡施行督查時（1）督查員除於必要時得召集各縣局處組織人員談話或作個別之諮詢，予以鼓勵及指導外，應以秘密調查為原則。（2）抽查員應力求精度正確，誤差減小，以符

規定之標準，其抽查方法，依照本局全省土地測量隊抽查業務暫行規則辦理之。（3）調查員宜廣搜資料，而力求其翔實，其方法或用填表，或用口詢，或依據已成之記載與統計，調查員得參酌情形兼施之。

第二十七條　調查人員於施行督查時得調閱有關係督查事項之文卷

第二十八條　督查人員得接收各縣地方人士對於各項地政之意見轉呈本隊

第二十九條　督查人員應將督查所得結果切實填載報告表內或另製報告書

第三十條　各項督查報告經審核後應分別呈報省土地局

第五章　附則

第三十一條　本簡則如有未盡事宜得隨時呈請修改之

第三十二條　本簡則經呈請　江蘇省土地局核准施行

民國廿四年十二月

無錫之土地整理（二）

阮蔭槐

阮蔭槐印

第二節　航空測量

科學進步、器械創新、測量技術、亦隨之俱進、由昔日測量、進而為航空攝影、前之藉人力以測繪者、今則專用機器之力矣。考其發軔、係在西曆一八四五年法國巴黎工科大學測地學教授洛色達(Lausse—Dat)氏、首先提倡由空中攝影繪製圖幅、但因此十九世紀中葉、飛機實用、未臻完備、故未能引起世人若何之注意。迨至二十世紀、飛機漸趨於實用之後、航測進展、亦遂斷可觀。一九一四年、歐戰勃發、西部戰綫、入於塹壕持久戰狀態、双方均感於由空中偵察敵情有嚴密攝影製圖之必要、因此航測研究、在歐戰中甚形發達、戰後不但理論方法探討之更見進步、即各種自動製圖機、精良實體鏡、糾正儀等、亦漸次完成。現代更發明多鏡頭航測儀、以測製小尺度之地圖、其成功速度、殊足驚人。歐美各邦如瑞士、法蘭西、西班牙、波蘭、南斯拉夫、羅馬尼亞、以至全美各國均採行之。夫航測之能見重於世、以其不受地形限制、在空中來往自由、故其能力甚大、舉凡荒山大澤、廣漠懸崖、昔日視為不能測繪者、今則可一舉而就。且其時間節省、用費不大、免除作業困難、增進圖幅精度、實為補助人工清丈之最好方法。逆觀吾國對於航測、尚在萌芽時代、陸地測量局、為適應需要、乃於二十年八月組織航空測量隊、該隊有二十二年航攝南昌二萬分一照片圖、計實地二十九百餘方公里後、因結果尚佳、遂引起舉國注意、無錫於二十三年十一月之開始航測、動機亦寓於此也。

第一款　航空測量之基礎原理與儀器使用

吾人於研究無錫航空測量之先、對於航測之基礎原理與儀器使用、應有一明確之認識、本款之作即本乎此旨、茲分別敘述於下：

第一項　基礎原理

航空攝影測量法、由於照像器軸對於地面角度之不同、原可分為垂直攝影及傾斜攝影兩種、但通常多用垂直攝影法、其原理即：

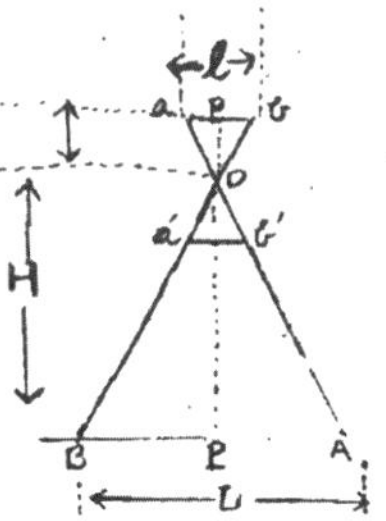

圖中　o是照像器之鏡頭、

ab是膠片一邊之長

AB是地面之長度

op=F是鏡頭o之焦點距離、

oP=H是鏡頭距離地面之高度、

由比例關係、可導出下列公式：

$$\frac{ab}{AB}=\frac{a'b'}{AB}=\frac{op}{oP} \text{即} \frac{I}{L}=\frac{F}{H}$$

$$\therefore L=I\frac{H}{F}$$ 就中I及F均是航空攝影器之固定值、H是直接由飛行高度表可以看出之數值。因此吾人在一定之高度、不難由攝

影器中膠片之面積 $l_1 \times l_2$ 而測定地皮面積 $L_1 \times L_2$ 航空攝影最初雖只用普通之照像器、但實際上不適用、現在各國均採用航空測量專用之攝影器、須具備以下之條件：

1、為減少重量及容積、攝影器之各部材料、須多採用輕合金。

2、在飛行中、攝影手續、須力求簡易、故攝影器之各部、須多自動裝置。

3、在飛行中攝影傾斜振動以及位置動搖、雖不能絕對避免、但攝影器之各部、須多用發條等減少振動之裝置。

4、被攝影之地面、常距鏡頭極遠、故須用固定焦點距離之攝影器。

5、攝影器用較大之鏡頭、普通應在(4,5)以上、最好能在(5,6)左右。

6、應用感光度最高之膠片。

7、鏡度須用速度較大之開關、普通最高速度、應在 $\frac{1}{500}$ 秒左右。

8、攝影時飛行高度、攝影時刻、攝影號數、水準器泡位置等、須能在膠片上記明、以備製圖時之參考。

9、空氣中之擴散光線、常有礙於攝影、攝影器上須備有濾光器、除去擴散光線。

第二項　儀器使用

航空攝影測量之儀器、有航攝器、自動製圖機、糾正儀、三角測點儀、坐標測點儀、複照機等、茲分別敍述其使用於下：

(一)航攝器　航攝器因種類不同，其使用法亦略有差異、然大都不外將航攝器上之照片平面之傾斜，改正為水平（指垂直攝影而言），其方法即當飛機達到一定之高度及測區時，攝影者得到觀測者之信號通知，即視器上之水準氣泡，是否在中心，若不在中心，即為攝影器不成水平，可將器上之縱橫兩方向改正螺子扭動、將水準氣泡、導入水準器之中心、則水平即告改正、再選擇適當露光時間（選擇露光時間、多在未飛之前、即已選擇決定）、決定快門速度、以計算求得之每片隔離時間、搖動器上之手搖輪、開始攝影。

(二)自動製圖機　該機構造複雜、使用甚難、大概之法、係將所攝之一對底片（即二張有相當重複之底片）、置於機上之照片面上、而後依法改正兩片之視差（即使機上兩張照片位置、恢復與在空中攝影時之位置相同）、使成清晰之立體像、再根據陸地所測之控制點、將照片上之比例尺改正與實地相合、於是即將製圖機與製圖桿之連結螺子扭緊、使其連結、開始製圖。製圖者以手及足搖動機上之X輪軸、Y輪軸、及Z輪軸、根據測標鏡中之測標、移動照片立體像、使地物地貌依測標移動、則製圖棹上之鉛筆、即隨之走動、而照片上之地物地貌、均繪現於圖紙上矣。

(三)糾正儀　使用糾正儀之目的、在改正傾斜不同大小不同比例尺之航攝照片、使之成為精確之平面圖、其法以陸地測得之控制點、圖解圖板上、並圈點其位置於透明紙上、然後將所需要之航攝底片、置於糾正儀底片平面中、而底片上之地物、即投影於承影棹上、時底片上控制點之投影位置、必不能與圖解控制點之位置相重合、因飛機在空中航攝時、受風力大小、及氣流變化之影響、常不能保持其高度與平衡故也。故須根據透明紙上控制點之比例尺、轉動糾正儀之左輪、改正大小、而恢復飛機在空中飛航時應有之高度、同時轉右輪改正傾斜、恢復飛機在空中飛航時應有之平衡、求得底片控制點投影位置、與圖解控制點位置相合時、糾正手續、即告完畢。

(四)三角測點儀　三角測點儀為測定底片上像三角點之角度距離高程數值之用、法將一付有相當重複之底片、置於器上之底片面上、改正其視差、使成清晰之立體像、然後根據測標選定底片上適當之點、而於器上之分劃盤上、讀出每點之水平角度(角度皆根據像主點起算)、再以所得之角度值、及以一定之空攝基綫、準公式求得每二點間之距離及各點之標高。

(五)坐標測點儀　坐標測點儀、為直接測定底片上物點之X值及Y值之用、法將底片安置於儀上之圓盤、使圓盤對零、然後搖動X手搖輪及Y手搖輪、使顯微鏡中之測點、對準此欲測定X及Y值之物點、則X及Y之值、即可於X及Y之讀數測微鏡中讀得之、如欲求底片上二物點之距離、亦可用此器直接求得、法即如上所述、依次讀出二物點之X及Y、視其值之正負而相加減(左右者第一四象限為正、反之為負、上下者第一二象限為正、反之為負)則得二點之距離也。(此距離係二點平行於X軸或Y軸之距離)

(六)複照機　複照機亦為照像機之一種　其功用則在放大與縮小、吾人航測業務之複照、亦在放大與縮小原圖也。法即將鑲貼完善之照片圖置於機上之直立平板上、須極平貼、無使現凸凹縐痕、并須與鏡頭成直角、然後視吾人所需要之大小、依計算法(有公式根據)或對焰法固定鏡頭位置、而將鏡頭蓋住、取下器上之檢影板、再換上裝好底片之暗箱、取開箱上暗門、決定露光時間而開鏡頭快門攝影。

第二段　航空測量之作業程序

航空測量之作業程序、亦為研究無錫航測前、亟待明瞭之問題、茲分別為內外業述之於下：

第一項　外業

一、空中撮影　即於飛機上以特殊構造之撮影器、向地上攝取地物地貌之影像、以為製圖之用。

二、實地測量　實地測量可分為下列兩種：

1、控制工作　此種業務、與普通地面測量無異、即以普通地面測量所用儀器（如經緯儀、測斜照準儀等）、以適合於吾人所需要之精度、依其方法於實地測施控制點（如三角圖根、多角圖根、圖解圖根、導線圖根等方法）、為改正因飛機震動所生照片之前後左右傾斜根據之用。

2、調繪工作　此種業務、乃實施於內業完成之後、即以內業完成之藍圖、交由作業人員、於實地調查圖幅內所有村莊道路山川之名稱、並補測為樹木所掩蔽之地物與水平曲綫等工作。

航空測量外業工作、概如上述、惟其程序除調繪業務施行於內業完成之後、其空中撮影及控制工作、均在內業之先、而空中撮影則施行於控制工作之前、蓋施測控制點、須於照片上選擇良好之地位、而於實地實測。然控制工作亦有實行於空中撮影之先者、但因地區廣大、所測之點是否合於每張照片之控制要求？則毫無根據、難免不徒耗跋涉之勞、致拖延作業時日、故空中撮影有時施行於控制工作之前。

第二項　內業

一、糾正　糾正可分為下列五種：

1、糾正工作　此種業務即用糾正儀、根據外業所測之控制點、以糾正空中撮影照片前後左右之傾斜、即欲使照片之比例尺、與實地相合也。

2、晒印工作　空中撮影照片之比例尺、既已糾正完畢、即以印像紙晒成與實地相合之像片。

3、鑲嵌工作　以多數晒成之小像片、根據展於圖板上之外業所測之控制點、嵌貼成為整幅之照片圖。

4、複照工作　整幅之照片完成後、再經複照機之複照、以得整幅照片圖之底板、復經修像人將底板上之不清晰處及照片接合處之跟跡修補完善、則照片圖之底板方告完成。

5、藍圖工作　以完成之底板用藍色晒像法（亦名鉄藍晒像法）、晒成藍圖。

經由以上各端、由糾正工作所製之地圖始成、再經外業調繪人員之調繪工作、而加以着墨退色二工作後、則航空測量所製成之地圖、乃告完成矣。惟由是項糾正內業所製成之圖、概為平面圖、即圖上僅只有地物位置之顯示、而地貌之高低、除派人於實地補測外、實無由表現也。若欲製成有水平曲綫之地圖、則於製圖工作中求得之。

二、製圖　此項業務、即爲用自動製圖機、勿須經過其他手續、直接由空中所攝之像片、根據外業控制工作所得之控制點、製成有水平曲線之完善地圖、再經清繪人員清繪後、則全部之製圖業務、即告完畢、其村莊道路山川之名稱、而仍須外業調繪人員調查也。

第三款　無錫航測之協定及計劃

民二十三年夏季、江蘇省土地局、因見南昌地籍圖所報所載、航測成績、省時節費、又以無錫位居太湖之濱、河港交錯、全縣面積、約有二百萬畝、坵形極爲複雜、頗合航空測量之需、該縣雖經舉辦清丈、但爲時甚暫

、成效殊爲紓緩、故有局爲急求完成其土地測量起見、決定採用航測辦理、委託測量總局籌劃業務、迭經磋商、於九月中旬成立協定、十月由測量總局組織航空測量無錫分隊、於十一月開始工作。作者本年八月在錫調查時、該隊航攝、控制、糾正、複照、四項業務、均已完成、調繪業務方在進行之中。茲將江蘇省土地局與測量總局之協定及計劃列後、以資參考。

第一項　協定

江蘇省土地局（以下簡稱甲方）委託參謀本部陸地測量總局（以下簡稱乙方）用航空測量方法辦理無錫縣全境二千分一土地測量之協定書

今甲方爲技術便利起見、將無錫全境土地航空測量、委託乙方代辦、所有實施辦法、業已會商妥洽、茲將全部辦法列後：

一、業務　委託代辦之業務爲左列各項

1、控製點測量

2、空中攝影

3、糾正

4、複照

5、調查清繪完成二千分一地畝原圖

二、時期協定爲九個月、自本協定書簽定之日起、於四星期內、即由乙方開始工作負責、如期辦理、但該縣三

角點應由甲方負責、務於簽字後一個月內完成。

三、關於調查清繪應須調繪人員、由甲方調派五十八人、甲方得乙方通知時、隨時調派、如控制組需用人員時、亦得由甲方調派、其薪勤等費、均由乙方依照計劃規定之數目供給、但所調之人員、如不稱職時、得由乙方函請甲方更換之、前項人員之調派、由乙方於需用前兩星期通知甲方。

四、全部經費現經乙方詳細預算、共計十一萬二千二百七十三元四角、由甲方完全負擔、並訂明分期撥付於左

1、簽定合同後一星期撥付二萬元（籌備及添購儀器材料等費用）

2、業務開始時撥付二萬元

3、糾正業務開始時（即第三個月底）撥付三萬元

4、調繪業務開始時（即第五個月底）撥付三萬元

5、其餘經費俟全部工作完成時全數撥付計壹萬貳千貳百柒拾叁元肆角。

五、所有各期經費，應由甲方、按規定期限如數撥付、若未能按期如數撥付、以致乙方工作延長期限、則延長期間之損失費用、須由甲方照付。

六、乙方須按照協定時期完成工作、如不能如期完成、或精度有所欠缺、所有損失、應由乙方負擔。

七、乙方測量儀器（經緯儀平板儀）如不敷用時、甲方務

於可能範圍內酌予借用、但須由乙方於需用前兩星期通知甲方。

八、本辦法由甲乙双方會商決定之。

前項協定辦法自經簽定後、甲乙双方須遵守實行、如有一方中途毀約、並不依照本協定書履行時、所有一切用費損失、須由毀約方面負擔、協定各項辦法、如事實上認爲必須更改者、須得双方同意行之、本協定書經双方簽字用印、計一式兩份、甲乙各存一份、以資信守。

中華民國二十三年九月十六日簽定

江蘇省土地局局長□

參謀本部陸地測量總局局長□

第二項　無錫航測土地計劃

一、區域

江蘇無錫縣全境計實地面積一千三百三十三平方公里、約合二百萬市畝、約合比例尺二千分一圖幅（40cm/50cm）地畝原圖一千六百六十七整幅、惟以縣界縱錯、常有不能滿幅者、茲看一千九百幅計。

二、業務

航測無錫縣全境地畝原圖、城市及戶地除外、三角點由土地局完成之、邊長以三千三百公尺爲限、其航測業務、分爲控制點測量、航空攝影、糾正、複照、調繪、補測五項、至完成地畝原圖爲止。

1、控制點測量

三角點由無錫縣土地局圖根班擔任完成、控制組僅擔任控制點測量、控制點每兩點距離以〇、七公里至〇、八公里爲限、根據三角圖根點、用三角鎖三點法或交會法、以決定控制點之縱橫坐標、以供直接糾正航片爲四千分一照片圖之用、共需測定控制點三千點。

2、航空攝影

全縣擬用二十一公分焦距航攝儀按八千分一尺度一次航攝之、航攝軟片以18cm/18cm片幅計算左右重複百分之五十、前後重複百分之六十、每片有效面積爲

〇、四一五平方公里、無錫縣全境約計一千三百三十三平方公里、共約需撮取三千三百片。

3、糾正業務

根據八千分一航撮照片與三角圖根點及控制點糾正爲四千分一照片鑲嵌成圖約計（80cm×100cm）圖幅一百二十圖板以資濕版放大之用。

4、複照業務

由四千分一鑲嵌圖板、以柯洛丁藥劑製成之濕版複照之、放大爲二千分一底片、然後晒印藍圖、每張晒印一份、以供調查計積之用。

5、調繪補測

藍圖完成以後、派員攜赴實地逐坵檢對劃分坵界註明地目，藍圖上如有陰影不清、森林陰蔽之處、則用測板測圖法補行測繪，宅地除外計完成全縣二千分一地畝原圖共約一千九百幅（40cm×50cm）圖幅。

6、地畝原圖之精度可至千分之二左右。

三、時間

1、航空撮影

此項業務、先於已成之三角點區域、第一個月開始工作、預計航撮十七次、補撮及視察計七次、共約需飛行二十四次、每月飛行六次、需時四個月。

2、控制點測量

每組每日平均選點觀測各二點（不測水準）、以十六組爲單位擔任之、每組一人、約需作業九十四日、遷站三日、風雨及其他約二十三日、共一百二十日計四個月。

3、糾正業務

糾正八千分一航片爲四千分一照片、約計一百二十圖板、每月糾正完三十圖板（以一架糾正機作業力計算）、共需時四個月。

4、複照業務

濕版複照機每日夜可放製二十五幅藍圖、約計一千九百幅、需時三個月。

5、調繪補測

查地畝原圖約計（40cm×50cm）圖幅一千九百幅、每員每月調繪十幅以調繪員五十人担任之、約需時四個月。

6、工作時期之程序如左表

月次	工作項目
第一個月	1.分隊部成立 2.航撮組航撮地形
第二個月	1.航撮組繼續航撮地形 2.控制組測量控制點
第三個月	1.航撮組繼續航撮地形 2.控制組繼續測量控制點
第四個月	1.航撮組工作本月底完畢 2.控制組繼續測量控制點 3.糾正組開始糾正照片
第五個月	1.控制組工作本月底完畢 2.糾正組繼續糾正照片 3.複照組開始複照
第六個月	1.糾正組繼續糾正照片 2.複照組繼續複照 3.調繪組開始調繪藍圖

第七個月 丙、糾正組及複照組工作均於本月完畢 乙、調繪組繼續調繪藍圖

第八個月 調繪組繼續調繪藍圖

第九個月 全部業務本月底告成

四、經費

依據各項業務之需要預算業務經費十一萬二千二百七十三元四角（表因詳第二章無錫航測隊經費支配節故不贅）

第四款 無錫航測分隊之業務進行

第一項 分隊之成立

無錫航空測量分隊、於二十三年十月中旬、在測量局航空測量隊組織成立、房屋由航測隊撥用、並成立無錫辦事處、調查該縣田鄉地形狀況、編訂分隊業務實施計劃、因無錫飛機場決定以蘇州飛機場為測量飛機分站、遂在該地建築飛機廠棚一座、發衛室一間、以為測量飛機降落站所、同時訂購航攝軟片、飛航汽油及糾正應用之顯像紙類以資應用、十一月中旬航攝組成立、十二月糾正組與控制組同時成立、複照組業務於二十四年二月開始工作、調繪組業務於四月開始作業、是為分隊成立之簡單經過、至各組業務工作情形、另分述於下列各項也。

第二項 航攝組之業務

一、航攝組任空中航攝工作、於十一月中旬成立、即出發

地政學院論文 第二三四頁

蘇州飛機場、實施航攝業務、工作人員九人、自十五日開始、至二十四年一月、已攝照一千二百平方公里、是月下旬二號測量機降落時、折壞二機腿、左翼亦受損傷、運京送往飛機工場修理、更由總隊派遣七號新測量機飛蘇、繼續工作、至二月下旬、航攝工作完畢、全縣計分五區航測本組 航攝連試車 及飛京修理、共計飛行二十八次、實照航綫一百二十六條、航片四千六百五十三片、面積一千九百五十七平方公里。（連同廢片及重複面積在內）茲將無錫八千分一之航空照片列下以資觀察。（附航綫圖）

地政學院論文 第二三五頁

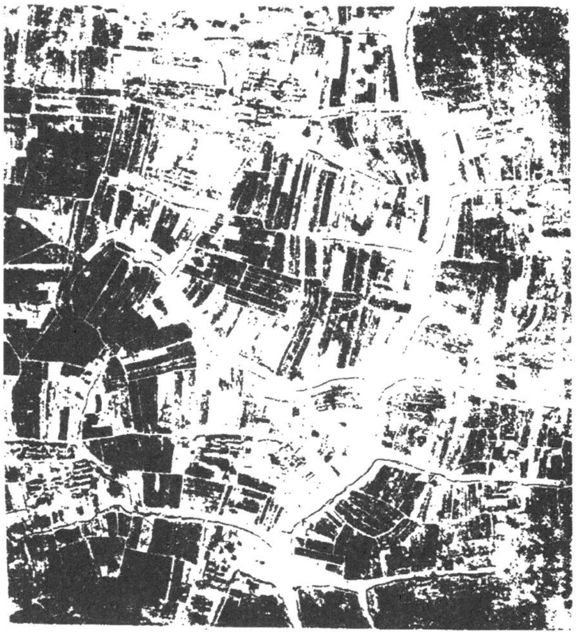

第三項　控制組之業務

控制組業務、係就江蘇省土地局測成之三角點、在攝影照片上、更補測控制點、以資糾正者也。該組於十二月成立、全體工作人員二十二人、籌辦之初即從事物品設備、並擬定下列業務實施計劃作業簡則與作業力之規定：

一、業務實施計劃

甲、面積約一千二百八十方公里、合糾正mm 1X1四千分一糾正圖板五十五塊mcm 1X80二千五百分一糾正圖板二十塊。

乙、作業方法根據江蘇省土地局所測之無錫全縣主要圖根點、用經緯儀行三點法、測角前方用交會法或導線法測之、以為空中照片糾正之基礎。

二、作業簡則

甲、本組業務、區分選點、觀測、及計算三種。

乙、在照片上選定位置、根據測定之三角點、以經緯儀用三點法、測角前方用交會法或導線法測之。

丙、凡選定之控制點、須在照片上極明顯之天然位置均須與鄰片重覆。

丁、凡選定之控制點、須在實地用測針刺孔、並以該孔為圓心、用紅墨水繪一約大三米厘直徑之圓圈。

戊、凡觀測控制點、其水平角垂直角、均須二測回以上之觀測、每測回均須正測反測各一次、如用二十秒讀經緯儀觀測水平角、每測回水平圜之閉塞差、不得超過十秒、二測回結果之差、不得超過五秒、三角形之閉塞差、不得超過十五秒、觀測垂直角兩測回結果之差、不得超過一分。

己、凡用導線法觀測、須以後視為原方向、對於二邊相夾之頂角、須施二回以上之觀測、其邊長若係視距、其距離須在二百米達左右、若用實測、須取二次以上之中數、並讀至公分為止。

庚、凡用導線法、須由此三角點閉塞差於彼之三角點、其邊長每二次測定之較差、最大限度、不得超過一千分一、以公尺為單位、縱閉塞差不得超過 $0.2\sqrt{S}$ 米式中(S)

為導線邊之總和、以公尺為單位。

辛、凡測定之控制點、須用六位對數表、精密計算、其縱橫線及標高、各取二數以上之中數。

三、作業力之規定

甲、業務之分配、由主任於出發前妥為籌劃、調製本組實測區域分配圖、呈由分隊長轉呈總隊局查核。

乙、每二員之作業力、雖因地形之難易、暨作業力之不同、未能確定、然通常以一糾正圖板為單位、概定業務、以二員為一分站、用一經緯儀、每分站在四千分一糾正圖板、每單位平均以十二天計算、如在二千五百分一糾正圖板、每單位以十五天計算(觀測計算陰雨在內)。

計該組於本月二十二日、由京出發至錫、將全縣業務分為四區進行、第一區在南橋鎮及南方泉鎮一帶、第二區在東亭鎮及寺頭鎮一帶、第三區在洛社鎮及胡埭鎮一帶、第四區在安鎮甘露鎮及梅村鎮一帶、各鄉因地形蔭蔽、桑園繁密、不能全用測角交會法定點、故業務進行利用導線法及光線法之時甚多、其交會法與導線法之作業、各為五分之二、光線法作業約五分之一、迄二十四年四月下旬、工作全部完成、按原計劃、預計測定控制點三千點、至完成結果、共實測三千零六十三點、剩上照片應用者、一千九百四十三點、合實地面積一千三百二

十平方公里、圖幅合八十二整幅半、平均每幅須應用控制點二十四點、每方公里、需要控制點二點、今將該組逐月成績統計表列後、以資觀覽。

無錫分隊控制組每月成績統計表

數量 \ 點別	交會點 觀測數	交會點 計算數	導線點 觀測數	導線點 計算數	光線點 觀測數
十二月至一月	474點	291點	387點	200點	79點
二月	195點	186點	256點	278點	102點
三月	288點	224點	481點	481點	86點
四月	226點	482點	77點	242點	412點
合計	一一八三點	一一八三點	一二〇一點	一二〇一點	六七九點

點線計算數	合計觀測數	合計計算數	應用控制點	實測圖幅	實測面積	平均	附記
79點	940點	590點	613點	21⅝幅	346方公里	每幅實測三七、二七 控制點二三、五二點	1、實測點係設站觀測之點、應用控制點、係刺上照片應用之點、實測圖幅每幅實地面積為十六方公里、
102點	553點	566點	533點	19幅	304方公里	每方公里實測二、三二 控制點一四七二點	2、十二月至一月欄係自十二月二十二日起至一月三十一日止
86點	855點	791點	330點	20幅	320方公里	每分站每天測實測三〇九四 控制點一九六三點	3、全期外業除在途四天外平均每分站實測一二三、七五天
412點	715點	1136點	617點	21⅞幅	350方公里		
六七九點	三〇六三點	三〇六三點	[illegible]點	82½幅	一三二〇方公里		

第四項　糾正組之業務

糾正組任糾正空中照片、及晒印照片等工作、工作人員、連調用者共九人、於十二月上旬成立、籌備各種用品及材料、中旬根據航攝組送京軟片、開始晒印照片。十四年一月、糾正航攝照片圖、至五月底、糾正工作、除雲星補照者外、大體均已完畢、計晒印照片八千二百張、糾正一千分一田畝原圖、五百二十三幅、二千分一田畝原圖、一千五百九十一幅。（圖幅長四十公分寬五十公分）茲將無錫四千分一糾正照片列下以資參考。

第五項　複照組之業務

複照組任糾正照片圖、複照放大之工作、本組業務、由測量總局製圖科第二股職員兼辦、根據四千分一之糾正照片、及二千五百分一之糾正照片、用濕版複照、放大為二千分一、及一千分一底版晒印藍圖、以資調繪、自二十四年二月開始工作、至五月底、計複照一千分一田畝原圖、五百二十三幅。二千分一田畝原圖、一千四百幅。並繼續複照及晒印未完成之藍圖、至六月底以前、已大致完成。茲將無錫地籍藍圖列下以資觀察。

第六項　調繪組之業務

調繪組擔任以田畝藍圖、調查實地田畝有形之址界、及補測田畝不清等處地形之工作、計工作人員六十三人。於二十四年四月成立、因人員多係由江蘇省土地局調用、間有新委者、對於調繪工作、素乏經驗、故在四月間、實地訓練較久、至五月間方正式作業、至六月底止、調繪完成田畝原圖、約計四百餘幅、本組工作原定七月底完成、嗣因無錫田畝地形碎密、爲維持精度、須延長至十月底完成。茲將該組實施暫行規則及圖幅列後、以資參考。

航空測量無錫分隊調繪組業務實施暫行規則

第一　總則

一、凡調繪組工作人員、均照本規則施行。

二、凡調繪組人員、對於所任工作、務須十分注意、不得稍有疏忽。

三、由糾正組交到本組之藍圖、由主任發給各審查轉發各員調繪之。

四、各員調繪完成之藍圖、由審查施以室內及室外檢查後、彙齊繳組。

五、各班繳組之藍圖、由主任分發抽查班詳細查對、遇有疑義之處、由主任派抽查班審查赴實地抽查之。

六、已整理清楚之圖、應即按照業務實施計劃規定期限彙集繳隊。

第二　調查

七、調查應帶物件爲藍圖、攜帶板、竹尺、皮囊、鉛筆、膠擦、小刀、鉛筆鋏、測傘等件。

八、藍圖上田埂河溝水池等界線清楚者、可預先用鉛筆加繪之。

九、實地調查時、即將藍圖放置於攜帶板上、持往實地詳細查對之。

十、應調查之地目及地目符號如下表。

地目	地目符號	解說
稻田	沺	凡有水灌溉種稻之田屬之
雜種田	旱	凡地位較高無水灌溉種菜瓜荳蔴高粱等屬之
園圃	園	凡在家屋附近及在稻田雜種田間之菜園桑苗菓園等屬之
宅地	宅	凡集團家屋及獨立家屋屬之
山地	山	不論山之大小均屬之
林地	林	竹木叢生佔地約五十畝以上者屬之
竹地	竹	家屋附近及獨立竹林佔地在五十畝以內者屬之
樹地	樹	家屋附近及獨立樹林佔地在五十畝以內者屬之
荒地	荒	凡昔日爲稻田雜種田或菜地荒廢而尚有界線者屬之
草地	草	凡平坦有草佔地在五十畝以上者屬之
營地	營	凡駐軍之營房及操場礮壘等屬之
寺觀地	寺	凡寺觀菴堂教堂等屬之
祠廟地	祠	凡獨立祠堂家廟等屬之
社壇地	社	凡田野間之土地祠而具有小形房屋者屬之
亭地	亭	凡行人休息及避風雨之亭舍屬之
公路	公路	通行汽車之路屬之

道路	道	凡路寬在二市尺以上之縣道鄉村道等用雙線表示者屬之在田埂上之行人小徑作田埂論
堤防	堤	人工築成之堤以防水患者屬之
江河	河	通行輪船者屬之
港汊	港	凡江河之支流可通木船間有河面闊而不通船者屬之
池塘	塘	供灌溉之蓄水池及家屋附近之水塘屬之
水車場	車	凡河溝湖池附近設車吸水灌田之場所屬之
溝渠	溝	田間路旁流水道屬之
湖沼	湖	數百畝以上之天澤屬之
土堆	堆	聚土所成之堆屬之
沙地	沙	江河中央及兩邊之沙灘屬之
墓地	墓	田野間之坟墓及叢葬地均屬之
雜地	雜	家屋附近之空地禾場晒場及生荆棘之地均屬之

十一、地目已能辨認清楚、則將藍圖持往實地一一對照

用鉛筆將地目符號註記之、或自定簡單記號、先行記入亦可。

十二、凡田間非行人之道而田埂較大者、則界線繪於中間。

十三、凡田與田間有高低時、則高田界線應繪於最下邊處。

十四、凡田與溝渠或池塘相隣、則田界在溝渠或池塘邊緣。惟特別寬大成荆棘地者、不能併入田内。

十五、凡田與有坡度之堤相隣、則田界在堤脚。

十六、田中之坟墓須分開、田角之堆糞池不分開。

十七、凡堤上有路、則用堤及路兩種符號。

十八、凡建築物如村鎮房屋均描其外廓、附記地名、并加地目。如橋樑則按圖式描繪。

十九、凡江河、溝渠、港汊、湖池等、均照其邊緣線描畫之。

二十、凡家屋附近之田、每多爲樹林所掩、致無田界。則須由明顯之田角起、量其距離、決定其長度、補畫之。

二十一、藍圖由兩照片相接處、一千分一圖每隔一公寸二千分一圖每隔五公分須擇田埂用竹尺量之。并將數目註記與圖上相比較、清繪後不用擦去、如誤差太大、則向兩傍酌予配賦。

二十二、調查時須注意田與田之互相位置及形狀、以免兩坵變爲一坵、或一坵變爲兩坵之弊。

二十三、遇圖邊之田、跨兩幅時、則全形應畫入佔面積較大之幅内、而隣幅則畫至圖邊止、切勿兩幅均畫全形。

二十四、圖邊之田埂太長、相隣兩幅均不能劃完時、則均畫至圖邊爲止、先附記號、俟清繪時、加蓋「兩幅計積」圖章。

第三　補測

二十五、凡攝影時遇霧遮水淹及晒相複照不良等情形、均能使藍圖界線不清。遇此種情形、則須補測。

二十六、補測應帶之器材、如藍圖、羅針、測針儀、竹尺、測杆、測板、腳架、皮袋、鉛筆、標針、鉛筆銼、小刀、測傘等件。

二十七、補測適用大比例尺測板測圖法、用測針照準儀、以光線法為主。

二十八、將藍圖用圖釘釘於圖板上、赴補測地附近、擇田角、池角、路角或溝之轉彎處設站、另找約距一百五十公尺之田角豎標桿、用羅針標定測板。

二十九、測板標定後、即向補測處用標桿畫方向線、竹尺量距離、逐漸推測應測之地物。

三十、從此處起補測須閉塞於他處、如發生離開重複或上下偏倚、則須按規律酌加配賦。

三十一、補測之地物、須一一加註地目符號。

第四 清繪

三十二、外業已完之圖、則加清繪。

三十三、清繪用小筆桿、小筆咀、黑墨、未達尺等。

三十四、清繪之藍圖、須先與隣幅接合。接合時以地物為主。

第一、使地物相接。

第二、使地目相同。

第三、使田池等之全形勿加重繪。

三十五、清繪時如隣幅藍圖尚在他處、不能接合時、則可先行清繪。惟清繪至離圖邊一公分處為止、俟有隣圖時、再行加繪。

三十六、藍圖中各界線均經清繪及已畫圖廓後、則加蓋地目、幅號、兩幅計積、審查姓名、組員姓名及調繪年月日等骨章或木章（所有骨章木章均預另刻參照附表一整飾）、逐幅登記成績報告表（附表二）、并於月底將表繳交審查彙報之。

三十七、調繪完成之圖、如審查查出不對之處、須加改正、或赴實地重查。

第五 檢查

三十八、檢查之任務、由各班審查擔任之。并隨時指導各員調查補測及清繪事宜。

三十九、審查除搬站對外交涉領款送圖等事務外、須盡全力於檢查工作、以期藍圖之精度優良。

四十、藍圖不論調繪完成全部或半部、均可取以檢查。

四十一、各班所成之圖、全數須經室內審閱。其三分一以上、須經實地檢查。

四十二、將已調繪之藍圖在室內審查認為不對之處、如界線不清、地目不對、接圖錯誤等、即發還原調繪人修改、或赴實地重查。

四十三、實地檢查時、應注意下列各點：

一、地目對否？

二、實量兩照片接合處之田坵、有無錯誤及經配賦否？

三、補測處形狀、邊長真確否？

四、樹林下及村落附近、有無遺漏田園否？

五、田園等界線或彎或直與實地相應否？

六、有兩坵變為一坵、一坵變為兩坵之弊否？

四十四、實地檢查不對之處、用紅鉛筆改正、并應發還原調繪人俾知錯誤而資修正。

四十五、藍圖上如有江河、湖澤、山阜等容易調查者、須酌減面積。又田園等經補測者、酌加面積、照附表二登記之、到期繳組核辦。

四十六、凡與各班接洽接圖事宜、由審查員負責辦理。

四十七、藍圖經檢查修改後、即整理清楚，陸續彙繳。并將檢查情形逐幅登記於檢查報告表（附表三）、俟次月三日以前彙同組員成績報告表、裝釘成册、繳組報隊。

第六　抽查

四十八、各班繳組之藍圖、即由主任飭抽查班員負責辦理登記、謄表、檢查、及抽查工作。

四十九、藍圖由抽查班組員初審、抽查班審查復審、由主任決定應否派員赴實地抽查。

五十、初查復查應注意事項如下。

1. 地目有無遺漏？

2. 田坵有無畫長畫短？

3. 田坵傍所附鉛筆數目與田坵比較、是否一致？

4. 隣圖接合部份、有無錯誤？

5. 跨兩幅之田園等、其地目是否一致？

6. 跨於兩幅之田園等、其全形有無重畫？

7. 兩幅計積之田、有無漏蓋圖章？

8. 圖廓外如圖號姓名年月等章、有無遺漏？

五十一、抽查之田畝原圖、如發現與實地不符、或補測不精密、調查不詳確時、當呈明主任轉報分隊長將負責各員分別懲罰。

五十二、抽查應注意事項與第四十三條同。

五十三、經室內審查及實地抽查之圖、即蓋章登記、謄表整理清楚後、由主任彙齊繳隊。并將抽查情形逐幅登記於檢查報告表（附表三）俟次月三日以前、裝釘成册、繳組報隊。

五十四、每月各班成績報告册繳到組內、主任應於次月八日以前連同組部成績報告表（附表四）裝釘成册、繳隊檢閱。

第七　附則

五十五、本細則如有未盡事宜、得隨時呈請陸地測量總局修改之。

五十六、本細則自奉准日施行。

附應用圖章表

字別	字	大	字體	記
地目符號	6mm 6mm 〔田〕	仿宋	牛角	地目符號計二十八個如第十條表中所錄畑旱字各刻五十二個外其餘每字刻十個
審查	9mm 〔審查〕 一・六公分	仝	木質	約刻十個各班發一個（各班發一個抽查班用二個）
姓名	9mm 〔○○○〕 二・○公分	仝	仝	按所有審查及組員姓名各刻一個
組員	9mm 〔組員〕 一・六公分	仝	仝	約刻十個（每班發一個抽查班用二個）
民國二十四年月日	5mm 〔民國二十四年月日〕 四・○公分	仝	仝	仝 右
一二……八	1cm 〔 〕 一・○公分	仝	仝	由一至八等八字各刻十個（每班發一組抽查班存二組以為蓋圖號之用）
1 2……0	5mm 〔1〕 6mm	如所寫樣	木質	由0至9等十字各刻十個（每班發一組抽查班存二組以為蓋圖號幅號數之用）
抽查	9mm 〔抽查〕 一・六公分	仿宋	仝	刻二只
兩幅計積	16mm 〔兩幅計積〕 5mm 一・二公分 二・○公分	仿宋	仝	各刻十個（每班一個抽查班用二個）
東西南北	1cm 〔東〕 一・○公分	仝	仝	各刻十個每班發一個餘存組
I:1000 I:2000	6mm 〔1:2000〕 25mm	如所書	仝	每式各刻十個每班每式發一個餘存組

附表二　測繪組第　班成績報告表　第　頁

比例尺	幅號	作業月日起止	應減面積	應加面積	實得面積	呈報日數	記
合計	幅		幅	幅	幅	日	

月　日至　月　日　調查　幅　總計　幅　應報成績　日

民國二十　年　月　日組員　報告

附記：
三、應加面積應減面積須由主任或審查斟酌實地情形定之
二、補測六十畝作加一千分一圖一幅二千分一圖三分之一幅補測多少類推之
一、繳圖中如有大河大湖等佔面積二分一幅則成績應減二分一幅餘類推

本表於月底繳交審查

附表三

圖廓整飾式樣

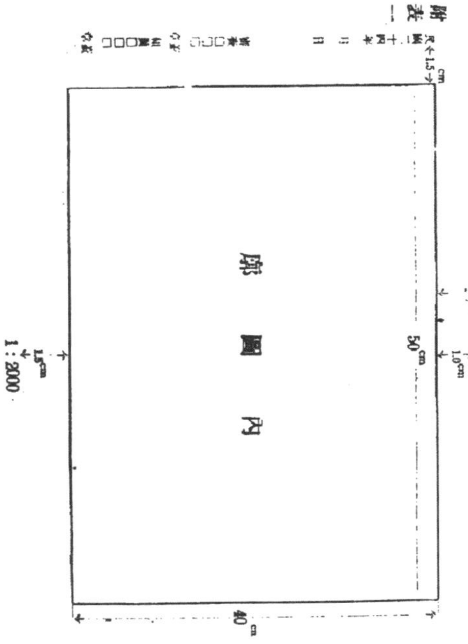

附表三

調繪組第　　班檢查報告表　　月　　日第　　頁

幅號	調繪員姓名	檢查　月　日	檢查情形（註明錯誤田坵坵號地段數處地目號個及其他錯誤等）	評定等級
合計檢查　　幅				
審查				

此表應於次月三日以前繳組

附注

1. 主任或帶查填寫作業成績表均適用此表
2. 此表主任于次月八日以前繳隊審查于次月三日以前繳組

附表四

調繪組　　月份作業成績表

班員別	圖幅數	應加面積	應減面積	實計面積	附記
		幅	幅	幅	
		幅	幅	幅	
		幅	幅	幅	
		幅	幅	幅	
		幅	幅	幅	
		幅	幅	幅	
		幅	幅	幅	
		幅	幅	幅	
共計		幅	幅	幅	

民國　　年　　月　　日　　報告

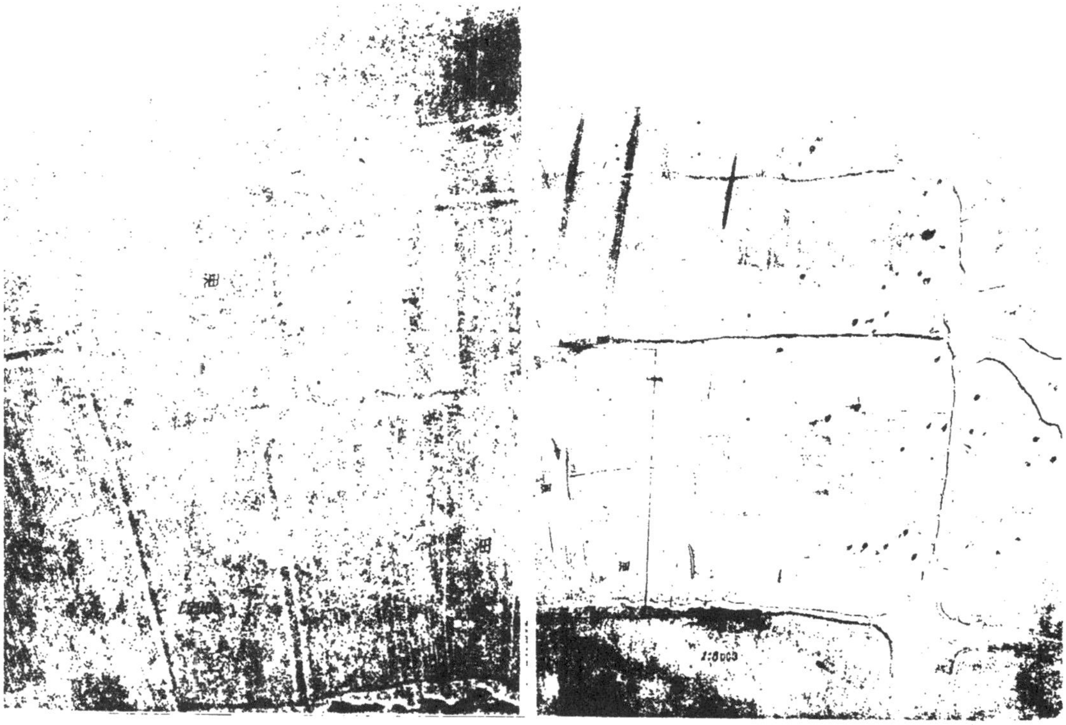

綜觀上列六項，可歸納為下列二表，閱此二表，即可知無錫航測之梗概也。

無錫航測分隊工作次序表

年月	工作次序
民國二十三年十一月	分隊部成立籌備各組工作
十一月	航攝組成立實施航空攝影
十二月	控制組成立實施控制測量，糾正組實施沖洗工作
民國二十四年一月	糾正組糾正航片圖，開始航攝業務繼續工作
二月	複照業務本月開始工作，航攝業務本月完成
三月	控制、糾正、複照、各項業務繼續工作
四月	控制組業務完成，調繪組成立實施調繪業務
五月	糾正業務完成，複照、調繪繼續工作
六月	複照、調繪業務繼續工作
七月	複照預定本月完成，調繪業務繼續工作
備考	一、航攝、控制、糾正、複照各組業務均按規定期限先後完成。二、調繪組業務原定七月完成，因地坵碎密，該組請延長至十二月完成。

無錫航測分隊成績統計表

組別	人數	業務	工作時間	成績	備考
航測組	九	辦理空中攝影	自十一月十五日至二十四年二月二十日，計三月半	1. 飛行三十八次 2. 實照航線一百二十六條，航片四千六百五十三片，面積一千九百五十七平方公里	
控制組	二三	辦理糾正照片需用之控制點測量事項	自十二月二十日至二十四年四月二十日，計四個月	1. 實測三千零六十三點 2. 刺上照片應用者為一千九百四十三點 3. 實測每幅八十二整幅半，面積一千三百二十一平方公里	
糾正組	九	辦理糾正空中照片及沖洗事項	自二十四年一月正式工作至五月底止，計五個月	1. 曬印照片八千二百張 2. 糾正二千分一田畝原圖五百二十三幅，二千分一田畝原圖一千五百九十三幅（圖幅長四十公分，寬五十公分）	
複照組	三	辦理複照糾正照片圖放大為二千（或二千分之）一田畝原圖	自二十四年一月至六月	複照一千分一田畝原圖者二千三百二十三幅，二千分一田畝原圖一千五百九十一幅	本組業務由測量總局製圖科第二股兼辦
調繪組	六三	辦理調繪田畝原圖事項	自二十四年四月至六月，在四月訓練工作人員，實際工作二個月	完成二千分一田畝原圖五百幅	因無錫地坵碎密，加以量場無整之界線，甚多業界異常繁雜，每幅原限三日完成，現每幅完成之期均在五日以上，為維持精確故，工作期限延長之

第五款　無錫完成航測後之全縣清丈計劃

無錫航空測量完成後，尚有待於人工之清丈，該縣對於此種業務，已在計劃之中，茲略述其計劃於左：

一、區域

全境計實地面積一千三百三十三平方公里，約合二百萬市畝，每起地平均面積約八分，計全縣約弍百五十萬起。

二、業務

航測後清丈之業務大別為(1)補測城市及宅地、(2)測設導綫、(3)調查地籍、(4)計算面積、(5)複製原圖、(6)編造地籍清冊，茲將分述如左。

(1)補測城市及宅地：全境面積約二百萬市畝，除已測竣之舊第三區，約七萬五千起，計面積壹百九十二萬五千市畝，城市及宅地平均約佔全面積之十四分一，計須補測十三萬七千五百市畝。

(2)測設導綫：補測城市及宅地，先須測設導綫，為丈量之根據。

(3)調查地籍：依照地圖，按起調查，將業主姓名住址、佃戶姓名住址及土地坐落地名詳細填寫於實地調查簿上。

(4)計算面積：每起地之面積，就地籍原圖之界址，用量積儀及三斜法計算，以求得每起地之確實畝分數。

(5)複製原圖：每一鄉鎮調查求積完竣後、即按照原圖用透明紙就鄉鎮及分段區域之範圍複製鄉鎮地籍圖、以供登記時之用。

(6)編造清册：依據鄉鎮地籍圖及實地調查簿、編造鄉鎮地籍清册、以供土地登記時之用。

三 時間

(1)補測城市及宅地：宅地平均每起約二分、則十三萬七千五百市畝、有六十八萬七千五百起、合四十一萬二千五百起畝、城廂鎮市補測比例尺五百分一、地籍圖約佔三萬五千市畝、合十萬五千起畝、平均每人每日測十五起畝二十個人約須一年完成、村莊宅地補測比例尺一千分一地籍圖約佔十萬二千五百市畝、合三十萬七千五百起畝、平均每人每日三十五起畝、二十五個人、約須一年完成。

(2)測設導綫：五百分一、地籍圖面積、約佔三萬五千市畝、佈設導綫七千二百點、一千分一地籍圖面積約佔十萬二千五百市畝、佈設導綫一萬零一百五十點、按每人每日測設九點，十個人約須七個月完成。

(3)調查地籍：按舊制第三區地籍、已辦理完竣、現須調查者約一百九十二萬五千市畝、每起平均面積約八分、有二百四十萬六千二百五十起、每班每日調查二百五十起、計算三十一班、約須一年完成。

(4)計算面積：宅地約六十八萬七千五百起（舊制第三區除外）採用量積五次讀定之平均數、每人每日計算一百二十起、十八個人約須一年完成、其餘一百八十一萬二千五百起、採用量積儀二次讀定之平均數、每人每日計算三百起、二十個人、約須一年完成。

(5)複製原圖：全縣二百五十萬起、按每人每日繪二百五十起、二十二個人、約須一年六個月完成。

(6)編造清册：全縣約二百五十萬起、按每人每日編造二百五十起、二十二個人、約須一年六個月完成。

四 經費 依照前述各項業務及工作時間之分配預算業務經費、茲將各項費用列表如左：

款目	銀數	備考
薪金	七七七四八.〇〇	所有工作人員薪水合計如上數
旅費	二九八二〇.〇〇	遷移費二五〇二元出差四八〇元合計如上數
作業費	一七一〇二.〇〇	清丈作業費一二二五六元導綫作業費六七二元調查作業費三七二元分班調查津貼一二五一三元計算作業費四八〇元製圖作業費三九六元造冊作業費四一四〇元合計如上數
外勤	一六二七八.〇〇	
伕役工資	二六五三八.〇〇	公役三二四元測伕二四二三四元合如上數
辦公修繕預備等費	一二四二八.〇〇	辦公費五四二八元修繕費一〇〇〇元預備費六〇〇〇元合如上數
合計	一五三〇七六.〇〇	

第四章　無錫之城市地價申報

第一節　地價申報之涵義與無錫辦理之緣起

第一欵　涵義

吾人研究無錫城市地價申報，應先明瞭城市地價申報之涵義何在？按我國征收土地稅之地價，依照　總理之堅決主張，以人民申報之地價為標準，其重要理由即：

一、定價手續簡單　如在三民主義之具體辦法中謂：「平均地權的第一部手續就是定地價，就關於定地價的手續說來，從前英國辦這一件事，有規定地價的衙門，又有不服所規定地價的控訴衙門，

這是英國規定地價的大概辦法。這種辦法在中國是很難實行得通的，因為中國人怕打官司，怕到衙門，如果規定一塊地價必要到衙門內去幾次，便覺得不堪其擾；這是一般人很不願意的。兄弟所規定的辦法極其簡單而又公平……像這樣辦法，政府不要費力，而可以坐收稅銀；地主得政府的扶助，也有大利，法則之善，是再無有復加的。」

二、價格適中正確　如民生主義第二講中謂：「許多人以為地價由地主任意報告，他們將以多報少，政府豈不是要吃虧嗎？譬如地主把十萬元的地皮，到政府只報一萬元，照十萬元的地價，政府應該抽稅一千元，照地主所謂一萬元的地價來抽稅，政府只抽得一百元，在抽稅機關一方面，自然要吃虧九百元；但是政府有了兩種條例，一方面照價抽稅，一方面又可照價收買，那末地主把十萬元的地皮，只報一萬元，他騙了政府九百元的稅，自然是佔宜，如果政府照一萬元的價錢去收買那塊地皮，他便要失去了九萬元的地價，這就是大大吃虧了。所以地主如果以多報少，他一定怕政府照價收買，吃地價的虧，政府一面固然可以隨時照價收買，但是一面又可以不買；所以地

主如果以少報多，他又怕政府照價抽稅，吃重稅的虧，在利害兩方面互相比較，他一定不情願多報，也不情願少報，一定把實在的價值，報告到政府，因此政府和地主兩不吃虧。」

由　總理昭示之語，可知地價申報之重要，但地價有農地市地之分，而施政有輕重緩急之別，苟能步伐不亂，循序推進，則國計民生，實利賴之，故辦理地價申報，先以市地或農地為先，實有再細考遺教之必要。　總理在民國元年，對中國社會党所講社會主義之演講詞中謂：「欲解決土地問題，我國今日正一極佳時期也，趁此資本未發達，地價未增加之時，先行解決，較之歐美其難

易有未可同日而語，然欲解決此項土地問題，須先知土地價值之變遷，就上海土地言之，未開商埠以前，一畝之地，不過五兩，今則三四十萬者有焉，反觀內地，則滿蒙甘陝西藏新疆，其土地之價值，與昔日之上海正相等耳。英（租界）大馬路自黃浦灘至靜安寺一路之地價，與貴州全省地價已相頡頏，由此可知今日之上海與今日之內地，同一其土地而不同其價值，即今之上海，與昔日之上海，亦同一其土地，而不同其價值，其價值之所以不同一者，非限於天然，實社會進化有以影響之也，上海地價之貴，此已成之勢也。將來工商發達，交通便利，內地地價，亦必有如上海之一日。社會之進化，土地再經

過二三十年後，其價可增至萬倍，此萬倍之利，將屬諸何人乎。地主是矣。土地價值之增加，咸知受社會進化之影響，試問社會之進化，果彼地主之力乎。若非地主之力，則隨社會進化而增加之地價，又豈應為地主所享有乎。可知將來增加之地價，應歸諸社會公有，庶合乎社會經濟之真理，倘不收為社會公有，而歸地主私有，則將來大地主必為大資本家，三十年後，又將釀成歐洲革命流血之慘劇。歸納遺教，對於吾人所亟需明瞭之問題，可得一正確解答，即隨社會進化而增加之地價，在地主為不勞利得，應歸諸社會公有，反之凡非隨社會進化而增加，乃係個人努力投資經營土地之增值，則應屬諸個人。查市地以位置而定地價，此所以上海大馬路之地價即可與貴州全省之地價相頡頏。農地以收益而定地值，故無怪因報酬遞減率之限制篤嚴，地值不致如何騰高而過殊。夫基於農產物收益而增加之農地地值，多為農人改良土地之結果，固不言而喻，由位置而上漲之市地地價，則恒為三種因素造成：一為城市工商業發達或政治關係，使人口集中，二為土地投機家之操縱居奇非法抬高地價，三為農村經濟沒落農民離村。所謂都市人口集中之趨勢，已成今日各國之普遍現象，世界各大名城，如紐約人口在五百萬以上，將近六百萬，倫敦人口在四百萬以上，芝加哥、東京、巴黎、柏林，上海各市人

口皆在三百萬以上，即以南京一埠而論，因係本國政治中心，在二十三年一年中，竟增加十萬餘人，已達八十一萬餘人，都市人口既不斷之增加，而宅地供給，又受土地不能隨意增減之性質限制，於是城市宅地需要孔急，訓致供求不均，地價房租，無限高漲，營城市生活者，必為高額房租所苦，而土地投機家，遂得推波助瀾，操縱取奇，投機愈甚，則地價愈高，則因土地而起之罪惡，亦層出不窮，勢必致如　總理所謂將釀成歐洲革命流血之慘劇而後止。故今人有倡言土地國有必自城市始，我人姑不論市地應否國有問題，然市地問題之嚴重若此，照　總理昭示之亟由地價申報而謀有以解決，實為

精確不滅之論，吾人毫無瞻顧遲徊之餘地，故舉辦城市地價申報之涵義甚為隆重，茲就其利益，再簡言之如下：

一、流通金融　有人喻城市為人身之腦部，金融為人身之血脈，腦部血脈不流通，則全身即殭木。而金融之不流通，又以偽契迭出，放款者有所顧慮為其重要原因。若舉行地價申報，則業主憑合法手續，取得政府之地價申報証明書，上載有業主姓名、畝數、地價等，有志經營工商業者，即可持此證，向人抵押借款，不啻一種有價証券，市面金融賴以流通。

二、繁榮都市　都市恒為一地政治文化經濟之中心，其繁榮與否，不僅都市自身之切膚利害，與農村亦有密切關係。惟繁榮之道，在政府有具體之計劃，人民有實現之能力。地價申報即在使政府明瞭土地利用實際情況，據以擬具整飾都市之實用計劃；人民因金融之流通，而有實行政府計劃之能力，然後逐步實施，都市可以繁榮矣。

三、公平負擔　市地價高而稅輕，農地價低而稅重，此為中國各地之一般現象。夫以公共事業之設施，一味取之於農民，影響所及，將使農村凋敝，農民購買力薄弱，於是工廠商店，貨積難銷，遂致市面蕭條，險象環生，整個社會將走入崩潰之境。亡羊補牢，猶未失計，惟有舉行地價申報，俾政府依據人民所報，實行征收地價稅及增價稅，以為救濟之方，蓋照價抽稅則負擔可期公平，漲價歸公，而民困更得以蘇，城市農村兩蒙其益。

四、減少訟累　向來法院案件，多以土地糾紛涉訟者為多，此因產權未定所致，若舉行地價申報，則由政府發給証狀，俾人民因產權確定而得有力之保障，訴訟之事即可減少，且政府因申報而編有適用之冊籍可考，即遇訟案發生，亦可迎刃解決，不致遷延時日，免人民久苦於訟累。

五、促進自治　總理於建國大綱第十條中，謂「每縣開始自治之時，必先規定地價，其法由地主自報之」，此即昭示地價申報為地方自治之基礎工作，故欲促進自治，貴先舉辦地價申報也。

由上所述，地價申報為解決土地問題之急要工作，既不費長久之時間，又無須大宗之經費，實整理土地之簡易辦法，但事屬新政，創始每生阻力，此又在辦理者之詳於規劃，力於奉行，多方宣傳，溝通官民隔膜；而人民亦能認清申報之利益，協助政府，然後始能暢行愉快，否則將使優良之制度，因無味之糾紛，而不能充分表現其機能，如無錫即發生此種現象也。

第二款　緣起

無錫舉辦地價申報，不特在江蘇為首行，抑且為全國先聲，考其緣起，乃由民國二十三年三月間　蔣委員長在南昌召集各省高級行政人員會議，對於地價申報認為關係國計民生甚鉅，應即籌劃開辦，時時告誡，希望殷殷，蘇省陳主席以本省位居沿海，交通便利，城市地價甚高，因政府無可憑之冊籍，捐稅一向任書吏作弊，以致人民困於負擔，公帑日趨窘迫，果能舉辦城市地價申報，實行地價稅，則人民之負擔減輕，公家之收入可裕，且地價得政府之証實，使利於抵押，是無形中社會即可增加大量之流動資金。枯竭之農村得賴以救濟，工商事業亦得以繁榮，既無悖於建國大綱之宗旨，又可期總理遺教之早日實現，是以上體　蔣委員長勵精圖治之至意，熟察地方實際之情形，認為非實施此項工作，無以適應社會目前之需要，乃令省土地局著手規劃，選定無錫南通兩工商業市，首先舉辦，由省局委任無錫縣長嚴慎予及土地局長胡品芳為正副主任，於七月一日假縣政府成立無錫城市地價申報辦事處，開始工作焉。

第二節　實施辦法及進行經過

第一款　實施辦法

無錫城市地價申報之實施，即遵照省局所頒發之辦法及細則辦理，按該辦法係二十三年五月十八日經江蘇省政府委員會第六五九次會議　所通過者，至十月內修正四條，其修正原因，是因無錫反對地價申報之地主，以變更各省舉辦地價程序大綱之規定為詞，控訴至行政院，行政院令文財政內政兩部，並由院派定代表與兩部會同組織審查會議；蘇省府以事屬創舉，該地主等反對申報之勢甚熾，故請委婉求全，略變更原有計劃，以圓滿進行，乃派省土地局祝局長到會列席說明蘇省舉辦城市地價申報，係屬試辦性質，其目的僅在使土地有明確之價值，並無於辦理地價申報完竣後，即行征收地價稅之意，該會審查結果，以為辦理土地陳報綱要之規定，原包含陳報地價在內，不過其陳報事項，不止地價一端，蘇省舉辦城市地價申報，既非以征收地價稅為目的，可以認為辦理土地陳報之一部份，其僅辦理一部份者，無非為簡便易行起見，當可照辦，勿庸經過立法程序，但其所訂辦法，有應予修正之處，令蘇省府修改如下：

(一)　第六條第三款原為：「土地之面積証明契載畝數，串載畝數，及實際畝數。」今刪除「串票畝數」四字，此因該會以為糧票不足為產權之憑証，前北京大理院，

（二）

曾经著有判例，如果依據串票畝數，而給予地價申報証明書，則將來辦理土地登記時，必易發生糾紛。

第七條原為：「業主如無故逾限不報，除由地價申報辦事處，代為調查填報外，其土地以無主土地論」。該會以為此條過於嚴厲，於法律方面之根據薄弱，乃照辦理土地陳報綱要 第二十二條規定，令改為：「凡隱匿不報之土地，應由地價申報辦事處，代為查填申報，結束後由縣土地局管（其未成立局之縣份，由縣土地局籌備處暫管）。如經過三年，仍無人過問者，視為無主土地，作為地方公產，在暫管期內之孳息，及作為公產後之收入，悉數撥充地方事業經費之用」。

（三）

第十一條原為：「公告期滿後，無人提出異議之土地，地價申報辦事處，應即編入城市地價冊，並按每宗土地，頒發地價申報証明書」。該會以為蘇省辦理地價申報，並未經過正式測丈登記，於地價申報証明書所填面積，應補充註明，專以契載畝數為準，在事實方面，雖有無契據可憑者，但其契據，如係遺失，可以聲請補契，若係和平佔有，合於民法之規定，亦可請求登記，發給產業証書，此種補正手續，雖覺辦理麻煩，但可免除無限之糾紛，故令

（四）

改為：「公告期滿後，無人提出異議之土地，地價申報辦事處，應即編入城市地價冊，並按每宗土地，頒發地價申報証明書，並附註契載畝分」。

第十六條原為：「地價申報完竣後，縣政府應即開始征收地價稅及土地增值稅」。該會以為此條過於刚性，令改為：「地價申報完竣之區，將來征收地價稅及土地增值稅，得參照此次地價申報之結果，確定其稅率」。

蘇省府奉令修改辦法以後，即由省局令縣遵行，茲將該辦法及細則分列於後，以資參考。

修正江蘇省城市地價申報辦法

第一條 本省各縣城市地價之申報依本辦法行之。

第二條 辦理城市地價申報之縣，得設城市地價申報辦事處，由縣長兼任主任，土地局長或土地局籌備員，兼任副主任。

第三條 辦理地價申報之城市，得設地價申報協助委員會，其規則另定之。

第四條 各縣辦理城市地價申報，期限定為六個月。

第五條 城市地價申報之程序如左：

一、由省政府土地局頒發地價申報單式樣，令各縣辦事處印製，派員挨戶分發填報。

二、業主應將管有地畝照單開事項填註申報，每

宗土地須填報一紙。

三、地價由業主自行決定申報，但政府認為報價不實在時，得照報價徵收其土地。

第六條　地價申報單應載事項如左：

一、業主姓名、住址、籍貫、職業，如屬公有土地，記明其管理機關；

二、土地之坐落及其四至（如有界碑須註明界牌上字樣）；

三、土地之面積（註明契載畝數，及實際畝數）；

四、承粮戶名及原納粮額；

五、土地之種類及用途；

六、土地之每年總收益；

七、土地價值；

八、建築物價值；

九、農作物價值；

十、如係租地須註明承租者之姓名、住址、及租額；

十一、如有承租抵押等關係，須分別註明；

十二、證明文件之種類件數，或其他人證之姓名、籍貫、職業、住址；

十三、申報者為代理人時，其姓名住址，及其受托為代理人之理由。

第七條　凡隱匿不報之土地，應由地價申報辦事處，代為查填，申報結束後，由縣土地局暫管，「其未成立局之縣份，由縣土地局籌備處暫管」，如經過三年，仍無人過問者，視為無主土地，作為公產，在暫管期內之孳息，及作為公產後之收入，悉數撥充地方事業經費之用。

第八條　凡冒認申報公地或他人產業，經查明屬實，除註銷申報外，並依法治罪。

第九條　城市地價申報辦理完竣後，由地價申報辦事處，分區公告之，公告期間定為一個月。

第十條　在公告前，已取得所有權以外權利之人，應將其權利於公告期間內聲明，請求登記。

第十一條　公告期滿後，無人提出異議之土地，地價申報辦事處，應即編入城市地價冊，按每宗土地填發地價申報證明書，並附註契載畝分。地價申報證明書頒發規則另定之。

第十二條　公告期內如地權發生異議，得由權利關係人，自向該管司法機關訴請審理之。前項審理結束，應由勝訴人通知地價申報辦事處，（地價申報辦事處撤銷後通知土地局）在地價冊內登記之，在地權爭執未解決以前，所有地價稅，應由申報者繳納之。

第十三條　城市地價冊應備兩本，以一本存縣政府，一本存縣土地局。

第十四條　地價申報完竣後，凡業主所有土地之全部或一部，因買賣繼承分析等行為，須移轉時，應持地價申報證明書，向縣政府土地局聲請繳銷換發新證明書，凡未經換發新證之移轉，一律無效。

第十五條　土地移轉申報規則另定之

地價申報完竣後，凡業主所有土地之全部或一部，有設定負擔時，應持地價申報證明書，向縣政府土地局聲請登記。

凡未聲請登記之一切土地負擔，一律無効。

土地設定負擔申報規則另定之

第十六條　地價申報完竣之區，將來征收地價稅，及土地增值稅，得參照此次地價申報之結果，確定其稅率。

地價稅及土地增值稅徵收辦法另定之。

第十七條　舉辦地價申報時，如有需用土地者，得報明左列事項為需用土地之登記：

一、需用土地人姓名住址職業；

二、需用土地之地段種類面積及價值；

三、需用土地之原因及計劃；

四、支付地價之能力。

第十八條　凡阻撓申報地價者，依法治罪。

第十九條　辦理地價申報人員由省土地局考核成績，分別獎懲。

第二十條　辦理地價申報人員，如有舞弊行為者，依法治罪。

第二十一條　本辦法施行區域及日期，由省政府斟酌各縣地方情形，分別以命令定之。

第二十二條　本辦法由江蘇省政府委員會議決公佈施行。

城市地價申報施行細則

第一條　本細則根據江蘇省城市地價申報辦法訂定之。

第二條　各縣辦理城市地價申報，得設城市地價申報辦事處，（以下簡稱辦事處）並設主任及副主任各一人，由省土地局依照江蘇省城市地價申報辦法第二條之規定委定之，在未設土地局，或土地局籌備處之縣，其副主任由省土地局另行委定之，並呈報省政府備案。

第三條　主任指揮監督全部地價申報事宜，副主任綜理辦事處內一切事務。

第四條　地價申報之步驟如左：

一、調查城市疆界及劃定地價申報區段；　二、調查地價；　三、調查業主姓名住址及其所有地畝；　四、宣傳；　五、族戶申報；　六、公告；　七、登記所有權以外之權利；　八、

第五條　造冊及須發地價申報証明書。

辦理前條各欵之期限規定如左：

一、第一二三欵一個月；　二、第四欵半個月；　三、第五欵兩個月；　四、第六欵一個月；　五、第七八欵一個半月。

第六條　辦理第四條所列各項事宜，得酌設指導員若干人，其人數以土地面積每千畝設置一人為度。

第七條　城市疆界內，依其繁榮情形，約每千畝劃定為一區。

第八條　調查地價，應將最近及最近三年來最高最低及中間三級地價，分區查明。

第九條　調查業主姓名住址及其所有地畝，應置備草冊。

論文　北政學院

第十條　宣傳分文字口頭兩種，於宣傳期內，得擇適當地點，作公開宣講，說明地價申報之重要，及其辦理之手續。

第十一條　地價申報單，按每戶所有起地數發給之，如業主於單開事項，有不明瞭時，須詳為指示。

第十二條　公告應揭示於區內之顯著地方，並載明業主姓名、住址、土地座落、四至、面積、地價，及權利關係人提出異議、暨所有權以外權利人、請求登記之期限。

第十三條　所有權以外之權利，為永佃權、地上權、地役權、典權、抵押權，其登記於編造地價冊時合併為之。

第十四條　城市地價冊分二種，一為分戶地價冊，按戶編造，每戶至少一頁，冊內載明業主姓名、住址、土地座落、四至、面積、地價、証明書字號、及所有權以外權利事項等；一為分區地價冊，按區編造，冊內所載各節，與分戶地價冊同。

第十五條　地價申報証明書之頒發，依地價申報証明書頒發規則為之。

第十六條　地價申報單之填寫，應注意左列事項。

一、文字須用楷書，依照規定事項，逐一詳細填註；

論文　北政學院

二、業主姓名、住址、籍貫、職業，須照實填註，如係公有土地，註明管理機関，於真實姓名項下，機関所在地於住址項下。

三、土地坐落須記明其所在地之小地名，如附有建築物者，並記明該建築物門牌之號數，四至，應填明東至某人地或田，其南至西至北至，均依此辦理；

四、土地面積之契載畝數，指契載舊畝；實際畝數，指丈實市畝，均填至毫為止，毫以下四捨五入。

五、承粮戶名，依串載之花名堂名，或祖遺之名填註，原納稅額，查串填明。
六、土地之種類，應填明宅地、荒地、山田、林池、池蕩、墓地、或市觀地等，用途應填明現在建築何物，種植何物等。
七、土地之每年總收益，應填註銀元數。
八、土地價值應填明每畝值銀若干元，及共計值銀若干元。
九、建築物價值，農作物價值，應分別填註。
十、租借永租抵押等關係，分別註明於備考欄。
十一、證明文件之種類件數，應填明業主執有足以証明產權之單契串等種類及其件數，如無上

項文件者，應申明理由，取具相當保証人，記明其姓名、籍貫、職業、住址、並蓋章或畫押。
十二、申報為代理人時，註明於備考欄。
十三、如有特別情形，或其他事項，為申報單各項所未列者，併記於備考欄內。

第十七條　辦事處設事務員一人，掌理處內會計及庶務事項。

第十八條　辦事處得酌設書記辦理繕寫文件，及抄錄冊籍事宜。

第十九條　辦事處在辦理第四條所列各事項時，得請由縣政府斟酌情形，飭令區以下自治人員、及冊書、催征吏、政警等，從旁佐助之。

第二十條　辦事處職員由主任分別委定之。

第二十一條　辦理地價申報時，由省土地局隨時派員視察指導。

第二十二條　辦事處得設立地價申報協助委員會，其規則另定之。

第二十三條　辦事處於地價申報辦理完竣之日撤銷之。

第二十四條　本細則如有未盡事宜，呈由省土地局隨時修正之。

第二十五條　本細則由江蘇省土地局呈請　省政府備案施行。

由右列章則，吾人已知城市地價申報之整個工作，不外分為八個步驟辦理，第一是調查城市疆界及劃定地價申報區域；第二是調查地價；第三是調查業主姓名住址及所有地畝；第四是宣傳；第五是挨戶申報；第六是公告；第七是登記所有權以外之權利；第八是造冊及發給地價申報証明書。由開辦至結束，定期為六個月，其中以挨戶申報之時間為最長，且手續為最繁，故辦理方法，在不違背省頒章則範圍內，亦恒因地而制宜，茲將錫邑申報處挨戶申報方法，分別叙述於後，以資研究者之參考。至其他各個步驟之實施，詳於下款進行經過中

，斯處不復贅述矣。

一、挨戶申報由各鄉鎮長雇用之幹事，携帶申報單挨戶分發，由業主即時填報，交幹事帶回，如業主不在，或有其他困難而不能即時填報者，則將申報單留置業主家中，於約定期間內，由業主自行填送，或填就後由幹事收集。

二、業主不在本邑而旅居於他鄉者，囑其家庭通函本人，即時自行填報，亦可由業主委托他人代為填報，但須附委托証書，限期皆以一星期為限，其委託証書之式樣如左：

立委託證書人　　　茲因
不克自行申報特委託
　　先生代為辦理此證謹呈
無錫縣城市地價申報辦事處
　　　　立委託證書人　　蓋章
中華民國二十三年　　月　　日

三、業主之土地係租典於他人，其本人居住於他處者，如業主住於近段，則直接交其本人填報，若住於遠處，則將申報單交與該租典人，轉交業主填報，期限為一星期。

四、業主雖在，但因工作關係而平時不在家者，則將申報單留置其家中，待業主還家填報後，由幹事收集之。期限為三天。

五、業主為婦孺本人不能填寫者，則由幹事代填，命其本人簽名蓋章，但所填各項，均須業主自己報明，不得參加任何意見，如業主能委託他人代為填報者，祇須附委託証書。

六、業主為公共機關或私人團體者，則將申報單交該公共機關或私人團體，轉交其主持人填報，如便利時，則直接交與其主持人員。

七、如一宗地係數房合有而未經分關者，如房數少，則將各房主列記於業主真實姓名欄內，並分別簽名蓋章，如房數多，則於真實姓名欄內，單記其一房之房主，至其他共有各房房主姓名，則在備考欄內註明，並分別蓋章。

八、一起宅地，雖經分為數部，但無顯着之界址，而各業主欲分別申報者，如區係及串宗已經分開，則分別填報，未經分開，則仍應一總填報。

九、一家數代未分，其土地始終合為一起者，則由長房填報，但須將其他共有各房，於備考欄內註明。

十、無契而祇有區條或其他證明文件者，亦得填報，但須於備考欄內註明。

十一、無契亦無區條，而祇有糧串者，亦得填報，但須請證人於證人欄內簽名蓋章證明，並於備考欄內註明。

十二、有契及區條而無糧串者，亦得填報，但須於備考欄內註明。

十三、無契據區條亦無糧串者，亦得填報，但須請證人於證人欄內簽名蓋章證明，並於備考欄內註明。

十四、有契條而抵押於他人者，則可約定期限，俟業主查閱後，自行填報，多至以一星期為限，

十五、有契，糧而無區條或單者，亦得申報，但須請證人於證人欄內簽名蓋章證明，並於備考欄內註明。

十六、契條保管於他處或銀行者，則可約定期限，俟業主查閱後，自行填報，以一星期為限。

十七、該土地發生糾紛而未經解決者，由現在使用人暫行填報，並於備考欄內註明。

十八、官地由人民佔有使用者，由現在佔有使用人，暫行申報，但須請證人在證人欄內簽名蓋章證明，並在備考欄內詳細註明如下：

此處原係官產荒地，(城基及他種土地)於某年由某民某某使用，茲因政府舉辦地價申報，居民深恐不安，情願備價申報。

十九、業主之土地租典與他人建築房屋者，(租地造屋)將中報單交與建築物所有人；轉交土地所有人填報。

二十、區內農田亦須同樣填報，如為灰肥田，則由田底所有者填報，並將灰肥權在備考欄內註明之。京糧，則照一般農田申報。

第二款 進行經過

第一項 城市地價申報辦事處之進行經過

第一 城市疆界調查與地價申報區域之劃定

城市地價申報工作之進行，首在調查城市疆界，確定地價申報區域，此項工作之基本要件，一方須視地價高低及繁榮情形為準繩，以符舉辦之本意，同時尤須有自然界址之依據，方可杜人民之誹議也。錫邑城市地價申報辦事處自七月一日開始辦公以後，即派指導員等分頭出發，實施調查城廟內外商店居戶繁榮情形，按該邑城北及西城一帶為最繁榮，中部次之，東部又次之，南城一帶，昔為大教場，荒塚壘壘，住宅甚少，多為菜園瓜

圍，又本縣因交通便利，工商業發達，繁榮之地不僅限於城內，北城外為米市薈集之區，西城外則工廠林立，至鐵路附近地段亦甚發達。故錫邑申報區域，即呈准以第一區為範圍。茲就清丈隊所實測之第一區鄉鎮境界圖，用紅色表示其申報區域之範圍如下：

第二　面積之計算及地價地籍之調查

申報區域既已確定，其面積究有若干，必須詳密之計算，錫邑申報處，依照陸軍測量地圖，引用求積器，求得城內面積為三千五百七十七畝，連城外附廓之區，合計面積為一萬四千一百六十三畝，並派指導員等分頭出發調查地價地籍，舉凡業主姓名、住址、畝分，地價等，均須清晰調查，填列簿冊，以為申報時之張本而杜欺朦。據調查所得之地價，北城及西城一帶，每畝有高至萬餘元者，平均價值每畝為五千元，中部地價較低，東部又較低，每畝平均為三千元，南城一帶地價，有每畝僅值二百元者，北城外大橋至長慶橋以南一帶，每畝地價有高至一萬數千元者，以第一區全區平均計算，每畝地價約在二千元左右。

第三　協助委員會之召集

錫邑地價申報辦事處，於成立之初，即遵照省局規定，聘請當地士紳組織協助委員會，當即議決：

一、本縣地價申報範圍，既已確定，應以鄉鎮為單位，全區照舊劃三十五鄉鎮辦理。

二、地價應由申報處，就各鄉鎮調查結果，分定等級，交協助委員會討論。

三、挨戶申報，照章應自本月十六日起即開始，惟時間迫促，手續恐已不及，應呈請省方，准予展緩一月，至九月十六日開始。

四、定期召集一區鄉鎮長開談話會，確定協助辦法。

右列四項議案，即由申報處呈請省局核示，除展緩挨戶申報日期未准外，餘均准予備案。

第四　宣傳之方式

總理在三民主義中云：「有信仰纔發生力量」，又在知行學說中云：「不能行是不真知」，可知一事業之創辦，欲其發生力量而見功效，必人民能真知其利益，欲使人民能真知其利益，當有賴乎宣傳矣。查地價申報，事屬創舉，民衆缺乏常識，往往不明真諦，易滋誤會，故宣傳工作，實不可少，宣傳方式不外口頭與文字兩種，茲分誌於下：

甲、口頭宣傳　錫邑申報辦事處，在規定之宣傳時期，逐日派出職員，在城市熱鬧區域，演講地價申報之意義及利益，並由正副主任出席各種集會報告，望人民勿生遲疑，俾便順利進行。

乙、文字宣傳　申報處以僅口頭宣傳，決不濟事，又用下列三種文字宣傳方式：

1.商請各戲院加映電影廣告　因無錫中南兩戲院，為當地最大之娛樂場所，觀衆甚多，故申報處商請該兩戲院，於放映電影時，加映地價申報之宣傳標語廣告等，使觀衆雖在娛樂時間，亦能注意及之。

2.印發申報問答及告民衆書　申報處為普遍宣傳起見，編印申報問答及告民衆書，由當地公安局派警挨戶分發，務使家喻戶曉。

3.刊登廣告　將申報日期辦法，刊登當地各報，使民衆不致誤期，並識申報之手續。

丙、右列各種宣傳方法，最簡單而明瞭者，則為城市地價申報問答，茲列於後，以資參考。

無錫城市地價申報問答

問：什麼叫做地價申報？

論文　第三七頁

答：地價申報，就是各業主依照政府所印製頒發的地價申報單，將他所有土地的面積，四至，價格等等，按實逐項填報，經審查無訛並公告無異議後，即發給土地證明書永遠執業。

問：政府為什麼要舉辦地價申報？

答：政府為的是要整理土地，解除糾紛，繁榮都市，促進自治，所以要舉辦地價申報。

問：公有土地的地價也要申報麼？

答：凡屬無錫城市疆界內的土地地價都要申報，不論公有私有。

問：城市疆界內的土地包括什麼地方？

答：城市疆界內的土地包括本縣第一區內十九鎮。

問：地價申報，何日開始？

答：地價申報開始時，地價申報辦事處先出布告示知，並挨戶發給申報單，業主於接到申報單時，即要趕快填報。

問：地價申報單，是不是每宗土地要填報一紙？

答：每宗土地要填報一紙。

問：辦事處發給的地價申報單是不是要收費呢？

答：地價申報單由辦事處印製頒發，不取分文。

問：地價申報單內應記載的事項，是有規定的麼？

答：地價申報單內應記載的事項是有規定的，都一一印

在申報內，並印有說明，一看就明白了。

問：地價申報有什麼効果？

答：地價申報有下列的效果：(一)可以知道面積。(二)可以明瞭地價狀況。(三)可以知道土地利用狀態。(四)可以知道分配情形。

問：地價申報對人民有什麼利益？

答：地價申報對人民的利益，舉其大者，有下列幾種：(一)保障土地權利。(二)明晰土地位置。(三)免除土地糾紛。(四)流通金融。(五)便利轉移。(六)促進自治。(七)繁榮都市。

問：地價申報為什麼能保障土地權利？

答：因為地價申報以後即發給地價申報證明書，載明業主姓名住址，及土地坐落，四至、畝分，使疆界分明，產權永遠得到保障。

問：地價申報怎樣可以明晰土地位置呢？

答：地價申報證明書內，載明土地面積，及四至等，所以土地位置，一查即知，非常明晰。

問：地價申報怎樣可以免除土地糾紛呢？

答：從前土地因為界址不明，畝分不清，往往因一牆一路之爭，涉訟經年，致使傾家蕩產者，不可勝數，但在地價申報後，界址畝分均可確定，一切糾紛，就不會發生了。

問：地價申報怎樣可使金融流通呢？

答：地價申報後，由政府發給地價申報證明書，業主持了地價申報證明書，向銀行或錢莊去抵押借款，人家必樂於投資，因為證明書上載明業主，畝數，坐落，價值，看起來可以一目了然，不必再加調查而有所顧慮，因此金融方面，就得流通了。

問：地價申報怎樣可以便利移轉呢？

答：土地界址不明，畝分不清，承繼買賣或贈與的時候，往往發生許多糾葛，申報以後，界址畝分非常清楚，沒有這種弊病了。

問：地價申報怎樣可以促進自治呢？

答：總理在地方自治開始實行法中，列有定地價之專項，建國大綱第十條規定（每縣開始自治之時，必先規定私有土地之價，其法由地主自報之。）可見申報地價，是促進地方自治之基本工作了。

問：地價申報怎樣可以繁榮都市呢？

答：地價申報後，土地權利得到保障，金融得以流通，則工商業也可以相對的發展了，公共的建設也有方法舉辦，那麽，市面自然可以繁榮起來了。

問：地價申報單是由業主自己填寫麽？

答：是由業主自己填寫。

問：如業主因事不能自己填報，可委托代理人填報麽？

論文　中二八〇頁　地政學院

答：可以的，不過要附送業主的委託證書，並說明理由，同時要在申報單的備考欄內註明之。

問：填寫申報單的文字，須用楷書麽？

答：必用楷書，並不得塗改挖補。

問：填寫申報單，須依照規定事項逐一詳細填註麽？

答：須逐一詳細填註，不得遺漏。

問：填寫申報單要簽名蓋章麽？

答：須由業主或代理人簽名蓋章。

問：申報單上一定要記載業主的真實姓名和住址麽？

答：一定要記載業主真實姓名住址。

問：如果原契據上是以別號或以其他堂名戶名代所有權人的姓名時，那又怎樣辦呢？

答：應將別號或堂名戶名附註於備考欄內。

問：土地的坐落怎樣填法？

答：應填某區某鎮某街某巷等詳細地名，如附有建築者，並記明該建築物門牌的號數。

問：土地的四至怎樣填法？

答：應填東至某人田或地，南至西至北至依此類推。

問：土地面積，怎樣填法？

答：土地面積之契載畝數，應填契紙上所載舊畝，實際畝數，應填實丈畝數，均填至毫為止，毫以下四捨五入。

論文　中二八一頁　地政學院

問：土地面積，習慣上以方步方丈為單位，沒有畝制，怎樣辦呢？

答：應將方步方丈合成新畝，再行填報。

問：土地的種類，指那些種類呢？

答：土地種類，是指耕地、宅地、林地、池蕩、墓地，或寺觀地等而言。

問：土地的用途怎樣填法呢？

答：應填明現在建築何物，種植何物等。

問：土地每年總收益，怎樣解釋呢？

答：土地每年總收益，就是由某一塊土地上，能取得多少報酬，但不要除去各種成本費及利息。

問：總收益怎樣填寫呢？
答：應填所值銀元數。
問：土地價值怎樣填寫呢？
答：應填明每畝值銀若干元及共計值銀若干元。
問：建築物及農作物價值應分別填寫麼？
答：應分別填寫。
問：假使土地有租借，永租，抵押等關係時，怎樣辦呢？
答：應將該種關係分別註明於備考欄內。
問：證明文件的種類件數，怎樣填寫？
答：應填明業主執有足以證明產權的單契串等種類及其

件數。
問：假使沒有證明文件的，怎樣辦呢？
答：應申明理由，取具相當保證人，記明其姓名，籍貫、職業，住址，並蓋章或畫押。
問：假使有其他特別情形或事項為申報單各項所未列入者，怎樣填呢？
答：應記入備考欄內。
問：業主如對於單開事項，有不明瞭時，向誰詢問呢？
答：地價申報辦事處，設有指導員，可以詳為指示。
問：公告的意義是什麼？
答：地價申報單所填報的事項，如有不實，產權的歸屬，必有糾紛，為慎重產權計，所以用公告的方法來補救，在公告期內，使權利關係人，可以提出異議，以使糾正。
問：公告的期間有多少？
答：公告的期間為一個月。
問：公告的方法若何？
答：公告揭示於每區之顯著地方，並載明業主姓名，住址，土地面積，四至，坐落地價及權利關係人提出異議暨所有權以外權利人請求登記之期限。
問：公告期內，如地權發生異議，怎樣辦呢？
答：公告期內，如地權發生異議，得由權利關係人自向

該司法機關訴請審理之，審理的結果應由勝訴人通知地價申報辦事處如地價申報辦事處徹銷後通知土地局在地價冊內登記之。
問：什麼叫做所有權以外的權利？
答：所有權以外的權利為永佃權，地上權，地役權，典權及抵押權。
問：所有權以外的權利登記什麼時候辦呢？
答：所有權以外的權利登記於編造地價冊時，合併為之。
問：地價申報是否有一定的期限？
答：當然有一定的期限，自接到申報單之日起，兩個月

内必須填單申報，不得遲延。

問：業主無故逾期不報怎樣辦呢？

答：除由地價申報辦事處代為調查填報外，其土地以無主土地論。

問：地價申報完竣以後，如業主所有土地的全部或一部因買賣承繼分析等行為須移轉的時候，有什麽手續要履行麽？

答：應即持地價申報證明書向縣土地局聲請繳銷換發新證明書。

問：未經換發新證明書的轉移，是否有効？

答：當然無效。

問：地價申報完竣以後，凡業主所有土地的全部或一部有出典或抵押時候，應當怎樣呢？

答：應持地價申報證明書向縣土地局聲請登記。

問：未聲請登記的一切土地抵押或出典是否有効？

答：無效。

問：舉辦地價申報的時候，如有需用土地的人，他們能為需用土地的登記麽？

答：能為需用土地的登記，不過要報明左列事項。

一、需用土地人姓名、住址、職業。

二、需用土地的地段、種類、面積及價值。

三、需用土地的原因及計劃。

四、支付地價的能力。

問：冒認申報公地或他人產業的，是否要加以處罰呢？

答：當然要加以處罰，如經查明確屬，除註銷外，並依法治罪。

問：假使有人阻撓申報地價的，怎樣辦呢？

答：應依法治罪。

問：地主如不按實申報地價怎樣辦呢？

答：政府認為報價不實，得照價徵收其土地。

問：辦理地價申報人員，如有舞弊行為，怎樣辦呢？

答：應依法治罪。

問：申報人看此問答，仍有不明處，向誰問訊呢？

答：向地價申報辦事處詢問。

第五　挨戶申報之推進與申報單之審查

無錫申報處，自地價地籍調查清楚，復經相當之宣傳期間後，即開始挨戶申報工作，派指導等携帶申報單及填寫方法(附後)，挨戶分發，由各業主自行填報，先就城內着手，漸次推及於城外，惟進行之際，殊感申報範圍大而工作人員不敷，並覺阻碍横生，進行遲滯，似由當地各該鄉鎮熟習情形之人協辦工作或易進展，故決定每鄉鎮雇用臨時幹事一人，負分發及收集地價申報單專責，又將全市鄉鎮劃分為下列三組，每組派指導員一人，負責指導督促。

無錫城市地價挨戶申報鄉鎮分組表

指導員姓名	指導區內各鄉鎮名
金廷澤 "第一組"	中區二鎮　中區六鎮　中區七鎮　中區八鎮　北南鎮　通漢鎮　北塘東鎮　北塘西鎮　黃巷鄉　五河鄉　惠商鎮　柴莊鎮
馬寶華 "第二組"	長安鎮　西吊橋鎮　中區四鎮　中區五鎮　黃泥鎮　迎龍橋鎮　大橋鎮　惠山鎮　長街鎮　興隆鎮
何夢雷 "第三組"	中區一鎮　中區三鎮　通惠鎮　通勤鎮　尤渡鄉　井亭鎮　既春鎮　伯瀆鎮　倉華鎮　中東鎮　大窯鄉　清名鎮　下塘鎮

指導員嚴厲督率各幹事進行以後，工作尚甚緊張，惟以限期迫促，申報處為早期蕆事，故採下列五種辦法：

一、諭知區書協查圖冊　業主中多有不明畝分四至及銀漕數目者，非由區書將圖冊查明証實，即屬無從填報，故諭飭各區書於各鄉鎮臨時幹事到達各業戶查報時，如須稽考圖冊，應即隨時協助，以速完成。

二、令公安局派警協助　各幹事挨戶申報時，每有不良份子發生留難等情事，影響工作進展甚巨，故令公安局轉飭各分局所，隨時派警協助，以利工作進行。

三、飭命圖正鳴鑼催報　申報限期轉瞬即屆，恐業主仍不注意，以致喪失產權，乃飭命圖正肩牌催促填報。

四、印發傳單挨戶通知　因希望各業主如限申報，特印製許多傳單，交由各鄉鎮幹事挨戶分發通知，命彼輩不論私有公有、空地、墓地等，務須趕速填報。

五、登報催促遠地業主　在滬錫各報登載廣告催促遠地業主速來依限申報，俾免向隅。

因上列各種辦法之施行，業主如限申報者頗多，然仍有少數之人，或遠居他鄉不及申報，或証件未齊而待整理，該處為尊重產權起見，復定通融辦法，凡確屬有正當理由者，依照規定具備下列聲請書，得准予補報。

聲請書

具聲請書人　　茲因

不能如期前來申報為特瀝敘理由聲請補報務請

鈞處准予通融辦理藉保產權謹呈

無錫縣城市地價申報辦事處

聲請人　（簽名蓋章）

保証人　（簽名蓋章）

中華民國二十三年　月　日

挨戶申報工作結束，即由各鄉鎮幹事，將申報單收齊彙交申報處，由指導員擔任審查，並着手辦理公告，時因省局節省公帑起見，遂於二十四年一月三十一日令飭該處撤銷，所有未了業務，交由縣土地局繼續辦理焉。

附

無錫縣城市地價申報單

業主	真實姓名	
	完粮戶名	
	籍貫	
	職業	
	住址	
土	坐落	
	四至	東至
		南至
		西至
		北至
	面積	契載畝數
		實際畝數　暫不填報
地	種類及用途	
	每年總收益	
	素地價值	每畝
		共計
	建築物價值	
	農作物價值	
	原納稅額	
證明	證明文件之種類及件數	
	證人之姓名籍貫職業住址	蓋章
備考		

中華民國二十三年　月　日申報人　具

第　區指導員、

申報單之填寫方法

真實姓名　即業主（土地所有者）之確實姓名。

完粮戶名　即粮單上之花戶名。

籍貫　填明該業主為何省何縣之地址。

職業　填明該業主所職何業。

住址　即業主居住之地址。

坐落　即該宗土地所在某鎮或某街某巷等詳細地名，如附有建築物者，並記明該建築物門牌之號數。

四至　即該宗土地，東至某人田或地，南至、西至、北至，依此類推。

論文　第二七七頁　地政學院

契載畝數　即買賣契紙，區條，或用單上所載該宗土地之畝分。（畝分記至毫為止，以下四捨五入。）

實際畝數　此項毋須填報。

種類及用途　土地種類分下列各種：耕地、宅地、林地、荒地、池蕩、墓地、寺觀地，視該宗土地屬何種類，即將該項名稱填入，用途應填明該種土地現在建築何物，或種植何物。

每年總收益　即該種土地租與他人使用，而收得之全年租金數，如業主自用者，可無須填報。

素地價值　即單指地皮之價值而言，建築物及農作物，皆不包括在內。

每　畝　即指一畝地皮之價值，是多少而言。

共　計　即實有幾何地皮之價值，例如地皮每畝價值二千元，現有地三分，則該地共計為六百元（計算方法是以每畝價值乘契載畝數）

建築物價值　房屋價值乃指房屋現時價值而言，由業主自行酌價估定。

農作物價值　指田內所栽種植物之現在價值而言，由業主自行酌價估定。

原納稅額　即指該宗土地原來完粮之銀數。

證人之姓名籍貫職業住址　凡有各種證明文件，如區條，印照，田單，契紙，地價稅執照，等；均應一一填入，並分別記明其字號及件數。

證人之姓名籍貫職業住址　凡業主如根本無區條，田單，印照等重要證明文件者，應請證人於申報單證人欄內簽名蓋章證明之。

備　考　本欄內除註明上列各項務須記入於本欄者外，若有其他特別情形或事項，為申報單所未列入者，亦應記入。

申報人於填就申報單後，須註明申報日期，並於申報人字樣下，簽名蓋章。

第二項　土地局接辦後之進行經過

第一　公告之辦理

無錫土地局自七月一日接辦申報處未了業務後，即繼續辦理公告，（公告單式樣附後）其公告之手續是：

1. 繕寫公告底單
2. 付印公告單
3. 校對公告單
4. 佈告公告日期
5. 張貼公告單　張貼地點，在縣政府，縣土地局，區公所以及該項土地所在地之鄉鎮公所前。
6. 分送公告單　將公報分送各機關，以便業主就近

索閱，其關係機關為有土地局，縣政府，縣黨部，第一區公所，縣商會，第一區各鄉鎮公所，縣公安局及城區各公安分局，協助委員會，民教館，圖書館等。
7. 修改填寫手續未完或欠明確之申報單　因辦理挨戶申報之期限迫促，申報單倉促收集，業主中有未能澈底明瞭填寫方法，例如坐落一欄，如係宅地，應填明某鄉鎮某街巷以及某號門牌，四至一欄，應填明某姓或某種地物為界，但該業主等所填，往往殘缺不完，或糢糊難辨，故縣局通知彼輩如限來局改正，准予另行公告。

8. 更正不符申報單之公告　公告以後，如業主認為公告單所列與前填之申報單不符時，得具備下列更正聲請書，按照附則規定聲請土地局更正。

附則

一　本聲請書限於公告單所列與申報單所填不符始准填寫。

二　本聲請書須由申報人親自來局填寫，不得由代理人聲請更正，如申報人因故不能前來更正，須請代理人填寫者，申報人應具委託証書以昭鄭重。

三　本聲請書應用墨筆填寫清楚，更正之點一欄，尤應詳細填明，以便檢查更正。

四　聲請更正之點經查明後，如確為公告錯誤者，隨即錄冊更正，如與申報不符者，本聲請書無效，應由申報人備具正式呈文加具鋪保呈請更正。

更正聲請書

具聲請書人　　　茲查
鈞局於　月　日公告之　　鄉鎮公告單內所列
欄與前填申報單畧有不符為特聲請更正填表如下

申報人姓名		
職業		
籍貫		
住址		
土地坐落		
更正之點	甲 公告單所載	甲
	乙 申報單所載	乙
備載		

甲	乙	甲	乙

謹呈
無錫縣土地局長

具聲請書人　（簽名蓋章）

中華民國　年　月　日

五　聲請更正之簽名蓋章，應與申報單上相符合，以免
　　賸請更正之弊。

江蘇省無錫縣城市地價申報辦事處公告第　號

為公告事案據本縣城市地價申報第一區　　鄉鎮申報人　　等呈送城市地價申報單為地價之申報所有證明文件業經詳細查驗合行依照江蘇省城市地價申報辦法第九條之規定逐戶揭示公告一個月在公告前已取得各該土地所有權以外權利（永佃權、地上權、地役權、典權。抵押權）之人應於公告期間內聲明請求登記至對於各該土地權利關係人如有異議亦須於公告期間內向本辦事處提出書面呈候核辦其公告期滿並無異議者本辦事處即予依法編入城市地價冊並按每宗土地頒發地價申報證明書以憑執業合行公告於後仰即知照

中華民國　　年　　月　　日

縣長兼主任嚴慎予
土地局局長兼副主任胡品芳

計開

業主姓名、完糧戶名、種佃人名、住址				
土地坐落				
四至	東至　南至　西至　北至	東至　南至　西至　北至	東至　南至　西至　北至	東至　南至　西至　北至
土地種類				
面積	畝　分　釐　毫	畝　分　釐　毫	畝　分　釐　毫	畝　分　釐　毫
證明文件或證人				
備考				

第二　所有權以外權利與土地移轉之登記

一、所有權以外權利之登記　依照江蘇省城市地價申報辦法第十條之規定，在公告期前已取得所有權以外權利之人，應將其權利於公告期間內聲請登記，其所指之所有權以外之權利為地上權、永佃權、地役權，抵押權、典權五種，無錫土地局於着手公告之際，即遵章出示辦理此等權利登記，其辦理手續有四，第一權利人領填聲請書及呈驗証明文件，第二，核收聲請書及証明文件，第三審查証明文件，第四決定決予申報與否。茲將土地所有權以外權利登記聲請書式樣及其

土地所有權以外權利登記聲請書

具聲請書人　　年　　歲江蘇省無錫縣人現住

茲查　　鄉鎮業主　　所有土地業蒙

鈞處公告第　　號公告在案合遵照江蘇省城市地價申報辦

法第十條之規定聲請為所有權以外權利之登記謹呈

無錫縣城市地價申報辦事處公鑒

計開

業主	姓名	
	住址	
土	坐落	
	種類	

地	四至	東至	南至	西至	北至
	面積	畝　分　釐　毫			
	地價	從前	現在		
房屋	種類	間數			
他項權利	種類	取得時間			
	有效期限	取得經過			
證據	種類	件數			
附記					

中華民國二十　年　月　日

具聲請書人（簽名蓋章）

填寫方法附列於後以資參考。

土地所有權以外權利登記聲請書之填寫方法

業主姓名　即土地所有者之姓名

住址　即業主居住之地址

土地坐落　即該宗土地所在某鎮或某街某巷等詳細地名，如附有建築物者，並記明該建築物門牌號數。

土地種類　土地種類分下列各種：耕地、宅地、林地、荒地、池蕩、墓地、寺觀地、視該宗土地屬何種類，即將該項名稱填入。

土地四至　即該宗土地東至某人田或地。南至、西至、北至、依此類推。

土地面積	即買賣契紙區條或田單上所載該宗土地之畝分。
房屋種類	即建築之房屋是樓房或是平房。
房屋間數	即建築之房屋共有多少間數。
他項權利種類	即所有權以外之五種權利，屬於某種即填入某種。
他項權利取得時間	即取得他項權利時之某年某月某日。
他項權利有效期間	即取得他項權至某年某月某日為止。
他項權利取得經過	即該項權利如何取得。取得後如何使用，將其經過簡明寫出。
証據種類	即取得該項權利時有何種証據。
証據件數	即該項証據有多少件數。
附記	如有其他特別事項即記載本欄。

聲請人於填就聲請書後，須註明聲請日期，並於聲請人字樣下簽名蓋章。

二、土地移轉之登記　查江蘇省城市地價申報辦法第十四條第一款之規定，凡地價申報完竣後，業主所有土地之全部或一部，因買賣繼承分析等行為須移轉時，應即持地價申報證明書向縣政府土地局聲請繳銷，換發新證明書，是則土地移轉登記，須在地價申報證明書發給之後，始得辦理。然無錫土地局以挨戶申報至發給證明書中間，須經四五月之久，而已申報之土地，事實上不能無移轉情事發生，倘不准移轉，勢所不許，故變通辦法，在未發給證明書之前，如有土地移轉情事，得先來局聲請移轉登記並俟發給證明書時，應由買賣雙方來局聲請繳銷原證明書，換發新證明書，其辦理移轉登記之手續如左：

1.權利人領填土地移轉登記表，並呈驗証明文件。

（登記表式樣附後）

2.核收移轉登記表及證明文件。

3.審查證明文件，並發給審查結果通知書。

4.憑審查通知書，辦理移轉登記，並繳銷原證明書，換發新証明書。

無錫縣城市土地移轉登記表

	現在業主	原業主
姓名		
籍貫		
職業		
住址	鎮　街路巷弄門牌　號	鎮　街路巷弄門牌　號

土		
種類		
坐落	鎮　街路巷弄門牌　號	
四至	東至	西至
	南至	北至

地				價值					證明			移轉經過		備考
面積			合計	價值				原納稅額	證據種類及件數	中間人姓名	原因	日期	
契載畝數	實載畝數	房屋間數		素地		建築物計值							
				每畝計值	總值								

中華民國　年　月　日登記人　　具

第三　中報証明書之頒發及造冊

一、中報証明書之頒發　地價聲報証明書，為確定産權之憑証，頒發之時，應力求周至，庶免冒領而致糾紛。無錫土地局自中區各鎮公告期滿後，於三月二十五日，開始發給証明書，各鎮定期十日，先由中區一鎮着手，其辦理手續係本江蘇省地價申報証明書頒發規則訂定（規則附後）茲簡述並列表於後：

1. 業主先至本局收件處領取發證聲請書，依式填寫，連同證明文件呈繳收件處，核收並掣取收據。（發証聲請書分為業主自領與他項權利人代領兩種，其與証明文件收據式樣附後）

2. 收件處應將證明文件納入封套，記明種類件數，備冊送交契據審查處核收審查。

3. 契據審查處應將證明文件詳細審查，並將審查結果填入審查報告書，備冊呈送縣土地局長審核。

4. 縣土地局長審核後，發回契據審查處，再由繕寫員填寫審查結果通知書，通知業主，並發還證明文件。（審查通知書式樣附後）

5. 發證處憑審查結果通知書，及地價申報證明書領據，將地價申報證明書發文業主具領。（領據及地價申報証明書式樣附後）他項權利人代領地價申報證明書除另填三聯收據外餘

依前載各種辦理。（三聯收據式樣附後）

無錫縣土地局頒發證明書簡明手續表

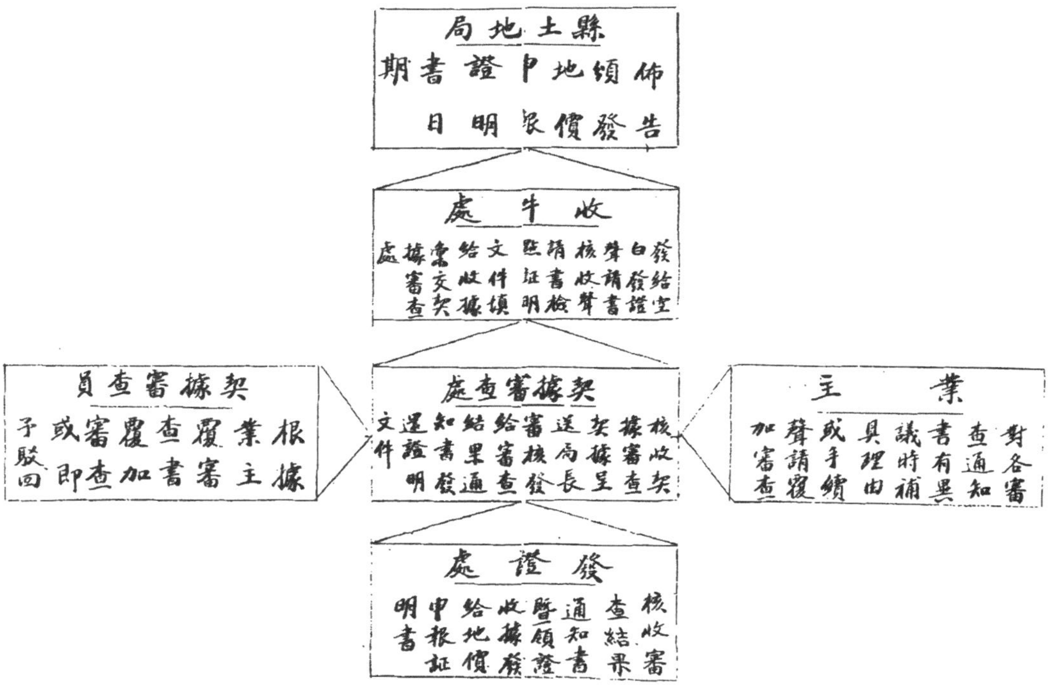

江蘇省地價申報證明書頒發規則

第一條　本規則根據修正江蘇省城市地價申報辦法第十一條之規定訂定之。

第二條　各縣城市地價申報辦事處地價申報辦事處撤銷後爲土地局或土地局籌備處（下同）於辦理申報完竣後，應頒發地價申報證明書。

第三條　地價申報辦事處公佈開始頒發證明書後，業主應於一個月內，填具領證聲請書，並附繳證明文件，向主管辦事處領取證明書。

第四條　前項聲請書，由業主隨時請領免費發給。辦事處於接到聲請書暨證明文件後，應予掣給收據，俟將證明文件審查屬實後，即行通知業主，憑收據領回證件，並領取證明書。

第五條　業主聲請領取證明書，如逾第三條規定期限時，每起土地應繳納手續費五分，逾期三個月，即行停止頒發。

第六條　本規則由江蘇省土地局呈請　省政府核准備案施行。

頒發城市地價申報證明書聲請書

具聲請人　　今因　　鄉鎮　　戶土地公告期間已滿遵章謹將所有證明文件繳呈審查併請發給地價申報證明書以資執業謹呈

無錫縣土地局局長胡

計呈粮單　　紙　區　　條
　　契　　紙　粮串　　紙

中華民國二十四年　　月　　日

聲請人　　簽名蓋章
聲請人住址

地價申報証明書存根

茲據業主　　申報現有土地（契載／實際）　畝　分　釐　毫

坐落　區　鄉鎮段　號四至（東至　南至　西至　北至）

值洋　元　角　分業經依法申報公告期滿准予登記在案

除分別截留存根呈繳省土地局備案外合填存根存局查核

中華民國　年　月　日

主任　汪寶瑄

副主任

指導員　胡品芳

錫字第　　號

（省土地局印蓋此）

地價申報証明書存根

茲據業主　　申報現有土地（契載／實際）　畝　分　釐　毫

坐落　區　鄉鎮段　號四至（東至　南至　西至　北至）

值洋　元　角　分業經依法申報公告期滿准予登記在案

除給發地價申報証明書外合填存根呈繳江蘇省土地局查核

中華民國　年　月　日

主任　汪寶瑄

副主任

指導員　胡品芳

地價申報證明書

江蘇省無錫縣城市地價申報辦事處

茲據業主　　申報現有土地（契載／實際）　畝　分　釐　毫

坐落　區　鄉鎮段　號四至（東至　南至　西至　北至）

值洋　元　角　分業經依法申報公告期滿准予登記在案除截留存根並分別造冊存案外合行給發証明書此証

（縣府印蓋此）

右給業主　　收執

（土地局印蓋此）

中華民國　年　月　日給

主任　汪寶瑄

副主任　胡品芳

城市申報証明書須經縣政府暨縣土地局或縣土地籌備處蓋印方得生效

他項權利人代領城市地價申報證明書聲請書

具聲請人　　今因　　鄉鎮　　戶土地公告期間已滿
遵章謹將所有證明文件暨　　權狀予登記通知一併繳呈審查
並請准予代領地價申報證明書以資暫管謹呈
無錫縣土地局局長胡

計繳呈　　權狀予登記通知書一紙
糧單　　紙　　契紙　　紙
區條　　紙　　糧串　　紙

中華民國二十四年　　月　　日

聲請人　　簽名蓋章
聲請人住址

證明文件收件據存根

聲請人姓名　　證據件數　　附記
糧單　紙
區條　紙
契紙　紙
糧串　紙

中華民國二十四年　　月　　日

件字第　　號

證明文件收件據

聲請人姓名　　證據件數
糧單　紙
區條　紙
契紙　紙
糧串　紙

中華民國二十四年　　月　　日

無錫縣土地局審查通知書　第　　號

左通知聲請人
為通知事茲查收件第　　號聲請人
呈繳各種証明文件經契據審查員審查完竣其結
果如下

特將通知

中華民國二十四年　　月　　日

局長胡品芳

論文

收據

今領到
無錫縣土地局發下坐落　　鄉鎮第　　號
地價申報證明書一紙此據

業主　　具

中華民國二十四年　　月　　日

收據

今收到

無錫縣土地局發下權利人

價申報第　號證明書收據一紙此據　代領

業主

中華民國二十四年　月　日

簽名蓋章

鄉鎮地

代字第　號

收據

今收到

業主　坐落　鄉鎮地價申報第　號證明

書一紙俟本　權消滅隨同原有證明文件一併

交還所有權人決無有誤此據

（註）此聯交業主收執

權人

中華民國二十四年　月　日

簽名蓋章

代字第　號

收據

今代領到

無錫縣土地局發下　業主坐落　鄉鎮第　號

地價申報證明書一紙此據

（註）此聯存局備查

權人　具

住址

中華民國二十四年　月　日

二、造冊　查江蘇省城市地價申報辦法第十一條之規定，凡公告期滿後，無人提出異議之土地，地價申報辦事處應即編入城市地價冊。無錫土地局於公告期滿，即依照省頒式樣，從事編造分戶地價冊，及分區地價冊兩種。分戶地價冊，是按戶編造，每戶至少一頁，冊內載明業主姓名、住址、土地坐落、四至、面積、証明書字號，及所有權以外權利事項等。區段地價冊，是按區段編造，冊內所載各節，與分戶地價冊同，觀下列兩種冊式即可瞭然矣。

江蘇省無錫縣城市土地分戶地價冊

業主姓名　住址　職業　承粮名

土地面積	坐落	四至	地價	證明書	備註

畝 分	釐 毫	畝 分	釐 毫	畝 分	釐 毫	畝 分	釐 毫	畝 分	論次	釐 毫	總計地積
											總計地價 (3)(2)(1)

地政縣院

(第　冊第　頁)

江蘇省無錫縣土地局　區　段地價冊

登記號數			
所有權人姓名			
住址			
種類			
畝數			
坐落			
四至			
上下忙數目			
漕米數目			
申報地價			
估定地價			
使用狀況			
每年收益			
附記			

第四　隱匿土地處理方法之擬定

地價申報之最大意義，即在公平人民負擔，若於隱匿不報土地，無適當處理方法，其何以昭激勸而符舉辦初旨？錫局對於此隱匿不報土地之處理，擬定由局代報暫管，確定宣示証明書法效，統一登記權限諸種辦法，雖其間如由局暫管收益充公等並未見諸實行，然亦聊足以覘，茲分別敘述於後：

1.遵章由局代報　派員携帶底冊，實地挨戶查詢，如有未報土地，確係隱匿不報者，即遵章由局代報暫管，並將其收益充公，三年中如未經聲敘不報理由，或經聲敘理由而不充分者，即行沒收。

2.確定並宣示證明書之法效　查少數業主所以隱匿不報者，實因政府對於地價申報證明書之法效，未予確定，法效既未確定，則業主對於地價申報不生信仰，報與不報，似無利害存在其間，故非確定證明書之法效，不足以取信於民，是則應請者方明白宣示，凡地價申報辦理已竣之區內土地，非憑地價申報證明書，不得買賣移轉以及土地負擔之設定，則法效既明，隱匿自除。

3.統一登記權限　查現在辦理土地登記，或類似土地登記之機關，不一而足，以致人民無所適從，影響地價申報之業務實大，如能統一權限，取消其他登記機關，則未經申報之土地，即無產權之依據，隱匿不報，自可免除，實施辦法分為兩種：

甲、凡已辦申報區域內之土地移轉登記，統歸縣局辦理（聯絡縣政府推收所即拒絕推收過戶）

乙、仿照江寧地方法院南京市財政局協訂土地登記辦法，與無錫縣地方分院商訂土地登記統一辦法。

第三節　困難之發生與解決

第一款　地方之反對申報與政府之應付辦法

第一項　反對之概況

凡一新政之推行，恒有反對之事發生，此因舊之制度雖不合理，但以其有歷史関係，陳陳相因，人民之慣性已牢不可破，故辦理者意志應堅強，不畏難苦幹到底，同時用冷靜頭腦，分析反對之原因何在？然後以誠懇態度，宣示政府用意，解釋人民誤會，融洽官民感情，復出以靈活手腕處置一切，則改革之目的可期，例前事不忘後者之師，甲地辦理發生糾紛之原因，與政府應付之得失，亦可供乙地辦理之借鑑。錫邑舉辦地價申報，事

屬新政，故當族户申報之際，地方地主反對之阻力即來，其反對手段不一而足，或用捏名恐嚇信，以期減少辦事人員之熱心，或煽惑市民一致拒絕申報，俾政府之功令不易實施，其對上級官廳方面，首則以地方困苦請求省府緩辦而不准，繼則以錫邑未經正式測丈登記，舉辦地價申報，與法定程序不符為詞，向中央訴願被駁。茲將錫邑街市發現反對申報之無名傳單，及邑民華藝珊等請求停止地價申報籲懇全國各界援助之廣告列後（廣告見二十三年十一月十一日上海申新兩報）以見其反對激烈之一般，故無怪影響該縣申報工作進行之遲滯矣。

無錫反對地價申報之無名傳單

此次無錫縣舉辦地價申報，違背　先總理建國大綱意義？（作者按地價申報為　總理手定之重要政綱）政府既不建設於無錫，何來地價之增值？無錫未至自治程度，以我國二千餘縣之衆，僅選無錫南通兩縣，首當其衝，南通業已緩辦？（作者按南通並未緩辦且其進行甚利）而獨我無錫有賢明之長官，祇知奉承上峯，希圖升官發財，不顧我無錫貧苦小民之死活，即將雷厲風行舉辦地價申報，使我無錫之民衆，為全國之罪魁禍首，際此商市蕭條，衣食不保之時，小民何堪增加數十倍之稅率？我無錫之民衆何其不幸遇到如此之賢明長官，尤以地方人民公舉之鎮長，得受官廳暗中津貼，實行做其漢奸工作，意欲強

伐申報，出賣無錫，貽害我們子子孫孫。我無錫的同胞們，豈能受此創巨痛深之負擔，為特通告大衆，任憑如何哄騙威嚇，千萬不可自己填寫，自己填寫即是自願承認，自誤誤人，到後使知，並請互相轉告，一致勿填，至要至禱。

無錫耆紳華藝珊等請求停止地價申報籲懇全國各界援助之廣告

當此訓政時代，憲政尚未開始，人民並未享有直接選舉、罷免、創制、複決四權之際，江蘇省政府，違反　總理遺教暨第三次全國代表大會議決地方自治施行程序，任意令行無錫縣政府舉辦城市地價申報，意圖征收鉅額

地税。敝邑城市人民，以未經正式測丈登記，與法定程序顯有未符，或根據遺數，或根據法律，或瀝陳地方困苦情形，迭次呼籲，毫無效果，而本縣城市地價申報辦事處，仍復推波助瀾，强迫填報。敝邑最近數年，百業蕭條，農村破産，今歲旱災尤重，詎能更增法外之負擔，伏懇全國各界，予以援助，俾解倒懸，不勝企禱。

第二項　反對之原因

無錫反對地價申報之激烈，已如上述，果如彼輩之所謂爲與法定手續不符而反對耶？曰非也。不過用以作張皇之詞，其何以造成此種現象？實有待吾人作一番之研究，據作者在錫觀察所得，約有下列諸種原因，惟以調查之期甚暫，耳目仍未能周，畧書之以求教閲者。

一、地主私心之表現　在私有制度社會之下，一般羣衆之行爲，均以其私有之意識而表現，無錫城市地主之拚命反對申報，一曰城市蕭條不堪巨額地税之負擔，再曰政府無建設於錫邑，土地何來增值之有？均在在足以表現其私心理，此因錫邑城市地價甚高，有畝價至一二萬元者，彼輩恐申報以後實行地價税，將使不勞利得不復爲己所有，故竭力擴大糾紛，以阻碍申報進行，此種心理實爲社會文化進程之絶大障碍，人類道德心之缺乏。對於整個社會無相當認識，只顧自己目前之利害，忘却他人之生存及自己將來久遠之企圖，不知社會是整個而非片面，決不致此部崩潰，而彼部得安全，中國社會之危機，已畢現於吾人，早爲治療，庶幾由充血及貧血失雜症所將演成之絶症可免，地價申報即爲治療目前中國社會最好良劑之初步工作，政府能本斯旨多方善導，人民亦果能恍然自覺，則人類卑劣之私心理，將爲大我而戰勝矣。

二、紳士派别之紛歧　在自治未發達之中國社會，紳士握有地方人民心理之最大權威，舉凡創辦一事，彼輩意見一致，共襄贊助則易舉，否則將阻碍横生，進行爲之困難。錫邑紳士派别紛歧，互相傾軋，屢見不鮮，彼輩意見既無有能統一之者，於是凡一新政之推行，遂不問其善否？而即以其新反對之。夫地價申報爲全國最初創辦之事業，當遭彼輩之反對無疑，故吾人於此舊社會創辦一事，能先設法統一紳士意志，進行時可免許多妨碍矣。

三、協助人員之離異　有局規定申報處設立協助委員會，原爲網羅當地公正士紳，溝通官民隔閡，協助政府申報之進行，被聘之人，能一體斯旨，竭誠協助，則可杜糾紛而成盛舉，若夫貌合神離，陽奉陰違，或推波逐浪，則不惟尸位遺誤要政，且為造成反對現象之重要因素。錫邑中報處之協助委員，大多同牀異夢，甚而有公開反對者，茲將該協委等謝絶申報處之車馬費函列舉二封如下，即可見其離異之一般矣。

協助委員錢厚基謝絶車馬費函

奉發車馬費銀二十元並空白收據一紙自維備位時深恐惶愧車本已有不敢忝竊謹連同收據一併奉繳幸鑒繳忱幸勿客氣勿任主臣此致

無錫城市地價申報處　　錢基厚啟

協助委員尤桐謝絶車馬費函

頃奉　公函並銀二十元祇悉查無功而食是謂素餐桐歸隱以來杜門却掃一切時事概不過問此次重承謬誣因茲事體重大蘿隨同人之後溝通官民隔閡是以偶一破例無如處此農村破產都市凋敝之秋經濟信節蕭條加賦咸所畏聞輿情未協愛莫能助方深愧恧承　惠車馬費實類素餐非所克承隨函奉璧謹希察收此致

無錫城市地價申報處　　尤桐

四、申報處主持者之失策　凡一制度之施行，主持者事前應規劃周詳，既辦之後，更堅定信仰推己以及人，則終可達所期之目的，而博得社會之贊譽。錫邑申報處之主持者，其間固不乏熱心之人，但以初次試辦，規劃尚感未周，步伐亦覺淩亂，雖曰省方規定之期間迫促，但在此迫促之時間，亦應充分利用保甲制度之力量於申報，先從保甲辦理較健全之一鎮着手，依此推進，每舉辦一鎮之前一二日，即召集該鎮保甲長會議，使彼輩瞭解申報之利益及手續，然後作有責任之命其向該保甲人民，宣示政府意旨，並領導按期申報，有若運用機器，發動機一開，則全機可動矣。余嘗覺齊桓之明耻教戰，商鞅之變法富秦，曾文正之平定四宇，皆利用保甲制度之力而建殊功，此以中國社會，向以一盤散沙，官廳又與民間隔閡

，只有保甲制度能將人民作一有效體之組織，以推進政府之一切功令。錫邑申報處，似於此道稍覺失策，故無怪人民反對之風浪勃起。風浪既起之後，辦理者尤應堅定意志，勿稍存敷衍，久之亦可促人民之醒瞎歸來，該處於此亦似稍疏忽，如值有局嚴促進行地方反對激烈之際，主任嚴慎子而諭第一區北塘東鎮鎮長云：「地方申報只要遵囑業戶申報，不在地價及畝分之確實。」（見二四年一月十四日第一區北塘東鎮鎮公所給申報處函中云）嗚呼申報地價而不要確實，此是何言耶？實施新政而出以敷衍，其何以取信於人民，故申報處

主持者之失策，實為地方反對申報重要之一因也。

第三項　政府應付之辦法

第一　中央法令依據之取得

蘇省舉辦城市地價申報，係仰承　蔣委員長對於城市地稅應籌劃開征之意旨而來，既無背於建國大綱，亦為地方實際所需要，以事在即行，故尚未經中央備案，僅由省府擬定辦法實施，於是給無錫城市地主以有詞可藉，拼命以不合法定程序向行政院內政部提起訴願，蘇省府為手續周備，便於申報推行，補請中央備案，求得法令上之依據，實為應付無錫地主反對申報之必要辦法，如自二十四年一月錫紳曹衡之等請求停止申報向內政部訴願，被內部以蘇省府已具備合法手續駁回後，彼輩遂無再向中央訴願之餘地矣，茲將該判詞列後，以見斯語之確切。

無錫紳者曹衡之等為請求停止地價申報提起訴願經內政部駁回之判詞

查訴願法第一條規定：人民因中央或地方官署之違法，或不當處分，致損害其權利或利益者，得提起訴願，按照主法意旨，若中央或地方官署，無違法或不當處分，或其處分不致損害人民權利或利益者，即不得提起訴願。蘇省於無錫南通兩縣舉辦城市地價申報，係屬試辦性質，其目的僅在使土地有明確之價值，以期於社會經濟方面促進其繁榮，並無辦理申報地價完竣後，即行征收地價稅之意，故對於各該土地所有人，並不發生權利或利益上之任何損失，亦非對於某特定之人加以行政處分，該訴願人等，何能藉口阻止，或提起訴願。再江蘇省舉地價申報辦法，蘇省府業經依照行政院召集內財兩部審查修正之意見修正，呈經行政院核准，轉呈國民政府備案，在手續及程序上，可謂完全無缺，其內容與約法及民法並無若何抵觸之處，土地法雖經公布，但尚未施行，自不能援以為否認舉辦之張本，只要該辦法不抵觸中央施行有效之法律條文，自可以照案施行，更足以限止人民之反對，至訴願有違　總理遺教規定之程序並未經過立法院核准各節，更屬誤解，蓋規定地價，係　總理手訂之重要政綱，蘇省府在實施上之權宜緩急，自無悖於建國大綱之宏旨，況早經中央公布之辦理土地陳報綱要，原包含陳報地價在內，雖其陳報事項，不止地價一端，而蘇省辦理城市地價申報，既非以征收地稅為目的，自可認為辦理土地陳報之一部份，勿庸經過立法院程序，訴願人等，何以未經立法之核准即謂為無絕對服從之義務，其訴願理由，實難認為合法，應予駁回，合依訴願法第八條之規定決定如主文。

第二　反對主動者之嚴糾

蘇省府對於辦理地價申報，雖經取得中央法令之依據，但錫邑反對者，並不以此而熄熾，仍繼續煽惑市民堅持拒絕申報，並於上海各報任意披露詆譭政府文字，影響所及，使申報處之工作進行依然遲滯，省府觀此情況，勢非對彼輩繩之以法，不足以利進行，乃令縣府嚴緝主動份子解省究辦，於是一場風波始告平息。

第二款　辦理時所生之幾個實際問題

地價申報事屬創舉，一切均無成規可循，故進行之際，恒有許多實際問題亟待解決，據無錫辦理所發生之重要者，有下列四端：

一、典期屆滿不贖之土地所有權登記問題　查民法第九百二十三條之規定『凡定有期限之典權出典人，於典期屆滿後，經過二年不以原典價回贖者，典權人即取得典物所有權』。又同法第九百二十四條之規定『典權未定期限者，出典人得隨時以原價回贖典物，但自出典後，經過三十年不回贖者，典權人即取得典物所有權』。按無錫此次辦理地價申報之區，土地他項權利登記亦已開始，而聲請他項權利登記中，尤以典權為最多，其中不少典權之成立，遠在百餘年前或數十年前，事實上典權人取得典物所有權之條件已構成，然此時雙方均來聲請所有權登記，原所有權人，既無文契可憑，即典權人亦每因年湮代遠，證件早已散佚，此種問題之解決，前此並無成案可稽，一向任其產權飄搖，現在地價申報既以確定產權為旨歸，自應審慎其事，關於該項權利人既未經法院判決，則地政機關對於此類登記，應暫予保留，批飭自向法院訴請審理判決後，再為准予所有權登記。

一、附有典契之抵押權登記問題　查民法第九百一十一條之規定『稱典權者，謂支付典價佔有他人之不動產而為使用及收益之權』。又同法第八百六十條『稱抵押權者，謂對於債務人或第三人不移轉佔有而供擔保之不動產，得就其賣得價金受清償之權』。是則抵押權與典權之別，即在一則為使用收益其不動產，一則僅為其擔保而不移轉佔有，其性質迥不相同，未可含混。惟無錫習慣，抵押權人為鞏固其權利起見，每於抵押契據之外，並附有典契一紙，而事實上並未點有典物，實非民法第九百一十一條所稱之典權，故此類登記，非詳加審查，易致錯誤，蓋是項權利人如隱去抵押契據，則形式上似與典權無異，倘准登記典權，則大錯特錯矣。

三、在地價申報前已設定典權或抵押權之土地應准典權人或抵押權人代報　查江蘇省城市地價申報辦法第八條『凡隱匿不報之土地，應由地價申報辦事處代爲查填，中報結束後，由縣土地局暫管（其未成立縣土地局之縣份由縣土地局籌備處暫管）如經過三年仍無人過問者，視爲無主土地，作爲地方公款，在暫管期內之孳息，及作爲公産後之收入，悉數撥充地方事業經費之用，是則過有隱匿不報土地，應即遵章辦理。查此次無錫辦理地價申報，有少數業主因出典或抵押其土地，而其典價或押款實已超出典物或抵押品之價值，且又年湮代遠，屆期無法贖回者，諸如此類土地，報與不報於業主本人似無重大利害關係，故業主往往不能如期填報，若遵照申報辦法第八條辦理，則他項權利人未免吃虧太大，殊非政府處理隱匿土地之初意，故遇是種情形，他項權利（典權與抵押權）人，得聲叙緣由，准予代報，是則權利人之利益不致無故受損也。

四、地價申報証明書應由典權人或抵押權人代領暫管

凡土地典權或抵押權設定之後，該宗土地全部証明文件，應歸典權人或抵押人保管，始爲合理，俾免重複設定負擔之弊。地價申報証明書，既係執業憑証，其法效正復與舊有文契同，倘業主已將土地設定典權或抵押權，則舊有文契當全部存放於上述權利人處，現在証明書如發交業主具領，則業主取得証明書之後，難免有重複設定負擔之弊，且依照領取申報証明書須憑原有文契，業主如向他項權利人暫時領回應用，事實上恐不可能，蓋一般人視文契如命，豈肯輕易借用，故凡已設定典權或抵押權之土地，其申報証明書，可由上述權利人憑証代領暫管，一俟該項權利消滅，當隨同原有文契，一併交還業主收管，惟權利人代領申報証明書時，應填寫二聯收據，一聯存局備查，一聯轉交業主收存。

第四節　地價之統計

地價申報之舉辦，原在明瞭地價之情形，以為將來征收地價稅之依據，故地價統計，最為重要，無錫城市地價，據申報處之統計，最高者為通漢鎮之光復路、漢昌路、通運路、梁溪路每畝地價為一萬六千餘元，最低者為尤渡鄉之塔影橋後村上馬埗，與五河鄉之張家橋一帶農地每畝地價僅二百元，全市區十八鎮二鄉，平均每畝地價約在二千元左右，茲將該區地價分為上中下三等，統計列表於後：

無錫城市地價統計表

鄉鎮名	最高地價	最高街道名稱	中等地價	中等街道名稱	最低地價	最低街道名稱	備註
中區一鎮	7500元	含秀橋、大市橋街、大婁巷	4,600元	大河上、福田巷、新廟前、熙春街、鳳光橋、八宅巷、獅古河上、小河上、斜橋北橫街、小婁巷、斜橋南橫街	1,670元	蘇家街、田基浜、鎮巷、顧家街、中市橋街、箬葉巷、神仙橋下惠巷、東城頭弄、東門裡城腳	
中區二鎮	8,000元	圖通路、公園路、崇安寺、南盛巷、北盛巷、南陽里、許家街、硝皮巷、化仁巷、寺巷、圖書館路	7,000元	觀前街	5,500元	駁岸上、花園弄、縣下塘、堵家弄	
中區三鎮	3,270元	鳳光橋、三下塘、稅務前、三下塘棋杆下	2,650元	二下塘、置煤里、槐樹巷、百歲坊巷	2,050元	進士坊巷、東河頭巷、留芳聲巷、永興巷、歡喜巷、沙巷	

鄉鎮名	最高地價	最高街道名稱	中等地價	中等街道名稱	最低地價	最低街道名稱	備註
中區四鎮	2,600元	南市橋上塘街、虹橋灣	2,000元	魚腥巷、昇平巷、育才弄、學佛路、南市橋巷	1,000元	湯巷、堰橋下、塔坊橋下	附郭一帶桑田菜圃價值每畝約公百元
中區五鎮	4,500元	青果巷、東大街	3,000元	西大街、三皇街、迎迓里、中市	1,600元	新街巷、學前街、七尺場、日暉巷、毛柈橋、四郎君巷、北禪寺巷、睦親坊巷	
中區六鎮	4,500元	東大街	3,370元	西大街、西橫街、西鼓樓、東鼓樓	2,530元	迎迓亭、胡橋街、姚寶巷、西河頭、黃石弄、大成巷、連元街、官街弄、太平巷、石皮巷、沈果巷、警橋巷、仲興弄、駐驄橋、太走橋、真慶巷、小木橋	
中區七鎮	3,500元	北門下塘街	3,000元	西河頭、道長巷、興隆橋下、楢龍橋下	2,500元	北水關橋、北裡城腳	
中區八鎮	9,000元	老北門大街、北門內上塘街	6,440元	圖通路、新民路、光復門、沙文井、前書院弄、寺後門街、城巷橋街、新市橋街、[illegible]	2,610元	錫樹里縣前街、鎖弄、後書院弄、裡黃泥橋、前城頭弄、後城頭弄	
吊橋鎮	5,250元	新馬路巖巷上、北城腳西城腳、西門直街、魚行頭街、西塘、醬油浜東岸	3,150元	小倉弄、棺店弄、下碼頭大倉弄、名浜、西門棧房場、大王廟前	1,720元	棋杆下野園弄、李巷、鄭巷、財神堂、大王廟弄、陳打鼓弄	

鄉鎮名	最高地價	最高街道名稱	中等地價	中等街道名稱	最低地價	最低街道名稱	備註
長安鎮	9,670元	北大街、壇頭街、江尖	6,780元	遊山船浜、茅蓬沿河、長安橋南尖、長安橋北尖	2,710元	楊浜里、船廠裡、三茅殿、施家街、石鋪頭、茅蓬街、祝橋弄、觀用弄、橫街、毛涇浜、同仁棧弄	
大橋鎮	9,500元	北太街、巴斗街、小楮街	6,620元	通匯路、喜春街、布行街、外黃泥橋、蘇錫沿河、桃棗沿河	4,660元	河埒里、王道人巷、上子頭沿河、黃泥橋北街	長城門 1,500元
通漢鎮	16,000元	光復路、漢昌路、通運路、梁溪、梁溪、路	10,000元	前太平巷、後太平巷、萬前路、交際路、万巷上	4,500元	西城腳、長康里、九成里、和樂里、祥安里、孟淵里、洽興里	
中東鎮	15,000元	光復路、梁溪東路	5,500元	清真寺、東新路、前中正路、後中正路、南長康里、北長康里	2,000元	光復門外東城腳	
倉埠鎮	3,000元	南倉門	2000元	瑞陽里、知樂里、惇裕里	1,500元	乾德里、吉慶里、同安里、北倉門、懋德里	
熙春鎮	1,500元	東門外熙春街	1,450元	萬壽里、餘慶里、綠羅巷	630元	羊皮巷、南朱巷、朱巷上、陳巷、東門外南城腳、東門外吊橋沿河	

鄉鎮名	最高地價	最高街道名稱	中等地價	中等街道名稱	最低地價	最低街道名稱	備註
黃泥鎮	2,500元	黃泥埒街、灣頭上	1,500元	薛家街、太保墩	630元	小楮弄、帶鉤街、蠡園渚、耕讀橋、廟場上、淘沙巷、李蘇巷、上岡上、潘巷、板新路、史城裡、仗弄裡、前宗巷、後宗巷	近城農田價格最高者為三百元，桑地則視地位而別其高低
迎龍鎮	3,040元	迎龍鎮、棚下街、西新橋、西倉橋、棉花巷	1,590元	梓樹巷、西康路、龍船浜、課積里、至和里、倉浜、小木橋、茂新里、後棉花巷、至勤里、程育場路、油車弄	960元	水滿裡、廣裕里、水車灣、泥莊、中新廿五閣	
惠山鎮	4,000元	丁巷	1,340元	吳橋下、李巷、横街、直街、丁港青運巷	730元	西工房、源康弄、道運路、泰周街、蓉湖莊、觀前街、五里街、總松街、東山浜、錫周、五器街後河塘	一、鄉村宅地每畝約四百元。二、農田每畝二三百元不等
興隆鎮	3,600元	財神堂、龍船浜、丁港、沿河、棉花巷後	1,400元	大倉街、棉花巷、欄橋、興隆橋街、大王廟前	650元	興隆橋西堍、東堍	農田每畝二三百元不等
長街鎮	2,700元	灣頭上、北長街、南長街、南門棉花巷、黃泥橋沿河	1,200元	長街街、張家街、鴨子灘、塔橋下、泰安里、慎餘里、賀弄、金鈎街、牛弄、南新路、日暉橋上段、泗巷、金鈎橋後街	650元	衙巷上、虹橋下、蘿蔔浜、定勝橋、庵橋下、庵橋弄、永昌工房、船廠裡	
清名鎮	3,100元	南上塘、大有街、界涇橋	1,710元	日暉橋下段、永泰工房、史田房橋、界涇橋弄、吳家弄、小米場、知足橋、振元里、南南街	950元	嚴巷、塤頭巷	菜田桑地每畝約值二百元，左右村巷住家之地則稍貴約四五百元

鄉鎮名	最高地價	街道名稱	中等地價	街道名稱	最低地價	街道名稱	備註
大窑鄉	2,500元	沙巷、伯瀆橋	1,840元	錢塘浜橋、老窑頭上段、中段、下段、棚下街、德清橋	1,000元	閔王廟	一、大窑鄉商鋪多係窑業自造磚瓦之窑也 二、田價高者在三百元内 三、閔王廟雖近旗站地價亦不高住宅地約五六百元
伯瀆鎮	3,320元	清名橋、曹家弄、伯瀆橋、南下塘、伯瀆港	2,130元	牛尿弄、興隆橋	650元	寺前街	一、離街十數里之村莊街巷地價約四五百元 二、農田價高者三百元低亦百元 三、桑地較農田每畝約貴十分之四五
下塘鎮	2,910元	陽春橋、伯瀆街、多福里、凡忠街、南下塘、南花園弄、南下塘沿河	1,620元	禮堂弄、多壽里、寺前街、羊腰灣、泰昌五房、大碼頭弄、徐洗水巷、南門柵巷上	670元	船方頭、業勤路、花園弄、東栄巷、觀音堂頭	
井亭鎮	1,600元	井亭街、通隆里、隆昌里、井亭西街、井亭橋（南）（北）	1,000元	廟港橋、福綸里、華興里	800元	興隆橋、福安里	
尤渡鄉	500元	尤渡里	400元	塔影橋前村、甯紹會館、莫家莊	200元	塔影橋後村土馬畝及各處農田農作物除少數桑樹外均為稻穀	
五河鄉	450元	南徐巷、馮巷	275元	徐家巷石巷、李巷袁巷、蔡巷庵巷、毛巷莊里	200元	張家橋及遠離河道之農田桑地	

鄉鎮名	最高地價	街道名稱	中等地價	街道名稱	最低地價	街道名稱	備註
黎莊鎮	3,500元	新市場、萬源橋、北新路、通練路、練康路、闵德里	2,140元	後巷少後巷、福盛里惠巷、萬源里姚巷、宝巷張巷、黎花路南段、中段、北段	550元	昌埠下	該鎮農田每畝在二三百元之間，桑地則視其地位距離繁華區域之遠近而判其價之高低
通勤鎮	4,000元	通勤路、廣勤路	2,050元	勤福路、丹山浜、慶豐里、錦豐里、華盛弄、永康里、街德里、廣益里、昌盛里、餘慶里、永久里、永興街、閱盛里、依仁里、蒲芳里、第二支路、新風橋街、第三支路	780元	第一支路、朱巷、俞巷、蔣巷	
通惠鎮	12,000元	通運路、通惠路、亮垻上	5,000元	通勤路、新市場、陳白頭巷	4,000元	仁壽里	
北閘鎮	4600元	北閘街、閘弄内、樹巷里	3200元	石灰場、泗堡弄、貝巷上、平安浜、泗堡橋西街	2,500元	顧橋港、後祁街、北閘口後街、後祁街後街	
北塘東鎮	9,000元	北塘東街	4,440元	前竹場巷、江陰巷、後竹場巷、湾巷、操茅紫巷、周師弄、周師街横街、北塘東沿河	2,100元	糖棧弄、泰棧弄、小泗房弄	
北塘西鎮	5,660元	北塘西街、三里橋街、北塘西沿河	1,790元	承裕弄、積餘街、灰堆頭、祝栈弄、煤場弄、蔡墅弄、張成弄、小三里橋、大河池沿、前奎家弄、後奎家弄	700元	淘沙巷、北泗路	

鄉鎮名	最高 地價	最高 街道名稱	中等 地價	中等 街道名稱	最低 地價	最低 街道名稱	備註
惠商鎮	4,25元	塘岸下 黃埠墩	1,45•元	天主橋 惠商路 蓮廟浜 普濟橋 麗新橋 德信橋 吳橋	50•元	前社橋 後社橋 謝巷鎮	謝巷 新橋巷 沈巷 小張巷 橋巷 殷巷 新巷 等巷鎮在三百五十元左右 農田每畝二三百元不等
黃巷	600元	黃巷	300元	黃巷村週圍之農田桑地			

論文 第三二四頁 地政學院

第五章 無錫之土地登記

第一節 土地登記之目的及應行登記之權利

第一款 目的

土地登記者，依照土地法第三十二條之規定，為土地及其定着物之登記，依此規定，所謂土地當然指水陸及天然富源而言，（土地法第一條參照）所謂定着物，則指非土地之一部，乃從其効用而為繼續固着於土地之物體，非經變更或毀損其實質形體不能與土地分離，即指建築物及農作物而言。土地登記之目的，照土地法所定，係重在確定土地權利，以袪歷來土地之糾紛，而便利土地權利之移轉，其原則採取托崙斯制之精神 Torrens

論文 第三二五頁 地政學院

System 所謂托崙斯制者即：(一)土地權利之得喪變更，須經登記始生効力。(二)登記之聲請須經架據專員為實質之審查。(三)經過登記之權利有公信力。(四)土地權利經登記確定以後，政府須發給土地權利証狀。(五)登記之權利，不能推翻，如有錯誤，由政府負責賠償。此制因能確定産權，故為世界上權威之登記制度。土地法採用之意義，即在於斯。此外依照土地法之規定，土地登記尚有一附屬目的，即申報地價，為實行地價稅及土地增值稅之準備是也。查土地法土地稅編所定計算地價之方法有二，一由地主自行申報地價，一由地政機關參照申報地價，或最近市價，或參照兩種價格，規定標準，而估定地價，地價稅之征收，以估定地價為標準，土地增值稅之征收，則以申報地價為依據，地主聲請為土地所有權登記時，應即申報地價，記入土地登記簿中，至編制地價冊時，其申報地價一項，即以土地登記簿所載為準，故申報地價與土地登記為汲汲相關，錫邑舉辦土地登記目的之要者，當不外上述土地法所定之兩種也。

第一項　應行登記之權利

錫邑應行登記之土地權利，即照土地法規定之下列六種，皆民法中所稱不動產之物權也。

一、所有權　依民法第七六五條之規定，謂於法令限制之範圍內，有管領並支配其物之權也。易言之所有人於法令限制之範圍內，得自由使用，收益、處分其所有物，並排除他人之干涉者也。故於法令限制範圍內，得自由使用收益處分其所有物，並排除他人干涉之所有人，均須聲請登記。

二、地上權　依民法第八三二條之規定，謂以在他人地上有建築物，或其他工作物，或竹木為目的，而使用其土地之權也。故凡在他人土地上建築房屋，或堆置竹木者，俗名租地起屋，租地使用，在承租人均須聲請登記。

三、永佃權　依民法第八四二條之規定，謂支付佃租，永久在他人土地上為耕作或畜牧之權利也，故凡以他人土地永遠耕作或畜牧而交納佃租者，俗名灰肥田或田面，在佃農均須聲請登記。

四、地役權　依民法第八五一條之規定，謂以他人土地供自己土地便宜之用之權也，故凡以他人土地供自己土地便宜之用而無何種酬報者，如房屋過街田地之出水溝等，在使用人均須聲請登記。

五、抵押權　依民法第八六〇條之規定，謂對於債務人或第三人不移轉占有，而供擔保之不動產，謂就其賣得價金受清償之權也。故凡他人以不動產抵押於己而為債權之擔保品者，如田地房屋之抵押等，在抵押人均須聲請登記。

六、典權　依民法第九一一條之規定，謂支付典價，占有他人之不動產，交付於己，而供己使用及收益者，如活賣典賣田地房屋等，在承典人均須聲請登記。

第二節　無錫舉辦土地登記之濫觴與現在辦理之籌備經過

第一款　濫觴

民十八年無錫市政籌備處主任孫祖基，財政科長聶文杰，從事整理各項市產，凡在市區內之市有宅地、農地、荒地、灘地、營地、池塘等，及無主土地，均歸該處使用收益，但有為人佔用而經查出者，勢非舉辦登記，不足以資整理而維產權，乃擬訂土地登記暫行章程，共五章四十六條，第一章為總則，第二章為登記程序，第三章為登記費，第四章為罰則，第五章為附則，呈准財政廳與有土地整理委員會，正擬着手辦理，而該處撤銷之令至，雖其章程尚有可觀，但惜訂而未行，茲將該總則列後以見其為無錫舉辦土地登記之濫觴焉。

無錫市政籌備處土地登記暫行章程

總則

一、本章程依據無錫市政籌備處暫行組織大綱第四條第二款第六項規定之。

二、本章程於無錫市區域內適用之。

三、本市區域內一切土地，均應遵照本章程向本處財政科登記之。

四、凡有左列土地權利之一者，應向本處財政科登記。

1.所有權　2.永租權　3.典質權　4.抵押權　5.永佃權　6.地役權

五、凡有前條所列土地權利之一者，應自全市土地登記布告之日起，三個月內向本處財政科聲請登記，並將一切書據連同抄白書據呈驗，俟驗訖發還。（書據係包括紅契、執照、登記証、地價收據、遺囑、析產分單、法庭判決書、謄本、及其他足以表明土地權利之文件而言。）

六、本處財政科於聲請登記人所呈驗之書據，審查無訛時，應准予假定登記，如有疑義，應於地產所在地布告，該利害關係人於規定期間內，聲明異議，並登報公告，如逾期無人聲明異議，亦得准予假定登記。

七、凡以不正當之行為取得市有之土地登記者，經發覺後，由本處查明核辦。

八、土地假定登記於分區測量完畢後，列表公布，如土地利害關係人，認為有差誤時，應於一個月內，向本處財政科聲請更正之。

九、前條公布後，逾兩個月無人聲明異議者，假定登記即為確定登記。

十、土地權利有移轉時，承受人應於十日內，向本處財政科聲請登記之。

十一、本市區域內一切土地權利，以經本處財政科確定登記者為準。

十三、凡本市區域內之土地在登記期滿後，逾六個月未經業主或代理人聲請登記者，或無業主之土地經本處財政科調查確實者，即由本處收歸市有。

第二款　籌備經過

民二十四年六月無錫舊第三區土地清丈已告完竣，所有圖幅亦已製繪就緒，縣土地局遂定於七月一日開始南橋鎮土地登記，當其開辦之前，除委派工作人員成立登記處暨登記分處，並出示佈告登記起訖日期外，又作下列諸種工作：

第一項　協助人員獎懲規程之擬定

土地登記，事屬創舉，民眾未有此種習慣，舉辦之初，不無疑慮觀望，地方自治人員，係民眾領袖，平時多有信仰，協助每易為力，故錫局於舉辦登記時，即擬訂各區自治人員協助辦理土地登記考績規程，呈請縣政府公布施行。並羅致當地公正人士，組織土地登記協助委員會，藉以上達民情，下付功令，溝通官民隔膜，推行國家新政，每週開會一次，解決各種問題，行之頗收其效也。茲將該自治人員協助辦理土地登記考績規程列後，以資參考。

無錫縣各區自治人員協助辦理土地登記考績規程

第一條　各區自治人員協助辦理土地登記之考績悉依本規程行之。

第二條　前條所稱自治人員以左列人員為限：

一、區長；二、鄉鎮長副；三、保甲長。

第三條　各區自治人員協助辦理土地登記之考績，區長由土地局長呈報縣長轉呈省土地局考核；鄉鎮長保甲長由區長呈報縣長考核，考核之結果，得分獎勵懲戒之。

第四條　獎勵分左列三種：

一、嘉獎；

二、記功；

三、記大功。

第五條　懲戒分左列四種：

一、申誡；二、記過；三、記大過；四、停職。

第六條　考核事實分甲乙兩種：

甲種事實

一、對於土地登記確能切實協助負責辦理者；

二、對於下級自治人員確能認真指揮依限完成土地登記者；

三、奉行功令始終不解無因循玩忽潦草塞責情事者；

四、有其他特殊成績者；

乙種事實

一、對於土地登記未能切實協助負責辦理者；

二、對於下級自治人員未能認真指揮，依限完成土地登記者；

三、對於土地登記有因循玩忽潦草塞責或從中舞弊情事者；

四、有其他瀆職情形者。

第七條　各區自治人員協助辦理土地登記之成績，悉依事實分別獎懲之。

第八條　本規程經縣政務會議決施行。

第二項　飭令各機關及區書團正協助

土地登記為整理土地之繁重工作，其不僅辦理者孜孜以求完善而可竣事，勢必得各方襄助一致動員，始能指日程功。錫邑於辦理登記之初，即由縣政府令飭全縣教育機關，如民衆教育館及各學校，積極負責宣傳。並令飭全縣公安機關，關於推行登記需要員警時，隨即予以充分方便。同時因該縣之區冊，向由區書保管，為區書之唯一財產，世代相傳，弊竇百出，政府亦無法過問，現因舉辦登記，彼輩見而自危，恒從中破壞，遇業主不明悉土地，登記須參閱區冊時，即嚴予拒絕，甚或欺鄉民無知，乘機敲詐，故事先由縣府飭諭區書等竭誠協助，勿違致究。至圖正為鄉里中之智識較高者，平日排難解紛，多得鄉民信用，故亦令飭彼輩竭力以協助焉。

第三項　宣傳工作之努力

錫邑以人民對於土地登記，大多認識不清，又以縣長為一縣之主，一切庶政推行，非由其親行曉諭，不足以取信於民，土地局長為土地登記之主辦人，尤應隨時下鄉曉諭，故於登記開始前，汪縣長偕同胡局長前赴登記區域，召集保甲戶長等開會，詳為指示，命其負責宣傳，並領導人民登記。又派登記主任嚴保滋率領登記員書記等出發各村落演說，並張貼標語，廣事宣傳，茲將其標語列後以資參考。

標語

一、土地登記是地方自治必要的事業！

二、土地登記是整理土地基本的工作！

三、土地登記是消滅貪官污吏侵吞田賦的唯一政策！

四、土地登記可以保障人民的產業，

五、土地登記可以確定人民的產權，

六、土地登記可以平均人民田賦的負擔！

七、土地登記可以除掉，田多糧少，田少糧多的一切弊病。

八、業主來局聲請登記時，必須實報土地的價值，不得隱瞞。

九、土地登記並不是沒收土地！

十、土地登記是解決土地糾紛的根本辦法！

十一、土地登記可以使土地的買賣便利。

十二、土地登記可以使土地的信用增加。

十三、有土地而延遲登記，要加倍增收登記費！

十四、有土地而不來登記，即喪失土地所有權！

十五、有土地的人民請快來登記！！

第三節　登記方法之變更及實施之程序

第一款　方法之變更

第一項　新舊方法之差異

蘇省各縣土地登記業務之進行，係遵照省頒之江蘇省土地登記暫行規則等辦理（規則附後），所用辦法，事實上頗感不便，進行甚為遲滯，勢不能不力謀改進，故無錫舉辦登記之初，省局即命變更本省原有登記方法，茲將新舊方法之差異，分別敘述於下：

一、性質上之不同　舊法由業主自來登記，其時間有遲早，無法令其一致，故各業主為個別的、自由的，土地局處於被動之地位，只能靜候業主前來登記。新法土地局立於主動強迫之地位，業主則成為被動的。集團的，由局限定登記日期，並利用保甲長之力，以催促登記，因伊輩熟習業主姓名，且為鄉里人民信仰所歸，用之殊能推動。此主動被動之異異，為新舊方法性質上之不同也。

二、納費時間之不同　舊法在聲請登記時，繳納登記費，其時業主以尚未確定產權，納費於己無益，因之來登記者不甚踴躍，新法於發給土地所有權狀時，登記費與憑証費一齊征收，業主因得政府証狀以確定其產權，故樂於繳納。

三、手續繁簡之不同　舊法先分發清丈通知書，業主憑清丈通知書填寫登記聲請書，携同証明文件，聲請登記，登記處核收登記聲請書及証明文件，其証明文件須存局，俟契據審查專員審查竣，發還，審查合格之土地，隨即公告，公告期間規定為三個月，公告期滿後，登錄登記簿，並繕發所有權狀，查其所用簿冊甚多，均須一一填寫，每起地有至填寫千字以上，勞神費時，殊不經濟。新法則每一鄉鎮登記開始，由業主先行核對測圖，填具登記聲請書，隨同証明文件聲請登記，登記分處核收登記聲請書及審查証明文件，加籤立即發還，其不如限聲請登記之業主，則從事催告，同時審查合格之土地辦理公告，公告期間規定為一個月，公告期滿後，繕發土地所有權狀。其所用簿冊，係將舊有簿冊另行改製，重覆者省去，項目多者刪除，如登記聲請書，經改良後，一面可作聲請書，一面可作戶名索隱簿，手續之由繁而簡，於登記之完成，大有關係也。

第二項　新舊方法之權衡

由上文吾人於新舊兩法，可得一權衡，在舊法雖周密而不易發生錯誤，簿冊完全而便於檢查，但以劣點是手續太繁，民衆不易明瞭，登記費在前征收，人民多裹足不前。至新法之優點，即在手續簡明，人民易於瞭解，登記費遲收，深得人民心理，故登記者多而成績易見，但亦畧有缺點，即核劃易於發生錯誤，似不若清丈通知書之真確，簿冊簡省，有時又稍感檢查之不便，要之於時間經濟上，新法利益頗多，舊法誠浪費過鉅，且不易有効果，如無錫施行新法以後，已著相當成效矣。

「附」江蘇省土地登記暫行規則

民國二十年三月六日江蘇省政府委員會第三七九次會議通過咨准內政部備案

（甲）總則

第一條　本規則依江蘇省土地局暫行組織條例第七條各項之規定制定之。

第二條　土地凡屬本省境內，不論種類及公有私有均須登記。

第三條　土地登記於實施清丈後，就清丈所得之結果登記之，如因事實上之需要，得酌量情形先行登記。

第四條　土地登記以土地所在地之縣土地局為主管機關。

第五條　辦理土地登記時，得由該管縣土地局先行發給小票，為換領土地所有權狀之憑証，前項土地所有權狀，由江蘇省土地局製定頒發各該縣土地向填給之。

第六條　凡已辦登記之區域土地所有權之得喪變更，非經登記不生法律上之效力。

第七條　（乙）登記程序

登記應由土地所有權人或代理人聲請之，但代理人聲請時，應將所有權人授權書一併提出。

第八條　聲請登記應提出聲請書及證明登記原因文件，如為第一次所有權登記時，並應於登記期限內，以請領土地所有權狀之小票粘附於聲請書，向該管縣土地局聲請之。

第九條　土地所有權之登記，如有永佃權、地上權、地役權、典權、抵押權之存在時，應於聲請書內聲叙之，如證明文件，因抵押或其他關係業經給與他人，其聲請登記，應由所有權人會同抵押權人，或其他關係人提出證明文件，向該管縣土地局聲請之。

第十條　聲請書應記載左列事項

一、土地標示

二、登記原因

三、聲請標的

四、聲請人之姓名、籍貫、年齡、住所、職業、聲請人為法人時，其名稱事務所及代表人姓名。

五、縣土地局之名稱及年月日

六、其他應記明之事項

第十一條　縣土地局接收聲請書時應將收件年月日收件號數，聲請人姓名住所登記標的記載於收件簿，並將收件年月日收件號數記載於聲請書。

縣土地局應給與聲請人收據，並記明接收文件件數，收件號數及年月日。

第十二條　縣土地局接收聲請書後應於十日內揭示公告之。

第十三條　公告應揭示三個月並依左列規定為之

一、揭示於該管縣土地局門首之公告地方

二、揭示於聲請登記地段之顯著地方

三、揭示於聲請登記土地所在區內之公衆地方

第十四條　公告應記載左列事項

一、聲請為所有權登記人之姓名籍貫住所

二、土地坐落四至面積及其定着物

三、所有權以外之權利關係及其權利人之姓名住所

四、聲請登記年月日

五、於該土地有權利關係人提出異議之期限

第十五條　公告三個月後無異議之土地縣土地局應即為所有權之登記

第十六條　登記應記載左列事項並由登記員簽名蓋章
一、區段號數及登記號數
二、土地標示
三、登記原因
四、所有權及他項權利之種類
五、所有權人或共有人之姓名為法人時其名稱事務所及代表人姓名
六、其他應記明之事項
第十七條　縣土地局應備登記總圖標示該管土地登記區之全部
分區圖標示登記區內各鄉鎮之地段
分段圖標示各鄉鎮土地之一段，並於圖中記明該地段號數，登記號數，所有權狀號數，及其面積界線。
第十八條　土地標示應記載左列各目
甲、坐落　乙、種類　丙、四至　丁、面積　戊、定着物情形
己、申報地價　庚、申報定着物現值　辛、四隣土地概況
壬、現時使用狀況使用人姓名及使用人與所有權人之關係
第十九條　登記原因應記載聲請之緣由及證明原因之文件
第二十條　所有權及他項權利之種類，應記明聲請為何項權利之登記、及取得他項權利之年月日。

第二十一條　所有權人須載真實姓名及住所，如原契據係以別號，或其他堂名戶名代所有權人之姓名者，並應附註於真實姓名之下。
第二十二條　上列各項之外依各縣之習慣必須登記者，應一併記載之。
第二十三條　凡現無所有權人之土地概為公有
(丙)　經費
第二十四條　聲請為所有權登記應按照申報價值繳納登記費千分之二
聲請為土地權利取得設定移轉變更或消滅之登記，應依賣價繳納登記費千分之一，無賣價時，依估定價值。
第二十五條　土地所有權狀每張應繳費額依左列之規定
一、土地價值不滿一百元者二角
二、土地價值在一百元以上者五角
三、土地價值在五百元以上者一元
四、土地價值在一千元以上者二元
五、土地價值在五千元以上者五元
六、土地價值在一萬元以上者十元
第二十六條　抄錄費每百字收銀一角不滿百字者依百字計算。
第二十七條　閱覽費每次收銀一角

以上兩條於土地經過登記後，所有權人聲請抄錄或閱覽該部分登記節本，及其他關係簿冊時適用之。

第二十八條　官署或公立機關所有之土地一律照章收費

第二十九條　縣土地局收入憑證費按旬解交省土地局核收

（丁）登記簿冊

第三十條　登記簿冊分登記簿、收記收件簿，及關於登記之其他表冊；登記地圖，分登記總圖、分區圖、及分段圖。

第三十一條　登記簿登記收件簿，由省土地局製定，並應於封面記明該簿總頁數，鈐蓋官印，每頁依次編號，各蓋官印，發交各該縣土地局應用。

第三十二條　登記簿、收件簿、登記總圖、分區圖、分段圖、土地所有權狀之第二存根，由縣土地局永遠保存，登記聲請書，自接收之日起，應保存十年。

第三十三條　縣土地局應將登記簿，登記總圖，分區圖，分段圖之副本，及土地所有權狀之第一存根，呈送省土地局查核並保存之。

第三十四條　土地所有權人聲請抄錄該部分土地登記之節本者，於繳納抄錄費後，得抄錄給與之，其以郵信聲請時，於照繳抄錄費外，並納郵費者亦同

第三十五條　省土地局為便於查考起見，得令各該縣土地局將辦理登記情形按月具報。

（戊）時期

第三十六條　登記時間分左列二種

一、籌備期間

二、登記期間

第三十七條　籌備期間以二個月為限，登記期間以六個月為限，但遇必要時得延長之。

前項登記期限自各該縣土地局公布之日起算

（己）罰則

第三十八條　辦理登記人員於本規則規定之費用外，浮收款項，查明屬實者，由各縣土地局呈請縣政府送該管法庭，依法懲治。

第三十九條　辦理登記人員，對於土地所有權人聲請登記事件，不得遲玩或故意錯誤，違者按情節輕重，分別記過罰薪或免職。

第四十條　土地所有權人如不遵守登記期限，聲請登記者，逾一個月依第二十四條徵費額加半收費，逾二個月加一倍徵費，逾三個月加二倍徵費，如至三個月以後尚未聲請登記，應由該管縣土地局揭示催告，自催告之日起，滿四個月後，仍延不聲請，此項田地應以無主論，即行具報省

土地局呈請省政府處分之。

前項土地所有權人因有正當理由，於登記期限內，聲請延期者，當另行核辦。

附則

第四十一條　本規則經省土地局修正呈請省政府公佈施行並咨內政部備案。

第四十二條　本規則自土地法及施行法於江蘇省區域施行之日廢止之

(庚)

二十一年十二月十日呈奉省政府令准變通登記時期辦法

各縣土地登記期間，仍應遵照本省土地登記暫行規則第三十七條之規定，以六個月為限，惟第四十條所規定逾限增加徵費額之三個月，應併入六個月內計算，即自公布開始登記之日起，在前三個月聲請登記者，照第二十四條徵費，在後三個月聲請登記者，照第四十條徵費，至六個月以後，尚未聲請登記，應予催告，以一個月為限，仍延不聲請，此項田地應以無主論，若此規定，則登記期間有七個月之展延，公告時期應縮短為一個月。

第二款　實施程序

錫邑土地登記，採用新法，已如上述，故其實施程序，係遵照省局變更辦法時所訂之江蘇省各縣辦理土地登記實施程序辦理，(附後)第一步核對測圖，第二步填寫登記聲請書，第三步聲請登記，第四步催告，第五步公告，第六步繳納登記費及憑証費領取土地所有權狀，茲為明瞭起見，列程序表於後，至各程序之實施情形，留待本款各項中敘述矣。

無錫縣土地局土地登記程序表

登記聲請人	登記分處
核對測圖	指導核對測圖
填寫登記聲請書或聲請覆文	派員覆丈並更正測圖
呈驗登記聲請書及証明文件聲請登記	核收聲請書並查驗証明文件隨即加籤發還
如限聲請登記	催告

提出異議 → 繳支登記費及憑証費並繳銷原有証件領取土地所有權狀

公告 → 發給土地所有權狀

附

江蘇省各縣辦理土地登記實施程序

(一)本省清丈完成各縣，其土地登記之實施，依照下列各條程序辦理。

(二)各縣於每一區段（鄉鎮或都圖保圩等）繪製原圖謄寫圖及求積完竣後，應即以該區段為單位，開辦土地登記，並設登記分處於該區段之適當場所。

(三)每一區段開始登記前，應由縣政府出示佈告，並飭該區段之區鄉鎮保甲長，及其他地方公務人員，負責協助辦理該區段之土地登記事宜。

(四)每一區段開始登記時，由登記分處會同鄉鎮長通知各業主，於指定日期，携帶証明文件，到指定場所，憑圖核對，核對無誤後，應即填具登記聲請書聲請登記。

(五)憑圖核對時，業主如有異議，應即聲明緣由，經由鄉鎮長及四鄰之證明，得當場更正之，或聲請覆丈，應照覆丈規則辦理之。

(六)業主不能到場時，須委託其佃戶或其他代表人，携帶業主授權文件，代表到場。

(七)登記分處對於無異議之土地，應即收受其業主之登記聲請書，並審查其證明文件。

證明文件經審查屬實，應即加鐵發還原業主。

(八)業主倘不如期到場由登記分處派員會同鄉鎮長，或保甲長，携帶圖簿挨戶催告，並隨時核對測圖，收受登記聲請書，及審查證明文件。

如業主住處離該區段過遠者，得由登記分處呈報縣土向另行催告。

(九)催告期限定為一個月。

(十)催告期滿後，業主延不履行登記手續者，其土地於登記結束後，由縣土地局暫管，如經過三年仍無人過問者，視為無主土地，作為地方公產，在暫管期內之孳息，及作為公產後之收入，悉數撥充地方事業經費之用。

前項延不履行登記手續之土地，如有他項權利關係者，准由他項權利人代為聲請登記，但須取得業主之授權文件，如業主及其家屬均行踪不明，應由他項權利人，取具土地所在地鄉鎮長或四鄰或店舖之保証書。

(十一)催告期滿，應即公告，公告期限定為一個月。

(十二)公告期滿，應即發給土地所有權狀。

(十三)業主於指定日期到場履行登記手續者，其登記費得於發給所有權狀時繳納之，其不遵照指定日期到場登記者，其登記費應於聲請登記時繳納。

(十四)各縣辦理土地登記，得設立土地登記協助委員會，由縣政府遴選當地公正士紳組織之。

各縣土地登記協助委員會規則另定之。

(十五)各縣縣長及土地局局長，辦理土地登記之成績，由省土地局詳加考核，呈請省政府分別獎懲之。

(十六)各縣協助辦理土地登記人員，由縣政府考核成績，呈請省土地局分別獎懲之。

(十七)本程序經省土地局呈請　省政府備案施行。

第一項　測圖之公布與核對

無錫土地局於登記開始，晒製藍測圖三份，一份公布於登記分處之壁上，一份存局以備城內業主之核對，一份供損壞時補充之用。分處測圖公布以後，業主即照規定日期，攜帶証明文件，遵守核圖規則（規則附後）蒞圖核對，若遇圖上不能獲其土地時，可請登記分處之核圖指導員指導，核對以後，業主如認為清丈畝分與契載畝分已相符（以市畝折合舊畝計算），即將姓名、地號、畝分、四至、一一填列於分處發給之小票上，小票之形式如左：

姓名		
地號		
四至	東	西
	南	北
畝分	畝　分　厘	

無錫土地局登記處核對測圖規則

一　聲請登記人（以下簡稱聲請人）於核對測圖時，應以到處時間先後挨次請求指導，不得爭先恐後。

二　聲請人於核對測圖時，不得高聲談論。

三　聲請人於核對測圖時，如有發生困難問題，應請求核圖指導員指示。

四　聲請人於請求核圖之先，應在聲請書上將土地坐落之土名填列清楚。

五　聲請人請求核圖之範圍規定如左：

1.土地四至　2.地目　3.地號　4.地類　5.畝分

六　聲請人於核對測圖時，應愛護測圖，不得稍有毀損。

七　聲請人於核對測圖時，如有發現畝分不符，或其他異議，應依照規定隨時聲請覆丈或更正。

照上列規則，業主核對刪圖時，倘發現畝分不符，即應依照規定聲請覆丈，按七月份南橋鎮登記期間為二十日，計聲請覆丈者二百五十七起，共興本月份該鎮聲請登記總數九千五百三十起之百分比為百分之二點五強，每日平均合發生十二起多。覆丈費收入數為四百七十六元一角，覆丈結果，錯誤若係在土地局，則發還覆丈費，本月計發還之數為十一元二角。茲將覆丈規則列後以資參考。

無錫縣土地局登記處覆丈徵費暫行規定

第一條 土地權利人聲請覆丈應依本簡則辦理之。

第二條 聲請覆丈分左列兩類：

(一)普通覆丈：

土權權利人對於清丈畝分或界址發生疑義者，於公告期內，向縣土地局聲請覆丈。

(二)特別覆丈：

如因爭執糾紛或買賣分割，及其他相類事項聲請覆丈者，或原係普通覆丈，而逾限聲請者，均作特別覆丈論。

論文　（一三一）　地政學院

第三條 土地權利人聲請覆丈，應填具聲請覆丈書，並隨交覆丈費，由縣土地局製給覆丈費收據，（式樣附後）

第四條 縣土地局接收覆丈聲請書後，查核聲請書原由，訂期於十日內派員覆丈，並填發覆丈通知書。（式樣附後）

第五條 關於爭執地之覆丈，縣土地局訂期後，除通知原聲請人外，並應依照書式，填發通知書，知關係人，準期到場眼同覆丈。（式樣附後）

第六條 聲請人或其他有關係人，接到覆丈通知書後，應準期到場，眼同覆丈，不得延誤。

第七條 覆丈完竣後，覆丈人員，應當時囑令聲請人，及其他關係人，於覆丈原圖上，簽名蓋章，並結具覆丈報告書，呈交縣土地局核奪。（式樣附後）

論文　（一三二）　地政學院

第八條 聲請覆丈費分左列兩項規定之：

(一)普通覆丈費每起地在一畝以上，二十畝以下者，每畝繳三角，不滿一畝者，以一畝計算，在二十畝以上之畝分，一律折半繳費，如覆丈結果，以指界前後不符，而發生畝分之差誤者，其覆丈費概不發還，但遇差誤過甚，經本局認為確係清丈手續之差誤者，不在此例。

(二)特別覆丈費每起地在一畝以內者，應繳一元，除一畝仍應照繳一元外，其餘每畝繳五角，在二十畝以上，除二十畝，仍照前例繳費外，其餘每畝繳三角，此項覆丈費概不發還。

第九條　覆丈地點距離縣土地局或分辦事處之路程，在五里以外者，應由聲請人擔任來往之車馬費。

第十條　路程在五十里以上，覆丈土地在一百畝以上，需覆丈人員往返及作業之時期、須在三日以上者，其應繳覆丈費，由縣土地局核計業務用費，及土地種類臨時規定之。

第十一條　覆丈人員到達地點，倘因聲請覆丈人方面，發生障碍，不能如規定時期覆丈完竣，或竟因此折回，未曾覆丈，其損失應由聲請覆丈人負擔。

第十二條　本規則在未經省局修正以前由本局局長核准施行。

附　覆丈聲請書

具聲請書人　　年　　歲無錫縣人現住

謹查聲請人所有　　縣　　區　　鄉鎮第　　段第　　號

土地業蒙清丈完畢茲因

有關照章繳費聲請覆丈並附填關係人姓名住址以供通知

到場證呈

無錫縣土地局局長胡

中華民國　　年　　月　　日

聲請人（簽名蓋章）

關係人姓名住址表

關係人姓名	住址

第　字　號

覆丈費收據存根

- 聲請人姓名住址
- 登記單號數通知
- 地號
- 原丈畝分：釐畝　毫分（六行）
- 覆丈費：角元分（六行）
- 附記
- 總計

中華民國　　年　　月　　日

收款人（蓋章）

第　字　號

覆丈費收據

- 聲請人姓名住址
- 登記單號數通知
- 地號
- 原丈畝分：釐畝　毫分（六行）
- 覆丈費：角元分（六行）
- 附記

中華民國　　年　　月　　日

無錫縣土地局給

覆丈通知書存根第　號

通知覆丈聲請人

查本縣第　區　鄉鎮第　段第　號土地業經照章繳費聲請覆丈茲定於　月　日　午　時派員前往覆丈

中華民國　年　月　日

字第　號

無錫縣土地局覆丈通知書　第　號

通知覆丈聲請人

為通知事查本縣第　區　鄉鎮第　段第　號土地業經照章繳費聲請覆丈茲定於　月　日　午　時派員前往覆丈仰該聲請人務於是日攜帶通知書準時到場眼同覆丈幸勿自誤特此通知

中華民國　年　月　日

局長

覆丈關係人通知書存根

通知覆丈關係人

據　對於本縣第　區　鄉鎮第　段第　號土地業經照章繳費聲請覆丈茲定於　月　日　午　時派員前往覆丈

中華民國　年　月　日

無錫縣土地局給

字第　號

無錫縣土地局覆丈關係人通知第　號

通知覆丈關係人

為通知事查　所有本縣第　區　鄉鎮第　段第　號土地業經照章繳費聲請覆丈茲定於　月　日　午　時派員前往覆丈仰該關係人務於是日攜帶通知書準時到場眼同覆丈幸勿自誤除分別通知外特此通知

中華民國　年　月　日

局長

覆丈報告書

地段第　區　鎮段第　號

日期　民國　年　月　日

聲請人姓名		
其他到場人		
關係人姓名	畝　分　厘　毫	折合舊數　畝　分　厘　毫
原丈畝分	畝　分　厘　毫	折合舊數　畝　分　厘　毫
覆丈畝分		
差誤理由		
鄰號更正	地號　畝　分　厘　毫	折合舊數　畝　分　厘　毫
新增地號	地號　畝　分　厘　毫	折合舊數　畝　分　厘　毫
呈驗證據		
備攷		

覆丈員

第二項　聲請書之填寫及登記之聲請

業主填寫小票後，本人如能繕寫，即可自行依照小票所列各點，分別轉填於登記聲請書之相當欄內（式樣附後）倘業主不能繕寫，可向登記分處指定之代書人請求代書。聲請書填寫完畢後，即將該宗土地之証明文件，連同聲請書一併送至收件處聲請登記。若業主無証明文件者，則必具保証書（式樣附後），又若係代理人聲請登記，則必具業主之授權書（式樣附後），至遇登記通知單內，所載業主姓名與實際不符，或擬請合併地號，則必具更正姓名聲請書及合併地號聲請書（式樣附後），收件員接到是項聲請書及証件或保証書後，隨即予以審查，審查之標的是：第一聲請書有否填寫錯誤？第二証明文件有否偽造？第三証件所載各點與聲請書上所列各點是否相符？若有保証書授權書等，則應審查其確實與否？經審查合格，即准予核收聲請書，並將証件註明地號，蓋戳發還原主，戳子有二式樣如左：

無錫縣
土地局
審查訖

此後買賣移轉須經
本局登記否則無效

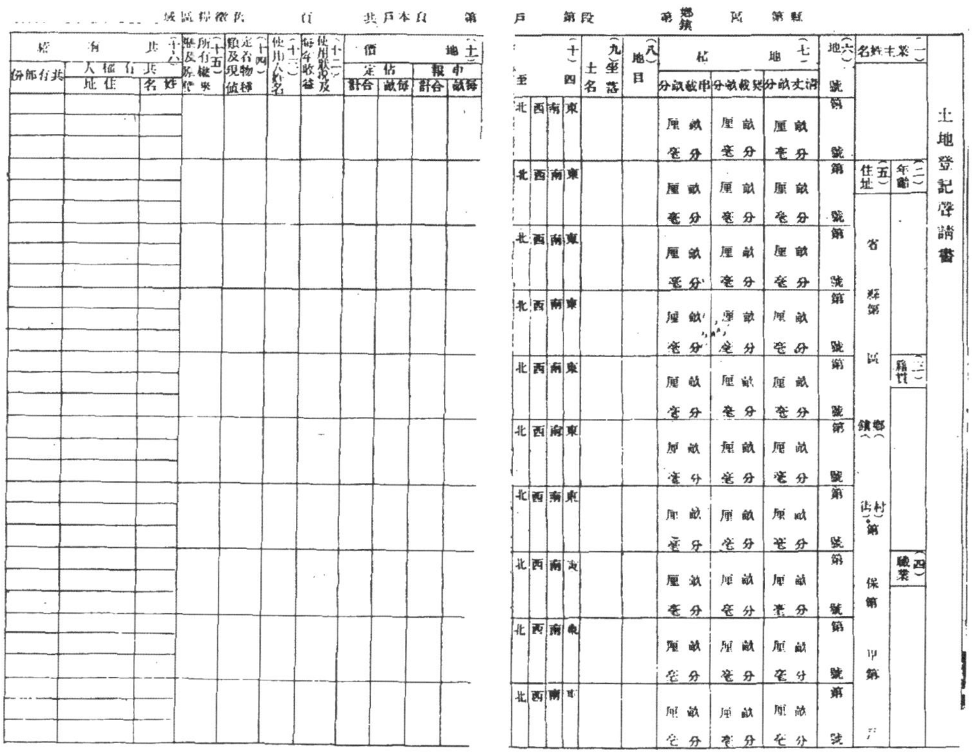

(十七)他項權利 權利人 姓名	權利人 住址	權利種類	權利事項 時效	(十八)等則	(十九)糧額 銀	糧額 米	糧額 折合銀元數	(二十)原串號碼	(二十一)承糧戶名	(二十二)證明文件種類及件數

(二十三)登記費	(二十四)審查結果	(二十五)公告日期	(二十六)附註
元 角 分		月 日	
元 角 分		月 日	
元 角 分		月 日	
元 角 分		月 日	
元 角 分		月 日	
元 角 分		月 日	
元 角 分		月 日	
元 角 分		月 日	

地價總計

位	稲	林	畜	池	礦
畝分厘毫	畝分厘毫	畝分厘毫	畝分厘毫	畝分厘毫	畝分厘毫
鹽	荒	軍	公	雜	總計
畝分厘毫	畝分厘毫	畝分厘毫	畝分厘毫	畝分厘毫	畝分厘毫

地價總計		糧額總計		
申報	估定	銀	米	折合銀元數

聲請人（簽名）（蓋章）

業主代理人 / 代表聲請人：姓名　住址　與業主關係　代理原因

登記員（簽名蓋章）

審查員（簽名蓋章）

中華民國　　年　　月　　日

土地所有權登記聲請書填寫時注意事項

一、業主填寫或縣土地局代書時須用毛筆或鋼筆楷書

二、業主應將其所有田地分起填載每起一行每戶一張一張不敷時得請領數張

三、「業主姓名」填寫業主本人之眞實姓名

四、「籍貫」依業主之籍貫填寫

五、「住址」應按表列各項詳細填具

六、「地號」指編定地號而言

七、「坐落土名」應填土地坐落之鄉鎮村莊街巷之小土名

八、「四至」除填東南西北各至某姓或某至河路街巷等外並應將各至某某編定地號填寫

九、「地目」應填寫：

（一）、位置地目　住屋工廠祠廟寺部官署學校會所菴堂教堂郵局醫院墳墓晒場船塢等屬之

（二）、種植地目　水田旱田園林苗圃桑林地草蕩柴山等屬之

（三）、林地目　森林地等屬之

（四）、畜牧地目　牧場蝦田蜆田及其他供畜牧之地等屬之

（五）、池沼地目　魚塘菱塘蓮塘水塘及其他池塘等屬之

（六）、礦地目　礦山礦田及其他礦產等屬之

（七）、鹽地目　鹽田灶地等屬之

（八）、荒地目　荒山荒灘水沙以及市街中之未利用公地與其他無收益地等屬之

（九）、軍用地目　軍營砲臺教場飛機場及其他軍用地等屬之

（十）、公用地目　道路溝渠江河湖泊港汊堤壩海塘城堞鐵道線地及其附屬地公園體育場碼頭燈塔游泳池及其他公用地等屬之

（十一）、雜地目　其他不屬於前列各類屬之

十、「地價」應註明每畝現時申報及估定價值

十一、「科則」應註明原屬何等科則

十二、「原串號碼」填寫糧串號碼如某字幾號

十三、「承糧戶名」依糧串之戶名填寫

十四、「證明文件種類及件數（或保證書號數）」應填業戶呈驗之契據及印單部照糧串等件保證書號數應由登記處編定

十五、「使用狀況及每年收益」應填土地使用情形如自種或租種之類每年收益應填每畝土地每年總收益以銀元爲計算單位

十六、「使用人姓名」應填現在使用土地者姓名

十七、「定着物及其現值」係指地面上房屋及其他建築物或種植物等並將其現在價值填註

十八、「所有權來源及其原價」指取得土地或其定着物所有權之來源如祖遺附與買賣之類原價指訂立契據時之價格而言

十九、「共有權關係及共有權人姓名」應填寫每起土地共有情形及現時共有權人眞實姓名住址

二十、「他項權利關係及他項權利人姓名」指每起土地設定之永佃權抵押權典權地上權及地役權而言並應載明他項權利人之眞實姓名

二十一、「登記費」應按照江蘇省土地登記暫行規則第二十四條規定徵收

二十二、「審查結果」應由審查員填寫如「應予公告」或「補繳證件」之類

二十三、「地積總計」應將業主在同一鄉鎮以內之土地數額以清丈畝分爲主按照地目之規定分別總計填入

二十四、「地價總計」應將業主在同一鄉鎮以內地價之總額分別估定申報填入

二十五、業主如因事故不能親請登記時應委託代理人爲之並應將代理人姓名住址與業主之關係及代理之原因逐項填註

二十六、凡經不履行登記手續之土地如有他項權利關係者准由他項權利人代爲聲請登記但須取得業主之授權書如業主及其家屬均行蹤不明應由他項權利人取具土地所在地鄉鎮長或四鄰或店鋪之保證書

二十七、凡一鄉鎮登記辦竣後縣土地局即以該鄉鎮內所有聲請書依照業主姓名筆劃多少挨次裝訂成冊作爲戶名索引簿

保證書

茲有無錫縣第　區　鄉鎮　村街第　保第　甲業主　所有
無錫縣第　區　鄉鎮第　號土地　畝　分　厘　毫
東至　南至　西至　北至　因確無契據印單糧串
等證明文件呈驗為特負責保證嗣後如查有該業主故將
上項証件匿不呈驗希圖蓄報多報少報等情事保證人願絶
對負責謹呈
無錫縣土地局　公鑒
保證人姓名　住址　與無證明文件業主關係　保證人簽名蓋章　舖保蓋戳
中華民國　年　月　日

附註

授權書

具授權書人　年　歲無錫縣人現住　區　鄉鎮第　保
第　甲茲因遵照土地登記暫行規則第七條之規定
委託　君為聲請登記代理人理合出具授權書以
資証信謹呈
無錫縣土地局　公鑒
具授權書人　（簽名蓋章）
中華民國　年　月　日

附註

更正姓名聲請書

茲因登記通知單內所載業主姓名不符擬請更正為
此呈
無錫縣土地局　公鑒
聲請人 証人　（簽名蓋章）
中華民國　年　月　日

附註

合併地號聲請書

本登記通知單所列第　號土地確係毗連擬請合併
為一起以便執管謹呈
無錫縣土地局　公鑒
聲請人　（簽名蓋章）
中華民國　年　月　日

附註

第三項　催告與公告之辦理

無錫土地局於登記期滿後，即開始催告，其催告方法，分為下列兩種：

一、委派保長為催告委員　即於催告開始之前，由縣政府委派保長為催告委員，並訓令於五日內應將未聲請登記者，指名開單呈報，以憑法辦，否則惟該委員等是問。故彼輩以責任關係，紛紛催促業主前來登記。

二、登記處派員挨保開會催告　即於催告開始之前，召集登記區域內保長訓話，並決定各保開會日期，會場即選擇該保之中心地點，開會時除保長甲長戶長均出席外，復由登記處派員出席指導，平均每日可以召集二保會議，會議後即由伊等嚴行督催，早期登記完竣。

錫局人於核收聲請書後，即行繕寫公告單（式樣附後）開始公告，公告單共繕三份，一份張貼於登記分處之門前，一份張貼於縣土地局門前，一份則裝訂成冊，存局備查。公告後如業主認為公告有誤，則按照規定，具備更正聲請書及鋪保（式樣附後）請求縣土地局更正，若遇公告單上發生異議時，則由異議人按照規定具備異議聲請書及鋪保（式樣附後）呈候縣土地局核辦，糾紛小者，即由局內所設之協助委員會公斷，糾紛大者則由法院判決，計南橋鎮七月份公告者二千八百三十三起，更正者六十八起，異議者十一起，公斷者五起，其公告起數，約為該鎮本月份聲請登記起數三分之一焉。

（附）

無錫縣土地局公告　第　號

為公告事案據本縣第　區　鄉鎮聲請人

聲請為土地所有權之登記并呈送聲請書契據及其他關係文件到局業經詳細審查合行依照

江蘇省土地局登記暫行章程第十二條并遵照

江蘇省政府核准公告期限之規定揭示公告於後

以下聲請登記戶自公告之日起對於該土地有權利關係人如有異議須於一個月內向本局提出書面呈候核辦其公告期滿並無異議者本局即予依法登記合併布告

中華民國　年　月　日

局長

計開

聲請人姓名	籍貫	住址	土地坐落	四至	地積	土地定著物	他項權利關係人姓名	聲請登記日期
				東至 南至 西至 北至	畝 分 厘 毫			年 月 日
				東至 南至 西至 北至	畝 分 厘 毫			年 月 日
				東至 南至 西至 北至	畝 分 厘 毫			年 月 日

更正聲請書

更正人姓名	
更正人住址	
更正土地坐落地號	
登記公告月日	月　日
錯誤之點	月　日
更正之點	
備註	

謹呈

無錫縣土地局局長胡

中華民國二十四年　月　日具聲請書人

鋪保

（簽名蓋章）

異議聲請書

異議人姓名及住址
被異議人姓名及住址
坐落地
土地號
異議原因
證據
備註

謹呈
無錫縣土地局局長胡
中華民國二十四年　月　日
具聲請書人
鋪保
（簽名蓋章）

第四項　土地所有權狀之發給及登記費憑證費之征收

公告期滿無人提出異議之土地，土地局即發給土地所有權狀（式樣附後），並征收登記費及憑證費，所征收之費，由局出以收據（式樣附後），其收費標準，是以聲請登記之遲早而不同，即登記期間以六個月為限，自開始登記之日起，在前三個月聲請登記者，所有權之登記費，係按照申報價值繳納千分之二，憑征費在土地價值不滿一百元者二角，一百元以上者五角，五百元以上者一元，一千以上者二元，五千元以上者五元，一萬元以上者十元。若在後三個月聲請登記者，逾一個月加半收費，逾二個月加一倍，逾三個月加二倍，六個月以後有一個月之催告期，至第七個月以無主土地論矣。

附

土地所有權狀存根

字第　號

茲據業主　現有田地坐落　區　鄉鎮　段　號　畝　分　厘　毫　業經驗明證據並予登記，除分別截留存根繳呈省土地局備查外合填存根存局查核

中華民國　年　月　日給

課長
局長
登記員

土地所有權狀

字第　號

茲據業主　現有田地坐落　區　鄉鎮　段　號　畝　分　厘　毫　業經驗明證據並予登記，除給發所有權狀外合填存根彙繳江蘇省土地局查核

中華民國　年　月　日給

課長
局長
登記員

土

江蘇省　縣土地局　字第　號

登記第　號

茲據業主　現有田地　畝　分　厘

地所有權狀

毫坐落　區　鄉鎮段　號

業經呈驗證據核明登記截留存根並分別造冊存案外合行給

狀以憑執業此狀

附田地面積圖

右給業主　收執

中華民國　年　月　日給

局長

所有權狀須經縣政府蓋縣土地局蓋用印信方得發生效力

字第　號

土地登記費收據存根

業主姓名

代理人姓名聲請

地號	土地畝分	申報地價	登記費	附註
	畝　分　釐　毫	元　角　分	元　角　分	
	畝　分　釐　毫	元　角　分	元　角　分	
	畝　分　釐　毫	元　角　分	元　角　分	
	畝　分　釐　毫	元　角　分	元　角　分	
	畝　分　釐　毫	元　角　分	元　角　分	
總計	畝　分　釐　毫	元　角　分	元　角　分	

中華民國　年　月　日

收款員（蓋章）

字第　號

土地登記費收據

業主姓名

代理人姓名聲請

地號	土地畝分	申報地價	登記費	附註
	畝　分　釐　毫	元　角　分	元　角　分	
	畝　分　釐　毫	元　角　分	元　角　分	
	畝　分　釐　毫	元　角　分	元　角　分	
	畝　分　釐　毫	元　角　分	元　角　分	
	畝　分　釐　毫	元　角　分	元　角　分	
總計	畝　分　釐　毫	元　角　分	元　角　分	

中華民國　年　月　日

無錫縣土地局給

字第　號

憑証費收據存根

業主姓名

地號	憑証號數	申報地價	憑証費	附記
	第　號	元　角　分	元　角	
	第　號	元　角　分	元　角	
	第　號	元　角　分	元　角	
	第　號	元　角　分	元　角	
	第　號	元　角　分	元　角	
總計	第　號	元　角　分	元　角	

中華民國　年　月　日

收款員

字第　　號

憑証費收據

業地主姓名

地號	憑証號數	申報地價	憑証費	附記
	第　號	元　角　分	元　角	
	第　號	元　角　分	元　角	
	第　號	元　角　分	元　角	
	第　號	元　角　分	元　角	
	第　號	元　角　分	元　角	
	總計第　號	元　角　分	元　角	

中華民國　　年　　月　　日

無錫縣土地局給

地政學院

論文

第四節　困難問題之解決與成績之統計

第一款　困難問題之解決

舉凡創辦一事，未有不發生困難問題者，問題既發生，必繼之以解決，其解決方法，又頗足以供人之借鏡。查無錫舉辦土地登記，發生之困難殊多，解決之方法亦異，茲就其重要者，分別敘述於後：

第一項　關於測圖幅段者

登記區域，原以鄉鎮為單位，每一鄉鎮測圖，平均當在五十幅左右，業主查對困難，費時曠日，莫此為甚。故登記處據舊有都圖，重行劃分段落，原有田單字號，每圖自有起訖，如此標示清楚，業主核閱，較為便利，每日登記起數，遂因之而增加矣。

第二項　關於証件抵押在外者

照章凡來聲請登記之業主，須呈驗証件，惟無錫年來農村經濟頻於破產，一般自耕農之土地，大多抵押或出典於人，現在舉辦土地登記，期限既甚迫促，而抵押權或典權人，人往往遠在外埠，一時不及趕回，會同業主前來登記，有時狡猾之他項權利人乘機要挾，以清理債務為條件，不肯交出証件，致業主進退維谷，似此實足以阻碍登記進行，故登記處決定兩種解決方法，第一是同時辦理所有權以外權利登記，因他項權利人既不顧會同業主聲請依法登記，應聲請土地所有權以外權利登

地政學院

記，以便查對，除布告週知外，並召集保甲長詳為曉喻。第二是准許業主取具保証書聲請登記，凡已履行他項權利登記之業主，可准聲請所有權登記。至他項權利人遠在外埠，經通知後，尚不能歸來會同業主聲請登記，或履行他項權利登記者，可由土地所在地之鄉鎮長，用書面負責保証該業主証件確已抵押在外，並經登記處派員調查屬實後，即准予聲請登記，惟在發給土地所有權狀時，必須呈驗証件方可領取。

第三項　關於業主不知地價及土地坐落者

業主中有因祖遺之業，向未移轉，而附近土地亦鮮買賣情事，往往於聲請登記單內之地價一欄，無法填寫

，以致遲延登記。又業主於聲請登記之前，須在測圖上找出其土地，始能據以填寫地號，並看畝分四至及姓名是否有訛，惟大部業主深居城市，除按年收租之外，實不明土地所在，以是而不能聲請登記。登記處對於前者之解決，仰召集保甲長估定標準地價，以使業主有所遵循，免致輕重偏畸之弊，茲將該處估定舊第三區南橋青祁兩鎮鄉之標準地價列表於後：

每畝價值（元）／土地種類　鄉鎮名	南橋	青祁
宅田	四〇〇	一五〇—二五〇
平田	一二〇	一〇〇
低田	八〇	七〇
山田		一〇
蕩		一〇
池		三〇

自用估定標準地價之法後，填寫地價之困難，誠裨補不少。至後者之解決，由登記處令業主會同佃戶前來核圖，惟業佃双方感情素洽者，固無問題，然素不相得者，即乘機拒絕，不願指出土地所在，故由縣政府出示佈告，嗣後凡遇業主不知土地坐落四至者，佃戶應到場指明，以便聲請登記，如敢故違，或有朦混情事，一經查明，即予嚴懲。

第四項　關於界址不明及糾紛土地者

無錫耕地細碎，界址大多模糊，測丈者稍不注意，即致兩地合併為一，迨登記時而頗感困難，兼以土地久未整理，地權之糾紛甚多，此種現象，殊為登記進行之障碍，故登記處對於界址不明之土地立即派人施行覆丈。至地權糾紛之容易解決者，由協助委員會解決之，若爭執甚大，則由當事人自行向法院訴請審理，經法院判決後，再為聲請登記。

第五項　關於覆丈費者

凡覆丈土地，照章須繳納覆丈費，按覆丈分普通特別兩種，普通為界址不明，或畝分不符，特別為土地糾

紛，或兄弟襲産聲請分號等。普通每畝收費三角，覆丈結果，錯誤若係縣土地局，覆丈費發還，特別每畝收費一元，前者業主尚無閒言，惟後者輦認為征費太昂，值此農村經濟破産之際，實不勝負擔，乃起而要求減輕。登記處遂召集保甲長宣布變通辦法兩點：：第一聲請分號覆丈之土地，倘向無界址存在，每畝仍收費一九；第二聲請分號覆丈之土地，倘有界址存在，或臨時自行設界待丈者，得照普通覆丈收費。

第六項　關於重號登記者

重號登記者，即一地有二人或二人以上之聲請登記也。無錫此種現象頗多，考其原因，可得三種：：第一兩

地合在一起，未經劃分，兩人聲請登記者，此種大都因覆丈需費，該業主等，希圖矇混登記或可徼倖免費之故。第二産權尚未確定，兩人聲請登記者，此種大都為糾紛土地，彼輩以為一經登記，産權或可從此確定為己所有。第三業主錯認地號者，此種大都為不識字之鄉民，由於一時核閱錯誤。第一第二兩種實出於有意，至第三種則出於無意，但無論有意無意，一地除共有權以外，不能有二人或二人以上之登記，故重號登記必須隨時檢出，分別解決之方可。茲將錫邑登記處檢查與解決重號登記之方法分述於左：

一、檢查重號登記之方法　用登記摘號簿（式樣附後），將聲請登記業戶，逐日摘錄簿上，若一地重複登記，即可隨時發現，例如七月一日王某登記一四九八五號土地，隨將姓名摘錄簿上，至二日李某又行登記一四九八五號土地，則於摘簿時，即可發現為重號登記矣。

無錫土地局登記處登記摘號簿式樣

14900

1	26	51	76
2	27	52	77
3	28	53	78
4	29	54	79
5	30	55	80
6	31	56	81
7	32	57	82
8	33	58	83
9	34	59	84
10	35	60	85 王文元 李國光
11	36	61	86
12	37	62	87
13	38	63	88
14	39	64	89
15	40	65	90
16	41	66	91

17　42　67　92
18　43　68　93
19　44　69　94
20　45　70　95
21　46　71　96
22　47　72　97
23　48　73　98
24　49　74　99
25　50　75

二、解決重號登記之方法　若係兩地合在一起未經劃分而致重號登記者，隨即通知雙方業主聲請覆丈，經劃分後准予登記；若係產權未定而致重號登記者，隨即通知兩造到場，由縣土地局組織之協助委員會開會解決，經調解成立，或經法院判決，產權確定後，方許登記。若係業主錯認地號者，隨即通知伊等查明何者錯誤，並令更正聲請書，重行聲請登記。

第二款　成績統計

無錫土地局於七月一日及二十一日，先後開辦舊第三區南橋鎮及青祁鄉土地登記以來，民衆聲請登記者，甚形踴躍，計七月份南橋鎮登記期限為二十日，每日平均登記起數為四百七十六起左右，二十日共登記九千五百三十起，其與本鎮一萬三千四百四十一起地之百分比，為百分之七十點九強。青祁鄉於七月份亦已登記二千五百一十六起，其與本鄉一萬七千零九十三起地之百分比為百分之十四點七強，二鄉鎮共收到聲請書一萬二千零四十六起，成績尚蔚然可觀。茲將無錫土地登記工作成績詳細列表於後，以資參考。至七月以後之成績，因作者八月初即離錫，尚無此項材料，故暫從缺，俟該縣土地登記辦理完竣後，將來再作整個之統計耳。

無錫縣土地局民國二十四年七月份工作成績表

事項　登記區域	舊第三區南橋鎮	舊第三區青祁鄉	合計
起地總數	一三四四一	一七〇九三	三〇五三四起
聲請登記起數	九五三〇	二五一六	一二〇四六起
公告起數	二八五三		二八五三起
更正起數	六八		六八起
異議起數	一一		一一起
公斷起數	五		五起
覆丈費收入數	四七六·一		四七六·二元
覆丈費發還數	一一·二		一一·二元
編列地號起數	一六二二二	四八〇〇	二一〇二二起
校對複製圖幅數	一六二二二	二八九二	一九一一四起
覆丈起數	二五七		二五七起
備考	七月一日開始	七月二十一日開始	

註　上表根據無錫縣土地局統計作者改製

第六章　結論

第一節　人工測量與航空測量之比較

土地整理為今日建設之要政，而土地測量又為土地整理之基礎，故土地測量之呼聲，一時甚囂塵上，有主張用航測者，亦有主張用人工測量者，各具理由，莫衷一是，幾使欲從事測政者，無所適從，是以根據二者事實，辨其優劣之點，明厥互助之功，殊為工作之必要者也。查無錫位居京滬中樞，隨事得風氣之先，人工測量與航測均先後實施，茲就其方法之異同，時間經費之耗省，精度之優劣，分析比較於次：

一、方法之比較　航測乃藉航空測儀之能力，攝取區內之地形，並利用根據三角圖根點所測之控制點，在糾正儀上，將影片糾正，成為所要比例尺之照片，鑲接成幅，或在製圖機上，將底片繪製成為所要比例尺之圖形，再加以調查着景，即成原圖。人工係用平板儀或測斜儀，依據由三角點推出之圖根點，用後方交會法以定測站，再用視距或交會光線等法，決定地物地貌之重要位置，運用目力手術，描繪地形，又前者如照像師之用機器照像，後者如畫師之用手術繪像，簡言之前者為機器工業，後者為手工業耳。以航測為機器工業之故，故其有下列諸優點：

1.室外作業迅速，最利於急行工作。

2.凡人工測量因天然或人事障礙，不易實施之地帶皆可利用航測。

3.人工測量往往在測量之基點附近，最為精確，距離基點漸遠，則精度較遜；反之航測是以全區域攝影為根據，其誤差是均一，故航測精度，對於測量對象之全區域，在原則上為同一者。

4.人工測量是以測量者用器械測得之數字為根據，故測量稍不注意，往往發生局部誤差，反之航測是以膠片上記錄為根據，其誤差恒分散於區域全體。

5.航測之結果常能得到地形森林河川村落交通等實在狀態之附屬資料。

6.人工測量在夏秋工作，踐踏稻田，為民眾所不悅，即在平時，逗留田間過久，持尺丈量其田，亦易滋民眾誤會，往往因誤會而發生許多事端。航測逗留田間，為時甚暫，與民眾接觸之機會少，無發生誤會之事。

7.測量人才造就，須經相當時間，並須有相當經驗，在人工最貴之處，航測能減少測量人員，殊為有利，且由此可預防將來一旦地圖測完多數測量人才失業之現象。

航測之優點雖多，但其弱點亦復不少，茲舉之以享閱者。

1.被攝影之區域，各部份決難垂直投影，因此不免發生偏差，須一一加以修正。

2.攝影時雖以飛行高度不變為原則，但攝影之地面，却凹凸不平，因此繪圖時對於高山及平地，不能用同樣縮尺。

3.在懸崖絕壁及高山峻嶺之地帶，攝影難期正確。

4.蔭蔽地帶須補繪並圖上註記均須一一調查。

5.起點之面積過小，須補測之地甚多者，航測不大適宜，此因飛機在一千公尺以下，以氣壓關係，激盪甚烈，不能直接攝取大比例尺之影像。

6.房屋櫛比之市地，及密集之農村宅地，航測均無能為力，因由空中攝影，係得立體之鳥瞰圖，而整理土地所需要之地籍圖是平面而分戶者。

7.人工測量設施較易，航測因應用儀器之價值甚昂，關辦困難，且所用物品，盡係舶來，增大漏卮，於國民經濟殊為不利。

由上所述，吾人於航測及人工測量之方法，已得一比較概念矣。

二、時間之比較　國家之需用地圖恒視文化程度及經濟能力而定，故航測時間，不應過長，以免失去其效用之性質，欲臻此目的，人多主張採用航測，如德國樞密顧問可兒許特兒教授謂：「德國二萬五千分一地形圖歷六十年而測成，倘若航空測量則數年內可解決，故時間上可省二十分之十九。」國人王南曾謂：「欲於十年內完成中國全圖，只有引用航空測量」。是則航測之迅速，幾為中外人士所同道，徵之無錫，人工測量，始於二十二年十一月，迄於二十四年六月，為期一年又八個月，將舊第三區（揚名鄉）全部丈竣，其餘如舊第四、十三、十四、十七等區，亦均測丈一部份，計測成二千分一地籍原圖三百二十二幅，累計丈竣面積十二萬九千零二十五市畝。航測始於二十三年十一月，當作者在錫調查時，聞無錫航測分隊負責人云，本年十二月可以結束，依此計算為期共十四個月，測成一千分一田畝原圖五百二十三幅，二千分一田畝原圖，一千五百九十一幅，共二千一百一十四幅，約合實地面積二百萬市畝。兩者所用人數，航測為九十六人，人工測量在清丈隊長周厚熙抵錫時為一百餘人。準此而論，無錫人工測量，以較多之時間人數，實測面積僅當航測成果十五分之一強；而航測以較少之時間人數，實測面積反多於人工測量一百八十七萬餘畝，是則航測時間，似較人工測量為迅速。但事實亦非如此簡單者，無錫在二十三年五月清丈總計劃實施以前之成績，誠費時多而成果小，計劃實施以後，則增加至十數倍之成績，如三月份測得三千二百七十五畝，六月份測得三萬一千一百七十一畝，七月份更為增加，測得三萬二千三百五十四畝。若以江蘇全省清丈而論，在新計劃實施以前，平均每縣每月成績約八九千畝，自實施新計劃以後，每月成績多至三萬畝以上，如南滙縣成績竟超過十萬畝，他如奉賢常熟，吳縣武進丹陽等縣每月成績亦均在八萬畝以上，與昔日相較，實不可以道里計，人工測量而得如斯之成績，實堪足與航測相比擬矣。（附江蘇省清丈總計劃實施前後每月清丈成績比較圖於後）

江蘇省清丈總計劃實施前後每月清丈成績比較圖

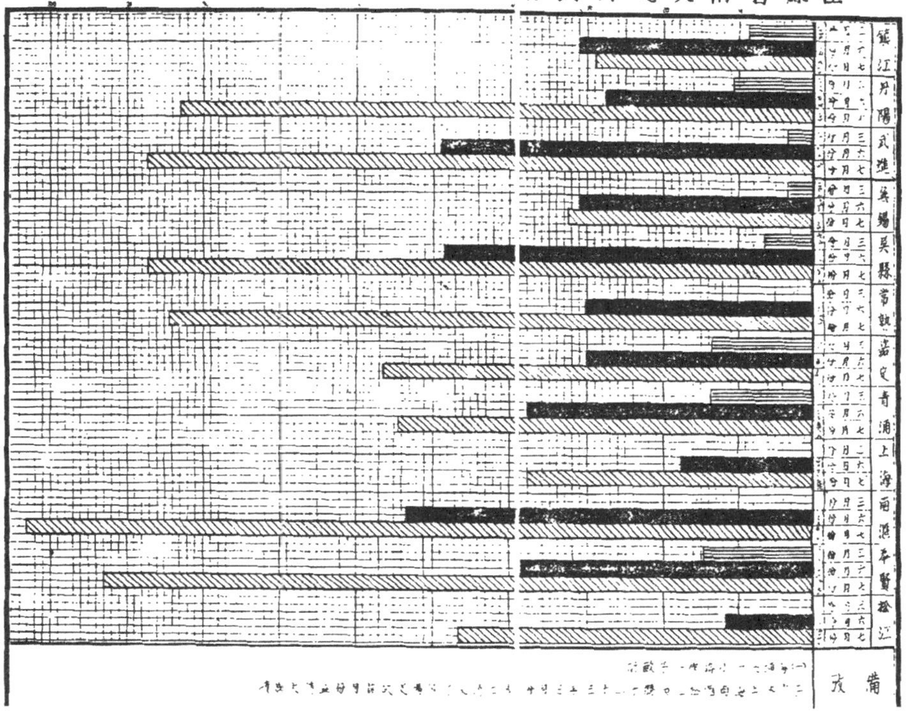

三、經費之比較　航測因能減少人員，故一般人遂謂其能較人工測量為節省費用，如法國普魯士商務部攝影處代理主任巴斯克大尉謂：『航測與人工測量之經費為二五比一百』。前江西航測分隊長吳煒謂：『南昌採用航測結果，每畝用費平均為七分四厘，因較人工測量為節省』，致深為舉國注意。然証之事實，亦有不可一筆抹煞者，如無錫人工測量之費用，照清丈總計劃實施前後之三個月計算，三月份每畝六角五分強，六月份二角四分強，七月份為二角，以此三個月之平均數計算，每畝為三角六分強，與該邑航測計劃每畝所需經費五分六厘比較，似覺人工測量較航測為貴。若以江蘇全省觀之，自清丈總計劃實施以後之人工測量，少者僅為五分一厘，平均則為七分八厘，復以無錫航測每畝所費之五分六厘，尚不包括地籍調查在內，故蘇省清丈總計劃實行後人工測量之用費，尚較航測為儉省。（附江蘇清丈總計劃實施前後每月清丈用費比較圖於後）

江蘇省清丈總計劃實施前後每畝清丈用費比較圖

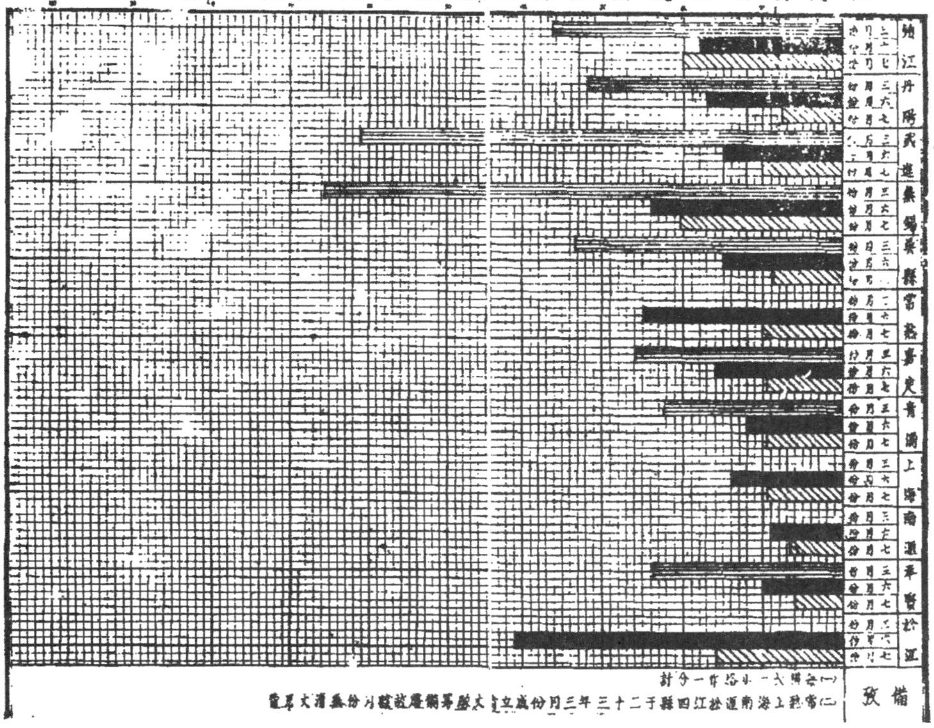

四、精度之比較　　航測係藉機器之力縮繪地形，故所成圖幅，自與實地相符，人工測量測繪時，係用手腕之力，其相似與否？須視描繪者手術之優劣而定，但手術無論如何良好，終不逮照像所得之正確，如描繪者精神不足，目力不充，即易致遺漏，房屋大小，草木多寡，田埂道路之彎曲形狀，人工測繪則大感困難，即免強從事，所用之時間，必倍蓰於航測，是則航測之逼真實境，宜其精度自優。據無錫航測分隊報告，該縣航測田畝原圖之精度，可增至千分之二，江蘇省土地局派技士胡奎齡至無錫調查航測結果亦謂：「無錫航測之精度甚為準確，因控制優良，故接合圖幅及應合之比例，均無問題，各起地形狀大小，皆能顯示於圖上，較之人工清丈，實為正確，只有原來照片每兩張接合處或稍有誤差，至多亦不過一公尺左右耳。」關於人工測量方面，據該縣清丈組長萬輝祖謂：「人工清丈，一人實難照顧多數測量員，有時彼輩發生錯誤遺漏，查出不易，且繪圖係用直尺畫線，而自然界之境況，又多屬彎曲，在航測則有攝得實地之影片可依據，此點實為人工測量所不及。」準此而論，航測之精度，是較人工測量為優，但此亦不過比較而言耳，蓋航測圖幅之優劣，多基於調繪工作之精粗，而調繪時之光線又與拍照時之光線不同，往往因而將田塍稍畫偏其籃圖上畫線不清晰亦易誤畫，該調繪人員，大半由吳江導線組調來，對於調繪工作，素無經驗，閒始作業，多有不當之處，加以錫邑起地碎密，二千分一圖在起地面積小時，恒有不能畫出，或畫而不確之弊，宅地附近之小菜圃，邊長不及四公尺者，均未分畫。又籃晒圖紙晒圖時，須用水沖洗，伸縮性甚大，大半均伸長，圖廓四十公分竟有增至三公厘者，計算面積時須多一番配賦手續。但究其精度，又較人工測量為優也。

綜上所述，吾人得於航測與人工測量之比較作一結語，即航測之方法，以其屬機器工業，雖較人工測量為進步，然其亦有不可諱言之許多缺點，如城市戶地地價高而稅輕，為目前整理土地之重要對象，而航測反無為能（無錫航測係將城市及戶地除外）。至二者費用時間之比較，究孰者為節省者時，固然航測自身亦有關係，但由事實証明，大半是視人工測量之是否有精密計劃，組織是否健全，工作人員是否努力等為判耳。如蘇省實施清丈總計劃前後之用費成績，與無錫航測之用費時間比較，即為明顯之例。若言精度，因航測之地形出自鏡頭，人工測量之地形，來自手術，通常航測較勝於人工測量，但謂其絕頂優良，則亦未見得耳。别航測非能獨立而作業者，如控制所需要之三角點，即由三角人員測量，蔭蔽攝影不明之地，即賴人員之補測，他如調查清繪，無一不有賴於人工，故航測與人工測量實相輔為用，殊有提倡之價值也。

計政　地政學院

第二節　無錫城市地價申報與南通城市地價申報之比較

江蘇省政府為推行　總理土地政策，救濟農村，繁榮城市起見，於民國二十三年五月，經省政府會議議決，舉辦城市地價申報，並指定無錫南通兩縣為試辦區域，兩縣同於七月一日假縣府成立地價申報辦事處，主辦其事，由縣長兼主任，土地局長兼副主任，南通因未設立土地局，係由嘉定縣土地局長馮小彭兼任副主任。定期為六個月完成，其組織及施行步驟，均係照省頒章則辦理。結果南通進行甚為順利，無錫則阻碍橫生，因兩縣發生之困難不同，所表現之成績自殊，若將二者比較，明其順利之因素，辨其阻碍之原由，以為欲辦理地價申報者之借鏡。玆先將南通城市地價申報之概況，說明如次，然後進而比較之。

一、工作之進行　南通城市地價申報辦事處成立後，即由主任全縣長遴聘地方公正士紳十一人，組織協助委員會，並派遣指導員等劃分地價申報區段，調查業主姓名住址畝分及最近三年來之地價，當調查時發生兩種困難，即南通城市習慣，一是土地畝分不明，一是房地價值不分，此兩點困難，若不解決，即無從辦理申報。該處對於畝分不明之解決，係呈准省局採用簡易丈量辦法，組織調查估丈隊，隊

計政　地政學院

分兩組，組分三班，班設調查估丈員一人，助手一人，利用南通縣建設局原測之五百分一市街圖，約九十幅，而加以戶地估丈，凡每起地之坐落四至面積及業主姓名住址，均詳載於表，描繪於圖，兩月期間，將城市土地全部調查估丈完竣，於是第一困難得以解除。至於房地價值不分之解決，則參酌地方繁榮狀況，交通情形，人烟疏密，及三年來之平均地價，製成南通縣城市土地標準地價表，表內係分區段名稱，土地種類，土地等級，標準地價，包括區域，及備註等項，並附說明，俾業主一望即知所在地之價值為何。第二困難亦得以解決。困難解決以後，即選擇各鎮公共聚會場所，召集當地民衆，由指導員詳細宣講。民衆相當瞭解以後，申報處職員，即全體動員，挨戶分發申報單，每發一申報單即附發一調查結果通知單，該單係根據調查結果，將業主姓名住址土地坐落四至畝分，分別註明，以為業主申報時之依據，其與實際情形不符合者，得聲請更正，此外尚附一標準地價表，以為報價之參考。申報單分發以後，復由指導員等，以敏捷動作，挨戶收集，凡不能填寫者，並代為填寫，隨時收集，隨時審查公告，公告期滿後，即複製調查草圖為正式地籍圖，此大部份工作，申報處均能按期於二十三年十二月三十一日完成，惟編造地價冊，頒發地價申報証明書，因非短時間所能辦竣，故交由土地局籌備處辦理，該處遂告結束。

二、經費與成績　南通城市地價申報辦事處，從二十三年七月份起，迄同年十二月份止為期六個月，共用經常費四千五百零八元四角三分，臨時費三百零五元一角，共四千八百一十三元五角三分，再加上土地局籌備處所領之繕寫繪製裝訂圖冊等費三百零八元四角，合計五千二百二十一元九角三分。茲將申報處經費支出列表於後：

南通縣城市地價申報辦事處經費支出表

科目	銀數 月份	七月份	八月份	九月份	十月份	十一月份	十二月份	合計	備考
經常費	薪俸	四〇五.七三元	四九一.七	五一〇	四七〇	五〇一	五一〇	二八八八.四三	土地局籌備處所領之繕寫繪製裝訂等費三〇八.四元未列入
	辦公費	五〇	五〇	五〇	五〇	五〇	五〇	三〇〇	
	協助人員車馬費	二二〇	二二〇	二二〇	二二〇	二二〇	二二〇	一三二〇	
	合計	四五〇八.四三元							
臨時費	開辦費	一〇五.一元							
	印刷費	二〇〇							
	費合計	三〇五.一元							
合計		四八一三.五三							

註　上表數字根據江蘇省土地局卷宗

南通城市地價申報，以五千二百餘元之經費，計完成地籍圖二十四幅，地價冊四十四冊（正副本），查明業主三千五百六十戶，土地七千四百八十九畝餘，地價一百十四萬八千四百十元。由是政府得以明瞭城市土地面積價值及使用狀況，於民間之產權保障上，於金融流通上，於土地利用上，於將來政府征收地價稅上，均有相當之利益，茲將其城廂八鎮土地面積及地價統計表列後以資觀覽。

南通縣城廂八鎮土地面積及地價統計表

鎮名	地類	畝數	地價	每畝地價平均數
北廓鎮	農田	一·二四四·一〇八畝	四四·五六二元	三八·九五
	市地	三二八·七六六	五七·九一七	一七六·一六
文峯鎮	農田	八四三·六〇〇	三三·四〇七	三九·六〇
	市地	二·〇九九一七	四五·八五七	二八·四五
啟秀鎮	農田	六九〇·五一一	二七·八六五	四〇·三五
	市地	二九六·四一三	八二·〇二二	二七六·七一
公園鎮	農田	六五五·四四四	二八·七九八	四三·九四
	市地	三八九·二六五	一〇四·四七三	二六八·三八
西被鎮	農田	九八·四〇三	四·二八五	四三·五五
	市地	三七六·一六七	一〇六·四二六	二八二·九二
山芝鎮	農田	六六四·五六四	二八·三八三	四二·七一
	市地	四一三·三〇〇	九七·九八四	二三七·一〇
[illegible]忠鎮	市地	五七九·八七四	二四一·〇九三	四一五·七七
[illegible]濠鎮	市地	七九九·〇三四	二四五·三三八	三〇七·〇四
總	農田	四·〇九八·六三〇	一六七·三〇〇	四〇·八四
計	市地	三·三九二·七三六	九一八·一一〇	二八九·一八
合計		七·四八九·三六六	一·一四八·四一〇	一五三·三四

南通城市地價申報之概況，既已明瞭，以下即根據事實與無錫城市地價申報比較研究如次：

一、工作進行之比較　南通於工作開始時，發現房地價值不分，土地畝分不明，人民無法申報，此種困難係偏在地籍方面而為靜態者，屬於靜態之問題，內容簡單而解決易，故該縣用簡易測丈及製定標準地價辦法，即能使業主申報地價畝分有所遵循，申報處稽核逃虛報土地，亦有所根據，以後即無甚困難問題發生，進行頗為順利，大部份工作均能如期完成，未了業務，由土地局籌備處接辦，亦不久告竣。無錫之困難是發生於挨戶申報之際，係偏在人事上之阻撓而為

動態者，屬於動態之問題，內容複雜而應付難，該業主等忽而聯名上控，忽而傳單詆譭，任意損壞申報單，抗不填繳，手段百出，幾如山陰道上，使該邑申報處大有應接不暇之勢，後雖經省方重令嚴緝首犯，風波始息，但糾紛之時間過長，進行遂殊緩滯，期滿而挨戶申報之工作尚未全竣，未了業務，由土地局接辦，迄今亦未結束，故以工作進行之速率比較，南通實勝於無錫，究其何以有軒輊之分，固然由於兩縣縣長之熱心互異（南通縣長熱心經省局明令嘉獎）、協助人員之情形各殊（南通協助人員甚努力，無錫協助人員多貌合神離），有以致之，然其原因之重要者，則

有下列諸端：

1.南通城市土地向來畝分不明，房地價值不分，買賣契約上僅載房地一塊共值若干？經界紊亂，產權不定，移轉抵押，甚感不便，各業主均望政府整理土地一番。無錫城市土地則無此項情形，畝分地價均載於契據，業主對於地價申報不大感若何興趣，復加以忽亂臆測，遂誤會滋生。

2.南通城市土地價值最高者為四百一十餘元，最低者為三十餘元，平均畝價為一百五十二元餘（參看本節南通縣城廂八鎮地價統計表），地價既不甚貴，兼以向來城市土地無課，業主腦中無所謂恐懼征收地價稅之觀念。無錫城市土地畝價之高者為一萬五千元，低者為二百元，平均畝價為二千元，二者平均畝價相較，無錫約當南通之十三倍強（參看第四章無錫地價統計）且錫市土地已有負擔，各業主惡增加巨額地稅，心存畏葸，遂不惜百計阻撓。

3.南通地方事權多集中於大紳，全縣紳耆意志，甚能統一在一旗幟之下，如張謇其人者，即該邑大紳中之皎皎者也。凡政府欲推行一種新政，只要得大紳等之協助，無往而不利，彼輩對於整理土地，素抱熱忱，數年以前即自動倡辦測丈，徒以限於經濟人才，多未能如願以償，政府既從事整理，自然樂於贊同。無錫紳士派別紛歧，黨同伐異，無可統一之者，如最顯著之派別有所謂資本家派，地主派，城派，鄉派，分門別戶，暗潮甚大，凡政府舉辦一事，即輒易遭反對。

4.南通城市地價申報區域面積較小，計為七千四百餘畝，故該縣對於挨戶申報能採絕對之主動方式，由申報職員全體動員，散發申報單，每發一申報單，即附一測丈調查結果通知單，及標準地價表，以供參考，業主填寫甚感方便，而申報處亦得以隨散隨收，隨即審查公告，工作甚能銜接。無錫城市地價申報區域面積較大，計為一萬四千一百六十三畝，數倍於南通申報區域，故該縣雖亦採絕對之主動方式，由申報處職員及各鄉鎮幹事挨戶分發，並製有標準地價以供參照，但因申報區域範圍遼濶，照顧每感不周，再加以應付人事上種種困難問題，工作遂多不能銜接。

二、經費成績之比較　南通與無錫城市地價申報經費之支出：南通為五千二百二十一元九角三分（參看本節南通城市地價申報經費支出表），無錫為八千五百四十一元八角二分（參看第二章第六節無錫城市地價申報經費收支表），兩縣相較，無錫多用三千一百八十九元二角九分。因其發生人事上之種種困難問題，宣傳印製費，竟增至全經費支出額百分之十點四強，南通因無此種困難，故其宣傳印製費，不過佔全經費支出額百分之三點八強。至兩縣成績之比較，南通以較少之時間與經費，不惟將申報應辦之手續辦竣，且採用簡易測丈方法，完成城厢户地佔丈，俾數百年來該申報區域內畝分不明，房地價值不分之積弊得以解除。無錫則因發生糾紛之影響，以致時間延長，用費增加，工作現仍未結束，故各項統計數字尚付缺如，其成績如何？一時殊難斷語，惟大體觀之，因應付人事上困難，竟佔去業務工作時間之多數，宜其較南通成績為遜，但此乃事實使然，吾人亦不能過求全責備也。

綜上所述，可得一結語，即城市地價申報，實為整理城市土地，簡而可行之一種辦法，值此國庫空虛，城市土地問題嚴重之秋，殊有辦理之必要，惟進行時多發生兩種困難，一種偏於地籍方面之靜態困難，如業主不知填寫地價畝分四至等，此點恒為一般非議地價申報者所引為難解決之事實，而其實由南通所採之有效方法觀之，可以完全解決，而無遲疑之餘地。一種是屬於人事方面之動態困難，如業主之反對阻碍，此種內容複雜，應付較難，惟有事前精密計劃，多方宣傳疏解，進行之際，則採絕對之主動方式，利用保甲長之力推動，全體職員積極努力，工作銜接，動作緊張，管子所謂「國皆有法，而無使法必行之法」，本此意旨進行，則難之一字，亦惟愚人所用之字典有之耳。

第三節　無錫航空測量與南昌航空測量之比較

航空測量為近世測量中之最新技術，以之應用於土地測量，在我國創始於江西之南昌，接踵而起者，則為江蘇之無錫，兩地因環境不同，所用之方法，自各有出入，所獲之成果，亦互有差異，茲將二者作比較之研究，以為今後採行航測者之參考，惟於尚未比較之先，應將南昌航測略加臚述如次：

一、組織範圍　江西省政府為澈底整理土地起見，於二十一年五月間，決定採用航空測量，八月間由參謀本部陸地測量總局航空測量隊江西分隊來省，先從南昌試辦，關於三角測量，係採用四等三角，由江西陸地測量局三角測量隊擔任，並由航測分隊派員協助；關於田畝調查，計算面積；繪製地圖，編造清冊，土地登記，製發管業証圖等，由江西省土地整理處負責；關於航空撮影，選點糾正，調繪補測等由航測分隊辦理，關於複照放大等，則由測量總局製圖科兼辦。其直屬航測分隊長下之組織，照該分隊所列之表如後：

- 分隊部
  - 組長　一人
  - 書記　一人
  - 軍需　一人
  - 僱員　四人
- 測量組（本組業務由江西省測量局派員擔任航測分隊派視察員四人協助辦理）
- 航撮組 — 組長一人
  - 駕駛員　一人
  - 技士　二人
  - 機械士　二人
- 糾正組 — 組長一人
  - 技士　八人
  - 技佐　六人
- 調繪組 — 組長一人
  - 審查　九人
  - 調繪員　六十人
  - 清繪員　三十人
  - （本組人員多係中央測校地形班畢業生及贛測局專三角地形測量者）

右表人員，因業務繁重關係，較原列編制名額，稍有增加，共計一百四十八人。

二、經費　南昌航測經費，係於二十一年九月間，由江西財政廳擬定籌集辦法，每丁一兩，每米一石，各攤借測量費一元兩角。所支經費，共二十三萬七千八百四十七元六角二分，若除添購儀器費四萬四千七百二十九元三角九分外，實用一十九萬三千一百一十八元二角三分，平均每畝用費為七分四厘九毫，茲將其經費支出，簡單列表於後：

科目	支出	備註
航空測量江西分隊全部經費	六〇四二六、二九元	一、計添購大號糾正儀一架空中撮影器一架及濕板放大用具至航測飛機製圖機複照儀等由航測總隊備用
航撮組業務費	一八八五八、三〇	
測量組業務費	三四〇三、五九	二、測量三角圖根點每點平均費用約十四元四角
調繪組業務費	三七八四九、三五	
糾正組業務費	一二六五二、七五	
添購儀器費	四四七二九、三九	
三角測量經費	二八六八八、〇〇	
複照放大經費	二三九二五、四一	
辦理結束費	七三一四五四	
合計	二三七八四七、六二	

註　上表數字根據南昌航測報告

三、業務實施　南昌航測之業務實施，可分為下列數種述之：

1、三角點測量並造石灰標誌　三角測量隊，因航撮二萬分一照片之重複部，每對照片須含有三角點三點以上，故其兩點間之邊長，概定為一千公尺。復由航測分隊派遣職員四人協助監造航空石灰標誌，以為航撮製圖之根據，並補剌二萬分一航片未攝入之各三角點。嗣因南昌與進賢境界相聯之區，有籍隸進賢而納賦於南昌之田地數十方里，未經測定三角圖根點，由測量組加派組員繼續完成之。

2、小比例尺航空撮影（撮二萬分一底片）　由航撮組用虎格司賀夫十三公分焦距空中自動撮影機，航撮二萬分一尺度航片，以供製圖機選定控制點及計劃撮照大尺度航片航線之用。

3、大比例尺航空撮影（撮七千五百分一及五千分一底片）　大比例尺之航空撮影照片，係供糾正之用，比例尺之原定計劃為五千分一，因向德國蔡司工廠訂購二十一公分焦距空測機未能運到，乃用十三公分焦距空撮機，航撮七千五百分一空中照片，再用糾正儀放大三倍，鑲成二千五百分一照片原圖，進行尚速，惜月杪軟片告罄，停止兼旬，後軟片由京運到始用同一尺度繼續航測，迨至完成全境面積四分之三時，適定購之二十一公分焦距航撮儀運送到贛，遂以該機用五千分一尺度，在其餘境域，續行航測空中照片，當航撮業務大體完成時，適測量總局調用二號測量飛機到宜昌工作。嗣因南昌境外飛地及其他漏撮地區，尚須補撮，而二號飛機在宜未歸，乃由總局派三號測量飛機來贛補測後，航撮業務，即告結束。

4.製圖機選點　用蔡司自動製圖機，利用其測量空中三角點之性能，根據二萬分一航片，與實測三角點，選定照片顯著之天然目標點為糾正之控制點，而標記其影像位置於七千五百分一或五千分一照片，每張照片，求取四點，每點距離，約為三百五十公尺，同時由製圖機求得控制點平面位置相當尺度之坐標，以供糾正之用。

5.糾正鑲嵌　用糾正儀根據控制點，將航撮時各底片之攝影傾斜，及飛機高至地面垂直距離不等之影像，按照尺度完全改正，使其攝影在同一水平面上，即用糾正儀依據二千五百分一展開之控制點，將七千五百分一（或五千分一）底片糾正為二千五百分一照片，次將斯種照片，依據控制點，精密鑲嵌，貼合於圖板上，即成照片原圖，然後劃分圖廓，編定幅號，以備複照之用。

6.複照放大　根據二千五百分一糾正完好之照片圖，用複照機以半色調感光藥劑製成之濕版而複照之，使放大為一千分一底片，然後晒印藍圖，每份二張，一為正圖，一為副圖，以資調繪之用。

7.調繪補測　調繪組於二十二年二月開始工作，將複照晒印好之千分一藍圖，攜赴實地調查地名地目等，着墨繪成正圖，再照樣轉寫於副圖上，故每人調查一張，則須繪畫二張，以備交土地整理處據以製成地籍圖之用。該組工作，因六月中旬大雨，外業遂為之停頓。八月初又復進行，因分撥調繪人員補測未經航撮缺片圖之故，遂影響調繪進行之速度，但工作人員甚為努力，故能於二十三年一月全部完成。

四、成績　江西陸地測量局三角測量隊，自二十一年八月間起，迄二十二年七月止，計完成南昌全縣三角點本點一千九百零四點，補點六百四十五點，共一千九百四十九點。江西航測分隊於二十一年八月起，迄二十三年一月底，共歷十八個月，內除籌備時期四個月，又因儀器遲到二個月外，計實測時期不過十二個月已將南昌全縣之一千分一地籍圖完全成功，計縱四十公分橫五十公分之圖幅八千六百一十五幅，完成正幅地籍圖共一萬七千二百三十張，約合實地面積二百五十八萬畝，茲將南昌航測簡報所載之全縣航測成績一覽表錄後以資參考。

組別	業務	成績數量	時期	附記
航攝組	航攝二萬分一底片	二千六百二十九片	二十一年九月起至二十二年一月止	上記數量係指有用底片
	航攝七千五百分一至五千分一照片	九千六百九十四片	二十二年二月起至八月止	
測量組	測量四等三角點	一千二百點	二十一年八月起至二十二年五月止	由江西測量局代辦分隊派一測量組長指導
	測量補點	八百點	仝右	
製圖組	製圖機選控制點	一萬三千八百五十點	二十二年二月起至九月止	實共作業一百四十日
糾正組	沖洗底片及印照片	一萬二千三百二十三片	二十一年九月起至二十二年八月止	每底片印照片一張
	糾正照片圖	九千四百四十九幅	二十二年一月起至十月止	每一圖版劃分為二十五幅
	複照一萬分一底片	一百一十八張	二十二年十月起至十二月止	由二千五百分一糾正照片圖複照縮小而成以供調製地籍圖之用
	複照二萬分一底片	二十八張	仝右	
攝影室	濕版放大	九千四百四十九幅	二十二年一月起至十一月止	
	晒印藍圖	一萬七千二百三十幅	仝右	
調繪組	調製正地籍圖	八千六百一十五幅	二十二年三月起至二十三年一月止	正圖為計算面積之用
	繪副地籍圖	八千六百一十五幅	仝右	副圖供土地整理處調查業主之用

南昌航測之情況既已明瞭，以下即根據事實與無錫航測比較研究之

一、組織範圍之比較　　南昌與無錫之航測，均係委託參謀本部陸地測量總局航空測量隊按照正式航測方案辦理，其組織範圍無甚大差異之處，如自地籍調查以至造冊發証之業務，均由各該省之地政機關擔任，惟前者屬江西省土地整理處，後者屬江蘇省土地局直隸下之無錫縣土地局。三角測量，南昌係由測量分隊派員，協助江西陸地測量局三角測量隊進行，因其所採者為四等三角測量，故於圖幅之精度稍差。無錫則由土地局圖根組負全責辦理，因其係照正式之三角測量辦理，故於圖幅之精度甚優。複照放大，兩縣均由測量總局製圖科擔任。至糾正根據之控制點，在南昌由自動製圖機選定，屬製圖組，於時間費用，不甚經濟；無錫則就航片與實地目標根據三角圖根點直接測定，屬控制組，較為進步多矣。

二、經費之比較　　南昌航測經費之來源，係以每丁一兩，每米一石各攤借測量費一元，故其航測經費係攤借自地稅，於是有地無稅者，可以規避，即有稅有地者亦因歷來田賦紊亂，科則早已失平，恒致負擔輕重偏畸，殊有可訾議之處。無錫航測經費，係按畝隨糧帶征清丈費一角，查無錫畝法，至為紛歧，據陳瀚笙先生調查二十二村，即有一百三十七種之多，雖田賦之畝，係以小畝折大畝，但所折多屬臆斷，要之無錫之航測經費，係依面積攤派，有田無糧者可以坐向其成，亦覺非公平之道。至航測經費之數額，南昌共支二十一萬八千四百六十九元，除購儀器費外，平均每畝合洋七分七厘一毫；無錫總需洋一十一萬二千二百七十三元四角，每畝合洋五分五厘四毫，兩者畝費相較，無錫比南昌每畝節省二分一厘七毫。

三、業務實施之比較

(1)三角點測量　　南昌三角點測量，因求適應於航片選點之故，邊長規定自一千公尺至一千二百公尺為

限，邊數既短，點數自增。且僅憑多數基線網所推算之三角點，其接合之閉塞差，自不能免，因此據以在自動製圖機上增選之控制點，雖經配賦而照片鑲嵌及濕版複照之藍圖，其接合之誤差，有時仍難消除，故精度稍遜。無錫之三角點，邊長以三千二百公尺為限。復測控制點三千點，每兩點距離，定為七公里，至○八公里，故田畝原圖之精度較優。又南昌做石灰標誌於地面，使攝影時映入底片之內以為製圖糾正之根據，查石灰標誌之做法，用石灰和水灑於地上，使成長十公尺寬一公尺之十字或丁字形狀，以使識別，每個石灰標誌之材料搬運等費

，約在五元以上，全縣一千餘點，所費甚鉅，諾遇暴雨，則沖刷淨盡，又需重灑，如攝影時間，距做標時間稍久，則石灰與土質相混，模糊不清，困難殊多，此種笨而煩之手續為無錫所無也。

(2)航空攝影　南昌用小比例尺（二萬分一）攝影，其目的有二，一為利用小比例尺底片，在製圖機上選補點以為糾正之根據，二為利用小比例尺鑲嵌成圖，用為大比例尺攝影時作飛行之參考，以免各航線間不接或重複過多之弊。無錫不用製圖機選點，則第一目的已失，又航攝人員經驗已富，飛行時不需小比例尺照片圖之參考，已能避免前弊，於第二目的亦歸無用。故無錫將小比例尺攝影省去，只用八千分一尺度一次航攝之，手續既減，費用可省矣。

(3)糾正　糾正業務之精度，完全建築在三角點精度之上，南昌三角點閉塞界內糾正之田畝原圖，不特精度較差，即糾正誤差所消耗之時間，亦感受鉅大之影響。無錫因三角點之精度優良，故糾正業務較勝一籌矣。

(4)複照放大　南昌由二千五百分一照片鑲嵌圖用濕版複照，放大為一千分一底片，然後晒印藍圖每份二張，一張為正圖，一張為副圖，以為調繪時繪二

圖之用，而其作用仍以正圖為準，按之實際，正圖已可足用，副圖實為空費。無錫則由四千分一鑲嵌圖用濕版複照，放大為二千分一底片，然後晒印藍圖，每張晒印一份，以供調繪時之用，不分正圖副圖，此種雖不能謂為方法上之進步，但亦可節省時間與經費。

(5)調繪補測　南昌與無錫調繪補測所遇之困難及完成之期間，各有不同，南昌六月中旬因四鄉大水，田禾盡遭淹沒，全組人員返隊內業，迨至八月初又至各鄉實施調繪工作，惟該縣象湖一帶淹水部份，及東部縣界無點區域，與散處邊境各區未經航攝之

缺片圖，均待分發調繪人員從事補測，因此田畝原圖之調繪速度，頗受影響，幸該調繪組員多係專工地形測量者，工作較為熟諳，故能按期以成。無錫原計劃係根據南昌田畝原圖之地形情形，規定每三日調繪一幅，後因該邑田畝地形碎密，遠非南昌可比，是以完成圖幅較規定者致少半數，其故有四：

甲田畝坵地碎密，每幅田地起數較南昌田畝原圖每幅之起數達三倍以上。

乙田畝坵界以內，更以楊椿為界者甚多，加量楊椿無形之田界，平均每畝均在百條以上，消費時間殊多。

丙桑園繁密，此為南昌所無，此種地每在村落附近，地形錯綜，區分費時。

丁調繪組員多係由吳江導線組調來，於調繪技術甚為生疏。

基此四點困難，實施工作每幅均在八日左右，根據實地作業之經過，將每幅工作日期平均延長至五日半，亦事實上非此不足以維持田畝原圖之精度，故作業需延長五個月，原定七月底完成者，現必至十二月始能完成，工作之時間延長，所需之經費亦增，據該分隊負責人云，航測無錫因調繪業務久不能結束，將致虧本矣。

四、成績之比較　南昌全境二百五十八萬畝地，實際航測完成時間為十二個月；無錫全境二百零二萬五千畝地，航測完成時間為十四個月，無錫雖其間因飛機折壞，不無稍延時日，但大部份是花費於調繪工作。故以航測之時間論，南昌既少二月，而反多測五十五萬五千畝，似為無錫所不逮。且南昌圖幅之比例尺度，係用一千分一，於登記應用上甚為方便，惟以該縣起地甚大，平均每起地約在一畝五分以上，而地價又甚低，最高者畝價五十八元，最低者有至二元（據江西地政特刊），值此國民經濟破產之秋，多事花費，似屬不宜。兼以市地農地局勢不分，一律一千分一尺度，殊與整理土地之原則相背謬。無錫因限於經濟，係用二千分一尺度，雖其間有一千分一田畝原圖五百二十三幅，但究居少數，該邑起地甚小，平均每起地在六分左右，起地之小者，圖幅上即無法填載畝分姓名等，於登記應用，頗感不利，復以地價甚貴，最高者畝價一萬五千元，最低者亦二十元，故以起地之大小論，以地價之高低論，無錫市地應採五百分一，農地應採一千分一之尺度，始敷應用，該邑航測之初，若能採用此較大之尺度，兼以調繪工作亦由土地局創辦，結果經費時間兩可節省，實為計之上乘，至田畝原圖之精度，無錫可增至千分之二，南昌僅千分之五，是則南昌又較遜於無錫矣。

綜上所述，吾人得於南昌與無錫航測之比較，作一結語，即在航測方法上，無錫較為進步，誠減去許多可省之手續與費用，如不用小比例尺航空撮影（二萬分一底片）及副圖石灰標誌等皆廢除之顯著者。且該邑三角測量優良，航攝糾正等工作人員經驗增長，於圖幅精度，實有勝於南昌，惟該邑以起地碎密等困難，又覺工作進行殊為遲滯。至言用費，無錫似較南昌為節省，然以不能填載畝分姓名等之小起地之圖幅，登記時尚須另製輔助圖冊，多增一番手續，所費亦屬不貲。若夫兩縣所用之比例尺均不合各該地整理土地之要求，所謂過猶不及也。

第四節　無錫土地登記順利之解剖與土地法上之土地登記

無錫土地登記進行甚為順利，在未解剖其順利之因素以前，以其與土地法有密切關係，故先略言土地法上之土地登記，按土地法上之土地登記，其特征有五：

一、強迫登記　土地法第三十三條規定：「土地權利之取得，設定，移轉變更或消滅，無論私有土地，公有土地，皆應依本法登記」。

二、登記有絕對效力　土地法第三十六條規定：「依本法所為之登記，有絕對效力」。

三、損害賠償　土地第三十九條規定：「因登記錯誤遺漏或虛偽致受損害者，由地政機關負損害賠償責任，但地政機關証明其原因應歸責於受損害人時，不在此限，至損害賠償，不超過受損害時之價值」。第四十二條規定：「損害賠償之請求，為地政機關拒絕時，受損害人，得向法院起訴，以維護其權利」。

四、審查周詳　土地法第九十五條規定：「未經依本法登記所有權之土地聲請為第一次所有權之登記時，提出之聲請書，土地他項權利清摺契據，及其他關係文件，應由契據專員審查之」。第九十六條規定契據專員審查之手續為：

甲對於聲請登記之土地標示事項，如坐落、種類、面積，界限，使用狀況，中報地價，定着物情形，及中報現值，均須實地調查，繪具圖說。

乙、對於所有權來歷，須查明上手移交契據，與其移轉實情，及最近契據所載之所有權人，是否確為申請人？並須檢驗糧串、租約、房租收據，及其他証明所有權之書據。

丙、對於所有權以外之權利，須查明其種類、內容、來歷、及權利關係人之姓名住所。

丁、如聲請時附有保証書者，須調查保証人之姓名、職業、住所，及與土地權利人或義務人之關係。

戊、調查完竣後，契據專員應繕具審查報告書，詳述上列各欵事項，並敘明審查結果之意見。

五、登記費之 土地法所定 地登記之目的，在土權利之確定，不重在財政上之收入，故第一百三十三條規定登記費額，從輕減收，僅屬登記之手續費性質。

此五種特徵，均係採自托崙斯制之精神 Torrens System，故土地法上之土地登記，大體在原則上，無甚問題，惟以規定過甚瑣碎，每多不合實際，行之殊感困難，究其原因，約有下列兩端：

一、吾國土地登記，事屬創舉，當制定土地法時，在國內毫無有效辦法可資參考，故立法者僅能空泛規定，以閉戶造車之規定，行之當難奏效。

二、當制訂土地登記編時，大半以不動產條例為根據，該條例規定至為瑣碎，土地法亦仿行之，將各種詳細辦法，一併規定在內，致使各地辦理者，無伸縮餘地。

因有上述兩種原因，故土地法上之土地登記不易推行，即以國內辦理土地登記先進之江蘇省而論，在本年未改變辦法，由無錫試驗辦理以前，各縣辦理土地登記所本之「江蘇土地登記暫行規則」，除土地法土地登記之第三特征損害賠償未有規定外，其餘大體上完全依照土地法之規定，如該規則第二條規定：「土地凡屬本省境內，不論種類及公有私有均須登記」，此即適合土地法上土地登記之第一特征。第六條規定：「凡已辦登記之區域，土地所有權之得喪變更，非經登記不發生法律上之効力」，此即適合土地法上土地登記之第二特征。又如聲請人聲請登記所繳呈之証明文件，土地局必詳細加以審查，經審查後，又須予以公告，此即適合土地法上土地登記之第四特征。第二十四條規定之登記費，第二十五條規定之所有權狀費，均與土地法土地登記之第五特征適合，以上不過就特征而言，此外如登記處文之聲請，收件之處理，圖簿表冊之設置，區段之劃分，証狀之發給，不復行登記手續土地之處理，無一不與土地法相吻合，謂之實行土地法上之土地登記可也。惟自實行以來，為時已久，成績均不見佳，故該省另創製「土地登記實施程序」，以資補救，按此程序之內容，原則上雖與土地法適合，而辦法上則大有變更，例如聲請登記辦法，則由被動變為主動，由個人變為集體，由遲緩變為迅速。又如處理不履行登記手續之土地，均須經過三年暫管期間，始作為無主土地，此皆與土地法之規定，大有出入，辦法雖改，推以其他已用舊法辦理各縣，難於中途變更，適值無錫舊第三區本年六月清丈完竣，復以該

論文　地政學院

縣素為蘇省實驗地政之區，乃決於七月份開始試行新辦法，一月之中即能登記至一萬二千零四十六起，較之其他各縣每月多則二三千起，少則數十餘起，其間懸殊之巨，誠不可以道里計，茲將江蘇各縣土地登記起數比較列表於後，以見其試驗之成功。

江蘇各縣土地登記起數比較表

縣別	已登記起數	每月平均登記起數	登記開始日期	備註
無錫	一二、〇四六起	一二、〇四六起	二十四年七月	本表統計至二十四年七月份為止
南滙	三、七四二	三、七四二	二十四年七月	
上海	一〇、三九四	三、四六四	二十四年五月	
青浦	四一、三九八	二、五八七	二十三年四月	
奉賢	五〇、八五八	二、四二一	二十三年十一月	
嘉定	二六、九一九	一、七九三	二十三年五月	
松江	一、三八五	四六一	二十四年五月	
武進	二、一五八	二六九	二十三年十二月	
吳縣	一、〇三四	二五八	二十四年四月	
鎮江	七、三一一	一四九	二十年七月	
丹陽	一、六四〇	九六	二十三年三月	

註：上表根據江蘇省土地局報告數字製成

由上表已知無錫土地登記之順利，其順利固然與該縣府方之互相信任，區長之熱心襄助，辦事人員對民眾態度之和濶有關，但其重要之因素，則解剖得下列五種：

一、登記手續簡單　查土地法上之土地登記，手續繁雜，莫可言狀，自聲請以至發狀，中間非經一二年不竣

論文　地政學院

，民衆恒視為畏途，多裹足不前，以致登記業務，無法推進，自無錫施行改變辦法後，登記手續，至為簡便，自聲請登記以至發狀，中間不出二月，故民衆甚樂於登記。

二、證件當場發還　單契為土地執業之憑証，業主異常重視，高閣深藏，不肯輕易取出。若照土地法上之土地登記，業主於聲請登記呈驗証件後，往往以審查之名，積壓至十數月之久，尚不發還，土地因而不能買賣移轉，且給審查員有敲詐之機，利民之政，反以擾民，故民衆多不願往登記。自無錫施行改變辦法後，業主聲請登記時，所有証件，隨即審查，當場發還，

中間至多不出十五分鐘，以是民衆甚為滿意。

三、暫不征收費用　依土地法規定，業主聲請登記時，應繳額定費用，始准登記，惟因業主心理，以為發証時始確定產權，先行出費，實所不願，以故相率，況過去政府每舉辦一事，則搜刮以去，對於人民信用已失，故登記雖為福國利民之政，倘產權未定，而即加以負擔，縱舌敝唇焦，其誰之信？此所以土地法上之土地登記進行遲滯者，實坐是之故。自無錫施行改變辦法後，登記費從緩征收，故民衆對政府發生信仰，登記者接踵而來，此種現象，凡關懷中國土地登記前途者，莫不歡欣鼓舞，然尚有顧慮之問題，即登記費至發証時與憑証費同時征收，數目恐未免過多，值此農村經濟破產之秋，人民之衣食既感不給，焉能多事負擔？如不減低征費，將恐業主因無力而相率不前領狀，例如杭市發照，即發生此種現象，故防微杜漸，宜先於未然也。

四、利用保甲制度　在土地法上之土地登記，未能利用保甲制度以推動進行，實為一大缺點，蓋以中國向來舉凡設施新政收厥功者，莫不寓力於保甲制度，夷稽以往，史實昭然，此因民衆智識低下，保甲長十九在當地稍具聲望，而智識程度亦較高，為官民中間有力之溝通人。夫土地登記新政也，若捨保甲制度而不圖，欲其進行愉快，是猶緣木而求魚，又烏可得？故江蘇過去各縣辦登記成績，未能滿足人意者，即有此重要之原因存在。惟自無錫施行改變辦法後，竭力利用保甲長以推動登記，是以奏效頗著，據該邑登記人任嚴保滋云：「各保內土地登記之成績，全視該保保甲長努力之程度為斷」。經驗如此，益徵前語之不爽。

五、不拘辦公時間　過去業主聲請登記，務在辦公時間內，否則即不收受，查鄉民起身甚早，若必待八時始辦公，殊感不便，兼以彼輩不知所謂星期例假，進道乘興而來，無結果乏味而去，時間既屬浪費，惡感因以招成，於登記工作，影響甚巨。自無錫施行改變辦法後，不拘辦公時間，早由上午六時，暮至下午七時，除用膳食調班輪值外，中間不予休息，即星期例假，亦照常工作，民衆因之頗覺方便，登記之人，遂形踴躍。

查無錫自施行改變辦法後，誠為吾國辦理土地登記之一大進步，然以事屬試驗，有待改良之處尚多，例如覆丈費之征收，原為限制之意，並非在財政收入，故征費不應過昂，按無錫普通覆丈，每畝收費三角，特別覆丈，每畝收費一元，未免征費過高，特別覆丈費之重，吾人姑不具論，即以普通覆丈而言，若有一起二十畝工地，則須繳覆丈費六元，值此農村凋敝之秋，除大地主外，試問誰能負擔？矧除覆丈費外，尚有川資之規定，平心而論，豈得謂宜？夫以覆丈費過重，一般業主明知畝分有誤，將致不顧聲請覆丈，此所以無錫辦理以來，重號登記者甚夥，且有人民提出請求減免者，苟不從事減輕，於將來推進上不無影響。又如改變辦法，於公告期滿後，即發給土地所有權狀，未免失之過促。蓋我國一般人民，對於整理土地之智識過低，核圖多易致誤，每有公告期滿後，始發現而提出異議者，如過去奉賢於土地所有權狀發給後，即發生過此種事實，致無法挽救，錫邑宜未雨綢繆，應予公告期滿後，稍假時日，予業主以考慮之餘地。此外工作人員薪俸過低，如書記

月薪十六元，使工作者不能安心於事業，有相當機會則舍而他去，另換新手，不知辦理手續，於登記事業不無妨害，故應設法稍為加薪。此外又如登記新用之表冊，省局新定格式，實較舊有者為進步，錫邑因有一部份已照舊格式印就，仍暫原用，雖表面在經濟上似合算，而其實將來與新格式所填者不能合一，如另從抄寫反不經濟。此不過就顯著者而言，其他尚應改良之處當不僅此，要之無錫試驗之初，即得美滿結果，已殊使吾人對土地登記前途，抱無限之樂觀，而值津津樂道者也。

綜上所述，得一結論，即蘇省辦理土地登記，在未改變辦法以前，係依照土地法而來，行之數年成績甚進，自本年該省改變辦法由無錫試驗頗為順利後，已足征蘇省改變辦法之成功，亦即表示土地法之窒礙難行，而亟待於立法者之修改，故無錫土地登記之順利，與土地法有相互密切之關係。惟以錫邑因屬試驗性質，雖其成績打破蘇省過去紀錄，但尚待改進之處，亦不能謂絕無僅有矣。

第五節　無錫土地整理之展望

整理土地以後之工作，為土地政策之推行，查無錫以優越之環境，故其初步整理土地之規模大體已就緒，今後是在規劃地政之實施，關於實施地政亟應注意之事項，作者不敏，願獻數端如次：

一、確定地政機關職權及改良領欵手續　　實施地政，首貴確定地政機關職權，蓋職權確定，可以明範圍而收事權統一之功，查無錫地政機關，設立於各機關之後，其職權多被割裂，而未劃出，如欵產處之管理公地；教育局之管理學田；公安局區公所之處理租佃糾紛；建設局之取締市地利用；財政科之執掌稅冊等，無

一不適及地政領域，於將來推行土地政策上，影響殊鉅，故非早日確定職權不可。

地政經費為辦理地政之不可缺者，確定來源，固甚重要，而領欵手續，亦貴簡捷，此因地政機關，多屬業務性質，其需欵迫切，實非普通行政機關可比。查無錫辦理地政有隨糧帶征之清丈費可用，來源固無甚問題，惟以領欵手續，稍感周折，先由省土地局核准蓋章後，再送財廳會銜蓋章，始能向指定銀行取欵。此種全省財政之統制辦法，固有其優點，惟以財廳司斯務者，僅一二人，以一二人應付全省林林總總機關之欵項，往往因力不贍而致積壓，發欵之期遂不時遲延，於業務進行，殊受滯礙，是以改良領欵手續，按期發給經費，事雖屬微，但推行地政亦不可忽略之也。

二、改善佃農生活與培護自耕農　　土地政策之實施，是在求土地問題之解決，亦即在求民生主義之實現，總理在民生主義中謂：「土地問題解決，民生問題便解決了一大半。」又謂：「中國糧食生產既然是靠農民，中國的農民又是很辛苦的勤勞，所以中國要增加糧食的生產，便要在政治法律上制出種種規定來保護農民。」是則保護佃農生活，為推行地政應有之工作，蓋中國目前最大之危機，是農村經濟破產，而佃租過重，又為農村經濟破產主要原因之一，此因土地生產結果，

大部份為地主所有，而不能維持最低限度生活之佃農，不但不能希圖改進農業，且在重租高利借貸重重壓迫不能生活之下，相率離村麕集城市，於是農業為之衰落，農村經濟趨於破產。同時城市之住宅難，失業、治安、勞動工資減少等問題，亦相繼而起，整個社會遂形不安定現象，故為促進生產增加，減少城市問題，對於改善佃農生活，實不可緩。查無錫因田土肥沃，官紳世家，代出其人，彼輩挾有優越財力，廣事置產，兼併之事既多，佃租之風盛行。復因該邑人多地少，無地農民，爭相租種，遂予地主以取奇操縱之機會，及坐賬贈潤之種種壓搾，佃農生活之苦，不言

而喻，農民離村之事日多，無怪膏腴之區，而仍不少曠土，大塊良田，致分割細碎，佃租制度之惡劣化，日甚一日。本黨土地政策既在求民生問題之解決，地政機關對於此佔全縣人口大多數之佃農生活，宜視坐視而不顧？應基於平等合作之精神，改正佃租制度，依照規定地價，嚴定租額，俾業佃兩方之權益分配，合乎公平之原則，使勞資密切合作，地盡其利。

雖然此不過一救濟之辦法耳，吾人細心研究遺教，總理在農民運動講習所訓詞中謂：「如果耕者沒有田地，每年還要納田租，那還是不徹底的革命」。又謂：「我們解決農民的痛苦，歸結是要耕者有其田」，是則地政之推行，積極仍在培護自耕農，此因國家基礎之是否鞏固，視其人民之是否與土地有密切聯繫，易言之即視其人民對其土地之感情如何？如人民對土地有生斯食斯葬斯之感，則護土之情殷，為國顧鄉之奮鬥亦烈，反之則必致流亡載道，社會不安，國本不固矣。夫惟自耕農民，安土重遷，對其土地之感情，最為深厚，若地主及工商業者，俱不足與之倫比，值此國家風雨飄搖，農村隱憂四伏之秋，積極培護自耕農，以固國基而杜社會亂源，實為推行地政之要圖。而培護之方，莫過於實施地價稅，並設立土地金融機關，一方使地主不耐重稅而售地，一方使無地之農民得借款購地，分期償還，同時地少之自耕農亦因告貸有門，不致賣地。至地價稅及土地金融機關之較詳敘述，留待於後矣。

三、整飭市容及限制耕地分割

整飭市容，不惟有益觀瞻，亦城市衛生交通及繁榮所繫，為整理市地中之必要工作，錫市房屋建築，參差不齊，街道窄狹，行人擁擠，工廠住宅雜處，影響居民健康殊鉅，力圖整飭，實不可緩，雖然此不過就現時之需要而言；若觀察其將來，尤感斯務之重要，茲以美國為一例說明，現在美國各大都市，聚成數個都市之中心點，譬如現在之紐約與波士頓中間，新出之都市，逐漸加多，有聯成一線之趨勢，紐約與華盛頓中間之都市，逐漸加多，亦有聯成一線之趨勢，數年之後，從華盛頓至波士頓，五百英里之間，可以聯成一線，成一大都市，此種大都市，內中可以有兩千萬以上之居民。照此先例推論，將來無錫與上海中間，新興都市必逐漸加多，有聯成一線之趨勢，無錫與南京中間之都市，亦必逐漸加多，有聯成一線之趨勢，祇須國內政治上軌道，建設日趨發達，將來京滬路線改成雙軌，沿路各縣大小市鎮道路完成，行駛電車，疏濬河湖，發展水運，益以航空運輸之穩速與進步，逆料不出數十年工夫，從南京到上海一百九十三英哩之間，亦必聯成一線，成為一工商繁盛人口膨脹之大都市，內中居民，雖不謂有兩千萬人，但至少當亦在一千萬人內外，無錫在此地帶間，當然是居於中堅之地位，左顧右盼，應接不暇，試問此封建式而不合市地利用之無錫市，至該時欲不不脹破而可得乎？為適應現在及將來之需要計，亟宜從事整飭。整飭之方，即實施市地區劃，將全市地段，分為商業區，工廠區，學校區，住宅區等。商業區以市之中心，或近火車站為宜，住宅區學校區，可連於一起，工廠區離住宅應遠。原有窄狹之街道，應行拓寬，凌亂之房屋，嚴格取締，雖不能激進立毀舊觀而變新，至少亦應採徐進辦法，先將全市地作一通盤計劃，曉諭民間，凡建築新屋，必先到土地局呈報，經局派人踏勘，認為其利用性質已符規定，即照章退後若干尺，房屋建築式樣，均本規定辦理，如是逐步實施，市容可賴以整飭矣。

限制耕地分割，在錫邑推行地政上，尤為重要，因該邑耕地面積狹小奇零，且有分割逐漸增加之勢，不合耕作之經濟使用已極，照土地法第十八條規定：「因一定區域內之土地，其分段面積不合經濟使用者，得由主管地政機關就該區域內土地之全部，重行劃分，並將重劃地段，分配於原土地所有權人」。第二百一十一條第一款規定：「凡一區域內之土地，其各地段面積狹小奇零，不合耕作之經濟使用者，得為土地重劃」。是則照土地法規定，錫邑應舉行耕地重劃，故於土地法未施行以前，該縣即宜限制耕地分割細碎，以合經濟使用原則。其關於所有權之限制分割，可以土地承繼，移轉買賣時限制之；關於使用權之限制分割，是在保障佃農，嚴禁地主加租，免致農民相田，互相競爭，並力求公允之分配，及副業之提倡，與夫多舉辦工廠實業，容納農村過剩人口。復因無錫耕地之細碎，多基於使用權之分割，故該法尤覺迫需矣。

四、提倡公墓與厲行墾荒　聞嘗謂人之生死，不過新陳代謝，數十種元素在起變化，須有繼續不斷尸體之分解，始有源源而來之新生命，故人死廣佔墓地，堅護尸體，實為不當之事。查無錫遍處均見良田葬人，而人口之死亡不斷增加，耕地之面積則隨之逐漸減少，影響生產殊鉅。叩其何以有此陋俗？自社會言之，由於人民迷信及公共衛生之輕視；自土地經濟言之，由於未取締私有墓地權，及營葬方法之不良。改革之道，固應講究科學，破除迷信，推行新運，注重衛生，然最要莫過於尸體之處置方法，就其較為可行者，是在提倡公墓，嚴禁露厝，丙舍，及私葬，此公墓之設施，又以衛生便利，美觀，經濟為條件，易言之即應注意四事：(1)選擇宜於坟墓之地，即地之不能為其他有利之使用者，如山麓石田是。(2)使於人民憑弔，即交通運輸均須求其便利。(3)使坟墓美觀化。(4)使坟墓勿碍於附近人民生活。關於實施公墓時之營葬方法，以用火焚尸成灰，然後再埋於地下為最佳，以其所佔地積甚小，且無尸體腐化放散惡氣之虞，若因該邑狃於舊習，仍用土葬時，即應注意二事：(1)棺葬殊佔地面，頗不經濟，尸體可用布帛束之，砌於壙中，一面既勿傷於人類惻隱心理，一面又可省去巨大耗費，實一舉而兩全。(2)入土深淺，則視地質而異，應以尸體之腐化，不致毒及地上空氣及地下水分為旨歸，是以築壙宜堅密。要之解決錫邑良田葬人之問題，實有望於推行地政者之積極提倡公墓焉。

厲行墾荒，在無錫亦甚重要，此因該縣曠土尚多，據內政部二十三年調查得荒地為三千三百五十一畝，據縣黨部社會調查特刊所載，荒地佔全縣土地百分之點五。。按其荒地可分三種：(1)河荒湖荒　即沿河或沿湖地區，受水流所含泥沙積成新地者，此種地區，大都土質膏沃，適於農作，且經營亦易，只須築成堤壩，防水浸氾，即可成為良田，惟此種事業，性質上係與水爭肥，積久而湖身日狹，漸失其調節水量功用，一旦水漲，甚易氾濫為災，其究竟開墾與否，應注及墾後之有無妨害為定。(2)山荒　錫邑非多山之區，所有少數山地，尚未能加以利用，遂成山荒，以其或因岩石赤露，或由於地面傾斜過甚，致難於耕作，故處理山荒，惟有就其情形，施以造林或牧畜。(3)災荒　即成熟耕地受災而致荒者，無錫以天災而致荒之土地，時有所聞，如二十三年九月，縣政府派土地局長調查得第五區因旱災而全荒之田地九百餘畝。經營災荒，是又在政府對墾荒人民，多加扶助。錫邑荒地既多，該邑果能就其可利用部份，盡量加以利用，直接可為農村過剩人口謀出路，減少農村遊民；間接可以提高農村購買力，為城市工商業，展開更大之市場，推行地政者實應有以圖之。進行步驟，可先舉辦荒地調查，明瞭各種荒地分布狀況與性質，及其可以利用程度。繼則佔計人民與政府力量，分別劃定經營對象，某種地區，則應由公家，某種地區，則責成私人，然後根據調查與統計，作成具體計劃，即由政府一方對於應行公營荒地，強制收用，從事經營，一方對於私營荒地，規定限期，嚴督開墾。並注意獎懲之方，荒地重稅，墾土輕課，使人民有所激勸。此外於墾荒之前，尚有一重要之先決問題，多為人所忽略者，即設法將城市之資金及技術智識，移之農村，此因無論經營何種荒地，大都先需要於某種適當之水利工程，必須先投下相當資金；某種荒地適應於某種生崖，需要於科學智識之估計，有資全體技術智識幫助，始易闢荒而成熟。

五、田賦改征地價稅及設立土地銀行　無錫田賦，佔全縣歲收百分之六四點五二，為地方財政之大宗，惟以政府因無圖冊可憑，悉假手於胥吏，於是田賦異常紊亂，如藏冊居奇，逃糧留賦，隱匿瞞報，搭尾中飽，劣弊叢集，無奇不有，公家受其侵蝕，收入日形短少，人民被其索詐，則致負荷益重，而且科則背理，負擔不均；城市地價甚昂，顧所課稅率，却與低價之農地，無所軒輊，不平孰甚！若不速確定課稅標準，釐定公平科則，俾人民負擔平均，則積弊愈深，而上下益交困矣。改革之道，總理在遺教中已昭示實施公平之地價稅制，即由人民據實報價，政府依價抽稅，良以土地之所以視為課稅之物，以其能有收益，而收益之多寡，又恒表現於其價格，故以土地價格為課稅標準，實至公且當。兼以錫邑歷年田賦積欠甚鉅，自民十六年迄今，新舊積欠至一百餘萬元，是以徒負苛斂之名，而無征足之實，縱課以極低千分六之地價稅，亦必較現在實收為多，茲將無錫有關田賦之各項統計數字列為一表如次，以資証明。

項別	數目	備考
平地面積	一一六六三、八七五畝	
額田總數	一一二七五、七一九畝	
平均畝價	一〇五元	
地價總數	一七四、七〇六、八七五元	
科征千分六之地價稅總數	一〇四八、二四一元二五	
田賦額征數目	一二二四、五六四元	
二十一年度田賦實征數目	五〇五、一五九元六四	因本年為豐年故列
千分六地價稅與田賦實征數之比較增數	五四三、〇八一元六一	

註　上表數字根據無錫縣政府及土地局卷宗

右表平地面積，係就全縣總面積內，剔出山川道路等面積而言，其實際課稅面積，當不止此；平均畝價及地價總數，係依最低標準算出；至田賦實征數，係擇近數年內之豐年為標準，在此種統計數字下，改征地價稅後收入，尚比田賦實征多五十餘萬元，足見改制之可行。矧改征地價稅後，稅制簡單，在政府則征收便易，費用可省，在人民則負擔公平，咸樂輸將，對於財政上實有其最大利益。雖然此不過就財政上而言，若以推行土地政策之眼光視之，尤有其深長意義，吾人知公平之地價稅率，係採取累進制，將使地主不耐重稅而出售其土地與無地或地少之農民，由是可期土地分配公允。又以不利用之土地，亦照價課稅，俾業主不得不利用土地，而促進生產增加，故地價稅實為解決土地問題之最好辦法，錫邑土地登記後，亟應有以圖之。

地價稅優點，既如上述，然欲其能在土地分配利用上，充分表現其功能，是又有賴於土地銀行之設立，此因無錫雖爲魚米之鄉，但農村早呈破產現象，一般農民寔吃卯糧，改良土地費用，已束手無策，購買地主土地資金，更談何容易，雖錫邑有不少金融機關，但一般商業銀行，係以追求利息爲目的，於放欵利率，力求提高，條件亦多苛刻，放欵後用途，又絕不過問，其結果恒造成不動產之投機，不惟無補於地政，且反足爲發展土地信用之障碍。至農民銀行，雖具調劑農村金融意味，然以其爲暫時救濟性質，僅作短期放欵，於地政上仍無若何帮助，是以推行地政，解決土地金融問題，舍設立土地銀行外，實無其他更好辦法。惟設立必須資金，關於資金來源，可用全縣公地爲擔保品，並發行土地公債外，餘由省局呈請省府籌措之。此種銀行主要目的，既在增加土地生產，及培護自耕農，故放欵必須限定無地或地少農民購買地主土地，或改良使用土地之用。且利率須較其他銀行爲低，又因土地生產較工商業生產爲遲緩，故其應以中期長期借欵，並分期償還爲原則。復將農民銀行代征之地稅，直接由土地銀行經征，如此則足以助地政之推行，將由此建樹全國風聲，是又豈僅有關無錫一邑人民之幸福哉。

第六節　無錫土地整理之總束語

無錫位居全國膏腴，係工商業發達之區，太湖景色，馳映遠近，運河航行，縱貫其間，扼京滬路之中樞，爲東南之名邑也。惜以市容失修，耕地細碎，曠土未闢，沃壤葬人，致使土地利用殊不合理化。復以地少人密，地權集中，佃租制度不良，農民以生活痛苦，恒離村覔食於城市，遂形成土地分配問題之嚴重，及城市失業者之增加。田賦因政府無冊籍可憑，一任胥吏所爲，飛洒詭寄，轄實百出，國課失於短收，人民困於負擔；且城市地價有數十百倍於農地者，而所課之稅率則一，於公平之原則，已大相背馳。是以錫邑無論在所佔地位上，或土地分配利用上，或田賦上，均有待於土地之整理矣。

蘇省地政當局，以無錫土地整理之迫需，兼以該邑具備自然及人事上之優越條件，乃以之爲全省實驗地政之區，是以地政機關之設立，城市地價申報之從事，人工測量之實施，航空測量之探行，土地登記之辦理，無不應有盡有。關於城市地價申報，其辦理動機，係爲流通金融，及征收地價稅之準備，誠意良而法簡，顧以事屬創舉，地方阻力橫生，大有昔朱熹知漳請行經界之言曰：此法之行，貧民下戶固所深喜，然不能自達其情，豪家猾吏，實所不樂，皆善於說辭，以惑羣聽，賢士大夫之喜安靜，厥紛擾者，又或不深察而望風沮怯呂。古今蓋有同慨！關於土地測量，先用人工測量，辦竣一部份，旋即試行航測，本年底可全蕆事。航測最大優點，是在能將真實地形，攝影於照片，俾繪製圖幅有所依據，無測落或甚大誤差之弊，故精度甚為優良。惟錫邑因地價高昂，起地碎密，其採用二千分一之比例尺，殊覺過小，此為美中遺憾。關於土地登記，原則上固本諸土地法，但辦法已迥殊，以其進行順利，成績甚佳，不禁使吾人欣頌其改變辦法之成功，而深感於土地法之窒礙難行，今後各地欲從事土地整理者，無錫實多足資取法焉。

地政學院

雖然無錫之土地整理，固大體規模已具，但亟待解決之問題，仍屬不一而足，就其犖犖大者而言，如速於確定地政機關職權，以收事權統一之功；改善佃農生活，積極培護自耕農，以期土地分配之公允；整飭市容，限制耕地分割；提倡公墓，厲行墾荒，以躋地盡其利之目的；他若田賦改征地價稅，一掃過去積弊，俾國課得以裕收，而民荷稍以輕疏。至設立土地銀行作長期中期之低利放款，化固定之不動產為流動資金，實為農村金融枯竭之救劑，亦平均地權及促進土地利用必要之途徑也。（完）

蘇州無錫常熟三縣佃租制度調查

（民國）阮蔭槐 撰

《蘇州無錫常熟三縣佃租制度調查》（民國）阮蔭槐撰，民國二十二年（一九三三）五月手稿本，二十世紀七十年代臺灣蕭錚主編《中國地政研究所叢刊》據手稿本影印，副標題爲『民國二十年大陸土地問題資料』。

本書依據的資料有當時國民政府所出版之《無錫縣農村經濟調查》第一集，內政部在蘇州、無錫、常熟三縣之『業佃關係』、『農村借貸關係』、『農村雇傭關係』三種調查表，實業部在三縣的租田制度調查表，還有每縣自行所作調查，以往的統計，近期政府及私人調查，通過向鄉政府發放調查表所得的材料，再加上其他相關報刊及專著等。所用資料不但豐富完整，而且詳實可靠，是當時闡述佃租制度的一本學術著作。導言概述三縣土地所有權、使用權、土地價格、農業生產狀況；第一章爲耕作制度、畝產、每畝成本、產量與成本比較；第二章講農村佃租制度的形成、種類、歷史原因，農民向地主租田及退租的方式，租田契約及轉租；第三章講農民交租數量及占所收獲物的比例，實物地租或貨幣地租，以及交租方式、時間、額度、災年的減租；第四章講農民與地主之間矛盾的發生、內容、調解；第五章爲對地主、農民經濟收入及由此而來的生活之考察，同時涉及地主與農民的階級關係。通過對當時農村封建剝削的生產關係的考察，作者認爲農村中所存在的永佃制，即土地所有權和土地使用權分裂狀態的存在，說明封建土地所有制已衰落，認爲應該廢除佃租制度，實行耕者有其田：沒收地主之佃租收入：土地國有。他把以上三點作爲遠期目標提出來。而對現狀僅提出一些改良的意見：由政府制訂格式佃租契約，禁止轉租，減低租額，規定折價和斗量標準，廢除預交租及押租，延長交租時間，收租必須給予收據，建立地主、農民糾紛的仲裁機構，使於農民申訴。

作者從農村調查得出的結論是從江南農村的實際出發的。農民問題是中國社會的根本問題，怎樣改革纔能讓社會破壞降低到最小，讓經濟和政治的改革雙軌並進，這是本書的一個基本思想。這些地政研究的成果，在二十世紀五十年代的臺灣土地改革中取得了良好的社會效果，爲西方國際社會所贊譽。該書同時也是無錫等地的農業近代經濟史的寶貴資料。

本書據二十世紀七十年代影印本重印。

（徐志鈞）

民國二十三年五月十四日

蘇州 無錫 常熟 三縣佃租制度調查

何夢雷

蘇錫常三縣佃租制度調查目次

地政學院

第一節　納租之方法
第一款　預納法與現納法
第二款　納穀法與納金法
第三款　收租法與送租法
第二節　納租之時期
第三節　租額之高度
第一款　正租
第二款　額外負担
第四節　災歉之減租方法
第四章　業佃糾紛及其調解
第一節　業佃糾紛之發生

論文　地政學院

第一款　遠因
第二款　近因
第二節　業佃糾紛之內容
第三節　業佃糾紛之調解
第一款　調解之機關
第二款　調解之方法
第五章　佃戶與地主之生活狀況及其兩者之關係
第一節　佃戶之生活
第二節　地主之生活
第三節　佃戶與地主兩者之關係

結語

論文　地政學院

導言

農村之衰落，在今日之中國，已成為普遍危急之現象，而為國人所同聲呼籲者，非獨人民如是，即政府亦有同樣感覺，去歲行政院之農村復興委員會之組織，即出於是，其目的無非欲網羅專家，共商對策，以挽救目前農村之危機，而期今後復興之實現。然則農村之須復興，固為急不待緩，但其衰落之狀態如何，其原因如何，尤為先決之問題，而須澈底瞭解者也。否則，復興之對象不明，欲解決之問題無定，正確之對策，既不可得，各種工作，將等於無的放矢，其結果必徒勞而無功，於農村何所補益哉。農村衰落之狀

態，可別為五。農村金融之枯竭一也。農民從繳租付税及購買之方式，不斷將所有金錢從農村流入都市，同時因農產品價格之跌落，農民售出之生產品，既不抵所費成本，更無從吸收流入都市之資金，使其全部輪迴。因此轉輾不息，造成今日農村金融枯竭。都市金融過剩之病。據中華月報一卷六期帝國主義支配下之中國農村一文所載上海與國內各地之現金移動關係有如下表：

年份	由各地移入上海	由上海移入各地
民二十年	一六九,〇〇〇,〇〇〇元	六〇,五〇〇,〇〇〇元
民二十一年	一四五,〇〇〇,〇〇〇元	七七,〇〇〇,〇〇〇元
民二十二年	六六,〇〇〇,〇〇〇元	八七,〇〇〇,〇〇〇元

從上表可知各地現金移入上海者多，上海移入各地者少，所謂各地，即內地城市及農村，而內地城市之現金，亦由農村流入，故直捷言之，農村現金流入都市者多，都市移入農村者少。且民二十二年與二十一年比較，從各地流入上海者相差一倍有餘，從上海移入各地者相差九倍，此一方面可以說明農村金融枯竭，將至無從流出地步之事實，他方面可以証明現金更停滯於上海，流回農村數目之大減。農村金融之枯竭，無疑為農村經濟之致命傷，蓋於今日貨幣經濟之形態下，其缺乏貨幣者，無論國家人民，均不足以圖生存

也。耕地面積之減小，為農村衰落之第二種狀態，據東方雜誌三十卷十八号載有一列年耕地面積之數字如次

民三年	一〇〇%
民四年	九一%
民五年	九五%
民六年	八六%
民七年	八三%
民十年	七九%
民十七年	七九%

從右列數字，可知耕地面積，年有減小。其原因在經濟方面，由於地主之剝削，在政治方面，由於兵匪之

擾亂，再加以天災之壓迫，使農民無法在鄉生活，而不得不拋棄良田，投奔都市謀生，於是荒地必然增加，而耕地面積自必減少矣。第三種農村衰落之徵象為自耕農減少，佃農增加。據《中行月刊》有左之統計：

農民別	民九年	民二十年	民二十一年	民二十二年
佃農	六%	三一%	三一%	三二%
自耕農	四九%	四六%	四六%	四五%

佃農之增加，一方面表示農民之窮化，他方面耕地單位，愈形細分，生產力因是減弱矣。第四種農村衰落之狀態為農產價格之跌落。記得民十九年在上海之時米每石價格高至二十元，而今年則為六元左右，前後相較，參差三倍之鉅。同時一般物價自民十九年以來，非獨無跌，且有增加趨勢。因之使農產品與一般物價之指數相差更鉅。此農產品價格之跌落，或較一般物價之指相差，即農民收入之減少，支出之比例增大，以至生產所得不抵成本所費，故無論凶年豐年，農民總是入不敷出，在此種形態下，試問農村不衰落而何？農民離村為今日農村衰落之第五種狀態。在一般國家論之，農民離村乃國家之好現象，蓋足以表示工商業之發達，都市容納人口量之增加，土地之分配可以保持均衡也。但中國之農民離村，與上述情形，迥然不同，蓋其所以離村之原因，乃由於天災人禍及政

論文　第　冊　第三　頁　地政學院

治經濟上種種惡劣環境所迫，出於不得已之舉，並非自動之有所進取也。因之，其結果非獨不足以表示良好現象，且足以顯露耕地之荒廢及都市人口之過剩，無論在何方面均給國家以不良之影響也。觀上述農村之衰落，其構成原因，固不祇一，但其最重要而根本者乃由於以土地問題為基礎之佃租問題之不得解決，而佃租問題之所以有如是大之影響，乃因其有數重要性在：

一、佃農地位之重要　從佃農人口之數量上觀之，根據立法院於一九二九年在十九省一百七十八縣六百三十八村調查之統計，則耕農兼佃農為百分之二十二，二，純粹佃農為百分之三十二，八，總計租佃之農民當全農民百分之五十五。又據金陵大學調查二八六六戶之結果，在東南部佃農佔全農民百分之五十一，八，可知就人口上言，佃農實佔農民之大多數。且佃農為農業生產上之主力軍，可謂全體實際從事農業經營者。若從此大多數人口而言為實際生產者之佃農有所問題，則其影響於全國之農村者，將如何重而大。

二、佃農對於一般經濟政治社會之影響　在經濟上佃農能適時影響農業之生產，間接波及國民經濟之發展。如佃農之耕地面積過小，資本缺乏，則其生產率必低，因此農業衰退，以至其他工商業亦遭同樣命運。於

論文　第　冊　第四　頁　地政學院

是全國之民經濟將受其大打擊，在政治社會方面，如佃農之環境不良，消極者流成農民離村，土地荒棄等現象，積極者則引起業佃間之糾紛，甚至造成反動之局面，如江西之共匪，其中大多數係良好農民，因環境不良，受地主種種壓迫，故得為少數共匪所誘，造成今日大反動之狀態，其影響於政治之改革社會之穩定者實非淺鮮也。

三、佃農狀況之惡化　尤其在中南部佃農較多之各省佃農終歲勞苦，不獲一飽，其大抵原因，皆受制於佃租關係之不良，此種惡劣情況，若不急求解決，則如上述之影響，將來必暴發更烈

佃租問題因有如上之重要性在，故足以影響全國農村之興衰，上述五種農村衰落之狀態，可謂均係此問題直接或間接影響之結果，故欲農村之復興，非得妥當於此問題不可，若此問題能解決，則最低限度可達挽救農村沒落之目的，然則佃租問題發生於佃租制度，故佃租制度之研究，乃為解決佃租問題之先決條件，然佃租制度在中國之今日，因各地經濟發展之程度懸殊，洵頗有地域性，因之欲求其整個之解決，非得各別之觀察，不於是實際之調查尚矣，學員此次所調查之區域雖小，然因其有地方性之關係，亦必有特殊之處，或有可取者，不過在調查時所感覺最大之困難即時間問題，按蘇錫常三縣，雖為毗鄰，且交通發達，來往稱便，然調查時間，祇有三週，一縣一週，所能調查（附）限於重要之數區，不能遍至各區，至於農家個別調查，更為事實上所不可能，因之材料方面不能單由學員所調查者，尚須仰賴於他方之處，此尤以結論中關於全縣之數字為甚，今將本文材料之來源列下：

一、由學員在每縣之重要三區內調查者。

二、過去已有之統計。

三、從前或最近縣政府及私人方面所調查者。

四、最近各縣之農會，教育局及農業推廣所已調查者。

五、將調查表送交各區公所及民眾教育館調查者。

六、由當地諸友人代為專行調查者。

上述其他各方面調查之材料，自不能如自己個別實地調查者為確，但採用時經過將各種數字互相對照及改正之手續，結果或不致與事實甚差，此亦為時間所限而不得已之辦法也。

第一章 緒論

研究一種制度，決不能單觀察制度之本身而已，須從其相關之各方面着想，蓋如是方能透澈瞭解，而得正確之結論也。佃租制之研究亦然，故本文在未敘述制度本身以前，先設緒論一章，將與佃租制度有關各點，從調查搜集所得，分節述之於次。

第一節 農地分配

蘇錫常三縣之農地面積，因過去未曾舉辦測丈，確實數目，尚未可得，茲就額徵農地畝數，編列統計如左：

縣別	農田畝數
蘇州	一·四八四·一二八
無錫	一·一一六·九二八
常熟	一·三四九·八七一

上表所列農地畝數，乃以額徵者為標準，實際上民間新墾未報，或過去湮遠之良田，亦不在少數，如統計在內，決不至如上表之數目，令為觀察各縣農地在土地總面積之地位起見，列一比較表於次：

縣別	土地總面積	農地面積	農地佔總面積之百分比
蘇州	二·一七〇·二一五	一·四八四·一二八	六八·四
無錫	一·六三三·八七五	一·一一六·九二八	六九
常熟	二·二七〇·二五〇	一·三四九·七八一	五九

說明：

一、土地總面積，單指平地面積而言，山地水地，均不包括在內。

二、土地總面積數字之來源，乃根據最近江蘇財政廳根據陸軍測量局所繪五萬分一地圖所計算之面積，因其用測量方法，故比較正確。

三、觀三縣農地所佔總面積之百分比，似不甚高，其原因由於兩種數字來源不同所致，實際上江蘇江南各縣之農地面積，均在總面積百分之七十以上。

農田之面積，既已知其大概，進一步可觀察其分配狀況，關於農地之分配，可分為兩方面述之，其一為所有權之分配，其二為耕種權之分配，為詳細說明起見，分設兩款：

第一款 農地所有權之分配

因為三縣所得材料之不一致，統計上不能合併共談，故祇可先將各縣數字分別列舉，然後並而論之。

蘇州為一地主勢力普遍之縣，全縣農田百分之八十把握於地主之手，所有農民，幾乎全為佃農，根據該縣於民國二十一年之調查，全縣農田為一四八四·一二八畝，其中租田佔百分之七十八，業田佔百分之二十二，所謂租田，即所有權屬於地主之田，出租與佃農耕種者，業田即所有權屬於農民自己，同時由自己耕種而不出租者，亦就是屬於自耕農之田。根據上述之數字，可知農田百分之七十八為地主所有，其為農民所有者，祇百分之二十二耳。農地之為地主或農民所有之情形，固從上述事實，可以知矣，但欲知分配之詳情，則非觀察所有者所有面積之大小及各種所有者之成分不可。茲錄該縣於民國二十一年調查所編統計如左：

所有面積	戶數	佔總戶數之百分比	畝數	佔總畝數之百分比
百畝以上者	一七九〇	一.九	五六七三四二	三八.二
五十一畝至百畝者	三一四七	二.九	二三七三五六	一六
三十一畝至五十畝者	五五四八	五.二	二二五四三七	一五.一
十一畝至三十畝者	一五七三六	一五	二〇七四一五	一二.五
一畝至十畝者	一七九四九六	七五	二四七四八八	一八.三
合計	二〇五七一七	一〇〇	一四八四二八	一〇〇

從上述之統計，可知蘇州農地之分配，趨於極集中之狀態，百畝以上之地主，其戶數祇佔農地所有者總戶數百分之一.九，而所有面積，竟佔總面積之百分之三八.二，一畝至十畝之戶數，佔總戶數百分七五，而所有面積，反祇佔總面積百分之一八.三

無錫為工業區域，其農地之分配，雖不若蘇州集中之甚，但地主所有面積，亦佔相當重要地位。據該縣於民國二十一年調查所得土地分配狀況，統計如次表

所有面積	戶數	佔總戶數之百分比	畝數	佔總畝數之百分比
百畝以上者	一二五八	一	二一四五五五	十九.二
五十一畝至百畝者	二五一六	二.一	一六一八〇二	十四.四
三十一畝至五十畝者	五一六七	四.四	一七九三三三	十六
十一畝至三十畝者	一二四八六	一〇.五	一五五三〇七	十三.八
一畝至十畝者	九四九九一	七二	三六四七九六	三二
公有地			二〇五三八	四.六
合計	一一九一二〇	一〇〇	二一一六九二八	一〇〇

從上表可知無錫之大地主，比較為少，其戶數祇當總戶數之百分之一，但所有面積，則佔總面積百分之十九.二，如共五十一畝至百畝之中小地主合併計算，則其戶數為總戶數百分之三.一，而面積為總面積之三三.六，可知無錫之大中小地主亦握有全縣農田三分之一以上，至於一畝至十畝之窮農方面，其戶數百分比雖與蘇州相近，惟所有面積，則較蘇州為高，亦佔全縣農田三分之一。

常熟過去缺乏整個之調查，故欲作全縣之觀察，比較困難，祇可就一部之事實，以為一般之推測也。本年二月，據該縣顧方橋之一民眾教育館，調查二一四戶農家及地主所得農地分配之狀況如次：

所有田積	戶數	佔總戶數之百分比	畝數	佔總畝數之百分比
五畝以下者	七一	三三	二六七	一一
五畝至十畝者	八二	三八	五五三	二五

十畝至二十畝者	五四	二五	六二〇	二九
二十畝至四十畝者	二	一	五八	二二
四十畝以上者	五	三	五九〇	二三
合計	二一四	一〇〇	二〇八八	一〇〇

由以上統計觀之，實農佔全農戶百分之七一，所分配之土地，祇佔農田總數百分之三十六，而超過四十畝之地主，其戶數僅爲總數之百分之三，所有面積反佔全農田百分之三三、又據同一統計，該農田二〇八八畝中，農民自耕者爲五九一畝，佔百分之二八，屬於地主者爲一四九六畝，佔百分之七二、以上之數字，雖祇常熟一部分之事實，然祇須材料本身確實，則說

明全縣情形，亦不爲過也

上述農地所有權分配之情形，三縣雖各有參差，然綜合之，可得共同之點如次：

一、大地主之戶數在農地所有者總戶數百分之三以內，而所有面積，則在總面積三分之一以上，

二、實農之戶數，在總戶數百分之七十以上，而所有面積，不到總面積三分之一、

三、中小地主與富農中農之戶數，在總戶數百分之二十左右，所有面積，爲總面積之三分之一、

由以上三點觀之，可知無論何縣，其土地分配之現象，均陷於兩種情況，其一爲集中，全縣三分之一以上之農地，操縱於極少數之大地主手中，其二爲細割，佔總戶數百分之七十以上之實農，所有面積，反不到總面積之三分之一、

第二款　農地耕種權之分配

耕種權之主体有三，一爲自耕農，即耕種者同時爲土地所有者，二爲半自耕農，又名半佃農，即耕種者之土地，一部份爲自己所有，一部份向他人租入，三爲佃農，即耕種者之土地，乃完全向地主租用者，關於耕種權之分配，即可從此數種耕種權之主体，及各種主体所佔之面積兩方面觀察之，茲據蘇常兩縣縣農會及無錫縣政府於去年調查所得數字，綜列統計於后

縣別	戶數面積	自耕農	半自耕農	佃農	總計
蘇州	戶數	一一五〇〇	三四七〇〇	一二七三〇〇	一七三五〇〇
	佔總戶數之百分比	六.六	二〇	七三.四	一〇〇
	面積	一〇五三三四畝	二〇七三六〇	一一七一四三四	一四八四一二八
	佔總面積之百分比	七.一	一四	七八.九	一〇〇
	每戶平均面積	九畝	六	九.二	八
無錫	戶數	三二七三〇	四七〇〇九	七三三三八	一五三〇七七
	佔總戶數之百分比	二一	三一	四八	一〇〇
	面積	二九〇三七五	三七三八九九	四五二六五四	一一一六九二八
	佔總面積之百分比	二六	三三	四一	一〇〇
	每戶平均面積	八.五	九	六.二	七.五

常熟				
戶數	一六六〇〇	三三一〇〇	一一四五四〇	一六四三四〇
佔總戶數之百分比	一〇	二〇	七〇	一〇〇
面積	一五三四〇一	二八七四三〇	九〇九〇三四	一三四九八七一
佔總面積之百分比	一一.五	二一	六七.五	一〇〇
每戶平均面積	九.三	八.五	八.二	八.六

根據上列數字，可以看出三縣各種耕種者主體之分佈及其耕種面積之概況。其自耕農所佔成分最高者為無錫，當總戶數百分之二一。半自耕農，亦以無錫為最高，佔總戶數百分之三一。而佃農則以蘇州為最高，佔七三.四之百分率。至於面積方面，這各種耕種主體較為高低，故平均面積，相比間相差極少，皆在十畝以內。其所以如是者，一方面為年內之結果，他方面因為耕種面積，不能與所有面積之相差懸殊也。

第二節　農地價格

蘇錫常三縣之農地價格，數年來因物價之變動及其他經濟上原因之影響，而變動甚劇。原來土地之價格，隨其純收益之多寡，金融狀況之如何為依據。土地之純收益，除宅地外，大抵以因土地所生產之物品為對象。其對於須注意生產品之數量，及其市場價格。蓋兩者均足以影響純收益之多寡也。金融狀況，具体上即指利率而言。蓋因如一地之純收益增加，而利率不變時，則其價格，必然增高。蓋土地之純收益增加，則投資於土地利息高，於是投資者多，結果，必然因供求之關係，促成地價高漲。反之，若土地純收益減少，則必然促成地價低落。又如土地之純收益不變，而一般利率有所變動時，則利率高者必然影響地價之低落，利率低者，必然形成地價之高漲。蓋一般利率高，即表示社會上資本之供給少而需要多。及投資於一般工商業為有利，於是大部資本，皆流向工商業，而投資於土地者，必因之而減少，亦即對於土地之需要低落，因是地價必然下低。反之，利率低時，則表示社會上資本之供給過多，及投資於一般工商業為不利，於是大部資本，轉向土地，而對於土地之需要高，則地價自必增高。進一步言之，若土地之純收益與一般利率，同時變動時，則兩者同高同低者，其地價不生影響。如兩者相反變動者時，則純收益增而利率低者，更表示地價之高漲，反之，更證明地價之跌落也。由以上之各種關係，可知土地價格，不獨可因農產統計數字，直接觀察之，且可因當地之生產物價及一般流行之利率，間接推求或證實之。

在未敘述農地價格以前，先略述三縣關於農地價之情形。蘇州農田之大部份為租田，此已在農地分配一節中證明之。且因永佃制，為該縣普通之佃租制度，故農田之大部份，分有田面田底兩權。前者屬地主，後者屬佃農，因兩者均可自由買賣，故皆有價帶價值之存在，因之，每畝田之價格，分爲兩部，一曰田底價，一曰田面價，如以每畝爲計算之單位，則須兩者合計。常熟農地價格之情形，與蘇州相似，無用再述。無錫之租田既少，且田底面別，不若蘇常之普遍，故所有田底田面，大抵屬於一人，其價格乃有田底價與田面價之分，故計算之，無須合計之手續，茲爲說明三縣農地價格變動之情形起見，將前後不同年份者，分列數表，以資比較於后

據江蘇省政府秘書處，於民國十九年所編江蘇省統計大綱初編內所列當年蘇錫常三縣農地價格情形如次

表二（單位畝）

縣別	最高價格	最低價格	平均價格	比五年前增加百分率
蘇州	四〇〇元	二〇〇	三〇〇	六〇
無錫	三〇〇	八〇	一五〇	一五
常熟	二〇〇	七六	一一〇	一〇

民十九年爲穀價最高之一年，當時江蘇各縣，雖因氣候關係，而農作歉收，但因穀價之飛漲，使每畝之純收益，仍有相當增加，故當時之農地價格，猶如上表之高，且較之五年前，如蘇州竟增至百分之六十者，其他兩縣，亦增加百分之十或以上，

據學員與諸友人於民國二十二年，所調查得三縣農地之價格如次表三（單位畝）

縣別	最高價格	最低價格	平均價格
蘇州	一八〇元	九〇	一三〇
無錫	一四五	七〇	一〇〇
常熟	一二五	四〇	八〇

從上表可知三縣之農地價格，自民十九年以來，同樣處於跌落，且其程度甚爲顯烈，如欲確知其跌落之情形，可以平均一項爲標準，將兩不同年份之數字，用百分率比較之，

縣別	民十九年之平均地價	百分率	民二十二年之平均地價	百分率	兩年之增減率
蘇州	三〇〇元	一〇〇	一三〇元	四三	減五七
無錫	一五〇元	一〇〇	一〇〇元	六七	減三三
常熟	一一〇元	一〇〇	八〇元	七三	減二七

表中尤以蘇州地價跌落之爲甚，三四年中，竟慘減一倍有餘，無錫雖不若蘇州之爲甚，但亦低三分之一常熟地價之跌落，比較最輕，然亦在四分之一以上矣

前面已經說過，地價之變動，有兩重要因子，即土地之純收益與一般流行之利率，此亦即佔定地價之根據，啟款明瞭三縣地價跌落之原因，或證實其變動之結果，可根據此兩因子，作一比較之觀察而得之，

據過去三縣之統計，民國十九年時，每畝平均之收

獲量，約當豐年之六成，今假定每畝之豐年收獲為二石五斗，則該年每畝實收米一石五斗，當時米之一般市價，每石為十七元，則每畝貨幣之收入為二十五元五角，此為其總收入，若假定每畝成本為十元五角，則其純收入為十五元，民國二十二年之收獲較豐，可抵豐年之九成，每畝約可收獲米二石二斗五升，當時米之一般市價，為每石六元，折算之，則每畝貨幣之總收入為十三元五角，其成本假定與十九年相同，通常收獲多，則成本亦重，蓋如礱磨，搬運等，均須多費人工或高工也，則其純收入為三元，兩年相較，十九年每畝之純收益，比二十二年，高至五倍之多，若假定利率不變，則就此純收入一點，亦可證明十九年之地為高矣，

因決定地價之第一因子，為一般利率，如在歐美國家，一般利率，大抵即指都市流行之利率而言，蓋其金融流通普及全國，各地利率，大抵相同也，在中國則不能一概而論，蓋因資金不能普遍活動，金融乃侍於都市，因之利率各處不同，且相差甚大，故欲論一縣之農地價格，祇可就該農村之一般利率言之，據該縣調查，三年前與去年之農村借貸利率，可如下表三（以月為單位）

縣別	三年以前之利率 最高	最低	平均	民二十二年之利率 最高	最低	平均
蘇州	二分	一分	一分五	三分	一分五	二分五
無錫	二分	八厘	一分五	二分五	一分	二分
常熟	二分	一分	一分六	三分	一分二	二分

上表之數字，已表示三年前與民國二十二年之利率，而顯然有增高之趨勢，蓋數年來，因大批現金，不斷向上海集中，以至農村金融，年枯竭一年，此為相近上海各縣之普遍現象，據本年三月二十六日時事新報所載，沿京滬鐵路各縣，列年運往上海之現金，內關於蘇州無錫兩縣者，試列表於次：

	蘇州	無錫
民國十八年	二、八三六、四〇〇元	七〇〇、二二五元
民國十九年	一、四八二、二〇〇	三、二一五、〇〇〇
二十年	二、七九八、二〇〇	八二、七〇〇
二十一年	一、一五四、九〇〇	二、〇二一、八〇〇
二十二年	一、三八〇、二〇九	二〇四、五〇〇
二十三年一月	一三二、六〇〇	三、二〇〇

如上表大批現金不斷之流出，試問農村金融，將安得不枯竭哉，記得前年年底在鄉之時，目覩農民舉行錢會，無一人拿出現金，均以期票為交換條件，此更可以證明農金融枯竭之屬實，金融枯竭，亦即現金不足，於是供不應求，利率自必提高而無疑矣，

綜括上述不同時期兩因子之情形如下：

民國十九年	民國二十二年
土地之純收益多	土地之純收益少
農村利率低	農村利率高

單就純收益之多少而言，已可知十九年之地價為高，況尚有利率之因子在，結果，必然使兩時期之地價相差甚遠，故不從地價高低實際統計之數字而言，即就其純收益與利率兩因子，亦可證明民二十二年三縣地價慘跌之屬實也。

第三節　農作狀況

第一款　作物種類及生產次數

蘇錫常三縣，皆為稻米區域，故其農作物，以稻為

主，蘇州據該縣政府於民國二十年之統計，全縣每年，產米約一百九十萬石，常熟縣農會於民國二十二年調查，統計全縣米之產量為一百五十萬石，無錫雖無全縣產量之統計數字，但據江蘇農民銀行在無錫第四區調查所得，全區稻田面積，佔總耕地面積百分之八十，據此可以推祘該縣每年米之產量，必在百五十萬石左右，次要之作物為麥，蘇州統計全年產五四〇三三〇石，無錫據第四區耕種面積之推測，亦在五十萬石以上，常熟據縣農會之統計為六十萬石，麥之產量雖遠較稻為低，但耕種面積，不定較稻田為小，蓋麥每畝之產量，遠較稻為低也，再次之作物為大荳，蘇州全縣之產量為十六萬石，無錫為十萬石，常熟為八萬石，此外種種作物，在各縣之重要性彼此不同，如蘇州之菜子，全縣產量，有七萬石之鉅，無錫之桑，其耕地面積，佔總面積三分之一，常熟之棉，全縣產量，達三十萬担，此外如蠶荳，麻等作物，比較不重要，其產量亦無一定，故從略，三縣農田每年之耕作次數，大抵為二，普通在六月中下旬至十月為種稻時期，在此期間內，溫度高而雨量多，正適合稻之生長，十月下旬至來年六月為種麥時期，在此期間內，氣候寒凉，雨量稀少，適於麥作之生長，但有於稻作時期，因田地較高，灌溉困難，或土質關係，不種稻而植

棉或大荳者，然於麥作時期，則仍以種麥為多，因當時之氣候雨量，不適於他種作物也，亦有因經營副業而種副產作物者，如桑棗木等，此種作物之地，當然每年祇有一次耕作，不能與一般作物之可以互相交替也，此外尚有採用休閒制者，每年祇種一次稻作，於麥作時期則休閒之，或種紅花草以為來年種稻作為綠肥之用，此種情形，比較極少，蓋在蘇省江南各縣，對於土地之利用，比較集約，尤以租種之田，須償付地租，決不吝土地之休閒也，

第二款　每畝生產量

每畝生產量，即每種作物每畝每次之生產量，因每

收一年內之生產作物有數，故若以畝爲單位，而不顧及生產次數與作物種類，則計标上困極困難，且難於定論，今以每畝一次作物生產量爲單位，從學員在三縣數區中調查所得，列表於次。

縣別	主要農作物		副產		
	米(粳)	小麥	棉	大荳	桑、
蘇州	二石	七斗	—	一石	四〇〇斤(既葉)
無錫	二石二斗	八斗	—	一石二斗	四五〇斤
常熟	二石	七斗	八十斤(籽)	—	四二〇斤

上表所列各數，乃由一縣之數區平均而得，同時其產量不偏以豐歲或凶年爲標準，而折衷以一般年份爲

論文　　地政學院

依據。蘇州農田，每年兩次之作物，大抵以稻麥爲主，稻分粳秈糯三種，表中數量，單指粳而言，蓋其在三種稻中，爲最大多數也，麥分大小兩類，其重要者爲小麥，故單就此類而言）大荳次之，副產則以桑爲主，無錫之主要作物，大体與蘇州相同，不過桑之副產，較蘇州尤爲重要，因該縣之農民，均以育蠶爲副業也，常熟之主要作物，亦爲稻麥，此外棉亦佔重要地位，副產方面，除桑外尚有麻，油菜等，因其較不重要，故未列入。

第三款　每畝生產成本

關於每畝生產之成本，亦祇可就每種作物言之，不能一概而論，且因材料所限，祇及於稻麥兩種，據諸友人暨學員調查所得，三縣之情形，大体相同，此因彼此環境不多大參差所致，其略有異者，在灌溉之工具不同，一賴於人工，一賴於機力也，今將三平均每種作物所費之各種成本，列表於后、

縣別／作物／成本	蘇州 稻	蘇州 麥	無錫 稻	無錫 麥	常熟 稻	常熟 麥
肥料	三元	一元五角	三元九角	一元七角	三元五角	一元五角
人工	十五工 七元五角	六工 二元五角	十五工 五元	七工 三元	十四工 七元	六工 二元八角
畜工	六角	三角	五角	二角五分	一元	三角
機器灌溉費			一元六角			
種子	三角三分	七角五分	三角五分	七角	三角六分	六角五分
農具修理費	一角五分	一角	二角五分	一角	二角	一角
灌溉工價	六角五分		六角五分		六角	
合計	一二元二角三	五元一角五	一一元五角五	五元七角五	一二元三角六	五元三角五

說明：表內人工，乃指自整理土地起至收穫脫穀止，自己之人工當然亦包括在內，每工以一天計标，工價在稻作時，比較爲高，約一元兩工，上表即根據此標準計标，麥作時工價爲低，蓋其人工之供給較多，且各縣亦略有不同，除所列各成本費外，尚有租額一項，因於後章中須詳細說明，故不從略，以免重複、

論文　　地政學院

觀上表知三縣稻麥兩作物成本之大概，其中雖有多少不同，但所差亦極有限，比較之，以蘇常兩縣所貴爲高，此因其所費人工之處較多所致，同時無錫之所以低，亦由於灌溉磨碧之普遍利用機器，蘇常兩縣，雖亦有利用機器之處，但究不若無錫之爲廣也。

第四款　生產量與成本

由上述兩款，可知三縣一般農田之生產量與成本費，今將兩者比較之，以明每畝支收之狀況，或每畝純收入之多少。

論文　二十三　地政學院

蘇州稻作一畝之生產量，爲米二石，如以去年一般米價每石六元折算之，共計十二元，此外加上稿稈一元五角爲十三元五角，此即去年每畝稻作之總收入之貨幣價值，至於支出方面，照上款統計所載爲十二元二角三分，兩者相減，尚餘一元二角七分，此即每畝稻作之純收益，麥作每畝在蘇州之產量爲七斗，亦照去年市價每石五元折算，爲三元五角，加上稿稈一元，共計四元五角，而成本爲五元一角五分，兩者相減，非獨無純收益可得，且反虧損六角五分，若以全年一畝之收支計算，即包括稻麥兩種作物之收穫，則共得純收益八角○二分。

無錫每畝稻田之產量爲米二石二斗，亦以去年之米價折算爲十三元二角，此外加一元五角之稿稈，共計十四元七角，其成本爲十一元五角五分，收支相減，尚餘三元一角五分，此即稻作每畝之純收益，麥每畝之產量爲八斗，計洋四元，加稿稈一元，共五元，其成本爲五元七角五分，收支相減，反虧損七角五分，若以全年每畝收支計算，則尚餘二元四角，爲其純收益。

常熟每畝稻田之收穫，爲米二石，照去年價格折算，計洋十二元，外加稿稈之價值一元五角，共計十三元五角，其成本費爲十二元三角六分，收支相抵，尚餘一元一角四分，此即其純收益，小麥每畝之收穫爲七斗，計價格三元五角，加稿稈價格一元，共計四元

論文　二十四　地政學院

五角，其成本爲五元三角五分，兩者相消，尚虧八角五分，如以全年每畝之收支計算，除所費成本外，尚餘二角九分，爲純收益。

從以上三縣稻麥兩種作物每畝收支狀況下，可知其純收入之一般，在稻作方面，三縣均有多少之純收益，在麥作方面，則根本無純收益可言，如以全年兩種作物計算，則使純收益更形低減，如無錫在三縣中比較最優者，然全年每畝之純收益祇有二元四角，且此處所謂純收益，乃指總收穫扣除成本而剩餘者而言，此外應付之租額，尚未計算在內，若亦加入成本而同時扣除，則非無純收益，且將大陷於虧損，無錫尚如是

、其他兩縣，更不必言矣，故歸根究底，三縣中無論何縣，其農田之生產，均在入不敷出之狀態中，

第四節　副業概況

所謂副業，即除從事某種以生計為中心事業之主業外，尚有剩餘勞力，復以此從事他種事業，以企圖其生計之收入增加時，則其所從事之他種事業，即為其主業之副業，此為抽象而主觀之定義，比較適當，盡欲其定義之實際或具體化，以決定何種職業為一般之副業，何種職業非一般之副業者，乃為事實上所不可能，例如漁業在山間或平原之農村為副業，但在沿海一帶之農村，則以之為主業，同為一漁業，因環境不

論文　第二十五頁　地政學院

同而別為主副也，副業雖因農村環境而有不同，然其於農民之利益，不外有四：

一農家細微之勞工，均可利用

二可以調節全年勞力之供給、

三可以增加收入，以補主業之不足

四可以振興農村經濟，而使農村社會安定

就此四端可知農村副業之重要，蘇錫常三縣之副業，彼此間因有不同，然因環境相近，亦大有相同者在、茲就調查所得，分別敘述於后，

一蠶業　蠶業為三縣之主要副業，其中尤以無錫為甚，蘇州據縣政府之統計各區蠶桑業之狀況可如次表：

區別	蠶戶總數	產繭担數	桑田畝數
第一區	五〇〇〇	五〇〇〇	四〇〇〇
二區	二四〇〇	三〇〇〇	三〇〇〇
三區	一五五〇	四〇〇〇	四〇〇〇
四區	二〇〇〇	五〇〇	二〇〇〇
五區	四〇〇〇	二九〇〇	五五一三
八區	四〇〇〇	一〇〇〇	一五〇〇
十七區	二〇〇〇	六〇〇〇	一〇〇〇〇
十八區	四〇〇〇	六五〇〇	六五〇〇
十九區	六〇〇〇	一〇〇〇〇	一五〇〇〇
總計	三〇九五〇	三八九〇〇	五一五一三

論文　第二十六頁　地政學院

就上表數字觀之，蠶戶佔蘇州總農戶之百分之十八，桑田面積，佔總農田面積百分之三、五，產繭量為三八九〇〇担，若以前年之價格每担六十元計算，則總價值在二百萬元以上，其於農村經濟之影響，將何如耶，無錫之蠶業，為江蘇全省之冠，據江蘇農民銀行在該縣第四區之調查，可得三種數字如下：

全區育蠶數為一〇七五四擡，以全區總戶數六一八一除之，平均每戶育蠶一、六擡

全區桑田面積為一〇二七三畝，佔總耕地面積百分之二七、六

全區所產桑葉為一〇八六〇七担，若以價值折算之，

則超過歩之總價值

蚕數之單位擡，則係農民之估稱，即以蚕至大眠後占長徑四尺之蚕筐十匾為標準，普通育蚕兩栺，結繭一担，如照上述育蚕數折計之，約在五千四百担以上，其數實堪驚人，即從育蚕數與農戶數之比較觀之，亦可知該區蚕業之普遍，幾乎佔農戶之全体，此外桑田之面積及桑葉之產量，均足以証明蚕業之重要，此並非該區特殊之記象，其他各區更有甚於此者，故蚕業在無錫之地位，非獨超過其他副業，即他縣亦未可與比擬者，而就絲品工業而言，全縣有大規模之繅絲廠，竟達五十家之多，若無大宗繭之原料為其供給，將

論文　　北平學院

何以至達至此，除以上證明蚕業在無錫之重要性外，試一述其與農民經濟之關係：原來無錫農民一年之生活，除食或與依賴於農田之收穫外，其他一切費用，大抵依於重要副業育蚕之收入，根據江蘇農民銀行在無錫調查，農家育蚕一栺之收支狀況如次表：

春蚕

支出：人工數二四工

人工價八元

蚕食桑量九五〇斤　以純葉計

桑葉價九五元　仝右

種價三・三元　一栺蚕合蚕種三張，每張價平均一元一角，每栺共計如上數

總計為二〇・三元

收入：繭量四〇斤　指鮮繭

繭價二四元　仝右（每担六十元）

總計數二四元　桑渣蚕沙不計

收支相差三・七元

秋蚕

支出：人工數一九・五工

人工價九・七五元

蚕食桑量七六〇斤　以純葉計

桑葉價七・六元

種價四・〇五元　蚕種每張價平均一元三角五分，共計三張如上數

論文　　北平學院

總計數二一・八五元

收入：繭量四五斤　指鮮繭

繭價二七元

總計數二七元

收支相差五元一角五分

照上表每栺蚕之收入除支出外，尚有盈餘，若平均每蚕戶育春蚕秋蚕各一栺時，則每戶每年於育蚕之副業上，可獲毛利十七元七角，且育一二栺蚕之人工，大抵由家工供給，故在每次育蚕之時，除純收益外，尚可獲工價八九元，若加入純收益之內，則每年獲五十元以上，其於每年農民之生活上，可謂補益非

淺矣。且每次育蠶所剩之蠶沙桑渣等物，可供肥料之用，而有利於農作生產者無形之收益也。常熟之蠶業，較上述兩縣為差，不過就其本縣而論，亦佔重要地，其全縣育蠶之區域，在西北鄉為之一帶。蓋因其宜於種桑也。全縣產量，據去年農會之調查為一萬四千餘担，比較之無錫，不過為其十分之一耳。而蠶戶不到總戶數之百分之二，桑地面積在耕地總面積百分之十以內。

從上述情形中，可知蠶業在三縣副業中之地位，及其與農經濟之關係。自民國二十一年以來，因下述種種原因，致此種副業無利可圖，為一般蠶戶認為不可靠，於是紛紛將桑田翻為稻，而放棄此種副業者不在少數。如無錫在十九年時，桑田共有二十五萬一千餘畝，二十年減至十五萬餘畝，二十二年更激減至八萬四千餘畝。（申報於去年雙十節載於時評）同時大規模之繅絲廠，亦相繼倒閉，如無錫五十餘家繅絲廠，於民二十一年春初開工者，祇有兩家，至夏季開工者，亦祇二十家耳。凡此均足以證明三縣蠶業之不景氣，農村經濟之衰落，農民生活益陷於困苦也。茲將三縣蠶業衰落之原因分列於后：

二)氣候之影響　每屆春秋之際，天氣冷熱不定，溫度失其常態，同時雨量甚多，因之，蠶於半途而死者，往所不免。如民國二十一年之收成，祇抵總數十分之三四，其餘一部分，即受氣候之影響而半途夭亡者，且非獨量受其影響，即質亦然。蓋氣候不良，所結之繭必不能堅實也。

三)絲繭價之跌落　據前年七八間上海晨報所載列年絲繭價之比較如次表

一、廠絲價格年份比較表

時期	頂號(每担)	頭號	二號
民國十六年至十七年	一五〇〇元	一三〇〇元	一一〇〇元
民十八年		一三〇〇元	一一〇〇元
民十九年	一三〇〇元	一一〇〇元	九〇〇元
民二十年	一〇〇〇元	九〇〇元	七〇〇元
民二十一年	八八〇元	八〇〇元	七五〇元

二)肥絲細絲價格年份比較表

時期	肥絲(百斤)	細絲
民十一年		一〇三元
民十六年－十八年	六〇－六五元	七〇－七五元
民十九年	五〇元	
民二十年	四五－六〇元	
民二十一年	三一－三二元	三四－三五元

據本年四月十六日，中央日報所載在法國里昂所開之各種絲之價格(平均數)中列無錫之列年絲價之變動如

下表：(單位法郎)

時期	價格
一九三〇	七五
一九三一	六五
一九三二	五〇
一九三三	三六

關於繭之價格，據去年晨報所載如次

時期	價格(百斤)
民十五年—一、二年	五〇—一〇〇元
民二十一年	二五—三〇元

上述數種統計，均指示價格之慘跌，在厰絲民十六七年之價格與前年比較，真不可同日而語，以言肥絲細絲，民十一年之一〇三元，亦不可以道里計，在法國里昂所聞無錫之絲價，四年間竟慘跌一倍有餘，鮮繭價之慘跌，亦與絲價陷於同樣情形，

絲價之跌落，乃近年來世界一般之趨勢，亦並非中國獨有之情形，不過中國絲價跌落之程度，特別為高，此確蠶業本身上之問題，為氣候與方法不良之影響，舊日人造絲發明以來，年內竟有取真絲而代之之趨勢．東就由上海輸入我國者而言，列年之數目，可如下次表：

時期	輸入數量(擔)
一九二六	五三五四、九一九
一九二七	九三五一、九一六
一九二八	一三二九〇、六九八
一九二九	一六、二四九、三五〇
一九三〇	一四、四六三、六六七

此表雖缺乏最近二三年間之數字，但觀其列年數字之變動，可以看出其一般增加之趨勢，而推知最近數年內，亦必有增無減，人造絲輸入之增加，不啻對於絲之供給增加，同時其價廉物美，銷路較真絲為廣，因之真絲之銷售，必陷於停滯，而致價格之慘跌，絲價既跌，繭價亦隨之下落，繭價下落，蠶業自必衰落矣

此外雖華絲之輸出方面，亦可証明蠶業之衰落，此雖非衰落之原因，但至少可作為事實之說明，據中國經濟第二期所載華絲列年輸出之數類如次：

時期	輸出類(擔)
民元年	一五八、〇三八
民五年	一三二、二四三
民十年	一五一、〇六四
民十五年	一六八、五六三
民十六年	一六〇、〇〇二
民十七年	一八〇、一八六

民十八年	一八九九八〇
民十九年	一五一四二九
民二十年	一三六一八六
民二十一年	七八二一九

上表在民十八年以前，續有增加，十九年尚能保持十五年前數額，二十年則漸形減少，二十一年則大形減低，其數若與十八年相較，不啻六五與一之比，此輸出額之銳減，即表示絲業之不振，亦即蠶業之衰落，全國皆然，蠶業如是，蘇錫常三縣何能幸免。

從以上各種原因及事實，均足以證明三縣蠶業之衰退無疑，然蠶業爲三縣農村副業中比較最重要者，故其影響亦比較最大，觀三縣近年來之農村經濟所以極度衰落者，其受此種副業之影響，實非淺鮮也。

二漁業　此亦三縣均有之農村副業，比較而以無錫爲重要，該縣在梁溪河一帶，溝池林立，計數約在千八以上，每年產額價值，達十數萬元之鉅，常熟之西北區域及蘇州之滸墅河一帶，農戶養魚者，亦不在少數，此種副業，因不受外貨之影響，又爲人民日常生活所需要，且其生產不受任何影響，故至今仍保持發展之狀態，不過其範圍到底有限，且因需要之固定，終無十分發展之希望，故始終祇爲一小部份農民之副業，不能普及一般，而於全縣農村經濟之繁榮，無多大影響也。

三紡織　此爲過去一般農民之家庭手工業，其生產品一方面作爲一家人生活上衣着之用，同時其生產如有多餘時，則亦出賣，以獲一部份之收入，故此種副業之存在，最低限度，可以節省農家在衣着方面之支出，其於農民之補益，誠非淺也，但自帝國主義商品侵入農村以來，不成問題，此種由手工業產出之價貴而質劣之土貨，非獨出賣沒有人要，連自己用亦不經濟，於是不得不相繼宣告破產，截至今日，在鄉村中已不復聞軋軋之木機聲矣，此種副業之破產，非獨斷絕農家一部份之收入，且增加其一部份之支出，此於一般農民經濟上之打擊，自不言而喻矣。

四畜牧　其中比較普遍者爲猪與雞，蓋種田不能不養猪，良以猪糞爲農田必需之肥料，故養猪雖無大利，而農家仍努力從之，普通每頭猪自離仔猪期後，約養五六個月出售，平均需用飼料麥麩四石五斗，約值價十元，豆餅一百五十斤，約值價七元五角，米糠不計，仔猪價五元，人工不計，共計需資本二十二元五角，收入計每頭毛猪約重一百二十斤，約價十八元，猪糞十五担，約值三元，共計二十一元，收支相抵，虧損約一元五角，倘猪之飼育不良，多養半月或一月則虧損必增加，以故養猪成績優者，則其所賺爲猪糞，成績不良，猶更不能抵禦，則虧損殊鉅，故此種副業，雖極普遍，然除藉得肥料之一部外，並無純利可言，蓋雖亦一般農家之副業，但因其不利於大量生產，故終雖因不費人工飼料有利可得，然為數極為有限，每頭充其量，亦不過一二元之利耳。

五其他　此包括刺繡，繅絲，毛巾等家庭手工業，及果樹，園藝等副業，刺繡為蘇州第一、二、三、四、十八等區一般農家之副業，此為女子之工作，一家內如有二人從事，年亦可獲利三十元，惟近來因刺繡品之銷路停滯，價格下跌，大半農家，已無再行繼續之可能，故就現在而論，此種副業，已失卻其地位矣，繅絲自大規模之繅絲廠建立後，此種手工業，已無存在之餘地。毛巾為蘇州第九、十兩區之一般副業，亦為家庭手工業之一種，過去最盛時，每年生產之總價值，約在五萬元以上，近來因外貨之充銷，致生產大受影響，其每年之總價值，已不到萬元，若不從事改良及救濟，亦必致完全絕跡之一天，果樹本來亦園藝之一種，但生產上稍有不同，故分開無不可，此等副產，所及範圍，極為有限，尤其如花卉蔬菜等類，須近於城市之地，方便於生產者，且其中一部，係為專營，故為副業者，其範圍更覺有限，因之，其有利與否，於農村經濟，實無所影響也。

論文　第　冊　第五十七頁　地政學院

觀上述三縣之各種副業，可歸納為兩種現象或趨勢，其一即與外貨有競爭關係或世界市場有影響者，此包括蠶業及一般家庭手工業，其範圍比較最廣，地位比較最重要，亦即與三縣農村經濟關係比較最密切者，此等副業，因其與外貨有競爭之關係，又因其本身生產方法之不良及政府保護之不力，於是在大量價廉物美之外貨輸入脅迫下，必然使其兩無存在或發展之可能，此如一般家庭手工業之情形，又如與世界市場有關係之絲業，亦不可免之當世界之潮流，而趨於衰落，因此間接影響蠶業於同樣狀態，綜括言之，屬於此類之副業，均不免受國際之影響或打擊，其至上述之現象者，概由於此，今後若不設法救濟或改良，此種副業全部之總崩潰，可立而待，同時因其在副業中所佔之地位特別重要，而對於農村經濟之影響亦更重且大，今日三縣農村之衰落，其原因固多，此種副業之破產，實其重要之一也，第二種現象或趨勢，與前一種不同，此包括漁業，畜牧及園藝等副業，為與外貨少競爭或與國際市場無關係者，此種副業，其範圍比較為小，在各種副業中之地位，比較為差，因之對於農村經濟之影響，不若前種之大，此種副業，因其無外貨之競爭，故在市場方面無所問題，同時為日常生活之資料，故需要比較固定，因為有此兩種

論文　第　冊　第五十八頁　地政學院

特性之存在，而形成一呆板之局面，即既不見發展，亦無所衰落，蓋因市場固定需要之支配，使供給雖有增減也，茲[illegible]体言之，此種副業，在穩定而無所增減之狀態，若從其趨勢而言，雖不能確然預斷，但根據今日之經濟狀況，可以推知此後市場對於此等副產需要之低落，只影响其生產，或者因此而形衰落，亦可謂重也。

終之，上述三縣之副業中，其重要者大都已破產無餘，所存者亦有不可支持之勢，其不重要者目前雖尚可維持，將來亦不難於衰落，凡此均足以說明之狀態及前途之危機，要之，副業之衰落，必然影響主業之

論文紙 第三十七頁 中國學院

不振，最後形成農村之末落，就今日三縣農村之不景氣，亦或農村副業衰落之重要反映也。

第二章 佃租制度及其形成

第一節 佃租制度之種類

何謂佃租制度，此實為一不易解答之問題，我遍佃租制度有關各書，終未見對佃租制度四字，有一確切之解釋，或完全之定義，而一般論佃租制度者，甚至連定義亦無，不過就其種類，加以分析而已，因其既無定義範疇，每致涉非佃租制度本身而不過有關者，亦列為佃租制度之一種，其所論之對象，既已失實，所得結論，自必謬矣，故是員以為欲研究一種制度，非先確定其範圍，明解其意義不可，於是乎一定義應為開場白之一著，然佃租制度之定義，過去既無例

論文紙 第三十八頁 中國學院

可援，而制度內容，又複雜異常，如欲以寥寥數句，將其涵意包括淨盡，實為一困難問題，茲為鄭重明確起見，先將其內容，加以分析，然後根據之而下以定義，如是，或不致有所遺漏也，佃租制度之內容，不外下述數點：

一 佃租制度為地主與佃戶對於農地之權利義務之關係，

二 其關係之成立，或為有條件或為無條件，或為口頭約定或有成文契約，其關係之存在，或有一定年期或為無期限者，其產權之所有，或單屬於地主或屬於地主佃戶兩者，均非固定之要件，

三、地主為債權者，每年有向其田之耕種者收取一定或不定租額之權利，以作為給予耕作權之報酬。佃戶為債務者，每年有向其田之所有者繳納一定或不一定租額之義務，以作為取得耕種權之償付。

佃租制度之內容，既經分析如上，於是其定義為：凡地主與佃戶對於土地之權利義務之關係，在此關係之下，地主為債權者，每年有向其田之耕種者收取一定或不定租額之權利，以作為給予耕作權之報酬，而佃戶為債務者，每年有向其田之所有者繳納一定或不一定租額之義務，以作為取得耕種權之償付，此於關係，即所謂佃租制度。

講義　地政學院

件（押租），或是否有契約，其關係之存在，是否有定期，其產權之所有，是否專屬於地主等等，均非固定之要件。因之此種制度含有兩種特性，其一即包容性，包容有關之各種形式，如有條件或無條件者，口頭及契約者，定期或不定期者，產權專屬於地主及分屬於地主佃戶兩者等等。其二為排他性，即排除一切無關之組織或關係，如農地之典當，雖亦為人民對於農地之權義關係，但農地使用或耕種者為權利人，決無對農地所有者有繳納租額之義務，故此不得謂佃租制度，又如農地抵押，抵出者對於受抵者雖每年亦有相當之給付，但其給付係對押款所生之利息之性質，並非為取得耕種權而償付之地租之性質，且其土地所有者即耕種者，故亦不能混為佃租制度之一種，其成為佃租制度者，非適合於上述定義中之各條件不可。

關於佃租制度之意義或範圍說明，於是進一步可探討佃租制度之種類。關於佃租制度之種類，學者間意見紛歧，莫衷一是，又因標準之不同，而致名稱之互異，茲將數種標準不同之分類，列之於次：

一、依據佃種權之時期而分者

（一）永佃制；（二）世襲佃制

（三）田底田佃制

（四）永久租制

講義　地政學院

（一）定期佃租制

（二）不定期佃租制

二、依據繳納租之方式而分者

（一）實物制：（1）正租法　（2）分租法　（3）議分法

（二）錢租制：（1）錢納法　（2）納金法　（3）頂輕租法

（三）力役制

三、以佃租之方式而分者

(一)直接租制

(二)間接租制

(三)部份租制

以上三種分類，比較為一般而普遍，但無論如何，終不免下述之數弊：

(一)單以一種標準為分類之依據，未免有偏頗失實之處，如上述第一種分類，因以佃租時期為標準，故所提出之數種制度，均偏於佃租時期方面，而其他與佃租時期無關之制度如分租制包租制等，概不能包括淨盡。

(二)不應立為一種制度者，亦因任意依據，而認為一種制度，如實物制現金制等，然所謂實物與現金，不過為納租之對象，或納租方法之種類，其雖與佃租制度有關，但斷不是制度本身，故如是之佃租制度分類，根本不能成立。

燕京大學論文 第四十一頁

(三)一種制度常混入其他制度，不能分別清明，如第二分類之定租法，亦即定租制，此種制度既可以實物繳租，亦可以現金納租，視地方情形而異，決不能完整包括於實物或現金任何一制之中，苟欲以此分類，而從事解釋或說明，則將泯然其他一部份事實，不能得完整之結論。

(四)如照某校之分類，必不免事實之遺漏，如第三種分類，則田底面制之大部土地，根本不是從地主租來，而是由農民已有之地抵押與地主而後形成者，則既非直接向地主租佃，亦非轉租，更非部份租制，故如根據此種分類而言，則此田底面制之大部，將不免遺漏，或有失本意。

根據以上四種原因，可知一般佃租制度之分類，不適於正確完整之說明，尤其對於某一空間內之佃租制度，必因環境之關係，有其特殊性質，更不能以一般之分類，以為籠統之解說，故為切實而正確起見，祇可就該空間內所有之制度，加以分析綜合，成為標準不同之數種，以為佃租制度之種類，夫如是，方不致

燕京大學論文 第四十二頁

有其分類而無制度，有其制度而無分類也。同時為說明便利及簡明起見，將其他與制度本身之區別，無十分關係者排除之，歸於有關各章節討論，如現金租與實物租，此與制度之本身，無甚切關係，且為納租之方法事，故提出另歸於第三章第一節納租方法中述之，根據調查所得，三縣存在之佃租制度，歸納之有三，即田底面制，包租制及分租制是也。關於轉租方面，雖亦有立為一種制度，不過在三縣所存在之情形，比較複雜，尤其在普遍之田底面制之下，其轉租之關係，或為佃種權之移轉，或為耕種權[illegible]，故學員以為與其混合在一

般制度中言，不若另立一節述之，蓋如是，庶不致朦混遺漏，同時其有關之情形，亦可附帶為說明也，在此為避免重複起見，祇可從略，

茲將以上三種佃租制度之詳細內容，及其本身之利弊，分述於次：

一、田底面制

田底面制為永佃制之一種，該為無年限者，佃戶除不納佃租之數額，超過相當程度時，有永遠佃種之權利，在此種制度下之農田，分有底面兩部，即所謂田底田面，同時因其所有之主体不同，亦有田底權田面權之分，前者歸地主所有，後者屬於佃戶所有，田底權因為產權之一種，田面權因有獨立之債權，所有者可自由買賣，故亦為產權之一種，民法物權編內對此亦有明白之規定，所謂永佃權者即指此而言，田面權既具備此種資格，故除買賣外，尚可對外行抵押或設定負担，田底田面權之主体既各不同，故其權利之移轉變更，亦係以獨立，無所牽支，因之，地主與佃戶間之關係，非常疏淡，其所存在者惟地主對於佃戶，每年在一定時期，有收取其佃租之權利，同時佃戶對於地主，亦在每年一定時期，有先納其完之佃租，於此地主固為權利人佃戶為義務者，不過地主除收租之權利外，尚負有納稅之義務，故並非完全為權利人也，

地政學院

至於租額，乃規定如一，此與已租制之情形相同，但決不能即將兩者混而為一，蓋田底面制有其最大之特點在，此即田底田面權之分裂及田面權為產權之一種，而可以移轉變更，此之其他佃租制度下佃戶所有之佃種或耕種權祇能有使用或收益者，判然不同，故決不能因其不重要點之相同，將兩種制度混為一談，此外田底面制在其形成方面，尚有特殊之點，容於下節述之

田底面制之內容既明，進一步可敘述此種制度在詳中之地位，據調查所得，田底面制在三縣之各種制度中比較最為普遍，其中尤以蘇州一縣為甚，今將其在三縣之各種制度中之地位，用百分率表示之如次：

縣別	田底面制在各種制度中之%
蘇州	九〇
無錫	五〇
常熟	八〇

表內之百分數，乃學賓赴各縣之數区內實地詢問及諸友人在鄉實地調查兩者平均所得者，雖不能作為可靠之數字，但與大概情相近，以之作為參考根據，不致有誤也，以下其他佃租制度之百分比亦如是，不再聲明，從上表可知蘇州佃租面制之重要，幾乎全縣皆為此種制度所籠罩，常熟所佔之百分率，亦不為低，

地政學院

33041

在百分之八十左右。原來常熟之農田有漕田沙田之分，前者即一般墾熟已久之農田，並已經升課完賦者，後者則新自長江充積而成者，其地雖已墾熟並種植各農作物，然尚未正式完賦者。漕田在全縣農田之面積中，約佔百分之八十以上，此種田之佃租制度，可謂均係田面底面制，而沙田則非田底面制，故決定田底面制在常熟之百分比為八十者非無根據也。無錫因環境關係而比較稍低，然亦佔百分之五十，就其本縣而論，在各種制度中，尚以此種制度為最普遍也。因之田底面制在三縣中無論何縣，雖有成分上之不同，但在各種制度中，莫不以最重要地位自居也。田底面制在三縣之地位既明，可更進一步述其本身之利弊於次：

利：（一）農村社會生活之安定，使佃農能安於鄉土，同時佃農對於其土地，比較愛惜，而願多投資本，以增加生產。

（二）耕種權有可靠之保障。佃戶因有固定之田面權，可以安心耕種，不致年年有解佃而全功盡棄之虞。而地主亦因有此種關係之存在，而不能對佃戶之耕種權任意剝奪或藉以行種種之威脅，

（三）佃戶因擁有產權之田面，故可適應移轉，如遇不堪地主之虐待時，亦不難解而脫之

（四）田面因其為產權，故佃戶可用之行抵押或設定負担，以為金融上之種種便利，並增高其在鄉之地位

弊：（一）造成不負農業上責任之大地主與不可擺脫之佃農階級。在此種制度之下，地主坐食其租，而佃農永久之貢獻地租。因之，一方面造成閒暇階級，除坐收一定之租外，對於農業上之一切漠不關心。他方面佃戶為生計所迫，不得不含忍於繼續之耕作而成類似農奴之階級。

（二）不能鼓勵開墾荒。佃農雖有田面為其永續性之耕種權，然輾轉相承，悉為佃農。田底權之取得，既絕非易事，耕者有田之政策，終難實行

觀上述田底面制之利弊，形式上雖利多於弊，實質未必然也。如其利之第一二兩端，未必因底面制始有，即較長之普通定期佃租，亦所具備，況處今農村衰落情形之下，農民終年辛苦，所入猶遠不敷所出，致歷年負債累累，大有不堪繼續之慨，夫如是，即有永佃或可以為借貸之產權，於佃農又何所實際補益，況其量亦不過保持其入不敷出或增加其負債而已，結果，佃農仍不免將田面出賣，而失却其耕種權也。

二、包租制

根據謝勁鍵在中國佃租制度之研究及其改革之對策中所下之定義：包租制者定租或帳租或鐵租，即佃戶

佃種田地時，業佃雙方訂明一定之租額，無論豐年歉歲，均須照定額繳租，不得減少。其納租之標準有二：

（一）依所出之主要產品而定租額之多寡，

（二）合主副各種產品之產量而定租額之多寡。

又唐啓宇先生對於包租制所下之定義爲：包租制爲佃戶於每年每畝田地交納一定之租金或租穀，在此制度之下，業主有收取定額之租金或租穀之權利，負担以其定額之土地於一定年限租與佃戶以使用收益權之義務，而佃戶則在一定期限內，對其租得之土地有使用收益權，同時亦有每年繳納定額佃租之義務。

根據上述二位之解釋，可下一較完整之定義如次：

調查　第　頁　地政學院

包租制度者乃佃農向地主租得一定面積之土地，以供自己之使用或收益，並於每年每畝之總收穫中，須交納定額之租金或租穀與地主之制也。此種制度，依據佃期之定否，可分爲定期包租制與不定期包租制兩類，此雙期限之不同，而制度之內容則一也。在此種制度下之農田，無所謂田面權或田底權之分，蓋其田之產權，乃完整而屬於地主一人，地主因本身不能從事耕種，而出租其地與佃戶，藉以得佃租之收益，此田出租以後，地主雖或因契約之拘束而暫時不能處分，但其所有權終未有所損也。至於租得田之佃戶，除在一定期間內從負担相當之義務下有使用收益權外，絕無

處分之權利（除極少之私下轉租情形外），故在此制度下之田之地主，決不是如田底面制之地主祗有處分收益之田底權（即地主對其田之所有權或產權祗能及一部份之田底權），而是對於其田之全部有產權或所有權，同時佃戶決不是如在田底面制下之佃戶對於其田有一部份田面之產權，可以有完全之處分使用收益等權利，不過在租期之內，有耕種權而已。此所以在權利之形態上表示兩種制度之不同，同時因此權利關係之不同，形成時期上之久暫。從以上可知包租制與田底面制之特點，非在交租之方法，而在其權利之形態與佃租時期之久暫也。包租制之意義說明，進一步而述此制度在三

調查　第　頁　地政學院

縣中之地位，在田底面制之敘述中，已知三縣之佃租制度大部份均屬於田底面制，其他任何制度，皆佔較不重要地位，故可推知包租制在三縣之地位，必然較差，其中尤以蘇常兩縣爲甚，至於其差到如何程度，可以百分率將其在各種佃租制度中之地位，分別表示之

縣別	包租制在各種制度中之%
蘇州	一〇
無錫	四〇
常熟	二〇

三縣包租制之百分比，以無錫爲高，但較田底面制

向覺遜色。至於其他兩縣，則更爲微末矣。常熟之包租，祇及於沙田，而沙田面積佔全縣之農田約爲百分之二十左右，故其包租制所佔之成分，亦如此數。今將此種制度本身之利弊，分列於次：

利：(一)佃戶可以自由之意思，從事農耕，不少受地主之拘束，因之恆爲佃農所喜。

(二)地主不必供給資本予佃戶，亦無須督察佃戶工作

(三)地主收租便利，因有一定租額，不致發生臨時議分之糾紛。

(四)地主不受有佃戶之影响而受損失，因其付租有定也。

(五)獎勵佃農努力耕種，因租外之收入，盡歸於己也。

弊：(一)佃戶與地主無休戚關係，地主僅奢求得一定之租額外，其餘關於佃戶之生活，耕種之方法等，均置之不顧，以佃戶遇特別情形收穫減少時，亦必責盡顆子，以完其租。

(二)訂佃租契約時，佃戶常因競爭而處不利地位，蓋競爭則租額必因此待高，於是佃戶負担加重

(三)因地主對於土地，但求其收益，同時其收益又有定額，因此對於改良土地方面一切有關支出者，均爲其所不願，佃戶之經濟，況極急迫，地主又不予資助，農業上之改良，自無可能矣。

(四)如在無定期之包租制下，則地主可以隨時收回其田而停止佃戶之佃耕權，此尤其在佃戶多而土地少之情形下爲甚，因佃多地少，對於耕地之競爭必烈，地主祇爲自己利益打算，而希望租額高之佃戶，故在隨時即有更調佃戶之可能，而致佃戶之耕種權旦夕不保，同時在佃戶方面，因佃權之不定，而不願盡力投資於改良其土地，於是生產低落，整個社會受其損失也。其中即有多投資於土地者，一旦佃權被解，則損失不可免矣，此種情形，非獨不定期制有之

即短期之定期制亦不可免，每在期終之時，發生吝嗇農之經營

根據上述各點，雖利多於弊，然所謂利皆地主之利耳，於佃戶何所裨益，而弊方各點，非獨爲佃戶之不利，且有影响於農業之衰落，故此種制度對於地主爲有利，對於佃戶及農業方面則有弊也。

三、分租制

分租制有名之曰活租制，凡佃農向地主佃種土地時，不訂明一定租額，至農產物收穫時，雙方按成分配其成分或爲對半，或爲四六，三七等，視地主供給資本與否爲條件，不過其成分之確定，有事先規定或商定

共臨時議定之不同，前者在雙方成立佃租關係時即說定一定比例，以後即按照之分配，不再更變，後者則至作物成熟收穫時，視年歲之豐歉，而臨時商定之。此種制度比較為陳舊，大抵為封建制度破壞後之初步形態，在此制度下之地主與佃戶，其關係比較密切，蓋此種地主，大抵係在鄉曾從事農耕者，同時對於佃戶之耕種共工作，地主有隨時監督及指揮之權利與義務，而佃戶如有感覺資本之缺乏時，亦須給予相當之幫助，蓋佃戶地主站在同一利益之立場也，地主佃戶之關係既較密切，故其佃種年期雖無明確規定，但實際上非有重大事故，不致解佃，因此有反較包租制之

年期為長者，此制因帶封建之氣味較為濃厚，故在交通發達工商業較盛之三縣，不多存在，尤其在蘇常兩縣可謂絕跡，其惟有者祇無錫一縣，此或因地方風俗習慣之關係，然在各種制度中，亦不過佔百分之十耳，故三種制度比較之下，以此種為最不重要，今將其利弊一述如次：

利：(一)使地主與佃戶之利害一致，地主與佃戶既按年歲之豐歉而按成平均分配，結此問可無利害衝突之處，故主張因合作方法解決此問題者，頗贊成此制為善，

(二)租額既按收穫成色分配，故在歉歲之時，佃戶亦可同樣少納佃租，無論如何歉收，佃戶終可以成分取得一部，

(三)分租制之佃戶，不致因競爭而付高租，因分穫租之習慣，地主所得常為收穫之一部也，

(四)雖少年期之規定，但因佃戶無提高租額競爭之可能，故佃期較長，同時業佃間關係密切，亦不輕時有更換

(五)在分租制下，地主欲增加其租之收入，而對於佃戶之耕種態隨加注意，必要時亦有以資助而使農田收穫增加者，

弊：(一)地主佃戶間之關係，雖比較密切，然猶不免利

害衝突之處，地主對於佃戶之耕作，說時加注意，於是使佃戶不免感覺拘束，不能自由從事同時有諸地主不願資助佃戶，而係迫佃戶增加勞力，以期增加生產者，此必於佃戶不利，因之兩者不免衝突不洽，而協作難期實現，

(二)在分租制下每畝生產量，必然較差，此可設一例說明之：假設一佃戶向地主租得田二十畝，當時講定以四六成之比例分租，即地主得收穫之四成，佃戶得六成，又設該二十畝之收穫為四十石（即每畝產兩石），分配之則地主得十六石佃戶得二十四石，今佃戶若多加資本與勞力使

每畝之生產量增至二石五斗，則其總收穫為五十石，較從前增加十石，分配之地主得二十石，佃戶得三十石，按此情形，佃戶雖得增加六石之收穫，但其增加投入之成本，實際上已超過此增加之收穫，而反較前為不利，致常為佃戶所不為，且佃戶與其多投資於一地之生產，不若多租入土地從事生產為有利，故佃戶對於一地之經營，祗能達到其成本與分配為最有利之範圍，因之在此範圍以上生產，在分租制下為不可能，此所以分租制下農田之經營，比較不易於集約也。

（三）分租制下地主佃戶如感情不洽，則因產量分配之多寡，與品質之優劣，在在均足引起爭執，

三縣所有之佃租制度之種類，內容及利弊，可謂已約略述之如上，本來一種制度無絕對之利弊，須視其內容或實際存在之情形而定，決不能單依據其本身而一般以武斷也，上述各制度之利弊，乃抽象而就其本身言者，如在一空間之範圍內而論，則非觀察實踐之情形不可，故上述之利弊，決不能對三縣存在者而言，至於對三縣制度之批評，尚須待觀察其實踐情形以後，始能為斷也。

第二節　佃租制度之形成

一種制度之形成，必有其歷史之背景及經濟之關係，經過長時期之演進而成，決非偶然產生或由任何人所造就者，佃租制度亦社會制度之一種，規定地主與佃戶兩者間之經濟關係，此固現社會之產物，不過從歷史上觀察，其由來已久，當農業相當發展，個人之生產力超過其消費力時，一般被征服之民族，不再有殺戮之危險，祗須為征服者從事生產，即可免其一死，因此奴隸制度構成，在此制度之中，即形成支配與被支配剝削與被剝削之兩階級，支配與剝削階級即征服者，被支配與被剝削階級即被征服者，被征服者終年從土地生產所得，除自己消費者外，盡為征服者所有，此種關係，即今日佃租制度之始祖，相沿至中世紀封建制度建立，於是被支配者之地位，更形確定，並專附屬於土地之上，成為領主財貨之一種，且可以自由買賣，故當時之形態與從前畧有不同，其支配或剝削階級為貴族，領主等，被支配或被剝削階級為農奴，此即今日佃租制度之第二代，迨封建制度破壞，統一國家建立，私權從此與公權分列，土地即成為人民私有財產之一部，過去之農奴，雖從此可以解放，但因為經濟條件之支配，仍不能不屈服於土地所有者，而自居被剝削之地位，此種剝削與被剝削之階級，已

非昔日之領主與農奴，而為地主與佃農矣，此即佃租制度之第三步，亦即今日佃租制度之形態也

根據上段概括之叙述，可知今日之佃租制度在歷史上之演進可分三個階段，第一為上古時代，其表現之主僕為征服者與被征服者，第二為中古時代，其表現之主僕為領主與農奴，第三即現代，表演之主角為地主與佃農，故佃租制度之確立，雖為近代土地私有後之產物，但其演進之事實，却有深久之歷史，並非一旦產生者也，

関於佃租制度縱之歷史上之進展情形，既已明其大概，進一步可以從橫之方面分析其原因，佃租制度形

論文　第五十五頁　地政學院

成之原因可從一般與特殊兩方面觀察，為簡明叙述起見，特分設兩款如次

第一款　一般之原因

所謂一般之原因，即其原因無時間性或空間性之限制，而適合於一般佃租制度之產生者，此種原因，又可依其重要性分為主因副因兩種，試分別叙述於次：

主因：

（一）人口之增加　人口不斷之增加，非獨為佃租制度形成之重要原因，且為推動世界進展之原動力，若原始時代稀少之人口，固定不增，則人類間各種物質上精神上之問題，無從產生，而一切對策或方法當然亦無產生之可能與必要，惟其因人口不斷增加人類間之關係，日漸複雜，在物質上精神上之問題不斷發生，於是無窮之對策與方法，亦隨之而出，如是不絕演進，始有今日文明之世界，進一步言人口對於佃租制度之影響，亦復如是，蓋人口增加，使人類對於土地之關係密切，且土地之面積有限（尤以良地），人口之增加無窮，於是土地即成為爭奪之標的，其爭奪之方法，或依於勢力，或預於金錢，故結果必然為有勢有錢者即成為爭奪之勝利者，可以操縱土地，而無勢無錢者即失敗者，當然無地可耕，為生存所迫，故不得不在某種條件之下，表

論文　第五十六頁　地政學院

示屈服，佃租制度亦即由此種關係構成，反之如人口有限，土地無窮，則何必因土地而屈服於他人哉，

（二）生產力之發展　在原始農業時代，人類之生產力幼稚，一人之生產，祇能供一人之消費，當時對於土地即有爭奪發生，其勝利者對於失敗者祇有處以一死，蓋無從取其生產之剩餘，以為剝削也，在此種生產力之狀態下，無論如何，即人口兩倍於今日亦不能發生佃租制度，蓋生產者之生產，祇能供其本人之消費，不能為他人生產也，惟實際上生產力發展而已，至今如工業上一人之生產，可供千萬人之用，即農業上一人之生產，高者可供若干百人，

低者亦可十數人，此即生產者除其本身之消費外，尚有多餘之存在，因之在土地上始能造成剝削與被剝削階級，而構成佃租制度之形態。

三土地之佔有或私有　在古代人類對於土地，雖未有今日所謂之私有權，但佔有之事實，已經發生，如征服者對於被征服者之土地，不成問題為全部之佔有，如是方能超使其被征服者從事土地上之生產，封建時代，土地操縱於領主或貴族之手，於是農奴始屈服而為其生產，至現在土地已如一般財產為私人所有，地主亦惟依靠此種權利，在經濟條件上鎮壓佃農，為其剝餘之生產，此無論為實際上之佔有或

法律上之所有，均為佃租制度構成之條件，否則土地公有公用，一部份人民又何甘心屈服，而為他人生產做其牛馬哉，

副因：

一工商業之發達　因此而發生兩種影響如次：

1.增加農民之離村　工商業發達，都市繁興，農民因羨慕都市生活之舒服及謀生之較易，於是紛紛遷居都市，此遷移之農民中，雖係農佃農皆有但尤以自耕農為多，蓋彼等較有資本，遷移為易於是所有土地，不得不租與他人耕種，此即有助於佃租制度之構成，

2.增加對土地之投資　工商業急發達，資本亦急集中，而擁有大量資本之資本家，樂於購置田產以為穩健之收入，而增在社會上之地位，因之諸經濟狀況較劣之自耕農，漸失去其土地，而降為佃農階級，使佃租制度更加蔓延，

以上因工商業發達之兩種影響，均足以促成佃租制度或擴大其範圍。

二土地之分割　農村內因人口之劇增及多子繼承之習慣，必然形成土地之細割，如上述三縣土地所有權之分配，其所有面積在十畝以內者佔所有總户數百分之七十以上，可知其土地分割之甚，此種土地

細分之結果，常為土地所有者失之原因，蓋所有土地面積細碎，即表示其經濟狀況不良，尤其在農村經濟衰落之現象下，此種細碎地之經營，無論如何不能繼續維持其耕作及生活，於是在不可免之負債狀況下，日漸失卻其土地，最後即成為耕作而無地之佃農，此所以土地分割亦為構成佃租關係之一重要原因也。

三信用制度之缺乏　農民類多貧者，無充足資本，即耕種之工具，亦無力購買，常年之衣食或出於乞借，欲購土地為自耕農，乃不可能之事，然若有良善之信用制度救濟之，亦不難助其實現，但各地農

村，雖或有農民銀行之設立，其放款均係短期，且利率亦高，故無濟於事，此外如典當及抵押借貸雖在農村間者通存在，然非獨不能有助於農民，且爲農民極大之剝削者，在此種狀態之下，欲佃農成爲自耕農恐非易事也。

第二款　特殊之原因

特殊原因，乃對於某種制度或在某種空間下之制度而言，即其原因對於在某種情形下之佃租制度發生影響，故欲述時祇能就某種制度即各種制度分別而言。茲將三縣所有之各種制度形成之原因，分述於次：

一田底面制　此種制度之形成，有兩根本條件，其一

爲土地肥沃，生產力比較高，其二爲人口稠密，尤以在無田之農民多向爭求耕地之環境下，此兩條件，在上三縣可謂均不成問題，在土地之肥沃方面，可從其每畝生產量知之，而人口密度與佃農之眾多，可從土地之分割及耕種權之分配中知之，但此已在緒論詳述，而足以證明此兩條件之俱備，至於其形成，可於下述數端說明之。

(一)田地之所有權或產權，本來屬於地主一人，無所謂田底田面之分，但自出租與佃農以後，因農民無地者多，求耕者眾，尤其因客地農民之遷入，使耕地更供不應求，因之一般求耕地之農民，不惜出相當資金向原來直接向地主租得土地之佃戶，挖買其耕種權，藉以維持其生活，因此風開後，佃種權之移轉，皆成買賣之方式，而成爲有價格之東西，至此所謂田面權，於是田底權而判然分列，田底面制亦從此開始。

(二)田之完全所有權，本屬於農民一人，後因經濟關係，將田抵押與地主，此種抵押，大抵係於債務關係，抵押時期，本訂有一定年限，（在抵押期間，抵押者每年除以利息之方式償付與地主或受押者外，並無佃租關係存在，故關於賦稅，仍歸抵押者負擔）然農民之經濟，年年困難，欲其有整批款項，贖回

所抵出之田，固屬不易之事，因之常有到期不贖者，於是抵押者即不問抵押者之願意與否，即自動赴縣，過戶辦糧，作爲己有，（此三縣因洪楊亂後，方單失散，故以完糧爲重要之所有根據，從此農民對於抵押出之田，祇有田面之一部份產權，而田底權則爲受押者所據有矣，同時使方不再爲借貸關係，而爲佃租關係，蓋此後農民不再以利息之償付而以地租之方式爲償付，其名稱上亦各以地主佃戶同居矣

(三)農田之所有，本屬於農民，後農民經濟困難，而將田底權直接賣與地主者，或於抵押情形下，農民在未到期以前，即絕賣與受押者等，此在田底面制已

發生之狀態下，為最普遍之事實，此足以助長此種制度之擴張也。

以上三種情形，尤以二三兩種為最根本。其田之底面權既經分裂，田底面制亦隨之形成，截至今日，竟成為三縣佔最重要地位之佃租制度。

六包租制　形成包租制之條件，為土地肥沃，地價昂貴，此與田底面制之條件相似，故在三縣亦所俱備。其形成之原因可如下述：

(一)田主之棄耕　此以接近城市或交通便利之地處為甚，其棄耕之原因，一方面因所有土地之細碎及經濟狀況之不良，同時因都市工業之發達。如無錫之

論文　東亞同文書院

情形，必然引起不少貧農，拋棄固有之土地，投奔都市，改從他業，其所拋之土地，當然不是荒棄，必須招人佃種，以得一部份之收入，因此形成佃租之關係。但其所以不成其他制度者，一方面根本無田底面分裂之事實與可能，他方面因收租之便利而不得不然者也。

(二)官荒田之招徠　其田之所有權全屬於官廳，但官廳不能自己從事耕種，勢必招徠佃戶，因此亦構成佃租關係，此在無錫存有相當重要之事實。

(三)不在地主之關係　城市擁有資本者投農地之投資即形成不在地主，其鄉間之大地主移居於城市者亦然，此因形成租佃關係，同時地主欲得到固定之收入及收租之便利起見，亦必然成為包租制之形態。

(四)新漲土地之壟斷　如常熟之沙田，本為江水充積而成，其地之所有，應歸實際從事開墾之農民，此在前清時代，亦有命令規定，藉以防止大戶之包領，但實際上一般墾種之農民，財力薄弱，既無力向官廳領報，而一般大戶每藉官廳之名義為護身符，而大批報領，藉以避免規定正面之衝突。如常熟者大抵藉教育會之名義報領，且大地主對於此種情形，當然非常注意，如發現江漲充積至相當程度時，即向官廳報領，待充積成塗以後，即為報者所有，於是招佃

論文　東亞同文書院

耕種，即可坐收其租，於是佃租關係亦成問題形成。

三分租制　形成此種制度之條件為土地瘠薄水旱不均人工價廉，同時地主大抵為過去或現在實際從事農業者，在三縣中比較適合此種情形者少，故此種制度存在之範圍亦狹，而以上所述之諸條件，亦可以說其形成之原因，蓋土地瘠薄水旱不均之地，農作收穫全無把握，且平均較一般為低，在此種情形之下，如欲佃戶負擔定額之佃租，則將因收穫之無定，不堪賠累而無法繼續，且佃農無論如何，亦所不願，因之祇可用分租制度，使佃戶在歉歲時，可以減少租額，以輕其負擔。又如在工價較貴之地方，佃戶生產之成本不免

增加，此在分租制下之佃戶，尤為不利。蓋佃戶收穫有限，如工價騰貴，則少數雇傭農以為經營矣。為分租制之地主，大抵因己在鄉，且俱有耕作經營農事之經驗，換言之，必須有在鄉實際從事或從事過農業之地主，始能應付此分租制。否則，一般地主不明耕作情形，如何對佃戶之耕作，賜以監督；不明農產狀況，又如何有利之分配其收穫成分也。不自居鄉，更無從對佃戶行一切之職務。故凡地主不在鄉而不明農事者，均不願採用此制。歸納言之：分租制之形成，因為封建制度破壞後佃租制度殘存之雛形，然在今日比較進化之社會，尚有某種之寄生條件存在，故猶未能脫離其

形態也。

第三節　佃種與押租之手續

佃種與押租之手續，因制度之不同而異。茲擬為詳細說明起見，須分別述之，以免含混之弊。茲按照次序之先後，就各種制度分述於后：

（一）田底面制　從前節已知此種制度之形成，有三種不同之形態：其一，即地主直接租與佃戶，而佃戶間接地轉賣所形成者。其二，先由農民將田抵押以主，待當押者從而以使田底面權分裂者。其三，為農民直接將田底權出賣，同時與買主保留田面權分裂者。凡此均為田底面制之開始，亦即成主佃租關係之第一次過程。在此過程之中，其

所經之手續，依前述而不同。如在第一種前提時，則先有介紹人介紹某佃戶與地主，然後雙方三面成立一個租契約。同時有諸佃戶並繳出少額之押租以為担保者。惟大都均不繳押租，其由中人担保，地主見其佃種手續，即稱完備。第二種形態乃由地主佃戶成者。該土地不經何種手續，主於租之繳納，即依據於一般之習慣。因地主已經有所有權據，佃戶亦無須有所達物也。第三種形態之佃種手續，由佃戶立一賣田底權之契約與地主。契約內容，為於佃戶之所述之，同時地主在其租付之田底價與佃戶，惟契約成立時，必有中人在場，以作保証。經此手續以後，在佃戶方面田底

論文 …… 王 …… 地政學院

何種手續，惟地主則須同時承受佃戶之耕種，以為確定其所有之產權。以上三種形態所經之手續，乃在第一過程中所行者。經此第一次過程以後之佃種手續，若論何種形態，均採買賣之方式。即該田面權佃種權之佃租關係，不必與地主接洽，祇須同田面所有者，轉入某田面即可矣。在行購買之前，大抵先託人從中介紹，同時雙方經商定後，即由賣者立一賣田面契與買者。同時買者將應付之田面價格交與賣者。在舉行此等手續之時，常然亦有第三者中人在場。從田面權轉移以後，賣者即脫離佃租關係。買者即取得田面權而代之，不過於取得以後，須於當年繳租時期以前，報明地主，以

便納租時期，分蔭由紙，以上所述為佃種手續，至於退租方面，可分自動與被動兩種，自動者無論佃戶或地主均可以出賣其田面或田底權而行之，被動者即非出於佃戶所願意者，此制因為永佃制之一種，且有產權存在，故佃戶除欠租至相當時期（普通三年以上），此種地主不得解佃，故此種退租乃出於欠租之情形，此種欠租之解佃，地主大抵無條件之沒收佃戶之田面權，重招他人佃種，故無須何種手續。

二、包租制　此種制度乃田地主出租其土地與農民者，故其手續，比較不同，且甚平易亦因納租方法之不同及租期之定否，而致手續有異，如須納金法，佃戶在

取得佃種權而成立契約時，須先付一年之租金，為必要之條件，在現納租金法成立契約時，雖不須先付租金，但亦須立相當押租為要件，除以上納租之不同而致手續有異外，尚有時期之定否，而影響於手續者，不過此關於契約上之手續問題，定期者須有年份之規定，不定期者則不必須也，至於其一般手續，則無論納租方法或時期如何，大抵相似，事先須有介紹人從中斡旋，得地主允許後，即央請中人，成立契約，其契約普通有三種方式，其一即佃戶立與地主者，其二為地主立與佃戶者，其三為雙方訂立合同分執者，其中以第一種為多，第二種為少，此契約訂立之後，佃種之手續，即稱完備，至於退租之手續，與佃期定否之關係，比較重要，蓋有定期者，無論地主與佃戶，非有特別意外事故，不得退租或解佃，到期以後，佃戶不願再繼續耕種，或地主有意解佃者，則佃戶須收回前所交與地主之押租及契約，如地主亦有契約立與佃戶者，則亦當面收回，雙方交清，即退租之手續完畢，如無定期者，地主可以隨時解佃，祇須在解佃時將押租契約等交還，即稱手續告竣，反之佃戶亦可隨時退租，惟在退租之時，須另立一吐退契約，交與地主，然後始能收回前所交出之押租或契約等件，故出於佃戶之退租，比較須多一項手續，此亦不平之處也

三、分租制　此大抵用口頭之方式成立，中雖亦有介紹人或中人，但少契約之明白規定者，且佃戶不必繳納押租，佃期亦為不定，故佃種手續，極為簡單，同時退租之手續亦然，此亦地主與佃戶之關係比較密切之所致也。

第四節　佃租契約

在契約未甚發達之時，田地之租佃，大抵採用口頭方法，無所謂成契約，此在今日比較不發達地方，猶依然如是，惟在交通發達，經濟比較進展，社會，同佃租關係，日漸複雜，口頭方式，已不足以維持此種制度，於是佃租契約，始應需而生，契約之內容，雖各

地權問不一，但法律既均承認其有效，習慣上亦以之
為重要憑證，且契約所載，全關於地主與佃戶雙方之
權利義務，其規定之適當與否，有關兩方之利害者頗
大，故佃租契約，非獨為佃租關係成立之一種手續，
且為業佃雙方權義之規模範，而一般注意佃租制度者
莫不重視及此，本文為鄭重起見，亦專設一節，以詳
其要，佃租契約因佃租制度不同而異，即同一佃租制
度之下，各縣亦頗不一律，茲為簡明起見，仍依以右
種制度，分述於后：

一、田底面制　前節說過，田底面制之形成，有三種形
態，除一二兩種問題之促成田底面分裂，而與此制之佃

租契無十分關係外，其第三種形態乃直接形成田底面
之分裂，同時在分裂之時，雙方成立一種契約，即田
底權之買賣契，亦即田底面制開始成立之一正式契約，
故極關重要，惟此種制度非自今日始，且為時既久，買
賣者生，一塊田底權，經多次移轉，無從知其首先向
農民購買之一人，以採案該田底權買賣之契約，雖經
三縣詢案，終未能一覩廬山真面目，惟從多處詢問之
下，約略知其內容，按此種契約乃出自賣方，由買者
收執，契中所載，大抵關於田底之買賣價格及佃戶每
年應完之租額，時期以及決不拖欠等字樣，此外除賣者
簽名盡章外，並邀中人具名盡章，以資鄭重，而為担

保，但訂立此契約以後，無論田底田面權如何移轉，
業佃雙方之權義，仍得依約履行，此種契約，祇有一紙，
歸地主執收，未免有偏頗之處，且其訂立，常以買
方為主動，而賣方係一農民，無智無能，處處被動地
位，致內容規定，不免有損其權利或增加其義務，而
對於農民常為不利也，除上述第一次佃租契約外，尚
有田面田底之移轉契約，田面之移轉契，在蘇常兩縣
向稱謂田面契，在無錫則謂灰肥契，其名稱雖異而意
義則一也，此種契約產生於佃農之間，若依其移轉之
永暫又可分為兩類，一為絕契，一為活契，前者係絕
賣性質，賣者將田面權永遠賣出，將來不能再行贖回，

後者係活賣性質，賣者將田面權賣出若干年，待年期
到時，再行贖回，在其出賣期間，買方有完全之權利
義務，與地主發生直接關係，若賣方則全無關係，此
所以與典出或押者不同也，絕活兩契除後者載有年期
而與前者不同外，尚有紙數之不同，前者祇有一紙，
由賣方立而買執，後者有兩紙，互相交換立執，蓋備
贖回之用也，此兩種契約，在蘇錫兩縣因政府無規定
格式而由農民自由訂立，故內容殊不一致，不過其中
必要條件，大抵依據習慣俱備，按絕契所載內容如次：
立絕賣田面契人（在無錫為灰肥契）某某，今因家有正用將
坐落　區　都　圖　字　號某姓業主之田　畝　分

全　元正出賣絕共某某，耕種還租管業。言明絕田
面價　元正契日一兌收足。自後不贖，永為承買人某某
之產，與出賣人無涉。恐後無憑，立此出賣田面契存照。

計開　四址　東　西　南　北　田名　起水

中華民國　年　月　日立絕賣田面契人某某　押

中　某某　押

活契之內容，大體與絕契相同，其所異者有下列數點：

一、名稱之不同，絕契名絕賣田面契，活契有兩紙，習慣上賣方所立者名出典田面契，買方所立者名承典田

論文　第　頁　六十八　地政學院

面契（實際非典而是活賣，此在上文已經說明）故在首段記載立契約之人時，謂立出典或承典田面契人。

二、田面價格之不同，絕賣時比較為高，活賣時為低，其相差之程度，視活賣年期之長短而定，一般年期約五年，其價格當絕賣之百分之五十。

三、絕賣須載明期限，活賣則非載明不可。

四、此外在手續費上亦有不同，絕契之手續費（中費）歸買方負担，活契歸雙方平均負担。

此外所載事項，完全與絕賣田面契相同，故其式樣不再另述。且所述絕契之格式，乃其中一種，實際民間所訂，並不一律，惟其所載要項相同，故單舉一種為例也。

常熟田面之絕活兩契，與蘇錫兩縣，略有不同，其契約格式，不由民間自由規定，而歸全縣各區之公所一律訂印，式樣附後。凡民間業田之田面買賣時，可向其當區之公所購置，價格絕契為一角四分，活契為一角，此外在區公所方面，尚得有一部份中費，此種方法，頗含有強制性，若民間購中不用而私訂契約者將來一旦發生糾紛或被區公所察覺時，則該私訂之契約，將失却其效力或須受相當懲罰，故關於田面權移轉之契約，在常熟甚為一律。至於契約中所載，即如所附式樣，中所列各項，大體與蘇錫之契約相似，蓋

論文　第　頁　六十九　地政學院

此種式樣，本來即根據民間私契略加修改而印成者。不過在名稱方面，略有不同，其絕賣田面契名曰出頂絕田面契，活契則名出頂田面契，此外兩種契約，除當事人收執者外，尚有備查一部份，作為存根，留於區公所，此如能長久保存，可備將來發生糾紛時稽攷之用。以上所述，即關於田面權制下之各種有關之佃租契約，此外田底權移轉之契約，乃關於所有權之買賣與佃租無關者，故不述之。

六、包租制　此種制度之農田，無所謂田底田面，乃一完整之私有權而屬於地主者，其詳細內容，前節已經詳述，無容重提，在此制下之佃租契約，就記三縣所

有，分述於次：

（一）種田承攬　此爲佃種時所成立之一種契約，蘇州及常熟之一部採用之，實際上種契約，不獨行於包租制，即田底面制亦用者，如佃户拋荒之田面，地主招徠他佃户佃種時，即用此契約，不過其應用之範圍，比較狹小耳，此契約係一合同，雙方各執一紙，其内容可以錄於下：

立租田承攬佃户某某，央見攬保租某某等，今攬到
某姓業主名下坐落　境　都　圖　字　田　畝　分
厘　毫正照額米　石　斗　升正當時言明該田訂定
每年找租照額錢或完納不得短少拖欠如有過限交租
任以原額完租各無異言立此種田承攬筆據存照
立合同種田承攬字據各執一紙存照

論文　第　　第七十三頁　地政學院

民國　年　月　日立種田承攬某某押
見攬某某押
央保租某某押
餘至

右契約内雖未載明年期，但並非永佃性質，蓋地主與佃户遇有特別事故，均可解除也

（二）承種攷種　此爲無錫包租制下普通適用之契約，内前一種，乃佃户立與地主者，後一種爲地主出與佃户者，此兩種契約之存在，或爲單方，或爲雙方並無一定，比較言之，以單方爲多，尤以佃户立與地主爲普通，故承種契約實較攷種契約爲流行，今將其内容分列於次：

承種

立承種佃户某某，今承到
某姓業主名下坐落　區　鄉　圖　字號業田　畝
分　厘　毫正當時三面言明押租大洋若干元正於契
日一併交清每年租額白米　石　斗　升到期全部完
納決不拖欠設後有忽立此承種筆據存照
民國　年　月　日立承種某某押
中　押

攷種

論文　第　　第七十三頁　地政學院

立攷種業某某，今將坐落　區　鄉　圖　字號業田　畝
分　厘　毫正攷與佃户某某耕種當經三面言明押租
大洋　元正一併於立契時收清租額每年白米　石
斗　升正不得短少或有攙雜等情恐後無憑立此攷種
契約存照
民國　年　月　日立攷種某某押
中　押

以上之兩契約，其格式由民間自定，故並非一槪如是，要之其要件終不過如是耳，契約内亦不載年期，普通非遇特別事故，退租者可謂絕無，解佃者亦不甚多也，

（三）租扎　此亦佃種時之一種契約，由佃户立與地主者。常熟之包租制，大抵採用之，其式樣附於左，

立租扎　　　　爲因無田耕種，央中　　　　租到
府　　　　場　都　啚　字號田　畝　分　厘
毫，實辦租米　石　斗　升　合正，一到秋成，即將
乾圓潔淨好米，依限完納，不致拖欠延宕，如有此等
任憑呈官追比，倘遇水旱等災，照依邊方大利，欲
後有憑，立此租扎爲照。
計開

歲豐大熟

年　　月　　日立租扎　　保租

常熟包租制下之租佃，除極少者外，大部均交有押租之數額，記於契約中計開之內。佃租年期，契約中雖未明定，不過交押租者比較爲久，蓋其所繳之押租等於購買田面權所付之代價也。不過有特別事故，解佃亦非難事，且實際上因佃户間之競爭而解佃者，亦不在少數也。

（四）吐退　此爲退佃之一種契約，行於蘇錫兩縣。凡在不定期包租制下，佃户遇有特別事故而不能繼續耕種者，即立此種契約，向地主請求退租。此爲佃户者所負之手續。如由地主主動之解佃，則根本不必需也。今將其內容抄錄於左：

立吐退業某某，並催甲某某，地保某某，等實因無力耕種，今
將坐落　境　都　圖　字　田　畝　分　厘　毫，正
情愿退回某某棧名下另召良佃耕種，恐後無憑，立此吐退為照。

民國　年　月　日　立吐退某某　押

催甲某某　押

地保某某　押

契中並未提及要還押租之事者，因祇須地主接受此契，答應佃戶退租，則退還押租乃當然之事。凡地主大而設有棧者，即用退還某棧字樣，否則用退還某某業主字樣。

三、分租制　分租制在三縣各種佃租制中之地位，比較最差，此在前節已詳述之，無用重提。此種制度，一方面因為最舊之形態，習慣相傳。他方面因業佃間關係密切，彼此接近，故並無正式成文契約，一般祇用口頭講定而已。至於彼此間之各種權義，均由習慣或風俗支配之，故即無契約規定，其效力亦不稍遜色，或且有以過之，既無契約可言，故此處祇可從略。

綜上述各種佃租制度之契約之分析，可知其內容之一般，如進一步分析之，又可得數標準不同之分類，如依據訂立契約之單方雙方，可分為單方契約與雙方契約。前者在佃租關係成立或解退時，祇有一方立契與另一方，細分之又可得兩種，一為單由佃戶立與地主者，一為單由地主交給佃戶者，兩種比較之，以前一種為普遍，如田底田面制農民與地主所訂之買賣田底權契，包租制下之租札，吐退及承種之大部份，均屬於此，後一種祇包括一小部份之放種契約，雙方契約，乃佃租關係成立或解退時，雙方同時訂立契約而彼此收執者，細分之亦可有二，一為雙方訂立一種契約而彼此分執者，一為雙方各別訂立而互相交換者，前者如蘇州之承攬合同，後者如無錫之承種放種，以上單雙方之兩種契約，不成問題以單方者為不公平，蓋無契約之一方，必因無所依據而處處有受侵害之虞，觀單方契約中，以佃戶立與地主者佔大多數，亦即大部份契約為單由地主把持者，因之無契約之佃戶，常不免有受地主之控制或暗算，而致於有所之損失，故就此點而論，佃農在佃租契約上已處不利之地位矣。又如根據契約格式之定否為標準而分為定式契約與不定式契約兩種，前者由官廳規定而全縣一律者，如常熟之田面買賣契，後者乃由民間自由訂定者，如蘇錫佃租契約之全部及常熟之包租制契約，就此兩種比較，當然以不定式者私契為多，尤以地主與佃戶所處地位之不平，經濟條件之懸殊，其所成立之契約，必然有種種侵蝕之處，結果，倒霉者惟佃戶耳，不過常熟之定式契約窃以為亦猶尚不足以補救此患，且其內容亦含有弊在

蓋各區公所之製定者亦不過依照舊時習慣上之各條件加以製定樣式而已。故除形式上之一律及為區公所藉以取得一部份收入外，於契約之改良毫無意義，況此等區長，本身亦係土豪劣紳乎。從上述之兩種分類中，已附帶說明佃租契約之利弊，然單從此形式上觀察，尚感不足，須進一步從其內容所載之條件觀察，方足以證明其不公平之屬實，在無論何種制度中，地主與佃戶所成立之契約，在開首即可看出其地位間之不平，如佃戶立與地主之契約中所載業佐業主名下一句，必須抬頭，而在地主立與佃戶之契中，則根本無此一套，此雖區區之格式，但亦足以表示地主地位之為高，而

論文　第　頁　第七十七頁　地政學院

為佃戶者不得不於經濟條件壓服之下，仰求其所賜，進一步如就契約之尾語之「決不拖欠或短少」等語觀之，則更可以說明佃戶處處在對地主之聲，承認各種強迫剝削之條件，至於內中所載之各條件，現雖未嘗以事實證明，但從首尾之語氣，即可知地主在壓迫地位，佃戶在被壓迫地位，即條件有種種苛欸之處，佃戶亦祇有服從而後已。本來單從佃租決不能說明佃租關係之一切，不過最低限度可以揭露地主與佃戶之地位，並根據此推知其關係之一部，以上所言，重要者亦不過在於此耳。

第五節　轉租情形

轉租者向地主租得土地後再取得其中一部份利益而轉租與他人之謂，在此種情形下，現耕之佃戶與地主為間接之關係，蓋中間隔有第三者存在也；此情形在蘇錫常三縣存在之形態有三，試分述之如左：

一、有田面權者因事故不能耕種而轉租與他人以收取一部份之利益

此存在於田底面制度之下，三縣中以蘇常為甚，無錫為差，所謂田面之出租，即指此而言，大抵佃戶因無暇顧及所種農田或一時需款孔急，同時將來仍欲收回耕種，因之不出賣而行出租，其租期普通為三年

論文　第　頁　第七十八頁　地政學院

承租者之直接關係人，非地主而是出租人，其所負之義務，除完納出租人之租及地主之棧租外，於訂立契約時，須付押租若干元，俾解佃時收回之，此種情形亦有以大租小租名之，大租即納與地主之棧租，小租即交與出租田面權者之租，一名花草米，其租額約在三斗左右，規定雖係書額，實際折價計算，押租數目視田之肥沃，地位及租期之長短而不同，如去年普通一畝田之押租約二十元左右。轉租所訂立之契約，大抵係合同，內容所載，亦即如上述之各條件，不過形式比較簡單耳。田面出租與田面之活賣不同，前者記耕佃戶與田面出租者為直接關係，並須交納小租，後

者，即耕佃戶在一定期間內（至于四年）對於出賣者為無關係，對於地主則為直接關係，一切原田面所有者之權義，均屬諸現耕者。田面出租又與田面抵押不同，前者之耕種權屬於承租者，後者之耕種權仍歸田面權所有者，因之對於原抵押者反須納相當之花息米，以為押租之利息。田面活賣與抵押之兩種情形，在無常兩縣，極為普遍，較田面出租之情形尤甚。此等類似轉租之情形，均足以表示佃農經濟之困難，及其負擔之增重也。此兩種情形，因其易與轉租相混，故特提出，以資區別。

六、受地主之委託，出租土地，並招徠佃戶，及包收佃租

講義　地政學院

此種情形之受委託者，類似普通地主收租或收租之機關，不論包租制或田底面制，凡在大地主較多之情形下，均有存在可能。蓋地主所有土地較大，則收租及佃戶招徠等手續極煩，如地主本人辦理，將不堪其擾，因之不得不委諸他人代理。此等受委者，其初僅係雇傭性質，其後因地主益求省事起見，全先由受託者辦理，地主不過坐收代理者所包交之租耳，因之由代理之性質，一變為第三者，而構成轉租之形態。在無常兩縣，尚有一類似之情形，即租棧對於地主所行之包繳租額之辦法，即每年租額之多少，地主不問，而概由租棧負責，實際租棧交與地主定額之租外，當然有一部份餘利可得，此種情形之所以類似轉租者，即在此包收租額一點。此外關於招徠佃戶或其他租務，概由地主自己辦理，故不以轉租言之，似較妥當也。

三、普通佃戶為得一部份之利益而負担滯納之責任，以轉租於他人者

此種情形下之中間人，為較小之佃戶，非若上述之包攬大批農田而轉形出租者，且大抵發生於包租制度之下。故以無錫為盛。此等佃戶本為自己實際從事耕種者，因兼營其他職而一方無暇兼顧，同時因佃農多而土地少，耕種權獲得困難，而欲保持將來佃種之權利，或為一定佃期所限，未便在未到期前退佃，於是轉將

講義　地政學院

佃種權出租，然在此轉租之時，又含有一附帶之目的，即欲獲得相當之利益。此種利益，因欲耕地者多而因不難獲得，但佃戶交租不免常有遲緩，未能如地主所定之期，因之佃種權之出租者為將來得較多之利益計，祇可先行墊付地主，此種轉租之手續，大抵與第一種情形相似。承租者須交相當之押租，此押租額約當出租者交與地主之押租額之三分之二，其所繳租額係繳與出租之數目外，須加上應繳與地主之數額，此種轉租，或為地主不知，或地主知之而默認者，終之其形式上之關係，仍為地主與原來佃戶，實際上耕種者已與地主成為間接之關係矣。

綜合以上三種情形在三縣中之地位，可約畧以百分率表示之如次：

轉租之形態	蘇州	無錫	常熟
第一種	七〇	四〇	六〇
第二種	二〇	一〇	三〇
第三種	一〇	五〇	一〇
總計	一〇〇	一〇〇	一〇〇

表中所謂第一、二、三種，即依照上述轉租形態之次序而排列者，因每種標明之字數過多，未便列入，故以第幾種代表之。此種數字乃從問答而得者，當然不能十分確切，不過举觀其比較之程度，亦不致有失根據也。

論文　第　頁　地政學院

轉租者為與耕佃户與地主間之中間人，此無論何種轉租形態，均屬於是。此中間人之存在，或對地主有相當利益，如收租之方便及可靠等，但無論如何，對於佃户終是增加負担而為不利者。蓋在轉租之形態下佃户須對地主與出租者納兩重田租，故在轉租狀態之佃户，終年辛苦所得，亦祗夠完租而已。且中間人對於生產，不費絲毫勞資，而坐享其成，使從事生產之佃户，反不得一飽，其不平孰有過於此者乎。其為中間人者，不啻佃户之第二剝削者矣。抑又有進者，中間人為其私利之目的，處處欺詐於地主，因之對於佃户之苛求，格外為甚，如一至納租之期，用種種方法压迫佃户，務使其如期如數納清，否則如有過期等情形，則用額外需索之方法，以為敲詐之手段，佃户在此種水火交迫之情形下，更不堪命矣，以上因為一般轉租之通病，其中尤以第二種形態為甚，要之，無論何種轉租，其形態雖有不同，然於佃户之不利則一也，故在土地法使用一章中之所以有禁止之規定者，其緣在此。

論文　第　頁　地政學院

第三章 佃租之繳納

第一節 納租之方法

納租方法，依據標準之不同，可分若干類，茲就三縣所有者，分款說明於后：

第一款 預納法與記納法

此乃按納租期間之先後為標準而行分類之方法，試分述之於次：

一預納法 即佃戶於每年種植作物之前，先將一次或一年應付之田租繳清，而後始能從事耕種，至於租額之高低，大抵與一般相同，此種方法，普遍行於無成文契約之包租制，故三縣中除無錫及常熟沙田之極小

之一部份外，一般不採用此納租法

二記納法 無論其所納之為穀為金，凡佃戶交租，其時期在一次或一年之收穫後者，均屬此法，此種方法須於契約載明，蘇錫常三縣大抵均用此法，若與前法相較，則其兩者之比例為：預納法10%，記納法90%

以上兩法利弊之比較，可謂預納法對於地主為絕對有利，蓋其每年之租額，既可高枕無憂，所預收得之租，又可固為利貸放出，在一年內獲得相當之利息，試一舉兩得也，對於佃戶則完全相反，在採粒未收之時，既須預付租額而使耕作之資本，更為缺少，又在預納之期間，不免利息之損失，如遇荒歉之時，收穫大減，然租額既經預納而不能收回，於是佃戶之損失更大矣，至於記納法，比較略稱公平，但於地主所無損失，於佃戶亦無所利得也。

第二款 納穀法與納金法

此依據所納之對象為標準而分者，分述於后：

一納穀法 即所付之田租，為定量或不定量之穀物，如米麥等，此種方法，比較陳舊，相傳於封建制度，截至今日，仍普遍存在，惟三縣祇有錫常兩縣有之，無錫習慣上除分租制外其他制度之納租法，納穀納金或由業佃間商定，或由兩方自由取決者，故其確實納穀者之數字，無有不同，據學員於去年調查所得，其

納穀者約佔全縣百分之七十八，該年納穀者之所以如是多者，乃因穀價跌落之影響，常熟納穀者比較甚少而未定，約在百分之十左右，至於蘇州則完全無納穀者，茲就三縣論之，納穀法之地位，亦不在百分之二十左右耳，此法之利弊，可分列如左：

利：(一)佃戶無躍賣米穀周旋於市場之煩，蓋其田間實地之收穫，即可以之納租也。

(二)不受物價之影響，尤其在今日穀價劇跌之情形下，佃戶不致遭意外之損失。

弊：(一)無論佃戶繳租或地主收租，均不免運輸之煩，所費之大，結果，佃戶增加額外之負担。

以因契約之規定，佃戶必以穀為納租，因之不能
按種他種作物，而致受不幸之損失。
四、五穀之量價不一，佃戶完者，未必適合地主之
意思，因之發生之爭執，在所不免。
由上述之利弊，可知此法之得失，大抵在交通發達
工商業繁盛之地，此種不適也。
六、納金法　即付納之田租，係用貨幣計算者，此種方
法，有兩種不同之標準，其一直接以田畝為標準者，
即規定每畝應完租金若干，其二仍以穀量為標準者，
例如每畝應納米若干，然後用貨幣折算之，蘇錫常三
縣，即屬於後一種，此種方法，在三縣分佈極廣，尤
其以蘇州，全縣均採此法，常熟亦為大多數，就此三
縣論之，其地位實佔百分之八十左右，此種方法之所
以發達者，一方面因貨幣之流通，他方面因工商業之
發展，地主向城市集中，於是不得不棄運輸不便之納
穀法而代以納金法，蓋此法之唯一利益，即繳納之便
利，可以免除搬運之麻煩及損量上之糾紛，但其弊則
常從折價之上下而使佃戶不免有所吃虧或致引起業佃
之糾紛，亦為常事也。

第三款　收租法與送租法

此乃根據納租之形式手續而分者，收租法者無論業主
自行收租或業主派人收租，凡業方赴鄉間各佃戶收租
者均屬於此，送租者即由佃戶將租送繳與業主之謂，
故兩者立於相反之地位，此兩種方法，三縣所用者既
彼此不一，即於一縣之一種佃租關係內，亦因時間之
先後，亦有變更，並非固定如一也，茲為分別明瞭起
見，將三縣分開敘述，以資詳細也。

蘇州　蘇州之納租法，既為現納，又為納金，因之
手續上大抵用送租法，不過實際上並非固定於一種，
在相當範圍內，亦兼用收租法者，按蘇州之地主，百
分之九十左右，居於城內，此亦即所謂不在地主，每
屆收租之期，無論大小地主，大抵均有租棧之設置，
此在鄉之地主亦然，是即經手收租之組織或機關也，
地主大之租棧，當然範圍亦大，其所用人員，約在二
三人左右，所謂司賬管租等名目，即指此而言也，地
主小之租棧，有不雇人而自己主管者，有數小棧合併
而雇人代辦者，租棧之地址，或在本族之祠堂，或在
地主之家中，並無一定，地主復設置租棧辦理租務外
並雇有催甲，寓地在鄉催追，一棧所用催甲之多寡，
視所有田之多少而定，在每年田租開倉即開始徵收之
前，地主先製定通知單即由紙，內載納租地點、收租棧
名、佃戶之姓名住址、起限收租時期、佃戶佃種之畝數及
租額若干等條件，此由紙即由催甲送交各戶，佃戶接
此由紙後，即於所定之時期內赴棧清繳租額，繳清後

按方法在賬上收清外，並於其田單上加蓋收訖字樣，
交還佃户，以為繳過田租之唯一收據。但從此佃户送
租以外，尚有因特殊情形如租額之極小及路途之遠
而不自送棧繳租者，則大抵向交催甲，託其轉交租棧。
以上乃指在繳租期內繳租之情形而言。如佃户不於繳
租期內完納時，則地主除停止催甲催追外，並呈請縣府
派催租吏協助催追，經此種手續後之佃户繳租仍一小
部份租户尚延抗者外，其餘均託催租吏或催甲轉交，以
上並論在期內繳納或過期繳納，凡託催甲轉交者，則
式上雖不得謂收租法，然催甲催子乃地主所僱用之人，其
代佃户納租，不啻代地主收租，故稱其為收租法亦不過

講義　第　頁　財政學院

也。故蘇州之納租，係送收兩法並用也。兩者之百分比
若以百分表示之，則送租法為90%，收租法為10%。
無錫　無錫之納租方法，其為送為收，或由契約規
定，或依習慣而行，比較一定。但就全縣而論，兩種
方法，均有存在，據本學期調查所得，地主自行或派人
赴鄉收租者，約占百分之三十八，佃户送租者約占百分之六
十二。無錫一方面納租法盛行，他方面因地主不若蘇
州之多部份不在而集中於城內，因此收租法比較普遍。
且無錫全縣除少數大地主設有收租之棧房外，其餘大
部份中小地主，均無收租棧房之組織或名目，其一切
手續，除收租者有派人辦理外，其送租者大抵地主

自理。大地主所設之收租棧房，名稱倉房，內容與蘇
州之租棧相同，不過名稱之異耳。無論大小地主，每
屆開倉或納租之期，先由該段莊首印發通告，張貼各鄉
鎮，藉以通知佃户，並聲告一般佃户之須如期繳租。
同時地主方面即派其所屬之催甲催子，赴鄉接洽催告，
開倉以後，則送租者佃户自行送倉，收租者地主自行
或派人下鄉，按户收租。送租者有延緩繳納情形時，
則地主或倉房可請縣政府派人協追，收清以後，地主
或倉房除在賬上收清外，並給清單，以為收據。清單
內所載，租為何等，何圖若干字號租額，與年月日，佃户之
姓名及地主或倉房之姓名，俱甚詳細，要之，無錫之納租法，並

講義　第　頁　財政學院

為送收並用，其與蘇州所不同者，一方面收租之比例
較高，同時其並用，並非指一地主或倉房之兼用，乃
係指各地主或倉房間彼此之不同也。
常熟　按常熟之農田，除沙田區田之分外，尚有花
田稻田之別。前者即種棉花之田，約佔農田總面積百分
之二十，後者即種稻之田，約佔百分之八十。花田之
納租，每年有冬夏兩次，夏租係收，冬租為送。至於
稻田每年祇納租一次，均採送租法。故收租法之地位
在常熟而言，花米送租法比較，則前者約占百分之十五，
後者約占百分之八十五，此亦因花田納租法之所致也。常
熟之地主與蘇州相似，百分之八十以上皆為不在地主

而居於城内者，地主中較大者均有收租機関之設置，名曰倉廳。其内容亦與蘇州之租棧相同，故不多述。無論設倉廳與否，其為送租者，在未至開倉時期以前，先由地主派其所雇用之催頭，赴鄉通知各佃戶，大部份地主於通知時，同派票一紙，票内所載為：開派之日期，佃戶之姓名及其所種田畝，租額，折價，如納穀者則不載折價，每派應加收之數額以及"請須照派送清，如有頑佃拖欠者，送官究治"等恐嚇警告等樣。此種派票，純係通知性質，不若蘇州之由紙，可作為收據之效力，佃戶接到通知以後，即按派票所規定之期限，赴倉廳交租。其如不按期繳納而有拖欠者，即

由地主呈請縣府派人催理，繳清以後，地主或倉廳除在賬上載明收訖外，不給佃戶以任何收據，此謂送租。收租，均係如是，收租者大抵無倉廳之設置，蓋實際上無必要也。前已言之，收租者祇在田之麥季一次，故其每次通知，亦在麥季，通知之方法，除不用派票外，概與送租法相同，通知以後，即由催頭會同地主或地主所派之人，赴鄉按戶收之。此種收租，不甚重要，因麥季之租額，比較甚小也，故即有拖欠等情，亦不嚴加追索，惟其重要者，仍冬季之送租，蓋一則因年関結束，不容再有拖欠，一則數額為大也。

綜合上述三縣之送租法與收租之情形，可列一比例表如次：

	蘇州	無錫	常熟
送租法	九〇	六二	八五
收租法	一〇	三八	一五
合計	一〇〇	一〇〇	一〇〇

若進一步分析，就送租收租兩法，又可分租棧（或倉廳）收租，地主派人收租及地主自行收租三類，租棧收租即無論其為送租或收租法，凡地主設有機関代理收租事務者，均屬於是，此種納租法，從上述送收租法中可知在蘇州最為普遍，常熟次之，無錫又次之。地主派人收租，即不論其為送租法抑收租法，凡

地主派人辦理租務者之謂，實際上大抵屬於送租法，如蘇州之催甲，無錫之催子，常熟之催頭，均為地主所派助理租務者，平時為送租法之通知者，但如有代收情形，則不啻為地主所派之收租者矣。地主自行收租，即無論其為送租收租法，其一切租務，皆由地主自行辦理者，此在無錫較多，其他兩縣則甚少也。

茲將送租收租兩法之利弊，分述於次

送租法　可分做對於地主與佃戶兩方面論之：

(1)對地主之利弊：

利：1.收租便利，地主可免跋涉之苦

2.可以減省收租之一切費用，尤其在納穀時，

3.可免收租員之中途移用、
弊：1.在納穀法時，使佃戶有攙雜和水之可能、
2.如由租棧或收租機關代收，則中飽或移用之弊，仍不可免、
二對佃戶之利弊：
利：1.可以免脫收租者之虐食、
弊：1.增加送租之一切費用及時間、
2.如有租棧者，其所發生之中飽移用等弊，亦必有累及佃戶者，尤其在常熟，地主不給收據之情形下
3.如納租稍遲，則催甲多次光臨，佃戶必然增加額外負担、

收租法 亦可分為對地主與佃戶兩方面之利害言之：
一對地主之利弊：
利：1.可減少佃戶納穀之攙雜和水等患、
2.可免租棧之一切舞弊、
3.較送租之效力為大，因貧地接戶催索，結果自較為良也、
弊：1.在派人收租之情下，則租棧之弊雖可免，而收租人所發生之弊，必取而代之、
2.增加收租費用，尤其納穀之情形為甚、
3.如派人收租，其效力亦必不大於送租、

二對於佃戶之利弊
利：1.可免送租之麻煩及費用、
2.在地主自行收租時，可減免中間人之敲詐
弊：1.地主自行收租，雖可免中間人之舞弊，然招待地主，亦必增加額外之負担，如為地主派人收租時，則額外之需索更甚、
2.如為納金法時，則因收租催索甚急，必致出售困難，或不得已而賤價出售，而遭額外之損失，如為納穀法時，則收租者，必故意索特別之好米，而使佃戶吃虧、
觀以上兩種方法之利弊，就其本身上言，以送租法

為地主有利，收租法為佃戶有利，但無論在地主或佃戶方面，其利害之存在，除本身存在之一二點外，均以租棧及代理收租人之有無為斷，即無論何種方法，如其有租棧或收租人存在，則弊患亦必隨之，反之則否，蓋租棧與收租人本身即含有不利在也，租棧除少數由地主自己處理者外，大抵雇用人員担任其職，此等人員，除供膳食外，每月每人並給薪水十五元，若每棧平均以二人計算，則每月需膳薪費約五十元，收租前後若以兩月計之，則共需一百元，此直接由地主供給，因為其損失也，然地主因此而對田租苛求愈甚未必非佃之損失，此公然侵害佃兩方之利者，其

弊一也。租棧之司賬者，除正式收入外，常用種種手段，營私舞弊，以飽私囊者，如收入錢租，不登收賬，其佃戶有收據者，尚不過一時移用，如無收據者，則竟作未曾收到，強迫佃戶重繳，或如變更繳租佃戶之姓名，以圖中飽者，凡此均令業佃兩方遭蒙不利者其弊二也。且租棧居於業佃中間，同時因受地主之委託，握有管理租務之一切權力，因之於上下之間，設種種方法，侵害佃戶，以至業佃間感情破裂，而致糾紛叢生，結果終不免一方於不利，此於業佃之不利者三也。以上三端，乃其犖犖大者，如詳細敘述，則不勝枚舉，然租棧之存在，於地主方面，究可得相當便利，惟其最苦者為佃戶，實有弊而無一利也。前述收租人，無論其為負責收租者或負責追租者，凡為地主所派而為租務上用者均包括在內，如蘇州之催甲，無錫之催子，常熟之催頭是也。地主雇用之多少，視田畝之多少而定，其薪工亦不一定，隨其所催之面積或租金之多少定之，如蘇州佃戶所繳之租金，每元須提出三分為催甲之薪工，在常熟則以面積計算，每畝以兩角為催頭之津貼，前者若亦折為面積計算，則與常熟之催頭津貼相近，今即以兩角一畝計算，地主若有田五百畝，則須催租費用一百元，此因地主直接之支出，然因此而地主對於租額之苛求過甚，則佃戶亦必

同樣遭蒙損失，此使業佃雙方不利者其弊一也。收租者因代表地主收租，故常藉地主之權威，恐詐佃戶，而使佃戶增加額外負担者其弊二也。佃戶交納田租，須經中間之收租人，因之移用或吞沒，在所不免，其結果受損失者，非佃戶即地主，均所不免，此其弊三也。此外如佃戶過期交納，則收租者向佃戶之種種誘詐或需索，層出不窮，其受害最深者佃戶也。

租棧與收租者本身含有此諸大弊端，故無論其存在於何種收租方法，均所不免其弊，況如蘇州常之送租法，同時有此兩者存在乎，故其為弊也自在意中矣。

第二節　納租之時期

欲知納租之時期，須先知每年納租之次數，納租次數，在三縣中彼此不同，蘇州全縣極為一律，每年均以一次繳納，無錫則情形不同，全縣一律以每年兩次繳納，常熟稻田每年納租一次，花田則收租兩次，花田所佔成分極微，故大部份可謂納租一次。

各縣每年納租之次數既明，於是可進步說明納租之時期，但因各縣不同，故祇分而述之。

蘇州　每年自霜降時節地主發出田紙後，在立冬後十天開倉納租，其時約當國曆十一月半左右，開倉期間有二十一日共一月兩種之不同，前者於二十一日內分為

三限，每限七天，後者於一月內亦分三限，每限十天遲早各限之繳數不同，若佃戶在未開倉前即繳納者，名謂非限，得有特別優待之辦法，照契約上規定應完之租額，予以八五折之利，開倉以後，第一限（無論爲十天或七天）則照應完租額，打八八折收之，第二限以應完租額九二折收之，第三限以應完租額九五折收之，過限者則以實數無折繳納，以上兩種不同之期限關於繳租折扣之辦法，完全相同，不過前一種乃一部份存在之事實，後一種爲地主所組織之納租人會商處所規定之辦法，實際上大部份地主或租棧即援以此規定行者，觀其所定非限之繳租，雖比較爲優待佃戶之

調查　第九十五頁　地政學院

處，實際上因所定時間過早，米穀雖可登場，出售乃屬非易，故當時欲佃戶以租金繳納，實爲事實上所不可能，有其規定，猶等於虛設也，期限以內，雖亦有優待條件，然其時爲市場米穀擁擠之際，價格之跌落因屬極甚，佃戶即能將米出售而於期內完納，則結果於價格跌落上之損失，於限內納租所獲之利益微也，要之，此種期限之分納，無非在以細微之利餌，引起佃戶踴躍之納租，藉以於短期間內，完全結束租務，此既可以減省租務上之費用，又可於短期間內獲得大宗之收入，於地主實爲甚利也

無錫　無錫之納租，每年分有兩次，一曰麥租，一曰冬租，此乃依據作物收穫之時期而分者，故麥租亦謂麥租，冬租亦稱米租，麥租之繳納時期，開始於每年夏至節，約在六月底左右，至於繳納期限，並無一定大抵一月之內，即可結束，冬租約在冬至節前後開始至陰曆年底爲止，在此期間以內，並無限期之分，更無繳納先後優待之辦法，蓋無錫之地主，散漫而無組織，故關於收租時期，並無一定時間，通常概由地主自由定之，上述者不過爲數區調查平均而得，惟根據習慣及作物之收穫，大抵亦如是耳，

常熟　有一次繳納與兩次繳納兩種之不同，其一次繳納者爲稻田，時期乃由地主所組織之田業會議決定

調查　第九十六頁　地政學院

之，每年雖有不同，但所差亦屬甚微，按其去歲之規定，在陰曆十月初一爲開始之期（約當國曆十一月十號左右）至陰曆十二月底結束（約國曆來年二月初旬）在此期間內，分爲三限，每限一月，各限先後繳納之租額，略有差別，在頭限繳者，一石祇收九斗二升，在二限繳者收九斗五升，三限則按一石繳納；此與蘇州分限折扣繳租之意義相同，不過其折扣小而時間爲長耳，繳兩次者爲棉田，其第一次在國曆六月初開始無一定期限，第二次繳納之時期與繳納一次者相同，在兩次繳納中之第一次，一般均無期限，其原因由於租額較小，且即有不清情形，亦可移至冬季清結也，

關於三縣納租之時期，已如上述，根據其不同之點可別為兩類，其一即有一定時期有期限而各繳納不同者，如蘇州及常熟之一部，其二為無一定時間又不分期限而繳納始終如一者，如無錫及常熟之一部，至於其得失，須就時間之遲早及時期之長短兩點觀之，茲為明瞭起見，列一比較表如左：

租別 \ 期限 \ 縣別	蘇州 開始	蘇州 終止	蘇州 期間	無錫 開始	無錫 終止	無錫 期間	常熟 開始	常熟 終止	常熟 期間
夏租				六月底	無定		六月初	無定	
冬租	十一月半	十二月半	一月	十二月初	來年二月初	二月	十二月初	來年三月初	三月

從上表可知無論冬租夏租，均以常熟開始最早，次之為蘇州，無錫最遲，此時間之遲早，與地主佃之利害關係頗大，其時間愈早，則地主愈是有利，佃戶愈是不利，反之則否，然若常熟蘇州之開始之過早，而為佃戶不能或極不利者，則其具能如期完納者，必寥若晨星，因之佃戶不得不延期而致遭拘捕或意外損失者更屬既旺也，而就期限之長短言，顯然以蘇州為最短，前後祇有一月，因之佃戶所受之壓迫亦為最甚，蓋佃戶如不於期內繳租，則非獨須多納租額，且有嚐鐵窗風味之可能也，

第三節 租額之高度

租額之高度，可分正租與額外負担兩部，後者嚴格

言之，不在租額之範圍內，但從廣義之解釋，亦為佃戶因佃種或繳租而負之支出，如合併一起說明，方足以表示一佃戶之實在負担也，因之本文合該一節，並分該兩款詳細述之：

第一款 正租

正租乃佃戶為佃種權所付與地主之代價，即通常所契約所規定之租額，由佃戶交與地主者是，此外一切負担均不包括在內，蘇錫常三縣，雖以納金法為普遍，然契約上所載之租額，仍以米麥為對象，斗石為單位，而佃戶所納之租額，無論其為記金或米麥，均以此為根據，故在未述納金之情形以前，須先一觀其所定租額，據學負在三縣調查並參以其過去統計所得，可列一表如次：（單位：石）

縣別	最高額	最低額	平均或一般額
蘇州	米一石二斗三升	八斗四升	一石〇三升
無錫	米九斗 小麥三斗	七斗 一斗	八斗五升 二斗
常熟	米一石一斗	八斗	一石

根據上述之統計，可知三縣租額之比較，彼此間雖有參差，但為數極有限，可謂頗相接近，上表關於租額之數字，可謂已經說明，但租額之高度，尚不能明顯看出，蓋租額高度，乃含有相對之意思，故決不能單從其本身觀察，換言之，即須從其與每畝收穫之

比較而判斷之。關於每畝之收穫，在緒論中已經說過，不過在此須聲明者，以租額與每畝收穫之比較，通常就其主要作物生產而論，即土地法之規定，亦屬如是。而三縣農田之主要作物為稻，故即以每畝米之產量為每畝租額比較之對象。同時租額方面，以平均租額為最普遍，故即以之為代表。今根據以上標準，列一各縣租額佔其農田收穫比例表如次：

縣別	每畝收穫	每畝租額	租額佔收穫之%
蘇州	米二石	米一石〇三升	五一·五
無錫	米二石二斗	米八斗五升 小麥二斗	四五·五
常熟	米二石	米一石	五〇·〇

論文　第　冊　第九十九頁　地政學院

觀上表可知三縣租額佔收穫之百分率，一般皆在百分之五十左右，其中最低者為無錫，亦在百分四十五以上，最高者如蘇州，已超過百分之五十。按租額佔收穫之百分率，以土地法之規定，最高不得過百分之三十七五，而三縣之租額，一般均在百分四十五以上，甚至百分之五十以上，其高過於法定之租額者，可謂頗大。根據上表之分析，可知三縣之租額，其彼此間雖有參差，但其高則為一般之趨勢也。

在納穀法之下，則單看上述之租額可矣，然在納金法時，因實際上所納者為現金，而須多一步折算之手續，即所謂折價，此折價之高低，足以影響租額之上下，故在納金法不欲觀察租之高度，除所定之穀物租額外，並須注意折價之情形也。

按折價乃以穀價為標準，而穀價之高低，非獨年有不同，即一月之間，亦變化萬狀，且穀之種類甚多，價格亦彼此，在此複雜之情形下，折價如何規定，實為一重要而又困難之問題，茲將三縣實際規定折價之辦法，分析叙述於后：

一、折價由地主團体規定者　此如蘇州，其每年租額之折價，乃由地主所組織之納稅人會商處共同決定之，按其根據為取在開倉前十天內糙米價格之平均數，以之作為最高折價之標準，並規定地主或租棧所用折價

論文　第　冊　第一百頁　地政學院

不得超過此數，祇可在此範圍內伸縮，其名義上之根據，雖然如是，而實際上之規定，乃大有不然之處，按去年十一月之米價，其較高者所謂糙米，一般均在五元以下，但該處所定每石米之折價標準，則為六元五角，超過其實際之根據一元有餘，按據此種事實，可知該處所定之折價，雖以開倉前十天內糙米價之平均數為根據，但事實上以高出若干為標準也。

二、由縣政府每年規定者　如常熟，此比較地主共同規定者為公平，縣政府每屆收租之期，即按據相近一定期間之糙米市價，平均之以定折價之最高最低及平均三種標準，登載報上，以為各地主收租之依據，該縣之

政府於去年所定之折價標準，最高為六元，最低為五元，平均為五元半。但實際上最高標準已有超過市價之實。

三由地主自由規定者　如無錫是，此因該縣之納金納穀無一定方法，而納金者比較為少，及地主無團体之組織所致，故縣政府與地主方面，均少注意及此，因之不得不由各地主自由規定。其折價雖亦以糙米市價為根據，但米價上下不一，時有变更，既無一定標準，則地主更可上下其手，而佃戶亦無可奉行，故結果高低頗不一律，其最高者在去年亦有六元三角，低者五元五角，一般在六元。

論文　地政學院

觀以上三種之租額折價，名義上均以收租期間或以前相當期間內之糙米市價為標準，但徵諸本年收租期間之實際糙米市價，與其所定之折價，均有參差之處，一般皆為折價超過市價，故按以其折價之根據，收租期以前之一定期間與糙米之市價為標準之辦法，可謂尚屬妥當，但實際上不與此相符合，而有提高之趨勢，甚至不依以其規定，此固佃戶之不利，亦不免之事實也，如第一種標準折價之規定，取決於地主組織之團体，但地主們站在同一利害關係上，當然處處為看本身之利益着想，因之其所定之折價，在可能範圍之內為高者，於是超過實際穀價之情形，乃為必然之趨勢

第二種辦法，雖然比較公平，但地主所採用者，在可能範圍之內，必擇其最高之標準，仍不免有超過市價之實，且佃戶因不識丁，官府印有標準折價公告，地主仍可朦蔽之，而自訂規定，致縣府所定，等於具文。在第三種情形，當然為弊更甚，不過在無錫，亦未必如是，蓋其納金納穀有出於兩方自由，如折價過高，則佃戶可改以納穀矣。

租額折價既較一般之市價為高，於是佃戶所付租金佔其貨幣之收穫之百分率，亦必為高，蓋佃戶穀物收穫之貨幣價值，充其量祗能以市價折計，但繳納之租額，則須以高出市價之標準折計之，此豈非從穀物變

論文　地政學院

為貨幣之形態中，增加佃戶之租額，為明瞭此種情形起見，特以上表穀物之收穫與租額，同市價與折價計算之，以視佃戶實際所付之租金佔其收穫之貨幣價值之百分率。

縣別	每畝收穫之貨幣價值（以市價折計）	每畝租額之貨幣價值（以折價計計）	租額價值佔收穫價值之百分比
蘇州	一一元	六・七元	六〇
無錫	一二・一元	六・三六元	五三
常熟	一一元	六元	五四

上表之每畝收穫之貨幣價值，乃以市價計算，此實正當之方法，因為佃戶收穫之穀物，無論其為自用或出售，均應以市場實際真實之價格為計算之標準，此

較確切也，按去年三種納租期間之糙米市價，約在五元與五元五角之間，此處為便於說明起見，即以五元五角為折租標準，計得各種收獲之貨幣價值如上表，每畝租額之貨幣價值即所謂租金，乃以各種實際之折價為計租標準，同時為切合實際情形，而以各種最高折價之標準為根據，蓋前已言之，無論何種之折價標準，形式上雖定有等級，實際上地主大多採用最高標準也，關於租額價值佔收獲價值之百分比，顯然較範內租額佔穀物收獲之百分比為高，其高之原因，固然為折價從中之作用，但其高之程度，究竟如何，此必須按表列以比較及說明之。

縣別	穀物租額佔收獲之百分比	貨幣租額佔收獲之百分比	兩種百分比之比較
蘇州	五一·五	六〇·〇	八·五
無錫	四五·五	五三·〇	七·五
常熟	五〇·〇	五四·〇	四·〇

從右表可以明瞭租額從穀物至貨幣中之變態中，對於佔收獲百分率之影響，以三縣一般之趨勢，均為提高，其中尤以蘇州與無錫之為甚，在同一租額而不同乎然之轉變中，竟增至百分之八左右，其中折價之作用，可謂大矣，從此可知觀察納金法之租額高度時，對於折價尤須特別重視，蓋如三縣之租額，以規定上，約當收獲百分之五十或以下，但佃戶實際之負担，則更為至百分之五十五或六十矣。

第二款　額外負担

額外負担即佃戶除付納之正租外，為取得佃種權而支出之實物金錢及勞力，固之其範圍不獨包括形式上交付與地主之一切，即佃戶實際之耗損，而地主並未取得者，亦包括在內，以此種解釋，依據三縣實情，可分為數類，敘述於后：

一押租　照一般人之解釋，押租係佃種之保證金，即為保證地主之收入，及防止佃戶對於農田之損壞或欠租延遲等情，但實際上之作用，並不僅在此，據一般地主之所以收押租，除防止佃戶之欠租外，其重要目

的，在獲得整批款項之收入，此一方面可以應一時之需要，也方面作為高利貸之資本，在相當佃種之期間，可得一部份利息之收入，此押租之存在，因為佃戶得到佃種權之一極大阻力，在交付期間之利息，亦佃戶額外之損失，反之即地主租外之收入，據押租大抵存在於包租制，故無錫之情形，比較為甚，而常熟之沙田，亦甚遍有之，其數額通常每畝約十元與四十元之間，但如常熟之沙田，每畝竟有高至七八十元者，不過在此種情形，佃戶之佃種權可比較穩定，故其名雖謂押租，實質近乎田面之購買矣，押租在無錫名謂下腳，在常熟名謂莊頓，無錫一般之押租額，雖如上數

但有時地主可臨時要求增者，其名謂加下脚。佃戶爲保持其佃種權，亦惟有服從而已。今爲說明佃戶押租利息之損失起見，以上述押租額之中數每畝二十五元爲標準，假定一般之利率爲年利二分，則二十五元每年之利息爲五元，此即佃戶在押租上每年每畝之損失。或謂有押租之田，其租額比爲低，但至多每畝低少兩元，此亦遠不抵其在押租上之損失也。

二副產品。此在田底面制之下，比較少見，蓋佃戶權有田面之產權在也。惟在包租制及分租制時，尤其於無定期制度之下，佃戶爲保持或繼續其佃種權，不得不獻諂於地主，因此在正租之外，常無代價之將一部

份副產品送與地主，以博得其歡意，此即構成雜租，羞租等名目，凡此均爲佃戶無償之負担也。因其發生於包租制下，故在無錫爲多，常熟次之，蘇州全無。

三轉租。此發生於轉租情形下。即現耕佃戶除對地主應付之租額外，尚須對原來佃戶即佃種權之出租者，繳納一部份租額，此即所謂轉租，亦佃戶額外負担之一種也。

四各種費用。如包租制分租制之租田請酒，即成立佃租關係時佃戶款待地主及諸中人介紹人者一也。在送租法之情形時，則催租人之費用（地主雖已給付，但仍向佃戶取索）如脚錢，例米，催甲費，力米等名目，均爲佃戶付給催租者作爲徵收費，如距租棧較遠者，則除佃戶送租亦不免諸多耗費者二也。在收租法時，則除催租人之費用外，並須款待地主或收租人，此又不免增加支出者三也。如收租者或租棧有中飽挪用等情形時，佃戶必有累及之可能，此意外之損失者四也。佃戶如逾期繳納，地主即請縣府派差催，此等租差赴鄉，又不免向佃戶諸多需索者，佃戶費用之負担五也。

五勞力。此在包租制或分租制下，尤爲普遍。地主家內如有婚喪或宴節之時，佃戶須無償之爲其幫傭。在田底面制，佃戶雖無幫忙之舉，但送租時，尤以距遠者，亦須無償之費相當勞力。

以上數種額外負担，乃比較普遍者，如詳細敘述，當然尚不至此。總之，此皆佃戶無代價之支出，亦即無形之損失也。其確實數目，固然無從計算，但積少成多，爲數決不在少，觀上述正租之額，已在收穫百分之五十以上，如加上此額外負担，則必然更高矣。佃戶在如是高租壓迫之下，欲其獲充分之生活，其可得乎。誠所謂樂歲終身苦，荒年不免於死亡也。

第四節 歉歲之減租方法

租額之多寡，除分租制外，無論田底面制或包租制，均須定之於契約，不能隨時變更。其規定之標準，乃以平均年時之生產。然農業依賴於天然，生產非決於

人力、一旦遇有荒歉，個人收穫大減，如欲仍以原額繳租，則非獨為個人之力量所不能，且亦大反於公平；但如完全豁免繳納，則又為地主所不願，揆情酌量，因之，為折衷起見，對於荒歉之年，係用減租之辦法，一方面使個人減輕負擔，他方面使地主有相當之收入也。茲將三縣實施減租辦法，歸納敍述於後：

一、由地主勘查收穫成數折減者　比如蘇州，凡個人之耕種，遇有水災、旱災、蟲害等，而致實際收穫減少時，則個人可請求地主勘查，經地主或派人會同勘查後，決定成色，以為納租標準，如五成者，可以五成納租。地主於減租以前，同時要求政府以減租成色減賦，而

錫國學院

政府一方面於地主對個農之減租，他方面同地主協力大，凡當其納賦之核減，於是不得不委曲求全，凡其所請，始能實行，謂納租者，不予減賦者，但此種減租辦法，係有兩大缺點：其一即因地主採擇勘查之全權，往往啟爭端，不應個人之請而起勘查，以至田中之花費，個人不能收割而任其浮耗，而地主則仍以原額追租；其二為勘查不符，即如實際只五成，地主為自利計，往往只算六成或七成，此不以實在荒歉情形減租，其結果害然為個人，且在此地主擇縱勘查權力之情形下，無論如何，個人亦無反抗之餘地也。

二、由官廳勘查而定荒歉之成色者　如無錫、常熟是，如個人遇實際收穫荒歉時，直向縣政府報荒，於是縣政府派人會同地主勘查，而後決定當年荒歉成色及租額比例，同時可以成減免地主應納之賦稅。縣政府當然頗有地主為其它，所定成色，亦較切實而低，然縣政府雖有規定，民間仍瞞然不知，於是地主可利用此種機會，一方面得政府之切實減賦，他方面暗中仍以原額所定成色，或照原額或按高成色，向個人強制勒索，因之農民雖有政府規定之名，仍為暗中地主獨吞其實，其得利者惟地主耳。

錫國學院

第四章　業佃糾紛及其調解

地主與佃農，站在相反利害之立場，且因歷史之演進，已儼然成為兩對抗之階級。無論在理論上或事实上來説，地主是強者或剝削階級，佃農為弱者或被剝削階級。因為其利害及立場之不同，勢本質上即含有鬥爭之成分。況存在有其他種々原因，如今日之中國整個農村經濟破產之狀態下，佃業糾紛之暴露，更為不可免之事實。此種糾紛，固然為農村不景氣之表象，且亦足以証實業佃關係之內幕，其影響於農業之生產社會之安定者，至重且大。故欲研究佃租制度，探解決佃租問題，對於此從業佃關係中所發生之糾紛，必

謝文　地政學院

須有以深刻之明瞭也。茲就三縣佃業糾紛之前後，分若詳述於后。

第一節　業佃糾紛之發生

一種現象之發生，必有其一定原因之存在，此因果律之關係，乃不可磨滅之理也。業佃糾紛，乃社會現象之一種，故其發生亦必有其一定之原因存在。然一種現象，每因空時間之不同，而表示不同之形態，其所以如是者，乃因其有不同之原因在，因之在說明一種現象，須確定其時空間為要件也。此處単就蘇錫常三縣而論，故關於業佃糾紛發生之原因，亦祇就在此空間內所記実存在而言，並為明析起見，分為遠因近

因兩款敘述之。

第一款　遠因

遠因即潛伏在之原因，此種原因，不致使糾紛立刻暴露者。茲就三縣所有，分述於次：

一、土地兼併與佃農之增加　土地兼併為佃農增加之原因，佃農增加，為土地兼併之結果，故兩者有連帶必然之關係。蓋小農或貧農，在高利貸，苛捐雜稅，以及天災人禍等層々壓迫下，必然與所有之土地，逐漸脫離關係，以至于沒有，最後祇可租入他人之土地而為耕以充維持其生活。而貧農土地之丧失，十中大地主兼併之表示，蓋農村之權威者，祇有地主，故土

謝文　第　式　頁　地政學院

地流動之趨勢，亦祇有對于地主懷抱之方向去也。理論如是，事實何獨不然，蘇州在十年前，農民自耕之業田，為佔總農田百分之三十，至民國二十二年祇有百分之二十二，反之，為地主所操縦之租田，在十年內已增加百分之八。且一二年來，因數濃之影响，地農民所有之土地，更將減少。無錫據過去在該縣西部及西北部之三村之調查，於一九二二—一九三二之十年間，十畝以下之農家，增加百分之十二，而耕有十畝至二十畝者，減少百分之二，耕有二十畝以上者，減少百分之十。常熟關於農民所有地動態之數字雖無統計，但靜態方面關於貧農佔總農户之成分，已

在結論中敘述，貧農計佔總農地所有户數百分之七一強，此可知貧農之多。此等貧農在今日農村不景氣之狀態下，無論如何難以維持，其結果必然有大批土地為地主所兼併而脫離農民之手掉。於是佃農亦必然之增加。故從上述貧農之增加或佃農之加增，均足以直接或間接之說明土地兼併及佃農之增加。在此記載不斷之進行中，必然促成地主與佃農階級之尖銳化或殊化。蓋佃農增加，亦即佃農階級之勢力增大，因之與地主之對抗或糾紛，有易於暴發之可能。

六、佃農所負擔之租額之過高。觀上述三縣之租額，無不在百分之五十以上，農民終歲辛苦，結果所得之收穫，大部份為地主隨手攫取，其心之不安，孰有過之。且自農村經濟衰落以來，佃農之收入大減，但所負之租額則猶依然如舊，因之佃農之收穫，除繳納佃租外，所餘無幾，不足以維持其非人之生活，於是在此窮迫之下，對於地主未免惡感益深，俗云「逼」犬至窮必將反噬，今佃農猶窮犬也，其不反噬何待哉。

三、居間者之剝削　三縣之收租機關及收租者之情形，前文已經詳述，此等均所謂地主與佃農之居間者，其為害也前章亦已敘述，此非獨可從其本身之弊害，說明其對於佃農之不利，即從佃農之額外負擔上，亦可以證明佃農因居間者之剝削而受之一切損失。前面已經說過，佃農在重租壓迫之下，已不堪其命，況再加以此種剝削乎，且租額之負担，在佃農之心目中，尚認為應盡之義務，但居間者之剝削，均以為額外之損失，在其權力壓迫之下，不得不免強負担者，因此佃農認識之不同，而對於居間者之剝削，特別之不滿，平時敢怒而不敢言，但一旦得有機會，則必然對居間者行直接之反抗，而影响於與地主之關係，此所以居間者之剝削，更易於引起糾紛之暴發也。

四、社會思潮及時代之影响　自革命軍北伐以後，各地農民運動，似有相當生氣，蘇錫常三縣之佃農，當然亦不免受此潮流之影响，而感有解放之需要，但不久即被革命軍清黨，而停止農民之組織及活動，自是以後，形式上雖一時風氣稍息，但實際上一方面固一部份農民已受到過去運動思潮之貫輸，他方面因一部份未消滅之共黨份子，仍在鄉間暗中活動，煽動佃農對地主之反抗，故因此而發生之佃農糾紛，亦不在少數。二三年來，共黨餘孽雖已肅清，佃農心目中對於地主仇視之影象，仍不免含有，加以地主之壓力，更行增大，佃農之生活，日趨貧苦，彼此間之糾紛，自屬更易於發現矣。

以上數端，乃其犖犖大者，此外如新興土豪之挑撥離間，從城市返鄉之農民之感情等，亦足以促進業佃之對抗而暴發糾紛也。

第二款　近因

近因乃含有導火線之意義，即此種原因，能使糾紛直接發而不可遏者。試一一分列說明於左：

一、繳租問題　關於此問題，可分數項述之：

（一）斗量　此在納穀法之情形下，所不免發生者。因我國度量衡之不一致，地主常藉此機會，特製較大之斗，以量收佃戶所納之穀，而暗中增加租額。但一旦被佃戶發現時，則爭執自不可免。

（二）品質　因穀物之種類繁多，其品質亦漫無標準，因之佃戶所納者，未必適合於地主之意，或因佃戶

論文　　一百三頁　地政學院

有從中攙雜和水等作弊情形者，則更不免發生糾紛。

（三）折價　前已言之，一般折價之規定，未免過高，以而有諸地主或租棧，甚至暗中更行提高者，佃戶不堪其苦，惟有從消極或積極方面，對付地主，於是糾紛不免起矣。

（四）手續　如常熟之繳租後不給收據者，則經手者或故意或無意之遺漏與錯誤，在所不免，因此而引起之業佃糾紛，亦爲常事。

（五）時期　時期過早，則穀物不易出售，或製賤，因之佃戶不免遭種種之損失。期間過短，則佃戶每因種種關係而不能如期完納，因此而增加額外之負担。

但繳租時期之遲與早，爲地主最有利者，且規定之權，又操之於地主，於是既在不同利害之立場，不可免之發生糾紛。

以上五端，有關於納穀法者，有關於納金法者。關於納穀法者如斗量、品質等原因，存在於無錫者多；關於納金法者如折價之原因，則發生於蘇常兩縣。

二、減租問題　在農作荒歉之時，因佃農收穫之減少，故有減租之辦法，其辦法之內容，已在前章詳述。以三款之兩種荒歉減租辦法，不可免之發生數種弊病，其一即地主有意不赴鄉勘查，其二則不必實際荒歉成色減租，其三朦蔽佃農，不必按定減租之比例減租，

論文　　一百四頁　地政學院

以上三種弊病之內容，亦已在前章敘述，無須重提，而此等弊病之發生，必然使佃農在無力完納之壓迫下，促成佃業間消極或積極之糾紛。

三、加租之影響　佃戶或業主更換之中，每有公然或暗中加租之舉動，以致促成業佃糾紛者，去年在蘇州之木瀆一區，即有類起發生，而此種糾紛亦爲不可免者。蓋地主因生活程度之提高，兼以數年來苛捐雜稅之加重，爲欲維持其奢靡生活，轉嫁其稅之負担，則惟有加租以增加其收入一法。然租額之提高，亦即佃農負担之加重，其利害之關係，顯然相反。況佃農之生活本有無法維持之勢，此負担再行增加，豈非更不

堪命矣，而業佃糾紛，亦每因此而暴發。

田，地主利用政府力量對佃農之壓迫，因地主所定租期過短，佃農不能如期納租，或因租額過高，佃農無力繳納，則地主可隨時請求政府派人拘案或押繳，因之佃戶受政府之病者，亦覺其甚，且政府所派之人，對佃戶不免有諸多需索之處，使佃戶增加不少額外負担，凡此種種，均使佃戶對於地主及政府發生惡感，以至造成暴動或衝突者，亦所不免也。

五、任意之解佃　在無定期之佃租制時，地主可以隨時解，定期佃租到期後，地主亦可不再給佃種，如在佃農多而耕地少之情形下，地主欲求較高之佃租，即不

論文　第　頁　第一百十五頁　地政學院

顧佃農之一切而解除之，然佃戶賴耕種以維其生活，尤其在無定期之佃種時，佃戶一旦被撤佃以後，未必能另租得其他土地，於是其生活將失其所依，且佃戶對於佃種之農田，過去投有不少資本，被解以後，況不能向地主收回，又不能再行利用，因之亦不免受相當之損失，佃農感覺撤佃後之此等不利，故在地主行解佃之時，實所不願，以至用強力之反抗，不許第三者耕種，而謀保持其原來之佃權，於是糾紛從此起矣，

六、農產品價格之跌落　此尤其使折租者受其影響，蓋農產品之價格跌落，則佃農之收入減少而致無力完租，發生欠租抗租等糾紛，同時地主亦因折價低減，收入

較少，而從事加租或額外需索，於是引起糾紛之發生者，亦不可免之事實也。

第二節　業佃糾紛之內容

業佃糾紛，方式甚多，然大別之不外有二，一為消極之方式，一為積極之方式，前者大抵用和緩之手段以避免佃租之負担，後者用武力為手段，對地主行強硬之鬥抗，屬於前一種者如自殺，逃避，起訴及欠租等，後一種者如暴動，搶米及抗租等，其方式之所以不同，一方面由於發生之原因，他方面因佃農本身力量之參差，所以業佃糾紛，頗帶有地域之性質，茲就去年在三縣調查所得者，略列舉於后：

論文　第　頁　第一百十六頁　地政學院

一、暴動　此種糾紛，數年來因政府之竭力鎮壓，已少見發生，惟去年年底之時，在蘇州西南部之尸山地方曾一度發生，當時約有百餘佃戶，群起將縣派之協助地主催租之催租吏及地主所雇用之傭甲，殺傷數人，而所有租額，概抗不繳納，此次糾紛，所及範圍雖尚屬不大，其後亦未致有劇烈波動，但其為佃農團結之暴動也毫無疑義，其發生之原因，雖方其佃農方面若執一詞，在縣方謂其純係佃農有意之抗租，在佃農方面，則堅持因租（係）吏及租甲之敲詐，不過根據一般之推測與事實未說，其原因約有三端，其一即佃農無力納租，蓋一般農民之天性，比較為最和順而老實，如其

收穫較豐而足以維持其最低生活者，決無不納租額之理。惟其收穫不足，尤以價格跌落，所得大減，最低生活而無法支持，更有何餘資以繳納佃租哉。其二為地主利用政府力量之反感。其三為狡黠者及催甲之敲詐。以上兩端在糾紛原因一節已經詳述，茲從略。因以上三種原因之壓力，所以造成此次暴動之反抗，並非如雜方所言，謂其故意之抗租也。至於其結果如何，以至調查時期止，尚在未解決中，故未探得其實，以為論述也。要之此種積極方式之糾紛，比較不易多見，蓋佃農生活散漫，處處受自然之支配，故遠不若工人之易於團結而有組織，況當局對於其時刻之鎮壓乎。

去年在三縣中所見者，亦惟此耳。

二、反抗解佃　此發生於兩種情形下。其一為不定期之包租制，地主欲得較高之佃租，對於佃戶行任意之解佃，而佃戶為生活所迫，欲保持其耕種權，因之對於承佃者，常用武力之手段對付之，務使第三者不敢承佃，而仍歸其繼續耕種。其二為發生於定期包租制及田底面制，佃農之佃種權，雖有可靠之規定，但如有欠租情形，則地主可收回或解除契約而轉佃租與他人。然佃戶之欠租，大抵出於不得已，該租雖欠而仍有繼續佃種之願望，以為生活之依靠。今地主不問一切，竟自動解佃而轉租與他人，此不啻奪取佃農之飯碗，故

佃農無論如何，心所不願，因之每當第三者承佃之時，常不免發生上述毆打之情形。結果甚至弄得兩佃戶皆不得耕種，農田反遭荒蕪。據調查無錫去歲一年中，竟發生十餘次之多，而蘇常方面，亦有幾起發生。

三、欠租　欠租與抗租不同，前者佃農有納租之意思，而無納租之能力；後者有納租之能力，而無納租之意思。兩者雖同為不納佃租，但其性質則完全相反。且欠租乃消極之糾紛，抗租為積極之糾紛，兩者之方式，亦不相同，消極不容相混也。因民國二十年大水災之後，二十一年穀價暴跌以來，佃農雜物之收穫，雖未減少，而貨幣之所得，則大形低落，全年供全家最低

之生活費用外，大半無餘剩可言。且佃農缺乏資產基礎，信用力量薄弱，加以近年來農村金融枯竭，流通機關倒閉，典質借貸，殊告絕路，故每至納租之期，雖明知欠租務之痛苦，而極願如數繳納，然囊空如洗，力不從心，祇可坐待縣吏之光臨，忍嘗鐵窗之苦味。此種糾紛，在三縣最為普遍，每屆年底納租結束之期，總有千戶左右之佃農，遭受此患者。其詳細內容，在糾紛調解一節，再引述之。

四、逃避　此種情形，大抵發生於一縣之邊界或距城較遠之處。最近一二年來，三縣普為盛，其中尤以蘇州為甚。此等佃農亦處於上述欠租者同樣情形之下，即

雖有納租之意思，而無納租之能力，同時又不甘嘗鉄
窗風味，故惟有三十六着，走為上着，其逃避時期，
或在收穫之後，或在租期之終，蓋之為避免納租及雜
吏之拘捕也，其逃避之方法，或為全家搬走，或為家長
隱匿，而單是家長隱匿，常致其妻孥被捕，遭同樣之
囹圄，無論其如何逃避，大抵至來年芒種時節，始行
歸來，蓋其時因農作關係，已不能再行拘捕矣。
五其他糾紛　此包括繳租問題中關於納數法者暨因
所述成之糾紛，此等糾紛雖比較普通，但其影响甚小
且比較易於解決，關於減租之糾紛，發生於忐歉之時
故其多不贅見之。

第三節　糾紛之調解

糾紛發生以後，其雙方當然各為利害關係，不易有
融洽之可能，於是每引起第三者之干涉，此第三者所
採取之方式，無論其為強制之判裁，或和緩之調解，
其目的無非在求得一解決，以促成糾紛之結束，故佃
業糾紛之調解工作，非獨為必需，且為事實上所必
有者，此處就三縣之情形，分類敘述於后。

第一款　調解之機關

佃業糾紛調解之機關，依據三縣存在之情形，可分兩
類，一為一般之機關，一為特殊之機關，茲將其內容
分別概述如后：

一、一般之機關　即三縣皆有存在之機關

(一)法院　此雖非專門解決佃業糾紛之機關，但至少
在法律上有解決之責任，且實際上由此機關解決之
糾紛案件，亦不在少數，此種機關，三縣均有存在
不過在常熟，而無獨立之地方法院，而由承審員担任
但無論其為獨立之地方法院與否，終為解決佃業糾
紛之機關無疑，至於其組織，與本文無關重要，故
從略。

(二)農會　此為農民由選舉而組織之一機關，在全縣
有縣農會，設於城內，各區有區農會，設於各區之
重要市鎮，先由各鄉選出代表二人組織區農會，再

由各區農會選出代表二人組織縣農會，再從縣農會
之各代表中選出總幹事一人，總副幹事一人，並幹
事四五人，辦理一切會務，而各區之農會亦設有幹
事一二人負責，至於該會之職務為：查勘災害，調
查收獲成色，舉辦農民教育，解決佃業糾紛，並傳
繳租，使佃農週知租額之折價等，根據其以上之種
種職務，可知調解佃業糾紛，亦為其重要之一種，
此機關因由大部份佃農組織，故在調解時，比較以
佃農之利益為立場。

(三)區公所　此為縣屬各區之行政機關，內設區長一
人，助理一人，股員及文書若干人，內由縣政府直

接或間接之行政，其職務已於全區之各種行政。調解佃業糾紛，雖非其重要職務，但實際上由其調解者亦不在少數。

(四)民眾教育館　此本為辦理農民教育之一機關，關於佃業糾紛，無權過問，不過因其與農民接近，故農民每有事件發生，常因託其調解或幹旋者，而該機關亦認為有運用為農民謀利益之責任，以第三者之地位，從中調解，故有諸佃業之糾紛，即由該機關解決者。

(乙)公安局　在各區所設之分公安局，必要時對於欠户之拘捕或欠租之協追，亦為其實際之一種職務。

論文　第　次　第　頁　政學院

故亦可謂之與佃業糾紛有關之機關。

二、特殊之機關　即特別為解決者　糾紛之機關，且有其特殊之組織者。

一佃租處分辦公處　此為蘇州縣府謀解決欠租糾紛而設之機關，其內容可如右附之簡則。

吳縣縣政府田租處分辦公處辦事簡則

吳縣縣政府田租處分辦公處辦事簡則

第一條　本政府依照江蘇省繳租暫行條例第十五條之規定，處分本縣業佃間田租糾紛事宜，特設四股一所辦理處分一切事務

第二條　前條規定之四股一所，其股主任及所長由本府就本府暨所屬之公安財政警察隊以事務所屬分別派委各員辦理之，并分設股所如下

第一股　担任掌理辦公處總務事宜

第二股　担任處分佃户欠租及監督處分事宜

第三股　担任催租填單等事宜

第四股　担任處分守衛事宜

處分所　担任佃户收繳及所內一切管理事宜

第三條　辦公處為辦事上之必要起見得設股員書記等員以資辦公

第四條　本政府處分佃租糾紛其程序如下

(一)業主對於欠租佃户呈報到府後，發交辦公處飭派催租吏催繳，並由所在地區公所協助辦理

(二)催繳不應者，應由所在地公安分局或分駐所派警協助傳追，作為初步處分

(三)凡傳追欠租佃户，無論公安機關及催租吏，均須直接解送本政府田租處分辦公處，以便處分

第五條　各股所除按照職務分別辦理外，每旬末日開股務會議，並應將收繳佃户情形報告本政府考核

第六條　辦公處經費應編列預算由本政府撥給之

第七條　本簡則如有未盡事宜得修改之

以追租處　此為常熟縣政府為解決田租糾紛而設立之機關，其名稱雖與蘇州之田租處分辦公處不同，按其職務則一也。不過其組織上尚有其不同之點，按追租處隸屬於該縣縣政府之第二科，範圍比較為小，內設主任一人，由饗縣副兼職，助理員一人，書記一人，共計職員三人，辦理該處所有職務，至於處置佃戶，並無特設監獄，此與蘇州佃租處分辦公處專設有處分所者，又所不同。且追租處之設立，每年有一定時期，約自十一月至來年四五月止，故並非經年設立之長久機關，至於實際辦理之案件，容於下節述之，此處從略。

第二款　調解之方法

所謂調解之方法，亦即解決佃業糾紛所採取之方式，按據負責調解機關之不同，可分為二，一為任意之調解，一為強制之調解，兩種效力，完全不同，茲為明晰起見，分別敍述於次：

一、任意之調解　農會、區公所、民眾教育館等機關，雖能擔任調解之責任，然均非政府專為解決佃業糾紛而設，故對於一案件之調解，絕無強制力量，其結果之有效與否，仍視雙方意見如何而定，不過此等機關，皆設置於鄉間，對於地方情形比較熟悉，同時就地調解，雙方均稱經濟，其尤以農民為甚，故一般佃農，如有糾紛，請其調解以後，大抵從之，惟此種調解之結果，常為佃農所不利，蓋地主在鄉，無論在政治上或經濟上，均佔優越地位，一切組織或機關，大抵屈服於其勢力範圍之內，唯命是聽而已，故每次糾紛之調解，常成為遏制佃農，幫助地主之現象，結果當然為佃戶倒霉，即如有幫助佃農而使地主不利時，則此調解，必無效果，地主將進一步從其他方法，以圖解決，因之，此種調解結果，不成立則已，一成立則無有不為佃農失利者，如去歲蘇州唯亭一區，曾有一地主藉移轉之間，公然加租，當時佃戶因過去所訂之田面契約，遺失不見，故亦無可奈何，但至去歲納租之時，該佃

戶因尋找物件，而偶然於箱中發現其過去所遺失之契約，查上面所載租額為七斗五升，但因過去兩三年向加租後所納之實際數額為一石〇五升，兩者相差，竟達三斗之鉅，因之佃農即持其所發現之契約，要求地主自後以原定租額完租，當為地主完全拒絕，而佃戶既然有契約為據，又不堪高租之負擔，自必堅持其要求，於是在雙方不肯退讓之下，糾紛起矣，觀此種情形，顯然為地主橫蠻，如照理引事，則非獨此後須以原定租額繳租，即過去已納過三年之高租，其超過原額部份，亦應加利奉還，同時對於地主之任意加租，須按法給以違反契約之處分，但其結果經在鄉之民眾教育館

農會及區公所等機關調解之結果，非獨不能如摃理之行事，即佃農要求之目的，亦不能達，而祇以加租後之額，略行低減，但較原來租額，仍超過不少。此種調解，形式上地主已經讓步，佃戶可得減租之利，但實際上之損失，不知超過其所謂利之若干倍焉。在鄉之任意調解，既為佃戶所不利，然則佃戶何樂意從之？此略加探索，即可知其不得已也。蓋業佃糾紛之解決，不取法於任意之調解，即訴之於法律，然中國之訴訟非錢不行，嘗聞為小事之訴訟，常致破家蕩產，佃農賴租田以度生，本身既不具經濟條件，又無智識與恒產，安能輕易涉訟，況法院亦不免於偏護，即涉訟亦未必見利也。起訴之路既絕，則佃農遇有糾紛，祇有屈服奉行，或轉請調解，否則地主必進一步而向縣府報告拘捕，以抗租論罪。在此種情形之下，任意調解終雖於佃戶不利，佃戶有何法得而免哉，因之，除欠租外，關於一般糾紛調解之方式，大抵採此也。

二、強制之調解　即其調解有充分效力，而須強制執行者，依據其調解之機關及糾紛之不同，可分兩項述之如次：

(一)起訴　此種調解之方式，由法院負責者，其主動出於佃農者少，出於地主者多，蓋起訴須俱備經濟上及智識上之條件，此佃農均無之，故除非不得已時，絕少見佃戶控地主者，其或有之，佃戶亦不一定有利也。去歲蘇州第二區有一農民，已將其過去所典出之田底權向地主贖回，且得有確實憑證為據，但至納租時期，該前地主異想天開，仍舊出田紙，謂其已贖回田底權之農民欠租，此種証據昭然若揭，黑白即辨之事實，本來在鄉機關，即可解決，乃因該地主錢勢浩大，奪理橫行，在鄉之各機關俱不敢與辯，因之，蓋佃戶不得已訴之於法院，然截至調查時止，已過數月，該案尚未結束，此種有目即辨之案件，為法院者竟延至數月不判，其非地主錢勢之作用而何，至於結果如何，固未可預斷，然在此延長期間之訴訟費，已足夠該佃戶之努力矣。根據上述地主錢勢可以左右法院之情形，可不難推知佃戶如因地主之壓迫有所反抗時，則地主可隨時訴之於法院，用抗租、反動等罪名，判以囚禁或罰款等處分。

(二)拘禁　除上述一般之佃業糾紛外，關於欠租者，因拘禁之方式解決之，此由特殊之佃業糾紛調解機關執行，如在無錫則歸縣政府代理之，此種方法，對佃農當然絕對有效，且為欠租糾紛最普遍之解決方法。關於此等機關之內容，前已言之，乃政府為地主設立而專門對付佃戶者，因其有政府為後盾，以强制為手段，防其欺弄，特別為大，任你欠租之理由如何充分，欠租之户數如何量大，該機關均有有效之方法處置之，蓋此等機關，無論自備或借用均有寬大之監獄，以為佃户容身之所，決不致無法處置或有人滿為患也。然政府之所以甘心為地主組織此機關者，乃因賦稅收入之關係，非如是則地主每藉收租之不足，以為不繳賦稅之要挾手段，於是政府之收入，將遭極大之恐慌，因之，政府与地主站在同一利害關係之立場，不得不對於欠租之糾紛予以嚴格之處置　故每當納租期限已過之時，政府即應地主之請，派出大批租吏，赴鄉兜捕欠户，措

論文　地政學院

獲以後，注輕少即繳清或保釋者外，大部份解城關禁，一、二端以鐵窗風味，以為追其繳納之方法，據學員在三縣調查所得，蘇州每年租期後被關禁於處所之佃户，男女計在千人以上，其中女子約佔總數百分之十五，此皆係欠户之家族，或因家長逃避而被捕者，常熟約在八百人左右，所為數亦約不小無錫比較最少，統計不到二百人，此被禁人數之多寡，一方面表示地主對佃農壓力之不同，同時其制度亦有關係，蓋在已租制較盛行之地方，因地主權有佃户所繳之押租為保證，即有欠租情形，地主可在此中扣除，不必急急乎追佃户繳納也，被關禁之

論文　地政學院

佃户，其於中途繳清及繳納一部份而保釋者，佔總人數百分之十左右，此可以證明佃户之欠租，並非自甘如此，於不得已之情形，故即遭關禁之痛苦，亦大部份無法自拔也，中途不繳清或保釋之欠户，並非永久關禁，蓋此與地主更不利也，大抵關至來年芒種時節，即全體保釋放，此種情形，形式似乎地主之開恩，實質有其利害之目的在，蓋此等不中途繳清之欠户，其欠租乃出於根本無力完納，即雖永遠關禁，結果亦無所出，且長久關禁，佃户雖不免受相當痛苦，但於地主則毫無補益也，因之不若於相當期間放之，所謂相當時期，即來年之芒種，

論文　地政學院

蓋其時田間工作，已在緊張，秋收亦將不遠，佃農之收獲在即，欠租之歸還可期矣，且芒種時節，農村金融比較流動，在地主之心目中，其時或有歸還欠租之可能，故在釋放之時，須佃户立保一結，其性質即如期票，責令佃户於短期內，繳還其欠租也，關於欠户關押之前後，已略述之如上，現再一為佃户在獄中之生活，在蘇州有專門關禁佃户之監獄，即屬於佃租處辦公處之處分所，其中範圍甚大，足可容納二千餘人，不過比較一般監獄，尚稱清爽，且其中所關者，盡係佃户，不致遭欺辱之患故佃户除出獄時有相當耗費外，平時祇須膳食費用

論文　地政學院

但如關禁時久，則積成多，為數亦不少矣，常熟無錫兩縣，因無特別關禁欠租佃户之所，故借用普通監獄，即與一般罪犯關禁於一所，但中國一般監獄之中，黑幕重重，一般久被禁之老犯，對於新犯之入獄，必施以種種之敲詐，如其不從，則必遭不可言語形容之苦辱，佃户入獄，關於此種痛苦，必不可免，此外尚有之需索，在不可忍之痛苦下，亦不免多少之損失，至於膳食當然歸欠户付納，故每屆釋放之時，即獄中之負担，亦使其不堪矣。當閉封建時代，領主對於農奴，設有私牢以為處置之方法，今私牢雖廢，公牢猶存，且有政府之力量為助，行施此更給以諸多之方便，故牢之公私之名雖異，其採取之手段與目的則一，然則今日之佃農又何異於昔之農奴哉，但徵諸過去之事實，則知佃農之欠租乃出於不得已之舉，故無論其手段如何辣，關禁如何，亦根本無補于擠，亦終難見於有效，故此種解決方法，已不再為有效之手段，究其量祇能使欠户遭受身体上之痛苦經濟上之損失，而於地主無所裨益也，而地主之所以始終不變其方策者，或藉以大快其心乎。

總上述佃業糾紛調解之方法，無論其為強制或任意，均為佃農所不利，此亦即佃業糾紛之結果，佃農乃不

地政學院

利二謂，本來佃農與地主，無論在政治上經濟上以及自身上之地位，均甚懸殊，其欲此間糾紛之解決，自無待其平之可能，而負責調解之各機關，其中或有意袒護佃農，而為之諒解者，然彼等本身之力量，即屬有限，亦已不生存，而在處於此主勢力籠罩之下，又何能為佃農助哉，究其量亦不過為佃農謀小小利之調解也。

就本章綜合觀之，可知三縣佃業糾紛之大概，其構成之原因雖多，但其顯著之主動者，大抵由於地主，對佃農施行壓迫而生之反動，但觀糾紛之內容，除極少數積極者外，大半採用消極之方式，此一方面說明三縣佃農之忠厚，他方面證明地主之勢力，遠過於佃農，故在其不斷壓迫之下，極少有積極糾紛之可能，糾紛調解之機關雖多，但站在佃農利益立場者，力量十分薄弱，不足以為佃農謀利益，同時站在地主利益立場之各機關，因有強制為手段，而力量甚大，因此佃農地主本身之各條件之懸殊，加以彼此代表調解機關力量之差異，致結果無論採取何種調解之方式，均為佃農之不利也。

地政學院

第五章　佃户與地主之生活狀況及其兩者之關係

關於佃户之生活狀況，已散佈於上述各章中，但為窺其全豹起見，特另設一章，並連帶敘述地主之生活及其兩者之關係，以為對照，藉以更進一步瞭解佃户之實况也。

第一節　佃户之生活

三種佃農，大抵係本地居民，此佃農之籍貫與農業經營，大有關係在也，蓋如客民多，則移動之可能性大，而對於田場上之工作及設備，與肥料之施或肥力之維持等，皆不肯努力也，此非獨有關於佃租之問題，且為佃户生活方式之一種，故本節在未敘述佃户

之實際生活以前，先一談三種佃户之籍貫，據學員在一縣之該區內調查所得，可立一百分表於次：

縣別	本地居民	客籍移民
蘇州	八七．五%	一二．五%
無錫	九五．三	四．七
常熟	九四．八	五．二

表中以蘇州之客籍移民之百分率為高，不過其中因有一特殊之情形在，蓋蘇州該區調查中之不滿一區，適為客籍佃户居多者，故與其他兩區之數字，平均列入，而使其百分率提高，如全縣計算，諒決不致如是也。但就三縣平均視之，本地居民總佔百分之九十以上也，故三種之佃農，大部仍為本地居民也無疑，因之上述農業經營之種種弊病，固少見發生，而在佃農之生活上，亦表現固定之方式，於是在此種方式之下吾儕可進一步窺其佃户之生活，關於此點，可從其財產，收入及支出三方面說明之。

一、財產　可分數項如次：

（一）田面之產權　此祇有在田底田面制下之佃户有之，田面因其有買賣之價格，故不失為佃農財產之一種，佃户對於田面財產之多寡，須視其田面之所有及田面之價格而定，據學員之調查，三縣佃户田面權所有之平均面積，每户約在七畝左右，至於田面價格

列年不同，在去年之情形下，平均每畝為三十五元，今即根據上述之數字計算，則每户於田面上之財產為二百四十五元。

（二）押租之數額　在包租制下，佃户雖無田面產權，然在租田之時，每畝須交付若干押租，此雖存於地主之處，但將來退佃收回之一日，故亦可作為佃户財產之一種，此種財產之多少，視佃種土地之多少及每畝所交之數額而定，據調查每畝之押租額，平均在十五元上下，今亦以平均每佃户之耕種面積計算，則每佃户在押租方面所有之財產，共計一百零五元。

三、房屋　佃户之房屋，當然簡陋至極，其經濟狀況較優者，或有瓦屋兩間，較差者祇有草房數間耳。茲據三縣農業推廣所之調查，平均每户所有房屋連同基地之貨幣價格，約在百元左右，此即佃户對於房屋所有之財產。

四、農具　如鋤，犁，耙，水車，送肥小車等，均包括在內，此外在牧畜方面所用之木桶，桶等具，亦可謂農具之一種，如全部設備，其價格約在百元左右，但據農業推廣所之調查，佃户全備此等農具者不到百分之十，百分之九十之佃户，祇有一部份農具，且大抵爲簡陋者，若平均以貨幣價值計之，則平均每户對於農具所有之財產，祇在二十元上下。

五、牲畜　畜養者已括牛豬兩種，牛作爲耕種上之用，豬爲農家副產之一種，據農業推廣所之調查，佃户有牛者，在常熟不到百分之四十，無錫不到百分之三十，蘇州在百分之三十左右，平均之，約在百分之三十以上，牛每頭之價格，平均爲百元，如每佃户平均分攤之，約在三十元左右，豬之畜養，三縣亦各有不同，在無錫畜豬之佃户佔總佃户數百分之九十以上，蘇州佔百分之五十，常熟佔百分之七十五，而每户平均畜兩頭，每頭值價十八元，共計三十六元，如將三縣畜豬之户數平均，則約佔總佃户數百分之七十，因將每户畜豬之價值三十六元乘之，即得二十五元，此即平均每佃户對於畜豬所有之財產，如與對牛之財產合計，則爲五十五元，以上之數字乃根據農業推廣所實地調查之數目加以計算而得之，根據上述佃户財產價值之分析，綜合之可得兩種情形：

1. 在田底田面制下每户所有之財產價值爲四百二十元
2. 在包租制或分租制平均每户所有財產爲二百八十元

以上兩種情形之不同，乃由於田面價值與押租數額之參差，此因產權之有無而異，其他各種財產在平均上大抵相同。

六、收入　佃農之收入，不外主副兩業，前者即從農田上之主要收穫，後者即主業外之一切副收入，分述於后：

1. 主業收入　即指農作物之收穫而言，在緒論中已將佃農平均耕種面積，列表說明，又將主要作物每畝之生產量，加以敘述，於是就解釋三縣一般佃農之平均主業收入，祇須根據之加以貨幣之折算可矣，根據緒論之統計，三縣佃農之平均耕種面積爲七．五畝，一般主要作物爲稻麥兩種，故即以之作爲每年之主業，稻作平均每畝之收穫爲米二石，麥作爲麥七斗，若以去年之價格折算之，共計每畝收穫之貨幣價值爲十五元五，外加稈稿價二元五，今以上述佃户平均面積計算，則每户全年之主業收穫爲百三十五元。

(二)副業收入　副業情形之複雜，遠過於主業，蓋副業種類甚多，兼以各地對於一種副業之輕重不一，致其收入漫無可究之標準。蘇州在民國二十一年時曾有一農村調查之組織，當時對於佃農之副業狀況，亦加以詳細調查，據其所得結果，佃農每年在副業上之總收入，平均每戶約在一百二十元，此種副業收入，包括佃農所有之各種副業在內，至於錫常兩縣，學員即仿以蘇州之調查之方法，不問其副業之種類，而以其每年收入之總價作為標準，一方面所到之區，由學員直接向農家詢問，他方面將記諸友人，在其他各區同樣方法作較長時間之調查，最後

論文　一百五十四　地政學院

將兩種結果，對照所得兩縣各別平均每佃戶每年之副業收入，在無錫為一百十四元，常熟為九十六元。關於其他各方面，亦有同樣調查，但待後節述之。三縣之每佃戶平均副業收入，其數字比較尚稱接近。其中以蘇州為最高，至於三縣之平均數，總計所得為一百十元，此種副業收穫，除牧畜業外，大抵與耕種面積，無十分關係，蓋有諸佃戶每因耕種面積小而有多餘之勞動，因之更加工於副業，藉以補救其生活之不足，而耕種面積大者，反因主業工作之過忙而無充分時間於副業也。

關於佃農主副業之收入情形既明，綜合之，即可得佃農全年之總收入，共計二百四十五元，以其為平均佃農耕種面積及全年平均之總收入，故祇能說明一般佃農收入之情形，而此處之目的，亦即如是耳。

三支出　可分為生產成本，租額，生活費用三方面，分別述之。

(一)生產成本　亦可分為主業副業兩種，試分述之於后

1.主業成本　亦即農作生產所費之成本，此在緒論中已將稻麥兩主要作物之每畝生產之各種成本列表說明，不過每畝之生產成本，不一定能以正比例之情形說明一農場之生產成本，因為在農場大小不同之情形下，其每畝生產之平均成本，不

論文　一百五十五　地政學院

定相同，通常在農場面積較大時，因勞力之得以充分之利用，工具之效率增大，而使每畝之生產費減低，反之，如農場面積較小時，則每畝之生產費必形增加，前述每畝生產成本，乃農場面積大小不同之情形下每畝生產費之平均數，故以之說明一般之現象，亦無不可也，按緒論中所述兩種作物每畝之生產費，三縣略有不同，今為合併說明起見，而平均之，計稻作為十二元另五分，麥作為五元四角二分，合計為十七元四角六分，此即每畝一年之生產成本，今仍以佃農之平均面積計算，共計一百二十九元五角五分，此即佃農

在平均農場面積下每年主業之總支出，
㈥副業成本　此亦根據蘇州農村調查細佽諸友人共學員之調查，在蘇州一般佃農對其副業平均每年所費之成本，為七十五元，無錫為五十二元，常熟為四十七元，三縣之平均數為五十八元，
主業成本與副業成本之合計，即為生產之總成本，其數為一百八十七元五角五分。
㈡租額　此在第三章已經詳述，单就去年三縣每畝租金之平均額而言，其數為六元四角，其他額外負担皆不已括在內，今仍以上述一般佃農平均面積為標準而計算之，共計租額為四十八元，此即每年一般佃農在租額上之負担。

地政學院

㈢生活費用　在說今農村經濟凋敝之情形下，所謂佃農之生活，不成問題為最低生活，因之其生活費用，在可能範圍之內，亦為最低限度，普通對於生活費用之研究，分為五種，即食料，衣服，房租，燃料及雜項是也，學員諸友人在三縣之調查，亦即根據此五項，不過調查結果，其中房租一項，未有數字，因佃農大抵為本地居民，自己有一二間破爛房屋，故此項費用，可以節省，其他各項數字，三縣亦頗相近似，今平均之分列於次：（全年計算）、
食料　五十五元　其中百分之九十係飯食，菜蔬祇有百分之十，
衣服　十元
燃料　十元
雜項　十二元　其中包墨藥，交際等費用
共計　八十七元
所調查之各戶，平均每戶為四，五口，如進一步計算佃戶家中每人一年之生活費，即可根據此平均口數除全家生活費用而得，計為一九，三元，佃農之生活費用，與其耕種面積，甚有關係，通常佃農之耕種面積較大者，在食料與雜項兩費用則略有增加，反之在耕種面積較小時，則衣服與雜項之費用將更形減

地政學院

低，上表所列，乃係平均之情形，以之說明一般佃農之生活也。
今將生產成本，租額及生活費合計之，得三百二十二元五角五分，此即一般佃農每年平均之總支出，
佃農之收支狀況說明，於是進一步可作為兩者之比較，藉為簡明起見，分列於左：
收入　三百四十五元
支出　三百二十二元五角五分
收支相差　七十七元五角五分
右列收支數字相差甚大，似乎有不可置信者，故必須用加以說明，才知其底蘊在也，按支出之數字中，

包括生產成本，細報紫生活費用三項。而生產成本中
又分為主業時副業兩種。主業成本以工價之支出為其
大部份，三縣稻麥兩作物，平均每畝生產成本為十七元
四角六分，內工價為九元三角，此等縣之每畝工價在
成本百分之五十以上。此種工價在今之生計之小農經濟
實下，其十分之九係家工之報酬，雇工之工資祇佔十
分之一，據之之每畝工價之九元三角中，其作為家工
之報酬者有八元三角七分，作為雇工之工資者祇九角
三分，故家工之工價，以上述之計祇在生產成本之內
本理所當然，不過佃農之犯把持權，在此小面積之情
形下，無從使其勞力得其所用，故其生活所靠，亦可

調查　年　月　日　第[illegible]頁　地政學院

依於犯勞動之報酬，至於勞其在勞力之報酬外所得一
部份剩潤，則採本為不可能事。因之彼既明佃農生活
之維持，則須將其本當支付家工之工價剔除，就其實
際之收入與支出記之。前已言之，每畝家工之工價為
八元三角七分，今以七五畝之面積計之，為六十二元
七角七分，此數字除去生產支出，而上表支出所已列
入者，故為說明佃農生活維持起見，須剔除之，以就
佃農之實際收支狀況，今仍列一表於次：

收入	二百四十五元
支出	二百五十九元七角八分（此中四百三十三元五角五分於除六十二元七角七分之家工之傳而得者）
收支相差	十四元七角八分

觀上表之所記，乃佃農每年生活實際不足之數，亦即
是說，佃農終歲辛勤者，從事全家之勞力，結果仍為入
不敷出，或為維持之狀態，但是欲維持其全家之生命
，必最低限度之生活費既不能再減，故得到相當之收
穫，況生產成本亦不能更少，故維持佃種權或充賤約
契之兩者，則所採租額更不易維支，況不敷之數目，
況不能從各面支出以消除之，已不能藉增加收入以彌補
之，於是補闕之法，惟有負債而已，據作者在三縣調
查得知佃農負債者佔百分之九十，此亦足證佃農收支

調查　年　月　日　第[illegible]頁　地政學院

不敷之確實也，然佃農所有之生產，既有限矣，每年
之收穫，又有定數，惟生之佳耕，況無力清償，本來
之債務，更有加無已，長此以往，必致負不勝負，唯
有一死了之也。

第三節　地主之生活

地主在封建時代之高位，極不一律，故無法以數字
計之，支出方面除託之負擔有定額外，其他生活費用
亦參差不一，因欲考地主之生活所能根據者祇有收入
及支出之一部，然則如能明瞭收入之實況，其生活亦
可以知矣。地主均佃種為生，故無論其書有其他職業
者否，佃租之收入，必為生活最重要之依據，佃租收

入之多寡，因與農田質位之優劣有關，然一般以面積之多少而定。地主普通按所有土地面積之大小分為大中小等級，其所有面積在百畝以上者称謂大地主，五十畝至百畝者為中小地主，現即根據其每種地主所有額之最低畝數，以計算其收入與支出。大地主所有面積之最低額為百畝，以去年三縣每畝平均租金計算，可得租金總額六百四十元，中小地主所有面積之最低額為五十畝，亦以去年之平均租率折計為三百二十元，此即兩種不同地主之收入。至出方面，可分為稅額負担與生活費用兩項，因後者無從統計，故單就前者而言。且單知前者則後者亦不難推知。按稅率因各縣略

論文　第百四十一頁　北京大學

有不同，即一縣亦有等則之别，不過此處為說明一般情形起見，故採取其平均數為標準，計三縣中等田之平均稅率為每畝九角八分，則大地主共負稅額九十八元，中小地主共負稅額四十九元，如收支相減，則大地主尚餘五百四十二元，中小地主餘二百七十一元，此固地主之利得，亦即其維持生活之費用也。按去年之穀價，比較甚低，故租額亦不為高，如過去數年之穀價，租額甚高，則地主之收入更多，且上述地主之所有面積，乃及其最低者而言，如就高者而言，則千畝以上之地主在蘇常兩縣亦不在少數，如以此等地主計算其收入，則更高至十倍矣，不過無論在地主之大

小或租額之高低等情形下，佃租收入與稅額之負担，其比例相差甚大，終有大宗餘利，以供地主之榮華生活也。

關於地主之居住，各縣有所不同，據本員調查所得可列一表如次：

縣別	不在地主	在鄉地主
蘇州	九五%	五%
無錫	四〇%	六〇%
常熟	八五%	一五%

從右表可知三縣地主之分佈情形，相差甚大，其在蘇州，竟有百分九十五為不在地主，而在鄉者祇佔百

論文　第百四十二頁　北京大學

分之五，常熟不在地主所佔之百分率亦甚高，至於無錫則情形適得其反，在鄉地主所佔之百分率較不在地主為高，然就三縣之情形合而言之，亦以不在地主為多而在鄉地主少，以上所謂不在地主，即不在己有土地範圍居住之地主，因之，無論其在他縣或本縣城內，其凡離其土地而居住於他處者，均包括在內，此種地主含種種弊病，而給農村經濟極不良之影响，蓋地主既不在，則與佃戶之關係必然隔膜，一旦稍有誤會，即不免感情破裂，甚至引起佃業糾紛，此其弊之一也，地主在鄉，則從佃戶收得佃租，大部份必仍用之於農村，反之，如地主不在，則地主對於佃租之運用，不能

再行於農村，使其轉輾輸迴，因之，農村現金，為田付租之方式而大批流出，以至助成農村金融枯竭之危狀，此地主不在之弊二也。地主在外，對於佃戶之窮潦情形，既完全不知，故對於佃戶之苦衷，絕無原諒之可能，且地主因居住城內，常藉政府力量對佃戶行種種之壓迫，故不在地主常較在鄉地主對佃戶為苛，此不在地主之弊三也。地主既不鄉，則對於農業上自無絲毫之貢獻，且因為維持其奢華之生活，而對於佃租之苛求尤甚，於是更間接影響農業之發展，此不在地主之弊四也。不在地主既含有如上之種種弊病，同時又為三縣較多存在者，因此亦形成佃租制度上一大缺憾。

地政學院

論地主之所以不在，不外三種原因，其一即因為職業之關係而不得不離鄉他往者，其二為鄉村社會不安，地主為避免意外而離鄉者，其三因貪圖城市舒服生活而離鄉者，以上三種情形，第三種最為普遍，就三縣離鄉在城之地主，除無錫之一部份外，其他兩縣者大抵無職業，可知其離鄉並未為職業問題。且近數年來，三縣之農村治安，尚極平靜，雖或有一部份地主僅出於此，但大部份乃另有別因，故地主離鄉由於第二種情形者亦在少數，於是歸根究底，不在地主之大部，其出於圖舒服之生活，換而言之，地主離鄉向都市集中，亦即地主生活先趨之表示也。三縣地主生活之比較，尤以蘇州地主之生活為奢，在蘇州居住較久之人，均知蘇州私人花園之多，此等私園，均係地主家庭設備之一，其較大地主之私園，甚至比公園之範圍尤大，較公園之花置尤精，單就此一點觀察，可以推知其生活之奢華矣。

地主之職業，與其生活亦有相當關係，故亦有連帶敘述之必要，不在地主之離鄉，前面已經說過，大抵由於生活上之享受，並非為職業問題，茲除少數從事工商業者外，大抵為無業者，三縣比較之下，無錫不在地主之有職業者比較為多，因該縣之工業，頗為發達，地主咸於有利可圖，不惜以大量資本投之，此外

地政學院

亦有一部份投資於商業者，為數比較少耳，蘇常兩縣之不在地主，除極少數投資於商業者外，大半為無業者，綜核三縣之不在地主，可謂無業者多，有業者少也。在鄉地主，亦無確定職業，不過依其固有土地所有之勢力，在鄉政方面，潛伏或操縱有極大之權力，根據中國經濟四五期合刊所載地主在農村之政治力量一文，內開於無錫者有如左之數字：

全縣有五一八個村長

經調查者有一〇四個，其經濟狀況如次：

地主　九一．三％

富農　八．七％

小南人 一%

從右列數字，可知地主為村長者，佔村長總數百分之九十一·三，幾乎全部村長，皆為地主所操縱。此等地主中，有百分之四十三·二七為中等地主，百分之五十六·七三為小地。此鄉政之下層勢力，因操縱於地主之手。上層勢力，亦然如是，且鄉間之地主，並不須形式上負何政治之名義，因其有實際之潛伏勢力在，亦無藉此力量，越俎代庖，從事民間事務之解決，以為敲詐之機會，而作他項之收入。此外高利貸之放款，亦為其重要收入，如農村當典等放款機關，大部份由地主包辦，根據中國經濟月刊所載，常熟之當鋪數為二十家，其流通資本為七二〇、〇〇〇元，資本之來源，百分之七十八由於地主之供給，從此可知農村當典操縱於地主無疑，由以上所述，可知地主中無職業者多，而在鄉地主之所有職業，亦不過對農民榨取之事務耳，

第三節 地主與佃戶兩者之關係

地主之生活既優裕如此，佃戶之生活又窮苦如彼，兩者相處之下，誠不免有天堂地獄之慨矣，至於其兩者關係，可以兩種方式說明之，其一地主與佃戶為債權者與債務者之關係，即地主為權利人，佃戶為義務人，就三縣之地主，大抵為不在地主，凡以田底面制與田租制之流行，致地主與佃戶平時祇存在佃租繳納之債權債務關係，此外關於生產資本之供給，農田耕種之情形，皆地主所不過問，而由佃戶一方負任，間或有佃戶向地主借款，亦以一般借貸方式，並無特殊關係之存在，故地主與佃戶除關於納租上之往來外，可謂絕少其他關係之表示，其二地主與佃戶為剝削者與被剝削者之關係，佃戶終歲勞苦，所得之大部份皆為地主所有，而地主則不非絲毫勞力，坐享其成，此與舊主之對農奴所行剝削，形式上全無區別，同時地主從租額外，更以其他之方式榨取佃農，如一切額外之需索或佃農各種額外之負担及高利貸之放款等等，均足以說地主對佃戶之實際剝削，故就此種情形而論，言之為剝削者與被剝削者之關係，亦不得謂過也，若就形式上與實際上兩方面觀之，地主與佃戶之關係，不過如是耳

結語

三種佃租制度，根據以上數章之敘述，而知其存在有兩種問題，其一為一般之問題，即存在於制度本身者，其二為特殊之問題，存在於內容規定之各點，因其問題之不同，故解決之對策亦異，為明析起見，試分別述之如次：

一般問題　其所討論之要點為佃租制度應否存在之問題，關於此點，或有疑為非本文之範圍，竊以為其有關佃租問題之根本解決辦法，故亦有連帶敘述之必要；按佃租制度之產生，根據上述形成一節所言，乃由封建制度脫胎而來，其務權有土地者為一般領主，其取得之方式，或由帝皇之封賜，或由強制之佔領，此等領終之皆為無代價之取得，迄封建制度破壞以後，此等領主，一變而為大地主，仍握有其原來代價取得之土地；坐收佃農終歲勞動之所得，觀此，地主之土地，既完全係攫取之方式而來，當然無再繼續存在之理由，更不應以之榨取農民之生產，此亦租制度不應存在之事實一也。或謂今日地主之土地亦以貴錢購買而得者，理應收取佃租，然該土地最初之所有，終係無代價之佔領，等於偷搶之物，今該地主雖出錢購買，亦等於購買盜贓或贓偷之物，社會上法律上對於其所有，均不予以承認，故其所有，亦無充分之理由，

論文　第一百四十六頁　地政學院

坐收佃租，更屬不當，此佃租制度不應存在者二也。土地為國家存在之元素，關係於國民生計，民族生存者，至重且大，故不應操縱於少數地主之手，以為維持其本人生存之手段，而使多數人民失其所依，自來論土地改革者，均作如是觀，土地既不應為地主所操縱，則佃租制度自無存在之餘地矣。且地主藉其錢勢之力量，操縱大批土地，租與農民耕種，而己則不費絲毫勞力，坐享其成，藉此年富之收入，度其榮華之生活，而實際從事生產之佃農，終歲勤勞，反因收穫之大部為地主所奪，而致不得一飽，其不平之事，孰有過於此者乎，抑又有進者，佃農租入他人之地耕種無論如何，終不若己有之愛惜，而盡力改良其土地，且佃農收入之大部，已為地主所攫，餘下者僅足維持其非人生活，事實上亦無法充分改良其土地，以增加農作之生產，此所以在佃租制度下之農田生產，不能達最高之程度，佃租制度不啻為農業發展之桎梏矣，故在適當分配與發展農業之立場言，佃租制度亦無存在之理由也，佃租制度在理論上既無存在之餘地，於是對於此問題之方案，乃以根本推翻為目的，此所謂治本之解決佃租問題，一般對此之方案，約有下述數種，試略述之：

論文　第一百四十七頁　地政學院

一、耕者有其田　此為本黨總理之主張，其目的在使

土地耕種者，即為土地所有者。以打倒地主之措施
，雅額佃租制度之存在。此說理在目的，但農民之痛苦
地主生計來利之不平，所以須由主張者，並以之為
解決中國農民地問題之對策。
二、沒收佃租。此為美人亨利喬治 Henry George 之主張
，當時其主張為沒收地租，該非獨指農地而言。同
時又不以為除佃租制度為其主要目的，不過根據為
地租之存在，為為其之源，社會問題之根。為解決
此問題而主張沒收地租。惟其主義實行之後，對於收租
之一切制度，在農地方面亦即全部租額佃租之目的
存在。因之當為根本解決佃租問題對策之一。

三、土地國有。此為最重要主張之土地改革派華利斯
Wallace 之主張。即土地之所有權，歸之國家。而人
民祇有使用之權。所謂使用權即使用土地之權利。
華氏主張此權須有相當條件之安全和永續。並謂何
人不得成為二人對於土地之所有者。雖允許其自田
出者，或讓渡與他人，但絕對禁止佃租制度及土地
之抵當。觀其目的雖非祇農地，而對於佃租制度亦
極端反對。故亦為根本解決佃租問題之一主張。
以上三種主張，以第一種最切於實際。且孫總理亦
國家已在施行中者，如大地主土地之徵收，自耕農之
主之，均為根本解決佃租制度之政策。故耕者有其田

之實施。以擁護農民計，須速解決佃租問題也。
以上所述，為關於一般佃問題之內容及解決，理論上
固土地所有之問題及佃租制度本身之弊病，該不得
在為最理想理論上解決佃租問題。事實上完全符主張多困難
。該根本解決耕法，同一時行於事實者。於是目前法律之
耕法者主生，其內容分述於後。
特殊問題　此存在於佃租制度內部之規定之各點，對此
問題解決之方案為治標者。即在承認佃租制度存在之
範圍內，就現有之事實情形，加以改正，使成為較合
理之制度，以保護地主與佃戶之利益。此如能做到相
當地步，則於制度之缺陷，亦不無補益也。在現在解

決之範圍，既已承認制度之存在，然其各種制度中，
究以何種為優良？此較宜採取者，此不得不在討論其內
容之前，先行決定之。就蘇錫常三縣之佃租制度，以
田底田面制為最善適。此種制度，佃戶有永佃權，使永久
之佃種，同田面之權可保障或抵押，即佃戶沒有轉
永久耕種之權利，又可以有近於自田，故雖為佃戶
，亦耕無異於自耕。但在各種制度比較中，以此制下之佃戶
最為優越。至於佃租制如年期租永佃制，佃戶中還須有租不便
，且因其為各於佃權者。年期短期者則對於種種佃種其佃權問題。
且更能保障其佃租之耕種，至於短期者，則常易受
同者之收租則下。但佃戶耕稼耕種不能計劃為，抵押以為信用

上之便利，故此種制度不若田底面制為優。至於分租制度，仍有特殊存在之條件，其環境不能隨加改革，且此制在三縣所佔地位，極不重要，於一般佃農無多大影响也。從此可知，三種制度以田底面制比較為佳，故除分租制外其他包租制以改用田底面制為良，制度種類之優劣，既已決定，於是進一步討論對於內容各點規定之改良，此改良之目的，在于保護佃農，使廣大之農民，能維持其較良之生活，更進一步，使彼等有從事於改進農業之餘力，因為立場是如此，故以下一切有關於改良之地方，均向着此目標走去，說在印以保護佃農之立場，就學員所見，將有關興廢修改各點，分列於后：

一、佃租契約須由政府製定

佃租契約在交通發達，社會進展之三縣中，已成為佃租關係上重要之手續與根據，其內容規定，關係於雙方權義者甚大，以三縣現存之佃租契約，均含有兩大缺點，其一為契約之格式及所載條件，概由民間自由訂定，地主與佃戶因地位上及經濟上之懸殊，致所有規定，常不免諸失平之處，而使佃戶受暗中之損失，其二為契約由一方執有，如佃農與地主所立之田底權賣契及其他租札承種等契約，皆由地主操縱，佃戶既無所依據，地主自可藉此公然加租或其他對佃戶不利

論文　第　冊　第一百五十　頁　地政學院

之行為，如欲排脫以上兩弊，惟有政府製就定式，關於內容之條件及雙方之權義，予以嚴格平等之規定，使當事人無所舞弊之處，且規定無論何種契約，均須兩紙，其內容相同，雙方各執其一，以為彼此之依據而免地主之操縱。佃租契約之內容既經嚴定，但其適用，而須有兩種條件，其一為政府之力量，即用強制手段，使人民採用，同時對於私訂之契約，不承認其有效，並予以嚴厲之處分，其二政府所製定之契約，應以最低價值由各區公所鄉村政機關出售，最好能免費，使當事人不致畏其價高而不購用，同時對於出售之機關，政府須以嚴厲之監督，以免其從中舞弊敲詐，或魚肉農民，若此兩步工作能做到，則契約之內容，統一律而公平，又能普遍於民間，關於佃租契約上之諸問題，可以迎刃而解矣。

二、轉租之禁止

轉租之存在，使佃戶多一層剝削，增加中間者舞弊之機會，故在此情形下之佃戶，其收入無論如何，不足以維持生活，終歲勞苦，值等於牛馬也，故對於佃戶之負担，欲使其減輕，則轉租之禁止，實所必需，而土地法對此，亦有嚴格禁止之規定，祇須土地法施行，則此種情形，可以去矣。

三、租額之減低及額外負担之革除

論文　第　冊　第一百五十一頁　地政學院

觀三縣之租額，無不在佃農總收穫百分之五十以上，因此佃戶收入之大部，均為地主所有，而剩下者生活亦不足以維持，更無力於農事之改進。故在佃農實生活上及農業之發展上言，減低租額以輕佃農負担，實為最要之圖。關於減低之程度，須就佃農生活與農事改進兩點着想，此一時雖難得確定數字，不過按據土地法之規定，租額不得超過佃農主要作物收穫之千分之三七五，此較三縣之實際租額，已減低百分之十三左右，若能以此厲行，則佃農之負担，亦可減輕不少矣。除上述之正租減低以外，額外之負担，更須全部革除，此說佃農不應之負担，亦彼等賠中最大之損失，

若不澈底革除，則名義之租額雖減，實際上之負担仍不輕也。故額外負担之革除，為實質減租中一重要之工作，須與減租同時進行者也。

四、納金納穀法之任意

單用納金法，則佃戶不免糶賣米穀周旋於市場之煩；且佃戶因急於納租，共將米穀出賣於市場，於是不免一時供給過剩，以至價格跌落之害；因之而遭賠中之損失。反之，若專用納穀法，則運送之不便，質量之爭執，亦為不能免之弊病。此種兩方法既各有弊在，故可通納租時之情形及佃戶與地主之關係如何，而由佃戶任意採用之，不必嚴以規定，而使不利於此情形者，反遭不利也。

五、折價與斗量之規定

與租之高低有關者，不獨形式上規定之租額，實際上尚有折價與斗量兩條件在焉。故欲減輕佃農負担，不獨須減低其規定之租額，且須對其貨幣之折標與穀物之斗量，加以特別注意，否則，名義上之減租亦等於徒然也。關於折價之規定，三縣之三種辦法中，以政府規定者，比較公平，但過去常熟之所以結果仍不良者，有兩種原因，其一即政府尚未以實在穀價規定，仍不免失之過高，其二為政府未曾厲行，故地主仍暗中不採。關於此兩點，祇須政府稍行努力，同時要農

會，區公所等機關幫助，則不難打破難關，使公平之折價，見諸實行也。至於斗量方面，政府祇須協助厲行今日法定度量衡之工作，亦不難掃除地主之惡弊，關於此兩點如能做到，則減租方能切于實際也。

六、居間階級之廢除

關於居間階級之弊害，已盡述於前，故其須廢除也毫無疑義。若此等居間者能完全廢除，則佃農之額外負担，既可減去大部，而採用收租或送租之方法，亦可不拘矣。

七、預納法與押租之禁止

預納法使佃戶在穀粒之前，既須籌付整批租金，使佃

種之發生許多困難，且在繳納期間，須損失一部份利息，而無形中增加負担，如遇荒歉之時，佃戶之收穫況減，預納之租金，不能退還，因之更遭極大之損失，凡此種種，均為預納法對佃戶不利之處，如欲避免，則非根本禁止不可，押租之繳納，雖不致佃農遇荒歉時之損失，但其繳納之數額為大，繳納之時期為長，故在此方面之損失較預納法尤大，其為害也亦不減於預納法，故亦應在禁止之例也。

八、納租時期之延長

三縣中以常熟之納租期間較長，而其他較短之兩縣，亦有延長之必要，蓋納租期間短促，則不免有兩種弊

病，其一為穀物銷賣之困難，其二為佐方重來穀，一時充積市場，供給過剩，影响於穀價者甚大，以上兩點，均為佃戶所不利，挽救之法，惟有將納租期間延長，由政府予以確實之規定，同時對開始時期之遲早，亦須有所顧及，蓋因其亦有影响於佃農之利害也。

九、繳租收據之規定與發給

如常熟之佃戶繳租後不給收據，因此經手者從中舞弊，佃戶不免有所損失，欲避免此患，非於佃戶繳租以後給與收據不可，同時其收據之格式與內容，皆須由政府一律規定，以免地主藉此作弊之患也。

十、糾紛調解機關之確定

就上述三縣之調解機關，均非專門或負完全責任者，因之，地主每藉此利用其權威，箝迴各機關之調解，必對佃戶為不利，尤其如特殊之機關，完全操縱於地主之手續，加以政府之力量為助，益可以任其為所欲為，而使佃戶終處於不利之地位，為解脫此弊患計，竊以為須設一專門之調解機關，其他非專門或不完全者，概行廢除，而此專門機關，由佃戶地主與政府三方組成，佃戶與地主各派代表二人，政府派代表三人，共計七人，而政府代表，須純在第三者立場，此機關之調解，有強制之性質，而對於被調解者須免其一切費用，以免增加佃農之負担，夫如是，則佃農因

糾紛之損失，可以去矣。

以上十端，乃須改良之犖犖大者，此外諸細項須修改各點，因較不重要，故從略，惟上述各點，如能一一做到，則佃租制度內關於佃農不利之各端，可以大部革除，而佃租問題在治標方面，可得相當之解決矣。

（完）

參考材料

吳縣 蘇州縣政府社會調查處印

常熟農民 常熟農民協會編

無錫縣農村經濟調查第一集 江蘇省農民銀行總行出版

內政部在三縣之三種調查表

業佃關係調查表

農村借貸關係調查表

農村雇傭關係調查表

實業部在三縣之調查表

租佃制度調查表

土地經濟學 章植著

地政學院

農政學 唐啓宇編

農業經濟學 仝右

中國經濟 中國經濟研究會主編

新中華 中華書局出版

東方雜誌 仝右

江蘇月報 江蘇月報社

地政月刊 中國地政學會

建國月刊 南京建國月刊社

中國佃租問題討論講義

土地法

中華月報 中華日報社

無錫之工業

（民國）顧毓方 撰

《無錫之工業》，（民國）顧毓方撰，民國二十二年（一九三三）實業統計特刊鉛印本。

顧毓方，無錫人，時供職於國民政府實業部。國民政府實業部統計長辦公處成立後，即開展各項實業調查。顧因邑人之故，奉令到無錫進行工業調查。這次調查，歷時五個月，使用現代統計的科學方法，取得各企業之第一手材料，撰成是書。

調查前，依照無錫工業經濟的分佈實際，把無錫劃分爲東、西、南、蓉湖、廣勤、鄉區等六個板塊，這正是當時無錫企業主要分佈在城北鐵路和運河兩邊的形態。調查者印製了表格，下發調查對象填寫。表格内容爲：（一）廠名；（二）廠址；（三）性質；（四）經理或廠長姓名；（五）建廠年月；（六）資本額；（七）職工人數；（八）工資數；（九）工作時間；（十）機器數；（十一）能源；（十二）年産值；（十三）每年出口總數；（十四）原料；（十五）商標；（十六）備注。本書『工業』概念十分寬泛，調查資料不但包含了所有的無錫現代工業，也包含了當時無錫作坊形態的手工業。全書由兩部分組成。前一部分爲十二幅統計圖表，表中所有行業放在一起，横向比較，所占比例，一目了然。後一部分分章叙述：有食品工業、紡織工業、機器工業、建築、印刷、化學、日用品、玩具、其他。附録爲無錫地理位置、區劃、人口。從全書看，無錫當時號稱中國最發達的工業城市之一，然而仍是以輕紡工業爲主。重工業的機器僅限於爲輕紡業的服務和維修。至於建築，僅爲磚瓦製造、石灰燒製。所謂化學工業，僅是小規模製鎂和製碱。書中把製傘、泥人、製煤球、製燭、印刷等列入工業範圍而詳加調查，在客觀上真實地記録了二十世紀三十年代無錫的工業和手工業經濟。該調查既是當時國民政府應對經濟危機之參考，也是今天研究無錫近代經濟史的寶貴資料。特别是調查者不帶框框，没有功利目的，數據真實可靠，這些都是值得今人學習的。

本書據民國二十二年（一九三三）原鉛印本影印。

（徐志鈞）

實業統計特刊之一

無錫之工業

[illegible]

民國二十二年十二月

呂琹先生指正

[illegible]方

無錫之工業目錄

序　一

無錫煙囱林立，機聲遠聞，工業發達，早著全國，國人之欲得晰其眞實狀況者，久矣。本處成立之始，即有調條各地實業之計劃。無錫爲距京畿最近之工業中心，首膺選行實施。其時又適部調專門委員顧君毓方來處服務，本處見顧君爲無錫人，以無錫人調查無錫工業，尤覺人地相宜，遂委其辦理。爲時數月適行蕆事，現將調查所得材料，經事整理，復交由顧君編纂爲本處小叢刊之一，名以爲「無錫之工業」。其內容分業爲編，大而絲紗麵廠，小而手工舊業，均詳查統載。此刊雖未敢言爲完備小册，而各業狀況，俱經直接調查得來，然後加以統計，附製圖表，概括全況，其眞實之處，或足可採。用是供諸國人之欲得晰無錫工業狀况如何，未始不無一助。至遺漏錯誤之點，若賢者不惜指正，則匪唯本處馨感，是亦足表共同發展吾國調查事業也。

陳炳權序

序　二

我國內地工業，首推無錫，蓋交通利便、物產豐盛，實所致之。鼎革以還，進步又速。且投資經營。盡爲國人。外商企業，絕無僅有。往昔工商部即有定無錫爲工業模範區之議，惜以政局不定，未能見諸實施，而近年來世界經濟，皆不景氣，我國農村，更屬崩潰。無錫工業，亦因之重受影響。停歇整理，數見頻來，尤以絲廠爲最。瞻念來茲。實未許樂觀也。

客冬實業部統計長辦公處成立，進行各種實業之調查。無錫一區，予負調查之責。奉令之初，即先赴各機關各工會詳查各業工廠名稱地址。次則訪晤各業領袖，洽商援助。稍得頭緒。復爲調查利便計，劃定全縣爲東，南，西，菾湖，廣勤，及鄉區等六區，分次進行。調查表格，悉遵部定方式，第以條分過細，其間略有變動。爲兼顧事實計，特分下列諸項逐廠調查。

(一)廠名	(二)廠址
(三)性質	(四)經理或廠長姓名
(五)成立年月	(六)資本
(七)職工人數(男女童)	(八)工資數
(九)工作時間	(十)機器數
(十一)原動力	(十二)每年出品總值

（十三）每年出品總數　　（十四）原料

（十五）商標　　（十六）備註

至於塡表工作，尤屬困苦。既須不厭求詳，藉使結果精確。但訪晤各廠之負責人，每難如願獲見。五閱月來，幾將全部時間，糜於奔走。及今差幸竣事，回思尚可自慰。玆將調查所得，彙編付梓。爰敍經過，以爲之弁。

顧毓方民國念二年十二月書於南京實業部

無錫各種工業之分類表

- 工業
  - （一）食品工業門
    - 榨油業—餅乾糖果業
    - 麵粉業—油麵筋業（特產）
    - 碾米業
  - （二）紡織工業門
    - 針織業
    - 棉紡業—繅絲業—附（一）製種場一覽表（二）繭行一覽表
    - 染織業—滯頭業
  - （三）機器工業門
    - 機器業
    - 翻砂業
  - （四）建築工業門
    - 磚瓦業—附土窯業一覽表
    - 石灰業—附石灰行一覽表
  - （五）印刷工業門
    - 印刷業
  - （六）化學工業門
    - 製版業—藥棉紗布業
    - 製鎂業—柏燭業
    - 製紙業—練油業
    - 皂鹼業
  - （七）日品工業門
    - 毛筆業
    - 紙傘業
    - 石筆揩圖業
  - （八）玩具工業門
    - 泥人業（特產）
  - （九）其他工業門
    - 石粉業—花邊業
    - 煤球業—石礦業
    - 冷藏業

無錫之工業分佈區域圖

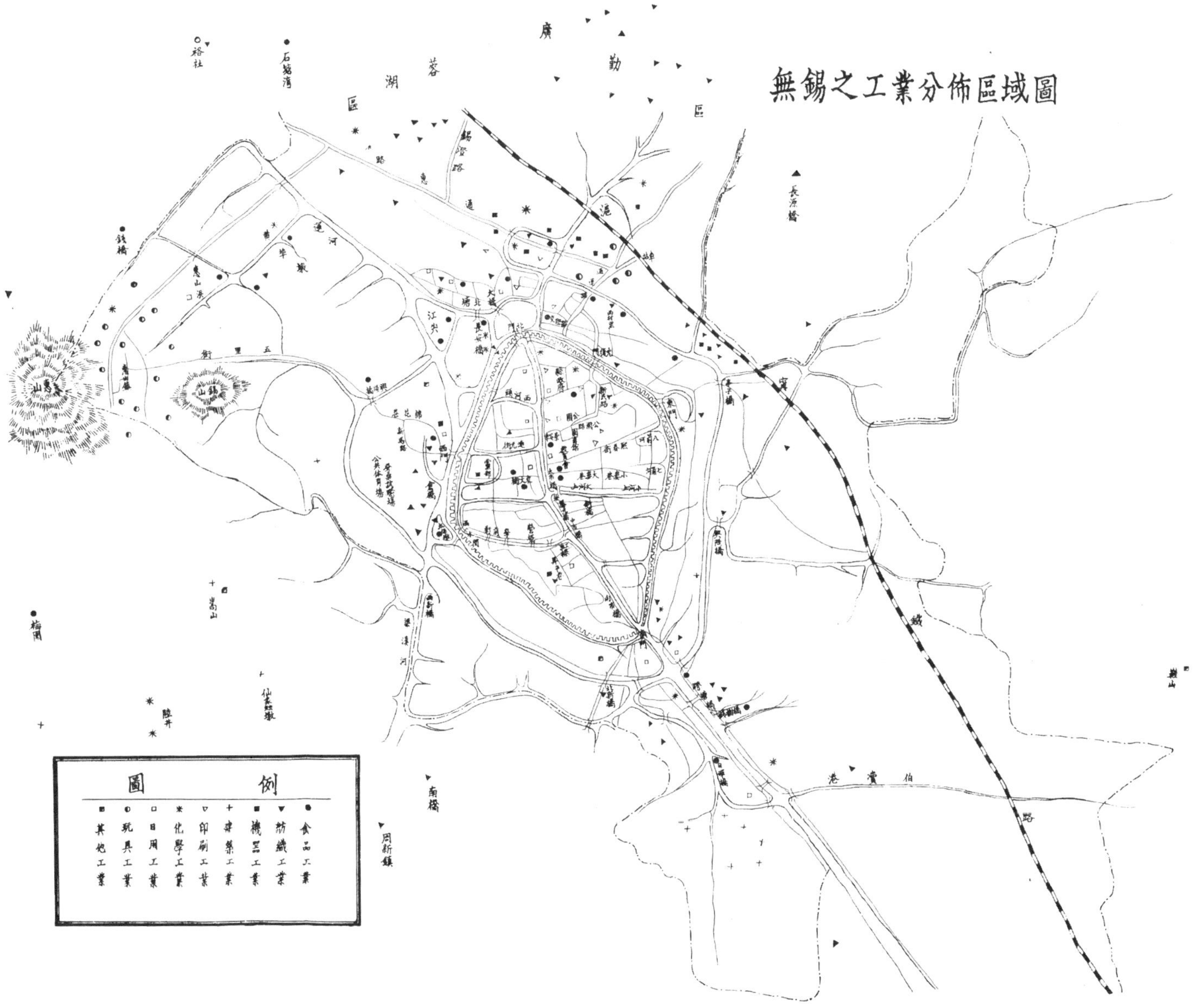

七十餘年來無錫各業創設家數統計

業別／年份	繅絲	麵筋	針織	機器	栖燭	染織	碾米	印刷	雨傘	毛筆	皂鹼	榨油	果餅	棉紡	翻砂	麵粉	磚瓦	石筆	製鐵	製瓶	藥棉布	石粉	石礦	冰糖	石灰	造紙	煤球	製冰	總計
咸豐 九年										1																			1
一一年					1																								1
同治 元年					3																								3
四年					4			1																					5
光緒 元年					1																								1
十年		2							2																				4
一二年									1																				1
一三年					1					1																			2
一五年									2																				2
一八年		1																											1
一九年									1																				1
二十年		4							2					1															7
二一年		1			1																								2
二四年		1																											1
二七年					1											1													2
三十年	1								1																				2
三一年					1				1					1															3
三四年								1																					1
宣統 元年	2	2					1	1		1																			7
二年	2	2					1																						5
三年		2							1																				3
民國 元年	1	3	3	1												1													9
二年		2	3					1	1	1																			8
三年		2	4							1		1				1		2											11
四年		3	3	2	1							3																	12
五年		1	7					1	1	1		1				1													13
六年		1		1	1	2		1						1															7
七年		1	5	1	1		1																						9
八年	1		4	3							1		1						1										11
九年	2	1	1	1		1	3					1					1												11
十年	1	1	6	2	1			1					1	2															15
一一年		1	1	1						1				1	1		1												7
一二年	1	1				2									2														6
一三年	1			1																									2
一四年	1	1				1	3										1												7
一五年	4	1	3	4	1	3				1	2															1			20
一六年	2	1		7		1	2				1											1							15
一七年	10	1		6	1	1	3	3	1	1	2		3		1			1							1		1		36
一八年	16	3		5		2		2			1	2	1		3					1									36
一九年	4	4					2	1			1											1	1	1				1	16
二十年								1		1	1									1	2		1						7
二一年					1	4							1	1					1										8
二二年						1							1																2
總計	49	43	40	35	20	18	16	14	14	10	9	8	8	7	7	4	3	3	2	2	2	2	2	1	1	1	1	1	323

無錫各業家數比較圖

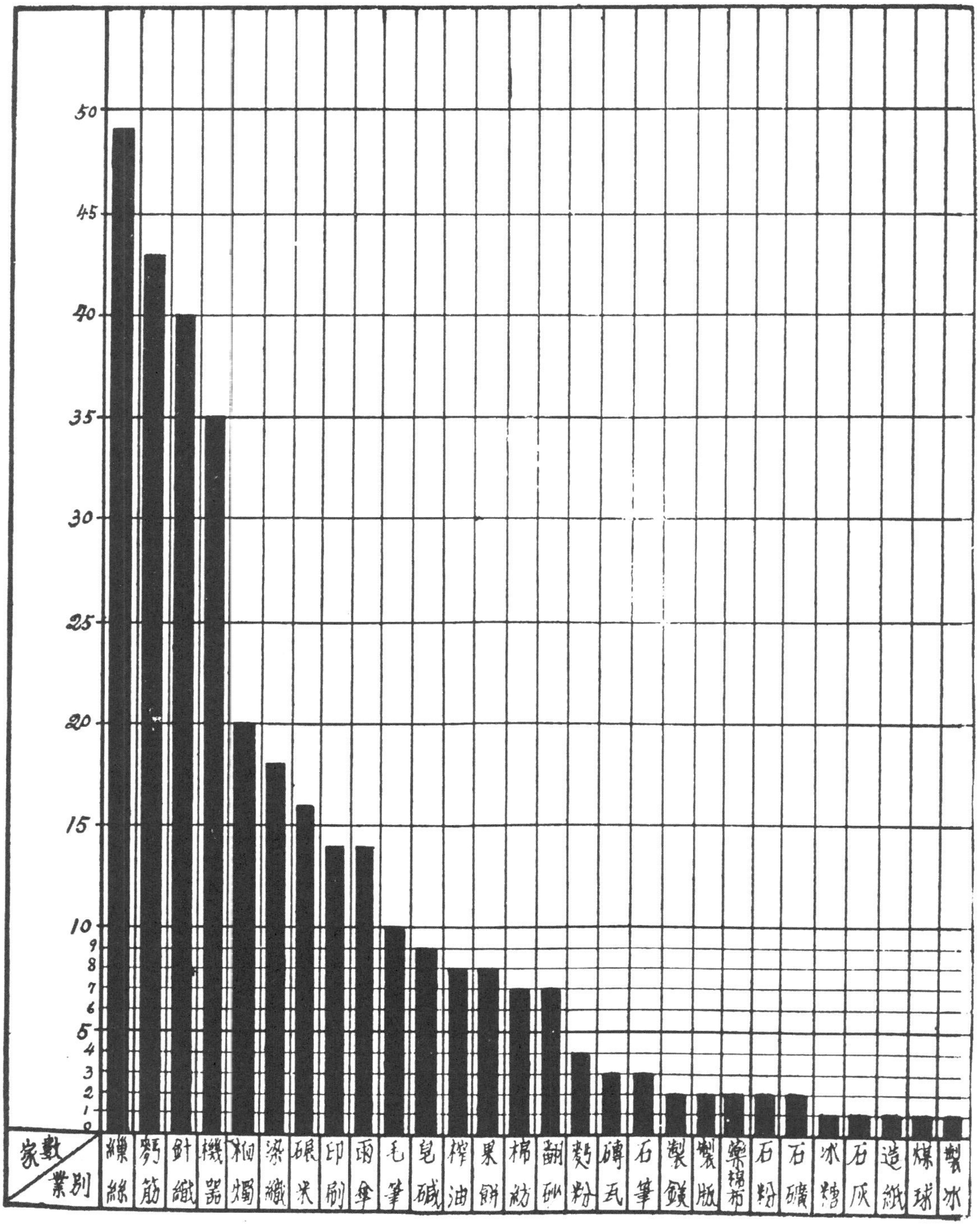
家數
業別
50
45
40
35
30
25
20
15
10
9
8
7
6
5
4
3
2
1
0
繅絲
筋
針織
機器
燭
染織
碾米
印刷
雨傘
毛筆
皂碱
榨油
果餅
棉紡
翻砂
麪粉
磚瓦
石筆
製版
藥棉布
石粉
石礦
冰糖
石灰
造紙
煤球
製冰

無錫各業資本分配表（一） 單位國幣元

類別	資本性質	公司	合夥	獨資	總計
紡織工業門	棉紡業	10,660,000			10,660,000
	繅絲業		2,821,188		2,821,188
	染織業	1,420,000	160,000	172,250	1,752,250
	針織業	30,000	249,000	38,500	93,400
	滑頭業			70,000	70,000
	合計	12,110,000	3,006,088	280,750	15,396,838
食品工業門	麪粉業	1,900,000			1,900,000
	碾米業		74,000	26,000	100,000
	榨油業		40,000	147,000	187,000
	製冰糖業		15,000		15,000
	餅乾糖果業			13,400	13,400
	油麪筋業			15,400	15,400
	合計	1,900,000	129,000	201,800	2,230,800
化學工業門	製鐵業		80,000	30,000	110,000
	造紙業			20,000	20,000
	皂碱業	46,000		5,000	51,000
	烟燭業		3,000	39,850	42,850
	製版業	1,500		2,000	3,500
	藥棉紗布業		10,000	20,000	30,000
	合計	47,500	93,000	116,850	257,350
機器工業門	機器業	49,000	82,200	36,740	167,940
	翻砂業	1,000	8,500	7,700	17,200
	合計	50,000	90,700	44,440	185,140
建築工業門	石灰業	10,000			10,000
	磚瓦業			105,000	105,000
	合計	10,000		105,000	115,000
印刷工業門	印刷業	49,000		14,250	63,250
	合計	49,000		14,250	63,250
日用品工業門	製傘業			16,800	16,800
	石筆業			2,500	2,500
	毛筆業			3,250	3,250
	合計			22,550	22,550
玩具工業門	泥人業			13,050	13,050
	合計			13,050	13,050
其他工業門	煤球業		15,000		15,000
	冷藏業			2,000	2,000
	石粉業		40,000	50,000	90,000
	石礦業			22,000	22,000
	合計		55,000	74,000	129,000
總計		14,166,500	3,373,788	872,690	18,412,978

無錫各業資本分配表(二) 單位國幣元

業別	資本及百分	公司	合夥	獨資	總計
紡織工業	資本	12,110,000	3,006,088	280,750	15,396,838
	百分	78.66	19.52	1.82	100.00
食品工業	資本	1,900,000	129,000	201,800	2,230,800
	百分	85.17	5.78	9.05	100.00
化學工業	資本	47,500	93,000	116,850	257,350
	百分	18.46	36.14	45.40	100.00
機器工業	資本	50,000	90,700	44,440	185,140.
	百分	27.01	48.99	24.00	100.00
建築工業	資本	10,000		105,000	115,000
	百分	8.70		91.30	100.00
印刷工業	資本	49,000		14,250	63,250
	百分	77.47		22.53	100.00
日用品工業	資本			22,550	22,550
	百分			100.00	100.00
玩具工業	資本			13,050	13,050
	百分			100.00	100.00
其他之工業	資本		55,000	74,000	129,000
	百分		42.64	57.36	100.00

無錫各業共有資本性質比較 單位國幣元

資本性質	公司	合夥	獨資	總計
資本	14,166,500	3,373,788	872,690	18,412,978
百分比	76.94	18.32	4.74	100.00

無錫各業資本性質比較圖

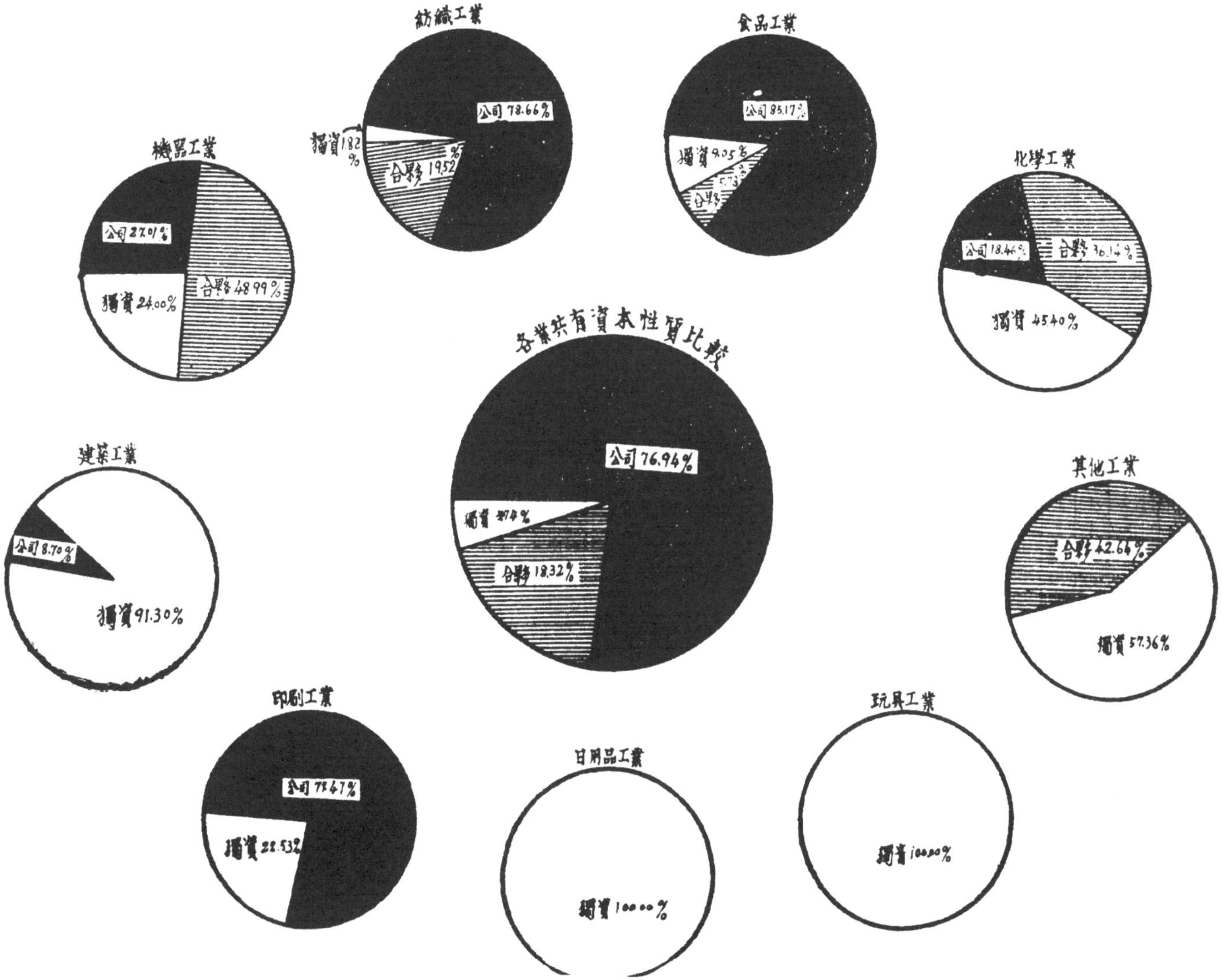

無錫各業工人人數比較表

類別	工人	男工	女工	童工	總計
食品工業門	麵粉業	944	——	——	944
	礱米業	635	——	——	635
	榨油業	418	——	——	418
	油麪筋業	118	54	——	172
	製冰糖業	12	——	——	12
	餅乾糖果業	58	——	——	58
	合計	2,185	54	——	2,239
紡織工業門	棉紡業	3,062	8,041	216	11,319
	繅絲業	883	10,964	1,083	12,930
	滯頭業	54	——	——	54
	染織業	2,420	2,335	——	4,755
	針織業	622	1,182	171	2,045
	合計	7,111	22,522	1,470	31,103
機器工業門	機器及翻砂	724	——	86	810
	合計	724	——	86	810
建築工業門	石灰業	80	——	——	80
	磚瓦業	850	——	——	850
	土窯業	980	——	——	980
	合計	1,910	——	——	1,910
化學工業門	製鎂業	161	——	——	161
	製紙業	29	8	5	42
	製版業	10	——	——	10
	皂鹼業	53	——	——	53
	柳燭業	114	——	——	114
	合計	367	8	5	380
印刷工業門	印刷業	256	——	——	256
	合計	256	——	——	256
日用品工業門	石筆業	28	——	——	28
	毛筆業	33	——	12	45
	製傘業	98	——	——	98
	煤球業	31	——	——	31
	合計	190	——	12	202
其他工業門	石粉業	72	——	——	72
	石礦業	122	——	——	122
	製冰業	5	——	——	5
	合計	199	——	——	199
玩具業	泥人業	94	47	15	156
	合計	94	47	15	156
總計		13,036	22,631	1,588	37,255

無錫各業工人人數比較圖

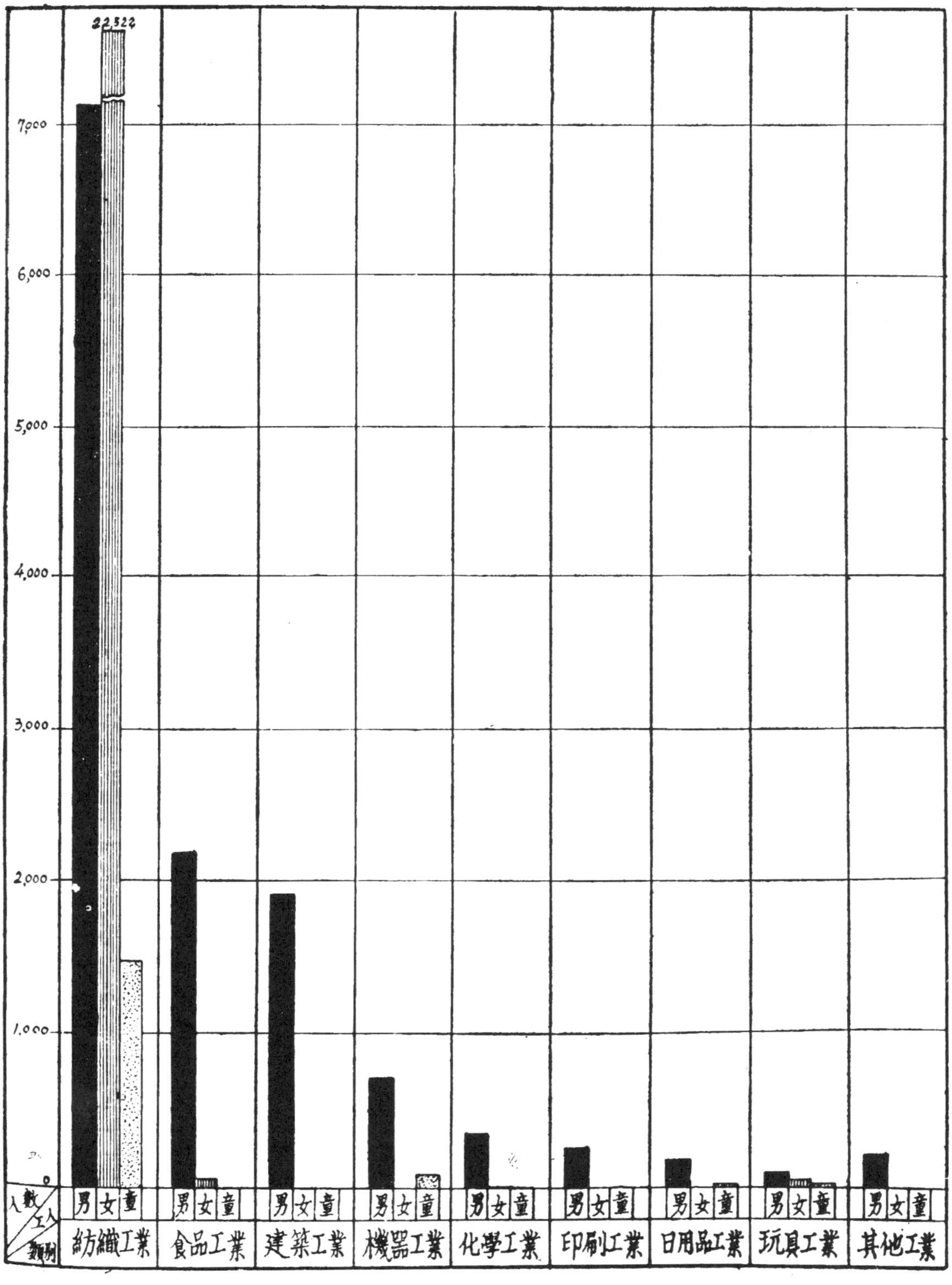

無錫各種工業資本分級表

資本金額(國幣元) ＼ 工廠性質	工廠數 公司	工廠數 獨資	工廠數 合夥
10,000 元以下者	15	232	43
10,000 —— 20,000	2	6	6
20,000 —— 30,000	3	4	0
30,000 —— 40,000	2	3	1
40,000 —— 50,000	0	2	0
50,000 —— 60,000	0	0	0
60,000 —— 70,000	0	0	0
70,000 —— 80,000	0	0	1
80,000 —— 90,000	0	0	0
90,000 —— 100,000	0	0	0
100,000 —— 110,000	0	0	0
110,000 —— 120,000	0	0	0
120,000 —— 130,000	0	0	0
130,000 —— 140,000	0	0	0
140,000 —— 150,000	0	0	0
150,000 —— 160,000	0	0	0
160,000 —— 170,000	0	0	0
170,000 —— 180,000	0	0	0
180,000 —— 190,000	0	0	0
190,000 —— 200,000	1	0	0
200,000 —— 210,000	1	0	0
210,000 —— 220,000	0	0	0
220,000 —— 230,000	0	0	0
230,000 —— 240,000	0	0	0
240,000 —— 250,000	0	0	0
250,000 —— 260,000	0	0	0
260,000 —— 270,000	0	0	0
270,000 —— 280,000	0	0	0
280,000 —— 290,000	0	0	0
290,000 —— 300,000	0	0	0
300,000 —— 310,000	0	0	0
310,000 —— 320,000	0	0	0
320,000 —— 330,000	0	0	0
330,000 —— 340,000	0	0	0
340,000 —— 350,000	0	0	0
350,000 —— 360,000	0	0	0
360,000 —— 370,000	0	0	0
370,000 —— 380,000	0	0	0
380,000 —— 390,000	0	0	0
390,000 —— 400,000	0	0	0
400,000 —— 410,000	0	0	0
410,000 —— 420,000	0	0	0
420,000 —— 430,000	0	0	0
430,000 —— 440,000	0	0	0
440,000 —— 450,000	0	0	0
450,000 —— 460,000	0	0	0
460,000 —— 470,000	0	0	0
470,000 —— 480,000	0	0	0
480,000 —— 490,000	0	0	0
490,000 —— 500,000	1	0	0
—— —— ——	0	0	0
1,000,000 —— 3,000,000	8	0	0

無錫繅絲廠絲車比較圖

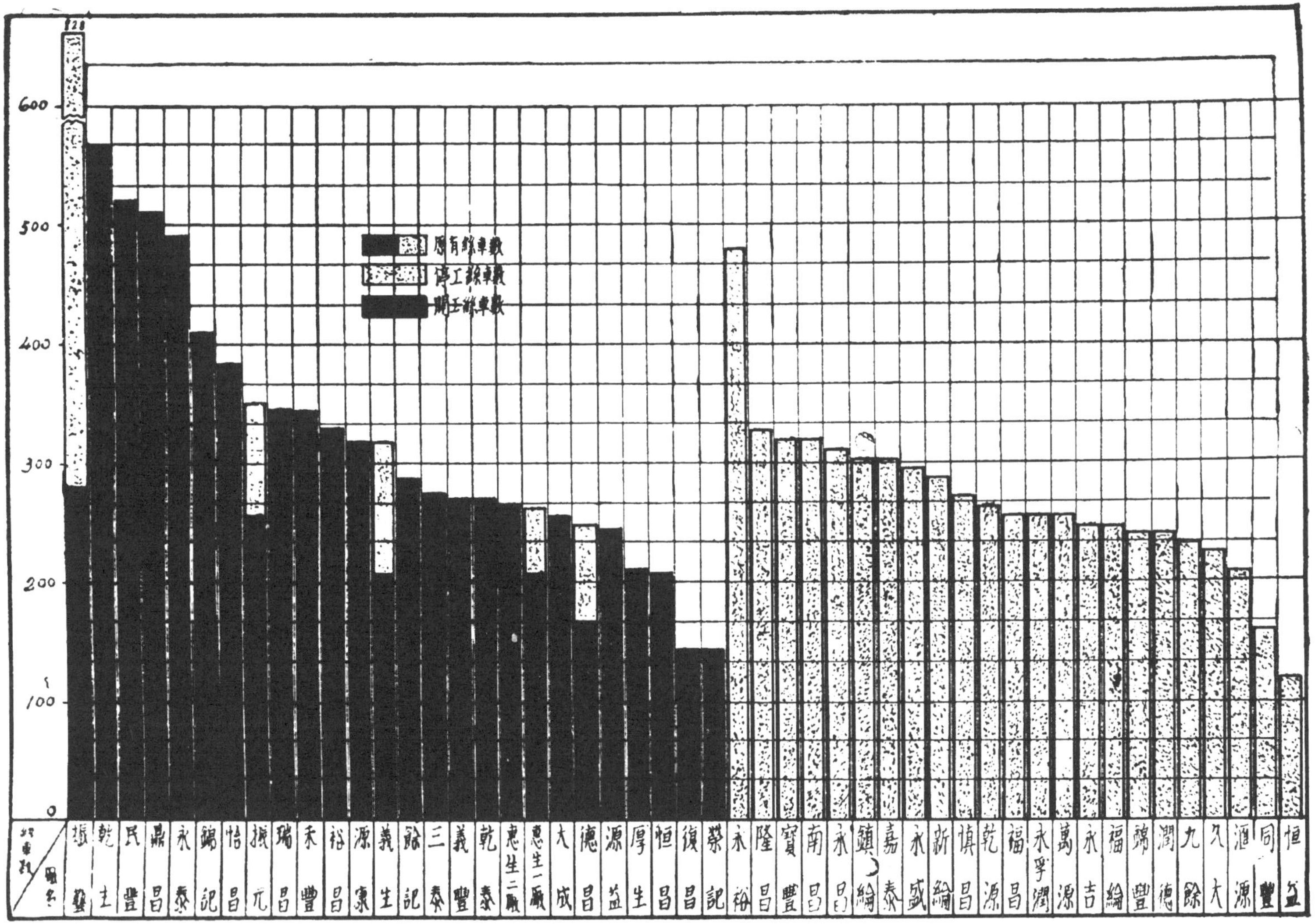

原有絲車數
停工絲車數
開工絲車數
絲車數
廠名
0
100
200
300
400
500
600
振藝
乾生
民豐
鼎昌
永泰
錫記
怡昌
振元
瑞昌
禾豐
裕昌
源康
義生
餘記
三泰
義豐
乾泰
惠生二廠
惠生一廠
大成
德昌
源益
厚生
恒昌
復昌
榮記
永裕
隆昌
寶豐
南昌
永昌
鎮綸
嘉泰
永盛
新綸
慎昌
乾源
福昌
永孚潤
萬源
永吉
福綸
錦豐
潤德
九餘
久大
滙源
同豐
恒益

第一章　食品工業

麵粉業

我國以農立國。阡陌縱橫，長江南北，尤爲米麥出產之區，故麵粉一業，夙稱發達。惟舊時製造麵粉，都是磨坊，製法簡陋，出品粗劣，僅爲家庭工業之一。清光緒間，外洋機製麵粉，免稅進口，運銷甚暢，而甲午以後，英人又在滬設廠，完全機製。利權外溢更甚，尤足驚人。國人乃相率設廠，以事抵制。其發展順序，約可分述於下：

發展順序

1.自中日戰事至日俄戰事，（光緒二十年至三十年）爲始創時代。

2.日俄戰事至辛亥革命，（光緒二十三年至宣統三年）爲漸進時代。

3.自辛亥革命至歐戰，（民國元年至八年）爲勃興時代。

4.民國八年至十五年，仍爲漸進時代。

近來以還，天災人禍，交相煎逼，因之農產歉收，料原缺乏，各廠競購洋麥，成本既昂，其價甚較洋粉爲貴。復以國內運輸困滯，反不及國外運輸之便利，推此情勢。麵粉之前途，實已危殆萬狀。挽救之方，厥唯政府之鼓勵農業，促進產麥，不再購買洋麥，爲第一步。現在關稅業已自主。可將進口洋粉，加以重征，爲第二步。予以運輸便利，爲第三步。其餘如開拓國外銷路，及施行保護政策等，分別籌劃，逐步進行，則麵粉業或有轉機之望焉。無錫素以產米麥稱，且擁有水利之特長，是以麵粉廠設立極早。邑人榮宗敬，德生昆仲，於光緒二十七年，首創茂新麵粉廠。廠址在西門外，初名保興。其較外人設廠於上海，爲時不過遲數年耳。榮氏識見遠大復能奮力經營。故今日能獲得『麵粉大王』之地位與營譽。固絕非倖致者也。迨宣統元年。九豐，泰隆次第開辦。民國三年，邑商合資創設惠元。至民國九年讓渡與榮氏。遂改組爲茂新二廠。今無錫麵粉廠之投資，共計約有一百九十餘萬元之譜。每年出品約有二百三十萬包之多。玆將調查所得各廠概況，列表於後：

麵粉業工廠一覽表　（共計四十廠二十二年二月調查）

廠名	廠址	性質	廠長或經理	資本	開工年月	職工人數	鋼磨數	原動力	每年出品總值	商標
茂新一廠	西門外大保墩	無限公司	榮宗敬	百念萬元	光緒二十七年	職卅三人工三百人	三十六部	馬達四座馬力五百匹	一百七十五萬元	兵船
九豐	蓉湖莊	有限公司	蔡兼三	五十萬元	民國元年	職五十七人工二百十五人	三十五部	馬達力座馬一三百匹引擎四百卒匹	二百五十萬兩	山鹿
泰隆	西村裏	有限司公	榮眉棠	二十萬元	民國三年	職二十四人工八十八人	十一部	引擎二百八十匹	一百五十萬兩	鷹球
茂新二廠	惠山浜	無限公司	榮德生陸輔仁		民國五年改組	職二十七人工二百十五人	二十四部	馬達一座七百五十匹	一百九十九萬三千元	兵船

碾米業

錫邑爲米糧薈萃之區。故碾米一業，亦極發達。占無錫工業上重要之位置。廠址多在西門外及江尖上。該業創始於宣統元年。其時僅有鄒成泰一家，代客碾米。全藉人力，（卽俗爲臼坊）尚未採用機械。此可謂完全手工業時代。民國七年。德新成立。民國九年。有永益，益源，民生三廠，先後開辦。內部機械種類，約分米機與機礱二種。多者六機六礱。少者四機四礱。原動力全賴電力與柴油者，各居半數。其代客碾米者極少。各廠均自已買進稻及糙米，碾白後賣出。營業尚稱不惡，此時已遞嬗爲進展時代。迄民國十四年。有仁昌，裕大，新永源，三廠。民國十五年。有鎭新（卽今之利新）開辦。十六年，益新開辦。十七年又有餘新，永茂及周一昌三廠。相繼創設。十九年，嘉禾及永茂二廠成立。近數年來，則不聞有繼起者矣。此時各廠已入於投機時代。經營洋米，買空賣空者有之。因投機失敗，而累及碾米廠倒閉者有之。而碾米業逐漸失其本旨。一敗塗地矣。無錫一地，今日共有米廠十五家。計有機礱八十五部。碾米機八十五隻。每年能出白米及糙米，約計一百九十萬石。統計各廠所投資本，共有十萬元之譜。玆將碾米業之各廠狀況，列表如次：

碾米業工廠一覽表（共計十六廠二十二年二月調查）

廠名	廠址	性質	經理姓名	資本	成立年月租辦或收買	碾米機數	每年出產數量	職工數	備註
寶新	茅蓬沿河	合資	談文明	二萬元	成立於宣統元年由宗德生經理在民二十一年起已租賃談君等	機礱八部碾米機八部	糙米四萬石白米十五萬石	職員十五人工人五十人	

餘新	北門外石鋪頭	同上	同上	壹萬元	民國十七年	礱機八部碾米機六只	糙米四萬石白米十萬石	職十八人工三十人	附設於餘新堆棧內
德新	醬園浜	由德新堆棧兼辦	楊融春	陸千元	民國七年	礱機六部碾米機六只	糙米三萬石白米十萬石	職十八人工三十人	附設德新堆棧內
利新	茅涇浜	合資	王治中	五千元	民國十六年	礱機四部碾米機四只	糙米二萬石白米七萬石	職十二人工三十人	
益新	江尖	同上	陸竹卿	同上	同上	礱機四部碾米機六只	糙米二萬石白米十萬石	職十二人工三十人	
永茂一廠	蓉湖莊	同上	沈桂卿	同上	民國十七年	礱機六部碾米機六只	糙米三萬石白米十萬石	職十二人工三十五人	附設生和堆棧內
永茂二廠	小尖上	同上	許錫章	同上	民國十九年	同上	同上	同上	
民生	江尖	同上	蘇斌化	同上	民國九年	礱機四部米機四只	糙米二萬石白米七萬石	職十八人工三十人	成立迄今已改組數次原名永和民生租賃者
永源	丁港里	獨資	謝維翰	同上	民國十四年	同上	同上	同上	原名裕昌現改永源現停工未開
大新	江尖	合資		同上	同上	同上	同上	職十二人工三十八人	原名新源現改大新今停工未開

益源	蓉湖 莊	同上	楊翰 庭	四千 元	民國九年	機礱 四部 米機 六只	糙米二萬 石白米十 萬石	同上	附設益源 堆棧民十 四年楊君 租賃營業
永益	西門 外	同上	陳耀 祖	同上	同上	機礱 六部 米機 六只	糙米三萬 石白米十 萬石	職十人 工三十 人	附設民益 堆棧原名 民益十九 年陳由君 租賃即改 永益
仁 昌裕	江尖	同上	同上	六千 元	民國十四年	同上	同上	職十二 人 工三十 人	民十四年 以前已經 租辦後即 賃於陳君
鄒 成泰	江尖	獨資	鄒 頌範	五千 元	宣統二年	機礱 八部 米機 六只	同上	職八人 工三十 人	
周 一昌	江尖	同上	周 蔭庭	同上	民國十七年	機礱 三機 米部 三只	糙米二萬 石白米五 萬石	職八人 工二十 人	
嘉禾	丁港 里	同上		同上	民國十九年	機礱 四部 米機 四只	糙米二萬 石米十萬 石		附設達源 堆棧內

榨油業

吾國為世界產大荳最盛之國家。占全世界荳產量百分之七十五。東三省又為吾國產大荳之中心。產量幾占總產額百分之六十五。二十年被日本侵佔，迄今尚未收回。估計每年損失之大荳及荳油，數值當在一萬餘萬兩以上，滋可痛也。

查我國對外貿易，荳油頗占重要之位置，惟曩年榨油事業，都爲舊式油坊之工作，及家庭工業之性質。至新式榨油工業，至清光緒末年方創有設。當時上海一地，設廠頗夥。至於錫邑。至民國三年。始有邑人唐保謙，陳湛如二氏。發起創辦新式榨油工廠。共同投資二萬元。設廠於北門外南尖。規劃井然，銳意經營。迄今出品，每年已達七十萬元之鉅。繼其起者，爲湧寶成，三和，儉豐等三廠。同於民國四年成立。翌年又有莊源大廠成立。民國九年。浦文汀君，獨出鉅資十萬元。在光復門外創設恆德廠。用最新式之榨油機器。每年出品至一百三十萬元。爲無錫油廠之冠。迄民國十八年。又有張源大，大昌二廠。次第設立。今無錫一地，油廠計有八家。共計投資十八萬七千元，每年出品，值三百三十七萬元。玆將該業各廠狀況，列表於後：

榨油業一覽表　（共計八廠廿二年三月調查）

廠名	廠廠	性質	經理姓名	資本	開辦年月	每年出品總值	職工數
潤豐	南尖	合資	唐保謙	二萬元	民國三年	七十萬元	職十五人 工一百人
恆德	梁溪東路	獨資	浦文汀	十萬元	九年	一百卅萬元	職十九人 工六十五人
湧寶成	西門外	同上	尤瑞芳	二萬元	四年	五十萬元	職十八 工五十八
三和	洛社	同上	劉廣卿	一萬元	同上	二十萬元	職四人 工四十八
儉豐	石塘灣	合資	許良初	二萬元	同上	五十萬元	職十三人 工四十八

莊源大	錢橋	獨資	莊蘭芳	一萬元	五年	九萬元	職二人 工廿五人
大昌	西吊橋	同上	張錫堂	五千元	十八年	七萬元	職三人 工十六人
張元大	同上	同上	周培揚	二千元	同上	一萬元	職三人 工十二人

冰糖業

我國製糖事業，由來已久。在昔海禁未開。尚能自給自足。無如數百年來。土糖製造，依然墨守陳法，不知改進。加以內患外迫。因是土糖產量日少。舊式糖坊，更無立足之地。新式糖廠，亦乏偉大經營。任令洋糖暢銷，金錢外溢，殊可歎焉。

浙江近多冰糖廠。雖規模甚小，其原料皆取給於洋糖，而加以精煉。因出品優良，大受社會人士之歡迎。向之信仰洋糖者，近亦漸向自製之批廠購矣。雖不能盡如吾人之志願，完全採用國貨原料。但一部份之權利，亦可挽回。未始非提倡實業聲中之好現象也。

無錫近有公益冰糖廠之設立。其原料用荷蘭砂糖，及福建土糖配合而成。大約原料一百斤，可製成冰糖七十斤。計算不致虧耗。其煉冰糖後，所餘渣糖。黃料名曰台面糖，多售與糕糰店，及居民爲蒸糕之用。出品中以原片冰價格爲最貴。每擔計須大洋二十二元。其餘頭號，二號，三號及碎冰，均不滿二十元。白糖，青糖，每擔僅售十二元及八元不等。該廠廠址，設在北門外長安橋。由錫邑南貨同業，集資創辦。去年因市面不景氣。營業頗受影響。

冰糖業工廠表 （廿二年四月調查）

名　廠	廠　址	性　質	資本	原料	經理姓名	成立年月	每年出品總值	職工人數
公　益	祝棧弄	合　資	一萬五千元	粗砂糖	戴彤升	民國十九年	十八擔	十二人

餅干糖果業

國人仿用西法製造餅干，糖果，始於香港。出品如甜方餅干，鹹蘇打，餅乾及香蕉糖，菓子糖等。所在都有。其後上海一隅，相繼設廠製造，數達四五十家之多。錫邑亦接踵而起。各廠規模，尚稱粗具。惟出品不多。僅供本地一邑之需。前年有三樂公司之創設。出品有陳皮梅。蜜桃，玫瑰漿等。其原料都採自湖濱一帶，所產果樹。味至醇美，甚爲社會人士所樂購。行銷於江，浙，皖，贛諸省。又有域多利餅干麵包公司出品有早茶，什錦，奶油等十餘種餅干行銷於蘇，常，宜，澄，鎮江，內地各埠。爲數甚巨。足以抵制舶來品不少也。兹將該邑餅乾，糖果業工廠。表列於後。

餅乾糖果業工廠一覽表 （共計三廠廿二年五月調查）

名　稱	地　址	性質	經理姓名	資　本	成立年月	職工人數	每年出品總值	備　註
域多利	廣勤路	獨資	李少評	五千四百元	民國十九年	二十八人	一萬元	
三　樂	梅　園	同上	梁伯雲	六千元	民國十七年	廿五人	一萬三千元	該廠出品以皮陳梅蜜桃爲大宗

福利	大樓巷	合資	鄧國炳	二千元	民國廿一年	十二人	三千元	

油麵筋業　特產工業

麵筋一物，爲錫邑唯一之特產。味殊鮮美。洵爲佐膳佳品。外埠人士之來錫者。嘗此物而甘之，輒滿載歸去。清洪楊役之前。營此業者，祇有馬成茂，陶萬昌，莫合興，汪興裕等四家。其後逐漸增加。迄今六十餘年中，已達四十四家之多。其製法係先由麵皮磨成粉末，繼以人力製成生麩。再用荳油入鍋熬煎，即成麵筋。惟近來多數店家，有改用棉油煎製者。其味固較荳油爲次，而色澤則甚美觀。故用荳油之店家，頗受其影響。總合該業資本，總額共計一萬五千六百五十元。每年出品總值，共三萬另四百元。就中銷數。本地，外埠各佔半數。但以缺乏科學智識。故其出品一如舊法，毫未改良。倘能裝製成罐。則銷路之擴大，營業之發展，定可預卜。該業同人，幸加注意焉。

油麵筋業一覽表　(共四十四家廿二年二月調查)

名稱	地址	店主	資本	開辦年月	每年出品總值	工人數	備註
徐義盛	西門	徐漢文	四百元	民國十五年	九百元	四	
章義興	同上	章阿根	二百元	十九年	四百元	三	
朱萬隆	同上	鳴奉	五百元	元年	九百元	五	
謝洪興	盛巷橋	舒斌	五百元	宣統二年	一千元	六	
戴源興	西門外	源康	三百元	民國十年	五百元	三	

朱義盛福記	大吊橋	福官	五百元	宣統元年	一千元	五	
新洪泰	馬路上	劉阿香	二百元	民國十九年	六百元	三	
劉裕興	西門棚下	劉春寶	三百元	十七年	六百元	四	
錢仁記	江陰巷	仁官	五百元	十九年	一千元	五	
陳復興	北柵口	同上	三百元	十八年	七百元	三	
任興裕	笆斗弄	同上	四百元	光緒廿年	七百元	五	
張復記	同上	榮觀	同上	民國元年	八百元	四	
新裕興		張阿大	五百元	元年	一千元	五	
朱義盛	北塘	朱義盛	同上	元年	九百元	五	
立興	太平巷	陳阿根	四百元	宣統三年	六百元	五	
李茂興	北柵口	李茂觀	三百元	民國二年	五百元	四	
徐義記	三里橋	義昌	三百元	三年	九百元	四	
榮敍興	江陰巷	敍寶	三百元	四年	七百元	三	
殷德興	顧橋下	德泉	同上	元年	同上	四	
周協興	同上	協寶	四百元	十六年	八百元	五	
高萬興	同上	高步云	同上	十四年	六百元	四	
李順興	周山浜	李阿四	三百元	十一年	五百元	三	
吳德興	西大街	阿大	同上	四年	同上	六	
莫合興	鳳光橋	坤泉	五百元	光緒十年	一千元	五	

周順興	同上	順記	同上	九年	同上	三	
錫復興	同上	復根	四百元	七年	九百元	四	
周萬昌	同上	萬大	二百元	四年	四百元	二	
邵湧記	同上	湧寶	二百元	民國十五年	五百元	二	
丁源興	南門外	阿榮	五百元	十九年	九百元	五	
陶萬昌	鳳光橋	同上	三百元	光緒十八年	六百元	四	
徐源興	南門外	同上	二百元	民國六年	同上	三	
尤記	同上	尤阿大	三百元	十九年	五百元	三	
姚洪興	馬路上	同上	二百元	民國十八年	四百元	三	
馬裕興	同上	同上	五百元	同上	壹千元	五	
馬成茂	塊頭弄	子琴	五百元	光緒廿一年	八百元	六	
周春源	黃泥喬	同上	百五十元	民國三年	三百元	二	
張永興	寺巷內	張永茂	二百元	二年	三百元	三	
順香齋	同上	順寶	四百元	宣統元年	七百元	四	
楊茂記	同上	楊茂記	三百元	光緒二十四年	五百元	三	
黃時興	同上	黃時寶	二百元	光緒廿年	同上	三	
蔣和興	清名橋	蔣和興	三百元	民國二年	六百元	四	
孫福記	同上	阿福	三百元	元年	五百元	三	
謝順興	同上	謝仁觀	二百元	十八年	四百元	二	
丁豐順	西門外	丁豐春	五百元	民國十二年	八百元	五	

第二章 紡織工業

棉紡業

海通以前，我國工業均相安於手工業，及家庭工藝自給之狀態。洎乎五口通商，對外相繼訂約，外貨遂得大量輸入，迄馬關條約訂立，外人復依據條約權利，在吾國設廠製造。以科學爲武器，行商戰之侵略，吾國固有之手工業，以優劣顯判，自然無法競爭，而入於漸次淘汰。對外貿易，亦無年不呈入超之現象。國人始覺工商之足重，遂先後有甘肅織呢廠，上海織布廠之創設。然猶均官辦性質，至商辦之工廠，實當以無錫業勤紗廠爲嚆矢也。

業勤紗廠，成立於清光緒二十年，爲邑人楊藕芳所創辦，廠址設於無錫東門外，資本六十萬元，其初創之時，以內地風氣，尚屬閉塞，與土製布業競爭，自匪易事，迄二十六年，始稍有進展氣象，於是陸續增加紗錠，至五千八百三十二隻，宣統元年，因股東意見不合，改由楊森千租辦，其時振新紗廠等，亦已開辦，業勤機械設備，均較陳舊，以致出貨，售價均遜於新廠遠甚，遂致銷路日趨呆滯，卒致停機四年，至民國十八年，始由楊伯庚等，集資廿一萬元，組織復興公司，接租理辦。

振新紗廠，爲榮瑞馨等於光緒三十一年創辦，廠設西門外太保墩，始創資本，爲三十萬元，紗錠一萬二千隻，繼復添置一萬餘千隻，民國初年，改由戴鹿荃接辦，旋以地方受軍事影響，停機三年，迄民國二十年，由蔣哲卿會同辦理，增添布機二百三十架，增加資本一百二十五萬元。

廣勤紗廠，於民國六年擬設，創辦人爲楊翰西，周緝之，廠址設廣勤路，當初資本爲八十萬元，有紗錠一萬八千隻，後加紗錠一萬八千隻，布機八十架，增加資本爲一百五十萬元。

豫康紗廠，係由方壽頤會同上海顏料幫，於民國十年開辦，廠址在梨花莊，有紗錠一萬五千隻。方氏故後，由楊冠常接辦，現時經理，又改由周繼美任之，資本共爲一百二十萬元。

申新紗廠，同於民國十年創辦，創辦人係榮德生，宗敬昆仲，廠址設西門外，迎龍橋，初創時，即有紗錠三萬隻，布機五百架，其後屢經擴充，現計紗錠六萬三千隻，布機一千五百架，資本三百萬元，爲無錫各紗廠之冠。

慶豐紗廠，創立於民國十一年，爲唐保謙，蔡兼之等創辦，最初資本爲八十二萬八千九百元，有紗錠一萬六千隻，布機三百架，其後亦屢經擴充。現有資本二百五十萬元，紗錠五萬五千隻，布機一千二百架。

麗新廠，本爲織布廠，旋於民二十一年擴充，增設紡紗部份，迄至今日，已有紗錠一萬六千隻，線錠六千隻，布機六百五十架，該廠之進展，全由唐驤廷，程敬堂，二先生苦心擘劃，銳意經營，事業得以蒸蒸日上，匪無因也，以上七廠，業勤歷史，最爲悠久，機器設備，亦最陳舊。慶豐開辦最後，機錠亦最新，去年復增置新機不少，麗新則自去年擴充，所添機器，亦均新式，至言資本，則以申新爲最雄厚，紗錠，布機及工人等數，亦均以該廠爲多，資本及紗錠，以業勤爲最少，布機則以廣勤最少，業勤，豫康且無之，七廠資本總額共計一千〇六十六萬元，紗錠二十一萬一千八百三十二隻，線錠六千隻，布機二千六百七十六架，職工一萬二千三百十九人，玆特列表于後：

紡織業工廠一覽表（共計七廠廿一年二月調查）

廠名	廠址	性質	資本	經理或廠長姓名	開工年月	職工人數	錠子數	布機數	每年出品件數及其總值	商標
業勤	興龍橋	有限公司	210,000元	楊伯庚	光緒廿年 民國十七年改	1,100人	13,832隻	無	7,000件 1,400,000元	四海 昇平
振新	太保墩	同上	1,250,000元	戴鹿峯 蔣哲卿	光緒卅年 民國廿年改組	2,400人	30,000隻	250架	23,800件 535,000元	球鶴
廣勤	長源橋	同上	1,500,000元	戴笙甫 楊翰西	民國六年	1,597人	20,000隻	50架	12,000件 2,600,000元	織女 飛鷹
申新	迎龍橋	無限公司	3,000,000元	榮宗錦 榮德生	民國十年	3,515人	62,000隻	1,476架	46,000件 10,700,000元	人鐘 平蓮
豫康	梨花莊	有限公司	1,200,000元	華幹臣 周織美	民國十年	1,440人	15,000隻	無	7,000件 1,400,000元	月娥 九龍
慶豐	周山浜	同上	2,500,000元	蔡兼三 唐保謙	民國十一年	1,855人	55,000隻	250架	000件 2,600,000元	雙女 牧童

麗新	吳橋	同上	1,000,000元	程敬堂 唐驤廷	民國廿一年	412人	紗16,000錠 線6,000	650架	4,000件 1,500,000元	雙鯉魚

繅絲業

絲爲吾國特產，遠稽史乘，上古時，螺祖敎民育蠶，迄今己有五千餘年，習俗相沿，仍爲家庭間，婦女重要職業，蘇省絲產，甲於全國，而無錫尤爲蘇省最盛之育蠶，製絲區域，每年產銷總値，計有二三千萬元之鉅，攷諸縣誌，無錫育蠶事業，始於前淸同治初年，該縣之開化鄉民，泰半以育蠶爲務，其後乃漸及各鄉，迨光緒十年，復有繭行之設，專事收買鮮繭，運銷外方，光緒卅年，南里周舜卿，創設絲廠於周新鎭，此實爲無錫繅絲業之嚆矢。其後商業寖盛，逐見增設。至現在巳有四十九家，其歷年新設情形。約如下表：

無錫絲廠歷年增設廠數統計

年份	新增廠數	年份	新增廠數
光緒三十年	一家	宣統元年	二家
宣統二年	二家	民國元年	一家
民國八年	一家	九年	二家
十年	一家	十二年	一家
十三年	一宋	十四年	一家
十五年	四家	十六年	二家

十七年	十家	十八年	十六家
十九年	四家		

依上表觀察，自無錫之有絲廠以至民國十四年，純爲直線之進展，民國十四年以後，則突飛猛進，扶搖直上，尤以民十七十八二年內，竟增設二十六家之多，實爲最盛時期，乃民十九以後，絲市慘落，並受日絲之競爭，輸出減退，甚至美國紐約生絲交易所，且有禁止華絲上盤之舉動，民二十，二十一年，景況愈下，各絲營業受重大之打擊，虧蝕倒閉，數見不鮮，卽地方金融，亦蒙極大影響，錢莊受累停業者，全邑亦幾半數，蓋經營絲廠業者，擁有巨資者，固不乏人，而大部份資本微薄，全賴金融界以爲周轉，是以絲市不穩，累及金融，而金融界，對絲業界不信任，遂使絲廠，益難維持其營業。故廿一年份，開工之絲廠，僅及半數，且復時開時停，其整年開工者，實祗七八家，資力雄厚之大廠耳、玆將民國廿一年開工及停工各絲廠，分別列表於後：

民國二十一年無錫開工及停工各絲廠一覽表

（共四十九廠廿二年三月調查）

開車各絲廠				未開車各絲廠			
廠名	經理	車數	地址	廠名	經理	車數	地址
鼎昌鑫記	周肇甫 錢鳳高	五百十二	南門外通楊橋	福昌		二百五十六	治坊場
永泰	薛潤培	四百九十二	南門外知足橋	愼昌		二百七十二	金鈎橋

乾　牲	程炳若	五百六十	火車站對岸	永　吉		二百四十八	小粉橋
振　藝	鍾志彝	原自絲車 八百廿八 本年開二 百八十八	清名橋	錦　豐		二百四十	周三浜
禾　豐	張子振	三百四十六	龍船濱	永　盛		二百九十八	亭子橋
大　成	張仲厚	二百五十六	惠商橋	寶　豐		三百二十	廟港橋
源　益	華調甫	二百四十四	廣勤路長豐橋	新　綸		二百八十八	玉祁鎭
復　昌	邱樾人	一百四十四	光復門外	乾　源		二百六十四	惠商橋
裕　昌	周肇甫 錢鳳高	三百三十	周新鎭	永孚潤		二百五十六	東亭鎭
錦　記	薛壽萱	四百一十	西倉濱	同　豐		一百六十	洛社鎭
乾　泰	程炳若	二百七十二	北新橋	恆　益		一百二十	羊腰灣
瑞　昌	鄭炳泉	三百四十八	同　上	潤　德		二百四十	北新橋
三　泰	唐文銘	二百七十六	亭子橋	隆　昌		三百二十八	亭子橋
義　豐	陳彤龢	二百七十二	亭子橋	嘉　泰		三百〇四	綠蘿庵
厚　生	單崇禮	二百十二	南倉門	允　大		二百二十四	耕濱港

德昌	錢晴初	原有二百四十八本年開一百六十八	梨花莊	永裕		四百八十	羊腰灣
民豐	朱靜庵	五百二十	南門外南塘	南昌		三百二十	南橋鎮
怡昌	黃福林	三百八十四	塔潭橋	九餘		二百三十二	跨塘橋
義生元記	袁鈺章	原有三百二十本年開二百〇八	羊腰灣	萬源		二百五十六	梨花莊
餘記	孫振球	二百八十八	跨塘橋	永昌		三百十二	張皇廟
惠生一廠	謝蓉生	原有二百六十二本年開二百〇八	惠工橋	鎮綸		三百〇四	陸莊鎮
惠生二廠	謝蓉生	二百六十四	惠工橋	福綸		二百四十八	廟港橋
榮記	周榮伯	一百四十四	跨塘橋	滙源		二百〇八	會龍橋
恆昌	孫仲衡	二百〇八	鉄樹橋				
振元	黃卓如	原有三百五十二本年開二百五十六	南門外				
源康	何夢蓮	三百二十	惠山濱				

無錫絲廠經營之性質，有自辦及租廠兩種，自辦者，廠屋廠基以及

機器設備，概由廠主集資創設，租廠者，租借已成之廠屋機器、用以開工繅絲，目今無錫絲廠之自辦及租廠營業，約各占半數，資本方面，據民國十九年調查，所有繅絲廠資本總額，計爲二百三十九萬八千元，今則已大不如前，其自辦者，固尙努力奮鬥，增資經營，其租辦者，則無非乘人停工後，租廠經營，目的純爲投機牟利，故其營業資本，大都祇有一二萬元而已，至各廠繅絲車數，昔有一萬五千三百六十八部，至民國二十一年，開工者，僅七千九百三十八部，尙有時見停工者，用繭數量，據營業最盛時代之調查，每年約須乾繭一百三十萬担以上，本地產繭供給約占三分之一，餘則均購自宜興，溧陽各處，出絲總量約在二萬一千担以上

無錫繭行概況

無錫一年之中，育蠶之期，計有五次，一曰春蠶，（在四五月時）二曰夏蠶，（在六七月）三曰移渡種蠶，（又名火蠶在八月時）四曰桂花蠶（在九十月時）五曰菊花蠶，（在十月以後）四鄉之民，育春蠶者，約佔百分之八十。育夏，秋蠶者爲數不多，總計約佔百分之二十弱，育菊花蠶者，則爲數更少，僅懷上，青城，富安等市鄉育之，收買繭子，設有繭行，無錫全縣，計分十七區，共有繭行二百二十三行，繭灶四千八百二十具，茲列表於下

繭行一覽表（二百二十三行廿二年四月調查又根據無錫雜誌記載）

第一區　無錫市

行名	地址	灶具	行名	地址	灶具
洽盛	五洞橋	灶七十八具	永泰隆	日暉橋	灶七十具
人和	南水仙	灶三十六具	同福昌	南棉花巷	灶二十八具
平和	清名橋	灶二十二具	瑞華	蓉湖莊	灶五十二具
新盛	蔣園濱	灶二十八具	鴻益	南尖	灶四十具
裕泰	亮埂上	灶十具	豐亨豫	伯瀆港	灶十六具
乾餘	通運橋	灶十具	餘昌	北長街	灶十二具
乾昌	黄埠墩	灶八具	公和永	南水仙	灶二十八具
春源	南水仙	灶十六具	恆豐	五洞橋	灶十二具
昌興	亭子橋	灶八具	寶成興	顧橋下	灶八具

第二區　景雲市

行名	地址	灶具	行名	地址	灶具
萬生和	白塊橋	灶二十具	鄧泰豐	鄧巷上	灶十二具
同餘	羊橋頭	灶十二具	元聚	坊前	灶十六具
復昌祥	前旺	灶十六具			

第三區　揚名鄉

行名	地址	灶具	行名	地址	灶具
裕昌祥	東港	灶三十具	錢敦厚	善念橋	灶二十四具

張久大	欒灣	灶二十具	萬同昌	北橋	灶十四具
錢中和	中橋街	灶六具	恆泰源	北橋	灶十四具
華彰	南橋	灶四具	裕源	南橋	灶十具
金平	高車渡	灶十具	丁聚昌	六點橋	灶十具

第四區　開原鄉

行名	地址	灶具	行名	地址	灶具
林公益	仙蠡墩	灶三十二具	徐公興	徐巷	灶二十八具
裕昌	藕塘橋	灶二十四具	興昌	錢橋	灶三十二具
綸餘	榮巷	灶十二具	九昌	會龍橋	灶二十具
振業	河埒口	灶十二具	恆益	六井	灶二十具
綸源	藕塘橋	灶十六具			

第五區　天上市

行名	地址	灶具	行名	地址	灶具
李廣成	堰橋	灶六十具	公泰隆	寺一頭	灶四十二具
永泰祥	前站頭	灶三十六具	利生	旺莊	灶十六具
協成	胡家渡	灶二具	永利	寺頭	灶十二具
陞昌	姑亭廟	灶十二具	盈億	長安橋	灶十四具
廣豐	麻圻	灶二具	廣裕	丁塔里	灶二具
廣大	北西漳	灶二具	錫豐	楊巷	灶十二具

九豐	張村	灶八具	集成	堰橋	灶十二具
源益	蘇家橋	灶十六具			

第六區　天下市

行名	地址	灶具	行名	地址	灶具
金禮和	黃新橋	灶六十具	過泰順	宋巷	灶六十具
蔡合昶	石新橋	灶四十八具	永泰豐	西河頭	灶四十六具
鴻順	嚴埭	灶二十具	邵怡昌	毛竹橋	灶二十四具
敍昌永	毛竹橋	灶八具	惠祥泰	八士橋	灶八具
萬鎰	劉潭橋	灶二十具	成鎰	劉潭橋	灶八具
恆昌裕	東房橋	灶十二具	永豐	滸塘橋	灶十六具
公信成	西河頭	灶十六具	聚昌隆	毛竹橋	灶八具
怡成昌	三房橋	灶十二具	敍成和	毛竹橋	灶十二具
協興	闞莊橋	灶六具	增源	東房橋	灶十二具
允濟	長安橋	灶十二具	公益昌	太平橋	灶二十具
裕豐恆	古莊	灶二十具			

第七區　懷上市

行名	地址	灶具	行名	地址	灶具
恆興	張涇橋	灶十四具	元記	三壩橋	灶四十八具
利記	陳家橋	灶四十具	恆益	張涇橋	灶四十具

顧東新	戴店	灶二十具	恆昌	黃土塘	灶二十四具
恆源豐	港下	灶二十具	恆和	張繆舍	灶二十四具
恆裕	東湖塘	灶十六具	過協昌	八士橋	灶四十具
仁昌祥	陳墅	灶二十八具	公泰康	蕩洇	灶三十六具
恆德隆	兇山橋	灶二十具	怡昶	東八士橋	灶十六具
成裕	東湖塘	灶二十具	同和	張涇橋	灶二十具
元仁貞	八士橋	灶十六具			

第八區　懷下市

行名	地址	灶具	行名	地址	灶具
源源	二房店下	灶四十具	泰昌祥	嚴家橋	灶三十具
德仁興	嚴家橋	灶二十八具	范祥和	興塘	灶三十四具
薛洽盛	楊亭	灶二十六具	永興	羊尖	灶三十二具
華仁昌	蕩橋	灶二十四具	同利盛	謝家塘	灶十六具
利生	安鎮	灶二十四具	萸源	安鎮	灶二十八具
厚生	安鎮	灶二十四具	悅和	安鎮	灶十六具
震華	南橋頭	灶十二具	洽昌	南橋頭	灶二十具
茂源	鴨城橋	灶二十八具	履昌	長大廈	灶十具

第九區　北上鄉

行名	地址	灶具	行名	地址	灶具
開泰	東浜	灶二十具	浦信裕	太平橋	灶三十具
滕震昌	謝埭橋	灶四十具	華勤益	老西莊	灶二十具
周公和	曹墓塘	灶三十二具	鴻昌	北小橋	灶二十八具
浦公和	鄭家巷	灶二十六具	浦協昌	后橋	灶二十具
周源昌	中安橋	灶十六具	雙姓	斷塘橋	灶十六具

第十區　南延市

行名	地址	灶具	行名	地址	灶具
華豐和	蕩口	灶二十八具	華福昌	蕩口	灶二十四具
華元昌	夏連橋	灶三十具	陳義隆	張塘橋	灶三十具
長泰昌	茅塘橋	灶二十四具	純和	東浩橋	灶三十六具
禮和	鳳墩橋	灶二十四具	長泰祥	茅塘橋	灶十六具
永昌	孀板橋	灶二十具	程裕昌	雙板橋	灶十六具
恆康	茅塘橋	灶二十四具			

第十一區　北下鄉

行名	地址	灶具	行名	地址	灶具
鴻聚	新塘橋	灶四十具	公泰和	石埭橋	灶十四具
義昌	東亭	灶三十六具	綸印成	東亭	灶十四具

蔡鴻運	西倉	灶十具	錫昌	梅村	灶十具
義源	查家橋	灶五十二具	公泰祥	東亭	灶四十具
泰綸	梅村	灶十六具	公和泰	毛道橋	灶二十具
公綸	九里橋	灶十六具			

第十二區　泰伯市

行名	地址	灶具	行名	地址	灶具
益生	大牆門口	灶二十四具	高義茂	大牆門口	灶二十四具
晉生	西宅	灶四具	協大	北莊	灶二十四具
福裕	方橋	灶十二具	裕豐	瞻橋	灶十六具
協和祥	小橋頭	灶十六具			

第十三區　新安鄉

行名	地址	灶具	行名	地址	灶具
陸義昌	陸莊橋	灶二十具	新泰昌	新安鎮	灶四具
裕和	宅基上	灶六具			

第十四區　開化鄉

行名	地址	灶具	行名	地址	灶具
永泰昌	石塘橋	灶四十具	公泰昌	南坊前	灶四十具
公泰豐	周潭橋	灶四十八具	朱春和	北莊	灶四十具

周公興	薛鐵巷	灶十八具	公益泰	燒香浜	灶十二具

第十五區 青城市

行名	地址	灶具	行名	地址	灶具
公順	玉祁	灶六十四具	永豐昌	玉祁	灶二十四具
公利	玉祁	灶十二具	和成	玉祁	灶十二具
黃公和	五牧	灶五十二具	嚴廣茂	五牧	灶五十二具
通和祥	北七房	灶二十八具	增益	石幢	灶三十四具
恆泰昌	新橋	灶二十四具	侯亦昌	禮社	灶二十二具
薛謙益泰	禮社	灶二十二具	永和裕	禮社	灶二十八具
豐泰潤	禮社	灶十二具	戴源昌	戴巷	灶五十具
永通順	北莊	灶四具	乾盛	秦巷	灶三十二具
乾順	北新橋	灶十六具	成昌	前洲	灶十八具
恆泰	前洲	灶十四具	保長	前洲西塘	灶十具
萬和	北新橋	灶八具	保昌	前洲	灶十二具
永昌祥	黃石橋	灶十具	永益	石幢	灶十二具
源和	新橋	灶十二具			

第十六區 萬安市

行名	地址	灶具	行名	地址	灶具
仁昌	洛社	灶八十具	通裕	潘封	灶六十四具

乾豐	葑莊	灶四十四具	隆昌	葑莊	灶五十六具
濟源	搖頭浜	灶廿八具	源通	南西漳	灶廿四具
通義	南西漳	灶十六具	黃公和	高明橋	灶四十具
和豐	洛社	灶三十具	茂昌	洛社	灶十六具
利豐	楊墅園	灶十四具	世昌治	楊墅園	灶十六具
寶昌	社降	灶十具	乾成	下皋	灶廿四具
泰昌	新開河	灶十具	洽源	張鎮橋	灶十六具
大昌	大孫巷	灶十二具	裕泰	鵝子岸	灶十二具
滙通	新蠡口橋	灶十六具	禮昌	錢橋北塘	灶廿二具

第十七區　富安鄉

行名	地址	灶具	行名	地址	灶具
其恆	大鴻橋	灶二十具	永泰和	胡埭	灶四十二具
孫德盛	胡埭	灶廿四具	賈協和	胡埭	灶八具
濟成	富岸上	灶十四具	永泰成	陸區橋	灶四十具
德和永	陸區橋	灶十具	協興恆	西漕	灶四具
唐瑞和	黃大岸	灶十二具	張永昌	張華橋	灶廿八具
有成	張舍	灶廿八具	鼎豐	盛店橋	灶十六具
榕大	稍塘橋	灶二十具	錦榮	新瀆橋	灶十六具

乾昌	丁村	灶六具	恆昌裕	察亭橋	灶十具
泰源	察亭橋	灶十二具	協成	大鴻橋	灶八具
錢其隆	新瀆橋	灶十六具			

蠶種場之狀况

無錫之製造蠶種，始於民國四年，由繭業公所聘任周遇文君，製造春種，卒因不得鄉民歡迎而終止。民國五年省立女子蠶業學校，在石塘灣，設校外育蠶所製種。分送鄉民，民國六年張軼歐先生任江蘇實業廳長時。遵省府決議案在西門外大倉舊址，創設育蠶試驗所。七年春，日本派田式春吾在錫邑東北鄉，辦一育蠶場。同時中，日，英，意，法合辦之合衆蠶桑改良會，成立於横林鎮，均以製造蠶種爲目的，蠶種事業遂爲社會注意，民國八年。始有私人設場製種，自後縣政府方面，亦設場所，從事製種。積極提倡，於是漸漸見信於社會，然每張種子，僅售售一角五分，至二角，民十五年後，並有大規模之場所創立，而十七年後，省政府又力爲提倡鄉民皆因信仰而爭購，當民國十八年時，每張蠶種，竟可售一元左右，但迄去年。因絲市衰落，製種場遂大受影響，兹將無錫蠶種場所，列表於後：

蠶種場一覽表（共四十四所參考無錫雜誌十九之調查）

場名	場主	技術主任	詳細地址	採用商標	交通狀況	成立年月	資本
無錫	李毓珍	張秀韶 俞靜文	錫山下錫宜路	八駿	人力車直達	八年十一月	四萬元
亞賓	賀康	同上	西水關黃石橋	亞賓	同上	十二年	一萬元
三五館	陸煥文	陸煥文 吳紅綾	旺莊	三葫蘆牌	澄錫路汽車直達	十五年秋	七萬元
安定	胡雲渠	王霞仙	堰橋	雙鳥牌	同上	十六年二月	三萬元
舜耕	朱瑞麟	陳詒芳	張舍新莊	金鐘牌	趁張舍輪當日不能回來	十七年一月	二萬元
永言	賈碧英	同上	張舍	雙兔牌	雇用民船	同上	七千一百
新華	胡驥 胡逸湖	胡逸湖	堰橋	蠶桑牌	澄錫汽車直達	十七年春	一萬五千
興華	胡錫毓	同上	張涇橋	雲鷹牌	雇用民船	十七年五月	二萬元
民生	穆蘊華	丁祖望	石塘灣	麒麟牌	在石塘灣下車沿鉄路向西行即至	十七年十月	二萬四千
大生	張晉馨 張叔平	劉湘	梅村	天官牌	雇用民船	十八年八月	一萬五千
大中華	彭曾沂	同上	洛社上塘西	背印三寸半見方場印	在洛社下車步行約四里即至	十八年十月	四萬元

豐年	胡怡卿	陳師顥 樓士陟	高車渡	鷹牌	坐人力車直達	同上	二萬元
東亭	黃晉臣	將師蘊	東亭鎮曹家橋	雙馬牌	同上	同上	三萬元
裕農	莊良元	薛佩蘭	葑莊	財神牌	雇用民船	十八年八月	二萬元
寰農	程元熙	孔素貞	嚴家橋	飛機商標	同上	同上	四萬元
萬生	朱瑞麟	徐怡如	榮巷陸莊	金蟾牌	汽車至榮巷坐人力車直達	十八年十一月	六千元
精益	嚴重儒	黃登瀛	寨門鎮	發財牌	趁張涇橋輪至陳家橋上步行三里	十九年一月	一萬元
大隆	陳宰衡	史習時	東亭新塘橋	青龍牌	人力車直達	同上	二萬五千
豫農	顧席卿	陳次昇	張涇橋	飛馬商標	雇用民船	同上	一萬元
錫山	過祚遠	丁宗復	南門外江溪橋南相江橋	錫山牌	人力車至江溪橋向南步行	同上	四萬元
胡氏初中	胡氏初中蠶科製種部	薛果先	天上市堰橋村前	自鳴鐘牌	汽車至堰橋步行至村前	十九年四月	一萬三千
惠山	董鳳瀚	陶原穀	通惠橋西行北首	二泉牌	同上	十九年八月	
永生	倪子成	干蓮峯	景雲市後陽坊前	馬蠶牌	人力車至江溪橋或乘輪亦可	十九年一月	三萬五千
永泰二場	許少箴	周丹生	西北鄉前僑		人力車直達	廿年春	

永泰三場	許少箴	楊欲至	西鄉榮巷		汽車直達	十八年秋	二萬五千
誠正	薛鳳朝	郝晉江	天上市松峰里	三鳳商標	澄錫汽車直達	十九年	
大新	劉元釗 劉壽錡	許克義	新橋		雇用民船	同上	
益友	胡叔藩	章英	安鎮		同上	廿年	
民立生	李毓珉	李毓珉	南門外周涇巷車站南		在周涇巷下車後向東行二里	同上	
新豐	過玉如 華夢予	顧梅云 薛蘊華	張涇橋	飛輪牌	雇用民船	同上	
涇濱	施康海	過雪芬	北門潘葑		人力車直達	同上	
利農	丁立德	鮑汗思	十四區吳塘門鎮		輪船直達		
民興	顧凌雲	周錫璜	張涇橋石頭人村		趁輪登岸行三甫即至		
大華	華承昭	李伊全	張涇橋東街		雇用民船		
雙利	俞蘊青	常競澄	秦巷楊家圩大俞巷		雇用民船如趁輪亦可		
阜民	趙鈺	宋廷玉	天上市北西漳牌樓下		澄錫汽車到旺莊再步行三里		
求新	蔣嘉猷	張文明	尤家坦鎮		人力車直達		

正大分場	正大董事	侯述之	城中駁岸上		同　上		
玉祁	蕭曾華 龔產仁	諸繼賢	十五區玉祁鎭		在洛社下車乘舟行廿七八里		
省立蠶業試驗場	羅廣瀛	張自芳	錢　橋		人力車直達		
禮社	薛敬秦 陳東孫 楊履中	聞慶昇	十五區禮社鎭		在橫林下車顧民船到禮社	十九年	現停辦
長豐	榮文光	薛素娟	十六區運陽鄉浜口		在石塘灣下車向西行擺渡至浜口		
振興	陳宰衡	張掖門	北鄉長安橋		雇用民船		
無錫縣場	吳邦傑	劉玉荃	周涇港		火車直達		

染　織　業

我國工業，以棉織發益爲最速，良以地廣土沃，氣候溫和，宜於植棉，此棉織發達之由來也，惟往昔僅知引棉爲紗經偉成布，借木架之力，用手工製成，歷元，明，清初數百年如一轍，鮮有變更，生產量少，品質粗劣，蓋完全處於手工業時代也。

晚近以來，歐貨東漸，精緻眩人，我土貨相形見絀，於是採用機械，自行紡織，出數始激增。最近乃應用電力，而効率大進，工力減省，出品精美，此不得不歸功于科學，然人之慾望，隨物質而進步，好奇喜新，厭粗愛精，織品亦由平而斜紋，而提花，機構益形複雜，近年歷有改良。如自動換梭運動。所以省接頭時間，經紗停止裝置，所以防經紗之缺陷。最近更有奇巧之創作，有所謂摩式織機者。梭之往來，用積極傳遞法，減滅梭棒之聲音，綜之升降運動，不用彈簧，而利用偏心盤，防綜之劇烈顫動，其目的無非減少磨擦，節省時間，利用高速度，而增進生產率也。

自歐戰結束後，無錫織染廠，一時蔚然興起，計有麗新，競華等二十餘家，唯目下已經停工者，計有華成森，勸工等數家，資本額以麗新爲最鉅，設備亦獨完備，計有鉄織機五百五十座，鉄木根製機一百五十座，絲布紗機全副，漂染整理機全副，餘提花機，漿紗機等附屬機均全，各廠所用原料，大概爲二十支，三十二支紗，及四十支，六十支雙股線，即以該廠一家而論，每年所用原料，須四千件，出布約二十萬疋，值銀至四百萬元之鉅，爲數亦可觀矣。

就各廠內部觀察，所感困難者，約有數端；(一)染織原料，均須仰給國外。(二)缺少整理工場，除麗新外，各廠俱因資本微薄，不能自行設立。(三)染織爲專門技術，具有經驗，而曾受訓練之工人。不易招雇。(四)工人能力能力薄弱，外國工人，一人可司機五六座。(指電動機鐵織機而言)而無錫各織廠工人，祇能司機一座。

近年洋貨充斥，漏巵日甚，倘不亟思改良，則斯業前途，將陷於悲境，爲今之計惟有一從前之癥結，淬勵精神，以革新之。(一)宜增設細紗廠。(二)宜設主製造硫酸，硝酸，鹽酸，及顏料工場，此四者，於工業上需要至般，用途至大，查現時一般工廠所用者，俱係外貨。(三)宜增設整理工場，裝置刷毛，漂白，上絲光染色，烘布等機。(四)訓練工人，對於工人，務須積極訓練，灌輸智識，促進技能，俾得提高其生產能力。誠能如是。則吾國染織一業，不難蒸蒸日上。而前途之發展，當有無窮之希望也。

染織工廠一覽表（共計十八廠廿二年五月調查）

廠名	廠址	性質	經理姓名	資本	成立年月	職工人數	機器數	原動力	錠子數	商標
麗新	惠商橋	有限公司	唐驤庭 程敬棠	一百萬元	民國九年	職154人 工2,142人	職機七十台	電力	細16,000 粗2,400 線6,400	惠泉山，司馬光，鯉里，雙鯉，天孫織錦，千年，如意
錦華	新增里		吳純如 吳漢耀 沈嘉樂	二萬元	民十五年	職18人 工290人	電鐵木機六十台木機一百〇八部	同		射日圖
同億	惠商橋	獨資	曹子喻	五萬元	民廿一年	職9人 工100人	織機一百台	同		雙牡丹
美恆	水泥廠	有限公司	蔡聲白 朱公權	四十萬元	民廿二年	職18人 工220人	布機一百五十台	同		恆字牌 繼光牌
振業	長安橋鎮	獨資	胡纓清	一千二百五十元	民十二年	職7人 工90人	木機六十二台			
福新	張村	同上	潘永祺	三千元	民廿一年	職1人 工50人	木機四十台			

大華	北珊口	合資	嚴作霖	一萬元	民十八年	職 9人 工 140人	電木機廿台人木機七十台	電力		地球，太湖萬傾圖
廣裕	近龍橋		王樂水	十五萬元	民廿一年	職11人 工 120人	織機一百五十台	同		耕漁牌 玉蘭牌
光華	公園路	獨資	蔣鏡海	一萬元	民六年	職12人 工 105人	人力木機五十台手機廿台			天女散花
麗華	映山河		吳仲炳	四萬元	同上	職16人 工 250人	電機四十六台機人力木四十台木手105	電力		雙飛童
鴻裕	胡樓下	獨資	杜敬棠	三千五百元	民十五年	職 5人 工75人	鐵機五台木機廿六台			
華豐	光浙路		徐子洲	六千元	民十七年	職 8人 工74人	鐵機廿台人力機四台			萬象 葫蜂
三新	小三里橋		徐載庵 方子雄	三萬元	民廿一年	職15人 工 200人	電機六十台力機四十台			三俠義
恆豐	學佛路		黃健農	三千元	民十四年	職 8人 工90人	鐵機三五台簡機六台			虎林
蘊華	棋干巷	獨資	吳純如	二千五百	民十六年	職9 人 工 120人	人工木機			
新藝	東亭		陳仲藩	七千五百	民十四年	職 9人 工 150人	同上			
振華	西漳		毛永康	五千元	民十八年	職8 人 工 130人	同上			
新華	通惠橋		華逢峯	一萬元	五十民年	職12人 工 110人	電鐵人			

針織業

自機織洋襪盛銷吾國後。舊時之布襪，全歸陶汰。於是國人爲挽回利權計。紛紛購機仿製。以塞漏巵。所幸自製出品，頗稱精良。足與舶來品頡頏而有餘。錫地近來電力針織。雖日見發達。而手搖機織。仍具相當之勢力。蓋以電力針織。須集合巨資、搜羅人才。種種設置，更須周備。而手搖機，則輕而易舉。雖一人一家皆可織造。故無論城市鄉僻，遍地皆是。多至百餘機。少亦一二機。須視能力之所及。出品雖覺銷差，而價格較廉。故銷路殊不惡也。至電力針織廠。不過四五家。而所出絲襪，各種花格樣式，均不亞於舶來品。殊爲國人所愛用。所惜年來受社會經濟恐慌之波及。營業僅足維持現狀而已。無錫襪業。共有資本九萬二千四百元。每年出品。共值七十二萬二千元。其銷路大都爲上海襪廠業之定貨。蓋無錫房屋，人工等等，一切均較廉省也。

針織業工廠一覽表（共計四十廠廿二年五月調查）

廠名	廠址	性質	經理	資本	開辦年月	機數	每年出品總值	商標
營美	西倉門	獨資	王珊義	二千元	七年	九十部	一萬元	如意，富貴，
興業	江陰巷	合資	路仁章	二千元	七年	一百六十部	二萬元	火車
瑞記	𡎚橋下	獨資	胡祖蔭	二千元	八年	一百部	一萬元	單魚，雙鯉，

勤　愼	周師弄	同上	沈楚臣	二千元	五年	一百四十部	二萬元	和　平
鴻　新	北城鄉	同上	徐鳳亮	二千元	元年	五十部	一萬元	未　定
大　中	同上	合資	吳愷堂	四千元	三年	一百八十部	三萬元	富貴，白象，
久　益	迎龍橋	獨資	孟殿釗	四千元	四年	一百五十部	同上	三猴，三桃。
大　華	後竹場	合資	胡祥生	四千元	四年	同上	同上	馬球，神童，
豫　泰	梨花莊	公司	胡鏡若	一萬元	八年	三百十部電十部	六萬元	如意
裕　康	吳　橋	合資	朱福明	一萬元	八年	二百五十部電十二部	五萬元	恭禧，大喜
福　興	西城鄉	獨資	張振寰	四千元	十年	二百部	三萬元	雙圈，紅圈
中　華	顯應橋	同上	戈子祺	一萬元	十五年	三百廿部電廿部	十萬元	花籃，魚目
人　餘	冰池頭	公司	陳仲言	二萬元	十五年	五百部電六十部	廿萬元	三駝，三羊
萬　豐	胡　埭	獨資	吳福生	五百元	三年	五十部	五千元	無牌
業　興	寺　頭	同上	金鶴卿	五百元	七年	五十部	五千元	同上
杭公盛	胡　埭	同上	杭錫祺	五百元	五年	五十部	五千元	同上

民生	花村	同上	杭志德	五百元	五年	五十部	五千元	同上
永吉利	東大街	同上	金聿修	五百元	十五年	二十部	二千元	地球
大有恆	棚下	同上	吳炎之	五百元	十年	二十部	二千元	恆字
保新永	通匯橋	合資	袁云泉	五百元	十一年	三十部	五千元	寶鼎
棄久益	胡埭	獨資	棄金生	一千元	十年	一百部	一萬元	雲球
明記	駐驄橋	同上	陳仲銘	一千元	八年	五十部	七千元	三兔
永美	俞線巷	同上	張守仁	一千元	十年	一百廿部	一萬五千元	大砲
裕豐	西大街	同上	倪肇安	一千元	九年	四十部	五千元	鳳球
中南	西倉橋	同上	曹國鈞	一千元	七年	五十部	七千元	三貓
協記	摋橋	合資	吳慶云	一千五百元	五年	八十部	九千元	無牌
南橋	南橋	同上	紀長榮	一千五百元	十年	七十部	七千元	手工
興華	張舍	獨資	楊繼興	五百元	五年	二十部	二千元	無牌
中發	馬巷	合資	馬錦堂	五百元	元年	二十部	二千元	同上

青晨	陸區橋	獨資	張阿與	二百元	二年	二十部	二千元	同上
祥泰	周山浜	同上	吳林若	五百元	二年	二十部	二千元	同上
綸華	胡　埭	同上	杭炳昌	五百元	元年	二十部	二千元	同上
同興	石新橋	同上	章云泉	五百元	二年	二十部	二千元	同上
義成	東　亭	同上	周原培	五百元	十年	二十部	二千元	同上
元記	寺　頭	同上	童盤全	三百元	五年	二十部	二千元	同上
美新	棉花巷	合資	顧渭卿	四百元	二年	二十部	二千元	美星
德華	岸底里	獨資	蘇文德	五百元	四年	五十部	五千元	無牌
豐記	陳家橋	合資	周永康	五百元	三年	五十部	五千元	蜂花
大興	陡門橋	獨資	黃仁泰	五百元	五年	三十部	二千元	無牌
新興	陡門橋	同上	黃銀保	五百元	七年	三十部	二千元	和合

滯　頭　業

自絲廠林立。各業繅絲剩餘之繭壳，無相當之歸宿。旋有人發起吐絲行。專門經營廠中之下脚繭売。銷行甚廣。獲利不尠。近年以還。繅絲業一蹶不振。各貨來源缺少。洋裝銷路暗淡。而杭州綿成織綢廠。亦告停業，於是滯頭廠。隨之紛紛倒閉。目下開工者，僅有西門袁豐永，宏記，東門義豐，永新等四家。以前造成之滯頭絲。每擔値四十餘元。現在每擔祗値洋拾六萬。相去誠不可以道里計矣。

滯頭業工廠一覽表（共十八家廿二年三月調查）

廠名	廠址	性質	經理姓名	資本	成立年月	每年出品總値	職工人數
義豐	東門外	獨資	鄧仲華				
協記	同上	同上	毛鈺林				
榮記	同上	同上	鄧邦官				
乾豐盛	同上	同上	華安康				
源豐	同上	同上	繆鳳池				
宏記	西門外	合資	孫振球				
永興	南門外	獨資	汪炳君				
協昌祥	南吊橋	獨資	許耀青	二千元	光緒廿七年	一萬四千元	三

朱祥記	上牌樓	同上	朱伯祥	五千元		二萬五千元	四
鄧長興	清名樓	同上	鄧復歧	二千元		一萬二千元	四
張裕興	黃泥	同上	張子觀	二千元		一萬二千元	五
永和協	南吊橋	同上	張叔平	一萬元		六萬元	七
張萬興	同上	同上	張萬興	六千元		三萬元	六
倪宏泰	塘下	同上	倪榮生	五千元		同上	五
源豐永	西門外	合資	唐文銘 莊文卿				
唐恆豐	南門外	獨資	唐文銘	三萬元		十八萬元	八
裕順祥	吊橋	同上	馬洽三	二千元		一萬四千元	四
鴻興	同上	同上	朱協慶	一千元		八千元	三
協豐	黃泥	同上	華企彭	五千元		二萬五千元	五

第三章 機器工業

機 器

溯自工業革命以還。手工工業，日就淘汰。機器之用途日廣。凡百工業。舍機器不足以言製造。蓋其出品之精巧。生產力之偉大。遠非手足之力，所能及。舉凡交通，水利，墾荒，治農，開礦，練鋼，軍備，槍砲，以及民生日用所需。莫不收效於機器。得以事半功倍。故時至今日。機器工業。實爲凡百工業之唯一基本工業也。

歐戰告終後。各國對於工業生產積極推進、過剩之機器。咸傾銷我國。影響於新興工業甚鉅。我國機器業，已有數十年之歷史。徒以人材缺乏。科學不興。致進步至爲迂緩。復以喜購外貨。已成習慣。視自製之機器終有不及外貨穩妥之心理。以是我國機器業。依然暗淡，無生氣。良堪浩歎。

無錫，自民國元年。有渭興機器廠創設後。旋市政當局。鑒於欲求實業之發達進展。非培養相當人材不可。因於民國八年。創立工藝傳習所。招集平民子弟，學習製造，幷修理各種機器。成立三年。以經費拮据而停辦。繼由薛君南溟，集資就其原處，略加擴充，改辦工藝機器廠。創製農業應用器具。如大口徑離心軸，抽水邦浦，及立臥各式柴油引擎。灌溉田畝。至覺便利。農民紛紛購置。竟致求過於供。且其時各種實業工廠。又相繼設立。錫地機器一業。至是燦然可觀。當民國十三，四年間。同時開設者，計達二十餘家之多。迨民國十六年。各埠來錫採辦機器者，接踵而至。因是，各機器廠內之職工等，見有利可圖。遂紛紛在外設立小規模之機器廠。爲數竟達四十餘家。是爲無錫機器業之全盛時代。迨民國十八年。凡小規模之機器廠，牟一時之厚利。不求出品之精良。漸失社會之信仰。兼之蘇常各縣機器廠。皆已先後掘起。其營業遂一落千丈，衰頹不堪矣。至二十年後。絲業不振。益以一二八事件發生。全國金融紊亂。繭價慘落。農村經濟完全破產。無復購買農具之能力。以致一般專賴製造農具之機廠，遂不得不陷于停頓之苦境矣。茲將該縣機器業工業列表於下；

機器業工廠一覽表（共四十三家廿二年五月調查）

廠名	廠址	性質	廠長經理	資本	職工人數	成立年月	每年出品總值	備註
雲龍	新民橋	獨資	王阿根	一千元		民國十年		麵機
蕭熾昌	光復路	仝上	蕭雲詳	八百元		仝上		鍋爐
沈興記	通惠橋	仝上	沈阿根	一萬元		民八年		機器
成泰	仝上	仝上	張成德	一萬元		民十八年		仝上
顧聚興	光復門	仝上	顧增詳	一千元		民八年		仝上

協 興	太平巷	公司	孫虎臣	五千元		仝上		仝上
工 藝	東門外亭子橋	合資	薛壽萱 陳子寬	二萬元		仝上		仝上
渭 鑫	汗昌路	獨資	胡珊海	三千元		民國元年		同上
華 成	同興機器廠改組縮小範圍							
和 興	謝順興機器廠改組縮小範圍							
祥 生	恆豐機器廠改組縮小範圍							
永泰電鍍	光復門	合資	張老四	一千五百元		民十六年		拋銅
公 協	仝上	合資	張啓華	五百元		仝上		仝上
順 裕	太平巷	仝上	陳寶興	一千四百元		民十八年		五金
上海永成	廣勤路	獨資	董耀長	八百元		民十七年		仝上
章大昌	太平巷	仝上	章建元	六百元		仝上		仝上
無錫鐵廠	學 前	公司	毛祖均 吳培林	二萬五千元		民十五年		機器
黃永昌	公園路	獨資	黃永才	一千五百元		仝上		鍋爐水管

張茂昌	光復門	仝上	張茂生	四百元		民四年		機器
合　興	仝上	仝上	陳逸珊	七百元		仝上		仝上
戴惠源	通惠橋	仝上	戴金方	一千元		民十三年		仝上
熾　大	光復門	仝上	顧雲倬	一千五百元		民六年		仝上
合　衆	仝上	公司	陶志良	九千元		民十八年		仝上
立茂鑫記	陳白巷	合資	吳浩昌	二千元		仝上		仝上
晉　豐	南倉口	仝上	奚保榮	一千三百元		仝上		仝上
錦　新	光復門	獨資	孫耀華	四百元		民十七年		襪机
源　泰	仝上	仝上	李榮根	六百元		民十五年		机器
裕　興	仝上	同上	劉和生	一千二百元		民十一年		仝上
華　興	通惠路	仝上	謝霖發	三千五百元		民十六年		修理機件
怡　生	仝上	同上	楊怡生	八百元				机(電桿)
成　昌	同上	同上	沈萬金	一千五百元				機器

瑞源	同上	同上	年洪生	六百元				同上
陸恆興	同上	同上	陸敍根	二千元				同上
發興	同上	合資	李富明	五千元				同上
普明	同上	獨資	倪明岐	四千五百元		民十五年		同上
震旦	工運橋	同上	薛震祥	二萬元		民十七年		同上
協昌	通惠路	同上	薛順南	四千元		同上		同上
達興	廣勤路	合資	過仲清	一千元		民十六年		同上
萬昌	通惠路	同上	胡金林	一千五百元		同上		同上
瑞昌	光復門	同上	徐榮昌	二千五百元		同上		同上
俞寶昌	廣勤路	獨資	俞寶蘭	五千元		同上		同上
榮昌	露華弄	同上	邱榮湖	八百元		民十一年		銅鉄機器
永興	太平巷	同上	謝仲章	五千元		民七年		機器

翻砂業

民國紀元以還。無錫紡織，麵粉各廠。相繼創設。但所置機器、每有損壞。則非運滬修理不可，然機器笨重異常。往返實感不便。於是各廠機匠，合夥創設一翻砂廠。專修各項機器。當民國十四，至十八年間。無錫絲廠勃興。即爲翻砂業、全盛時代。近年來、社會經濟恐慌。機器業既告失敗。該業亦受大影響。乃相繼倒閉。迄今不滿十家。已成強弩之末。不過苟延殘喘而已。玆將該業各廠。列表於下：

翻砂業工廠一覽表（共廿七家廿二年五月調查）

廠名	廠址	性質	廠主	資本	開工年月	備註
永興	通惠路	獨資	陸憲章	一千二百元	民十五年	
三新	惠農橋	公司	曹聽泉	一千元	十八年	
永興	光復門	合資	沈榮錦	二千元	十二年	
莊興記	廣勤路	獨資	莊沈茂	二千五百元	十一年	
祥興	東新路	同上	朱壽根	四千元	十八年	
無錫鉄工	惠農橋	合資	徐順金	四千五百元	十八年	
新工記	通惠路	同上	周敍根	二千元	十七年	

第四章 建築工業

石灰業

石灰一物佔建築材料之重要地位。無錫地居京滬中心。近年工商發達。人烟稠密。各項建築。日增月盛。然石灰仍完全仰給外埠。誠一憾事。薛君明劍，應社會之需要。乃有第一石灰廠之創設。初用舊式窰七座。現更添置德國式機窰。原料則採自本邑，嵩山之青白石。迥非宜興，湖州等地出產者，所能及。具有遇水不濡，遭火不毀之特效。該廠每年出灰約二十萬担。平均每約售一元。暢銷本邑、及江陰，常熟，南通各處。此後營業。定有一日千里之趨勢也。

石灰業工廠一覽表（廿二年一月調查）

廠名	廠址	廠長	資本	開工年月	職工人數	機器	每年出品總數 每年出品總值
允永公司第一石灰廠	西門外	薛明劍	一萬元	民十七年	八十七人	土式窰七座德國式窰一座	二十四萬担 二十四萬元

無錫石灰行所。共有二十五處。其有者，尚推銷外埠運來之石灰。而有者，則代接舊式土窰之定貨。至如土窰磚瓦，亦均由此等行所經理。玆特附表如下：

石灰行一覽表

行名	姓名	行址
茂生裕	王鳳岐	茅蓬沿河
張鴻盛	張玉眉	河埒裏
沈裕泰	沈玉崙	城內鳳光下
惠泰昌	惠漢梁	光復門外
劉裕興	劉叔良	西門外棚下
劉裕茂	劉季祁	南門外黃泥埄
惠餘隆	惠蓉溪	北塘江尖口
錢恆裕	錢子峯	北塘江橫浜口
恆泰	唐開基	大市橋
王順裕	王鳳山	南門黃埿埄
穆裕泰	穆桐卿	北門外芋頭沿河
新泰昌	蔣庭魁	北珊口
裕順	費榮晉	顧橋下
華公信	華伯雲	北塘三里橋
公泰裕	張五官	長安橋下
吳福興	吳根寶	北珊口
殷恆茂	殷仲華	南門外伯瀆橋下
義潤昶	藏惠源	東門外亭子橋

王茂興	王順林	西門外顯應橋下
邱順裕	邱炳順	西門外棚下
洽記	錢毛官	嚴埭
蕭正泰	蕭浩章	華大房莊
興記	華全記	江溪橋
陳順泰	陳鎭翰	塘上
顧永興	顧黼章	寺頭北街

磚瓦業

無錫之有磚瓦廠。始自民國九年。其時。邑人，建築房屋。競效西式。土窰出品，不適於用。唐君保謙，因創設利農磚瓦廠。然歷年逐步改良。今有機器二部。出品爲青，紅各種磚瓦。旋復有人繼起設廠。計有公大，大成二家。出品運銷首都者，占全部十分之七。蓋首都新興建築。月增日盛。兼之錫地交通便利。運輸最易。磚瓦業前途之發展，誠方興而未艾也。

磚瓦業工廠一覽表（共計三廠廿二年二月調查）

廠名	廠址	性質	經理姓名	資本	開辦年月	工人數	機器數
利農	嚴家橋	獨資	唐保謙	四萬元	民國九年	三百五十八人	二座
公大	同上	同上	張覺先	二萬五千元	民十一年	二百八十人	一座
大成	姑頭廟	同上	程用六	四萬元	民十四年	二百二十人	一座

土窰業

住，爲人生四大需要之一。而磚瓦實爲屋宇建築之主要材料。我國自海通以還。通都大市。崇樓高廈。日漸傾向於西式建築。唯內地房舍。固猶仍數千年相沿之舊式建築。故無錫土窰一業。尚能維持於不墮。其於無錫工商業，亦頗佔相當地位。考其沿革。據該業巨擘蘇順祥言，明朝洪武年間。疏鑿河道。挖出淤泥，盡堆置於南門以外。卽今之窰地。積累頻加，遂成高崗。並亦無法掃除。當時遂有人創設土窰。卽以該項泥土，燒製磚瓦。一經試製。成效殊佳。於是遂將該項淤泥，製爲磚瓦坯型。投窰燒堅。而以出售。其後羣相從事，逐步改良，致有今日之盛況。惟當此西式建築，已成普及。該地窰業。都以資本薄弱。不能力求改良，以供需要。且窰業中，復各自爲政。缺乏聯絡殊爲最大缺點。現聞窰業同業。不久將組設公會，及出品改良委員會。分置出品，研究各班。以求品質之改善。對外並組織運銷合作社，以競爭之團結。

無錫窰業依據上述，已有數百年之歷史。現查共有土窰五十九處。窰址均在南門外。惟資本概在千元以下。宜其不合時代之需要，設不及早振作，改革經營，或將受淘汰之天演公理。各窰資本總額，合計僅二萬一千二百元。全年出品總值，約十餘萬元。窰業出品。計有青磚，紅磚二種。紅磚銷路，較青磚約少十分之七八。因錫地房舍，大半係屬中式。故紅磚非定製，並不專燒。至青磚，以質品精良。爲他地出品所勿及，往昔行銷隣縣。爲數頗巨。近來以降。因受西式紅磚之輸入。及埃山，青城，嘉興等處青磚之濫銷。致受重大之打擊。而嶂山等處出品。品質雖較次。價格則較廉。頗合建築業之胃口。蓋近今建築業，類採承包制度。廉價磚瓦，極受歡迎。加之年來國內戰亂頻仍。社會經濟凋敝。錫地窰業銷路，遂致更形衰落。去年滬戰以後。存貨益如山積。現窰戶繼續製造者僅餘五六家。其他則已均宣告停業矣。玆將該地土窰業調查。列表於下：

土窰業一覽表（共九十八家二十二年三月調查）

廠名	地址	經理姓名	職工人數
蘇大窰	南門外伯瀆橋	蘇阿三	臨時雇工
裏窰	南門外老窰頭	順祥	約十餘人
殷白裏窰		殷汝惠	
蛇小大窰		黃晉卿	
磨盤窰		馬桂林	
棚門窰		馮浩然	
殷四房窰		殷恆茂	
中窰		恆裕	
外窰		黃耀庭	
街裏窰		馮聚茂	
杜大窰		恆興	
劉大窰		恆興	

小大窰	聚茂
馬家窰	鑫昌
劉裏窰	黃祥寶 劉阿南
陳大窰	劉鴻昌
小窰	馮泉根
達下窰	聚順
劉直外窰	劉詠大
裏窰	通達
方角窰	同上
新窰	同上
東向窰	同上
蕩官窰	同上
門外窰	黃克歧(春記)
夏家窰	劉源昌
衖裏窰	黃克歧(渭記)
對廟外窰	黃鳳山(青記)
裏窰	同上
車窰	劉萬和
方篷窰	同上
碑田灣窰	馮金芳
停裏窰	劉增寶

浜船上大窰	馮三林
新窰頭大窰	同上
浜船裏窰	順德
浜船外寶	黄恆興
大成窰	同上
南向窰	劉源盛
店裏窰	黄克歧(鴻記)
李家窰	黄復昌
倪家窰	沈培福
新裏窰	黄克竣
趙外窰	馮裕泰
新中窰	同上
廠裏裏窰	同上
新外窰	黄萬順
祠堂窰	同上
老中窰	頌記
小窰裏	黄萬清
大窰裏	同上
牆門窰	黄萬清(鴻記)
四房窰	同上
街裏中窰	劉源昌

馬小窰	同上
圈門外窰	馮隆順
裏窰	巧大
天爵窰	益昌
蕩裏吏窰	殷升昌
外窰	永昌
黃小窰	黃金福
大窰	同上
李邊窰	李同平
小窰	周萬鍾
趙大窰	趙耀南
邱中窰	邱順泰
白窰	李恆盛
老下邊窰	同上
李上邊窰	同上
洋窰	李振裕
邱小窰	周勝泉
黃家小窰	黃萬益
大窰	同上
邱下邊窰	邱裕亨
下中窰	源順

黃龍窰	泉官
邱上中窰	鴻盛
上邊窰	裕亨
毛小裏窰	元錫
小外窰	順茂
邱大窰	仁福
老窰窰	邱明魁
廠裏外窰	黃云泉
西向窰	馮益昌
西圈門窰	殷根祖
東圈門窰	李順興
李中邊窰	同上
蔣家窰	毛源裕
勝新窰	馮達生
大橋頭窰	殷永昌（二房）
灘大窰	黃鴻順
小窰	同上
陶家窰	殷永昌（三房）
新窰頭中窰	陸榮順
馮外窰	馮啓豐
復底窰	同上

第五章　印刷工業

印　刷　業

吾國自隋唐時代，發明木版印刷後，降及明清，數千年來，墨守舊法，罔知改進，自印刷術，傳入歐洲，爲近代三大文明之一，歐人利用科學，加以研究，遂成今日精美奇巧之新式印刷術，民國紀元前，約五十年，歐美印刷術，漸次傳入我國，時上海一隅之印刷店，皆經營石印書籍，精緻美觀，錫邑除木版印刷外，不久石印亦漸發達，至民國初元，改用鉛字活版略具規模，其時地方各業，經革命洗禮，遂臻繁榮，供求之店少，而需印者多，故營業日盛，迨民十以後，從事印刷業者，日益增多，相互間，競爭劇烈，於是營業漸衰，有相繼歇業者，有歸併他家者，（如商業振華美文等家）自民十五以後，國民軍北伐完成，印刷工友，組織工會，工作時間縮短，待遇增高，經營斯業者，遂感入不敷出，有難乎爲繼之勢，至最近數年，以抵制仇貨，金鎊飛漲，而印刷所用之油墨紙張，俱舶來品爲多，於是成本日高，而印價以同業箝制之故，未能隨之過事激漲，以此而影響閉業者，計有五大，西園林，華東等家，卽現存各店，亦僅苟延殘喘勉强維持而已，

查錫邑印刷業中，其規模最宏大者，當推錫成公司，大小鉛印器，計有十四部，出品頗稱精良，附近如南京，鎭江各埠，均向該公司定貨，至中華，則以石印爲營業大宗，理工創製玻璃版，專印名人書畫册，獨闢蹊徑，營業尚佳，惟錫邑印刷業之機械能力，較之上海，殊覺瞠乎

其後，迄今尚無印五彩之橡皮機，（其速率與石印比較爲五與一）暨印鈔票，印花用之凹版，凸版，其他如珂𬓼版影印等，俱付闕如焉，是則，尚有待乎錫邑印刷界，今後知所努力矣。

印刷業各店最近狀況一覽表（二十二年四月調查）

店名	地址	性質	經理	資本	每年營業	開辦年月	職數	機器	備註
錫成	書院弄	公司	吳襄卿	三萬六千元	十萬元	民國二年	一百二十八	十四	鉛石印
中華	交際路	獨資	鳳錫良	六千元	三萬元	六年	七十五八	十二	同上
民生	光復路	公司	宋少雲	四千元	一萬五千元	二十年	三十八	八	同上
協成	盛巷口	公司	唐鳴鳳	六千元	一萬三千元	十七年	三十八	六	同上
美新	圓通路	公司	尤宏昌	三千元	一萬元	十八年	三十五八	五	同上
錦豐	江陰巷	獨資	陶文彬	二千元	九千元	清同治間	三十八	五	鉛石木印
大文齋	寺後門	同上	楊伯壽	一千五百元	四千元	光緒末年	十八八	五	同上
游藝齋	盛巷橋	同上	華錦昌	一千元	四千五百元	宣統元年	十七八	五	同上
振新	公園路	同上	林守銘	七百元	三千六百元	民國十年	八八	四	小石印
理工	倉橋下	同上	黃子俊	五百元	二千元	五年	五八	三	玻璃版
錫大	推官牌樓	同上	邱必念	五百元	一千五百元	十八年	五八	三	鉛石印
耀新	茅蓬沿河	同上	錢耀安	一千五百元	九千元	十七年	七八	二	石印
繆恆茂	推官牌樓	同上	繆成培	三百元	一千二百元	十七年	八八	三	鉛石印
劉元隆	萬前路	同上	劉錫元	二百五十元	九百元	十九年	四八	一	石木印

第六章　化學工業

製鎂業

炭酸鎂爲化學所成，近時化製品中，需此種質料者甚夥．昔年皆仰給於日本，旋上海化裝品事業，日見發達，國人始有製鎂廠之創設，但出貨甚弱，一二八事變前，日貨炭酸鎂，售價奇賤，我國各廠出品銷路，所受影響，殊非淺鮮，無錫之炭酸鎂廠，創辦極早，民國八年，卽有陳君栩園來錫設第一製鎂廠於惠商橋畔，該廠有二十五匹之馬力機器，設備完全，原料均用純鹼二千擔，苦滷一萬二千擔．出貨計有一萬五千擔左右，大半供給與上海家庭工業社，玆又有薛明劍君，集資設允利化學工業廠，該廠亦設有製鎂機一部，同時尙有製鈣，製鈉，及漂粉等機，以成立未久，出品無詳細統計，玆將該業各工廠槪況，列表於下；

製鎂業工廠一覽表（共二廠廿二年一月調查）

廠名	廠址	成立年月	性質	經理	資本	工人數	機器數	原動力	商標
中國第一製鎂廠	惠商橋	民國八年	獨資	陳蓉軒	三萬元	卅一人	製鎂機一部磨粉機一部	鍋爐水汀	紅黑青綠心牌共四種
允利化學工業廠	仙蠡墩	民廿一年	合資	薛明劍	八萬元	百卅人	製鎂製鈉製鈣漂粉機各一部	同上	

製紙業

製紙一業，在昔卽爲吾國重要工業之一，贛，湘，閩，川，浙，粵等省，均以產紙聞，終因泥於舊法，故步自封，以致毫無進步，轉落人後，依據海關報告，舶來紙貨之輸入，每年報達三千八百萬左右，漏巵之鉅，令人驚悸，嘗攷吾國製紙之原料，大都採用樹皮，高粱桿，竹、蘆葦，破布，稻草等物，其製法係先用石灰，或碱蒸煮，復經洗淨，舉行日光漂白，然後搗叩撈紙，此種手工製紙，在無錫約有十處左右，但均非常年開工，僅供二三商店定做而已，並無相當之場所，故其出品情形，外界無從知之，民國十五年間，陳君蓉軒來錫，創設紙廠，製連史及毛邊二種紙類，每日能出薄紙十萬張，或厚紙六萬張，設備有造紙機器，切紙機，打漿機，抽水機等，出品殊屬精良，惟因不用外國木漿，成本較昂，而日本改良連史，賤價競賣，因之該廠所受壓迫殊甚，迄今倘苟延於風雨飄搖之中，殊可慨也，查我國市面通用紙張，什九均係東西各邦所供給，年溢千百萬於海外而不覺，且原料與用品，在在仰外邦之鼻息，是則吾工業之存亡，卽時時操縱於外人之掌握，言之殊足令人汗顏無地，痛心曷極，雖然以吾國天產之豐，人工之賤，苟能目光遠大，百折不撓以進行，則紙業未始無光明之途徑，此則不得不期待政府之力予提倡，社會人士之積極奮鬥矣。

製紙業工廠一覽表（廿二年三月調查）

廠名	廠址	經理	開辦年月	資本	職工數	機器數	原料	每日出品數量
利用造紙廠	惠商橋	陳蓉軒	民國十五年	二萬元	職七人 工卅五 人	造紙機一 打漿機二	廢紙 及竹	薄紙一萬張 厚紙六千張
平民習藝所	南禪寺	此處爲公共設立專收遊民內部分有各項手工業多種製紙亦有一部份其出品粗劣均爲紙店業定貨每年出產計有五百元之譜						

尙有其他紙坊十餘處，係做本地紙店定貨，其工作並無定時，故每年出品無從統計，其出品大都係屬老式粗紙，祇能供給使用而不能用以寫字也。

皂　鹼　業

無錫皂業，始於大通皂廠之設，但以資本不足，未幾卽告倒閉，於是廣勤皂廠崛起，聘專門技師主其事，配製精密，品質優良，曾一度博得社會上之好譽，嗣以洋商嫉妬，挾其雄厚之資力，一再將祥茂，北忌等牌肥皂，故意貶價出售，以相競爭，壓迫，中國皂廠，遂致岌岌可危。一時相繼倒閉。不可收拾。且吾國皂廠。所用原料。大都購自外洋，如泡化，矽粉，油香，草油等，我國自產者，僅有牛油，燒矽等數種，外來原料，並因時受關卡留難，每有緩不濟急之憾，現時無錫各廠之組織，較前已稍有進步，唯營業則平平而已，夫皂爲人生日用所必需之品，不可一日缺乏，所冀製造者，當以改進品質爲前提，商人販賣，用戶購買，尤應祛除外貨，必優之觀念。庶吾國皂業前途，或可樂觀焉，茲將該業皂鹼業各工廠概況，列表於下；

皂鹼業工廠一覽表（共計九廠廿年三月調查）

廠名	廠址	性質	經理	資本	開辦年月	職工人數	每年出品總值 每年出品總數	機器數	備註
豫昌	梨花莊	公司	胡景茗	二萬五千元	民八年				已閉五年
隆昌	周山浜	同上	章裕康	二千元	十五年				已閉四年
太平洋	小尖山	同上	祝有青	一萬元	十六年				閉四年
福利	黃埠墩	同上	王贊青	五千元	十七年	十五	六千五百箱 三萬二千元	打印機二部	
順昌	北柵口	獨資	丁耀九	二千元	同上	十	三千箱 一萬五千元	打印機一部	
僕記鹼	周山浜	公司	章裕康	一千元	十五年				閉四年
泰記鹼	太平巷	獨資	繆楚珊	三千元	十八年	十二	三千箱 一萬五千元	打印機一部	
大中華	廣勤路	公司	張炳衡	二千元	十九年	十	同上	同上	
鼎昌	東門外	同上	張金生	一千元	廿年	六	二千箱 一萬元	同上	

柏　蠋　業

在昔科學尚未昌明之時，我國無電燈之設備，用以取光者，僅豆油燈，與柏燭而已，其後舶來之煤油燈，開始輸入，煤油亦隨之俱來，光度明亮，較之油燈，與柏燭不可同日而語，使用方法，亦尚簡便，於是昔用之豆油燈，遂被淘汰，柏燭一業，亦受打擊，迨電燈發明，爲我採用以後，柏燭用途更趨狹窄，而其營業，益見衰落不振矣。現查錫邑燭業，設店尚多，唯僅專供迷信男女供神，祭祀及舊式婚喪喜慶之用。外人所製之牛油洋燭，則又銷行甚旺焉，故甚望燭業同人，幸勿長此墨守陳法，亟宜設法研究，利用科學，從事改良，俾可稍挽利權於萬一也。茲查該業資本總額，計有四萬二千九百元，每年出品，共計二千五百三十担，茲將該業各號概況，列表於下；

柏燭業一覽表（共計廿家廿二年三月調查）

號名	地址	性質	資本	經理	開辦年月	職工數	每年出品總值
李大房	壇頭弄	獨資	六千五百元	王景芳	同治四年	十二人	二百八十擔
李三房	同上	同上	二千四百元	楊子猷	同治年間	六人	一百五十擔
老日甡	同上	同上	二千七百元	張鳳崗	不詳	五人	同上
老天生	同上	合資	二千元	李寶麟	光緒卅二年	五人	同上
萬昌	壇頭弄	獨資	二千一百元	袁耀青	民十七年	五人	一百廿担

過日生	同上	同上	二千五百元	過質清	民四年	五人	一百卅担
乾大	同上	同上	一千元	過逸卿	光緒廿七年	五人	一百担
大同	南長街	同上	二千五百元	沈家春	同治四年	八人	二百担
生生	同上	同上	二千元	李允芳	光緒年間	八人	二百担
鴻興	清明橋	同上	三千元	厲子培	民七年	四人	七百担
光裕	大市橋	同上	二千元	張耕蓀	光緒十三年	八人	二百五十担
協泰祥	同上	合資	一千元	王鳴皋	民廿一年	五人	八十担
甡泰昌	觀前街	獨資	九百元	余長洪	民十年	二人	三百担
裕大	北塘	同上	三千元	沈仲心	咸豐十一年	六人	一百五十担
源泰昌	同上	同上	一千元	孟士章	民十三年	五人	八十担
恆泰昌	同上	同上	一千四百元	陸元鵬	民六年	五人	一百担
錫乾泰	北棚口	同上	一千二百元	楊昭宇	同治元年	四人	五十担
大興	同上	同上	一千四百元	許玉華	同上	三人	四十担
鴻號	西門	同上	一千三百元	諸仲渭	同上	五人	五十担
鴻昇	同上	同上	三千元	虞象賢	光緒廿一年	八人	一百五十担

製銅鋅版業

製銅鋅版之工業，創自歐美，年來吾國出版刊物，不論圖畫，報紙均需寫眞插圖，故製版工業，已有蒸蒸日上之勢。內地之有製版工業，當以無錫爲最早，民國十八年，有錢瑞塘，尤宏昌二君，合創美新製版公司，初在城中書院弄，賃一小屋，粗具規模，其後集股較多，始遷於圓通路，兼印刷業務。二十年秋，上海時報攝影部，李鵬氏來錫，創設李鵬製版公司。旋以社會經濟衰落，百業凋零，該公司營業同遭打擊，不克維持，遂讓盤於邑人金壽楣氏，繼續營業。上述美新，及李鵬兩公司，設備均稱完善，出品清晰而迅捷，惟開支浩大，收入不多，僅能勉強維持而已。

製版業一覽表（共二家廿二年五月調查）

名稱	地址	性質	經理	資本	開辦年月	每年出品	備註
李鵬製版公司	書院弄	獨資	金壽楣	二千元	民國廿年	九千寸	
美新製版公司	圓通路	公司	尤宏昌 錢瑞墉	一千五百元	民十八年	八千寸	

藥棉紗布業

藥水棉花，暨紗布，同爲西醫之必需用品，往昔均賴外貨供給，近年西醫日增，需用益繁，滬上先有人設廠，從事製造，俾挽利權，錫地則自二十年度起，同時有兩廠設立，資本雄厚，出品精良，駕乎舶來品之上，且主辦人，頭腦清新，努力推銷，不久成效顯著，銷路大盛，現江蘇全省所用藥棉，及紗布，均係該兩廠出品，外貨業已完全絕跡，可見凡百工業，果能積極推進，未始無光明之途徑，此則吾人不可不察者也。

藥棉紗布業一覽表（二十二年三月調查）

廠名	地址	性質	經理	資本	開辦年月	機械數	原動力	職工人數	每年出品總值
中國實業公司	惠山	合資	薛明劍 唐熊源	一萬元	廿年	網絲車四部 絲頭車四部	電力	五十人	二萬元
中國藥棉廠	陸井	獨資	臧伯庸	二萬元	同上	網絲車五部 絲頭車五部	同上	六十人	二萬元

沙辣油業

提煉沙辣油工業，為無錫新興工業中之一，溯自創始迄今，爲時僅有三載，而其間進展之速，令人驚異，厥後又各曇花一現，忽焉枯萎，此則又令人惋惜不止者也，其提煉沙辣油之原料，即係亞細亞火油公司之柴油。當發起提煉時，僅有西門外附近之一家，旋因煉法簡易，獲利甚豐，於是善於投機之邑人，遂如風起雲湧，紛紛設廠，至去年春夏二季，為最盛時代，全邑竟設廠至一百另二家之多，至於此項廠家設備，以爲簡易，僅須集資千餘元，購置爐灶一具，即可設廠提煉，此項爐灶，約需銀三百兩，廠中無須工程師祇須勞動工人，互相指導，即可應付其工作矣。玆將該業獲利情形、約略估計如下；

1.原料 當去年該業最盛時代原料柴油每噸約一百五十元

2.出油 每噸原料可提淨油五十提次油約十提（註次油不能燃點

僅能代替柏油作塗電桿木地板等以防腐爛）

3.獲利　去年春夏二季淨油市價每提值洋三元八角次油每提約值二元

依上列估計，而推算之，獲利之豐，可見一斑，該地亞細火油公司鑒於獲利之巨，遂亦集資設廠，從事經營，該廠在去年一年中，獲利竟達十餘萬之多，迄至最近，該業忽轉失敗，考其原因，厥爲用戶之不歡迎，蓋以該項煉油，煤頭過濃，殊不經用，銷路遂致一落千丈，目下仍設廠，照常營業者，全邑僅有六家，其餘九十餘家，均已從事結束矣，惟苟能擴大範圍，力求改進，俾其盡善盡美，銷路自能依舊暢旺，則該業前途，未始無復興之厚望焉。

第七章 日用品工業

紙傘業（手工業）

十年前，市上祇有老式紙傘盛行，旋有溫州，杭州等地之新式紙傘來錫，於是各紙傘店，紛紛仿造，幷加改良，厥名愛國傘，暢銷於京滬一帶，旋又競製花紙傘，專供婦女遮陽之用，其原料桃花紙，大部來自杭縣，該業營業，尙稱不惡，蓋以出品價廉而物美，無怪爲社會所歡迎也，每年營業，最盛時期，則爲上半年，卽春夏之際，其時雨水較多，故銷路較盛，至外埠銷路，當以常熟，江陰，揚州蕪湖等處爲最多。

紙傘業工場一覽表（二十二年四月調查）

名稱	地址	性質	經理	資本	成立年月	每年出品總數	職工數
益泰昌	江陰巷	獨資	孫仲和	六百元	民國八年	一千二百元	三
張隆泰	上牌樓	同上	張正興	同上	民國三年	同上	五
張生祥	跨塘橋	同上	張才寶	同上	光緒二十年	同上	六
老聚泰	清名橋	同上	朱大生	三千元	光緒十八年	九千元	九
鄭福泰	江陰巷	同上	鄭　先	二千元	光緒十二年	六千元	七
同泰昌	鹽街口	同上	郭海清	同上	光緒二十年	同上	八
陸禮春	大市橋街	同上	陳心裁	同上	光緒十五年	同上	十一
又　分號	同上	同上	同上	一千元	民十七年	四千元	二

福興盛		同上	同上	孫仲和	五千元	光緒十年	一萬八千元	八
又	分號	西門外	同上	同上	同上	光緒十五年		五
又	又	北棚口	同上	同上	同上	光緒三十年		九
又	又	塘　上	同上	同上	同上	光緒卅一年		五
又	又	江陰巷	同上	同上	同上	民五年		八
又	工場	虹橋灣	同上	同上	同上	光緒十年		十二

石　筆　業（附揩圜業）

在無錫未設石筆廠之前，各地學校所購用者，多係日貨，後由邑人宋少雲君，設法自製，研究四五載，煞費苦心，損失近萬，卒告成功，乃有進化廠之設立，未幾該廠職工等，復相繼設立數廠，從事經營，唯以資本短絀，未能久持，卽告閉歇，現時僅存進化一家，營業差堪維持。此項石筆，所用原料，卽以本地產泥燒製，每匣裝一百枝，售價爲一角一分，商標爲大拇指，暢銷於京滬路一帶，民國二年，邑人鍾鳳蓀女士自上海工藝學校畢業歸來，發起組織五九工藝社，與宋少芸君合作，專製黑板揩圜，原料自蘇州運錫，隨石筆暢銷於京滬路一帶，各地學校，迄民國十七年，施子達君復組設競美揩圜公司，於寺後門，但營業則較五九爲弱耳。茲將該業各廠列表如下：

石筆及楷圞一覽表（共三家廿二年五月調查）

名稱	地址	經理	資本	開辦年月	職工人數	每年出品總數 每年出品總值	備註
進化石筆廠	惠山浜	宋少芸	一千元	民國三年	十五名	五百箱 六千三百元	
五九楷圞公司	北塘	戊震申	一千元	同上	八名	五千五百元	
競美	寺後門	施子達	五百元	民十七年	五名	三千元	

毛筆業

我國文化早開，毛筆創製，早有悠久之歷史，羊毫筆，以湖州善連地方產者爲最著，其地居民均作此工，水筆，則以鎮江所產者爲最著，亦負有相當聲譽，至於湖南之羊毫筆，與湖州者不同，其銷路實較爲弱，而錫地所產之狼毫水筆，原料甚佳，製作亦精，故京滬路一帶，行銷甚暢，全年銷路季節，當以學期開始時爲最盛，而以嚴寒時，較爲清淡也。茲查該業各號概況列表如下：

毛筆業一覽表（共十家二十二年三月調查）

名稱	地址	店主	資本	職工人數	開辦年月	每年出品總值	備註
得元堂	書院衖	周郎夫	八百元	八人	光緒十三年	五千二百元	
施鳳林	監衖口	蔣國明	二百元	三人	咸豐九年	一千五百元	
垂露齋	盛巷	奚鑑初	三百元	五人	民國四年	同上	
文魁齋	書院衖	王天成	二百元	四人	民十五年	一千三百元	
生花齋	盛巷橋	鄒全香	一百元	三人	民二十年	一千元	
玉林堂	推官牌樓	蔣阿玉	二百元	五人	民十一年	一千七百元	
湘雲閣	推官牌樓	章興源	三百元	五人	民十七年	二千元	
三元堂	同上	劉金林	二百元	三人	民二年	一千五百元	
中書館	寺後門	楊樹庭	八百元	七人	宣統元年	五千五百元	
錢玉興	南門外	錢善卿	一百五十元	二人	民元年	二千元	

第八章 玩具工業

泥人業

惠山泥製耍貨，馳名全國，爲以無特產之一。自創始迄今，已有數百年之歷史，每年產量，約在十萬元以上，製造此項泥貨之原料粘土，共僅佔地三十七畝，復經歷年挖掘，現已日見減少，故將有原料缺乏之恐慌，至揑製泥人之手術及方法計，有粗細兩種，惟以製法沿襲不變，致乏進步，漸成時代之落伍者，遠不逮舶來搪瓷玩具之精巧玲瓏爲時人所欣賞愛好，迨至最近，始有高標君，出而創設藝術公司，潛心研究，銳改善，揑製神像，及建築模型等等，技術精巧，成績斐然，於是同業諸店皆隨之革新，不復泥於舊法，是則他日銷路之暢旺可期，耍貨業前途，誠有無窮之希望也。玆將該業各號概況，列表如下：

泥人業一覽表（共四十六家二十二年三月調查）

名稱	地址	經理	資本	每年出品總值	職工人數	備註
高標藝術館	惠山龍頭場	高標	七百元	三千元	十二	
秦源昌	觀前街	秦榮培	二百元	五百元	三	
周義盛	同上	周錫奎	同上	五百元	三	
新美麗	同上	秦仁奎	四百元	一千元	六	

美最時	香花橋	高子祥	二百元	五百元	五	
朱恆茂	同上	朱國麟	三百元	七百元	五	
朱祥和	同上	朱金林	一百元	三百元	三	
新景	山門內	周繼堂	二百元	五百元	三	
陳聚順	同上	陳杏芳	二百元	五百元	三	
章振記	同上	章振初	二百元	五百五十元	三	
新麗景華	同上	王國鈞	二百元	五百元	三	
顧萬春二房	同上	錢宗浩	三百元	七百元	四	
美術館	同上	夏質元	四百元	九百元	五	
高永盛	山門口直街	高永泉	三百元	七百元	四	
龔源茂	山門口直街	龔大榮	二百元	五百元	二	
朱源茂	同上	朱南朝	三百元	七百元	三	
陳復茂	山門內	陳仁泉	三百元	七百元	三	
又　分號	橫街	同上	二百元	五百元	二	
鮑順興	同上	鮑仞千	三百元	七百元	三	
顧萬春大房	同上	顧厚基	二百五十元	六百元	二	
陳順興	同上	陳毓秀	三百元	七百元	三	
廣福茂大房	河塘上	菊秀	三百元	七百元	三	
又　大分	同上	虞仁金	二百元	五百元	二	

又 二房	同上	虞海初	三百元	七 百 元	二	
又 二分	龍頭場	虞仁根	二百元	五 百 元	二	
美景華	横 街	虞鈺初	三百元	七 百 元	三	
陳順興	龍頭場	陳毓秀	四百元	九 百 元	四	
胡萬成大房	山門口横街	胡達泉	三百元	七 百 元	三	
又 二房	同上	胡培颷	同上	七 百 元	四	
又 三房	同上	胡達三	二百五十元	六 百 元	三	
周坤發	直 街	周根林	二百元	五 百 元	二	
龔源順	同上	龔金照	三百元	七 百 元	三	
蔣萬順	龍頭上	蔣金奎	三百元	六 百 元	三	
陳乾昌	同上	陳細根	二百五十元	六 百 元	二	
邵義順	同上	邵阿泉	三百元	七 百 元	四	
章三益	同上	章仁根	三百元	七 百 元	三	
顧聚成	同上	顧大奎	三百元	七 百 元	三	
吳洽興	河塘下	吳金奎	二百元	五 百 元	二	
惠 津	同上	劉乾昌	四百元	九 百 元	五	
丁合興	觀前街	丁榮培	四百元	八 百 元	五	
又	横 街	丁慕清	三百元	七 百 元	三	
又	河塘上	丁壽寶	二百元	五 百 元	三	

劉元源	横　街	劉桂泉	三百元	七百元	四	
蔣德茂	同上	蔣景華	三百元	七百元	四	
嚴永興	同上	嚴嘉清	四百元	九百元	五	
陳復茂	觀前街	陳鶴亭	三百元	七百元	四	

第九章 其他工業

煤球業

煤球爲經濟之燃料，初由西人發明機製，質至純良，係用火力焙乾，其效用，勝於人力所製之煤球，蓋人工煤球僅藉陽光曬乾，質地不純，多充黃泥，實不堪應用也，今錫地僅有一廠，日出煤球百担，殊有供不應求之勢，每屆冬令，燃料價皆騰貴，獨煤球價目劃一，最爲合算，故人多樂用之，該業之於錫地，儘有發展之餘地，來日命運，正未可限量也。

煤球工廠一覽表（二十二年一月調查）

廠名	廠址	性質	資本	經理	職工數	開辦年月	機器數	原動力	每日出品
開基	南新路	合資	一萬五千元	胡子丹	職三人 工卅人	民國十七年	裝球機全付	柴油引擎	一百担

冷藏業

錫邑自創製蠶種以後，卽覺有設立冷藏庫之必要，蓋冷藏庫之設立，可將春蠶種，經人工製造而爲秋種，民十九年，邑人徐煥文，鳳翔昆仲發起組設冷藏庫所，當與本邑，暨附近隣縣各製種場，訂立合同 取價，秋藏每張四分，秋種浸酸每張四分，春藏每張一分五釐，營業甚爲發旺，旋徐鳳翔，以無意經營遂讓盤於鄭海泉，營業方面，視每年蠶事爲標準，倘秋蠶繁興，則冷藏較多，目前蠶絲業不景氣，該業遂多空閒之時，聞在下半年度起，決擬實現其擴充計劃，自設製冰場云。

冷藏業一覽表　二十年四月調查）

廠名	廠址	資本	經理	成立年月	職工數	每年出品總值	機器數
無錫	廣勤路	二千元	鄒海泉	十九年	五	一萬五千元	電機三部 引擎冷機各一部

石粉業

石粉係由白石所煉成，其色潔白，多用以粉刷牆壁，而化裝品中，時多用之，近年機器碾米，亦利用此粉，保護米穀，滬上設石粉廠者，已有十餘家之多，皆規模宏大，銷路暢旺，無錫自民國十六年起，由鄒頌範君，獨資創設成泰廠，十八年，蔣東孚等復設成大廠，營業甚形發達，往昔所需石粉，均自滬上運來，今則足以自給矣。

石粉業一覽表（二十二年三月調查）

廠名	廠址	性質	資本	經理	機器總值	成立年月	職工數	原料價格	每年出品總值
成大	蓉湖莊	合資	四萬元	蔣東孚	三萬五千元	民十九年	三十人	每擔三角	五萬元
成泰	丁峯裏	獨資	五萬元	鄒頌範	四萬元	十六年	四十二人	同上	六萬元

石　礦

無錫濱湖一帶，四面皆山，山中產石礦甚夥，故昔年有人籌設水泥廠於其地，卒因時局多故，未能實現爲憾，此項豐富之礦藏，遂從此湮沒無聞，旋薛明劍君，創立石灰廠，始稍稍開採，每年出品，在二萬元以上，迨民國二十年，孫君辛農，接踵而起，有開安石礦公司之設，每年出品，亦有二萬元左右，查無錫山間，產石甚富，有取之不盡，用之不竭之概，倘望實業界諸子，起而作大規模之開採，蓋天然厚利富源，坐視其棄置，不爲世用，誠可惜也。

石礦業一覽表（二十二年三月調查）

廠名	廠址	性質	資本	成立年月	經理	工人數	每年出品總值	備註
允利公司礦場	嵩山	獨資	一萬元	民國十九年	薛明劍	六十二人	二萬元	附屬允利小學有限公司
開安石礦公司	鞋山	同上	一萬二千	二十年	孫辛農	六十八人	同上	

花　邊　業

花邊一業，於清末塅自浦東，行銷上海，初時出品甚少，僑華美人，甚喜用之，漸流行於彼邦，求者日衆，供應遂廣，寖假及於錫邑，其始僅爲女校手工，後復廣而爲家庭工業，民初歐戰時，美國節制消費，限制花邊進口，遂大受打擊，旋和議告成，復得暢銷，錫邑製者甚衆，其時政府，以此項工業，關係對外貿易，至爲重要，特准免稅，極力提倡，此項花邊，外人購用，不僅爲衣服之緣飾，即於被褥，檯單，盆墊，窗帘等等之上，亦多用之。甚至於手帕之微亦莫不以花邊緣飾爲美觀，每值佳節，輒備爲餽贈禮品，用途既廣，需要自繁，而銷路自暢矣，花邊業，當以民八，九年間，爲最盛時代，十年以後，卽漸衰落，考其致衰之由，則以美政府，認花邊爲奢侈品，於進口稅率，一再加征增至百分之九五，稅率既增，成本自昂，售價不得不漲，銷路自然澀滯，影響所及，花邊在本國市場之價格，以銷路衰落，遂被壓低，市價漸跌，則出品日劣，好厭故喜新，尤爲外人之習性，故用者，日形厭棄，銷路銳減，花邊一業，遂致一蹶而不可復振，初時花邊本直接運銷海外，再經外人之物料，配製完成，然後售之用戶，嗣以售價低落，外人工價，貴於華工遠甚，乃由我國配製完成，裝運出口，於是製作分爲三途；一則，備蔴紗購花邊，發工裝製成品，運銷，一則，備線網裝花邊，售之製銷蔴紗物品者，一則備紗線結網，售之製花邊者，惟結網者，大都在江北，如皋，東台等處，結成運錫銷售，綜觀經營斯業者，以工作費時，成本非輕，故獲利實亦甚尠，至之勞工，不過以工力，易博工資而已，時至今日，花邊一業已成強弩之末，製者雖欲改良出品，冀圖挽回，無如用者，但求其價廉，不顧製者增加成本，製者每因種種影響，往往虧折，現查花邊作場，所存者，已寥若晨星，觀於前途黯淡，殊覺岌岌可危也，一般工業之經營，大都必有固定之基金，及作工人數，惟花邊事業，則情形特殊，僅為家庭工業之一種，其休作，每視市面之興替為轉移，而營業資本之多寡，亦全視銷路之盛衰而定，故資本未嘗有固定之數額也，至於工作人數，則散處各地，更難確計，現在營斯業者，城鄉俱有，在鄉，則有嚴重儒，張惠東，過彥明，馮錦雲等數家，城區，則有華仲湖，范晉芳，高慕韓等諸家，餘則時作時輟，姑闕而不記，總計錫邑一地，大約不下三十餘處。

第十章　無錫縣概況

一，無錫縣之位置　無錫位於江蘇省之南部，京滬路之中心，南臨太湖，北爲邑中諸水，匯集之區，西南多山，惠泉山爲諸山之冠，全邑面積，共爲三萬四千五百七十四方里，縣城居中，東西相距二里，南北相距三里許、城寬七方里有奇。至縣境分界及離城里數，約如下列：

東　王莊常熟界七十里

西　周橋武進界五十里

南　龜山吳縣界七十里

北　馬鎮江陰界三十三里

二，無錫縣之氣候，　無錫之氣候，堪稱溫和，春，秋二季溫度，平均常在六十度左右，夏季，平均在八十五度左右，冬季，平均在三十度左右，至夏冬之季，酷熱嚴寒，僅偶有之，其於農產方面，頗相得宜，全年雨量，亦適需要。

三，無錫縣之交通，（A）鐵路：　無錫爲京滬路全線中之一大站，南京至錫之特別快車，只四小時，由錫至滬特別快車祇二小時四十分鐘，每日火車過境，東西計有二十餘次，貨車來往，每日亦有四五次

（B）公路；　無錫至江陰，及無錫至宜興公路，均已建築完成，澄錫路，通行汽車業已四載，全路時間，約一小時，車票一元，錫宜路，則尚無組織，至於惠山，梅園均通汽車。

(C)輪船　輪船分乘客，及裝貨兩種，招商局，公茂總局，均設北門外，竹場巷內。以裝貨爲主。太湖輪船局，中華新裕輪船局，利澄輪船局均在通運橋下。太湖輪船，另設分局于大渲口。茲更列表如下：

(甲)以乘客爲主者(由錫開往各埠)

航線	日期	時間	經過碼頭	局名	局址
湖州	逐日	十二點	大渲　西山　大錢　湖州	太湖	太湖
溧陽	單日	上午九時	洛社　戴溪橋　華渡橋　運村　橋和　宜興　徐舍　溧陽	新商	通運橋堍
溧陽	雙日	上午九時	同上	永固	同上
同上	同上	早班八時	同上	中華新裕記	同上
同上	同上	晚班十點半	同上	同上	同上
同上	單日	早班八時	同上	招商	同上
同上	同上	晚班十一點	同上	同上	同上
八士橋	逐日	二點	祝塘　塘石燕　西洋橋　白兔橋　龍聚橋　方村橋　八字橋	嚴東公司	同上
羊尖	同上	一點半	張涇橋　東湖塘　北窖　嚴家橋　羊尖	同上	同上

顧山	同上	同上	張涇橋　陳家橋　晃山橋　習禮橋　陳墅　顧山	同上	同上
東來鎮	同上	十時	張涇橋　陳家橋　晃山橋　陳墅　北漍　欄桿橋　六房市橋　湯家橋　乘航橋　蔡家橋　新莊港　東來鎮	同上	同上
周鐵橋	同上	二點半	錢橋　藕塘橋　稍塘橋　張舍　胡埭　雪堰橋　周橋　潘家橋　分水墩　周鐵橋	中華新裕記	同上
吳塘門	同上	二時	北橋　中橋　南橋　石塘橋　新橋　許舍　橫山橋　燒香浜　南方泉　吳塘門	開化公共汽油船	同上
來東鎮	雙日	十一時	三壩橋　張涇橋　陳家橋　晃山橋　習禮橋　陳墅　北漍　欄桿橋　六房市橋　湯家橋　乘航橋　新莊鎮　東來鎮	東北電船公司	同上
堰橋	逐日	下午三時	師古橋　岸底裏橋　大善橋　西漳　泉石橋　堰橋	同上	同上
華墅	同上	一時	三壩橋　張涇橋　陳家橋　晃山橋　習禮橋　北漍　南星橋　郁家橋　華墅	同上	同上
河塘橋	同上	二時	黃土塘　八士橋　方郎橋　黃姑橋　白埃橋　西漏橋　門村　河湘橋　河塘橋	利澄	同上
江陰	同上	早班十時	石塘　青暘　月橋　南閘　江陰	同上	同上
同上	同上	晚班二時	同　上	同上	同上
同上	同上	十時半	同　上	招商	同上
雲亭	同上	二時	張塘橋　胡家度　堰橋　博渚　璜塘　長壽　茂橋　雲橋	利澄	同上
周莊	同上	十時	張涇橋　陳家橋　晃山橋　長涇　陸家橋　瓠岱橋　周莊	同上	同上

北瀆	同上	一點半	張涇橋 陳家橋 晃山橋 北瀆	同上	同上
玉祁	同上	二時	洛社 白沙圩橋 禮社 玉祁	濟商	同上

(乙)以裝貨爲主者

公茂輪船　每日午前十時開往蘇州儎裝貨物

招商振記　民國十六年創辦專裝貨物至常州上海

協　　興　與老公茂同

小 汽 船　各旅館各廠家均有出租租費十里八元二十里十二元三十里十六元以次類推

(D)航船；　航船甚多，開蘇州，常州，江陰者。在北門尤弄。開塘橋，洛苑，楊舍，塘市，北澳，欄桿橋，梁巷上，徐巷上，鎭山頭，禮社，南方前者。在北門外長安橋，開王莊，田莊，祝塘，黃土塘，華墅，南新橋，顧山，羊尖，嚴家橋，東北塘，鴻聲里，西倉，蕩口，甘露者。在北門外吊橋，及芋頭沿河。開新莊巷，湯家橋，陳巷橋，方橋，東港者。在北門外長安橋西，廣昌碼頭。開常州，溧陽，湖塘里，南橋、楊舍，新船者。在北門外天后宮，開常熟，後塍，慶安，寺頭，東北塘者，在北門外竹場巷，開后暘，坊前，江溪橋，梅村者，在蓮蓉橋西堍，王源聚冶坊碼頭。開張村，東亭，楊亭，長大，廈華，大房莊者。在蓮蓉橋東，蔴餅沿河及灘上。開安鎮，張涇橋，查家橋，望亭，大牆門鎮者，在蓮蓉橋北首，唐時祥布行碼頭，開雪堰橋，前旺，呂家橋，南宅，橫林，分水墩，清橋，落陽，潘家橋，周鐵橋，新瀆橋，胡埭，黃石橋，前州，石塘灣，洛社，斗門里，秦巷上，北七房，前橋，張鎮橋，黃橋，運村，下塘，西漳者。在北塘，大三里橋。開焦典，陳大橋，三河口，周莊，長壽，青暘，北渚，璜塘，峭岐，高岸，雲亭，堰橋，胡家渡，劉潭橋，毛巷上，前後西漳，陳家橋，尤家旦，牌樓下者。任北塘，小三里橋，。開蘇州，梅里，彭家橋，玉祁，楊墅園者，在北塘，財神弄施碼頭。開南閘，月城橋，后宅者。在北塘，煤場弄碼頭。開八士橋，長安橋者。在北門外北柵口。

(E)快船；　邑中大鎮，除航船外，尚有快船，船身狹小，行時甚速開行時，鳴鑼爲號，開往八士橋，張涇橋者。在通惠橋，開雪堰橋者，在長安橋，開蕩口者，在通運橋，開梅村者，在清名橋，快船開往堰橋，北渚，在三里橋，開往西漳，堰橋，北渚，周莊者，在長安橋。

(F)駁船；　雇駁船，由小輪拖帶者，若至上海，頭等二十元，二等十七元，三等十四元。至蘇州，頭等十元，二等八元，三等七元，雇快船自搖者，至上海，頭等二十元，二等十七元，三等十四元。至蘇州，頭等十二元，二等等八元，三等七元。

(G)便船；　便船可以隨便雇用，有大小之別，價格論日，不論路，大船每日約二元至十元不等，小船每日自五角起至二元。

(H)其他： 人力車，與轎輿均可通達，但人力車不許在鬧車，夾道行走耳。

(I)郵局： 總局在大洋橋，城廂，四鄉均有分局。

(J)電報局： 在北門外通匯橋，每字一角，譯費加一。

(K)電話局： 在北門城內，裏城脚裝戶用機，係近代之式，但非自動，四鄉均可通話，長途電話，可通皖浙兩省。

四，無縣之各區狀況。

(一)無錫縣各自治區域面積一覽表

區別	原名	面積（方里）	面積（田畝）	與全縣面積之比較
第一區	無錫市	92.3	32,731畝	2.53%
第二區	景雲市	221.7	86,283	6.07
第三區	揚名鄉	155.1	53,145	4.25
第四區	開原鄉	202.5	50,664	5.55
第五區	天上市	198.9	66,798	5.45
第六區	天下市	229.1	65,718	6.28
第七區	懷上市	230.0	104,334	6.32
第八區	懷下市	264.6	73,798	7.25
第九區	北上鄉	145.3	54,129	3.98

第十區	北下鄉	238.5	43,589	3.79
第十一區	南延市	214.0	83,136	5.86
第十二區	泰伯市	309.4	114,937	8.48
第十三區	新安鄉	189.4	71,700	5.17
第十四區	開化鄉	240.8	63,279	6.60
第十五區	青城市	272.2	83,919	7.46
第十六區	萬安市	285.4	97,943	7.82
第十七區	富安鄉	260.8	112,496	7.14

(二)無錫縣各自治區域之位置

區別	原名	位置			
		(東)	(南)	(西)	(北)
第一區	無錫市	景雲市	揚名鄉	開原鄉	天上市
第二區	景雲市	泰伯市	新安鄉	無錫市	天下市
第三區	揚名鄉	新安鄉	開化鄉	五里湖	無錫市
第四區	開原鄉	無錫市	太湖	富安鄉	萬安市
第五區	天上市	天下市	天下市	萬安市 青城市	江陰縣
第六區	天下市	懷上市	景雲市	萬安市 天上市	江陰縣
第七區	懷上市	常熟縣	懷下市	天下市	江陰縣
第八區	懷下市	常熟縣	北上鄉 北下鄉	天下市 景雲市	懷上市

第九區	北上鄉	常熟縣	南延市	北下鄉	懷下市
第十區	北下鄉	北上鄉	泰伯市	景雲市	懷下市
第十一區	南延市	吳縣	泰伯市	北下鄉	北上鄉
第十二區	泰伯市	吳縣	吳縣	新安鄉	北下鄉
第十三區	新安鄉	景雲市 泰伯市	太湖	開化鄉	揚名鄉
第十四區	開化鄉	新安鄉	太湖	太湖	五里湖 揚名鄉
第十五區	青城市	天上市	萬安市	武進	江陰縣
第十六區	萬安市	天上市	開原鄉 富安鄉	武進縣	青城市
第十七區	富安鄉	開原鄉	太湖	武進縣	萬安市

(三)無錫縣各區土地最高及最低價格表

區別	市鄉	最高畝價	最低畝價
第一區	無錫市	20,000元	200元
第二區	景雲市	500	80
第三區	揚名鄉	300	150
第四區	開原鄉	500	100
第五區	天上市	300	100
第六區	天下市	300	100
第七區	懷上市	300	50

第八區	懷下市	100	40
第九區	北上鄉	150	50
第十區	北下鄉	150	80
第十一區	南延市	200	100
第十二區	泰伯市	200	120
第十三區	新安鄉	200	100
第十四區	開化鄉	300	120
第十五區	青城市	150	80
第十六區	萬安市	200	100
第十七區	富安鄉	100	40

五，無錫縣之人口

全縣人口數約有九十餘萬茲特分區列表於後

區別	人口數	區別	人口數
第一區	171,121人	第二區	70,227人
第三區	48,445	第四區	36,510
第五區	55,4[illegible]8	第六區	50,834
第七區	57,583	第八區	42,438
第九區	24,103	第十區	27,552

第十一區	42,621	第十二區	54,404
第十三區	38,429	第十四區	41,153
第十五區	64,401	第十六區	69,083
第十七區	43,965	全縣共計	941,375人

全縣人口職業類別統計表

黨	30人	718,485人	941,375人
政	571		
軍警	1,729人		
農	400,000人		
工	100,000人		
商	214,609人		
學	1,546人		
失業	191,036……	191,036人	

參攷書　　編者

	參攷書	編者
1.	上海之工業	上海社會局編
2.	今世中國實業通誌	吳承洛
3.	無錫年鑑	前無錫市政籌備處編
4.	無錫雜誌	薛明劍編
5.	無錫各工商業團體登記册	縣黨部編
6.	三新三十週紀念册	福申茂一三新公司
7.	人鐘月刊	申新所出版物
8.	報紙	十八年至二十一年份無錫各報

勘誤表

頁數	排數	刊誤	更正
1	12	料原缺乏	原料缺乏
		予以運輸使利	予以運輸便利
2	表	共計四十廠	共計四廠
		馬達力座馬一	馬達一座馬力
		桊眉葉	葉叔眉
7	8	之批廠購矣	之廠批購矣
12	9	無錫業勤紗廠爲噶矢也	無錫業勤紗廠爲嚆矢也
16	7	各絲營業受重大之打擊	各廠營業受重大之打擊
		五百六十	五百六十八
19	13	三日移渡種蠶	三日渡種蠶
22	表裕豐恆	灶二十具	灶十二具
24	表永昌	灶十二具	灶二十具
	表福聚	灶十四具	灶四十具
33	，17	工人能力能力薄弱	工人能力薄弱
	20	爲今之計惟有一從前之癥結	爲今之計惟有一洗從前之癥結
47	表	共二十七家	共七家
48	8	平均每約售一元	平均每担約售一元
	10	其有者尙推銷外埠運來之石灰	有尙推銷外埠運來之石灰者
	12	而有者則代接舊式土窰之定貨	有代接舊式土窰之定貨者
59	3	近時化製品	近時化裝品
64	18	不論圖畫	不論圖書
72	3	爲以無特產之一	爲無錫特產之一
	9	銳改善	銳意改善
78	12	寑	寖
83	表	來東鎭	東來鎭
85	8	任北塘	在北塘

無錫實業志略

（民國）蔡文鑫 編

《無錫實業志略》，民國蔡文鑫編，民國四年（一九一五）鉛印本。

蔡文鑫（一八六八—一九三七），字緘三，無錫人。蔡氏先世爲官宦之家，蔡文鑫幼學經史，但仕途多蹇，後來捐一個監生，即絕意場屋，專事商賈。二十二歲經營復生堆棧，開辦繭行、絲行。在滬與人合資開設繅絲廠、米行等。清光緒三十一年（一九〇五）錫金商會成立，蔡任庶務之職。次年應周舜卿之邀，赴日本考察工商及銀行。回國後，周開辦上海信成商業儲蓄銀行，任蔡爲無錫分行經理。清宣統元年（一九〇九）與唐氏合辦九豐麵粉廠，後又與之合辦慶豐紗廠。從此，蔡、唐始終合作，成爲無錫有名的實業家。民國四年（一九一五）無錫工商業已在全國名列前茅，廠房遍及四郊，所出產品不少輸往國外。蔡氏決定對當時無錫有名的工廠房加以攝影，製成圖録。每圖皆加説明，其內容爲：所有權人、地點、規模、商標，並把文字譯成英文。共有十六家無錫現代企業被圖文介紹。另有文字介紹其他工廠。舉凡無錫所有工業企業都有簡介。蔡氏在序中對編輯《志略》的意圖講得很清楚，是作爲考鏡之資，對外介紹無錫工業，招商引資，促使民族工業做大做强。在序中，蔡氏介紹了自己從事工業的經歷，指出只有發展民族工業，纔能抵制外國商品傾銷，維護民族利益。蔡氏該書出版之際，正是第一次世界大戰爆發之時。大戰期間，中國民族工業得到長足發展，無錫尤其突出。不能不説與蔡氏等人的努力是分不開的。就今天而言，該書對研究無錫經濟史也是一份珍貴的歷史檔案。當年這些現代化的新式廠房，有的毁於日軍轟炸、放火，有的在拆遷聲中化爲瓦礫。而這份工業遺産駐顔舊影的圖册就顯得更爲寶貴了。

本書據民國四年（一九一五）鉛印本影印。

（徐志鈞）

The Short Industrial Stories of Wusih
KIANGSU, CHINA
無錫實業誌略

序

文鑫從事商業亦既二十年於茲矣其間奔走經營接觸耳目勞敝精神之事至繁且瑣以故世界之趨勢社會之需要與夫改良及進行之程序亦嘗窺見崖略際此商戰方酣亟欲爲吾邑商業前途規畫久遠爰就邑中所有著名廠家攝影附說裝潢成帙爲談實業者考鏡之資至文鑫身世雖影響於吾邑商業史者甚微顧有不能已於言者溯吾邑之有商會在甲寅冬文鑫不敏與周君舜卿華君藝珊組成之維時吾邑廠家僅有業勤紗廠茂新麵粉廠裕昌繅絲廠三數家耳丙午秋文鑫偕周君舜卿赴日本考察工商實業並調查儲蓄銀行事宜歸則汲汲以培植商業子弟爲當務之急丁未春任無錫信成銀行分行行長則設半日學校己酉任商會協理則設簿計學校庚戌集資組織耀明電燈公司默察吾邑當滬寧鐵路之中心商賈輻輳交通稱便絲繭向爲吾邑出品大宗坐視原料輸出縱年得五六百萬其爲虧耗

何可勝言爰於辛亥偕孫君鶴卿創辦乾甡繅絲廠是年又合資創辦九豐麵粉廠外洋麵粉行銷我國者厥惟美國實則吾邑小麥原質絕美蘇皖等處農產品且膺集一經製造遐邇風行不言抵制而舶來品行將絕迹於市廛壬子冬赴京參與工商會議甲寅冬由農商部派充爲巴拿馬賽會參觀團員人事牽率不果行此皆文鑫所經歷所望邦人君子進而教之者也方今廠家林立矣如碾米廠紗廠布廠榨油廠皂鹼廠等則皆生活日用所必需電燈廠電話公司繡工會則又輔助文明裨益交通保存美術之權與也至絲廠有八家麵粉廠有五家此又足徵吾邑資本家之挽回利權提倡國貨之有同情矣邦人君子按圖而索分其緩急知所先後參盈虛消息之機庶幾推行盡利知因革損益之故或者有所折衷則文鑫之彙刻是册於吾邑商業前途不無小補焉耳

中華民國四年十一月　蔡文鑫識

鑫　文　蔡

TS'AI WÊN HSIN
EXPERT IN INDUSTRY

The Yü-ch'ang Filature

It is the one first founded in the thirtieth year of Kuang Hsü, at Chou Hsing Town, outside of the South Gate of Wusih. At the outset, it had two hundred silk spinning-wheels and then made some increment gradually to the number of three hundred and thirty, specially spinning thrown silk which is exported to all the nations in Europe under the two kinds of trade marks, the "Snow-hill" and the "Gold-fish." The founder is Chow Shun-ching, the Adviser of the Commercial Department of the Ching Dynasty and formerly Director of the Chamber of Commerce, Wusih.

裕昌繅絲廠

地點在無錫南鄉之周星鎮開辦最早前清光緒三十年建立絲車二百架逐漸擴充至三百三十架專繅經絲行銷歐西各國商標二種一名錫山一名金魚創辦者前清商部顧問官前無錫商會總理周舜卿

裕昌繅絲廠

The Yü-ch'ang Filature

The Chin-cni Filature

It was founded by Mr. Hsü in the first year of Hsuau T'ung of the Ching Dynasty, on the Bank of T'sang Creek, outside of the West Gate of Wusih. Its original name is Hsi-ching. In the first year of its existence, it possessed some more than one hundred silk spinning-wheels and subsequently it expanded to the number of two hundred and forty. As soon as it was perfectly sold to Mr. Hsieh in the second year of the Republic of China, its trade mark was changed. The present owner is Hsieh Nan-ming, formerly Director of the Chamber of Commerce, Wusih.

錦記繅絲廠

在無錫西門外之倉浜前清宣統元年爲徐姓所創辦原名錫經絲車一百數十架推廣至二百四十架民國二年轉賣於薛姓更易商標所有者前清無錫商會總理薛南溟

錦記繅絲廠

The Chin-chi Filature

The Yüen-k'ang Filature

This one is near the Huang Pu Hillock—a small place with a monastery finely built on the Grand Canal—outside of the North Gate of Wusih and was founded in the first year of Hsuan T'ung, by Mr. Chu Lan Fang, the Director of the Chamber ef Commerce, Wusih. It began with two hundred and fifty-six silk spinning-wheels and then gradually increased to the number of three hundred and twenty. The silk bearing the trade marks either the "Huang Pu Hillock" or the "Black Tiger," is exported to France, etc. The present owner is Mr. Ku Ching-chai, a Member of Committee of the Chamber of Commerce, Shanghai.

源康繅絲廠

在無錫北門外之黃埠墩前清宣統元年爲無錫商會總理祝蘭舫所創辦絲車二百五十六架增加至三百二十架商標二種一名黃埠墩一名黑虎行銷法蘭西等所有者上海商會議董顧敬齋

源康繅絲廠

The Yüen-k'ang Filature

The Chên I Filature

It was organized in the second year of Hsuan T'ung, near the Ching-ming Bridge, outside of the South Gate of Wusih. The nunber of silk spinning-wheels is two hundred and eight. The silk under the trade marks, either the "Double Eagles" or the "Whore's Boat" is exported to France and the United States of America, etc. The General Manager is Mr. Hsü Tao-sun.

振藝繅絲廠

在無錫南門外之清名橋前清宣統二年組織絲車二百零八架商標二種一名雙鷹一名花船行銷法美各國總理人許稻蓀

振藝繅絲廠

The Chên I Filature

The Ch'ien-sin Filature

It was established in the second year of Hsuan T'ung, at the Transit Bridge near the Kuang Fu Mên of Wusih (a gate in memory of revolution), possessing two hundred and eight silk spinning-wheels. Its silk has three trade marks, as the "Nine Dragons," the "Hui Hill," and the "S." The Nine Dragons got in the year 1911 A. D. the diploma for its excellent quality in the International Exhibition at Durin, Italy. The founder is Sun Hao-ching, the Director of the Chamber of Commerce, Wusih.

乾甡繅絲廠

在無錫光復門外之通運橋前清宣統二年建設絲車二百零八架商標三種一名九龍一名惠山一名愛司其九龍商標於西歷一千九百十一年在意國禿利諾萬國賽會得最優等獎憑創辦者無錫商會總理孫鶴卿

乾甡繅絲廠

The Ch'ien-sin Filature

The Ch'ien-yüen Filature

It was also organized by Chu Lan Fang at the Foundry Ground, outside of the Kuang Fu Mên, Wusih. In the second year of the Republic of China, it began with two hundred and fifty-six silk spinning-wheels. The trade mark of its silk is the same as those of the Chên I Filature. It is managed by Hsü Tao-sun, too.

乾元繅絲廠

在無錫光復門外冶坊場民國二年亦係祝蘭舫所締造絲車二百五十六架商標與振藝絲廠通用兼理人許稻蓀

乾元繅絲廠

The Chien-yüen Filature

The Lung-ch'ang Filature

It was organized by the shareholders, in the third year of the Republic of China, at the Ting Tzŭ Bridge, outside of the East Gate of Wusih. It works with two hundred and fifty-six silk spinning-wheels. The founder is Chou Yüeh-shan.

隆昌繅絲廠

在無錫東門外之亭子橋民國三年合資構造絲車二百五十六架創辦者周月山

隆昌繅絲廠

The Lung-ch'ang Filature

The I-ch'ang Filature

It was founded by the shareholders in the third year of the Republic of China, at the Miao-chiang Bridge, outside of the East Gate of Wusih, and has two hundred and forty-eight silk spinning-wheels. The manager is Shan Shao-wên, formerly Vice-president of the Chamber of Commerce, Wusih.

協昌繅絲廠

在無錫東門外之廟港橋民國三年合資創辦絲車二百四十八架總理者前無錫商會協理單紹聞

協昌繅絲廠

The I-ch'ang Filature

The Yeh-ch'in Cotton Spinning Yard

It was organized by the Tao-tai Yang Ngou Fang in the twenty-first year of Kuang Hsü of the Ching Dynasty, at the Hsing Lung Bridge, outside of the East Gate of Wusih. It originally had ten thousand spools with an afterward addition of four thousand. The trade mark is the "Peace of the Four Seas" and it makes transaction with all the ports in China. In the Nanyang Industrial Exposition it got the diploma for its superior quality. The General Manager is Yang Han-si, a Member of Committee of the Chamber of Commerce, Wusih.

業勤紡紗廠

在無錫東門外之興隆橋前清光緒二十一年爲前清道員楊藕芳所籌辦原有紗錠壹萬擴充至一萬四千錠商標名四海昇平行銷各埠在南洋勸業會得優等奬憑總理者無錫商會議董楊翰西

業勤紡紗廠

The Yeh-ch'in Cotton Spinning Yard

The Chên-hsin Cotton Spinning Yard

It was organized by Mr. Jung Jui-hsing in the thirty-first year of Kuang Hsü of the Ching Dynasty, at the Tai Pao Hillock, outside of the West Gate of Wusih. It originally had twelve thousand spools. In the second year of the Republic of China, it was expanded with a three stories of building, finely built with cement and contained the total number of eighteen thousand spools. The steam engine is driven by dynamo instead of using coal, which has made the first existence in inland factories. There are two kinds of trade marks, one is the "Round Crane" and the other is the "Terrestrial Globe and Crane," each of these got a diploma for its superior quality in the Nan-yang Industrial Exposition. The General Manager is Mr. Jung Tsung-ching.

振新紡紗廠

在無錫西門外之太保墩前清光緒三十一年爲榮瑞馨所組織原有紗錠一萬二千隻民國二年添造水門汀三層樓廠房一所增加至一萬八千錠更易蒸汽機關純用發電機爲內地各廠用電力之創始者商標二種一名團鶴一名球鶴在南洋勸業會得優等獎憑總理者榮宗敬

振新紡紗廠

The Chên-hsin Cotton Spinning Yard

The Mou-hsin Flour-mill

It was founded by the Share-holders in the twenty-ninth year of Kuang Hsü of the Ching Dynasty, at the Tai Pao Hillock, outside of the West Gate of Wusih. It began with stone-mill which has then been changed into steel-one. The American Engines, thirty-two in number, have time by time been used. At present dynamo takes the place of coal. Its trade mark is the "Man-of-war." A tablet containing the four characters Yü Shih Tui Jên—mans to enrich food and to extend the charity to the people—is given as a praise by Yüan Shih Kai, the present President. The Director is Jung Tê-Sun, a member of committee of the Chamber of Commerce, Wusih.

茂新磨麵廠

在無錫西門外之太保墩前清光緒二十九年合資創辦初用石磨繼改鋼磨先後共置美機三十二部原用蒸氣機關今改用發電機商標一種名曰兵船蒙　大總統特頒裕食推仁匾額以示獎勵總理者無錫商會議董榮德生

茂新磨麪廠

The Mou-hsin Flour-mill

The Chiu Fêng Flour-mill

It was organized by the shareholders in the second year of Hsuan T'ung of the Ching Dynasty, at Huang Pu Hillock, outside of the North Gate of Wusih. It began with twelve American steel-mills and then gradually increased to the number of twenty-four. Its trade mark is the "Mountain and Deer." A transaction is made with all the ports in China. A tablet containing the four characters Yü Shih Tui Jên has been given as a praise by the President Yüan Shih Kai. The Director is Ts'ai Chien-san, a Vice-president of the Chamber of Commerce, Wusih.

九豐麪廠

在無錫北門外之黃埠墩前清宣統二年合資創辦原有美國鋼磨十二部續增至二十四部商標一種名曰山鹿行銷各埠蒙

大總統獎勵裕食推仁匾額總理者無錫商會協理蔡緘三

九　豐　磨　麵　廠

The Chiu Fêng Flour-mill

The Hui-yüen Flour-mill

It was organized by the shareholders in the third year of the Republic of China, at the entrance of the Hui Hill Creek, outside of the North Gate of Wusih. It uses twelve American steel-mills. Its trade mark is Liu Hai (a good fairy). The manager is Mr. Woo Yü Chün.

惠元磨麪廠

在無錫北門外之惠山浜民國三年合資創辦購置美國鋼磨十二部商標一種名曰劉海總理者吳玉君

惠元磨麪廠

The Hui-yüen Flour-mill

The T'ai-lung Flour-mill

It was founded at the Pao Ti Creek, outside of the East Gate of Wusih and began with seven American flour mills. Afterwards it connected with the Hêng Fêng Flour-mill and both together have eleven Steel-mills. Its trade mark is the "Eagle and Terrestrial Globe." The manager is Fêng K'ê Huai.

泰隆麪廠

在無錫東門外之菩提浜先置美機七部嗣將恒豐廠歸併合辦共有鋼磨十一部商標一種名曰鷹球總理者馮屺懷

泰隆磨麪廠

The T'ai-lung Flour-mill

The Pao Hsin Flour-mill

It was founded in the third year of the Republic of China at Ting Chiang Li, outside of the North Gate of Wusih. It possesses four American flour steel-mills. Its trade mark is the "Pinetree and Crane." The Present Owner is T'ang Shou-ming.

保新磨麵廠

在無錫北門外之丁港裡民國三年建置有美國鋼磨四部商標一種名曰松鶴所有者唐守銘

保新磨麪廠

The Pao Hsin Flour-mill

The Jen Fêng Oil-mill

It was organized by the shareholders in the third year of the Republic of China, at Nan-chien, outside of the West Gate of Wusih. It uses two pea-press machines, four grinding machines, five cake-making boilers, and forty lying form oil-press, which are all manufactured by the Chinese foundry. Its trade mark is a "Boat with Hoisting Sails." The founder is Yang Han-si.

潤豐搾油廠

在無錫西門外之南尖民國三年合資建設本國翻砂廠製造軋荳機二部磨荳機四部蒸餅熱氣鍋五隻臥式搾油機四十部商標一種名曰帆船創辦者楊翰西

潤豐搾油廠

The Jên Fêng Oil-mill

The Yao-ming Electric Co.

It wae founded in the first year of Hsuan T'ung of the Ching Dynasty, at a place outside of the Kuang Fu Mên of Wusih. It began with two new German Dynamocs and afterwards was increased with one which discharges great electric force. According to the investigation report of the Board of Agr:culture and Commerce, it is said that the lamp-light is the most splendid of the inland electric-light. The Direct-or is Sun Hao-ching.

耀明電燈廠

在無錫光復門外前清宣統元年合資創辦原有德國最新式發電機二部嗣又增加大發電機一部據農商部調查報告電燈光彩爲內地各廠之冠總理者孫鶴卿

耀明電燈廠

The Yao-ming Electric Co.

The Wusih Telephone Co.

It was founded in the third year of Hsuan T'ung of the Ching Dynasty, at the Hsing Lung Bridge, inside the North Gate of Wusih. The headquarters consist of mone than five hundred branch lines. The chief switch is come from the famous manufacture of the United States of America. The women and girls are employed as conductresses as to enlarge the life of the female world. The Director is Yang Han-si.

無錫電話公司

在無錫北門內興隆橋前清宣統三年合資創辦分設聽筒五百餘家交換總機係美國名廠所製造純用女司機生爲女界推廣生計總理者楊翰西

無錫電話公司

The Wusih Telephone Co.

Appendix

The corn-roll companies are all together seventeen in number, of which the horse-power is very enormous are Tê-yüan, Pao-hsin, Chêng-t'ai, T'ai-tung, Ming-yü, Fu-ch'ang, Tai-fêng, and Jên-ch'ang-yü. Those being not famous are omitted here. The total number of corn-rolls separately used in the said companies is eighty. All these are arranged as well as a bosk outside of the West Gate of Wusih.

There are eighteen cotton cloth-weaving companies in which the cloth is wrought by women's hands. The figured cloth, the drills, and the striped cloth are all in new fashion. Ten of them are established near around the city; i. e. the Chüan Kung, the Hui Kung, the Nan-ch'ang, the Hua Chêng, the Chên-yeh, the Jui Sun, the Hsin Shun, the Lung Chi, the Ch'üan I, and the Tai Shun. Those being dispersed in local places are eight in number; i. e. the Heng Chi Li, the Chiu Ho, the Yü K'ang, the Yü Fêng Hou, the Tai Sun, the Yung Chi Li, the Hsü Tung, and the Hsin Hsin.

The Tai-tung soap and alkali factory is also in its existence. It produces sixty boxes of soap and thirty piculs of alkali in every twentyfour hours. Its trade mark is the "Cloud and Crane." The Manager is Ling Shan Tzŭ.

There three foundries are organized. The machines produced in every nation in Europe, America, and Japan are similary manufactured.

There are more than ten brick and tile yards where they consist of sixty or seventy kilns. They locate the Pai Tu Chiang, the Tsing Chêng Country, the Roar Hill, etc. The yearly products are about a quadrillion pieces of bricks and tiles.

Two kinds of the yellow grass cloth are produced by the female hands of the southern country of Wusih. The one is made of grass only and the other is woven by crossing the silk warp with the grass woof. The yearly product of the former is three hundred thousand feet, while that of the latter is one hundred thousand feet. It is the best in hot weather to make clothes with this kind of fabric. The Nan-yang Industrial Exposition gave it a deserved praise as to its superior quality.

The Embroidery Association was organized by Miss Li Pei Fu (now dead), in the thirtieth year of Kuang Hsü of the Ching Dynasty. The Embroidered pictures have received the deserved praises from the Department of Agriculture, Industry, and Commerce; the Tientsin Practical works; the Nan-yang Industrial Exposition; the Belgian International Exhibition; and the International Exhibition of Durin, Italy.

The said filatures are eight in number; the cotton spinning yards are two; the flour-mills, five; the oil-mill, one; the telephone Co., one; the corn-rolls, the cloth-weaving Co., the soap and alkali factory are all together forty or so. Wusih is one of the districts of Kiangsu, China, and locates the center of the Shanghai-Nanking Railway. The River Yang-tzŭ is in the North and the Lake Tai-Hu, in the West. It consists of a million inhabitants and the commerce is very prosperous. The industry has recently been carried on with great attention so as to become prosperous day by day. The yearly product of silk and cocoon is six million dollars in value, while that of the rice and wheat etc. is about the same. It is a commercial port on the Grand Canal, so the value of imports is also over ten million dollars. The mine such as the potter's clay, etc. is very numerous. If it is ready to mine, there will be a great profit in industry.

附記本埠小廠

礱米機廠共十七家汽機馬力最大者曰德源寶新成泰大通民育復昌大豐仁昌裕八家小者不著名不贅各廠共計約有礱米機八十具在城外西門一帶林立焉

織布機廠共十八家均用女工手藝成之專織新式花樣羅緞及斜紋條格等布環列城區者共十家廠名曰勸工惠工南昌華成振業瑞生新盛隆記勸藝大昇散處各鄉者共八家廠名曰亨吉利九和裕康裕豐厚大生永吉利旭東新新

大通皂碱廠一家每二十四小時出肥皂六十箱淨碱三十担商標一種名曰雲鶴經理者林善滋

翻砂廠三家仿造東西各國銅鐵機器

製磚瓦廠十餘家共有柴窰六七十座在無錫百瀆港及青城鄉暨吼山等處每年出磚瓦大小壹萬餘兆

黃草布有二種一爲淨草織品每年出數三萬丈一爲絲經草緯織品每年出數一萬丈暑天製

服異常凉爽南鄉女工手藝品在南洋勸業會得優奬

刺繡會前清光緒三十年由已故女士美術家李佩黻創始組織一會所出繡畫歷邀農工商部天津實習工塲南洋勸業會比利時萬國博覽會意大利都閬萬國博覽會最優等之奬勵

謹按以上合計絲廠八家紗廠二家磨麪廠五家搾油廠一家電燈廠一家電話公司一家礱米廠布廠皂鹹廠等四十餘家無錫隸中華民國江蘇省之一縣地居滬寧中心襟江帶湖戶口百萬商務殷盛近頗講求工藝日形發展其地所產若絲繭一項歲出約值六百萬外餘則米麥雜糧稱是而商埠所在外貨浸入亦逾千萬其沿湖一帶魚池林立水產亦甲於全省各種礦產如白泥等類俱見旺苗大可開採此全邑之大致情形也合并附誌以供衆覽

錫山繡工會記述彙編

（民國）華藝三 輯

《錫山繡工會記述彙編》不分卷，（民國）華藝三輯，民國三年（一九一四）鉛印本。無錫圖書館藏。

華藝三（一八六〇—一九三八），名文川，以字行。無錫東亭人，民族工商業家，曾任無錫縣商會助辦、總辦，並兼任同善社社長、無錫紅十字會會長、溥仁慈善會會長。工書畫，多才多藝。其篆書拙樸醇厚，沉逸瀟灑。他的夫人李佩黻（一八六一—一九一〇），名雲清，以字行，無錫人。李佩黻出身於仕宦之家，性格文静，愛好刺繡，又從丈夫那里學得系統的繪畫知識，作品以淡雅、生動著稱。清光緒二十三年（一八九七），她在夫兄華文匯的倡議下，組建了錫山繡工會。十年後，她又發起組建了繡工傳習所，自任總教習。初創時，入會婦女就達一百零二人。從此無錫刺繡進入了歷史上的鼎盛時期，形成了『錫繡』淡雅、細勻、光薄的藝術特色，與『湘繡』、『蘇繡』齊名。宣統二年（一九一〇），李佩黻不幸病故，繡工會和傳習所爲之中輟。『簡筆演説，都成零編』，華藝三在痛心之餘，特將其『彙而輯之』，刊印成册，以傳後世。

《彙編》收録了錢基博所撰《李夫人事略》、《李夫人墓表》，華藝三手訂之《錫山繡工會章程》，李佩黻、蔡慶雲、華文匯、秦汝鍠、趙式昭等人的報告、演説稿、答詞、頌詞和華藝三自己所編的講課稿等，最後還有華蔭椒、華景奭、華蔭薇、華蔭梁等人的跋文四篇，是現存關於錫山繡工會和錫繡藝術大師李佩黻的一部珍貴史料。

本書據民國三年（一九一四）鉛印本影印。

（夏剛草）

李佩黻夫人遺像

傳習教員之肖影

無錫繡工會合座之攝影

序一

唐文治

光緒乙巳文治備官商部殫精竭思振興實業爰於京城之西城設立繡工科延蘇州余君夫婦主其事冀以大興女工開通西北各省之風氣迨丙午之冬文治痛遭先母之喪以憂去官此事遂不相聞問矣甲寅春同邑華君藝三手一編踵門來告曰吾錫之繡工會先兄海初君之所創議而先妻之所主持者也先妻逝世中輟久矣簡章演說都成零編茲特彙而輯之願先生之有言以提倡後之人也文治爲憮然者久之憶幼時奉先母胡太夫人之訓曰其爲人也多暇日其過人也不遠此揚子之語實統括男子婦人而言故女工者天下至寶貴之品也慈訓諄諄言猶在耳當時北京繡工科之設原以仰承母志不意數年之後曾未聞有成績而如錫山之聞風興起者亦歸於碩果之剝蝕天之待中國女工抑何其薄也雖然阨之者天也興之者人也天者數之無可如何者也人者同志之士皆當勉焉以扶植之者也中庸有言栽者培之茲者吾邑實業軋然以茁方將棣然以通二三君子經畫不遺餘力女工之興翹足可待然則是編也爲異日女學中組紃織紝之導源可也甲寅莫春同邑唐文治敘

序二

車以轍行鍵以鑰啓美術者工業之鑰商戰之轄也欲求勝於商戰必先振興工業研究美術此余在前清光緒之季備員農工商曹時之議當時是之者鮮遂致徒託空言逮壬子歸里泛舟惠麓獲交錫山華藝三先生初但知先生爲商界巨子擅風雅能繪事而已今春參觀巴拿馬賽會陳列品見錫邑繡品甲於蘇省偶與先生談及始知錫山繡工會爲先生伉儷所提倡被陶淑者數百人蓋先生又美術專家也越數日先生郵寄錫山繡工會記述彙編稿一册索余綴言余以不文辭先生强之堅竊思先生總理無錫商會有年矣倡設錫山繡工會亦有年矣同時並進而無錫之商業日以興無錫之繡工日以名欲謂非先生附以轍投以鑰也得乎余復幸昔日空言得先生而形諸實事焉不敢重違先生意因誌數言特愧戔陋之詞不足爲斯編重耳甲寅長至日吳縣潘承謀序

序二

李　瀚

宇宙增新則事業亦增新邦國競存則事業亦競存夫曰增對乎不增者言之也夫曰競對乎不競者言之也惟增則愈新惟競則愈存此固天演公理也自昔已然於今爲烈繡工者亦事業中之一藝也惟此藝事由來已久魯重女工號曰執鍼齊勤婦功詳言鍼黹春秋之世固已尙於北方矣繼此以後文繡有恒乃漸行於南國故江浙錯壤尤見風行顧繡且極夫匠工花繡遂重於婦職卽徵之吾錫尤顯著焉吾聞之當前清咸同以前士以讀書談道敦品立行爲尙商以樸勤謙實不侈華靡爲宗環視四野農則任耰耡穮蓘之勞女則修織紝絺繡之事無有舍業以嬉者嗚呼何其盛也逮至晚近世世變則日以亟矣風俗則日以靡矣人格則日以靡矣女職則日以惰矣斯時也吾邑於繡工一事幾已闃寂無肄業及之者焉亡姊佩黻用是憫藝事之不振爰集二三同志倡斯會以改良挽荒嬉於已澌普傳習而彌美鈎門心角燦若霞巧運目精成若天造祉中畜萃咸爲女英成效卓章無慚宏獎由是

得前清農工商部之褒恣名譽鵲起於前獲天津勸工場南洋勸業會暨義比兩國賽會頭等金牌之殊獎實聲風馳於後則斯會也能振將替之業於已往實開嶄新之藝於將來謂所前之不增者今幸已日增焉矣前之不競者今幸已日競焉矣然猶懼其好修之易忘也習染之易侵也藝三更就平日開會時之所演講中爲之訂繡工十則以策其藝定修身十則以勵其行庶幾藝劭德修肄焉無弗進蒸焉無弗良矣乎今當付鋟有日瀚謹爲之緒言竊願斯世之同心者共爲研求有以進其不逮則更爲斯會幸矣

中華民國三年五月李瀚作於澄江南菁校舍

序三

吾錫繡工傳習會成立於前清光緒　年由從姊氏佩黻主持其事凡章程一切則爲姊丈華君藝三所手訂其時風氣未開繡工一科尙無人注意國家雖注重實業特設專部並於北京創辦繡工科各省尙付闕如吾錫一邑獨爲之先而成績遂大著出品之精且多海內稱美經農工商部褒獎於前天津實業勸工場南洋勸業會義比萬國博覽會褒贈於後斯誠希世之榮宜爲世所稱道者也竊嘗觀於前清北京之繡工科非不規模宏大爲全國所觀瞻然自民國成立後部制改組業已停辦吾錫之傳習會爲私人所創辦經費無多規制較小苦心經營成立非易至今猶巍然獨存且漸見擴充焉斯可見辦事在人初不在規模之大小倘能持以毅力運以實心則其始雖若未易有成其繼卒能持久而不敝此固姊氏之所不及料而其獨力維持艱難困苦以成此會尤非人所能及也然姊氏卒因勞瘁過度以殞其身吾家與姊氏比鄰自東遊海外凡會中之若何規畫均未克目覩及返國後又勞於衣

食奔走不獲里居迄今姊氏逝矣而錫繡之名日益振人之稱吾姊氏者尤嘖嘖不去口撫今思昔追念前事能無悲歟歲甲寅藝三以該會彙編寄京囑序竊願女界諸賢能繼吾姊氏未竟之志俾斯會之範圍日益擴張斯會之成績日益發達則既盡後起者之責而姊氏雖逝九原之下亦深慰焉此則私心所馨祝者已民國三年八月李澂序於京師

吾友華藝三先生暨其配李佩黻夫人創辦錫山繡工會會員達百餘人所製繡品經前清農工商部暨天津實習工場南洋勸業會又義國都闉萬國博覽會之褒獎華先生精繪事製成稿本設色完善夫人按法刺繡既成幾莫辨其爲繡爲繪其技能之精微蓋入於神矣夫人不秘其能勤於指授得其傳者數十人藝皆工妙夫人於民國前一年卒會事失主持之人時共惜之先生今記述會事彙爲斯編付活版排印囑復附識一言復受而讀之其章程既寬以有容不責人所難演說各文言皆精當而李夫人之演說謂除演講習藝而外又必斤斤以道德爲歸又云既可保存國粹又大開生計之門云云其言至爲扼要蓋立於今日女子社會苟不務道德其墮落不知若何然僅僅言道德而不知謀生計則依人生活所謂女子之自立者又安在是會之設既爲女子闢生計之門而益足以保全女子之道德夫人之功在女界洵偉矣抑夫絲繡者吾國美術學最古之流傳也距今三百年前上海顧氏尤嫻斯藝往見所繡大士像洵精美絕倫吾吳稱刺繡爲顧繡即以顧氏之傳云爾今夫

人所提倡其技術之美比之於顧氏當若何復非斯道專家不敢爲其等倫惟擴其成績之所已見則聲譽充乎內國又既馳於域外往吾邑之產品有無錫繭早則於世界產物詞典中今而後無錫繡之名詞定又爲新加入之字兒繭與繡之比較一爲天產品一爲人工品吾國美術業之見重於世界將於無錫繡而益著無錫繡之名詞定彼顧繡之稱當然爲天演之陶汰而爲歷史上過去之名詞矣大凡會事之主持夫人主其內部一切行售等事皆華先生爲之經營俾其流轉無滯今夫人往矣其所學已有傳人不慮其中絕尚希先生爲維持斯會永久之計推擴而廣大之寧惟吾一邑之榮幸抑亦女界生活前途之一大明星也

中華民國三年雙十節同里俞復敬識

序三

華文川

本會實始於前清光緒季年丁酉之春甫一載而入會者已達百人以外爰重訂章程爲推廣計於是月必編講義二次久久遂裒然成集而合邑學校亦遂以刺繡編爲科學風行吳下惟惜頻年多故世變沓來兩載之中先兄與先室相繼物故又値光復遷徙之後向之裒然成帙者幾蕭散不可收拾而此會亦中輟者久之名冊已多不全近因巴拿馬萬國博覽會籌備之事理料陳篋得舊講義一冊計選繡工十則修身十則凡二十篇並演說暨章程各種爰付剞劂氏以爲鴻雪之陳跡也可爲後學之問津也亦無不可竊冀世之有同心者幸捨其文義鑒其誠懇而勿笑其弇陋是則鄙人所跂禱者爾

李夫人事畧

夫人系出隴西李氏名芸清字佩葳爲前清殉節廣東從化知縣謚剛烈李公孫女父鎭衡以難廕歷官湖北竹谿等縣兄弟叔姪皆以道學文藝科第實業重於時年二十三來歸適値先君棄養服闋之後家徒四壁貧無立錐而人口浩繁先母復遭痼疾夫人入門一屛鉛華入庖廚親操井臼有桓少君風謀菽水佐甘旨能得堂上歡治家井井族黨翕然會先母亦故時先兄已服官江右歸葬遂挈全家同往贛寓未逾年嫂及冢媳俱卒夫人遂幷操家政撫育諸姪子女教以鍼黹縫紉等學及先後婚嫁諸事於先兄解組歸田後始析居分爨而兩家敦睦事無大小俱必咨訪而行創設繡工會邑多造就年五十忽以腸疾卒子女凡十三成者六人長(景奭)以醫學畢業日本今創立大同醫院於錫次(蔭薇)以電學畢業於美三(蔭樑)治商業四(蔭相)方肄業中校女二(鑄生)未字孫一孫女三俱幼

李夫人墓表

錢基博

粵在有清之世肇建農工商部惟創制利民用者是顯庸以風勉兆民而吾邑李夫人首與褒焉其褒狀有曰工商兩途相爲表裏獎勵之方自應一體茲有李佩葳者江蘇無錫縣人創辦女子繡工傳習會精製繡品新法改良其褒之一等獎牌牌銀質而金相圓形雙龍紋人皆榮之時光緒三十四年六月初四日也同時得獎者四人曰李韶和趙祿增張應秀王畹香皆繡工傳習會女子也次有天津實業勸工場銀牌之贈明年南洋勸業會褒獎金牌又繼之後以繡工傳習會繡品與賽於比利時白羅賽兒萬國博覽會及意大利都閭萬國博覽會無不得有金牌之褒者於是錫繡盛稱於時不惟國之人知之薄海內外靡不知之矣此豈吾黨二三子所可私以爲一鄉一邑之榮譽者耶曰惟有國之光翳誰之力皆夫人之教也夫人系出隴西李氏諱芸清佩葳其字廣東從化縣知縣謚剛烈諱福培之孫湖北竹谿縣知縣諱鎭衡之子年二十三嫁同邑華君名文川有文藝德行世稱曰藝三先生者也夫人家世貴盛作嬪先生先生家中衰貧無錐土而夫人不驕以約夫人不逮事舅而孝於姑睦敬伯姒而婉順以事先生先生工書畫而夫人善繡先生嘗以書理導之曰刺繡之期於肖像猶作畫之在得神理也必通畫理而刺繡之伎乃工夫人曰然其創繡工傳習會也壹本夫子之訓以爲教日本金原村子與肄業焉或詢東瀛繡品爲歐人稱許者已夙子何舍己田而他芸耶答以一字曰粗是可以覘夫人之教矣夫人年五十卒女二男子子四人長景奭日本醫學士曾任職陸軍第十六師軍醫處處長(博)嘗與爲僚友焉次蔭薇美國電學士蔭樑習商蔭相方肄業中校兄弟濟美華氏蓋日光大以顯矣惟夫人侍先生於困約而不及其顯盛此先生父子所爲愴顧遺迹而涓涓長悲者也於是爲著其行事碣於斯阡以塞其父子之悲而使讀者攷案事實知有徵於文獻而無溢美虛飾之辭云

章程

繡品爲女子實業界中之一部分尤爲賽會場中特色之品前農工商部特設繡工一科近如蘇州湖南等處均先後設有繡工廠皆考究象生精彩耀目吾邑刺繡載

在縣志久推美術顧女界近日畫學不講訛以傳訛遂至劣敗今集同人公立繡工傳習會凡女界中有願入會者無問老幼但品行端正者均得入會共資研究章程詳開於後

一會所　先設南北二處一在北門泰定橋王敬修堂宅內一在南門三下塘華氏延綠閣

一會時　月分二次北定逢朔南定逢望屆期准午後一時至五時止過時不候著臘兩月停會

一會規　屆時各帶繡品由教習評隲講解隨時指授

一會費　凡入會者於首次繳會費一角以後不再收費役逢節隨賞

一職員　本會舉女總會長一人女副會長二人女教習二人女庶務長二人統於開會之日公推

一花樣　由會代畫發給如五寸以上扣畫工費三角一尺者扣畫工費五角自一

尺五寸起至一丈者則按照繡資扣費二成

一徽章　凡進會女子由會送給白銀徽章一枚各綴衣襟以爲入會標識各會長則送給炸金徽章以示區別

一物料　所用綾緞均由會發給至所用絨線則由各人自辦或有不便之處本會亦可代辦惟價須自給

一發售　凡會中所出繡貨由會按照上中下三等定價給資收售

一品格　凡入會諸人須品行端正不得敗壞會章有損名譽更宜和衷共濟違者出會

一報名　凡入會女子須由父兄親戚紹介而入茲定某日始某日止有願入會者均至商會報名書册定期開會

一修改　以上規則如有未盡善之處隨時增減修訂

謹按實業之提倡能振興工廠容積多數之人民者自爲最大之事業然物價之漲

落以及管理之無法同盟之罷工亦最爲喪失資財損害道德之危機此古聖人設教如蠶桑織紝之類必使家喻戶曉隨時隨事有自可以佐食之道而後能教育普及大同此探本經常之要道也本會之設一宗此旨除會場茶水及一二聽使之外悉無浮費亦無須同人醵資撮合即可自成團體凡做工之來按件估值而收受之俾可隨得工資而去由受者另行定價出售集資祇備四五百元已足敷週轉可得餘利一舉兩得並免種種危扣此其成効已著用特公布同人竊願世之留心實業者苟非具大資本創大工廠者但具是心力因事制宜若纖絲若織布若縫紉類是推行實心相守必收後果於無窮也閱者幸勿河漢斯言 文川附注

繡工會女士全體姓氏錄

李佩黻　李韻和　李仔容　張應秀　張明秀　張勤秀　張夢蘭　張梅仙
張譜琴　張亞蓮　王畹香　王玉如　王紫蘭　趙式昭　趙祿增　趙毓敏
華蘊貞　華素誠（節婦）　華若芝　華蓮芬　丁志濬　丁雅貞　許月仙　許金秀
許若芝　秦志明　秦鞠如　秦蕙先　秦玲芳　秦金秀　秦　溧　秦　儉
侯石渠　侯蘿仙　侯蕙良　陳少雲　陳瑞琬　陳瑞雲　陳瑞英　陳明秀
蔡慶雲　蔡端清　蔡才英　鄒若貞　鄒婉貞　薛瑞珍　薛瑞貞　薛　瑛
楊雲秀　楊苑琳　孫少霞　孫映奎　孫映芳　孫同英　孫佩貞
孫　沂　孫　丹　孫　宜　孫起秀　孫　亞　顧韻絮　顧誦芬　顧葆良
陸守默　陸榴仙　吳維坤　吳扶亞　吳文宣　曹春秀　曹淑英　錢彤英
錢秀容　胡汝珍　胡蕙芬　過鳳山　過輝山　强雄培　强雄秀　劉定英
劉秀琴　陶淑貞　陶丕光　俞振豪　鄭景暉　方德貞　龔文琴　戚畹貞
葉粹華　周月貞　蔣義貞　湯秀嶺　唐浩貞　甯寶華　賈鳳隱　徐清芬
范德珪　沈靜如　夏粹芬　祝履貞　竇瑞雲　施韻如

前清農工商部得獎人

李佩黻　李韻和　張應秀　王畹香　趙祿增

天津實習工場得獎人

繡工會團體

南洋第一次勸業會得獎人

李佩黻　張應秀　趙毓芸　陳少雲　許若芝　孫映奎　湯秀嶺　華蘊貞
蔡慶雲　孫少霞　過鳳山　孫映芳　許月仙　張明秀　秦志明　華蘊楨
侯若渠　俞振家　祝履貞　錢彤英

比國萬國博覽會得獎人

繡工會團體

義國都朗萬國博覽會得獎人

繡工會團體

光緒戊申重九開會記　華文川

是日也天朗氣清浮雲無翳野菊含芳風雨乍過白袷被體寒煖適宜時維光緒三

十四載歲次戊申九月九日重陽佳節也會所適承補公學校游藝會後柏葉爲屏格花盈座鈎心鬥智編製富有蓋皆出於學生之手加以繡品之彙陳者明星列錢光照四室璀璨陸離日不暇給如登七寶之臺備極一時之盛綜計入會簽名者五十餘女士餘賓之入座參觀者數亦稱是首由主席報告開會宗旨及本會定章繼則頌辭答辭麗句淸詞鏤金錯翠朗誦方丈聲達戶樞洋洋盈耳濟濟一堂洵女界中從前未有之事爲吾兩邑中一大特舉也予不禁因之有感喟焉謂昔坤教不越閨闈途首髡足箝制綦嚴曰維無才乃德之先雖有智慧使無表見即知吟詠僅付風月遂使文明阻化內國果誰爲虐黑暗至今幸逢聖世命甲忽更浩蕩天恩自由說明千載吐氣女權克伸所望諸士宜益自愛克豐羽翰翔名閫內毋或醜行使人嘵舌維時衆女咸各感泣謂佩斯言毋敢隕越于時來賓之演說者相繼入座皆畢盡其勸勉之詞載視蓮漏已鐘鳴五下新月漸升暮雲四起休鳥歸林人懷倦意遂各散會是爲記

報告一　李佩葳

今日開會的宗旨只因上年之冬商會將諸繡工呈送京師陳列所考得優獎頒給頭等銀牌及商勳懸照方知道改良爲世界第一要旨我們無錫繡工本來出名這因無人考校至不能競爭當世自經此次改良以後大家應明白凡事只在精熟而精熟之要訣無非在切磋研究交換智識如此說來斷不在秘密而在公共所以集合此會期望大家一仝改良一仝發達則後此進步之速當無限量豈非地方絕大之幸福此是今日設會之宗旨

頌詞一　李佩葳

維某年月日爲吾錫山繡工傳習會開會之初竊維婦女之道自以親操井臼主持家政及仰事俯畜講求修身道德爲第一要義但出其緒餘繡工亦女紅之一况世界改良針黹之事尤泰西各國所珍重京師農工商部成立即設繡工一科上年由錫金商會將繡品上於朝蒙給優獎予不才年及始衰眼昏手木不再從事於斯幸隨諸姊妹後猥以改良始創之功渥邀厚賞給以獎憑皆諸姊妹之賜也今日又幸諸位惠臨成茲大會行見切磋研究增進智識與時俱新將爲吾中國女界中一大特色之品必不使外人專美於前竊不禁爲諸姊妹額手稱慶行見大同誇耀絕技專長吳宮王會之圖齊驅古昔薛氏針神之目偏重環球撥厥先機此操左券惟先哲有云靡不有初鮮克有終所希此後在會諸姊妹届期必到各携繡品互觀俾益精良毋或廢輟有厚望焉謹頌

答詞一　蔡慶雲

今日之會爲
李佩葳先生暨諸會長集合傳習之始期伏念上冬佩葳先生將李先生韻和張先生應秀王先生曉香趙先生蘇增諸繡工呈送京師自
佩葳先生以下均得優獎商勳洵希世之榮幸並喜吾錫金女界手工此爲發揚起點豈惟吾邑女界之幸抑亦亞東女界同胞之幸福也且座有日本金原村子先生

復將以斯道輸諸東瀛俾吾邑顧繡之名得重振而恢廓之其焜耀烜赫爲何如耶今届傳習開會復荷
佩葳先生晶以鴻詞實不敢當惟所云始終如一之訓確爲各會友終身圭臬決不敢忘謹答

演說一　華文匯

吾三弟夫婦之創立繡工也先自小妾李氏韻和繼爲張應秀女自是而太定橋王曉香女士等繡工傳觀稱美於是三弟議立南北分會以爲研究之地乃議之久而事未成余乃於延綠閣補公女校之外附設繡工專修科學堂其有在女校學生於放學後願學習一二時者聽其有繡工學生願於女校作旁聽生擇科學內有事與已相近兼習一二時亦聽此繡工學堂附於補公而不隸於補公之原因也學生繡成之貨擇其可觀者專送商會由吾弟品定分別酬以價値其花樣亦悉歸吾弟所畫此學堂不隸於商會而歸宿乃在商會之原因也月之初九日三弟夫婦因補公

游藝之後就其現成補設特開繡工傳習會到者二十餘人此後卽以此間爲會所每月二次此補公附設繡工專修科學堂又爲繡工傳習所之原因也合之則附設學堂乃爲商會及補公之樞紐分之則商會繡工傳習所自有商會之章程繡工專修科則另有繡工學堂之規則商會簡章第一次開會已經宣告今爲第二次開會所有學堂規則自應一一宣布

演說二　秦汝鍠

補公女校另有繡工專修一科學生於放課後兼習兩小時休沐日習三小時資質既魯時間又少毫無進步自愧一無表見日前游藝會諸同學均各有專長余既未許藏拙退聞不得已惟有將所繡畫片出而獻醜敬請列位示以針法俾識遵循竊維刺繡一道本吾國專長徒以不加講求日形腐敗自商會提倡改良將本課繡品呈送京師陳列所奉部頒給獎牌一時推爲錫繡聲譽日著因是來校學繡者日見其多近日東洋女士

金原君每於四句鐘來校習繡風雨無阻詢其東瀛繡品亦所著名何必來學答以一字曰粗然則刺繡爲中國專長苟改良推廣自可壓倒泰西從前廣東繡貨之出洋者歲以二百萬計近則日形減少衹以不知改良之故今吾校本科苟能從此興發精益求精會何廣繡湘繡蘇繡之足云是所望於同學諸君互相導勉庶幾由縣而郡而省以推及環球是亦富國之一道也夫

演說三　仐佩瓛

我等女子古所稱爲三從謂幼從父嫁從夫夫死從子是女子一生專門靠人家喫飯小時在母家情形固不必說及至嫁後丈夫如果出衆自然夫榮妻樂萬一遇人不淑勢必仳離失所無以爲生於是下流者陷爲娼妓爲傭婦爲乞丐其志趣高尚者則因呼籲無門惟有拚塡溝壑不惜一死又或錯亂神經發爲風痴人生悲慘莫過於是從此看來各女子總要自己有本領有了本領自然可進可退不必靠人生活以爲生活所以今日世界女子中有深痛此類隱恨遂多爭自出頭演出種種說

無法非欲令諸女子各自謀其生計而已但其中流弊亦不可枚舉防閑一疏必又生出無限怪劇所以此會之設除演講習藝而外又必斤斤以道德爲歸此爾等所不可不知者近如某女其夫族家世以前本爲富商祇以良人忽有外遇耽於酒色竟至破家家道中落因是家室詬誶人似風顛入會以後來此苦身習藝不半載繡藝大進已爲某校延充教習而去病亦大愈其夫因此感化歸正姑媳和好如初此眞技藝道德之兼全者鄙人爲之無限歡欣爲特布告同會可爲殷鑒須知此項繡工最占美術優勝地位爾等專心學之既可以保存國粹並又大開生計之門蓋工廠女紅祇便下級女子若中人以上之家每因風俗所關不肯入內何如此會之設每月到此除破工夫半日談話一二次外餘仍可照常在家操作一舉數得莫善於此幸諸女子深體此旨廣爲勸導是荷

演說四　趙式昭

我中國女界向有數種習氣今日可分爲兩截說之大都一在未嫁時期一爲已嫁

後事凡關富貴人家之女於幼時則隨着奶媽婢僕日日門口街頭閒着抱抱跑跑無非講些玩耍喫食等等爲騙騙老小之計及至長大則金珠首飾綾羅緞疋處處不厭奢華樣樣必要新式惟恐一經落後惹人恥笑故不惜着意研求除外則皆無所知此其一種情形也其爲中等人家固教他日用起居粗細操作等事然於縫紉刺繡各種學問及各種修身道德之事亦均不加講求漫無知識一經見人則紅着面孔羞縮無狀非頓口不知所措即避匿不肯出頭竊竊自笑一無禮貌至令人目爲癡嬌妮子未見世面大抵如此此自己放棄人格先教人預存一看不起女子之心在其胸中此又一種情形也及其既嫁之後或則上有翁姑當家或則丈夫能幹不愁穿不愁喫於是一無干係逸則淫生遂有麻雀碰碰煙捲抽抽街上蕩蕩笑話講講心上不足尙要上海走走住住客棧坐坐馬車汽車遊遊張園愚園出出風頭做做闊氣看看珠寶買買洋貨上上酒館喫喫大菜蕩蕩台基拉拉皮條飛飛條子叫叫官人弄弄絲弦吹吹短簫姘姘戲子偷偷用人種種醜態般般怪腔却也說不

一說即有一種稍知廉恥不肯胡亂行爲者又或其貌不揚一事無能必處處靠着人家遂至事事受人愚弄傾家蕩產往往而然又有一種嫠婦孀居撫孤守節人家雖亦敬他重他他自己總覺沒情沒趣死不得活不得哭哭啼啼氣氣悶悶聽人家私語幾句話不與他明言便疑心了必定說他看人家做一樁事體不與他商量便說清話輪不到他於是自尋煩惱自加氣悶便有好日子也不會過可稱夢夢懂懂糊糊塗塗眞眞可恨實實可憐我嘗研究此中道理要皆無實在行業維繫其身心又無學問以擴張其胸次故有此各種現象自經此次道破以後便當通盤籌畫總要自己有一個把握守一個定力望列位仔細想想勿以爲我之形容太過須知此亦世上之女子現形記照此推廣演爲事實必成一部女子好小說諸位以爲何如

演說五　李佩紱

昔有人嘲笑我們女子者造一種說話一曰哭二曰潑賴三曰不要活四曰要回娘家其言所以要用哭者自來男人性情雖硬一到女人要哭則自然回過心來百般

依順此第一便宜處其次一至潑賴男人自然束手無策一來恐防出醜二來訴訴說說囉嗦不過三則男不敵女人家總勸男人遷就些可以安安頓頓過去此兩種借便宜處至於尋死作活不要說是老婆卽隨常人家一聞到要死便百般的勸順不要說是理性直的即於事實上有說不過去之處亦總要迴護過來說到個弗差方才停止豈不是便壓倒了男子威風若說到鬭了數句口後回到娘家便可起一般人馬到此來論長說短磕檯拍桌造言生事自然可使人見勢不是頭便將就些了結否則將平日間在男家所交藏的契劵等重要物件挾之以去不怕男人不來求情說項且男人家又有一種特性儘管英雄好漢總離不得婦人女子之手俗語所謂頭髮絲牽老虎如因鬧脾氣回了娘家數日後不怕他不來請罪領歸此種滑稽話頭眞正謔而近虐却也是有情有理難怪他編成口頭笑話來譏誚我們女界但我道此種之順性作爲决非好女子所肯此出是無學問是無器量是無職業者方流入此類習氣畢竟偶一爲此總是被人背後恥笑喪盡人格所計殊左故今日將此笑話成爲演說與諸位談談亦是聞者足戒可以時時提醒勿蹈此惡習爲人家說絕便自有尊重品格之道理

圖畫　華文川

此會既講繡工何以又講圖畫須知刺繡之期於肖像猶毛筆畫之在得神理故未有不通畫理而能神其技於刺繡者如畫一花必先有根然後有幹有葉有花此一定之理由不可紊亂縱有穿插掩映而其前後高下皆有尺寸可以暗合方明畫理今觀以前繡工往往一葉之上忽發一花一花之上又生一葉根苗罔辨幹葉互歧信手漫塗任意鈎勒以至怪象畢現習慣而不明其謬故手技非不工而卉草之眞相全失矣是以本會之傳習繡工第一在能通畫理凡於斷續歧出之間橫縱互生之處此中紋理既不容絲毫錯誤卽如一花之中又須明其蒂之所在卽可審花瓣之所從出再從一瓣之中詳審其曲折偃仰反背折疊種種紋理而後下針自然頭頭是道得其要領若一任隨意斜直惟取塡滿爲主必至雜亂無章何能動目最宜

切戒

模樣

何言模樣模卽模形樣爲式樣未有模樣不好而其手工力能挽回者蓋模樣爲先事手工爲後事手工依模樣以組織非模樣恃手工以製造是以模樣好則手工雖次而奕奕尚具生氣模樣不善則手工雖巧而草草全無神理此一定之情形也今試舉一二以演講之譬諸畫梅一株其花之在前者爲整齊之五瓣其餘卽三不等瓣中瓣現全部旁二瓣各現四分之三凡畫枝葉皆然故凡屬正面者或尖或圓或長或短或如鋸齒或如品字式悉現全體其他旁面者則作扁形倒折者作半形斜折者作三角形皆有一定分寸可於暇時取庭中卉本靜觀默證以資參考總之不外直視平面式與直視側面式二語足以括之此尤爲探源之論若不此講求或畫鼠而變犬或寫鶴而成雞或動物之四足毗連或植物之葉脚缺柄在作者初非不依樣葫蘆鈎摹撫仿而輾轉相傳漫不經意遂多訛以生訛致成種種怪象故欲求

繡工之精美尤在研求模樣之吻合否則采色縱亦陸離而儀表全失眞相正如形體雖存而面目全非成何品類幸各講求模樣切勿漠視致貽話柄

配色

書云以五采彰施於五色此爲中國畫學之祖而設色之道本焉已蓋凡天下之物有一形即有一影即其影以圖其形必於其精神色澤無不一一曲肖而後其畫乃傳然欲其精神色澤無不一一曲肖是非於設色之事研究不爲功即如植物類之花木一種凡其形體固宜鈎摹不紊而顏色配搭漫不措意亦必盡失其眞如街坊之賣春燈者但取紅綠色紙任意粘糊非不花簇生動使童豎注意而不知事不求其所以然則形神俱失士大夫方見而唾之奚能使物之靈奇震人心目即如以前繡工若挽袖若袋片若枕頂帳顏之類非不光怪陸離而究之物理俱失即無不見而唾之此皆不知講求畫學之故今如果能設法改良無論其爲花卉山水人物飛禽走獸草蟲之類苟能研求其天然之色澤博考標本默運神工以施之針繡自然

錫山繡工會記述彙編　十一

光彩耀目人人喜而爭購則此品物有不傳誦一時聲施中外者耶惟同一設色而其中又有雅俗之分此尤自有學問

章法

天下古今之事事物物無不有一定之章法譬如人身五官四肢皆各有不易之部位有失其常度者非殘廢即怪物此固夫人而知之即於事物也皆然然則畫雖小道而章法亦不可不講試即所繡畫片而論其中之高低參差縱橫掩映繁簡濃淡莫不有一定之理想太多則失之煩太少則失之略太齊則失之板太雜則失之亂苟不詳審其形勢默揣其結搆斟酌其配搭明辨其向背權衡其遠邇其結局固必無佳處而又不參酌古來名稿以及目前天然標本則其所出品物必俗必蠢必笨必滯無一毫風雅氣息必不足以成物也可知今古一道其入手之方第一層功夫在審其大體第二層功夫在明其疏密第三層功夫在明其高下第四層功夫在相其陰陽能明乎此自然順理成章爲一佳搆不明乎此即雜亂無章莫不厭棄甚矣

章法之於繪事蓋可以忽乎哉諸子試從我所出稿本默運神會自可知其得失之所在矣而不然者決爲凡手

運針

運針之法同於運筆故用筆有大筆小筆點筆接筆直筆橫筆之異而運針亦有長針短針點針插針接針跳針之別大抵長短針宜於挑繡點針宜於油畫繡跳針宜於切花接針宜於綫花而擘絨最宜插針用十四號最細苗針將絨綫擘得極細層層互插遞加而上則用色深淡自易融和而亦永無浮撬起毛等弊第納工必多非沈靜縝密之人不克精長近見諸繡工所陳成績類於花葉莖幹上現出無數小孔否則長針徑施全失姿態韻致全無貪圖容易完工不加思索不知用針之有由來也故今者略舉運針大概與諸子研究而熟思之謂予不信盍即觀張應秀女士所繡成績其於此中三昧探驪最早允即當視以爲法

光綫

錫山繡工會記述彙編　十二

按光綫之說近日新世界中最爲切要之問題即繡工何莫不然大抵此種學理在前人固未嘗明白昭示然歷來畫家所謂陰陽向背烘染鈎勒種種學說即光綫之理在其中矣若畫山水其濃皴處爲陰面即不皴處爲陽面陽面所在無非光綫所在能明乎此自覺層層分明若畫樹枝其向陽處用淺絳色背陰處用深黑色即可知陽面方有光綫陰面便無光綫自然杈枒互發面面俱圓又如畫夜月先於圈外用黝色渲染則其圈內自烘托潔白而光綫生矣如畫瀑布先於兩邊用深墨鈎勒則其中自顯然呈露而光綫出矣凡如此類即可會悟繡工之理如花瓣之上宜用淺色即於花瓣之底必加深色而光綫自在花瓣上頭一葉之中其梢頭略施淺色即於葉片根頭必加深色而光綫自在葉片上面苟能推此用意悉心講求自然玲瓏巧妙無不精采奕奕反此者必板滯一無靈光何能動人心目故言繡工其妙諦乃在光綫上研究精理

粗細

全球中大者爲山川小者爲涓埃一植物中大者爲枝幹小者爲根核皆各有一定體質卽宜審其體類以爲設施如繡山石樹枝以及飛走毛羽之類卽用綫不嫌其粗蓋惟粗方渾方圓方起色光以顯其條紋至繡花葉人物各類卽宜默揣其老嫩反正濃淡深淺在滅盡針綫跡而後光滑勻薄以臻細密此中有交錯之功用能知乎此而後不至板滯可免生動卽在用針一方面並有取巧鬆動之妙用在慧心人自能領略今看此次所列各繡工均未見各盡精義於所繡枝幹紋理既欠諦當顏色亦未淡合其弊雖病諸粗而失尚小如所繡花葉皆非用極細末號之針及擘至細之絨其弊亦失於粗類如市上所售男工繡件一覽無餘毫無韻致蓋徒取其容易見功非繡工之進步也爰取粗細之說以與諸子共研究之

厚薄

前之言繡工者莫不以薄爲貴矣蓋薄則細緻而厚則粗陋夫人而知之也而予謂此中有宜研究者天地萬物之無陰陽凹凸卽無以明其光綫發其精神此一定之

理由卽於圖畫也亦然非烘托不明向背非濃淡不分遠近如畫人物凡於頭項耳目鼻口衣折等處非渲染不能得其神采如畫風雲雪月晴雨等景非渲染不能得其肖像若僅僅以薄爲貴勢必一覽無餘全失精采那能動人回盼故薄而弱不如其粗而渾近見東洋運入繡件信而觀之其針綫之疏懈惡劣不可名狀迨一經遠看而自奕奕有神卽是可知厚薄之有分矣然則予之所云厚薄者固不當求之於形迹之間而宜於設色中加講求卽前之所謂烘染是也而工仍以薄爲貴必使人可遠觀亦可近觀而後其物乃可寶貴此女子繡工之優於男工中國繡工之長於洋工世之言繡工者盍卽予言以審詳之

雅俗

自世間萬事萬業之既各從其類以自樹立卽各有其貴賤美惡妍媸好惡之不同此固人性使然也卽如人類以觀其溫文而巧佶者莫不注目共視樂與近接其卑汚而醜穢者無不遠瞬卻步引避非遑是可以見物理之所在矣况於圖畫繡工尤

天地間靈秀所鍾之地其所注目以集觀者皆當代偉人君子之所珍藏其所位置以陳列者非尋常窮簷茨陋之所得有而若者縱饒名家若者不脫市井一品評而月旦之天下傳爲美談千載留爲佳話此其雅俗之間蓋可以忽乎哉而其所以能脫乎俗以馴至於雅者尤在乎日間能瀏覽古今大家傑作以求其局勢用筆氣息之所在使其胸中時時醞釀餘味又於其所師事友事之人皆不失爲名儒之士以薰陶善良而後其所脫腕之作自是不同凡響圖畫有是繡工爲圖畫之所從出殊塗同源無一致也故合而論之分而求之可爾

精神

凡事凡物皆必求其有精神而有光彩之煥發者而後其事其物乃始足以矜貴於天下如當清曉之初宿雨方霽林霧未散忽見有一輪旭日發見於東方之表時則雲霞騰采卉木披新而天地之精神爲之一振又如新秋之至溽暑初退清風徐來忽更有圓滿皓月照耀乎無窮之空時則庭園當靜枕席含涼而肢體之精神爲之

一起此其元氣在使動人於不自覺察而一境之當前自足以振人齊瞻引起其種種觀念夫不在精采之作用乎是可悟繡工一技當求之於花樣之翻新針刺之縝密配合之活潑位置之得宜但使一物到前有足以使人注意覺爲之神移目眩愛不釋手方得深造乎美術之室苟猶是蹈常習故一成不易恐其技雖精匪惟價值不足以期增進而并葑下體人將有退棄之思物之不競天演隨之矣

妝飾

近日女界中情形與前十年迥不相同前此婦女纏足深藏羞見賓客近則放足自由動輒親自上街在老前輩見此不免詫爲怪象謂敗壞風俗莫此爲甚不知禮經有云道路男子由右女子由左又云夜行以燭無燭則止可見古時女子未嘗不出門行走但禮法宜自防閑舉止不容鹵莽詩不云乎豈不夙夜謂行多露正女子之周密自處也故此會之開月必往還數次中人之家那能處處舟輿則所以自治之道不能不亟講求矣我今先說妝飾一端女訓有云持身端正梳妝淡雅姑卽此語

一解釋之所云梳妝淡雅者梳是梳頭妝是妝飾淡雅者取其淡淡着意而自雅致方是大家風範昔呂近溪先生女小兒語中所謂婦女妝束淸修雅淡只在賢德不在打扮又云不良之婦穿金戴銀不如賢女荊釵布裙此兩語可以參證近來時下一班女子搽粉則兩顋紅如夜華名曰晚霞妝兩眉則濃抹倒豎兩端硬起折角正是一般殺氣陰柔之德何取乎此又如鞋履衣帶皆有常度而獨喜沾一種時習可厭孰甚而彼方以爲美觀栩栩自得於是陌頭行走無業浪子跟前跟後口中不乾不淨惹出無限是非此皆妝飾不慎爲之厲階故端重婦女必首以服飾樸素爲主昔唐人詩云美服患人指言婉而諷意味深長最足深玩願同諸女士三復斯言

品行

世之臧否人材者必首言品行之何若何言品曰品格何言行曰德行品何以言格如物之美者曰佳品精品良品能品神品逸品其不善者則曰下品劣品賤品謬品品有分斯有格矣至德行之稱德者得也有得於心之謂德其所行者而能有得於

心得不謂之德行故世之頌男子者必懸一格以例人而方之於曰聖曰賢曰忠曰信曰善人曰義士其於女子也亦然而不聞世之所歸美者如所云貞孝節烈固爲大端德言容功亦皆當務而奈之何不求名譽之所在以重其品行爲首先之務且女子之善否其有關乎一家之盛衰責望每重於男子男子居於外外言不入於內女子居於內內言不出乎外則一家之中其日所常暱者尊而若姑嫜平等而若妯娌相交一不慎而蕭牆卽起於家庭其病根厥在於無品無行知此者但能於其職分之所當爲者而各顧名思義以及其格卽姑無不慈婦無不孝女無不淑妯娌無不和昔人云家和萬事興此亦一定之理須知繡工爲手技而品行尤爲立身之本其各於女紅餘暇研究而體行之至爲厚盼

局量

昔孔子云管仲之器小哉蓋言其局量褊淺不足以成王業可見人之器局度量於一生之事業及畢世之福命所關遠稽往古之流傳近徵吾身之親見前鑒俱在不爽毫釐語云泰山不讓土壤故能成其高河海不擇細流故能成其大是泰山之所以高以泰山之有容量也河海之所以大以河海之有容量也故凡事凡物必有容量而後能高能大男女同體其理一致如詩之樛木小星等篇皆歸美后妃之恩能逮下此種局量固不待言試看世界上之有福女人無論大小貧富苟其氣局正大斷無不享夫榮子福之理亦萬無卑陋狹隘之人得邀非常之際遇者有之亦必另有缺陷之處此中原因不必於果報上求請試一言其理想自能令人人通曉而覺其切近可味譬如見一可寶可貴之物我所喜歡者人家亦必如我我如據爲獨得人家豈肯甘休始則隱忍不言繼則形諸顏色終且見諸口角而戾氣亦卽隨之矣反是思之苟先能自已作退一步想便安之若素不與人妄爭人反轉自惶愧何至反唇相稽漫加橫逆於是你好我好聲望因此而起間言因此而消設有意外不測之事人自無不奔走相救互爲盡力人苟得此亦復何求足見做人之道總要有含容不可出口傷人總須存敦厚不可輕舉妄動凡浮言散語一概不聽卽此已省無

限氣惱能體乎此卽凡天下女子之爲母爲姑爲婦爲女爲尊長爲妯娌爲妻妾爲僕婢者無不思過半矣

志趣

何爲志凡人之立身必思一个不可移易之操守卽是志何爲趣趣卽趨向之趨我既決定向那一條路走卽專心致志一望前走然後可以到那極至盡之地位是可謂之志趣譬如有朋友四人約明某日同至惠山頂上一探勝景及至上了路一個同到西門口忽地想着要改道北門另有謀幹不願前去卽自走了一段路亦所不惜一個既到惠山脚下忽聽人說惠山頂上極高不易到的不如改向錫山同一登山遊玩便數步卽到亦至極巔那人因其言之有理竟情願不至惠山是四人中已走了兩個於是所餘兩人約明我爾意同道合期在必至惠山之頂那知行到半山竟因氣喘脚軟戰慄不能前行只得半途中止廢然而返惟那一個發憤前進的私忖我既認定此宗旨一言既出決不翻悔無論世界上如何來勸我騙我及如何困

難如何疲軟但覺初念如果一經惑動便似天地雖大竟無立身之區神明雖虛竟有監察之象於是一頭走一頭想不知不覺竟已到那山頂上了此方可謂有志者事竟成也然則此四個人中第一個念頭最活所以一無成就第二個是安於小就的第三個是有心無力第四個方是有毅力的人所以竟能達其目的即此而論可見古來頂天立地有大作爲之人無不從立定志向做起繡工之事雖一小道如無專致之心卻亦不能成立如果一念高興不旋踵而又丟去否則今日做兩針明日做三針不當事體幹亦萬無成功之日也我願各位其以斯言仔細想之

交際

交際之説古者盡屬之於男子殊不知女子職中亦不可廢禮云男教乎外女教乎內君執盎夫人薦豆古者相見有見其小君之禮可見交際之事且不獨女子之與女子即女子與男子亦自有相見之道但防閑不可不密禮教不可不明此爲一定之要領也大抵未嫁之時其交際則以家庭中之孝敬敦睦爲先既嫁之後則又有

承事舅姑尊長以及妯娌子姪之間無乎不有交際之道得之則順不得則戾得之則安不得則殆此尤不在境遇之豐嗇貧富而經畫調劑之分寸却萬不可稍有疏略總之堅僻不可混雜亦不可潑悍不可庸愚亦不可狎暱不可冷淡亦不可惟於和藹溫柔中而又有嚴氣正性之方則自得其大體如見人之醜陋殘疾勿匿笑之聞人之有隱情不可告人之端毋自我而先發之遇人之有災禍當相恤問而勿漠視因人之有利益切勿疾視而生忌心於是情文相生自得禮法之中否則內政不修而外侮且因之以入家道之敗即基乎此此不可漫無主見者欲求所以自治之方厥惟覓古人禮法之書並默參故老經驗之實訓以研究而商榷之則隨在自得其眞奧若但如外人之遊戲徵逐以及跳舞雜遝之舉動而以爲交際之道在是未免以歧視而流弊將不可勝言也吾甚危之汝其戒之

運動

天地一日不運動而四時不行百物不生必無以成其歲功也人身一日不運動而五官不職四體不仁必無以受其生氣也即可知世界萬彙大而朝廷國家小而一事一物無或可廢其運動故運動而善則百物咸順名譽以彰運動而不善則羣情咸拂而違言以起然則猶是運動而何以有善有不善曰是不外明理以審機平情以待物而已理何以明在多淑古人之嘉言懿行而證以目見耳聞之事一觀其成敗所在則萬事皆有比例而兩眼自若觀火塵障爲之一空情何以平曰惟强恕而行凡施之於我所不欲之事我即不欲以此加諸人語云誠能動物又云不誠無物可見人果能以誠待人人之欲善誰不如我必謂其人有難以理喩者無是理也世之運動家夫果能秉此以爲則吾知以施夫我之所尊之人所長之人所與我平等以下之人固無乎其不相宜者即以爲女中之聖不難至其以運動爲健身之說者此體育家之言以運動爲進身之階者此奔競家之言是各有其專家吾無譏焉

服從

自男女平權之說風行於天下而一倡百和舉國若狂遂若闢千古未有之政教兆

萬世無疆之福利者非此則平治之道終不得其要領嗚呼是誠不讀書者有以貽誤天下也易曰女正位乎內男正位乎外男女正天下之大義也禮云共牢而食合巹而醑所以合體同尊卑以親之也釋名夫妻匹敵之義也是所謂平權之說固不自今始夫何所用其大聲疾呼而好爲異說以滋種種之流弊若所謂女子參政權女子敢死隊女子鉄血團時尙風馳羣雌擾攘一似兵氣必揚於女戎虎威方震於閫外究之害盡世界無數伶俐女子或則因以喪身或則爲之破家靜言思之殊堪浩歎不知一夫一婦配合之常男以治外女以治內室家以正此千古不易之道其所以至於乖謬反常仳離失所者特教育不行之過不當徒以嬌弱之柔體爲虛矯之妄爭敗常亂俗莫此爲甚須知爲女子者苟能潛心實學講求婦工則自然家無凉德世日以昌其理然其勢然也故予於今日習藝之下諄勸諸子仍以服從爲柔德主義彙苑曰夫扶也以道扶接者也婦服也以禮屈服也是所謂服從者非奴婢之謂也一倡一隨而後得乎合體之正古訓昭彰幸三思之

職業

閒嘗瀏覽古史曠觀環球竊以爲天下之最苦而不自由者莫女子若姑無論其爲妓爲妾爲婢僕同此父母清白遺體而必使之塗脂敷粉倚門賣笑以爲世所弄爲人所侮於所不悅己者而必强顏以求人歡靦顏以冀人容否則鞭撻隨之否則頤氣使之私念人生天地間即一草一木猶許自植曾是人而犬彘之不若是誠千載憾事有固然矣即猶是尋常閨闥往往於出嫁之後不幸而遇人不淑家道中衰困守窮簷仳離失所宗族親戚競走弗顧典貸無門饔飧莫助椎心含淚伊誰之咎曰無職業以至於是可見世界之於技能之事正不獨男子爲然即女子亦何莫不然請即觀夫此會成立之後凡同儕之能以繡工見長者詎不隨其技之高下以受餉於當世之指求苟自此以精熟之安在不足以爲世榮而消受其獨立之利權幸各摯守斯語而毋荒嬉毋驕惰以自寶其至可貴之光陰俾所業之克流傳於當世何不可者若世所云女子無才便是德此文短之言最爲世病望力闢之嗚呼人第自

思我之此身其爲求人之人抑爲人求之人求人者下於人爲人求者上於人人而欲上於人非職業其誰與歸

恒德

大凡人類之異於畜類者以其有智慧也有智慧斯有競爭有競爭斯有精神是固然矣然惟有智慧而其五官必極靈動不能無見異思遷之慮亦惟有競爭而於萬事不肯落後不免有進鋭退速之虞此亦古今人之通病也先聖不云乎人而無恒不可以作巫醫可見無恒之人巫醫皆不可爲非巫醫而何莫不然蓋凡作一事必有一事之眞諦苟欲窮其源以造乎其極或必曲折以赴之積累以求之斷非可以一蹴而即至者是宜澄懷滌慮循序漸進不因取徑之難而生悔心不爲躐等之求而生倖心夫而後魔障驅而眞相見糟粕去而精神出以馴至於豁然貫通之後而自千紅萬紫觸處皆春所至無不從心所在無非樂境其技亦庶乎精矣此豈半途中輟之人所能夢見哉昔列子有云太行王屋二山方七百里北山愚公者年九十面山而居懲出入之迂也聚室而謀平之遂率子孫叩石墾壤運於渤海之尾河曲智叟笑而止之曰甚矣子之不慧以殘年餘力曾不能毀山之一毛其如土石何公曰我死有子存焉子又生孫孫又生子子子孫孫無窮匱也而山不加增何苦而不平山神聞之以告於帝帝感其誠命夸娥氏二子負山一厝朔東一厝雍南其言雖荒唐而理有固然語云精誠之至金石爲開蓋有由也

專修

孟子曰弈秋齊國之善弈者也使弈秋誨二人弈其一人專心致志一人雖聽之一心以爲有鴻鵠將至雖與之俱學弗若之矣然則弈雖小數猶必心無二用況非弈之爲弈而顧欲兼營並進之其可乎哉近見諸女生於繡工之外又好爲編結之物夫於崦嵫餘晷夕陽已下篝燈未明之時苟集二三家人或一二同志藉話寒暄手不輟業爲此消遣之計昔大禹陶侃猶惜分寸之陰固亦無害且不失爲有益之事若捨而他求以有用光陰而亦專以習之則宜熟權損益毋好旁騖以荒正業且毛

線洋絨雖喜其輕煖悅目而製作原料皆非本邦所出徒耗黃白以供外人尾閭之洩夫何爲者凡吾同儕其熟思之

跋一

華蔭椒

婦工居四德之一而工之所包者廣繡工又女紅中之一端耳然攷邑志顧繡一事亦著名疇昔可見錫繡之名不自今始所以矜貴於世界者久矣所惜香閨淑媛於圖畫之學久弗講而刺繡之藝亦少衰予家自祖考以下世以繪事相傳授予父與吾叔亦皆以能畫稱於時叔母李之來歸予叔也尤以能繡專美二者得兼而繡藝有不日彰者乎蔭椒以爲尤有難者能不以己之所長秘之私爲己有而於世衰道微之日特提倡設立繡工會傳習當世此與補公女校之設一以啓後進一以誘成材其用意至深遠而公普也而胡天不假年不獲大展厥志此蔭椒今日所以爲之扼腕長太息者也雖然予父往矣予叔母亦相繼故矣而殘編故紙猶得憑吾叔收拾其餘以餉遺後之來者此尤不幸之幸也至蔭椒私衷尤竊痛往事遭家不造憶

自先室暨予母於一年中先後棄養之時向非叔母主持中饋教育諸弟妹兒女延
續其間幾之遑暇卵翼圖存故於是編之成益不能不附誌數語而爲之泣然民國
三年甲寅仲夏陸椒謹跋

跋二　華景頌

吾家世承清德累葉相傳無男女大小莫不一以職業爲務而紈袴冶游之習無聞
焉溯自曾王父味根公諱雲陛雖以知縣官閩歷任大缺然家風樸素毀無溢產曾
王母仍以紡織卒下王大父思蓉公諱鏡宇歷遊諸鉅公幕以筆耕度日泊如也中
間洪楊之亂全室避粵家被燬洎歸難見先伯父海初公諱文匯畢於鄉不二載亦
棄養時王大母遘隱疾家徒壁立先伯謂吾父曰予不能不出謀斗升之需爾盍留
養爲兩全計予父曰固所願也時中饋無人遂迎吾母來歸佐吾父適館授徒聊資
甘旨終大母年克以菽水承歡者賴吾母之克盡婦職也於時先伯已任官江西知
吾母賢迨丁大母憂歸營窀穸畢即邀吾父母同赴贛省會世母暨家嫂顧均卒內

政皆吾母理料之操作內外兼授諸女昆鍼黹之事伯氏熊母李初未教育後得以
刺繡名於時者皆吾母教之也歲庚子先伯歸田又謂吾父曰地方興學予能任之
商務爾任之若女子之知舊學而不知研究以改良者爾婦盍提倡以任之吾母曰
諾遂組織錫山繡工會以成立其明年吾父取諸成績暨章程彙送前清政府攷校
時李韻和趙薇增張應秀王畹香均得上攷給憑優獎後如天津賓習工場及南洋
勸業會與比義等國賽會於本會出品均無不得獎名著寰球凡同會之以個人著
品得獎者不在此列是本會之發起惟先伯與吾父而成之者非吾母而誰抑吾尤
有不能已於言者幼時每見吾母於手紅之暇必口手外祖李船湘先生所刻教女
遺規一編導諸子婦以及戚黨孜孜弗倦始莫名用意之所在及今而知本會之於
繡工必兼及道德之學其用意有深焉者嗚呼吾母賢德固不獨施於一家而一邑
女子之甄陶於吾母者爲其有極因憶己庚兩年之交先伯與吾母均相繼見背景
頌碌碌及今雖以醫學自東瀛畢業歸仍不敢荒嬉無度然猶一事無成其何以對

先人於地下茲當繡工會記述彙編告成之日中分繡工修身上下二篇追維曩事
情何能已爰不禁含淚濡墨載書其略於篇後有如此云民國三年甲寅華景頌謹
書

跋三　華蔭薇

蔭薇距母歿之逾年而民國光復即奉部咨赴美實習電機歷二載有奇行將歸矣
閱家書知是編之將付剞劂竊不禁因之重有感焉按西俗女子無一人不知學亦
無一人無職業良然惟其淫風流行凡蕩檢踰閑之事亦恬不爲怪竊以爲中國女
學自當師其所長而勿效其所短今觀是編大旨在勵實業而敦品行意良深焉所
惜歸而欲一道所歷之西土風俗而吾世父與吾先母均不及聞悟悵依舊而風木
銜悲嗚呼傷矣民國三年三月華蔭薇謹跋於美洲紐約斯考機納旅次

跋四　華蔭梁

世風之日趨於虛僑也病無職業世道之日淪於苟且也苦無教育今中國生民芸

芸四萬萬神洲赤縣莽莽千七百生殖不可謂不繁幅員不可謂不廣其如日慕文
明徒增荒誕時號共和祇自戕賊此無他無職業以資生養即不得不崇尚虛僑俾
混借其詐欺之術無教育以維道德即不得不從事苟且俾稍紓其眉睫之危嗚呼
此千百年來中國之積病知其病而不知改弦易轍中國之所以日孱弱而不振也
蔭梁幼不學少文然尚憶少隨先伯考宦吉水任時習聞與吾父嘗相謂曰宦萬不
可爲後之子孫當遂令其從事實學故吾父一棄舊時科舉之學命兄景頌習醫命蔭薇
習電命蔭梁習商季弟蔭相尚幼肄業中學未暇及科第問其志則曰願農雖未知能否
踐言而其不欲蹈虛僑之行爲固同一之宗旨也蔭梁又憶先母存日必口手教女
遺規時勗家人並旁及縫紉刺繡諸事謂即不紡織此不可廢因事利導族黨翕然
亦竟以此風動全邑此繡工會之所以成立不期月而成效大著也今距先母之歿
匆匆已閱四載會觀是集之成撫梧悵而誌感恨抱終天幸斯文之在茲式昭遺訓
蔭梁惟有始終謹守是編奉爲身教並望同會之諸有志者其永永繼續相守而勿

失也則尤爲跂盼云爾時民國三年五月陸樸甫自日本遊歷歸謹秉筆以誌之

錫山荒政存稿

（清）韓履寵 撰

《錫山荒政存稿》不分卷，（清）韓履寵撰，清嘉慶木刻本。

韓履寵，字芸圃，固城人，清嘉慶十二年至二十年任無錫知縣。嘉慶十九年（一八一四），江、浙兩省發生嚴重旱災。無錫地區受災嚴重。兩江總督上奏皇帝後，只是減免了當年的税賦，並未下撥救災款項。面對災情，無錫知縣韓履寵仔細籌劃，全面考慮，對社會安定、災後生産都作了縝密的安排。在朝廷未下撥款項的情况下，他募捐白銀十一萬九千餘兩，不但使災民順利地度過了飢饉的日子，還獲得了恢復後續生産的必要資助。善款除用於救災之外，還有相當羡餘。又上報朝廷獲得批准後，用這筆款項修建了縣境内交通要道及橋梁。韓履寵整個救災辦賑過程中所寫的各種公文都由書吏録副保存，這就是我們今天看到的這本《錫山荒政存稿》。全書由發給不同對象的各種文告，如『示』、『票』、『諭』、『稟』、『詳』等組成。按賑災順序排列，使人們看到一個完整的救災工程。一方面，動用專制政權的威力，迫使富户捐錢，但並不攤派，而是讓他們量力而行，而且作爲知縣，自己帶頭先捐一千兩銀子；另一方面，對捐來的善款，不許衙役胥吏沾手，派地方可靠之人管理，杜絶了封建衙役中飽災款的陋政。知縣親自查賬，核對善款去向，甚至下鄉問到具體的受賑人。在整個過程中，知縣很有創意，注意每個環節手續齊全。本書即是整個救災過程的全記録。他的救災方案不但在古代取得了極好的效果，對我們今天的救災也有很好的啓發。正如韓的學生李逢辰在序言中説的：『第數十年後，木飢水毁，容或有之，補救者人不必今日之人，法必不易今日之法，此稿存可救一時之民，即可救後世之民，欲不付梓而不可得也。』指出了本書的現實意義。中國封建社會的史籍雖很豐富，但地方縣衙文書公文能保存下來的不多，像這樣能完整地保存整個賑政的文書更爲罕見。

本書據清嘉慶刻本影印。

（徐志鈞）

序

昔吕新吾先生著實政錄於生平所莅之土所行之政革弊興利犂然備舉余觀其章奏及詳移文牒皆切實可見之行事而非徒託空言者至於辨土宜講水利有轉瘠薄為肥饒歷水旱而無害深得古聖賢之灋隨時地而變通之然亦惟因民之利實心實力為之而非有矜奇炫異於其間也嘉慶甲戌江浙病旱而毗陵一帶地勢高仰旱甚於浙大府

錫山荒政存稿序　一

入告得
旨蠲賑而未得例賑以前有迫不及待者既給例賑以後復有虞其不繼者則非捐賑無以通變而濟其窮余同年韓君芸圃方令無錫勘災浚河不辭勞瘁統計飢民不下二十萬心甚憂之乃亟倡捐并勸邑紳富民力捐得銀十一萬九千餘兩較乾隆五十年大旱蠲賑之數且十倍之舉邑中老成董其事不假手吏胥故賑無冒濫民賴以安乙亥春余主講

東林劉太史嗣綰方家居數來書院述之而芸圃猶詣鄉驗賑日無寧晷蓋至四月麥收始竣云夫近世郡縣屢言蠲賑矣然非以身先之則捐必不多非以身勞之則蠹胥奸民皆得侵蝕捐亦無裨實濟求治如芸圃不有當於夫子所謂先之勞之者乎吾更願其進於無倦也蓋天下之不可無賢縣令與不可無賢宰相等前辛酉歲畿輔大水民多流亡時余方下第留京應直督聘赴保陽不久督

錫山荒政存稿序　二

將引病去復回京謁朱文正公公問飢民狀余以實告公曰制府盍不請展賑余曰制府以數得請不敢瀆將以病去公即勃然曰豈有為人哺嬰兒中道棄之者乎吾當入告
皇上必不吝展賑也次日閱閣抄已得
特旨直隸被災各府均予展賑一月吾以是頌我
皇上之仁而非文正一言幾壅於
上聞也故曰天下之衆生係於宰相一邑之衆生係於縣令然宰相之見聞必始於縣治則宰相之

特恩權重而縣令之任專今芸圃已邀
加知州銜將由此遷擢以一邑之治擴之省郡
以省郡之治擴之天下不難矣是錄也蓋法新
吾先生之意勸天下之為吏者而非以自儛也
余為序之亦欲廣一邑之治於天下而非有私
於芸圃也年愚弟吳興凌鳴喈書於東林書院
之時雨齋

甲戌冬辰以庶常乞假回籍謁　芸圃師時　師方
勸賑孔殷不遑寧處既而按戶給錢設厰煮粥實心
展布民慶更生大江以南聲名籍甚　上憲據實
奏
特旨加知州銜辰幸出　大賢門下與有光榮然荒政之
善未親見也後以　師門伊邇屢至署中同年侯葉
唐亦設帳在署相叙甚歡見其案頭有星齋世兄手
錄荒政存稿一帙取竟讀之辨賑情形歷歷如畫並
知賑前平糶賑後建橋仁政遠謨可師可法因問曰
付剞劂乎葉唐曰所刻捐賑錄此並未列也且　師
意不欲自炫如何余曰濟人之功賢者不敢居濟人
之政賢者不必諱也方今
聖德覃敷豐年屢告自不至歎歲重逢第數十年後木飢
水毀容或有之補救者人不必今日之人法必不易
今日之法此稿存可救一時之民即可救後世之民
欲不付梓而不可得也因再三請於　師而卒允所
請辰不揣固陋爰弁數語於簡端以誌喜云時丙子
秋日受業吳門李逢辰謹識

錫山荒政存稿

一嚴禁囤戶示

爲嚴禁囤戶擡價漁利病民事照得本邑連年豊稔本年二麥亦屬有收惟交夏至後雨澤稀少本縣現在設壇率屬虔誠步禱查米糧攸關民食現當農民車戽栽插之時市間糧價驟長自係奸牙囤戶閉糴居奇擡價漁利除嚴密查訪外合行出示諭糴爲此示仰闔邑牙行商販人等知悉速將存積米糧乘時公平出糶以濟民食倘因現值亢旱囤積居奇或串

同販賣出境希圖漁利致妨農食一經察訪得實或被首告定卽發封委員押糶並照例究辦倘有地方棍徒藉端滋事亦許指名稟

縣以憑立拏嚴究各宜稟遵毋違特示 六月初三日

一勸殷富平糶示

爲勸諭平糶以濟民食事照得米糧攸關民食價值原聽仿照各路隨時增減但不容囤積擡價漁利病民本境遞年豊稔上冬糧價摺報上米僅二兩五六七八錢不等本年二麥豊收米價逐漸加增然四月以前仍不過三兩而止雖自立夏以後雨澤稀少糧價亦不應驟增至一兩有餘乃現在訪查市間賣價每米一石竟賣至制錢四千五六百文深堪駭異總由囤戶奸牙見天時亢旱農田栽插未全妄冀閉糴居奇而買食窮民何堪受此苛勒除出示諭糴並察訪究辦外本縣念切民依體察輿情深爲憫惻凡我殷紳家有餘米目擊桑梓窮民窘迫情形自無不羣相憐憫不惜分餘粒以減價平糶共成義舉且現在市間米價過昂亦祇因運河水淺江廣商販船隻難

行一得大雨商販可通各路米糧必至糧價必減傳聞兩湖江西各省雨水透足秋收較早販米來南者甚多在各殷富等不過暫行減糶而貧民受惠無窮合行出示勸諭爲此示仰青上等區各啚殷富人等知悉速將家存餘米各自酌定糶價親身經理在本啚零星平糶若能多糶兼濟鄰啚更屬好義堪嘉卽使外路米價再增總以桑梓爲重不必計較錙銖若得有透雨市間價平應卽再行酌減倘有錢無米亦應買米平糶切勿囤積吝嗇致粟紅貫朽而貧佃苦

農不得絲毫惠濟也如有地方無賴棍徒藉端滋事許卽指名禀究决不寬貸各宜遵照毋違特示六月初五日

一發印簿勸諭平糶票

仰青上等區傳差卽將發來勸糶餘米印簿並本縣名帖發交各該總遵照簿開各紳富餘米之家勸令量減出糶以裕民食毋得刻延干咎火速六月二十七日

一勸諭平糶印簿式

爲遵札勸糶事案奉各憲札飭屆此雨澤愆期現在米價昂貴貧民糴食

艱難勸諭殷紳富戶將餘米減價平糶以濟窮黎以平市價等因除經示勸外合再發簿勸糶爲此簿仰該啚地總卽賫本縣名帖立卽致勸各紳衿富戶凡有餘米之家量減價值源源出糶以裕民食將願糶米數每升減價若干令該富戶親登簿內限　日同帖繳縣備查仍將日逐糶數五日一次開冊送核聽候詳請分別獎勵該總違延以及匿簿不繳定提重處不貸須至簿者

一傳地總繳平糶印簿票

仰青上等區傳差卽傳各啚地總將前發勸諭殷紳富戶在啚減糶餘米印簿將已未開糶各殷戶登註花名遵照懸牌於八月初一日當堂同名帖呈縣以憑核驗如有一啚不到定將該差總重處不貸火速七月二十八日

一飭催繳平糶印簿票

仰青上等區傳差遵照堂諭速將前發勸諭殷富在啚減糶餘米印簿着令各該地總將各殷紳富戶姓

名各糶米若干平糶幾日每升糶錢若干逐一開列在前其貧戶姓名亦隨後開列不得遺漏再限五日諭令殷富親自同帖繳縣以憑彙冊詳請獎勵現奉藩　府二憲嚴催該差總如敢再延提比不貸火速九月三十日

一勸賑集事啟

本年入夏以來雨澤愆期農田被旱成災前因米價翔踊業經詳請

各憲碾糶常平倉穀並勸城鄉餘米之家按啚減價
平糶民賴以不困皆
諸大人先生同里相恤之力也現雖禾稼登場而成
熟者不過十之三四成災者已及十之六七昨已據
實詳報
各憲悉心民瘼自必分别蠲緩循例
奏
聞固可戸沐
天恩人歌

憲德但有格於例而無告者來春青黃不接十室九
空庚癸之呼勢所必至不得不預爲籌畫擬於城內
適中之地設立總局倡捐勸賑因請商於
諸大人先生共爲義舉經理其事各鄉則舉鄉董各
啚則舉啚董分任其責令有力者務從寬厚即力薄
而好義者亦須量力佽助庶積少成多功歸普被履
寵忝任斯邑不能爲民撙節謹度使家饒盎藏歲一
小祲補苴百出用甚亟焉然在
賢士大夫誼篤桑梓定必傾囊解槖各敦任恤之風

將見鼓腹含哺共樂
昇平之日矣嘉慶甲戌小陽月韓履寵謹啟
一傳點戸書地總舉啚董票
仰扇差協同傳差即傳青上等區各啚戸書地總聽
候
本縣於初　日當堂點卯諭飭公舉啚董辦理捐賑
事務毋得臨期缺悞干究速　十月初六日
一催舉啚董票
仰扇差協同傳差即着青上等區各啚戸書地總遵

照堂諭速將各該啚內應辦勸捐賑務迅即選舉公
正誠謹董事一二人限三日內開具姓名呈
縣以憑發柬諭辦如敢再延定干提處去役毋得刻
延干咎速　十月十六日
一邀啚董赴局發捐簿票
仰縉紳吏即賫本縣名帖飛赴各鄉按帖投送邀集
各董事赴局議辦賑務並發捐簿毋得刻延干究速
十月二十一日
一傳點戸書地總發示諭票

仰扇差卽着靑上等區傳差速傳各啚戶書地總聽
候
本縣於二十五日當堂諭話飭發賑務示諭如有不
到定提究處毋得刻延干究速 十月二十一日
一勸城鄉殷富等捐賑示
爲曉諭量力捐輸倡興善舉事竊照本年夏秋雨澤
愆期被旱成災業經分別災分輕重詳蒙
各憲
奏懇

天恩蠲緩賑濟凡所以加惠窮簷者至周極渥除經委員
分頭查實飢口請銀發賑外惟勘不成災之城鄉各
啚爲例賑所不及際此米珠薪桂貧民謀食維艱且
有例賑之啚來春亦須接濟本縣日夕焦思再四籌
畫現於城內設局延請紳富董事勸諭殷實之戶量
力捐貲並於各啚遴舉誠實公正之人爲啚董俾其
專司本啚捐放事宜除酌定章程飭諭照辦外合行
出示曉諭爲此示仰該啚殷富士庶人等知悉時值
荒歉凡此貧民無非同里目擊困苦情形各宜惻隱
存心或捐錢或散米或施粥或施衣務使枵腹窮黎
均沾惠濟
上以副
聖天子軫念民依不忍一夫失所之至意將來捐數較多
者禀明
上憲
奏請加
恩議敘其餘亦分別獎勵該殷富士庶等各當念切桑梓
傾囊解助以成善舉毋違特示 十月二十一日

一飭戶書實心遵辦諭
諭 上下 區 啚戶書 知悉照得本年錫
邑被災較重城鄉乏食飢民頗多例賑不及之處餬
口惟艱卽得例賑之戶來春二三月間亦須接濟本
縣設局勸捐凡田不滿三百畝及行店各色人等捐
數已舉啚董發簿書捐諭地總隨同辦理外所有田
至三百畝而上殷富之戶前已發柬勸令赴局書捐
惟或城鄉遠隔或緣事不克分身赴局皆須就近數
勸查該書係該啚戶書合行諭飭諭到該書遵卽依

本邑發柬之家持本縣名帖邀同邑董登門敦勸務
令赴局從豐書捐此外倘有田多遺漏或經商家饒
者卽稟明補柬一體勸捐此係災賑救濟之事該書
當實力任辦如辦理妥速定記功加獎倘或膜視漫
不經心亦必查究示懲其稟遵毋違特諭十月二十一日

一飭地總實心遵辦諭

諭上下區邑地總知悉照得本年錫邑
被災較重城鄉乏食飢民頗多例賑不及之處餬口
維艱卽得例賑之戶來春二三月間亦當接濟本縣

設局勸捐凡田滿三百畝者業已發柬勸令赴局書
捐惟田至三百畝而下以及行店手藝經紀人等隨
願量捐豈無好善樂施之人而或城鄉遠隔或不愿
赴局皆須就近令其便於書捐以篤桑梓且有已赴
局捐而仍願邑捐者更爲重義堪嘉除該邑舉董發
簿敦勸外合行諭飭諭到該總遵卽隨同董事在該
邑設法勸諭所捐之項或存本邑妥謫店鋪或殷富
之家或卽邑董處皆無須運赴城局至該邑應賑飢
口亦須隨董事核實查報老弱殘疾及無田或田少
之戶方准開列其強壯有手藝及田至五畝以上之
戶俱不准開統限於十日內將捐簿賑冊一併繳縣
以便核數多寡計口撥賑仍將各捐戶造冊通詳請
獎該總務當實心任辦如辦理妥速本縣定從重加
賞倘狃事玩愒亦必從重示懲其宜稟遵毋違特諭
十月二十一日

一捐廉爲倡設局勸賑稟

敬稟者竊照卑縣被旱成災業經詳蒙
大憲

奏蒙
皇仁分別災分輕重賑濟所以加惠貧黎者至周極渥嗣
蒙
大憲飭諭勸令紳富士庶有誼篤桑梓聽舉公正誠
謹董事或散錢或給米或煑粥將捐輸姓名銀數詳
題給獎等因下縣仰見
大憲痌瘝在抱惠週閭閻不忍一夫失所之至意卑
職遵經設局本城延請紳士董理勸捐卑職先書捐
銀一千兩爲之倡其各紳商富戶赴局書捐者現已

查有三萬三千餘兩其餘現仍踴躍捐輸均係樂從
所有捐下銀錢均由局董經理並不假手胥役請俟
捐數一定另行稟報外緣奉前因合先稟覆 十月二十九日
通稟

一勸捐情形稟
敬稟者竊卑職縣本年被災較廣前蒙
憲飭勸諭紳富捐賑以惠桑梓業已遵照辦理昨奉
飭查卑職已將捐數及辦理大概情形稟報在案茲
於本月初五日接奉

錫山荒政存稿　十一

憲札以金邑稟辦局賑事理飭令遵照並察看情形
是否一體局賑總期於民有益仍將捐輸姓名及籌
辦情形先行報查等因並蒙抄稟下縣仰見
憲臺念切民瘼因地制宜總期災民普沾惠濟之至
意卑職遵查錫金雖屬同城而各鄉情形互異金邑
各鄉素稱殷富每局皆有饒裕之家以本局所捐即
賑本局飢口大半足用其有不足之局亦屬無幾除
用鹽典各捐撥補外再令富局協撥雖不能無畛域
之見而爲數無幾勸諭亦易若錫邑各鄉素本窮苦

富局少而貧局多以鹽典各商所捐賑濟貧局不敷
甚鉅如令富局殷戶自賑本局皆其所願再令協撥
他局則既存畛域之見又有數多之嫌辦理甚屬掣
肘且恐徒勞無益如既賑本局即不令其協濟他局
則貧局必致向隅不敷又將何抵是以卑職前於城
內設立總局捐廉一千兩爲之倡舉公正殷實董事
經理凡鹽典各商及田至三百畝以上者俱令赴局
書捐其捐項亦須交局謂之局捐其田不滿三百畝
及行店經紀人等仍於每局舉局董一二人持簿敎

錫山荒政存稿　十二

勸其捐項即存局董處謂之局捐若局捐足敷本局
賑用或稍有盈餘即令局董照所捐錢數於公所地
方按月分放無須總局撥補亦無須協濟他局或局
捐不敷本局賑用則由總局撥補該局董領回散放
亦無須鄰局協濟庶殷富不能取巧而貧黎無不沾
惠矣現今局捐已三萬五千餘兩局捐亦陸續報縣
人情尚屬踴躍至散放章程現擬每月一賑有例賑
地方自來年正月廿起初賑至來年三月廿止統計
三賑其無例賑之處自本年十二月廿起初賑至來

年三月廿止統計四賑本年例賑不及之處來春青黃不接之時方可不虞凍餒惟應賑飢口繁多剋下捐數尚未充足除赶緊設法勸諭一俟捐輸齊全開具姓名捐數清摺另報外合將錫金地方情形不同卑職現在辦理緣由先行稟覆 十一月初五日稟本府

一催繳捐簿票

仰扇差協同傳差刻傳各啚戶書地總卽賫本縣名帖致請各啚啚董於二十九日以前將各該啚捐簿及捐賑飢口冊一並呈核以便示曉開賑均毋延悞

錫山荒政存稿 十三

致稽賑務大干未便火速 十一月十七日

一再剴切勸捐示

爲再行剴切曉諭事照得本年被旱成災凡極次貧戶大小飢口悉沾
恩賑莫不人歌徧德戶慶更生矣此外尚有無業貧民爲例賑所不及而災民領賑之後青黃不接未免拮据是在各紳富推廣
皇仁捐貲接濟仰蒙
大憲念切民瘼發帖勸賑諄諭再三本縣首捐廉一千兩延請紳董設局勸捐業經出示曉諭日來各殷富踴躍捐貲者固多而觀望徘徊者亦復不少當此隆冬哀彼窮黎寒不得衣飢不得食命存呼吸難忍須臾各紳富目擊情形能勿惻然動念况本縣酌定章程各紳富所捐先自賑本啚卽令公舉妥董經理並不假手胥役亦不必悉繳局中紳富尚有何疑慮之處惟是啚有貧富富有大小若一律責以啚賑未免苦樂不均不能不酌盈劑虛通盤籌畫如啚內殷富甚少不足賑本啚者其稍有力之家亦必量爲推

錫山荒政存稿 十四

解積少成多至實有不敷始行稟請撥給不得自諉貧啚一無捐助若圖內殷富足賑本啚者務必竭力捐足不可自留餘地以望總局之協濟若啚內殷富甚多不止能賑一啚或一啚殷富之力能賑數啚者除賑本啚外務必盈千累百赴局書捐以備協濟他啚之用不可稍存彼此之見謂本啚賑足不顧鄰啚要知多賑一家則多活數人之命多賑一啚則多活數千百人之命所捐之數愈大則
朝廷之議敘愈優所活之命愈多則子孫之食報愈久

惠自己施，名由己立，鄉里鄉黨何分畛域乎？且此當
有賑彼當無賑，枵腹之衆豈能安然坐待其斃，勢必
仍累此當殷富之家，則何如疾病相扶，以冀守望相
助，非惟盡恤貧之心，亦卽所以保富也。本縣憫飢民
乏食之苦切於肌膚，念飢民待哺之情甚於水火，焦
勞日夜，莫可如何。各紳富務祈鑒此苦衷，勸成善舉，
通融辦理，迅速捐輸，毋再觀望遲延，致使鳩形鵠面
之徒轉乎溝壑，不及拜仁人之惠也。該總卽速遵照，
趕緊在局勸捐，將捐輸紳富姓名銀數登載，發來印
簿，限於五日內繳齊，以便先行示曉開賑。速速。十二月初

一例賑不及給予捐賑示（一曰錫金會銜示，刊印小張，加名帖簽，發催捐）

爲曉諭事：照得本年秋禾被旱，糧價昂貴，詳蒙
大憲
奏懇
天恩蠲賑並施，復蒙飭諭捐賑。茲本縣勸捐以來，各紳富
誼篤桑梓，人皆好善樂施，凡爾等災重之區極貧窮
衆爲例賑所不及者，莫不均得惠濟。業經飭着地總
造具飢口清冊，查明核實，照例賑給錢數，發交各區董
事定期於廿日卽在該區公所地方撥戶散給外，合
行出示曉諭。爲此示仰該區董事、地總人等知悉：務
各遵照賑票飢口撥戶給發，毋得尅扣短少；該飢民
等亦各靜候依期赴領，毋得預先奔鬧，並毋得於官
捐各賑廠滋擾，致干拏究；如有不應食賑之人恃強
滋事，許卽指名稟縣，以憑立提嚴處。各宜凜遵毋違。
特示（無例賑五十四區城鄉）十二月初二日

一通縣散給捐賑示

爲曉諭事：照得上年被災，仰蒙
各憲
奏懇
聖恩給銀賑濟蠲復，飭諭紳富士庶捐貲接賑。本縣勸捐
以來，各紳富誼篤桑梓，好善樂施，現已捐有成數。除
例賑不及之區業於年前十二月廿日散給一賑外，
今擬於正二三月通縣各區各給三賑，每月一賑，照
例賑錢數撥給該區董事等，於每月廿日在該區公
所地方散放。茲屆開賑之期，合行出示曉諭。爲此示

仰該啚董事人等知悉務各查照賑票飢口按戶給
發毋得尅扣短少爾等飢民仰邀
皇仁浩蕩恩膏已渥復得捐賑接濟各宜安分靜守一俟
每月散放之時依期赴領毋得爭先擁擠如有不應
食賑之人藉端滋事許即指名稟縣以憑立提究辦
各宜凜遵毋違特示 正月初十日

一嚴拏滋事匪棍票

爲嚴飭查拏事照得上年秋田歉收業經本縣請賑
捐賑分啚散放凡屬飢民自應安分靜候依期給領

錫山荒政存稿 十七

乃訪得近有無賴棍徒藉稱飢民在鄉糾結無知愚
民及年壯乞丐三五成羣在於城廂街市及各鄉鎮
抓搶食物實屬不法除會同
金邑移營督飭兵役巡查并委糧廳巡司捕衙分段
巡防出示嚴禁外合飭督總查拏爲此仰該頭役立
卽分赴南門內外西門內外及各鄉鎮嚴督該啚地
總及丐頭小甲各在本啚日夜巡防如有流民丐匪
立卽驅逐出境倘或不遵驅逐及本地惡棍在街市
搶取食物滋擾者立卽拏解赴
縣以憑從嚴究辦毋得縱延亦不得滋事致干重咎
如地總小甲並不認真巡查亦卽稟案究革速 正月三十日

一嚴禁賭博示

爲嚴禁賭博事照得賭博廢時失業肇釁生端在豐
收之年本干禁令是以本縣疊經示禁有犯必懲今
地方上年亢旱被災窮民生計維艱尤應各安本分
乃訪得有等無賴棍徒知各紳富誼重桑梓現在分
啚捐賑遂設計誘賭或搖攤轉乂或擲色抹牌誆取
賑錢以填欲壑致無知鄉愚妄想贏錢濟用不顧老

錫山荒政存稿 十八

幼之食先將所領賑錢攜入賭場儘數一博轉瞬輸
盡在强悍之徒糾結向富家詐擾而懦弱之輩一門
受饑餓之悲理所不容法實難恕除分啚分鄉飭差
嚴密訪拏外合行出示嚴禁爲此示仰閤邑軍民人
等知悉嗣後當各洗心革面安分守法不得仍前開
場聚賭局騙鄉愚該鄉民亦當各務恒業不得遊手
好閑聚集賭博如敢故違一經訪聞或被告發定卽
嚴拏加倍處治其以賑錢賭博者定將原領賑錢照
追歸局并將飢口冊內除名不許再行食賑至容留

開賭之房主鄰總知情庇縱並提嚴究斷不貸各
宜凜遵毋違特示 二月初九日

一富安鄉加展捐賑示

爲曉諭事照得上年被災之啚仰蒙
聖恩給銀賑濟並各紳富捐輸接賑前因捐有成數酌定
正二三月毋論災分輕重每月一賑通縣各給三賑
業於正月廿日各啚放給一賑在案惟本縣體察災
地情形富安一鄉地勢最高被災甚重茲於三賑之
外擬加一賑定期二月十五三月初五廿五等日每

錫山荒政存稿 九

廿日給放一賑現屆十五續放之期合行出示曉諭
爲此示仰該啚董事地總人等知悉務各遵照賑期
按票如數給放爾等飢民仰邀
恩賑復得捐賑接濟茲又格外加賑各當安分靜候依期
赴領如敢預先滋鬧臨時爭先擁擠定即立提究處
不貸各宜凜遵毋違特示 二月初十日

一飭查賓粥等厰票

諭各扇差頭役知悉照得各鄉紳富殷實士庶捐賑
之外紛紛具禀再行捐資設厰賓粥散米麥並施藥
施棺救濟貧民極爲善舉除批准給示飭辦外應行
詳報該役等迅卽飛赴各鄉確切查明賓粥區啚給
發男女厰所分設何地該啚地總何人董事何人或
自賑本啚抑隣啚貧民及外境流民皆得就食係於
何月日開厰至何月日停止及散米麥施藥施棺厰
所限於三日內先行開明禀候查核一面着將捐錢
捐米捐柴捐麥及捐醫藥棺木各戶姓名共捐錢米
等若干每日吃粥男婦飢口若干自開厰起至停日
止共發粥男婦若干口領米麥共若干數醫病領棺

錫山荒政存稿 十

若干人分別開列清冊呈
縣以憑造冊詳請獎勵該役毋得違延速速 二月二十三日

一富安鄉再加展賑示

爲曉諭事照得上年遇旱富安一鄉被災較重仰邀
皇恩浩蕩給予賑濟並各紳富捐賑接濟前曾格外加增
一賑已屬至周極渥惟念該鄉較之各鄉被災最甚
貧民自必較各鄉情形倍苦今届末賑商同局董酌
將該鄉各啚再加半賑卽同末賑一併散放以冀接
度麥收並可營辦籽種合行出示曉諭爲此示仰該

啚董事地總人等知悉務各遵照賑票如數給放毋許尅扣短少該貧民等亦各安分領回努力耕種以冀有秋毋得滋生事端致干提究各宜凛遵毋違特示三月廿二日

一城啚加展賑示

爲曉諭事照得上年遇旱被災較廣所有災重之啚仰蒙

皇仁給予賑濟並各紳富捐貲接賑無論城鄉一體給賑已於三月廿日末賑放訖惟本縣遍歴各鄉現在大

麥蚕荳業已登場貧民可資接濟以待小麥成熟在城各啚貧民既無麥荳可資謀食未免仍艱今擬於四月十六日再加一賑使乏食窮黎均得逾格沾惠合行出示曉諭爲此示仰該啚董事地總人等知悉仍依賑票口數照例給散毋得尅扣短少該貧民等照數領回以後各謀生計切勿遊手好閑自取困頓如有不應食賑之人強爭滋鬧及領賑之人別生事端許卽指名禀縣以憑立提嚴究各宜凛遵毋違特示四月十二日

一青城鄉加賑籽種口糧示

爲曉諭事照得上年被旱成災民情困苦仰邀

皇恩浩蕩給予賑濟並各紳富捐貲接賑於三月廿日末賑亦已放訖現今大麥蚕荳俱已登場貧民可資接濟原無虞更有失所惟本縣遍歴各鄉體察情形富安而外青城被災較重民情仍形拮据現當布種耕作之時或有缺乏口糧者或有並無籽種者茲與局董商議將該鄉災重之啚逾格酌給錢文以期口糧有資兼可營辦籽種合行出示曉諭爲此示仰該啚

董事地總人等知悉務各遵照將發交賑錢擇該啚實在拮据之戶查明飢口按數給發毋得尅扣短少該貧民等亦各安分領回努力耕種以冀有秋其被災較輕不甚拮据之戶不得援以爲例如有不應領賑之人藉端滋事許卽指名禀縣以憑從嚴究處各宜凛遵毋違特示四月十二日

一查開捐戶的實姓名諭

諭戶書知悉卽將各該啚內各典商殷富牙行店舖一切捐賑及現今煑粥施藥施棺等項各捐戶開具

的實姓名及有無職銜功名限三日內送局以憑詳
報獎勵毋得混開店號堂名並毋得刻延速速特諭
四月十五日

一捐賑辦竣請以餘錢修橋稟

敬稟者竊照 卑縣上年被災較廣前蒙
憲飭勸諭紳富捐輸以惠桑梓 卑職遵於城內適中
之地設立總局延請紳富董事自捐廉一千兩爲之
倡業經報明在案茲自年前十月開局至今四月通
縣共捐錢十一萬九千餘千無論城鄉凡乏食貧民

錫山荒政存稿　卅三

除例賑外正二三月概給三賑其例賑不及之處在
城於上年十二月本年四月酌加二賑在鄉於上年
十二月酌加一賑其被災最重之區除例賑二次捐
賑三次外亦仍加一賑其世族舊家讀書寒士恥於
書名食賑者另舉老成董事查明按月送賑漁船流
民亦酌給錢文並於城鄉設廠數十處煮粥俾本地
貧民及外來流民均於領錢之外仍得就食迄今四
月十五日始皆停止災重之區仍酌給籽種錢文令
其及時務農食粥之人亦酌給路費錢文令其歸里

謀生現在蚕荳成熟大麥登場小麥亦漸次結實可
冀豐收民情極爲安靜尚有餘錢二千餘千查錫金
二縣境內南有北望亭橋一座建自康熙年間橋東
金匱所管橋西無錫所管係運河通衢要道於嘉慶
五年六月坍倒又北有高橋一座建自雍正年間橋
南金匱所管橋北無錫所管爲江陰漕船出入之口
門且係沿塘驛路於嘉慶十八年六月坍倒均經報
明急應修理之工蒙飭籌款建修在案緣橋身高大
工費浩繁一時無款可籌至今尚未修理聞金邑捐

錫山荒政存稿　卅四

賑亦有餘錢是以 卑職與齊令會商將錫金捐賑所
餘錢文俱發爲建修二橋之費以公濟公俾要工不
致久稽仍可以工代賑惟現錢尚不敷用 卑職等當
另行籌辦以期二橋皆成利濟行旅除各捐戶另行
分別赶造細冊詳候
奏請議敘外合將勸捐賑務已竣地方寧恬及餘錢修
橋各緣由先行報明 四月廿四日通稟 各憲

一請獎捐戶詳

爲遵飭造送事案奉 本府札開奉

憲臺札開奉
憲臺布政司札開本年四月十五日奉
憲臺督憲撫憲札內開照得江蘇兩省官捐助賑並各屬紳商
殷富捐輸銀錢米穀賑恤災黎飭查明捐數姓名開
具印摺詳報核
奏並查照乾隆五十年捐數在三百兩以上者詳
題議敘三百兩以下在外給獎之案分造二冊卽日由
六百里馳送等因轉飭下縣該卑職遵查卑縣官捐
助賑及紳商殷富捐錢數目業經截結總數通稟在

錫山荒政存稿　圭

案茲奉前因除將捐輸三百兩以下另造清冊呈送
外合將三百兩以上之紳商殷富姓名先行造冊呈
送伏祈
憲臺電核彙轉詳彙
奏議敘至紳商捐輸均係制錢應請照例以錢一千文
易銀一兩造報合並聲明爲此五月初五日通詳先送三百兩以上冊
又詳
爲遵札造送事嘉慶二十年五月二十日奉本府札開奉
憲臺札開奉

憲臺布政司札開照得各屬上年被旱成災各紳富捐銀賑
濟一案奉
憲臺制憲諭令此次捐賑各紳富擬千兩以上者列名具
奏其餘分別獎勵千兩以上者應查明的名開列入冊
未便以當舖店號堂名開載致將來
恩賞議敘查取年貌三代礙難核辦並查明有無職銜於
冊內開載仍將千兩以下同數百兩亦卽另造一冊
附送等因到縣奉此該卑職遵查卑縣官捐助賑及
紳商殷富共捐銀一十一萬九千五十一千四百二

錫山荒政存稿　卖

十九文所有三百兩以上至數千兩之捐戶的實姓
名業經造冊通送在案今奉前因遵將一千兩以上
之官捐紳商殷富共錢三萬四千七百四十三千七
百文開造一冊三百兩以上之紳商殷富共錢三萬
四千六百三十千文另造一冊其三百兩以下共捐
錢四萬九千七百四千七百二十九文一并造冊備
文詳送伏祈
憲臺電鑒彙轉詳彙
奏爲此五月二十日通詳送一千以上三百兩以上三百兩以下冊三套

又詳

為詳明事嘉慶二十年七月十三日奉本府扎開奉
憲臺扎開奉
布政司憲臺扎開本年六月二十八日奉
蘇撫部院　批本司詳覆乾隆五十年捐賑案內云
云等因飭將三百兩以下二百以上之生監另造一
冊呈送
到縣奉此該卑職遵查捐賑案內業將捐數在一千
兩以上及三百兩以上分造兩冊其三百兩以下之
錫山荒政存稿　毛
生監民人另造一冊具詳通送在案今奉前因合將
二百兩以下二百兩以上之生監再造一冊具文申
送伏祈
憲臺電核轉詳至此次造送二百兩以上之冊卽在
前送三百兩以下冊內之捐戶合並聲明為此七月十六
日詳藩府

一　興建橋工詳

為報明重建事竊照卑二縣合管北望亭橋坐跨運
河查該橋志載龍滙橋俗稱望亭北橋過此卽長洲
縣界明萬歷中建傾圮日久土人謂之坍橋
國朝康熙中秦松期黃晟等倡建等語於嘉慶五年五月
十三日坍倒又兩邑合管之高橋坐落運河之旁內
係江陰運河上係驛路緯道該橋志載跨五瀉河口
元延祐三年里人吳春山建極高峻明正統中知縣
項伾重建
國朝雍正九年署金邑事胡愼重修等語於嘉慶十八年
六月初十日坍倒經卑前令暨卑職等隨時捐廉捞
起坍入河中石塊并撥船濟渡報明設法捐修在案
錫山荒政存稿　关
玆因卑錫邑上年捐賑項下尚有賑餘錢二千餘千
文卑金邑亦計有賑餘及未繳捐錢六千餘千文會
議請抵建造該二橋工費之用原捐士民咸各樂從
先經卑職等通稟
憲鑒亦在案查望亭橋工程較大以卑金邑賑餘錢
文抵辦尚有不敷議歸卑錫邑一手經理卑職彥槐
捐廉為倡設法勸輸高橋雖工費稍減以卑錫邑賑
餘錢文抵辦亦屬不敷議歸卑錫邑一手經理卑職
履龍捐廉為倡設法勸輸庶各有專責工用無缺並

擇殷實誠謹之紳士董理不假手胥役以杜滋擾而
責專成兹卑職等公舉卑金邑紳士華瑞清徐濆承
辦北望亭橋工程委望亭司巡檢孫瀛駐工彈壓催
攢公舉卑錫邑紳士孫保之承辦高橋工程委署高
橋司巡檢李翼衢往來彈壓催攢均於十月二十日
破土興工二十八日北望亭橋打築月堪囘空糧船
及高大差船商旅貨載均可照舊行駛不致阻碍二
十九日高橋築堪興工現在移查江邑如受兑該縣
漕船到次齊全再合龍煞堪趕重運開行之前即可

撤堪出口一面移明江邑一體出示曉諭所有築堪
期內一切差船商船由高橋內河繞道出三里橋而
入運河仍可北達常州南往蘇郡並無阻碍其望亭
北橋俟明年重運糧船過竣搭架盖造橋面之時行
舟有無妨碍再行察看情形續報所有卑二縣重建
橋座興工日期理合具文報明仰祈
憲臺電鑒並請頒給
憲示曉諭囘空糧船及過往商民船隻經由北望亭
橋照舊行駛毋得藉稱有碍阻撓工作深爲公便爲
此十月二十八日通詳各憲並漕學鹽關憲

一保舉董事詳

爲遵札具詳事竊卑縣地方上年偶被旱災於詳請
恩賑之外仰體
憲臺軫念殷懷卑職捐廉首倡勸邑中紳士殷戶各
量力捐輸分嵩賑濟并先在城設局請誠謹紳士董
理其事該紳士等義切桑梓咸各妥協經理竣事之
後本擬據實陳明轉請乞
恩獎勵因未有辦過例案尚在遲疑兹嘉慶二十年十一

月初八日奉本府札開
憲臺札開本年十月二十九日奉
憲臺布政司札開本年十月二十五日奉
蘇撫部院　批本司具詳請將出力董事開報毋稍
遺濫等因下縣仰見
憲臺念切民瘼激揚勸善之至意卑職伏查卑縣各
紳富上年共捐賑銀一十一萬九千餘兩其局中紳
董內之最出力者如祖籍陽湖入籍無錫告假在籍
之翰林院編修劉嗣綰協同卑職分頭勸捐跋涉往

來籌劃妥善捐戥州同孫保之住宿局中專司支放
接被災之輕重戶口之多寡撥盈濟虧使災黎均沾
實惠捐職布政司經歷袁士鈺附貢生施會培或分
鄉勸輸或督管粥廠經理得宜不辭勞瘁以上紳董
四人自上年十月間設局起至本年四月中撤局止
半載以來局中之薪水帋張舟輿雜費均各捐自已
貲交局支應並不於衆捐賑銀之內動支絲毫竭力
竭心始終蔵事洵屬出力最著義行可嘉此外尚有
紳士數人在局協同經理亦著有勤勞如蒙

憲恩准一體轉請奬勵伏乞
批示下縣再當列名續呈所有奉飭查詳之實在出
力董事理合據實開摺具詳仰祈
憲臺察核轉詳 十一月初二日詳府藩

一報明高橋開壩詳

爲申報事竊照卑二縣詳明重建高橋攔河築壩卽
經具文報明
憲臺在案茲督飭赶辦於十二月十八日將兩邊橋
堍石脚排定已拔樁開壩十九日一切船隻及糧船
卽可在橋門出入除移明江陰縣及受兑江邑漕船
之幇官知照仍俟工竣再行具報外相應備文報明
仰祈
憲臺電鑒 十二月十九日通詳 並詳漕學鹽關憲

一勸捐橋工札

敬啟者弟去歲勸捐加賑以廣
皇仁幸珂鄉各紳士誼篤維桑慷慨樂助尤荷
老先生仁懷公溥解橐從豐得以集腋成裘拯流離
之鴻雁展期纍月俾接濟于青黄佇瞻上達

宸聰遨
恩褒奬固已善緣厚積種福無窮惟各啚賑務既竣局中
尚有贏餘思欲用得其當厥惟以公濟公內有望亭
高橋環跨南北塘爲官商漕艘來往必經之路傾圮
已久重建無資爰會同
金邑議以賑費之餘移作橋工之用早已擇期啟土
搆料興工然需用浩繁餘貲有限期卽築石以成梁
倘屬功虧于一簣若復舉董設局闔境勸捐瑣瑣橋
工紛紛多擾惟念

老先生夙欽樂善力厚心慈擬請添捐以襄善舉知
仁人君子情殷利涉無不欣俞日昨設酌敦請面商
適以府第事繁未邀光顧耑泐代面惟冀鴻施早成
雁齒將見芳名勒石以長垂功德永綿于無旣矣此
布

一請給捐戶匾式詳

爲詳請匾式事竊奉　本府札開奉
憲臺札開奉
憲臺布政司札開嘉慶十九年蘇省被旱歉收紳士富民誼

錫山荒政存稿

篤桑梓捐貲賚賑除捐數在三百兩以上者仰蒙
督撫憲奏請議敘外所有三百兩以下應行在外給匾
各戶本司核查乾隆五十年捐賑成案凡捐銀在三
百兩以下至二百兩者由司給匾二百兩以下至一
百兩者由府給匾一百兩以下至三十兩者由廳縣
給匾三十兩以下者令各廳縣於城鄉彙勒一碑以
彰善舉今次應仍仿照辦理其經理各廠之紳董人
等除已經捐銀之戶按照銀數分別給匾外并查明
實在出力最著之紳士另行彙案詳請優獎其餘並
未捐輸實心經理之人亦不可沒其微勞亦應懸匾
十年成案一體由縣給與匾額等因到縣奉此遵查
卑縣嘉慶十九年分被旱成災蒙
恩例賑之外復勸紳商殷富捐貲助賑所有捐數在三百
兩以上業蒙
奏請議敘在案至應給匾各戶除出力董事及一百兩
以下由卑縣另詳並分別給匾勒碑外其三百兩以
下至二百兩者應由
憲臺藩憲給匾二百兩以下至一百兩者應由

錫山荒政存稿

本府憲臺給匾未蒙給予匾額字樣相應造具清冊備文
詳請伏祈
電鑒俯賜飭發下縣以憑轉給俾彰淳風而光閭里
則
皇仁憲德咸感無旣矣爲此閏六月十六日詳藩府

計二百以上司給誼篤桑梓四字一百兩以上府給樂善成風四字三十兩以上縣給惠周鄉閭四字城鄉董事縣給慈航領袖四字

一請給董事匾式詳

爲詳請給予匾額以示奬勸事竊照卑縣嘉慶十九

年分捐賑案內所有好善樂施捐輸各紳富業經卑
職遵奉
憲飭分別銀數分案彙造花名總冊詳請
大憲臺據情入
告現已仰邀
恩賞議敘分別給予職銜加級紀錄接奉飭行在案惟查
是年勸捐實在出力之局董翰林院編修劉嗣綰捐
職州同孫保之捐職布政司經歷袁士鈺附貢生施
會鎔或分頭勸捐或總司收放或經理粥厰並捐局

錫山荒政存稿　三五

中薪水雜費竭力竭心始終蔵事洵屬最為出力義
行可嘉前蒙飭查業經卑職開冊詳報在案茲奉
部咨其江寧等處局董皆已仰邀議敘惟卑縣開報
劉嗣綰等未邀甄敘伏思該董等在局半載有餘措
理勸捐散放事宜無不悉臻妥善若不一體優獎無
以示激勸可否飭由
鑒憲臺給予匾額俾為閭里矜式之處卑職未敢擅便
如蒙
准允祈即
頒賜匾式字樣下縣以便轉發相應具文詳請伏候
憲臺鑒核批示轉詳深為恩便為此七月初九日奉撫藩府督憲詳給予督
倡善明四字
一具報橋工完竣詳
為報明橋工完竣事竊照卑二縣合營之北望亭橋
坐跨運河又合營之高橋內係江陰運河上係驛路
總道先後坍倒十九年捐賑項下卑錫邑餘錢二千
餘千卑金邑亦計有賑餘及未繳捐錢六千二百五
十五千業經卑職等請抵建造橋工之用緣望亭橋

錫山荒政存稿　三六

工程較大以卑金邑賑餘抵撥即歸卑金邑一手經
理高橋工費稍減以卑錫邑賑餘抵撥即歸卑錫邑
一手經理惟經費均尚不敷卑職等各捐廉為倡設
法勸輸俾各有專責工用無缺並不假手書役公舉
卑金邑紳士華瑞潢徐纘承辦北望亭橋工程公舉
卑錫邑紳士孫保之承辦高橋工程均於上年十月
二十日興工重建具文通報在案嗣經卑職等愷切
勸諭紳富輸捐足敷經費並因公來往河干常川到
工督率趕造茲高橋於五月十六日合龍望亭橋亦

於七月二十二日合龍該二橋現俱一律建造完竣伏查此項建橋工費本係民捐賑餘不敷亦係民捐辦理不經胥吏之手且毋庸邀請獎議查現奉
督憲批
奏行知各屬賑餘銀兩間有因地方公事紳士呈請動用業經具報者本係民捐之項不經吏胥之手例不造報等因飭知在案所有卑二縣此次重建北望亭橋高橋工程經費應請循例邀免造報理合一並聲明同完竣緣由具文通報伏祈

憲臺電鑒十月十四日會銜通詳各憲

一捐賑錄序

歲甲戌夏雨澤愆期秋成失望　大府以狀
聞蒙
俞旨恩賑貧黎緩徵田賦於是戸沐
天恩人歌　憲德矣然又慮
恩賑後青黃不接且勘不成災之圖亦歉收乏食由是勸賑之舉不得不行而余之憂滋甚余於丁卯歲莅斯邑適值旱荒然祇偏災補救尚易今四境袤暫之民不下二十萬欲盡給其求正難措手日夜焦思因執捐賑舊例徧質鄉老大夫暨諸紳士皆慨然曰相賙者族黨之事指囷者親朋之誼以吾儕鄉里之困重公之憂吾儕之過也退而互相激勸遍告殷士富商盡力輸助設局於城之中親董其事焉溯乾隆五十年大旱粥賑捐止一萬七千有奇今勸捐且得白鏹十一萬九千餘兩遂命保甲逐戸書冊按人給錢各啚悉舉老成人主其事不假手胥吏故無濫無遺無旁冒其舊家貧乏者不書其名擇親信者致其家下

而有漁賑有丐賑澤且溥矣而邑人好善樂施有加無已又於附郭之地設廠爲粥以與餓者是歲也錫邑之災富安爲甚青城次之因額外議加一二賑復設粥廠日煮米數十石民得免轉散之憂其各鄉各啚爲粥者更指不勝屈且先時各啚減價平糶以紓民力冬月則又或給衣或散米或饋餅不幸而疾病者施醫藥死亡者爲葬埋有以通賑之變而濟賑之窮俾余始而憂終而樂差幸得所藉手以副
聖天子惠愛元元之至意益以見斯邦風俗之淳倒廩傾

襄爭先恐後而亦鄉老大夫暨諸紳士涵泳
聖澤推廣
皇仁不辭況瘁有以致此也是役也官紳首捐以爲倡次殷戶次富商次市廛宦遊在外者並多捐廉寄局而善舉以成自十月開局至乙亥四月二麥登場甫告竣尚有餘貲衆以望亭橋高橋皆係要工議修之以工代賑而賑更見周甯矣凡捐銀若干數所賑若干畱飢民若干口與闔邑賢士大夫之姓名謀梓之以垂久遠庶幾宣淳風表實德且以識余之得與此民

同處仁里有厚幸云是爲序

一高橋告成記

橋之設以濟渡也而高橋所係爲尤甚跨五瀉河口內係江陰運河上係驛路縴道風驅絡繹輿馬紛紜溯元延祐三年里人吳春山建之橋極高故以高名紀實也明正統中知無錫縣事項公重建
國朝雍正九年署金邑事胡公重修至嘉慶十八年六月傾圮余暫設渡船濟之越明年正擬經始會大旱先議賑荒錫邑捐貲得十二萬賑畢餘白鏹二千兩有零余商之金匱尹　齊梅麓先生欲即建橋輒同志襄有望亭橋與高橋均爲兩邑合管議各修一橋專其責謀定徧告邑中大夫及士民皆如響前捐賑者願續捐以襄善舉余大喜擇日鳩工橋距局董　孫未圃先生家最近仍請董其事欣然任之二十一年夏橋成高峻如舊費錢六千六百緡有奇余登斯橋北望澄江派接江潮漕艎魚貫穆然想橋之速成輸將順利
聖主之福也西望常郡東望姑蘇輿轎檣艣郵程早達

大憲之靈也慷慨解囊負土累石民不病涉舊址重新則又都人士之仁也余何力之有焉雖然橋之興廢守土者之責也余親覩橋之圮而竟獲觀成余幸甚謹錄續捐姓氏於左表而記之或曰斯橋與龍峯相對其風水有裨科名地師嘗言之是或一道也然則橋之成余於此邦更有厚望云

無錫旅滬同鄉會十周紀念刊

（民國）佚　名　編

《無錫旅滬同鄉會十周紀念刊》，（民國）佚名編，民國二十三年（一九三四）鉛印本。

本書編者不詳，或即同鄉會中之無錫人所編。上海自從開辟爲通商口岸後，其經濟地位迅速上升爲遠東第一大都市。一八六〇年無錫爲太平軍所占，全城近於毁滅。戰亂中大批紳商避居上海，平定後雖有返鄉者，但到上海謀生的人越來越多。無錫商人大批投資於上海，在上海的無錫人在民國初年即達到十萬之衆。無錫不僅爲上海的發展注入了資金，也提供了大量優質的勞動力。更有無錫人在上海經營文化、醫學等事業。所謂旅滬，其實早已在上海定居，稱旅者，不忘故鄉也。同鄉會是一個以無錫人爲成員的民衆團體。它的宗旨是：聯絡感情，發揚自立精神，維護同鄉的合法權益。同時他們始終不忘無錫，念念而爲故鄉謀利益。對於在滬的同鄉，他們興辦學校，介紹職業，關注在滬無錫人的生存狀况，必要時對他們進行法律援助，救濟流離困苦者。常年會員有七千人左右，每年四月召開大會，理事會每月召開一次。所有會員均須每年繳納會費。首屆理事長爲蔣哲卿，以後九年的理事長爲榮宗敬。同鄉會在上海七浦路二一八號購置住宅一所作爲固定會所。所有理事皆爲商業、工業方面的成功人士。同鄉會在十年間爲故鄉無錫做了許多好事，書中均有記載。全書彙集了同鄉會成立十年來的所有材料，是一部完整的同鄉會史。

本書據民國二十三年（一九三四）鉛印本影印。

（徐志鈞）

序

無錫旅滬同鄉會成立至今忽忽十年宗錦忝任理事長亦已九年十年中人事變遷更僕難數本會會務雖無如何進展然本互助之精神爲鄉誼之團結相維相繫歷久不渝此皆理事評議諸君之協力同心有以致之於宗錦無與也回溯齊盧之戰一二八之役以及水災籌賑本會竭其棉力盡量援助既昭昭在人耳目平時排解之事幾無日無之陶理事仞千之力尤多詳載大事記中可覽而知也自今以往若能於羅致人才擴充經濟加諸意會務之發展可操左券庶幾由二十週三十週以至於無窮此則宗錦所馨香禱祝者耳

榮宗錦

無錫旅滬同鄉會十週紀念特刊序

自中外互市以來滬埠爲通商第一口岸鄉人之旅居斯地者號稱十萬雖前輩宣周祝諸公有錫金公所之設惟僅及於賙恤殯葬之事猶未足謀同羣之演進也

民國紀元歷十二載余以拒選南下旅滬鄉人咸以號召組織同鄉會相屬究其往昔亦嘗屢議屢輟或因業務所牽未遑顧及或則寓公優游憚于煩勞不盡梗於猜疑要未失犧牲之宏願

不佞經數月之奔走得周祝裘榮俞丁孫等旅滬諸鄉長之協助旅滬無錫同鄉會始得賃廡成立於海寧路之中市並以第一任主席理事使不佞實尸其位顧進程中頗有以不佞組織斯會疑有政治作用且恐舊有公所將漸被并吞者不佞以徒辯無益不如謀事實之證明於會章中既釐定彼此之界限復於一年任滿之際設法求去以明組織之無他繼任理事長宗敬榮先生勇於任事首斥鉅資自建會所於七浦路不佞職務雖已交卸亦嘗勉竭棉薄作一臂之助俾會有定所不至賃廡公所蹈假道滅虢之嫌迄今適已十週無錫旅滬同鄉會得巍然獨立於黃歇浦頭者固繼任理事長榮先生始終主持之功爲多而不佞亦嘗追隨旅滬諸君子預有力焉茲際代表榮先生之常駐理事仞千陶先生以將有十週紀念特刊之舉來告且謂不佞不應不有一言爰泚筆而爲之序

民國二十二年十二月二十八日蔣曾燠哲卿氏序

歇浦洪潮萬商成市誼聯錫山
建斯會址萃聚英賢敬恭桑梓
排難解紛有譽無毀集思
廣益盡善具美歲歷十週閎
圖永峙

卅二年十一月為
無錫旅滬同鄉會十週紀念刊題
孫科

無錫旅滬同鄉會十周紀念

敬恭桑梓

吴鐵城

無錫旅滬同鄉會

互助精神

賈春華

無錫旅滬同鄉會十週紀念

誼重桑梓

尤菊蓀敬題

頌詞 以收到先後爲序

無錫旅滬同鄉會十年紀念

俞佑喬

天下勢多澆王道覯于鄉錫金有公所職事頗由章舊貫如之何丙舍非明堂鄉人有赴愬往往苦無方榮翁起而喟廣廈願難償息壤吾能任胥宇於道旁集合邦人士安排梓與桑依依七浦路歷歷數間房開軒何必廣取足共杯觴舊雨聯今雨肅肅一會場其心賑急難舟車兵旱荒望門紛投止逆旅與餱糧一届復一届所至如家常次爲勞工家辛苦亦備嘗居則一錢重出則四害妨多金蘊生孽曷若善其藏勉爲籌儲蓄子母權相當古來冠亂與饑饉憂偕亡人生歸有道庶規沴戾祥斡旋資羣力計畫十年強因念同鄉會首倡蘇寧商慈善有前軌後進乃益昌我本過江人家在南山隍偶適城西館百怪森我腸籬邊蘆葦叢積水晞寒螿鶩鷂啄蝦腹遺孕生蛹蝗堂廡孰云遠四壁滿鼠狼朝作浮鷗宅暮爲飛鳥翔寢成奪舍獄分明報載詳枯骸寄空木誰與辨低昂安得賃梁廡親承君子光凡君之所爲一一效更張十年新紀錄百世期勿忘我今爲此詩感嘆有餘望癸酉仲秋浮玉老人俞佑喬醫尹氏

無錫旅滬同鄉會十週紀念

臧祜

十年鄉誼最殷勤救濟艱難更解紛兩地牽懷忘不得申江落月慧山雲崇樓海上連雲起鄉國舊遊集古懽書到徵文何以報日新我亦祝湯盤

無錫旅滬同鄉會十週紀念頌詞

張軼歐

十年生聚十年教訓打破國難唯一途徑旅滬同鄉非學即商豈止自謀亦欲救亡其於生聚教訓近十年既卓著成勞使無錫變成了小上海更十年當發揚光大使中國不愧爲大中華

無錫旅滬同鄉會十週紀念

華文川

繁華爭海上高會集同人雀角咸寧息嚶鳴美奐輪工商資互助僮僕亦相親樹木縣桑梓歡羅百福臻

其二

梓桑回首溯西神冠蓋如雲集海濱別樹新猷開七浦(會所在七浦路)聯懽異地順三民狼吞豕突終安堵(一二八役會址逼近戰線卒賴安全)雀角鼠牙謐里闉十載經營堪記述從知締造實艱辛

無錫旅滬同鄉會十週紀念

蔡培

自丙申以還五口之商約既定未四十年間以蕞爾海邑遂一變爲東亞國際商場樞紐歐輪美舶千里連軸梯航輻湊遠接萬國樓干霄漢歌奏霓曲珍逾五都泥沙珠玉大道虹馳人肩摩轂篤三都之繁榮跨兩京之富麗津港未喻其匹巴倫莫與比京于是東南數省懷瑾握瑜之士出其聰明才智交相競走絡繹海上門角鈎心摰爲福利以顯其才技商則挾計然白圭之策操奇計贏工則具墨翟公輸之巧焦神極能士則囊橐筆墨譯著海曲合東西于一罏友莎托而揖王陸人才會萃固已如斯論文獻則玉軸琳瑯書聚海國文化馴成導府覽地勢則控制東南屏藩京邑政治運其中心此古人所謂爭名於朝爭利於市者此皆兼以備之顧我錫邑峯有龍山之奇水有蓉湖之秀山川靈淑所鍾獨厚且復蓬萊在望東去海上不三百里舟利運河之流車有鐵道之便辰發巳至速於置郵於是鄉邦人士擔簦負笈結駟連乘冠蓋相屬相將而東往者近幾萬人其經營也士則政治顯達學術傳誦工則藝術發明技能精進商則紗廠米粟穀駁乎操省市之牛耳豈但桑梓爭輝亦人已兼利非虛語也縱觀游憩海上之士其辛勤固已如是況乃賦別江淹背離井閈登樓五粲遠作寓公尊鱸之思芍藥之句千古羈愁同出一轍欲慰此情將何以遣於是杯酒聯歡覺鄉誼之益切他方敘舊念情感以倍洽斯時也極人生之樂事忘異地之愁懷老幼雜座觥籌交錯竭情盡私杯盤狼藉信人羣之聚合在羈旅爲尤親是則同鄉會之設立豈徒然哉然溯自成立以來迄今十年鄉誼敦睦衆譽翕然排難解紛我師魯連相扶救濟遠法孟賢致富儲金美誤史遷況復誅茅除茨厦宇輝煌綴玉聯珠發爲文章綜此以觀是則人之有羣羣之有會會之爲文又烏可忽焉況羈旅乎抑聞之斯文之刊也非但讚美德紀頌揚且將本數十年羈旅之經營及各個經驗學識之所得共借斯刊以表出之俾後之覽者明乎成敗之勢得失之機備殷鑑焉余別離海上數載於茲戍會未逢徒瞻仰企遠念留者風雨海涘遙疏短引以託情思文既成並系之以詞曰海上雲氣鬱而蒼東海之水流且長中有吾鄉瑰瑋穎傑之士兮學工商遠適百里兮相徜徉廣設會以聯歡兮擧卜宅以建堂協和鳴而聲應兮輝珠玉於文章利經營其發展兮如旭日之煌煌

無錫旅滬同鄉會十週紀念

滬瀆當江海中外要衝爲冠蓋學子商旅之所駢集各省市皆有同鄉會以聯鄉誼其規模最大者莫如粵甬吾錫距滬尤近旅滬同鄉會之設立亦應時而生其間締構經營成績昭著是皆由於當事者之苦心孤詣及旅滬者之翊贊維護好義急公至堪欽佩使更歷年所事業當益發達行見與粵甬鼎足而三爲吾錫增光可以預卜茲値十週徵文爰識數語用當頌禱藉誌紀念民國二十二年十一月無錫旅京同鄉會常務董事江禪山張軼歐杜滛敬贈

無錫旅滬同鄉會十週紀念辭

匡啓墉

詩人賦小弁遞及三章譜恭敬梓桑之誼和聖爲士師雖經三黜不輕去父母之邦大抵先人邱壟所在幼年遊釣所經比閭族黨所羣處情深義重仁人君子固將歌於斯哭於斯聚骨肉於斯莫不戀戀於此土詎忍忘本而他去哉雖然男子初生以桑孤蓬矢六射天地四方其文詳於禮經所以示男子宜有天地四方之志也余亦儼然一男子行年十有八即作餬口四方之計春申江畔乃我國通商大埠遂以此爲目的地而託足焉僕僕風塵中始則爲身家謀繼則爲社會謀且爲故鄉之社會謀猶夫不忘本之意耳雖曰有志而未能盡逮而私願亦藉償萬一焉而羈旅於此昕夕求償而不敢稍懈者迄今已歷四十

年矣吾鄉人士有於此四十年前先我而來者有於此四十年中接踵而至者或厠身於政界或蜚聲于學校或建業於工廠或擅勝於商場大有人在吾同邑之旅滬者不下二十萬梁溪惠麓之鄉音隨在可以聲入而心通卽無不感孚而無間民國紀元十有二年同鄉諸君有組織無錫旅滬同鄉會之舉自始事至今已歷十春首任理事長則由蔣君哲卿承之現任理事長則由榮君宗敬承之常務理事則陶君仞千任之其購置會所創辦儲金設立學校聯絡同鄉之感情救濟同鄉之艱危排解同鄉之糾紛前後十年間兩理事長以及常務理事亦旣煞費苦心矣雖已去父母之邦仍各盡梓桑之誼錫滬相距雖三百里而遙而自有此會在滬不啻在錫不忍忘本之意固油油然也顧名思義實獲我心然事業無所謂止境事功必望其高深而今而後吾人對於會務必使之日趨於擴張而日臻於美滿始不負組織此會之初衷而博得組織此會之大效則吾敢薦晉祝詞曰無錫同鄉萬歲無錫旅滬同鄉萬歲無錫旅滬同鄉會萬歲二十二年十一月一日

紀念無錫旅滬同鄉會之我見

馮緒承

討論國事結合民心必有一整個的團體適宜的地點作大規模之運動於是乎有會

觀天下者觀國觀國者觀鄉國由鄉始於是乎有同鄉會

我無錫旅滬同鄉會發軔於丙午夏五月建議者爲同鄉鄧栽臣先生時鄧君就學於上海南洋公學與

緒承同時肄業之震旦大學相距不及一里每逢課暇彼此往來或談時事或論學術一日生面別開談及我邑同鄉僑居滬上者人數不下十萬自應共同設法起而組織一強有力之大團體如同鄉會者以聯絡鄉誼及進展旅外同鄉之福利爲將來民團救國之準備質諸緒承緒承滿口稱是不敢謂非一時贊成者有震旦同學陳翰翔楊谷受楊代時陳晉三及楊健霄等公議敦請南洋公學監督唐郛鄭先生及中等商業校長胡雨人先生爲發起人而共策會務上之進行方針其籌備地點一在震旦學院一在南洋公學經之營之明效大驗至丙午五月初八日籌備事成遂假錫金公所舉行錫金旅滬同鄉會開幕典禮主席爲同鄉老前輩許靜山先生到會者有唐郛鄭胡雨人俞仲還丁芸軒丁梅軒及匡仲謀先生等四十餘人首由主席報告開會宗旨次演說組織錫金旅滬同鄉會援諸目前形勢尤爲必要衆無異議一致贊成嗣由唐郛鄭及胡雨人兩先生提議同鄉會成立後應先興辦日夜校義務教育以便同鄉中貧苦青年有失學者可導之使學衆議倡辦錫金義學議決改義爲旅字附議者有鄧君栽臣與緒承爰公推祝蘭舫先生爲校董校址暫借錫金公所幷推舉胡雨人先生爲校長通過散會未及兩月七月朔而同鄉會議决創辦之錫金旅學乃產生此爲錫金旅滬同鄉會開始萌芽時代之破天荒大事紀也令人值得紀念者一

無如錫金旅學成立之日卽錫金旅滬同鄉會退休之期以唐郛鄭先生北上會務主持無人也時隔八載歲次甲寅同鄉曹翊臣先生熱心公益銳意欲恢復錫金旅滬同鄉會作復活之舉動授意于緒承幷謂如何可回復錫金同鄉會如何可維持錫金旅學其言若有恃而無恐者緒承以錫金旅學教務上之關係未能顯然在外從事宣傳祇得秘密構結在滬各業代表爲後盾復請曹筠士先生擔任外勤工作奔走呼號于南市閘北之間以期達到同鄉會復活之目的二月三日應張雲樵先生老半齋之宴請相約規畫進行曹君翊臣報告祝蘭舫先生獨捐洋二百元爲臨時籌備費曹君筠士報告會址暫借北浙江路天祿里內六號爲臨時辦事處當時曹君翊臣自認爲常務主任緒承副之曹君筠士爲交際曹君竹軒爲會計議定要件多種由開籌備會時議决通過之二月五日卽假錫金公所內錫金旅學開第一次籌備會到會者計達四百餘人由曹君翊臣推舉祝蘭舫先生爲臨時主席當主席未經登台之前忽有數人出言反抗迨一經登台便有一百數十尊生鐵羅漢從中大喝倒彩簡言之卽爲反對主席見機下台輟唱幸有周銘初及周寄湄兩先生並與竇孟幹先生不避艱險從旁解釋開會內容以息會場上之糾紛于是羅漢氣解還怒於孟嘗君之食客一時打毀錫金旅學之聲浪甚囂滬上豈知打破暗潮緒承反得在外大肆活動與各業代表時相接洽討論會務議决五月十三日乘錫金公所開會團拜之機向周總董舜卿先生提出三大問題以備採用

(一)添設四等殯舍(二)施給平民醫藥(三)維持錫金旅學具呈人爲各業代表如吳臣笏匡仲謀陳瑞寅周銘初張遠生劉寶昌陳鶴年孫少良徐可亭張守仁張雲樵及蔣樂霙等團拜先一日書卽付鄧書至正鄉先輩鄉飲旣畢之後周總董覽呈批閱慨允一律接受言定准交下屆九月十八日第三次例

會核奪施行足見深明大體公而忘私周總董之嘉惠同鄉豈若輩不顧公益專以武力餉人者所能望其項背也今日者周總董往矣四等殯舍建築如故也平民醫藥循例舉行也所惜者旅學不啻短命死矣此爲錫金旅滬同鄉會恢復後第二進展之好消息也尤令人值得紀念者二

總諸同鄉會如一日不死公益事卽多一次發生但以金錢魔力到處困人同鄉會自經恢復之後又以捐款無着會費告罄頓起飄搖風雨之感除實收祝蘭舫先生二百元匡仲謀先生五十元吳臣笏及陳瑞寅合捐五十元俞仲還五十元張守仁三十元劉保昌十元曹翊臣四十元以及緒承八十元外幾乎無款可捐有人建議遷同鄉會於鐵業公會節省開支以請張子昌先生兼理同鄉會上行走緒承聞之絕對不敢贊同蓋建議者以爲一舉兩得轉商于祝蘭舫先生而實行其獨裁主義雖各代表相繼力爭而大事去矣未及一月同鄉會又賦悼亡此乙卯四月五日事也自此再無有人提倡組織錫金旅滬同鄉會者

鉅今十年時維九月有同鄉顧名世者(革命先烈爲孫傳芳所戕)與緒承友善曾在市北公學掌教對於教育頗具熱心以錫金旅學復活問題倩緒承予以援助緒承以去學就工已非一日無心教育未敢贊同遂介紹於蔣哲卿先生時哲卿先生寄寓一品香前往接見適與吳臣笏先生對坐談話緒承卽述及來意哲卿先生謂辦學尚非其時復告以先恢復同鄉會而後興學如何答允姑待考慮未得要領相與言別別後二月有錢湘伯先生忽來北站郵局囑緒承爲籌備無錫旅滬同鄉會發起人然未悉其中

底蘊局中又不克侃侃而談乃相約於同羽春一叩究竟湘伯先生出示宣言書一紙見書中所發爲發起人者有一百四十九人之多緒承祇得簽在三分之一之末一名所謂淺閱猛一發而散蔣哲卿先生於是大事徵求孫詢芻袁哥被舉爲征求隊之一每組二百人緒承代爲徵求計達一百九十五人代墊會員費一百二十元詢芻袁哥即將七浦路所購之地產以三分之二貶價出讓作爲無錫旅滬同鄉會會所一時規模美備會所工竣在開大會時會員達五千名以上會長公舉蔣哲卿先生祝蘭舫先生副之頗極一時之盛此後哲卿先生離滬蘭舫先生逝世理事長推榮宗敬先生匡仲謀先生爲副理事長忽忽至今已屆十年其間所辦善舉首推齊盧之戰其次南北之役最近更有一二八之戰役救濟同鄉數達萬餘他如興辦夜校等等猶其小焉者也緬懷感德樂利詎貽謂非鄧裁臣先生首倡之功祝蘭舫先生中興之力蔣哲卿先生圖成之效以及榮宗敬先生與匡仲謀先生相繼熱心維持與陶叙千周旋其間而有以致之也緒承何力之有焉緒承不德忝爲理事五年以來一事不理所理非事空懷圖報之心長和濫汚之調有心無力負我桑梓所望同鄉諸君子不吝解囊慨助常年基金俾無錫旅滬同鄉會作一勞永逸之計緒承當代同鄉會九頓首以謝沒世不忘其功爰撮概略以資紀念藉答徵文幸垂鑒焉

無錫旅滬同鄉會十週紀念文

裘可桴

無錫於北平有會館於上海有公所茲二建設南北並峙咸稱便利顧未聞有旅京旅滬同鄉會何也彼時集會不能自由也蓋自海內定於一尊虐民不附己則挾其雷霆萬鈞之力武健嚴酷之法先謀所以渙其羣而弱之

其爲法集會至二十人以上不問用何名義輒以匪論以故死者不可勝計而偵吏圖功仇家告密之風益復大熾於是海內騷然罔不人人自危久之漸失其組織之能力而人類固有之羣性亦且浸微浸滅爲害之鉅乃至四萬萬民成散沙由果溯因其所從來遠矣民國肇造揭櫫集會自由無錫旅滬同鄉會乃始成立迄今十年兩逢戰禍一遇水患救災卹鄰惟茲會是賴及其他私人團體力所能及輒代呼籲亦茲會是賴茲會於羣蓋猶乎小矣而成效昭著若此異時組織能力日益發達羣體日益偉大進步殆未可量吾馨香祝之

恭祝無錫旅滬同鄉會十週紀念

賈春華

二十世紀之同鄉會即古之鄉飲鄉射及今之公所會館爲同一羣衆名詞其命名雖異而取義則同換言之亦即民衆合羣的表徵而中華民國黨治的生產品也民國肇造集會自由我無錫旅滬同鄉會應運而生成立以來于今十載其成績何若其有利于同鄉與否固爲旅滬與非旅滬諸同鄉所共聞共見而無待執筆者重言以申論之也

雖然孔子有言知之者不如好之者好之者不如樂之者我無錫旅滬同鄉會有二十年之歷史十年之成績不此之謂紀念之謂何矣試一論之

一絲易斷也合千萬縷而無斷之可能一矢易折也束百十矢而無折之可必今我無錫旅滬同鄉數逾十萬若能衆數報名入會席一大同之見俾內外合爲一氣上下合爲一心其爲利益雖指難悉將見（一）可以聯絡感情流通聲氣（二）可以征見親密衆泯猜嫌（三）可以有事交涉互相援助（四）可以增廣智識共同研究有是四端舉凡論政治考播植製器用資有無者事事皆繼衆周諮處處委曲詳盡道不患不講田不患不治獄不患不精貨不患不輸如是一鄉之內藏焉修焉息焉遊焉善惡知焉勤惰知焉智愚知焉是故入會者不惟盡一己之義務且可享羣衆之樂利焉可袖手觀而充耳不聞裹足不前也不寧惟是冒危險茹苦辛恤救患難尤爲同鄉會應盡之職責歲在甲子齊盧尋釁吳越構兵烽火連天滬寧擊應錫邑同胞亟命求救生死關鍵迫在眉睫我同鄉會倡辦救濟一夕僱輪四艘自滬放行救出遇難同胞七千餘人無一不爲之謀安息給飲食施藥物七千餘同胞得慶生還凡此諸端皆爲恤救患難之要著非同鄉會其孰能與於斯

大兵之後又遇凶年全國大水爲患而無錫一邑忽亦變爲災區哀鴻遍野慘不忍覩山芋數片苦莧一莖療飢之食凄涼哉是刈草帶月黑菜血肉之軀能幾同鄉會發起散放急賑分區辦給拯起災黎非然者災民無生存餘地其非死不流爲沿乞即流爲賊竊或且望洋興歎不爲溝中之瘠者幾希回顧同鄉無噍類矣於以見同鄉會注意水患不次于兵水患既去而一二八之戰禍又來閘北居民身入將穽當斯時也天傾地坼鬼怒神恫日月無光風雲變色木屐一聲猩呼僕倒洋場十里到處流民言念同鄉居於南市閘北間者生死莫測殆哉岌岌誰爲援手誰具善心我同鄉會再事救護亟謀所以善其後乃商妥紅卍字會與與老公茂輪局協定即將一般被難同鄉分批運回故里以避戰禍而保生命耗費逾二千金人數達一萬外如此善舉詎不曰同鄉會加意兵災更甚於水由此觀之同鄉會十年來之成績其特色處凡三開口不可磨滅者且理宜措詞伸祝以資紀念爰舉所知撮其大要藉答徵求尚亦諸君子所樂聞也乎

無錫旅滬同鄉會十週紀念之回顧

竇孟幹

上海爲吾國通商巨埠又爲世界著名之商場距無錫二百餘里近二十年來輪船鐵道爭務紛起滬錫交通尤稱便利十年前旅滬同鄉約計十萬人各個競爭同業同事而外如散沙之難聚僅有辦慈善事業之錫金公所寄柩施醫並爲鐵米兩業會議所在祝蘭舫先生曾設旅滬公學於其中最足使人景仰公所每年如五月十三等日集同鄉祭關侯演劇酬神並備酒食此外則旅滬同鄉無集會之所也蔣哲卿先生邀之集同鄉若干人組織無錫旅滬同鄉會先租房屋於河南路爲會所倡議聯絡同鄉感情分力合作爲同鄉謀福利當時響應者甚衆至榮宗敬先生爲理事長時本會購置會所於七浦路落成日

上中經軍閥禍蘇𤻲盧戰爭同鄉避難來滬及本會派人援救來滬者本會之設施有相當之勞績非公所所能同日而語亦爲同鄉所稱道近年會務間有衰退之象定期開會往往流會因失約者漸多到會者一再遇流會下次又不至矣會員納捐往往推宕收捐者一再登門不付者不責己之不履行反以收捐爲可厭會員如斯莫非衰退之因故較諸寧波同鄉會瞠乎後矣推原其故旅滬同鄉十萬人中貧者居百分之九十故有靳而不納會捐者僅能自給者又鮮急公好義之心因此辦學校之美舉不見於本會則積極機關反不如消極之公所此智識階級之失望於本會者也理事評議員額設無多供不應求此好名之人失望於本會者也其次如鉄工業麵館業等每年不得如公所有幾次無代價之聚餐亦失望於本會者也有如此失望之人會務當然不能日新月盛然綿延至十年之久較諸號稱愛國之不用仇貨及航空救國等數月卽忘者亦足以自豪矣今後希望於理事評議員諸先生者理事評議兩會不再流會共策進行又如本特刊等設法宣傳勸募開工廠諸同鄉設旅滬同鄉工人託兒所於工房附近直隸於本會以爲各地同鄉會冠勸募開醫院諸同鄉增訂廉價特約持會員證者優待之花柳病不岐視免費防疫種痘由本會酌貼藥資本會組織消費合作社擴充夜校不限於同鄉非同鄉則酌收學費爲聯絡同鄉感情計音樂會聚餐會等及時舉行會中增設太極球太極棍倩人指導定期練習以爲增進健康之助敢貢一得之愚聊作芻蕘之獻

無錫旅滬同鄉會十週紀念頌詞

唐滋鎮

滬上爲全國商業樞紐人文淵藪邑人士之旅居食息於其間者項背相望民國十三年甲子同鄉熱心諸公爲聯絡鄉誼起見始有同鄉會之設立徵求會員購置房產創設儲金籌辦救濟凡有關同鄉福利之舉莫不依次推行至爲同鄉排解紛爭尤難僂計茲當十週紀念之期爰擴蕪詞爲之頌曰

異鄉作客蓴鱸興思班荆道舊羈旅所期況乃集桑梓於一堂悅情話於異地以敦夙好以聯鄉誼惟我滬會有作有爲十載辛勤實著名垂行遠自邇登高自卑民族初步大同始基

無錫旅滬同鄉會十週紀念誌盛

唐星海

孰謂吾人似散沙鄉情聯絡正無涯會看團結堅金石全國精神如一家

異客他鄉慨古今從茲海上盡知音十年經始賢勞著贏得淸名遐邇欽

無錫旅滬同鄉會十週紀念

張秉鑫

追陪頗足壯精神十載于兹紀念新輪奐廣庇華國士笠車雅集梓鄉人儲貲益世風崇儉飲水探源誼倍親引領惠峯常在目青葱無際海天春

同辭耕鑿枕淞臨文采荆蠻冠藝林宴賽鷄豚歡序齒訟排雀鼠息爭心刼灰僕黑山無錫歇浦流黃市湧金惆悵蕪才搔鬢短早梅香候促題襟

無錫旅滬同鄉會十週紀念

楊少棠

交通滬錫往來便濟濟同鄉旅滬壖聯絡感情敦氣誼主持會務仗羣賢

大端擘畫惠枌榆百密由來無一疏置產儲金籌救濟口碑載道信非虛

糾紛排解賴平亭淸濁難淆渭與涇息事寧人本公論慣將唇舌企無形

會成海上印中堅忽忽而今已十年我綴俚詞攄蓄念愧無鉅著寫鴻篇

前驅

侯湘

吾無錫劇邑也其生產之豐富過於他邑民智之開通先於他邑故其民挾其貲負其才以發展於各地吾同鄉旅居於滬已有八十餘年人數之計算約有十餘萬士農工賈各界莫不有吾同鄉之足趾在但時至今日世界之距離日益縮短生存之競爭日益劇烈昔時視爲全智全能者今或成爲庸材朽木昔時視爲金城湯池者今或成爲竹籬土堆

文明以互相觀摩而進智慧以互相切劘而精而爲其推動機關卽合法團體故團體之任務不但聯情感互通聲氣而已

同鄉會之設立將爲我十餘萬同鄉謀福利其名義爲合法之團體而其任務不啻求智之學府而上海一地萬國雜處機械詭變而同鄉會又爲一駐外之領事館其責任之重於此可見然十年來當事諸公

旣屬殫精竭慮但成績仍不能超過諸同鄉所屬望者斯皆我同鄉散居則久相聚則暫精誠團結無由實行有以致之

歲月不居時節如流前十年之同鄉會爲已去之成績以後無限之歲月爲吾同鄉會進行之路線至若文字之宣傳不過前進之喤引其前進之成績當以事實昭告

旅滬同鄉會十週紀念詞

秦頌陶

旅滬春秋倏十週同鄉團結感情收若非榮蔡諸君力濟事安能共一舟會友趨蹌兩萬餘滬南滬北盡聯裾爲憐貧苦無資者建學栽培夜讀書貲財彌拓光彌大中校銀行次第成越過四明超兩廣商情到此更欣榮我亦追隨近十年愧無建樹到君邊衹緣紀念留鴻雪勉作新詩答俊賢

祝無錫旅滬同鄉會十週紀念

徐稼如

溯自無錫旅滬同鄉會成立迄今瞬已十年在未成立以前不知經過同鄉諸公幾許的努力經營和熱心贊助才能從理想中達到實現的願望故吾人對此十週紀念更須連想到十週以前諸公之勞績及現在同鄉會任職諸公之循着前跡勇往邁進以造成光明燦爛的合法集團並爲我十萬餘旅滬同鄉增光榮謀幸福這固然要感謝領袖者措施有方暨任職者辦事的熱心但是同鄉諸人對於同鄉會一方面固須有深切的認識熱烈的擁護一方面亦宜站在監察的地位同來督促與指導使同鄉會的精

神得以永久的存在

按照現在一般人的心理和普遍的事實往往在創始時期無人不竭智盡慮求意想中的事業均能有欣快的實現而在創始期後亦未嘗不兢兢業業跨着闊步一路高唱着前進由及至經過某種時期以後自視成績以爲很可觀了精神上也有些疲乏而應該休憩了所有一切的事業均由此而停頓或因此而銷沉實是數見不鮮但是何以有這種心理這種現象當然是對於已完成的事業以爲有了堅固的壁壘優厚的聲望很自得很傲慢地不加視察不加整刷這樣下去難免不有傾圮的一天所以在創始期前需要熱心和努力的人材創始期後更需要精神貫一任事不懈的人材

久站在落伍而沒甚出息的藝術界上的我與社會上一切晉接的機會很少所親察到的也祇有親身所經歷過的事實現在就來說一說作個比喻本來我國數千年來有系統的文化和藝術研究之者都爲一般人業餘的遣興並不是以研究到的心得出而易錢的所以作品的優劣亦不致受到人們的譏評到了生産落後的現在一切都在飄搖和恐慌中過日子要想和古人一樣閒情逸致的風流自賞真是夢想不到的了至於書法繪畫或雕刻等一類藝術在研究時既須具堅苦的心志敏慧的思想及至作品稍有可觀偶然受到一二人的信仰以錢來易心血的結晶或受了環境的支配不得已以藝糊口往往就能聽到不着痛癢的批評這種苦處向誰去訴說有誰來諒解藝術家如此一切事業亦是如此但是藝術家總須求作品的精進務使無懈可擊即使仍有不確切的譏評祇要自問是否審慎周詳心神

文藝的出品當然受了人們的錢於良心上是無所愧的至於我們同鄉會好像是一個藝術家所幹的事實猶之藝術家賣錢的作品既要同鄉諸人的贊助自須於辦事上努力的改革和進展就是依舊得不到好評只要求良心上過得去本着奮鬥精神實心實力任勞任怨的爲同鄉們造福在以後的十年百年以至無量年定能有更偉大更光榮的事績炫耀於吾人的眼簾旅滬的同鄉們快盼企着吧

二十二年十一月三十日草於海上寓次

無錫同鄉會十週紀念祝詞

孫志道

脈脈泉山引興濃與君社酒話新豐非誇波楯良選地敢學維桑敬必恭揖來珠履三千客坐羨忘機十八公猶憶春申勤鯉對當年經始感從同

無錫旅滬同鄉會十載紀念詩并引

錢翼振

申江爲各國人文薈萃之區邑人之遊是邦者溯厥源流由來已久疇昔交通未便先達諸公於客地聯鄉誼嘗設公所爲各界通聲氣並及慈善民國以還樹立事業於滬上者日益繁盛爰有同鄉會之設成立以來銳意進行規模大備旅滬袍澤不啻認爲第二家鄉足徵主其事者之精神茲屆十載紀念爰賦七絕四章以表欽仰

規模設備是如何分得梁溪靈秀多畢集羣賢成雅會政軍商學盡包羅

談心得侶逢三友握手言歡共一堂聞說春申江上客互通情愫似家鄉

錫山綠葉振飄颻美雨歐風動怒潮疇昔也曾陪末席愧無貢獻對同僚

彈指光陰十載來經營組織仰羣才儲金救濟皆餘事成績斐然衆所推

一夕談

健華子記

昨夕餐後無事閒坐與家人圍爐樂而談天達兒忽叩而問曰今日吾國內憂外患情勢至險其病源何在可得而聞乎余不禁痛心疾首答之曰安內攘外古人明訓吾國自改革以來內既不能團結何足以談攘外故外患之來如草上加風束手待斃中國之地其日割而亡勢難免乎然國人不論上下貧富猶多昏昏不自醒蓋人心已死此吾國所以挽回乏術也兒曰然則科學救國捨此詎國答曰科學其用人心其本本不清其源欲揚其流甚矣禍之更甚也曰請聞其說曰人心者天道也天道禍淫而福善與衰而章盈今日中國之社會惡善之念日出瀰留公益之舉好名求利暗殺淫劫之事報紙無日不日新月異雖曰國難臨頭尚共業國造使然究其實人人不務實力苟求僥倖道德淪亡廉恥喪盡爾已人心有何望哉兒曰人心可移亦可改善今日中國苟有大英雄出而奮臂讚華盛頓志業創造新中國未始不能轉危爲安反弱爲強耶曰是誠然中國人民政府果能躬行實踐華盛頓之堅苦卓絕爲國爲民內戰立可轉爲攘外國私更易變爲急公今日青年好學之士人人可爲華盛頓第一要心地光明招收爲善第二要

甘苦如飴不屈百忍第三要勇於改過從善如流第四要絕盡僥倖以身作則第五要潛心究學爲國施用第六要愛人如己勿戕人惡第七要去惡務盡斬草除根第八要己所不欲勿施於人第九要不畏艱險惟義是從兒能若此自成社會領袖國家棟樑中國前途人人若此定有爲乎兒曰唯唯自今夕始吾益不敢稍懈以達到華盛頓之人格新中國之造成兒有責矣兒更願有華盛頓其人再出作兒師及衆青年之師則來日之光明磊落其可計日而待矣余曰善日前承吾邑旅滬同鄉會有十週紀念特刊徵文之招因將昨夕談話記出以應之

中華民國二十二年十一月三十日健華子述於滬寓觀鴿書齋

無錫旅滬同鄉會十週紀念頌詞

施復侯

九峯鬱鬱梁溪湯湯人材蔚起薈萃申江
既建會所人事紛紜挈領提綱惟慎惟勤
曾參末議應贊一詞公衆福利實繫於斯

旅滬同鄉號稱十萬工商政學悅近來遠
光陰如駛忽忽十稔成績斐然梓桑成蔭

無錫旅滬同鄉會十週紀念詞

王立齋

吾錫位於太湖之濱土地肥沃物產豐饒在昔號爲劇邑自道光之季上海闢爲通商口岸於是吾邑商

業者其向外發展大都集於滬光緒季年滬寧鐵道告成滬與錫路之距離驟焉縮短邑人就滬圖謀者其緣是激增日漸月積即吾邑之社會習俗亦頗受滬上之影響然則吾邑與滬之關係既如此其密切吾人急欲繼續發展尤當何如比年來約略統計之吾錫全邑人口約四十萬餘而旅居於滬者約十餘萬此則旅滬人數實佔四分之一其數量之鉅以及邑人勇於進趨之心理至足多也

跡滋滬於其地寄生命財產於其地對於其地之感念當何如對於客中之鄉誼當何如此點不能不有深切之認識也古者同處閭里尚能出入相友守望相助疾病相扶持況於萍水相逢哉故吾人對於所至之地即當設法使其繁榮對於同鄉感情即當設法使其聯絡則利人利己之圖謀施由兹始之美德也詩曰惟桑與梓必恭敬止

在二十年前鄧先生栽臣馮先生緒承默察時勢以為非合羣不能自固非合羣不能擴展事業於是聯絡同鄉為合羣之先聲組織同鄉會為集合之樞與當時聞義而起予以實力援助者有許先生靜山周先生舜卿祝先生蘭舫宣先生埜山但時機未成孰雖有大力驟難促其實現迨十年前始由蔣先生哲卿榮先生宗敬匡先生仲謀等加入繼續努力纔使今之七浦路巍然廣廈之突現於眼簾也

同鄉會始創至今已十年其事實足以告訴者有夜校俾青年志士有求智之場所有臨時召集之慈善事業以援助同鄉之流離失所或不能自存者有義務法律顧問以為同鄉排難解紛以昭雪非法誣蔑者有俱樂部京劇社以聯絡鄉誼調節辛勞者凡此種種俱已實行將來加惠同鄉事業正不知復有幾

許此任事諸君及在滬諸君責無旁貸

積幾許時間積幾許智力纔能得此成績創始之難吾人當有深刻之感想使福利普徧於同鄉使榮譽永遠保存此繼事者之天職人人當有黽勉之精神若乞靈於文字者之宣傳此過度支票其緊要關頭尚在兌現之際耳

由無錫旅滬同鄉會追憶常府同鄉會

徐可亭

人情莫不愛好過去厭惡現在而寄希望於將來蓋現在所給予類皆難滿人意倦勞係之厭惡亦隨之矣過去則受歲月之庇護使吾人忘去不如意事僅憶及可以留戀者可以紀念者至於將來偏於理想而少事實伸縮自如最合人心故吾儕寄之以希望然無過去則無現在更不論將來矣飲水則思源過去尚矣無錫旅滬同鄉會成立迄今恰交十載此十載中滄海桑田不知幾番即此同鄉會本身自建議籌備成立以至發揮光大其間層層折折苦甘哀樂更僕難數諸君既詳言之毋庸僕贅詞然僕恐今日同鄉會中諸少年英俊祇知有無錫同鄉會而不知有常府同鄉會也父老或言之旋亦忘之矣苟無常府同鄉會之建議或無無錫同鄉會之產生紀念此而忘彼烏乎可

遜清之季邑人之旅滬者欲組織同鄉會適時上海繁盛遠不如今日錫人旅中者亦屬少數吾儕明知同鄉會之重要惟人數過少難成事實於是有擴大範圍之議武進沈子幼卿劉子厚生邑賢俞子仲還丁子耘軒楊子子佚周子舜卿等假座錫金公所討論創設常府同鄉會成籌備會集得開辦費百五十元僕不才亦追隨諸君子後略盡棉薄開辦費存入信成銀行不久該銀行停業此款幸得收回由僕保管光復後人事變遷團結為難商諸同仁以該款捐助閘北慈善機關而常府同鄉會之計劃於焉消滅自彼迄今幾三十秋當年同志或散或卒依舊聚首者有幾往事雲煙不堪回首

常府同鄉會之計未成此後數度建議設立無錫同鄉會亦未實現民十三蔣子哲卿重申前議祝子蘭舫周子舜卿榮子宗敬匡子仲謀等乃促成之榮子之力甚鉅既成丁子梓仁丁子仲祜孫子北萱陶子仍千王子堯臣等主持會務任勞任怨至堪敬佩其餘諸賢共心協力謀有所光大之者今日之同鄉會辦理完善難生異議然白圭之琢不嫌精細一事之成不嫌周詳以今日辦理完善之同鄉會晉而改良之使之更虎虎有生氣使吾同鄉更蒙其利益斯固吾人之希期亦即吾人之職責也

無錫旅滬同鄉會十週紀念

王堯臣

往事費經營開勝會十周藉資紀念

前途宜奮進往同鄉羣起共展新猷

無錫旅滬同鄉會十週紀念頌辭

蕭效仁

羣策羣力扶闕興邦桑梓誼重會立同鄉旅滬將事欣易十載回顧成績卓爾非常胞與為懷俠義兼當

援災拯急慷慨傾囊英才清正時病之方諸公德澤長播芬芳

無錫旅滬同鄉會十週紀念

浙東陳之錡

渙者使之萃堂堂正正名事從羣力集書是積功成何必新豐市聯將衆志城從無秦越視自勝笠車盟
尙儉留餘地尊賢薄上卿風塵忘旅感簫管總和聲路弭岐時誤爭由理喻平有誰譏雀角更聽息鴻鳴
輪奐何傷美尊彝許共擎關心稽歲月回首溯經營紀實詞非假編年序未更如何班馬手來紀梓桑情
直筆都成史長途試計程錫山山億載光照滬江明

謹答無錫旅滬同鄉會十週紀念徵文

馮雲初

溯自丁未歲以上除上海所稱爲某公所及某會館外不見任何團體如同鄉會者有之自無錫旅滬同鄉會始

雲初下愚蟄居錫地識淺量狹不勝自克或悲時勢或慨世態服務故鄉莫非國家身世之事年復一年徒傷老大竊思與其作一鄉一邑遊何如作一省一國遊桑弧蓬矢男兒志在四方況潮流所趨惟俊傑能識時務再不能安於固陋自同井底癡蛙固矣己巳二月堅志離錫卜居申江日與旅申鄉父老子弟談笑遊戲融融洩洩如在一鄉心中不啻別開一新境界較諸品茗惠麓踏雪梅園其風味攸足多矣夙聞七浦路無錫旅滬同鄉會爲吾鄉先達及鄉善士捐貲創造嘉惠桑梓景慕所至心嚮往之然個中三昧不得而知且知而不詳無已就詢於老宗台緒承先生緒承先生告余曰同鄉會者合羣之素苗也此羣與彼羣交涉其羣之結合力大而強者必羸薄而弱者必絀倘人人知有身而不知有羣則其羣必

渙落摧壞而終被滅於他羣此千古得失之林矣無錫旅滬同鄉約計不下十萬苟能羣策羣力內吾羣而外他羣則羣無不力事無不濟明明旅外之鄉自治也南洋公學鄧載臣先生有鑒及此親蒞震旦就商於陳君翰翔組織旅滬同鄉會緒承得參末議力贊其成丙午夏五月遂開創立會於錫金公所祝蘭舫先生獨捐鉅貲倡辦錫金旅學未及一月而事遂竣自丙午而庚戌鐵業同鄉不滿意於同鄉會羣起反對大有滅此朝食之勢周總董舜卿先生顧全大局力任調解然其時同鄉會已顯呈一不景氣之轅下駒矣最後聘哲卿先生篤念鄉誼搖旗吶喊不費一舉手一投足之勞竟將無聲無臭之無錫同鄉會一變而爲集會自由之應時品實深欽佩蟒居十年會中成績以救濟兵災捐助水災等事爲最足掛人齒頰者茲恕不贅述

雲初聞其言始憬然於無錫旅滬同鄉會之略歷起訖凡三十年今日爲正式成立後十週大紀念是不可無詞以祝要不可無詞以勗祝者紀念夫既往勗者策勵其將來就同鄉會今日之現象而論或未許爲樂觀爰草泐數端在愛護同鄉會諸君子亦宜當之爲戒旦之鷄値此時其嗚嘐嘐也可

一改良徵求會員二速籌常年基金三選舉有用人才四敦請各業代表五聘請坐辦一人六各人分科辦事七添招女性會員八財政務求公開九組織各種娛樂十改良旅刊內容十一取締無故缺席十二理事長之任務有此上列數種之便益我無錫旅滬同鄉會猶得謂不能鞏固將來吾不信也故吾勗之實欲祝之惟其祝之所以勗之倘亦十餘萬旅滬親愛的同鄉其或有表同情於一得之愚者乎

無錫旅滬同鄉會發起人會攝影

無錫旅滬同鄉會第一屆職員攝影

民國十四年九月二十七日無錫旅滬

同鄉會第二屆會員大會攝影

無錫旅滬同鄉會第三屆會員會民國十五年十一月廿日合攝影

無錫旅滬同鄉會丁卯春節聚餐後攝影

勇毅可嘉
客臘蘇齊二次稱兵重禍吾錫附郭數十里咸受刼掠難民載道旅滬同鄉爰有救護隊之組織前後出發九隊此幀為特別救護隊隊長陳君激庵勇毅果斷遇事身先各隊員出入槍林彈雨之中奮不顧身成績卓著特誌數語以表欽敬
民國十四年乙丑二月無錫旅滬同鄉會謹識
薛逸如書

前副理事長祝蘭舫先生遺影

前副理事長孫詢芻先生遺影

前理事孫鶴卿先生遺影

前評議員張卓仁先生遺影

現任理事

榮宗敬 匡仲謀 張秋圃 蔣哲卿 王禹卿 朱鴻昌 馮緒承 楊伯庚
蔡兼三 王堯臣 陶仞千 劉春圃 蕭效仁 陶若洲 賈春華 尤菊孫
王作霖

現任評議員

丁梓仁 孫北萱 鄒頌丹 丁雲軒 施復侯 查仲康 榮月泉 胡頌銘
顧執中 秦絅孫 尤榮伯 榮瑞昌 梁燮永 孫秋屏 于義庭 徐可亭
蔡禹門 毛鑑清 吳臣笏 張頌南 孫志道 季雲卿 馮雲初 陳潄菴
張春霖 李靜涵 沈仲俊 浦志達 過守一 王立齋 榮鄂生 敖士洲
朱俊生 張秉鑫 吳昆生 周壽甫 朱寶生 華衛中 祝伊才 丁仲祜
龔子青 王傳璧 張雲樵 張敬之 徐采丞 陸鼎揆 榮寶澧 趙顯吉
陶棎臣 榮永吉

第一任理事長現任理事蔣哲卿君

現任理事長榮宗敬君

現任副理事長
匡仲謀君

現任副理事長
張秋園君

現任理事楊伯庚君

現任理事王禹卿君

現任理事蔡兼三君

現任理事朱鴻昌君

現任理事王堯臣君

現任理事馮緒承君

現任理事陶仞千君

現任理事陶若洲君

現任理事劉春圃君

現任理事貫春華君

現任理事蕭放仁君

現任理事尤菊蓀君

現任評議員長丁梓仁君

現任副評議員長
孫北蘐君

現任副評議員長
鄒頌丹君

君泉月榮員議評任現

君軒雲丁員議評任現

君銘頌胡員議評任現

君侯復施員議評任現

君中執顧員議評任現

君康仲查員議評任現

現任評議員秦絅孫君

現任評議員梁寅永君

現任評議員尤榮伯君

現任評議員孫秋屏君

現任評議員榮瑞昌君

現任評議員于義庭君

現任評議員吳日笏君

現任評議員徐可亭君

現任評議員張烱南君

現任評議員蔡禹門君

現任評議員孫志道君

現任評議員毛鐵清君

現任評議員李雲卿君

現任評議員張春霖君

現任評議員馮雲初君

現任評議員李靜涵君

現任評議員陳漱菴君

現任評議員沈仲俊君

現任評議員榮鄂生君

現任評議員浦志達君

現任評議員數士洲君

現任評議員過守一君

現任評議員朱俊生君

現任評議員王立齋君

十年大事記

民國十三年

三月十六日本會正式成立

一 本會第一屆職員在九江路事務所行就職典禮
二 全體職員同至天韻樓攝影
三 在大東酒樓舉行徵求隊慶功宴
四 分呈江蘇省長韓 淞滬護軍使何 淞滬警察廳長陸 上海縣知事沈 無錫縣知事馮
上海會審公廨正會審官關 立案文

（說明）本會先於民國十二年八月二十日蔣君哲卿宴發起人于大東酒樓發起人名錄附後公推蔣君爲籌備主任設籌備處於望平街九月二十三日在一品香叙餐組織徵求隊以無錫十七市鄉分設十七隊分認隊長推祝君蘭舫爲總隊長亦兼領一隊共十八隊分頭徵求十月十三日在一品香開會主任報告徵求會員暫告結束計六千二百人旋議決分函推舉起草員十七人二十五日開始在大東旅社開起草會二十七日租借九江路河南路轉角富滇銀行樓上爲事務所十一月十九日在甯波同鄉會開會通過章程本年一月舉行投票

選舉三十日開匭選得評議員長俞仲還廉勵清丁福保副之張卓仁沈仲俊周肇甫陳漱庵徐可亭張頌南王堯臣竇孟幹范和笙丁梓仁毛鑑清孫北萱周銘初榮西城朱寅生丁雲軒張雲樵吳臣笏張春霖宣俊侯鄭松亭張秉鑫蕭效仁龔子青榮永達華堯輝陳仲英顧沅芍奚雨臣榮永吉唐子培嚴裕昆榮若湖于義亭黃錦帆榮月槎陳瑞寅錢湘伯王西神孫志道查仲康楊伯庚單仲範秦絅孫秦理齋朱俊生丁子錦華紫封爲評議員理事長蔣哲卿榮宗敬祝蘭舫副之錢六箴張秋園匡仲謀孫鶴卿陶仞千馮樹勳陸培之王禹卿賈春華秦待時朱鴻昌孫詢芻劉春圃蔡兼三爲理事

發起人名錄

丁福保宣葆章蔡文鑫許同萊鄒登泰王蘊章蔣曾燠陶起鳳張卓仁龔子青榮月槎毛鑑清王堯臣單仲範蔣曾燦榮永吉張頌南朱鴻昌嚴裕昆榮永達徐士淵顧忠琛奚紹恩程虹查仲康秦文錦周公鼎范和笙竇家楨鄧福培蔡文淼張肇熊錢鼎奎廉隅張大照祝厚甫蔣石稚蔣易地張乃鎔徐深臨張彗張曾慶曹式衷可桴俞復陳協恭孫肇圻周承基榮若湖榮宗敬榮西城陸鼎揆匡啓鏞胡迪園馮樹勳錢祖勤顧潛孫泰圻秦聯奎華蔭薇顧惟精丁彥章陸鑑微丁福憐祝大椿祝際盛陳洪陶君佩劉紀正朱寶潤鄒頌丹許瀑時楊壽柯于義庭唐子培朱寅生楊菊庭張蘭初張大經許可希蔣漢傑張念駿蔣漢石薛雪舲方起鳴宋景祁榮祥薛敖恩濤吳臣笏張守仁張雲樵蕭效仁張秉鑫張明磬張玉麐張耀初周詠朱侯曹培堂張汝鏡華士巽于壽椿馬少荃鄧欣廉吳彬沈樑陳漱庵尤榮伯顧振中宋叔雅孫衡甫尤森庭陳瑞寅侯光迪顧澄周濂正孫葆鼎馮煥金英初周曉初張保三華彥銓賈春華徐頌選華堯輝管趾卿蔡鎣陳慕樑錢伯圭司伯揆王慎齋張作霖孫鍾英任性涵管簡榮孫鍾堯張廷金華輔治唐慶詒朱光照陳子政任慎遠楊菊笙顧鴻鳴敖桂泉袁秋暐華幹臣周邦藩沈竹溪范詠春黃敬成馮愆棠顧允恭談友三浦茹瑜謝鼎鏞馮少江鄧嵩緒丁若汀方東亮鄒夢梅唐潤農

第一次十八隊徵求隊全體名錄

總隊長祝蘭舫副龔子青參謀俞仲還隊員祝伯才祝伊孚祝右卿榮月槎陳季秋張瑞昌陳光顯張敬之戈煥章張秀文

第一隊隊長榮宗敬副王堯臣參謀陶仞千隊員王禹卿丁梓仁嚴裕昆毛鑑清顧沅芍查仲康丁若汀張春霖鄧叔平談友三

第二隊隊長孫詢芻副范雲章參謀顧執中隊員孫志道任慎遠張綸卿馮緒承孫于建王倬雲張績卿王鼎運孫涵如張哲庵

第三隊隊長賈春華副匡仲謀參謀錢樂真隊員吳仞千丁雲亭趙燕珍張光華楊三省匡克明沈子芳賈逸雲朱慕陶糜漢章

第四隊隊長華堯輝副張友三參謀張保三隊員祝涵甫李甦卿丁憲章俞英初朱翔生張作雲馬菊泉陳佩芳薛滌生陳順山

第五隊隊長馮樹勳副沈仲俊參謀許可希隊員丁祥泰馮尚彬馮菊溪章光明唐祥頤楊順福秦巨源張春生楊仲達許瀑時

第六隊隊長徐可亭副奚雨臣參謀黃錦帆隊員孫伯和倪慕漁李鼎輔杜興泰張伯頤丁芸軒陳仲英陳伯嘉朱竹賢吳榮釗

第七隊隊長徐孟淵副宣俊侯參謀殷庭芷隊員浦子璉司伯揆華杏生徐曾三錢伯圭宣立甫侯逸如沈念岵宣純甫蔣一泉

第八隊隊長陳漱庵副尤榮伯參謀徐橘香隊員張子浩榮梓鑫浦鏡清劉雲叔陳際虞沈志明榮榮芳任農軒孫潤泉張祖良

第九隊隊長張秉鑫副蕭效仁參謀鄒夢梅隊員沈錫根王蓉初唐洪孚顧坤榮金雲山陳益生張品紅張鏞甫陸順金唐鑄孫

第十隊隊長范和笙副祝厚甫參謀蔣石稚隊員沈鑑文陳吉生何海潤王季倫陸雲標余石帆祝崇嘉徐曜堃王瑾士朱桂申

第十一隊隊長張頌南副張蘭初參謀榮瑞昌隊員祝雲亭沈來庭王逸農周伯勳黄君玉蔣
貴慶曾仲芳榮錦棠張嘉仁鄒燮卿
第十二隊隊長吳臣鈞副陳瑞寅參謀蔣稷頌隊員馮金坤王立德榮子瞻張利川孫筱舫陳
梅芳陳梅威朱介炎蔣春照張瑞芬
第十三隊隊長蔣漢傑副周曉初參謀蔣漢石隊員張瑤茂沈菊泉唐潤農須禮椿陸鳳標蔣
春芳蔣初顧文星趙文魁周炳照
第十四隊隊長周肇甫副張卓仁參謀于壽椿隊員張卓賢于義庭蔣廷福戴杏生戴子清周
和元顧鴻照徐金林張水根張廷楨
第十五隊隊長張秋園副朱鴻昌參謀榮永吉隊員吳鴻均陸佐震程友于榮錫麟陳益琴邱
大綸祝雨亭張宏勳徐翔雲唐子培
第十六隊隊長周銘初副丁福偉參謀竇孟幹隊員榮瑤成榮嗣生王旭亭顧鳴皋沈映泉楊
立三張榮林李鶴如周善卿周映泉
第十七隊隊長蔣哲卿副孫北馥參謀錢湘伯隊員張濟生張鑑卿鄧伯賢方起鳴方東亮胡
頌銘王少倩顧子模趙慕傑馮曉鐘

本會章程

第一章 總則

第一條 本會係無錫旅滬同鄉組織而成定名爲無錫旅滬同鄉會

第二條 本會以聯絡感情固結團體謀同鄉之公益爲宗旨

第二章 會務

第三條 本會會務分晰如下

(一)推行教育
(二)提倡實業
(三)調查旅滬同鄉之狀況並逐年編製報告
(四)招待行旅(以會員二十人以上之請求經理事會認可者爲限)
(五)職業介紹
(六)謀同鄉法律上之扶助(由本會專聘之法律顧問隨時指示)及調處合意請求之爭執事件
(七)慈善事業(以同邑旅滬公團未辦者爲限)
(八)關於同鄉公憤有會員一百人以上之請求經理事會認可者但不涉政治問題
(九)公共衛生及有益之俱樂
(十)其他一切經理事會特行提出事項

以上各項細目及推行程序由評議會分別訂定之

第三章 會員

第四條 凡旅滬同鄉之男子年滿二十一歲在上海有住所或職業者經會員二人之介紹均得入會爲會員但在校肄業之學生不得介紹入會俾專學業

第五條 本會會員分下列二種

(甲)永久會員 一次納會費銀十元者
(乙)普通會員 年納會費銀一元者

第六條 會員於入會時須繳入會費銀一元(復會同)

第七條 會員均得享受本會各種利益並有選舉權及被選舉權會員入會規則由評議會另訂之

第八條 本會會員有左列情事之一者喪失會員資格

(一)普通會員欠繳會費一年以上經二次以上之催告仍不照繳者
(二)受五等以上有期徒刑之宣告並剝奪公權者
(三)損害本會名譽或財產經評議會議決者

第四章 職員

第九條 本會設評議員五十一人由會員就會員中選舉之以得票最多數者一人爲評議員長次多數者二人爲副評議員長組織評議會評議一切會務

評議員長副評議員長評議員均不得兼任理事長副理事長理事

第十條 評議會書記庶務等事項由理事會辦事員兼任之

第十一條 評議會之召集及議事由評議會另訂專則行之

第十二條 本會設理事十七人由會員就會員中選舉之以得票最多數者一人爲理事長次多數者二人爲副理事長組織理事會執行一切會務

第十三條 理事會之召集及議事由理事會另訂專則經評議會議決行之

第十四條 理事會至少推定理事三人主任教育事項及理事二人主任經濟事項其他會務之合任或分任能聽理事會自行分配或議決行之

第十五條 理事會得設置辦事員其名額及職務之分配由理事會規定之

第十六條 理事會辦事細則之訂定與第十三條同

第十七條 評議員及理事均以兩年爲一任每年改選半數連舉均得連任第一屆改選之半數以抽籤定之

第十八條　評議員長副評議員長理事長副理事長均以一年爲一任每居改選得票比較多數者依次接任之

第十九條　本會設名譽理事無定額凡會員一次捐資在一百元以上者均由理事會推任之

名譽理事係永任制無一定任期

名譽理事得兼任其他職員

名譽理事得出席於理事會無表決權但全體職員聯席會議不在此限

第二十條　職員之辭職須經評議會評議員總額過半數之同意

第五章　會期

第二十一條　本會每年舉行會員會一次於陽歷三月舉行之經評議員三分二以上之決議得召集臨時會員會之召集及籌備由理事會執行之

第二十二條　評議會以每年二五八十一月爲常會之期遇有重要事件得開臨時會

第二十三條　理事會每月開會一次遇有特別事故得隨時召集臨時會

第六章　經費

第二十四條　本會經費分列如下

(一)會員常年會費

(二)永久會費所生之利息

(三)會員之捐款

(四)舉辦特定事項之臨時徵集款項

(五)本邑其他公團撥助之財產及現金

第二十五條　本會經常臨時會用及舉辦事業所需之經費每年應由理事會提出預算於評議會議決之

第二十六條　本會因舉辦特別事件一時或分年需用巨款理事會不能擔負籌集時得開全體職員聯席會議解決之

第二十七條　本會會用及事業費之收支理事會應按年提出決算於評議會經議決印刷分配於全體會員

第二十八條　本會會員或同鄉捐資在一千元以上者由本會立碑紀念立碑儀式由評議會另訂之

第二十九條　理事會決算之提出及動產之保管由主任經濟理事主持之

第七章　附則

第三十條　本章程經會員會議決實行

第三十一條　本章程經評議會議決或會員三百人以上之連署得提議修改由會員會議決之

第三十二條　本會會所未建築前暫設事務所二馬路河南路轉角

入會規則

第一條　凡旅滬同鄉合會章第三章第四條之規定者均得入會爲會員

第二條　凡入會會員須得會員二人之介紹

第三條　凡會員入會時須填入會願書並繳入會費一元(復會同)

第四條　本會會員分左列兩種

甲　永久會員　一次納會費銀十元者

乙　普通會員　年納會費銀一元者

第五條　本會會員除名稱分別外所有權利一律平等享受

第六條　本會會員有享受本會選舉及被選舉之權

第七條　本會會員對於會務有建議之權

第八條　本會會員有隨時贊助本會之義務

第九條　本會各種章程有遵守之義務

第十條　本會會員個人行動不得擅用同鄉會名義

第十一條　本會會員均由本會分別發給會員證

第十二條　本規則有未盡事宜得由理事會提交評議會修改之

立碑儀式序言

上海爲世界通商巨埠又爲中外文化互易之區吾邑旅居於斯者人數之衆甲於全國各縣富而好義力謀同鄉之公益者亦不後於他縣凡本會會員或同鄉捐資在千元以上者由本會立碑紀念以表揚之斯所以誌景仰而垂久遠也立碑之程序有二於會所未建築以前用方一尺五寸之銅牌記明捐資歲月(紀載文字款識由理事會辦理之)並徵求捐資者最近畫像或攝影（以二尺者爲宜）懸掛會中以誌景仰俟會所建築時再建紀念塔於大門內中庭塔方形實質高須丈五尺塔座四圍嵌銅牌凡捐資在千元以上者題名其上文曰某年月日某先生捐銀千元或萬元四圍護以短欄離塔四尺中植時花以誌紀念而垂於後世現時題名銅牌者塔成之日依次補記塔上俾先輝映並著千春擬立碑儀式於後

一　會場須設本會場中懸國旗主席桌上置銅牌兩旁置花籃兩座以表欽敬

一　先期由理事會函約評議員理事及職員全體到會另設會員席並須酌請來賓以誌盛典

一　先期由理事會函請捐資者居時蒞會萬一不能與會須委託代表與會受賀及答辭

一 受賀者涖會由評議長或副評議長導引入席職員會員來賓依次入席

一 理事長宣布立碑緣由後全體向國旗會旗(會旗圖式另訂之)行三鞠躬禮與會者向受賀者行一鞠躬禮理事長讀頌辭受賀者答辭職員會員演説來賓演説禮成懸銅牌於會中然後退席茶點

徵求隊酬庸細則

(一)每隊徵求總數滿二百人者一律公宴慶功

(二)每隊徵求總數滿四百人者除設慶功宴外公鑄全隊紀功銀盾陳列本會以資觀感

(三)每隊徵求總數滿六百人者除設慶功宴外公鑄紀念銀盃分贈隊長參謀隊員各一尊以誌功績

(四)每隊徵求總數滿一千人者除設慶功宴外公鑄紀念銀碑永樹會中以彰殊績並分贈隊長參謀隊員各紀念銀盃一尊

(五)每隊徵求總數超過一千五百人者由會特議酬庸

(六)各隊比較徵求所得各會員捐助會費占最多數者準第四條例公鑄紀念銀碑並分贈銀盃

(七)各隊比較徵求所得各會員捐助會費占次多數者準第三條例公鑄紀念銀盃分贈隊長參謀隊員

(八)各隊長參謀隊員個人徵求所得會員比較最多數者或個人徵求所得各會員捐助會費比較最多數者均特贈紀功銀盾藉作錦標

(九)各隊長參謀隊員個人徵求所得會員比較最多數而個人徵求所得各會員捐助會費比較後係最多數者準第四條例公鑄紀功碑並特贈銀盃用彰個人殊勛

(十)關於慶功宴暨紀功銀盾紀功銀盃紀功銀碑一切典禮並附贈證書等手續另行議定以昭鄭重

民國十二年九月九日發起人會議定

第一次會員徵求隊酬庸報告

(一)十八隊應一律公宴慶功

一 應鑄全隊紀功銀盾者十四，十一，一，等隊

一 應鑄紀念銀盃分贈隊長副隊長參謀隊員者計五隊隊長馮樹勛副隊長沈仲俊參謀許可希及隊員全體入隊隊長陳漱菴副隊長尤榮伯參謀徐橘香及隊員全體

一 應鑄紀念銀碑者計第十七隊應分贈銀盃者計十七隊隊長蔣哲卿副隊長孫北䜣參謀錢湘伯及隊員全體

一 應分贈紀功銀盾者計五隊隊長馮樹勛副隊長沈仲俊參謀許可希及隊員全體

一 應特贈紀功銀盾者八隊隊長陳漱菴十七隊隊長蔣哲卿

無錫旅滬同鄉會徵求隊第十七隊隊長蔣哲卿先生紀功碑

中華民國十三年三月吾邑旅滬同鄉會成立滬上爲商業文化中心點邑人士之旅居者衆顧星散沙分莫通情愫同舟吳越由來久矣今大會告成氣象發展内謀鄉人之樂利外應環境之需要我龍山蓉湖之父老子弟庶幾得與四明廣肇攜手齊驅屹然爲滬上大團體之一而長保其合作之精神鄉人之福亦社會之光也抑始事之殷惟哲卿先生首倡其義經營慘淡卒底於成亦惟先生之力爲最著刻碑報績載在會章欣逢盛典宜有以銘銘曰進化公例首崇羣治由鄉及國華嚴彈指益開三徑源濬二泉鐫詞不刊式銘萬年　無錫旅滬同鄉會全體公立

理事會推定教育及經濟主任理事函

逕啓者本會三月六日預備會依據會章第十四條推定孫理事鶴卿陸理事培之錢理事六箴三人主任教育事項匡理事仲謀蔡理事兼三朱理事鴻昌主任經濟事項除分别知照外相應函請察核此致評議會理事會理事長蔣曾煥

評議會議決會旗圖式函

逕啓者各團體及公私各機關例用旗幟以示識别本會亟應規定會旗圖式以壯觀瞻經於五月十一日評議會訂定本會會旗式樣并推定丁君芸軒竇君孟幹爲監製員相應函達卽希查照飭製並請於製作時通知丁竇二君爲荷此致理事會附會旗圖式一紙　評議會評議員長俞復

評議會議決發行親善襟章文件理事會函

逕啓者本會組織之本旨要在聯絡同鄉使之日臻於親善惟會員有限婦孺尤多非有識别無從聯絡五月七日臨時會提議擬發行同鄉親善襟章繫以證書凡屬同鄉無分男女老幼概准報領在平時既可懸掛以資識别遇有集會並可表示團結增進情感且僑居滬上外侮堪虞既有識别自易互助此項襟章花紋無多篆以「錫」字大如鈕扣取費小洋三角藉資挹注而維會務是否有當應請議決見復俾資遵循無任跂盼此致評議會　理事會理事長蔣曾煥

評議會函　逕啓者准函開擬發行親善襟章以資識别俾易互助等因過會經五月十一日常會提出討論僉以發行此項襟章用意至爲美善惟是否有人購用未可預定應先製一千枚試辦果其購用者多再爲廣製發行至其式樣議定大如鈕扣白地藍字篆文以錫山二字湊成圓形爲宜取費小洋三角等情相應函復至祈查照施行此致理事會　評議會評議員長俞復

評議會議事細則四月十三日評議會議決

第一條　會議時以評議長爲主席評議長不能出席時由副評議長主席副評議長評議長均

因事不能出席時由評議員中推舉年長者一人爲臨時主席

第二條　主席有意見發表時須退就議席發言主席退就議席時應由主席指定一人代理之

第三條　會議事件由主席編列議事日程依次開議

第四條　會議時如有到會評議員五人以上認爲緊要事件請求先議或主席自認爲緊要者均得臨時表决變更議事日程

第五條　議場秩序由主席維持之

第六條　評議員入席時須於出席簿簽到

第七條　評議員入席後非宣告休息不得離席非宣告散會不得退席如有特別事由經主席許可者不在此限

第八條　會議時不得涉及題外或其他妨礙秩序之行爲

第九條　評議員不能出席時須聲明事由得具委託書委託代表出席（代表以本會會員爲限）

第十條　會議時同時不得二人發言其同時發言由主席指定先後

第十一條　會議前本會應函知理事會開會時理事得出席陳述意見

第十二條　會議時設旁聽席但主席認爲有禁止旁聽之必要時得禁止旁聽

第十三條　簡單發言時就本席起立如有詳細言論須登台發表

第十四條　評議員討論既畢主席應付表决但須宣告應行表决問題

第十五條　主席宣告表决問題後不能再就議題發言

第十六條　表决取决於多數可否同數時由主席决定之主席須宣告表决之結果

第十七條　評議員不得變更自己之表决

第十八條　議案有應付審查者就評議員中推定審查員審查之

第十九條　審查員審查既畢應具報告書送交評議長由書記繕印分送各評議員於會議時議决

第二十條　每次會議應編制議事錄議决錄彙存備查議决案件由主席簽字負責

第二十一條　本細則有未盡事宜得由評議員五人以上之提議修正之

第二十二條　本細則自通過日起施行

啓用圖章文件

籌備處致理事長函　逕啓者本處籌備第一屆選舉業已告竣理事會評議會職員亦均就職本處事務已屬終結除經支款項應另行造册送請核銷外玆將刊就無錫旅滬同鄉會圖章一顆理事會評議會圖章各一顆理事長評議員長圖章各一顆一併送請貴理事長察收轉送啓用爲荷此致無錫旅滬同鄉會理事長蔣附圖章五顆無錫旅滬同鄉會籌備處

理事長致評議會函　逕啓者准籌備處函開本處籌備第一屆選舉業已告竣理事會評議會職員亦均就職本處事務已屬終結除經支款項應另行造册送請核銷外玆將刊就無錫旅滬同鄉會圖章一顆理事會評議會圖章各一顆理事長評議員長圖章各一顆一併送請貴理事長察收轉送啓用爲荷等因准此除無錫旅滬同鄉會圖章業於本月十二日啓用理事會圖章及理事長圖章均於本日啓用外相應檢具評議會圖章及評議員長圖章各一顆送請評議員長察收啓用見復至紉公誼此致評議員長俞附圖章兩顆理事長蔣曾煥

評議會致理事會函　逕啓者頃准公函内開准籌備處將無錫旅滬同鄉會圖章一顆理事會評議會圖章各一顆理事長評議員長圖章各一顆送請察收轉送啓用等因除無錫旅滬同鄉會圖章業於本月十二日啓用理事會圖章及理事長圖章均於本日啓用外相應檢具評議會圖章及評議員長圖章各一顆送請察收啓用見復等因並附圖章兩顆准此所有評議會圖章及評議員長圖章均於四月十三日啓用相應函復卽希查照此復理事長蔣評議員長俞復

理事會推定名譽理事函

逕啓者　本會三月六日預備會依據會章第十九條推任丁仲祜尤葛民尤佩生朱寅生沈仲俊沈福棠沈志明秦釆南許可希唐子培徐惠平徐瑞馥徐頌遐華堯輝華文奎張普義張頌南張卓仁張鑑卿高廷棎馮懋棠楊伯庚廉礪清顧養吾裘葆良榮若湖榮月槎榮瑞昌榮永達錢勘甫嚴裕昆顧廷標龔子靑等三十三人爲本會名譽理事除分別函請就職外相應函請察核此致評議會理事會理事長蔣曾煥

理事評議兩會議定往還文件稱謂函

理事會函　逕啓者本年三月六日本會預備會議决理事會與評議會往還文件彼此稱名不用貴會字樣相應函達查核見復以昭一律至紉公誼此致評議會理事會理事長蔣曾煥

評議會函　逕啓者准三月二十日公函開本會預備會議决理事會與評議會往還文件彼此稱名不用貴會字樣相應函達查核見復以昭一律等因准此經於本月十三日評議會議决理事會來函所開彼此往還文件不用貴會字樣一節自當照行等情相應函復卽希查照可也此復理事會評議會評議員長俞復

無錫旅滬同鄉會籌備處經收會員特捐報告

計開祝蘭舫先生特捐銀一千元嚴裕昆先生張普義先生馮懋棠先生張頌南先生榮月槎先生尤葛

民先生沈志明先生榮若湖先生唐子培先生朱寅生先生張秋園先生華堯輝先生張卓仁先生龔子青先生榮永達先生秦彩南先生徐頌遐先生各特捐一百元以上共計特捐銀二千七百元業已彙交理事會其餘各會員認定未收特捐細數另開清册一併移交理事會續收

無錫旅滬同鄉會籌備處移交應行續收特捐報告

計開張鑑卿先生榮宗敬先生各特捐一千元楊伯庚先生高廷樑先生裘可桴先生榮瑞昌先生馮樹勛先生錢勤甫先生許可希先生沈仲俊先生尤佩生先生徐惠平先生顧廷標先生華文奎先生徐瑞馥先生沈福棠先生榮若湖先生張普藏先生顧養吾先生廉𤥭清先生劉春圃先生蔡兼三先生孫鶴卿先生華雲卿先生丁仲祜先生各特捐一百元蔣哲卿先生特捐洋九十元以上共計應行續收特捐銀四千三百九十元

無錫旅滬同鄉會組織大綱

一　本會係無錫旅滬同鄉組織而成定名爲無錫旅滬同鄉會

二　本會以聯絡同鄉感情固結團體發揮自治精神謀同鄉之公益爲宗旨

三　本會會員分下列二種

甲永久會員　一次納會費銀十元者

乙普通會員　年納會費銀一元者

四　凡旅滬同鄉之男子年滿二十一歲在上海有住所或職業者經會員二人之介紹均得入會爲會員但在校肄業之學生不得介紹入會俾專學業

五　會員於初入會時均須繳入會費銀一元

六　會員均得享受本會各種利益並有選舉及被選舉權

七　普通會員不繳會費一年以上經催告仍不照繳者即喪失會員資格

八　本會設名譽會董無定額凡會員於入會時一次捐資在一百元以上者均推任之

九　名譽會董係永任制無一定任期

十　本會會員捐資在千元以上者由本會立碑紀念立碑儀式另訂之

十一　本會每年舉行大會一次每月開職員常會一次遇有特別事故得召集臨時會

民國十二年九月九日發起人會議定

關於發行旅刊各文件

理事會函　逕啓者本會成立以來於同鄉消息之傳遞會務之發佈尚未組有機關不免多所隔閡茲擬發行無錫旅刊一種每星期出版一次篇幅計長英尺十四寸闊英尺二十寸兩面用五號字印刷售價每份大洋一分業已聘定主任籌備出版一俟各項委員會通則通過出版委員會成立再行移交辦理外特將旅刊預算提付議決見復至紉公誼此致評議會理事會理事長蔣曾燠

附旅刊預算　一印刷費(以一千張計)洋七元　一報紙費(以一千張計)洋一元七角五分　說明印數加多紙張照加印刷費尚可遞減　一編輯費洋七元　說明主任一人月薪念元平均每月四期每期洋五元連同校對等費每期合計如上數　一訪員費洋三元　說明旅刊雖以公佈會中文件爲主但不得不附載本邑緊要新聞每期訪員連郵費限定如上數　一雜費洋三元　說明旅刊事擬令總務科文書科幫同主任辦理發行及廣告均以辦事員兼任不另給薪故僅列雜費如上數以上五項共計洋二十一元七角五分按旅刊一千張實銷及經售折扣作每期收洋六元計算實耗洋十五元七角五分廣告收入在外

評議會函　逕啓者准函開擬發行無錫旅刊一種業已聘定主任籌備出版特將旅刊預算提付議決等因過會經五月十一日常會提出討論僉以旅刊爲傳遞消息宣布會務必要之品全場一致贊成預算亦一律通過相應函復至希查照此致理事會評議會評議員長俞復

延聘旅滬小學校長合同

無錫旅滬同鄉會(以下簡稱同鄉會)延請惠綏方先生錢廷楨先生爲私立無錫旅滬第一第二小學

校校長(以下簡稱校長)商訂合同如左惠綏方錢廷楨今應無錫旅滬同鄉會之聘爲無錫旅滬第一第二小學校長商訂合同如左第一款本合同有效期間自民國十三年八月一日起至十四年七月三十一日止以一學年爲限第二款在本合同期限内同鄉會致送校長全年薪膳共銀圓五百零四元正分十二個月按月由校長於經常費内扣支第三款校長於訂立合同後應編製全年經常費及開辦費詳細預算交由同鄉會雙方協商定奪第四款校舍地點由同鄉會會同校長商定之關於開辦事務校長負責由同鄉會另送校長川資旅費銀三十六元正第五款校長之職務權限如左　一主持全校一切事務　二延訂教員　三進退學生　四徵收學費　五編製學級　六釐定學科課程　七規定校歷第六款校長兼任教科每星期以十小時爲限第七款校長住宿校中所有膳食及往來川資旅費概由校長自理第八款校長應按月開列收支決算報告於同鄉會第九款校長如有特別重要事情不能在校任事時須自請相當之人暫行代理第十款本合同一式兩份校長與同鄉會各執一份期滿作廢無錫旅滬同鄉會主任教育理事孫鶴卿陸培之錢樂眞無錫旅滬第一第二小學校校長惠國南錢廷楨中華民國十三年六月日謹訂

無錫旅滬第一第二小學校開辦費預算(以一校計)

檯櫈二堂一百二十副(單人式)每副約二元五角計洋三百元大黑板二塊二十元小黑板六塊十二

元講壇兩只十元蹈橙四只二十元教櫈二只十二元共計洋七十四元整容鏡水壺痰盂等三十元書籍掛圖儀器風琴等一百五十元床七張三十五元書架六具三十元馬鞍式櫈六張三十六元方櫈十張四十元書椅十四張二十八元長櫈二十張十四元骨牌櫈三十張十八元茶凡四張八元掛鐘三只十八元大小保險燈四只十六元檯燈六只九元痰盂便桶面架十元茶壺茶杯十元表册鏡架十元印刷器具十元體操器械游戲器具八十元搖鈴校旗國旗檯單大小算盤等二十元廁所一百二十元浴盆水桶噴筒鉛吊鉛桶二十元衣架十元雨具器四十元成績廚二只三十元校牌教室牌名牌等二十元共計銀一千一百八十六元校長惠國南錢廷楨提出

無錫旅滬第一二小學校十三年度預算（以一校計）

支出經常門共銀二千三百七十二元第一款職教員修銀一千七百七十六元（說明）校長修五百零四元級任二人級任費七十二元庶務會計合一人俸銀一百二十元每教室每周授課三十時每時全年十八元共計銀一千零八十元合如前數第二款校役工食銀二百四十元（說明）校役二人每人每月十元合如前數第三款雜費銀三百五十六元第一項火油銀六十元第二項茶水銀三十六元第三項紙張筆墨簿籍銀六十元第四項參觀旅行運動銀四十元第五項報紙雜誌郵電銀六十元第六項課堂日用消耗及一切雜支銀一百元第一第二校長惠國南錢廷楨提出

關於開辦旅滬小學之函件

理事長致（榮）（祝）副理事長暨（經濟）（教育）主任理事通函　逕啓者南北市開辦旅滬小學兩所理事會議決由理事長副理事長合墊經費一千元經濟理事三位合墊一千元教育理事三位合墊一千元不足之數由其餘各理事分墊等情現在按照校長提出預算兩校開辦費共須二千元應請儘本月三十一日前將先生名下墊款三百三十四元惠交本會會計科掣取收條俾便應支無任盼禱此致（宗敬）（蘭舫）理事長（仲謀）（鴻昌）（兼三）主任經濟理事（鶴卿）（培之）（六箴）主任教育理事理事長蔣曾煥七月七日

遞補評議員函

評議會致理事會函　逕啓者准函開准丁評議員書堂函稱年邁無能恐誤會務懇交付評議會重行改選等情到會相應函達評議會核議見復等因過會經於七月六日臨時會得評議員總額過半數之同意議決認可並於次多數蔡禹門尤葛民二君中以抽簽法決定由蔡君禹門遞補相應函達即希函復丁君並函請蔡君禹門即日就職以重會務至紉公誼此致理事會評議會評議員長俞復七月八日

調查學徒失蹤案之報告

調查科報告函　敬陳者同鄉黃寶林子金根學藝失蹤一案今晨復據周調查員報稱作主華阿泉已接原介紹人王阿榮函告黃金根業於上月三十日平安到家並取具王阿榮原函到科除該函存科備查外理合報告此上理長調查科主任秦燮源謹上七月九日

議決理事會專則

評議會致理事會函　逕啓者准函開茲擬訂理事會專則草案十九條即煩議決見復等因附理事會專則清摺一扣過會經於七月六日臨時會將此項專則修正議決相應函達即祈查照施行此致理事會附理事會專則一件評議會評議員長俞復七月八日理事會專則第一條本會開會分定期臨時兩種統由理事長召集之第二條每月第三星期日下午二時至四時爲定期會開會日時臨時會日期及時刻由理事長臨時酌定之第三條臨時會之召集除由理事長決定外各項主任理事關於主管事務或理事三人以上認爲有開臨時會之必要時理事長應即召集之第四條定期會之通知至少先期三日臨時會不在此限第五條每屆開會應議案件應由理事長編定議程並囑所屬辦事員將應議文件印刷分送於各理事但臨時及理事長認爲無須分送事件不在此限第六條開會時以理事長爲主席理事長有事故時由副理事長名次在前者或理事中推舉年長者一人代理之第七條會場書記事務由理事長指定所屬辦事員擔任之第八條開會時出席理事均須簽名於出席簿非有理事過半數之

出席不得開會逾時不足人數應即散會第九條理事遇有不得已事故不克出席時得委託名譽理事爲出席代表前項代表非有委託理事署名蓋章函件不得出席第十條理事出席代表僅限於討論及表決議程所列各案不得有提議之權凡由委託理事署名蓋章委託提議者不在此限第十一條理事會之決議以理事過半數之出席理事過半數之同意爲準可否同數取決於主席第十二條理事會開會時名譽理事及評議員均得出席陳述意見但均不得參加表決第十三條會場發言先後討論範圍及一切秩序統由主席維持之第十四條開會時會員及同鄉均得到會旁聽但主席認爲有禁止旁聽必要時得禁止旁聽第十五條每屆開會理事出席代表及到會陳述意見之名譽理事及評議員之姓名應由書記記明於會議錄並保管其委託函件第十六條每屆會議應由書記編製議事錄決議錄彙存備查並由主席簽字爲證第十七條本專則所載理事長各職務理事長因故不能執行時以副理事長名次在前者代理之第十八條本專則之修改由理事會擬具草案提付評議會議決之第十九條本專則經民國十三年七月六日評議會議決實行

議決理事會辦事細則

評議會致理事會函逕啓者准函開茲擬定理事會辦事細則十三條即煩議決見復等因附理事會辦事細則草案清摺一扣過會經於七月六日臨時會將此項辦事細則修正議決相應函達即祈查照施

行此致理事會附理事會辦事細則一份評議會評議員長俞復七日八日

理事會辦事細則　第一條理事會除以各項委員會爲輔佐外設置各科分掌會務第二條各科槪列如下（甲）總務科（乙）學務科（丙）文書科（丁）會計科（戊）會員科（己）調查科（庚）交際科前項科別得由理事會酌量會務隨時變更增減之第三條各科分掌職務如下（甲）總務科關於機要保管登記收發選舉集會介紹庶務及一切不屬其他各科事項（乙）學務科關於學校演講圖書遊學及一切關係教育各事項（丙）文書科關於撰擬編輯記錄出版宣傳繕寫印刷及一切文牘各事項（丁）會計科關於收支存儲預算決算整理財產及一切財務各事項（戊）會員科關於入會出會名錄登記證書保管及一切會員各事項（己）調查科關於狀況統計爭執實地調查報告及一切普通特定調查各事項（庚）交際科關於招待社交酬酢及一切聯絡各事項第四條各科職務之增減或主管科職務應須會同各科辦理者統由理事長隨時分配之第五條各科設主任一人助理若干人（由理事長量事務之繁簡隨時增減）　前項主任得由理事長量事務之繁簡隨時決定兼任或專任第六條各科辦事員由理事長隨時考勤但進退時須得主任理事之同意第七條各科辦事員統歸理事長或主任理事監督之但各理事因公均得指揮第八條各科辦事員薪水由理事長就預算範圍內視事務之繁簡核定之但須通過於理事會第九條各項委員會事務均由各科辦事員兼任之除主管科外並得由理事長隨時指定其他各科協助辦理第十條依據會章第十條應行兼任評議員事務之辦事員並須受評議員長之監督指揮如評議員因公亦得指揮之第十一條各科辦事一切手續由理事長或主任理事隨時核定之前項核定事項各科應各自記錄由核定之理事長或主任理事簽字爲證第十二條本細則之修改由理事會擬具草案經評議會議決之第十三條本細則經民國十三年七月評議會議決實行

議決各項委員會通則

評議會致理事會函　逕啓者准函開理事會事煩責重擬設各項委員會輔助進行訂定無錫旅滬同鄉會各項委員會通則草案十三條送請議決見復俾維會務等因附無錫旅滬同鄉會各項委員會通則草案清摺一扣過會經於七月六日臨時會將此項通則修正議決相應函達即祈查照施行此致理事會附無錫旅滬同鄉會理事會附設各項委員會通則一份評議會評議員長俞復七月八日

無錫旅滬同鄉會理事會附設各項委員會通則第一條本會爲輔助理事會進行會務起見特設各項委員會分掌會務如左一教育委員會二實業委員會三經濟委員會四徵求委員會五出版委員會六調查委員會七交際委員會八職業介紹委員會九慈善委員會十俱樂委員會十一不屬以上之各項特別委員會第二條各項委員會分常任臨時兩種常任委員會委員槪以一年爲一任臨時委員會委員以事畢爲止但須繼續逾一年者準常任委員會委員任期第三條各項委員會之設置增添停止槪

由評議會議決之第四條各項委員額數視事務之繁簡而定惟各項委員會委員得同時兼任第五條各項委員會委員由理事會就會員中推任之惟現任評議會評議員不得兼任委員會委員第六條各項委員會委員長由委員中推年長者任之書記由委員長臨時推任之第七條各項委員會委員缺額時由理事會就會員中推補之第八條各項委員會議決各項事件由理事會提付評議會議決執行之第九條各項委員會事務由理事會所屬各科兼理之第十條各項委員會非有過半數之委員出席不得開會第十一條各項委員會之開會分別行之但遇有必須協商事件得兩項以上委員會聯合開會第十二條各項委員會之召集議事及內部辦事等一應手續得由各委員會自訂細則交由理事會提付評議會議決行之第十三條本通則之施行及修正以評議會之議決行之

訂定會章第三條各項細目及推行程序

評議會致理事會函　逕啓者會章第三條各項細目及推行程序業由兩次全體職員聯席會議協商訂定相應照繕所訂原案一份函請查照執行至紉公誼此致理事會附訂定會章第三條各項細目及推行程序案一份評議會評議員長俞復中華民國十三年七月八日（會章第三條各項細目及推行程序）一推行教育推行教育預定計劃三年分三期民國十三年七月至十四年六月爲第一期應辦完全小學兩處每校先辦一二三四年四級並於小學內附設閱報所（章程另訂）酌購日報及有益之小說雜誌供衆觀覽不另收費十四年七月至十五年六月爲第二期小學添辦五年級一級閱報所仍舊外應就小學內附設夜學校（章程另訂）一律免費以期普及並組織講演團（章程另訂）鼓吹平民教育十五年七月至十六年六月爲第三期小學添辦六年級一級及原有教育事業一律仍舊外應籌備中學一處萬一因財力不濟中學須從緩籌備同鄉中有聰穎子弟畢業高小後有志上進無力升學者可補助學膳費若干以宏造就名額及款額臨時酌定此三年間推行教育之計畫也是否有當應候公決二提倡實業一籌設無錫儲蓄銀行吾邑旅滬同鄉不乏經濟家而於金融界尚少獨立機關最好籌設無錫儲蓄銀行於儲蓄之中寓節儉之意諒同鄉必樂與贊同其招股方法及組織大綱應另訂一籌設百貨商店吾邑有名之土產實不在少數若能彙集一處聽客選購非特可推廣銷路且使商業學生有實習機會則百貨商店尚已查商店設立最好組織一股份有限公司（章程另訂）滬錫交通便利進貨多寡視銷路爲斷資本不致過鉅名爲百貨商店實則商品陳列所之雛形不過賣品與非賣品之別而已是否可行候公決一敦請名人演講敦請名人演講吾邑實業號稱發達欲資提倡端賴宣傳是以擬定期敦請名人演講演講記錄登入旅刊三調查旅滬同鄉之狀況並逐年編製報告查同鄉會已發行旅滬週刊可特闢調查欄分職業統計生產死亡統計嫁娶統計遷移統計就各業中推舉調查員（調查員之多寡視各業範圍之大小爲斷）調查所得隨時在調查欄陸續發表年終彙齊編製報告毋庸另設調查員四招待行旅照章五職業介紹介紹職業於鄉誼似不容辭於事實極感困難姑列二種資格俾介紹

張卓仁徐可亭陳漱菴孫詢芻朱鴻昌陳仲英唐子培華堯輝（華子翔代）榮若湖陸培之蔡禹門周銘初等二十五人無錫商團公會代表單紹聞馮雲初二人下午四時開會祝理事長主席報告本日開會有重要議案三件一爲無錫商團公會籌集防費一爲中國紅十字會無錫分會籌集救護費一爲籌辦招待避難來滬同鄉事宜戰禍之開瞬已半月無錫適當往來要道地方治安惟商團公會之是賴惟是曠日持久支持爲難是以來函告急並由該會副會長單君紹聞交際股長馮君雲初代表到會陳述一切所有情形即請單馮二君報告馮君雲初起立報告此次商團維護地方之經過情形大致謂戰禍將啓之際無錫經濟已甚恐慌而地方人士咸認本邑爲滬寧往來要道戰端一啓危險萬分羣推商團公會會長楊翰西先生出而保衛桑梓旬日之間倉猝廓充遊巡備補等隊裝械兩缺需費浩繁地方財力已竭故懇求旅滬同鄉之援助云云主席謂商團公會保衛梓桑我旅滬同人自當盡力輔助至集款方法莫若推定十人分投勸募衆悉贊成即席推定張君卓仁唐君子培陸君培之陶君仞千王君堯臣徐君可亭孫君北萱于君鞠庭奚君雨臣顧君沅芍等十人爲勸募員陶仞千起言紅十字分會之募款及招待避難同鄉之經費可一併募集衆贊成議決由會中備捐册十本分交勸募員十人分投募集交由會中彙總公決支配繼推定丁君芸軒孫君北萱蔡君禹門徐君可亭陶君仞千等爲擬訂招待章程起草員並議決假錫金公所爲招待所議畢散會

無錫旅滬同鄉會婦孺收容所簡章

一 定名爲無錫旅滬同鄉會婦孺收容所

一 地址商借海寧路錫金公所

一 凡屬戰地惟難同鄉避居來滬無戚族招留者得至九江路河南路轉角無錫旅滬同鄉會報名查明眞確後給證入所收容

一 入所收容衹限於同鄉婦女及幼孩其年在十二歲以上之男子一概不收

一 入所收容每日早晚兩餐（時間酌定）

一 收容後凡有戚族到所看視衹准在所外屬所役招致其所看視者出所敍談無論男女一概不得入所

一 收容後應將所收容之姓名及原來住址以及其家長姓名懸掛所外

一 收容後無論何人不准喫烟不准點燭違者勒令出所

一 每天早起六時開門下午六時閉門閉後不得再開

一 收容後遇有疾病時由本會指定醫生診治不取醫藥費

一 收容後應編號數分給號牌以便稽查

一 僱用男僕四人二人專司門禁二人專司炊爨

一 辦理收容事務由本會指派二人商由公所酌派二人輪値照料

者知所先後焉一畢業於學校之學生二本有職業之人暫時失業者以上兩項以無嗜好及過犯者爲限本會職員及會員領袖各業者甚多可擇人地相宜者量予介紹旅刊中闢職業指南一欄歸各業同鄉擔任組織負販團（章程另訂）六謀同鄉法律上之扶助及調處合意請求之爭執事件已實行七慈善事業查錫金公所對於慈善事業如施醫施材之類已舉辦不少本會可俟經濟稍裕再圖擴充惟爲便利同鄉就診起見應指定同鄉中醫生若干人擔任診治義務持有會員證就診者隨到隨診藥資登記向同鄉會支取（除花柳病外）八關於同鄉公憤有會員一百人以上之請求經理事會認可者但不涉政治問題照章九公共衛生及有益之俱樂部現在會所不敷設立俱樂部可俟會所擴充後先辦理髮沐浴檯球網球四種（章程另訂）

理事會致評議會函　逕啓者准函開訂定會章第三條各項細目及推行程序函請查照執行等因過會經七月二十日理事會議決按照所訂各項切實進行一面組織各項委員會輔助辦理等情相應函復至希查照此復評議會理事會理事長聯曾煥七月二十四日

無錫旅滬第一二小學校簡章

宗旨　便利旅滬錫人子弟之入學遵照部定敎育宗旨授以公民需要之智識

編制　暫設初級一二三四年四級明年起增設高級

學程　依據部章按照地方情形略事變通自初級第三年起即增英語一科

學額　暫定一百名（男女兼收）

學齡　七歲至十四歲

學費　旅滬同鄉子弟全免（願納教育捐者聽）惟每半年應納講義費大洋三角僕費大洋三角客籍學生每半年須另繳學費洋四元課業應用書籍及用品等件概由本校代爲購辦其費須先期繳納大洋一元學期末結算不足補繳餘多發還所納各費如中途退學概不扣還

假期　暑假寒假　日曜日　紀念日　節日

報告　逢寒暑假將兒童成績報告家屬

獎勵　凡操行學業列在甲等及平日不缺課者逢寒暑假分別給獎

懲戒　違犯校章屢戒不悛者退學

附則　本簡章當隨時修改以期完善

全體職員聯席會議紀事

九月十七日全體職員在事務所開第三次聯席會議到會者職員祝蘭舫俞仲還陶仞千孫北萱秦理齋丁福保（李炳南代）周學南單仲範奚雨臣（李鼎輔代）顧沅芍（徐樹棠代）寶孟幹王堯臣丁芸軒

一收容費若干無從豫計擬由本會暫墊核實支付募捐歸還

一收容期間以回復原狀時爲限

一本簡章未盡事宜隨時修正

理事會致無錫商團公會函　逕啓者敝會經募貴團防費陸續共募得洋二千六百八十元除第一二兩批先後匯奉洋二千元外茲匯奉尾數洋六百八十元正至希察收敝會深知貴團爲地方保障需費浩繁極願竭盡棉薄惟是同人心有餘而力不足所得僅有此數尚祈格外鑒原並盼見復爲荷此致無錫商團公會會長楊無錫旅滬同鄉會理事會理事長榮宗錦祝大椿十月八日

經募江浙戰禍錫滬兩地防衛救濟收容各費報告

無錫旅滬同鄉會今將經募無錫商團公會中國紅十字會無錫分會上海婦孺收容所捐款總數公決支配各項數目謹請公鑒

計開

收款項下

收　大洋五千二百零五元
　　小洋一百六十五角

說明　前項收款細數業經登入旅刊不贅

支款項下

一支無錫商團公會第一批洋一千元

一支中國紅十字無錫分會第一批洋五百元

一支無錫商團公會第二批洋一千元

一支中國紅十字無錫分會第二批洋五百元

一支無錫商團公會第三批洋六百八十元

一支中國紅十字無錫分會第三批洋一千元

說明　前六款係照十月七日職員聯席會議公決支配

一支上海婦孺收容所經費洋五百二十五元小洋一百六十五角

說明　前項婦孺收容所雖經開辦購置物件雇用僕人所支無多款交同鄉會會計科收存備用容俟結束再將支出數目登入旅刊以備公閱

以上支款共計　大洋五千二百零五元
　　　　　　　小洋一百六十五角

無錫商團公會來函

逕復者准八日貴會公函內開本會經募貴團防務費陸續共募得洋二千六百八十元除第一二兩批先後匯奉洋二千元外茲再匯奉尾數洋六百八十元正至希察收敝會深知貴團爲地方保障需費浩繁極願竭盡棉薄惟是同人心有餘而力不足所得僅有此數尚祈格外鑒原並盼見復爲荷等因並附洋六百八十元到敝會准此查敝會綢繆防務需費浩繁辱承貴會先後籌募洋二千六百八十元以資挹注具徵惠愛故鄉分財紓難闔邑生靈百萬無不感禱同深茲特備函答謝伏希照察不盡拳拳此致無錫旅滬同鄉會理事會理事長榮祝無錫商團公會會長楊壽楣十月十二日

婦孺收容所收支報告

無錫旅滬同鄉會今將婦孺收容所收支數目登入旅刊以備公閱

計開

收款項下

一本會經募捐款內撥來婦孺收容所經費洋五百二十五元

一又　小洋一百六十五角合洋十二元八角七分

共計收洋五百三十七元八角七分

支出項下

一支紙張及印刷品　洋一元九角八分四厘

一支收容證戳　洋三角二分

一支竹籌　洋三角二分

一支購燈四盞事後售出折耗　洋七角二分

一支夫馬車力　洋三元一角三分

一支茶房三名工食　洋二十二元

一支鋪床柴草　洋二元一角九分

一支遣回難婦火車票　洋一元七角八分

一支銀水(捐戶以銀二十三兩五錢作洋三十三元兌現時實兌到洋三十二元零三分)　洋九角七分

一支廢票(捐款中有中國銀行兌換券十元及廣東省銀行代換券一元各一紙作廢)洋十一元

一支撥入教育經費　洋四百九十三元四角五分六厘

(說明)前款經十月十九日理事會談話會議撥俟下屆理事會常會開會提交追認

共計支洋五百三十七元八角七分

十二月本會事務所遷移海寧路一五七〇號

十九日緊急聯席會議紀

一月十九日突聞聯軍大隊潰退到錫四出搶掠消息即由張狀[illegible]吳臣勞勸議召集緊急聯席會議速籌補救之策下午三時開會孫鶴卿主席說明召集緊急會議原由依次[illegible]蔡子平報告在滬接洽消理戰禍情形並請推舉代表[illegible]放棄兵柄[illegible]不許為目下宜急籌救護難民方法[illegible]仲範言事[illegible]急迫鄙人當請白十字會紅十字會[illegible]放行難民當即議決推孫待時楊翰西陶仍千張秋園四君與楊建時接洽放車救護難民及[illegible]行路車宜[illegible]仲範三君與紅會濟生會接洽派員協同救護並借用[illegible]宜一面[illegible]輪船組織救護隊一面勸募救護經費主席孫鶴卿首認一千元到會諸君亦踴躍認捐當場共得五千餘元云

救護隊之出發

十九日緊急聯席會議閉會後各同鄉報名願入赴錫救護隊者[illegible]出發二十日下午二時續開緊急聯席會議孫鶴卿主席報告無錫消息及組織救護隊情形後[illegible]議決先組五隊第一隊隊長徐[illegible]坦後改由[illegible]燕華副隊長趙子範隊員吳[illegible]蔡叔平胡燮[illegible]浦滋翔九李思三陸錫熙千[illegible]文第二隊隊長許孟安隊員張[illegible]初吳[illegible]沈某[illegible]陸[illegible]浦志[illegible]東第三隊隊長章[illegible]嘉隊員蔡[illegible]

麟蔣沈校良邵蔡初第四隊隊長吳臣勞隊員周仲英徐[illegible]鄭良成[illegible]丁裕祥[illegible]和榮漢昌蔣漢卿周瑞仁榮春蒲胡子嘉楊萌叔範蔡嘉福第五隊隊長陳漱庵隊員吳[illegible]樹等十二人後改為特別救護隊當時第二救護隊即乘汽車至劉河[illegible]出發第四[illegible]中之汽油船[illegible]二隻出發赴錫第一第三兩救護隊合乘汽油船拖帶民船自滬出發但[illegible]至小沙渡以船隻[illegible]直至翌晨九時始克離滬第四救護隊乘黃浦小輪於二十一晨出發所有一三四隊船隻保險及各隊伙食應用物品等項俱由單仲範經手託濟生會代辦

二十一日第三次緊急聯席會議紀

二十一日下午三時半開第三次緊急聯席會議孫鶴卿主席[illegible]人錢[illegible]報告兵士蹂躪無錫慘況略謂鄙人於陰曆本月二十六日下午八時附乘滬寧路局救險車於申同行者十餘人聯軍兵車停於念四日上午十一時自常州到錫兵士下車即行開槍紛往各路[illegible]行搶劫直至[illegible]午始稍停手槍聲終夜不絕夜間十一時頃火起鄙人寓居廣勤路遙見乾[illegible]絲廠焚後西面火光燭天延燒至上午六時始熄被燬區域聞自[illegible]新市[illegible]批發處起直至郵局對面為止馬路一帶蹂躪最甚商店居戶大都遭劫五六次值錢之物搜取一空門窗器具多被搗毀甚至所穿衣服亦須剝取偶有不從即行毆打或至吊打行人途遇兵士衣服銀錢更無倖免之理尤可痛心者兵士劫後往往逼令被劫之人荷負贓物送往指定地方萬一不幸即被扣留充當夫役此猶在未戰以前若至炮火接觸之後其災禍更不堪設想遭劫之區城北一隅自馬路以西並波及北栅口江陰巷等處馬路以東未甚北大街北塘及各洋棧幸賴商團保衛暫得保全然亦岌岌可危各廠如慶豐豫康等廠均被蹂躪工房滿住兵士僅廣勤紗廠因有保衛隊及障礙物故免於難城門緊閉消息不通聞尚安全西南兩門外因兵到後路絕行人未獲消息近城各鄉多遭兵禍聞寺頭塘頭等處悉被蹂躪據某路警面述有數兵至廣勤路行劫告以此處多工人所居易勿往其他鬧熱地方答稱沿城周圍二十里地方兄弟們多已去過已無他處可往又據鐵路巡官言兵士曾揚言長官為地盤洋鈿打仗我們亦爲發財而來祇須不姦婦女便是道德等語鄙人因同居之路警與六師兵士有同鄉之誼藉該兵保護始獲攜一手提箱帶同鄉被難婦孺十餘人總逃兵間附乘路局救險車出險現在六師十九師軍隊萬餘麕集吾邑四郊之外遍地皆兵惟有泣懇我旅滬同鄉趕速派人回錫設法救護難民出險更請寬籌款項以圖善後庶解倒懸於萬一云云主席報告第一二三四救護隊出發情形及無錫消息後議及勸募救護經費案略謂現在救護及善後經費需款浩繁目下暫由濟生會代籌亟宜分頭捐募以期集成巨款當由在場熱心諸君領取捐冊在外捐募云

特別救護隊之組織

二十一日第三次聯席會議後孫鶴卿張秋園陶仍千諸君商議以救護隊四隊出發以來尚無消息且

聞齊軍不知尊重紅會徽章任意封船水路出發極為危險莫如重商司令部設法附搭兵車往錫即用兵車運送難民來滬當時向司令部接洽辦理紅會制服徽章草擬章程及服務規則並議定將第五隊擴充至二十五人改為特別救護隊擔任通訊調查救護事務當晚開特別救護隊會議陳漱庵主席商定隊員名單翌晨重開會議派定各隊員任務隊長陳漱庵副隊長吳寶樹會計劉云叔交際孫中錫書記張克明張葆青庶務張子屏張發祥調查宣俊華華步泉張綸卿周益卿隊員蔣錫寶張文奎趙霈賢陳敬祖唐子英趙文耀王漢文張道容張禎祥張俊卿馬天圖顧毓荷金如源另推駐滬幹事趙慕濂庶務劉梧齋組織既定遂於二十四日上午搭乘兵車出發

六七兩救護隊之出發

二十四日（陰曆元旦）邑人吳樹棠等乘輪抵滬王堯臣等以有該輪可用復組織第六救護隊隊長王堯臣隊員陳子熀孫亦琴胡樹棠繆錫秀陳文波汪崇東姚作齋李仲瀾查桂榮張浩榮施瑞先趙錫麟韓詒穀陸福保陳仲康許叔垿張永昌十八人即於二十五日出發同日孫鶴卿向紅會借到舊制服十身因又組織第七救護隊隊長張寅旭副隊長顧孝純隊員楊光駿高叔均張根生張念慈徐家祥劉雪梅姚詢琪即於二十六日上午六時附搭兵車出發該隊本須佩紅會徽章後因公函係濟生會具名故又改佩白十字徽章云

護送難民來滬及設所收容之經過

救護隊出發之初原以船少人多議定在錫送往附近安全地方設所收容於二十四日(陰歷元旦)第三隊在錫與兵站司令部幾經磋商獲准難民附搭兵車遂於五分鐘內倉卒召集難民二百人由隊員蔡適存許鳳華顧伯賡楊聲初等護送來滬於下午五時抵埠當商准錫金公所設立第一收容所收容難民同日特別隊到錫亦即召集難民一千餘人由隊員吳寶樹張俊卿王漢文等護送於元旦夜十一時抵滬當以一部份收容錫金公所一部份送往閘北永興路旅滬第一小學設立第二收容所其餘半數送往舢板廠新橋江蘇防災會臨時收容所代爲收容翌日(年初二)下午五時特別隊張道鎔等又護送難民約三千人到滬除分送錫金公所江蘇防災會及老垃圾橋濟生會第四暫留所外又在北蘇州路北山西路口德安里設立第四收容所廿六日上午第一二四等隊護送難民三百餘人趁船四艘到滬除大半有親戚在滬者外餘衆分送防災會臨時收容所及德安里第四收容所廿八日又有難民二百餘人護送來滬由濟生會招待收容在福新一廠後面該會第一暫留所當二十六日齊軍潰敗來滬閘北形勢吃緊遂將永興路第二收容所內難民於二十七日晨送往德安里第四收容所其後江蘇防災會內送出男子數十人由蕭效仁收留老北門殺豬弄作爲新第二收容所以上皆本會救護隊先後護送來滬之難民約共五千餘人其在錫就近設立收容所及護送難民情形尚未接有報告現在到

無錫旅滬同鄉會　十年大事記　二三

滬難民除投靠親戚者千餘人外錫金公所第一收容所內尚留六百十五人新第二收容所內有男子廿七人德安里第四收容所內有二百七十四人舢板新橋江蘇防災會臨時收容所內有一千五百七十人老垃圾橋濟生會第四暫留所有三百二十二人大王廟浜北第一暫留所有三百餘人其中除防災會臨時收容所及濟生會兩暫留所各有專員管理外餘若本會設立之第一第二第四三收容所均由同鄉中熱心諸君日夜在所照料如徐可亭蔡禹門周蓮欽屠紀常張保三華宗彝蕭效仁趙慕灝李鼎輔諸君規劃主持熱忱可佩至難民到滬時之招待由各鐵號行員擔任者居多往往守候車站通宵達旦尤可欽感而匯司捕房麥捕頭繙譯顧頌山華探目陸連奎等亦親到各所巡視並撥探捕照料焉

二十五日之緊急聯席會議

一月二十五日十二點續開緊急聯席會議孫北萱主席報告護送難民來滬及設所收容經過後第三隊回滬隊員楊聲初報告略謂敝隊到錫時城門已閉四日船泊新世界河畔途中皆兵士城外已無物可搶竟至縱火焚燒昨日(初二)上午礮聲隆隆兩軍業已開火第一防線閘在橫林周涇巷間敝隊在錫另組收容所前日所內祇有數百人昨已增至數千人此輩難民皆在火線之內危險更甚於城內昨商兵站司令部允將難民裝載兵車今午晤陳漱庵先生稱業謁齊燮元不允假車嗣復見兵站司令再四懇請始允難民附搭兵車因在五分鐘內將乾甡絲廠收容所中難民護送來滬現統計無錫城內外各收容所難民至昨日止已不下五六千人故欲返錫繼續救護云云主席宣讀收容所義務員姓名並報告本會發行探望劵凡往收容所探望戚友者請其捐助銅元數枚以助經費至救護方面濟生會已發電至蘇燭將所有船隻盡開無錫聽本會救護隊撥用丁厚卿君願將丁巷住宅設立收容所並可捐助五百元以資提倡丁君急欲組織救護隊惟通行證及船隻一時甚難設法今由本會竭力去辦未知可達目的否嗣報告無錫帶來沒收潰兵在錫所搶贓物計電風扇一具洋布夾長衫一件洋緞單衫一件洋緞女夾襖一件絨線鞋一雙官紗女衫一件夏布女衫一件自鳴鐘三只掛鐘一座台灣席一條糙夏布二匹單被一條紅呢被面一條線毯一條麻袋一只紅土二塊約二兩重棉被一條銅元十五千〇九十文至一時許散會

救護隊之繼續出發

第七救護隊於二十六日出發後即聞奉軍進抵蘇垣之訊然以大兵之後遭災地方人民流離失所亟須招集流亡接濟糧食俾劫後災黎不致重墮溝壑因由錢勤甫李茂林等先後組織三隊繞道出發分赴被災地方辦理第一步之善後此外復有徐采丞君因聞湖州地方有錫籍難民不少而該處形勢吃緊亟宜護送來滬遂組織湖州救護隊由丁浪西吳秋濤胡舜模張福安諸君等出發赴湖救護焉

三十一日之緊急聯席會議

無錫旅滬同鄉會　十年大事記　二四

赴錫救護隊王堯臣等於三十日附兵車到滬在錫時各公團以省令籌解第一軍協餉屬到滬後報告同鄉會協助設法因於三十一日召集聯席會議下午三時開會祝蘭舫主席王堯臣報告蘇軍奉軍前後在錫索餉之經過地方羅掘已窮各公團議發行國稅劵一種計共拾萬元擬十七市鄉五萬元城中二萬五千元旅滬同鄉二萬五千元劵分五元十元五十元一百元四種攜有樣張在此請諸公閱看公議辦法主席言劵未載明歸還章程諸多未妥且我旅滬同鄉是否有此力量榮宗敬言國稅二字太泛亦不妥衆意以旅滬同鄉救護難民災重款絀尚虞不足更無協助軍餉之力主席因要公赴商會先退由榮宗敬主席蕭效仁立電張雨帥請踐入關後之宣言單仲範主就近推代表謁見張軍長請求豁免衆贊成推定祝蘭舫榮德生單仲範三人爲代表並備說帖面遞王堯臣報告張浩榮因救護事中彈殞命應如何表揚及撫卹議決應開追悼會推定陶仞千爲追悼會籌備主任徐可亭王堯臣恭待時孫北萱張秋園爲籌備員陶仞千報告滬甯路局函復運送難民可以半價不能全免議定車站方面請過養默華衛中隨時接洽五時散會

二月一日之緊急聯席會議

二月一日下午二時續開緊急聯席會議祝蘭舫主席報告無錫各公團迭電告急請求協助款項計分兩宗一爲餉項一爲善後賑款請公決辦理議決辦法如下(一)電盧宣撫使暨韓省長籲懇豁免軍餉

並派員查明災情核辦(二)電懇張雨帥轉電盧宣撫使豁免攤派第一軍之餉(三)函請同鄉京官環懇政府速電盧宣撫使韓省長停止在錫籌餉並速派員賑撫(四)推舉代表謁見防災會會長請求賑濟所推代表如下孫詢芻俞仲還榮宗敬陶仞千孫北萱張秋園蔡禹門楊子佚徐可亭陸培之王堯臣王禹卿蕭效仁許叔娛馮樹勛楊伯庚龔子青(五)將本會辦理情形電覆兵災善後會請轉各公團(一函電均見公布欄)

二月二日之緊急聯席會議

二月二日下午三時續開緊急聯席會議主席孫詢芻報告與防災會接洽情形會長馮夢老因病由伊孫代見允撥急賑五千元交由本會推人調查發放又該會收容所難民運送回里已有公函致省請免費將哲卿主張我曾電請省當局知照路局免費運送難民榮宗敬主張暫緩發電俟華衛中等前往接洽再說單仲範言路局事局長無全權須會商洋員核辦照路章祇能半價結果照榮主張蔣哲卿報告回錫情形如下鄙人三十日夜間到錫邑人同口一聲皆稱師蘭亭擅權恣肆師之關防稱駐錫警備司令兼清鄉司令到任後索款無已先後取去一千五百元口稱充辦理清鄉之用但是清鄉兵士到處騷擾現在地方十公團議決組織兵災善後會借縣商會爲辦事處設幹事長三人幹事二十七人其分配方法每市鄉推一人商界合推十人先將焚刼分兩層辦理對於焚燒先就城鄉被焚各家拍照存案再

爲紮籬對於刼掠先定表格交各市鄉幹事調查塡清然後再組審查會審查經費暫由三幹事長每人墊一千元關於籌餉事奉軍到錫省令本邑繳餉六萬限日交付一再懇商至三十日止已交過三萬現在羅掘俱窮無法可想送電省中懇求均無覆電三十一日下午縣中復邀各紳至署糧台處長帶衛隊武裝逼款自下午三時相持至十一時無法解決最後商定就錫勉湊一萬餘二萬請旅滬同鄉代籌藉以解圍各紳咸具軍令狀限二月二日繳款當時明知籌餉非同鄉會應辦之事惟各紳以死在臨頭無法解決想旅滬同鄉姑念交情鄉誼或能推愛代措當時糧台處長尚欲各紳推一代表同來各紳無人肯行故派一縣警察陪同來滬主席報告昨日本會代表謁見張軍長請求豁免無錫協餉已邀允准

特別救護隊組織簡章及隊員服務規則

(簡章)一本隊設隊長一人副隊長一人隊員二十三人一本隊將第五隊改組除原有隊員外增添補足一本隊現邀求司令部附塔兵車赴錫所有乘坐火車限於隊長隊員不得附塔閒人緣司令部祇發通行證二十五張至由錫救護難民來申應至錫會同無錫紅十字分會商明司令部及車站站長另派專車裝載一本隊應於隊員中選派書記庶務會計交際調查各職一本隊至錫應擇地爲辦公處一本隊至錫應與以前出發四隊接洽一本隊至錫應與駐錫司令部接洽以便乘兵車來申一本隊至錫應探聽無錫是否組織紅十字分會一本隊至錫應將辦公處地點及與以前出發四隊接洽情形發電報告旅滬同鄉會一本隊至錫應如何救護同鄉出險即照第三條辦法辦理一本隊至錫應調查無錫城鄉各處情形隨時報告一本隊未盡事宜隨時修改增添(隊員服務規則)一隊員如欲入隊必須報明職業住址請人介紹一隊員一經入隊不准中途脫離一隊員一經入隊應聽隊長指揮一隊員一經入隊不得有越軌行動情事緣經同鄉會函報司令部擔負責任如有發生軌外行動致干查究惟介紹人是問一隊員所穿制服所佩袖章以及通行證不得假借他人使用事畢一律繳還以昭慎重一隊員入隊分任書記庶務交際調查各職報明註册一會計一員應由隊長指派擔負完全責任一隊員到錫分路調查應將某隊員分赴何地方調查先行登記回隊後將調查情形報告書記分別入册以備回申報告或將簡單情形電申

無錫旅滬同鄉會辦理兵災救濟事務簡章

(一)主幹理事長三人(一)幹事理事全體及熱心各同鄉擔任(一)經濟除樂捐外由理事會負責籌墊(一)收支由會計科陳仲英先生主任以主幹一人或幹事三人之簽字爲收支之憑證(一)接洽紅十字會推定孫鶴卿先生濟生會卽白十字會推定單仲範先生(一)車站接護總招待推定黃錦帆先生(一)水道接護總招待推定張鳳培先生(一)收容所主任總幹事推定徐可亭徐志偉張伯頤先生(一)會內總採辦推定(一)會內總文牘推定陶仞千寶孟幹楊子佚先生(一)會內總交際推定丁梓

仁先生(一)本簡章未盡事宜隨時修改

無錫旅滬同鄉會收容所章程

一定名爲無錫旅滬同鄉會收容所一地址臨時商借一凡屬戰地罹難同鄉救護來滬無戚族招留者給證入所收容一入所收容祇限於無錫一縣其他各縣代爲招呼分別護送各同鄉會一入所收容每日早晚兩餐時間酌定一收容後凡有戚族到所看視祇准在所外屬所役招致其所看視者出所敍談無論男女一概不得入所一收容後應將所收容之姓名及原籍住址以及家長姓名縣掛所外一收容後無論何人不准喫烟不准點燭違者勒令出所一每天早起六時開門下午六時閉門閉門後不得再開一收容後應編號數分給號證以便稽查一每所設主任一人或二人職員若干人由同鄉中熱心諸君義務担任一收容經費無從預計擬由本會暫墊核實支付募捐歸還一收容期間以回復原狀時爲限一本簡章未盡事宜隨時修正

追悼張君浩榮紀

無錫旅滬同鄉會日前因無錫慘受兵災組織救護隊九隊先後馳回錫地救濟難民出險第六隊隊員張浩榮救護之際道出火綫中彈隕命該會於十五日在錫金公所開會追悼會場中除輓聯花圈外陳有張君被難時之血衣秩序如下一開會奏樂二來賓入席三家屬入席四主席述開會辭五行追悼禮

（一鞠躬奏樂）（六）讀祭文（七）演說（八）家屬答謝（九）閉會奏樂來賓到者除無錫旅滬同鄉外有中國濟生會代表單仲範中國紅十字會第五療養所代表周學文松江紅會代表楊了公吳伯庚泗涇紅會代表李文來上海工商友誼會無錫駐滬勞工會代表吳公望錫社代表王啓周等計有三百餘人二時開會主席孫詢芻述組織救護隊之經過及張君被難情形並追悼之意旨來賓演說者有楊了公孫北萱秦待時王啓周等數人大致均謂張君救護桑梓而死雖死猶生首禍之軍閥貽害地方事敗則匿身海外雖生猶死流芳遺臭自有定評足爲張君悲亦足爲張君慰等語末由張君之弟浩溪起述答謝之辭四時閉會無錫兵災善後會因急賑事牽不克到申參與特馳電致唁云

理事會常會記事

二月廿二日理事會開本月份常會到會者榮宗敬祝蘭舫孫鶴卿蔡兼三陶仞千馮樹勳陸培之張秋園孫詢芻（孫鶴卿代）王禹卿（陶仞千代）等十人評議員列席者陳漱菴王堯臣二人下午三時開會議決各案如下

（一）無錫溥仁慈善會請撥衣被案議決撥舊衣一千件新棉衣褲三百六十件棉被先撥八十條俟收容所棉被收回後續撥一百二十條（二）無錫兵災善後會請撥款及衣被案議決撥洋五千元棉被二百條（三）張浩榮君身後費用及賻款處置案議決除棺殮已由福新第七廠擔任外所有追悼會費用及禮力均由會開支已收賻金五百十二元連同未收之榮查王王四款二百五十元函送榮君宗敬處代爲立摺存放備濟家屬養贍之用（四）第四收容所移地安置案刻已結束無庸置議（五）第六隊輪費交涉案王堯臣君報告輪費業已付清並償還安亭紅會制服洋二十八元以及其他各種費用均由箇人墊出議決第六隊此次一切費用除張浩榮君棺殮費已由福新七廠擔任外其出發時本會付給輪船定洋九十元歸本會開支其餘各費請王君堯臣擔任安亭紅會之制服袖章旗幟符號等件由原經手人王堯臣君收集歸還（本案經王君堯臣承認）（六）職員改選案以救濟兵災善後各端尚未結束會員錄亦未印竣議決俟會員錄印刷告竣再議進行四時散會

致無錫兵災善後會電　皓電悉棉被准撥奉二百條車運無期已商定鶴卿先生俟乾甡運蘭輪到即起運請接洽收到後並盼見復

致無錫兵災善後會函　逕啓者前准刪電囑將敝會撥助急賑五千元交祥裕收入貴會戶等因准此已於本月十八日將此項急賑洋五千元撥交祥裕莊收入貴會戶名項下即祈查照接洽並盼見復爲荷

致乾甡絲廠函　逕啓者茲運上新棉被二百八十條新棉衣褲三百六十件舊衣一千件希查收又新棉衣褲一百五十件係楊子佺先生個人經手發放之品（每札均有布簽標明）請轉交楊君可也

三月一日臨時特別會議記事

三月一日下午因請撤無錫駐兵問題在本會事務所開臨時特別會議到會者榮宗敬祝蘭舫孫鶴卿單仲範徐可亭陶仞千陸培之孫北萱榮德生華藝三蔣遇春嚴裕昆陳仲英張秋園浦志達丁梓仁王禹卿王堯臣秦理齋鄧曼卿四時開會主席祝蘭舫所議各案如下一錫地駐兵至今未退人民不敢還鄉轉瞬育蠶期届倘失此養育時期全邑千餘萬之出產影響民生不堪設想議決根據盧宣撫使感日呈段執政規定以徐州爲駐蘇國軍軍區地點電文分電段執政陸軍部奉天張上將軍南京盧宣撫使鄭省長請迅將錫地所駐軍隊全數調駐徐州並電請北京無錫兵災善後京津分會協助進行二本會救濟難民行將結束所餘款項應如何處置單君仲範陶君仞千主張目前大局雖若敉平形勢似尚未穩本會此次募捐諸同鄉均已筋疲力盡萬一錫地再有不安欲如此次之募集鉅款恐非易事似不得不預爲之計議決此次募得之款項除因救濟而動用及已撥無錫兵災善後會五千圓外其餘悉數暫行保存以備時局萬一不甯救濟之用三華君藝三報告與沈田莘（湖州人）接洽擬合蘇松常鎮各屬暨浙西各屬旅滬同鄉聯絡進行規劃特別區域以期達到永不駐兵之目的議決先將本日發出電稿抄送沈君俾便聯絡進行四華君藝三提議新任鄭省長應另去電歡迎議決照辦五時散會

致新任江蘇省長鄭電　北京善後會議轉新任江蘇省長鄭崇鑒公以蘇賢長蘇蘇人之幸急盼來蘇藉慰民望下邑兵災獨重早邀洞鑒現在蠶汛將届駐兵未退國稅民生關繫至鉅我公憫念桑梓敢乞迅賜設法救濟不勝翹企待命之至同日上我公及段執政張上將軍電另由郵呈統希鑒核無錫旅滬同鄉會蔣曾燠榮宗錦祝大椿等叩冬

盧宣撫使覆電　無錫旅滬同鄉會鑒冬電誦悉駐錫軍隊移駐問題目前正在籌計特復盧永祥江

新任鄭省長覆電　無錫同鄉會公鑒東電悉此事已在籌備不日即可解決鄭謙支印

致中國濟生會函

逕啓者據一救護隊長單崇禮函稱隊員趙子範曾交來零星開支銀洋九十六元當齊奉兩軍在車站附近交戰曾將賑簿銀洋於初三早晨帶至南門永泰隆收容所內暫藏於初四日齊軍退後即於早晨由南到北走至馬路口突被奉軍藉檢查爲名搜去銀洋九十六元無法追回等語前來查該款係第一隊在滬出發時向貴會具領既據函稱爲奉軍刼奪相應函請察核辦理爲荷此致上海中國濟生會無錫旅滬同鄉會啓三月三日

無錫旅滬同鄉會臨時募捐救濟兵災收支徵信錄

凡　例

一收入分別銀洋角洋銅元食物用物棉被衣服等項按類分列

一各類分列凡諸大善士旣捐洋款又助食用各物分別列報

一造報不論捐款多少先列臨時書捐簿其次以募捐冊號數先後爲序各冊收齊再登申新兩報
一支出分左列各項
甲　救濟費凡撥交濟生會款補助無錫兵災善後會款撥交溥仁慈善會棉被等類及難民救濟來申車送回錫各項皆屬之
乙　收容費凡各收容所費用及柴米菜蔬日用各物皆屬之
丙　雜用凡郵電旅刊增添飯食茶房薪工及一切雜費皆屬之
一本徵信錄自旅刊三十九期起按期刊登大致敘列于後
一月十八日卽舊歷十二月二十四日午後蘇軍抵錫下車卽行縱火搶掠人民紛紛逃避十九日本會得信卽開緊急聯席會議籌備救濟方法先由孫鶴卿孫詢芻單仲範三君與紅會濟生會接洽派員協同救護一面覓僱輪船組織救護隊在滬分設收容所一面勸募救濟兵災經費當由祝蘭舫榮宗敬兩君各先倡捐洋一千元經熱心諸同鄉分投勸募及自行捐助共計收洋二萬六千九百四十六元四角〇四厘除支濟生會洋二千一百元無錫兵災善後會洋五千元輪船火車費洋四百三十五元一角九分護送難民回錫各費洋五十三元七角三分五厘救護費洋八十元第一收容所用款洋六百八十五元九角九分九厘第二收容所用款洋八十三元三角八分稻草洋三十元第四收容所用款洋二百四十三元一角九分棉被二十四條洋五十六元第二第四收容所器具洋六十六元七角七分電報費洋

五百三十四元二角六分五厘告白費洋三百四十二元三角七分飯食洋七十五元九角〇八厘雇用短工洋四十元〇六角八分筆墨紙張洋十二元捐冊郵票車力洋五十一元八角一分一厘印刷募捐啓及傳單洋二十四元酬送醫生沈鑑文孫憲章夫馬洋十元各收容所招待員襟章洋四十五元購還上海醫院西藥箱件洋七元九角六分交際費洋一百六十元〇八角九分五厘巡捕工洋六元雜用洋三十一元六角五分竹布硬柴圖章碗筷等洋五十四元二角二分七厘捆棉被草繩洋三元一角四分五厘太湖流域聯合自治會籌備費洋七十七元九角七分二厘追悼會費用洋一百二十七元七角四分一厘共支洋一萬〇四百三十九元八角八分八厘仍存洋一萬六千五百十六元五角一分六厘此項收支存數登入旅刊歷年均有報銷至本會辦理手續均詳前頁不贅

復中國濟生會函

逕啓者奉台函並蒙助舊衣四百件棉被二百條澤及災黎至深銜感業已運錫並函無錫溥仁慈善會指定近城及惠山一帶請其代爲散放矣謹此鳴謝此致三月十三日

致無錫溥仁慈善會函

逕啓者敝會於三月四日運上棉被二百八十條諒荷詧收茲於十二日交由火車運上棉被三百五十條新棉衣褲六百六十件舊棉衣四百件又舊衣一千件(共計六十八包)附上濟生會函卽憑向錫站提取爲荷再查先後所運衣被內新棉被二百條係撥與兵災善後會發放又舊棉衣四百件暨棉被二百條係濟生會捐助指定散放近城及惠山一帶之賑品新棉衣褲一百五十身(三百件)係楊子侊先生個人經手請貴會發放之品(有布簽標明)至希分別支配轉交並發放是所至禱幷祈見復爲盼此致三月十三日

致無錫兵災善後會函

逕啓者敝會撥奉貴會棉被二百條於前日號日代電在案嗣以水陸兩路轉運均發生周折延至本月十二日始克將運錫賑品完全交由火車運交錫地溥仁慈善會所有貴會棉被二百條卽希逕與接洽查收見復再敝會撥助急賑洋五千元於二月十八日交祥裕莊收入貴會戶下前經專函通知希一幷賜復爲盼此致三月十三日

無錫兵災善後會來函

逕復者本月十四日接奉大翰誦悉種切所有轉撥賑災棉被二百條業經如數收到至貴會撥助振款洋五千元亦經祥裕莊函知查收入敝會無訛旋以查災放賑未遑裁復致累遠注抱歉良深家鄉善後百端須款頗多尚望諸公隨時贊助俾集成裘此致三月十四日

三月二十一日職員聯席會議紀事

三月二十一日下午評議理事兩會暨名譽理事在事務所開職員聯席會議到會二十七人下午四時開會孫詢芻主席報告榮理事長宗敬提出建築會所議案略謂無錫旅滬同鄉會成立年餘迄無會所殊不足以垂久遠現在租界日見繁盛相當地點實在難覓宗敬提出意見擬以錫金公所戲台西邊舊屋五楹拆卸建築無錫旅滬同鄉會會所劃用基地若干由同鄉會酌量繳價以別權限而清手續俟本會通過後卽備函徵求公所同意另擬建築兩式以供衆覽並俟公決再俟本案通過後當由宗敬捐助洋三千元以資提倡並擔任募集洋二千元陶仞千起言本會建築會所至爲急要錫金公所與同鄉會同爲我無錫旅滬同鄉所組織之公共事業倘能互相提攜大是好事故對於榮理事長提出議案極端贊成主席發表意見謂公所與同鄉會聯絡一氣極爲贊同榮君並首先捐款以爲之倡實係至公無私望我同鄉化除意見力贊此舉榮理事長起言鄙人任錫金公所總董二年覺一事未做甚爲愧對公所成立已數十年進步甚遲慢日前公所團拜到者大都皆係同鄉會中人因此發生一種感觸覺各司鄉對於同鄉會均極熱心故擬將同鄉會與公所聯絡一氣於公所方面亦可促進同鄉會旣得建築會所公所亦可漸圖推廣譬如兄弟同心禦侮則其力益厚蔣理事長起言此事在本會祇能議向錫金公所請求所請求於公所者可預擬問題三項(一)撥地建築(二)讓地建築(三)借地建築請公所於此三者之中擇一見示如此辦理必能得公所之諒解當有辦法答覆本會再本日之會議由理事會單獨召集手續不合宜再定期與評議會聯名召集會議一次商定辦法向錫金公所請求議決本日之會作

爲預備會再由理事會與評議會協定日期開聯席會議討論進行辦法徵求錫金公所意見次討論無錫來電請籌撤兵開辦費案主席謂蔣君哲卿意見擬請無錫繭業公所及絲繭公會借墊三萬元理由充足鄙意吾邑重災之後地方財力已窮而當道猶一再誅求無已吾人對於開拔費苟爲力所能及固當勉力拚湊而對於省當局宜有拒絕之表示衆以爲然即席擬定致省長及覆林知事兩電立時拍發

五時三十分鐘散會

致錫金公所函

逕啓者查敝會成立年餘尚無會所殊不足以垂久遠經宗錦提出意見以現在租界日見繁盛難覓相當地點擬在貴公所劃用基地若干建築會所由敝會酌繳地價以別權限經兩次全體職員聯席會議提出辦法三項（一）撥地建築（二）讓地建築（三）借地建築一再討論僉以此事先決問題須先徵得貴公所之同意爲特抄錄議案連同圖記二份專函奉商至希察核請於三項之中決定採用何項酌奪見復至紉公誼四月一日附抄件

錫金公所來函

逕復者接准大函中略等因茲由敝公所召集董事會議僉以貴會與公所同爲桑梓團體愛護之心初無二致惟查本公所現在情形房屋隙地均有正用此外並無空曠餘地可以租讓必不得已爲兼籌並顧起見須俟丙舍遷移公所全部改組建造市房時不妨通融議租現正向新公所地址籌備添造丙舍預爲將來遷柩之計惟來日方長地基有限能否容納老公所遷徙各柩尚難豫計第念貴會會所勢難久緩如果另行覓地建築屆時敝公所自當量力補助俾稍盡義務於事實上似較迅速利便宗錦在會言會在所言所尤無成見所有敝公所議決情形相應函覆即希查照爲荷

第一屆職員改選抽簽紀事

第一屆評議員理事任職已滿一年照章須改選半數四月二十六日下午在事務所抽簽以定去留結果評議員留任者爲俞仲還丁仲祜沈仲俊陳漱庵王堯臣范和笙孫北萱丁寘軒張雲樵張春霖宣俊侯鄭松亭蕭效仁龔子青陳仲英顧沅芍榮永吉嚴裕昆榮若湖榮月槎錢湘伯查仲康秦絅孫朱俊生華棨封等二十五人理事留任者爲祝蘭舫張秋園匡仲謀陶仞千賈春華孫詢芻劉春圃蔡兼三等八人四時五十分抽畢散會

第二屆改選職員半數

評議員

單仲範當選評議員長唐子培當選副評議員長丁梓仁當選副評議員長榮永達楊伯庚張卓仁徐可亭榮西城毛鑑清張頌南周肇甫王西神吳臣笏蔡禹門周銘初朱寅生竇孟幹陳瑞寅奚雨臣秦理齋孫志道于義庭華堯輝廉礪清黃錦帆張秉鑫當選評議員

理事

榮宗敬當選理事長蔣哲卿當選副理事長孫鶴卿當選副理事長陸培之朱鴻昌馮樹勛王禹卿秦待時錢六箴當選理事

十四年五月三十一日第二屆職員在事務所行就職禮並舉行新舊職員交替到新評議員長單仲範舊評議員長俞仲還舊副評議員長丁仲祜新理事長榮宗錦舊新評議員孫北萱新舊理事陶仞千等於下午四時開會（一）鳴鈴由糾儀員導引新舊職員就座（二）新職員行就職禮向國旗三鞠躬（三）行交替禮新舊職員相向一鞠躬（四）臨時提議事件由榮理事長主席所議事件（甲）會員會日期議決會期姑定六月二十一日會場由理事會向甯波同鄉會或省教育會商借如假用會場與日期有礙可展期至六月二十八日舉行（乙）太湖流域聯合自治會假用會所議決事關入屬公益准予借用惟應函致該會關於開會等種種事宜應先期來會接洽以免於本會辦事上有所妨礙（五）原定攝影以是日陰雨光線不足改於開會員會日舉行（六）茶點散會

六月十八日評議會於事務所開臨時會下午八時開會單評議員長主席所議各案如下（一）理事會交議辦學困難情形案主席報告理事會提出學校經費支絀情形孫北萱起言上屆評理兩會聯席談話會鄙人曾有改辦代用小學之提出所以有此主張者因推行教育在會務中亦甚重要兩小學既開辦於前中途停輟既屬可惜亦非本會之光故擬改辦代用於經費所省甚多仍不背本會辦學之宗旨日前在錫晤蔣副理事長頗不以此主張爲然並願犧牲時間宣力於會中所辦教育事業惟對兩小學下學期應用何法維持未曾表示辦法蔡禹門言本會辦理事業須視力之所能至今以續辦則力有不勝停辦則有失本會面子之故改爲代用小學是猶粉飾以求美觀竊謂本會成立年餘對於會所尚無切實之辦法因之各會員懷疑觀望不能鼓起興味以後徵求恐不復有前此之踴躍根本動搖恐雖欲粉飾而無從故鄙人主張停辦先求鞏固本會基礎再及其他事業俞仲還言鄙人主張與蔡君相同今所難者無人肯負此停辦學校之惡名鄙意評議會宜去名而崇實此惡名不妨由評議會負之是時在坐各員多數主張停辦惟對於兩校之同鄉學生應如何安插有所討論結果議決兩小學下學期暫行停辦由會籌備學款一千元所有兩校之無錫學生查明家境實係貧寒者由會轉送附近相當學校以章學業（二）唐丁二副評議長二次辭職案衆意再由理事會去函懇切挽留陶君仞千起言丁君梓仁經以私人之資格挽勸已打消辭意故本日委託鄙人代表出席應否再行去函議決仍正式去函挽留以表誠意主席報告本日開會因所議學務案須於二十一日理事會開會以前議有辦法故定期今日又以非星期日各員日間不免有事故時間爲下午八時今評議員中有以定期反常質問者究竟評議會常會日期及時間曾否有所規定鄙人未能明瞭臨時會之日期及時間應否有所規定應請公決以便遵守孫北萱言不必有所規定可由評議員長酌量情形定之王堯臣言常會宜在星期日時間可仍

下午三時之習慣臨時會可以無庸拘定議決評議會常會宜在星期日舉行時間定下午三時臨時會之日期及時間由評議員長酌量定之孫北萱提議本會經濟已入困難之境聞去年之會費有多數尚未收到應公議如何整理議決函請理事會對於收費設法整頓以裕收入九時半議畢散會

評議會議決學務案致理事會函

逕啓者前准四月二十一日公函開中略等因過會當於本月十八日臨時會提出討論僉以爲辦理學校原爲本會會務之一種查本會應辦之事會章列有多端然必須基本穩固方能次第推行毋虞摧折今默察本會情形覺於根本問題實較辦學尤爲重要設徒徇興學之美名而不謀基礎之穩固皮之不存毛將焉附枝葉未茂根本已傷殊爲可慮經議決下學期兩小學暫行停辦由會籌備學款一千元所有兩校同鄉學生查明家境貧寒者由會轉送附近相當學校以竟學業等情相應函達即祈查照施行

六月十九日

六月二十一日理事會在事務所開六月份常會到會者榮宗敬等九人下午四時開會由陶仞千主席所議各案如下(一)執行評議會議決下學期學務辦法案主席宣佈評議會來函議決下學期兩小學暫行停辦由會籌學款一千元備兩小學之貧苦學生轉學之用經上年開辦兩小學不敷洋二千八百九十七元九角六分二厘應如何撥還應付各理事墊款如何對付應請公決張秋園主張由理事會及

評議會各半分任募集歸還議決理事墊款暨不敷之款計洋五千二百餘元由理事會商同評議會各半分任籌募歸還提交評議會核議主席提出下學年學款一千元應如何籌措可否在救護捐存款內利息項下提撥濟用議決下學期學款一千元暫在救護捐存款內利息項下借撥濟用提交評議會核議(二)推定教育經濟主任案推定陸君培之張君秋園爲教育主任朱君鴻昌蔡君兼三匡君仲謀爲經濟主任(三)續行徵求會員案議決會員會日期俟滬潮平定即行商定地址於一月前登報通告屆期提出組織徵求隊徵求會員及會所建築費(四)主席報告會所接洽經過情形本問題前經劉理事允負其責衆意催請劉理事從速接洽答復以便決定辦法(五)整頓收費案議決即日開收十四年度會費帶收十三年度欠費及已認而未繳之特捐由會計主任負責辦理並於繼續徵求會員時遇有舊會員之欠繳會費者相助催勸繳納(六)挽留唐丁兩副評議長案議決即行去函挽留除丁君已面允取消辭意外唐君處請張君秋園再行面懇五時三十分議畢散會

評議會議決各案致理事會函

函一　逕啓者准六月二十八日公函內開本會所辦兩小校十三年支虧之款連應還各理事墊款共計需洋五千二百餘元爲數既鉅端賴衆擎經議決商請評議會與理事會各半分任籌募歸還等情相應備函奉達至祈會議見復再十四年度學款一千元擬在救護捐存款內利息項下暫行借撥濟用並請核議見復等因過會經於七月十九日臨時會提出討論僉以籌還十三年度辦學不敷之款理事會責有專歸所提各半分任一節評議會未便承認至十四年度學款暫移救護捐息金濟用一節僉以此項存款前因時局尚未大定議決不能移作他用在案並准理事會續函有會員浦文渭君捐洋五百元爲維持兩校半年之費是所短祇有半數應函請理事會設法另籌等情相應函達至祈查照七月二十三日

函二　逕啓者准七月十三日公函內開本會所辦兩小學前議暫行停辦茲有是君雨蒼願接受續辦第一小學錢君廷楨願接受續辦第二小學校名均仍其舊由本會補助每校年五百元酌設免費生額若干名擬先訂約一年請核議見復等因過會經於七月十九日臨時會提出討論僉以前屆議決兩小學暫行停辦原爲經費支絀起見茲既有人接受續辦本會所補助之款合兩校計之亦不踰前屆議決十四年度學款一千元之數所擬變通辦事之處自尚可行議決准如理事會所擬辦理惟對於免費生額應請理事會再與承辦之人磋商酌量擴充以宏造就等情相應備函奉達至祈查照施行七月二十三日

函三　逕啓者准七月十九日公函提請修正理事會專則連仝所擬修正草案移送過會經於是日臨時會提出將理事會專則第九條議決修正相應抄錄修正條文備函奉達至祈查照爲荷七月二十三日

附修改理事會專則條文

第九條理事遇有不得已事故不克出席時得委託名譽理事或會員一人爲出席代表前項代表非有委託理事蓋章或署名函件不得出席

南北市兩小學訂立合同

立合同無錫旅滬同鄉會(以下簡稱同鄉會) 是雨蒼(錢廷楨) 今爲辦理學校訂定各款如左

(一)是雨蒼(錢廷楨)受同鄉會之委託承辦無錫旅滬第一(第二)小學校

(一)同鄉會每年貼費五百元分十二個月按月支付惟是全數學生不滿五十人者應減貼半數

(一)校內對於同鄉子弟得酌量收取學費惟應留免費生額六(十)名半費生額二十四(三十)名此項學生由同鄉會審查核准之遇有缺額應隨時報告同鄉會補足

(一)學校行政應受同鄉會之監督

(一)校舍地點及課程編制應商得同鄉會之同意

(一)本合同有效期間自民國十四年七月十六日至民國十五年七月十五日爲止期滿如雙方同意另行續訂

(一)本合同一式兩份雙方各執一份存照

中華民國十四年七月　日

立合同無錫旅滬同鄉會

代表人教育理事　陸培之　張秋圃

是　雨　蒼

（錢　廷　楨）

九月十三日下午一時評理兩會全體職員假座一江春聚餐並開聯席會議到榮宗敬單仲範等四十餘人由榮理事長主席入座後首由孫君北萱代表榮理事長陳述會議宗旨略謂今日集會爲我同鄉會建築會所問題此問題第一步即係基地今基地問題承錫金公所董事一體贊助通過租借已得有圓滿結果第二步即爲建築問題擬請東南建築公司同鄉過君養默承辦已着手丈量打樣其先決問題即建築費現由榮理事長認捐三千元認募二千元孫副理事長認捐一千元認募一千元蔣副理事長認捐五百元認募一千元此外如何進行請公衆討論次榮理事長起述照現在社會經濟困難情形此舉似非易易但同鄉會會所既刻不容緩又鄙人初來滬時錫金公所已經成立數十年來各地人士所辦事業均進步甚速租界內一切情形視數十年前已有天壤之別而我同鄉所辦公共事業無進步可言當亦非我同鄉所願今幸錫金公所肯租地與本會建築會所地點非常便利將來建築告成使我同鄉會得與各著名之同鄉會並立亦我同鄉之光榮次過君養默報告丈量得公所關帝廟以西門面

六十五尺留去一衖尚有五十三尺深度適夠兩進地位大會堂擬設在下層其餘如辦事室評議理事等室最小限度大約二層夠用惟外觀不可不並顧門首須建三層樓如第一進三層第二進二層建築費約須三萬餘元如前後均三層須增加一萬元丁君仲祜主張門面宜力求其高第二進不妨節去一層加諸第一進之上以壯觀瞻其式樣則務求其新蓋舊式費多且不美觀不如新式之費省而好看孫君詢芻言會所之層數可以視募集捐款之多寡而定其時對於建築式樣各有討論大都對於採用最新式樣多數贊成對於第二進與第一進之層數如相去懸殊認爲不甚相宜過君養默主張第一造宜三層第二造非二層不可屋頂宜用平將來擴充時可以逕行加添層數所費亦不鉅議決即照所討論由過君養默用最新式繪就圖樣再行召集會議公決次討論募集建築費衆意建築連同內容設備約須五萬元議決募集額爲五萬元除當場已經認定捐數並認募外由理事長暨評議長分途接洽蔣君哲卿言在座有多人擬請理事長將認募之二千元亦改爲認捐榮理事長慨然應允並言鄙人對於建築會所願負責辦理即如錫金公所現在建築新殯房費在三萬以外在公所經濟方面尚力有不逮鄙人願負建築完成之責任今對於同鄉會會所亦願負建築完成之責任蔣君哲卿起言照理事長所說對於同鄉會會所除捐助鉅款外並負建築完成之責任我同鄉宜仰體此意踴躍輸捐如會所不能建築完成即宗敬先生有負同鄉如同鄉輸捐不能踴躍即同鄉有負宗敬先生次孫君北萱提議同鄉會之經費全靠會費在會所未建築以前每有基本不固風雨飄搖之慨今建築會所已有端倪但就過去一年中觀察會員繳納會費甚不踴躍而重要事業不能不勉力興辦以致借用特捐及永久會費如再不籌募基金竊恐會所建築以後眞有風雨飄搖之慮我旅滬同鄉號稱十萬今姑定最少限度作爲三萬其未入會之會員尚占大多數鄙意擬於大會時提出大規模之徵求以三萬人爲目的召集各業徵求三萬元充作基金此事當於評議會提出函請理事會提出於大會今日諸君咸在座故先行發表意見蔣君哲卿言北萱先生主張欲徵求三萬元以爲經常費之基本此事關係羣衆恐多困難鄙意有一補充辦法能如評議員每人每年二十元副評議長倍之評議長再倍之理事每人每年五十元副理事長倍之理事長再倍之約計每年可得二千元之譜以之補助經常費所差亦無幾矣王君堯臣言哲卿先生告一主張鄙人極爲贊成但開大會時徵求會員以期經費充裕仍應積極進行所議各問題至此段落是日當場認捐者榮宗敬五千元孫鶴卿一千元匡仲謀一千元蔣哲卿五百元秦綱孫二百元秦釆南二百元丁仲祜一百元認定募額者孫鶴卿一千元蔣哲卿一千元其餘各評議理事各攜去捐册認允盡力勸募三時許餐畢散會

錫金公所來函

逕啓者上略特由敝公所召集董事會議決以土地祠前面空地及舊屋五楹卸除租借除俟丈量基地後酌議租價再行函知外合先奉聞十四年九月十二日

上月二十七日無錫旅滬同鄉會假座寧波同鄉會演講廳舉行第二屆會員大會到數百人下午二時

開會理事長榮宗敬主席秩序如下（一）振鈴開會（二）主席致開會辭略爲今日爲我無錫旅滬同鄉會會員大會之期溯自同鄉會成立以來忽忽一年有半賴全體會員及各職員匡扶指導會務得有起色照章會員會應於三月內舉行本年因時局關係延遲至今其間經過情形創辦學校發行旅刊救濟兵災等事皆其犖犖大者就中多費曲折而能穩固我本會之基礎者莫如錫金公所租借基地爲本會會所一事此事經蔣理事長及劉理事等往返磋商得公所諸董之允許本會會所既有確定地點現正從事募集建築費豫備建築會所明年今日或能與我同鄉父老兄弟相聚於新屋之中當亦爲父老兄弟所樂聞者也鄙人忝任理事長事務繁冗不能專心會務尚望諸君時錫箴言匡其不逮至會務詳細情形另印報告茲不贅述一學校之設立會章第三條第一項即係推行教育故本會成立後即於南市北市籌設小學校各一所以便同鄉子弟之求學一旅刊之發行旅刊爲宣佈會中要務傳遞同鄉消息必要之品故發行週刊一種定名無錫旅刊於去年六月一日出版迄今達六十八期一兵災之救濟本會募集捐助無錫商團公會洋二千六百八十元又無錫紅十字分會洋二千元並於錫金公所組織婦孺收容所一處以備不虞爲時未幾幸即敉平迨陰歷十二月二次戰禍復起無錫受害再烈本會募集鉅款組織救護隊赴錫救護難民出險並組織收容所收容來滬難民自始至終爲時兩月有餘其詳細情形另有報告一同鄉之扶助本會去年聘請同鄉秦君待時陸君敍伯錢君樂眞爲法律顧問以備同鄉欲求法律上扶助者得以就請指示（本年因鑒於去歲請求法律上扶助之案並不過多並爲撙節

經費計劃繼續聘定秦君符時一人）此外來會請求本會扶助及調解者計有下列各件（一）會員陳興寶被誣搶劫案一件（一）難婦王文英由港來滬代招家屬領回案一件（一）女子張三寶被誘請追究案一件（一）學徒黃金根失蹤案一件（一）會員華伯陶因嫌被逮代為昭雪案一件（一）調解會員強君夫妻齟齬案一件（一）會員張志剛滬寧車中失竊案一件（一）同鄉徐鍾氏請領蘇屬護照一件（一）同鄉錢黃氏請訪查其子永才案一件（一）尤金祥索回貨船案一件（一）許周氏被拐案一件（一）吳泉元蹤跡不明案一件（一）李銀和撞沉貨船案一件（一）會員王蓉初誘王號被劫案一件（一）會員戈順元子失蹤案一件（一）會員姚潤齡為盜案牽涉案一件（一）調解張胡氏與榮胡振海銀錢交涉案一件（一）會員謝棣昌華漢樞私運軍火嫌疑被累案一件（一）會員張廷楨兩櫬糾葛案一件其餘因避難流落在滬遣送回籍各案不復具載）各項委員會之組織理事會為輔助會務進行起見特設各項委員會已組織者有教育委員會組織而因故中止者有徵求委員會）職員之集會計開理事會十四次評議會九次全體職員聯席會議七次（救濟兵災最吃緊時幾於無日不有緊急會議尚不計在內）議決各案不能備列關於議訂之章制有入會規則評議會議事細則理事會章則理事會辦事細則各項委員會通則立碑紀念儀式會旗圖式各件）經濟之狀況本會十二年度普通會員費既未能如額收足而事業費之支出原擬照預算額徵求作抵乃以連遭兵災徵求一事未能進行以致收支相抵不敷至七千餘元此項收支決算案依評議會議決通過後當於旅刊公佈次宣讀救濟無錫兵災報

無錫旅滬同鄉會　十年大事記　三十七

告罄盧齊再戰錫當其衝甲子臘月二十四日潰兵到錫縱火劫掠五城以外幾無完區其時郵電不通舟車斷絕旅滬同人聞耗之下驚心動魄謀起救難遂於二十五日下午在本會事務所開緊急會議籌集捐款先行組織救護隊五隊赴錫救護由嚴孫鶴卿吳仲範兩君與紅會濟生會接洽借用旗幟徽章協同辦理并有王堯臣君等自備資斧組織六七八九十等隊於陰曆元旦初二等日先後赴錫旋經各救護隊在錫設法或搭兵車或由輪拖救護難民來滬計有四五千人分設收容所四處不敷收容幸藉江蘇防災會及濟生會所設收容所分別容留應用食物衣被全藉諸同鄉及各大善士捐助兵事粗平留滬難民急圖歸去遂由江蘇防災會中國濟生會過君叢獻周君建猷分投與車務處接洽將來滬難民分起送回是役也計收洋二萬六千九百四十六元零除撥濟生會洋二千一百元無錫兵災善後會洋五千元各項用費洋三千三百三十九元零外仍存洋一萬六千五百十六元零米款洋七百六十六元零葡萄乾款洋九元六分物件變價洋二十五元此外如衣被食物或專送無錫濟仁慈善會或發給收容所濟用連同捐款名冊已分期登入本會旅刊無容贅述宣讀報告畢主席復謂本屆謬承諸同鄉推為理事長自忖半載以來毫無成績但於會所一層甚覺有關不得不勉力促成在理當此經濟困難時代胡必欲以建築會所為前提詎因會所乃根本之圖本之不存枝葉焉附即如此地寧波同鄉會有此閎壯巍麗之會所對外聲勢自雄信用亦益著若列當本會募捐建築費之際深望諸君羣策羣力盡力贊助以冀新會所早觀厥成本會前途之幸亦我旅滬同鄉之光榮云云提議事件主席提出第二次

徵求會員案雖本會自前年第一次徵求會員後去歲因時局關係迄未繼續舉行我旅滬同鄉號稱十萬今入會人數尚不及十分之一聯絡本會會務之發展全賴會員為基礎今當籌築會所積極進行之際亟宜乘時作大規模之第二次徵求俾會務得以日益發達是否有當敬請公決並致說明略謂吾人既有同鄉會之組織不可不以全力贊助使會務蒸蒸日上為我無錫人爭一些面子旅滬同鄉既有十萬之眾而入會者尚不及十分之一足見第二次之徵求刻不容緩日後會所告成仍賴同鄉踴躍入會方能維持永久至徵求方法或將照第一次辦法為變通得理事會執行時酌量情形便宜處置此項議案想諸君當一致贊成如無異議便作為通過全場無異議通過演說首孫北萱演說略謂吾人聞榮理事長報告有毫無成績語在榮君固屬謙詞於會員頗多激勵鄙見以為說到本會成績二字亦不可說不有就其大者論之如去年秋冬邑中二度兵劫當時旅滬同鄉均惶急無措日夕奔走於同鄉會謀所以救濟之道此事已另有印件報告可不多贅又如建築會所一事本會自成立迄今租賃房屋為事務所租金浩大但欲自己建築經濟上談何容易此屆幸經榮理事長等一再與錫金公所方面商量借地建築已得對方之允許刻已繪圖測量從事募捐進行建築預計明年會員會可與諸君相聚於自己新屋內矣（眾鼓掌）再同鄉會係平等團體不論上中下階級均一視同仁鄙人前於理事會提議本屆徵求會員宜從此點特別注意以期普及將來人數愈多則本會基本益見鞏固本屆徵求方法宜請各業領袖擔任又同鄉會為團結力之表現今就滬埠論他處人士其團結力或較我錫人為濃厚而同鄉會亦

無錫旅滬同鄉會　十年大事記　三十八

較為發達其故蓋因邇來輪舟火車交通便利滬錫二百里瞬息即達一日可往返數次此不免視同鄉會無足輕重而團結力亦不免淡薄矣其實客居異地究不免有需同鄉會扶助保障之處倘人人能熱心會務發揮光大之則前途未可限量云云次秦待時演說略謂同鄉會之規劃進行及希望已由榮孫諸君說過同鄉會之必要人所共知會之作用甚多姑論其一如兩人相爭必有一弱在昔同鄉無團結時遇受冤抑呼籲無門自同鄉會成立對於此類情事便可扶助保護又如兩同鄉設或意見不合一經會內調解則雙方得於鄉誼可免種種之爭執而感情亦易於恢復鄙人忝任本會法律顧問此後凡同鄉有關於章程範圍內之律務指揮者自當盡吾一切排解之義務所有本年度書記費一百元業已辭却聊表微忱云云次過君養默演說略為本會會所承委鄙人打樣現已丈量基地擬築兩造前造建四層樓為辦公會客俱樂藏書寄宿之室及小會議廳後造建大禮堂設月樓廚房及僕役室另造披屋一年可竣試觀寧波同鄉會在滬有如斯之名譽勢力會所之閎壯亦大有關係今本會會所如經費能早日籌齊工程早竣亦諸同鄉爭面子云云演說畢主席復勗勉諸君擴張會務散會時已鐘鳴五下半矣十二月十三日理事會在事務所開本月份常會到會者榮宗敬等九人下午四時開會孫副理事長主席所議如下主席報告本月常會之期應在二十日因事務所發生遷移問題故提前於本日開會至事務所遷移問題之發生因房東要求於一月份起增加租金月二十元而左近同鄉張顯芬先生宅內適有空屋租金且較現在之價為廉我為經費支絀籌分開支似應從撙節應否遷移請公議決定陶君仍

千報告察看張處房屋軒爽似不如此間然亦尚可用房租月七十元節省甚多惟僅租第一進稍不敷用但後進尚有空屋最好與商在後進推廣一間房租不加議決事務所決計遷移以資撙節至張處之房屋推廣間數及租金不加請張秋園先生前往接洽次陶君仞千提議事務所儘本月底可以遷定下月又值陽歷新年似宜開一全體職員茶話會以資聯絡議決事務所遷定後除照例通知各職員並登報通告各同鄉外定於十五年一月三日在新事務所開全體職員茶話會議畢散會

一月十七日理事會在本會事務所於下午三時三十分開會孫副理事長主席先由孫理事詢芻報告購置該地及讓渡與同鄉會之經過次由主席請陶理事仞千報告購置會所情形（陶理事報告大致與一月十日聯席會議席上所報告相同見八十四期旅刊公佈欄）次討論墊款辦法陶理事仞千出示所擬請有力各同鄉墊款函稿爲今日宜商定者爲墊款之數目及繳款之日期各理事討論良久僉以爲墊款應有一種手續如還期利息及保障等類主席謂墊款即借款手續自應完備宋理事鴻昌言苟能議有確實之辦法詳裕亦可墊借主席言還款辦法出於募捐本案可與籌募捐款案合併討論孫理事詢芻謂今日討論者宜分兩點（一）募捐對於捐款者須定有報酬之法如立像題名之類（二）暫墊對於墊款者須有確實之還期及保障主席言墊款人數可不拘定或以應墊總數分爲若干股認墊者自一股至若干股聽人力量認墊時在席各人對於捐款者之報酬及墊款人之分股還期利息種種討論甚多結果議決墊款數目以三萬兩爲度分爲三十股每股一千兩有力者一人得認數股力薄者得數人合認一股認墊者儘丙寅正月二十日以前繳納分三期歸還二月底爲第一期三月底爲第二期四日底爲第三期以屆期籌得捐數按股分攤墊款利息按月一分由同鄉會出與墊款人股單式兩聯借據據上由正副理事長負責蓋印以資憑信定期開聚餐會邀集評議員理事名譽理事商榷墊款暫募捐進行辦法募捐數目以五萬元爲度募捐之進行及捐款人之報酬法於聚餐會中商定之

一月二十日爲購置會所事評議員理事名譽理事開全體職員聚餐會於倚虹樓即席開全體職員聯席會議下午一時入座榮理事長主席酒半蔣副理事長代榮理事長起述開會宗旨謂今日爲我同鄉會評理兩會聯席會議亦可謂我無錫同鄉之會議蓋評理兩會開會有一種之規定本會因舉辦特別事件一時需用巨款理事會不能担負籌集時得開全體職員聯席會議解決之載在章程而今日所議購置會所一事尤爲重大凡我同鄉均當負責進行故又可謂之無錫同鄉會議本會成立將及二年對於會所問題曾熯與諸同鄉所認爲最切要者前次宗敬先生提議租借錫金公所隙地建築會所此爲曾熯與多數同鄉極端贊成者但本會與公所雖屬一體而一部分同鄉之心理終不無有些微界限之分事已垂成忽生阻力曾熯亦嘗疏通於其間今幸有相當房屋由過君養默之介紹孫君詢芻之允讓本會得以購作會所曾熯聞之不勝欣喜一則會所有着一則可釋一部分同鄉之懷疑計屋價及修理並設備須銀三萬兩此款之支出即在目前籌募萬來不及不得不出於先行籌墊待募集後再行歸還之一途論三萬兩之數固不可謂極鉅但倉猝之間亦非理事會之力所能墊付須請諸同鄉加以考量

認墊足數共成盛舉孫北萱起言本日集議宗旨已由蔣副理事長宣布至墊款方法日前理事會常會鄙人以評議員資格列席當時議定墊款總額爲銀三萬兩分爲三十股每股一千兩一人認數股或數人合一股均聽儘丙寅正月二十以前繳納還款分爲三期以二月底爲第一期三月底爲第二期四月底爲第三期月息一分蔣哲卿起言上屆理事會議鄙人以在錫未及與會對於還期及利息並非反對但鄙人以爲諸君既熱心認墊決不在利息上計較而萬一至四月底竟不能全數還清反覺有失理事會之信用似不宜限期過促放寬至八九月爲限覺較爲從容丁梓仁言將副理事長所言固甚有理由但鄙意以維持原案爲是孫北萱言蔣副理事長之意並非反對理事會議案係維持本會信用起見惟利息一層當日因墊款諸君未必備有現成之款或亦須借貸而來未便再令擔負折息故當時有主張六厘利息者而多數以爲至小須一分起息鄙意仍維持原案將來不受利息者聽蔣哲卿言鄙人爲此議原因諸公既熱心於墊款決不斤斤於利息爲顧全本會信用起見故宜寬以還期總之所墊之款如數歸還可以決定議至此在座諸君即席認定墊款數目結果認定者二萬六千兩（細數詳另表）尚餘四千兩留待蔣副理事長與祝理事蘭舫接洽請其認墊榮理事長起言本日諸君認定墊款極爲踴躍足徵諸同鄉對于會務甚爲熱心至爲快慰會所已定進一步須爲永久之計欲維持永久於不敝其基本端在會員故尚須諸君廣徵會員以期日益發達蔣哲卿言會員發達與章程不無有關鄙人當日發起此會時所訂章程其中束縛之處甚多如不涉政治問題及關於同鄉公憤須有會員一百人以上之請求又會長任期等皆是今會所有着根本已經成立對於章程須修改之處甚多孫北萱言蔣君既經見及即可提出修正蔣哲卿言俟會所妥貼後再行修正未遲陶仞千言關於進行募捐事宜所擬通函稿是否可用蔣哲卿言稿中並無抵觸儘可發出惟鄙意籌募如此鉅款似宜組織一特別徵求會從事徵求陶仞千提出所擬借據格式問是否可用衆無異議陶仞千提出所擬募捐酬庸細則請衆討論蔣哲卿言此案宜經過理事會通過後函送評議會議決之手續王堯臣言如須組織特別徵求會則酬庸細則似宜從徵求會產生衆以爲然蔣哲卿言今日尚有一事本會必須聲明現在會所房屋與孫君詢芻之屋毗連之處原有一門相通孫君之意此門不與砌斷鄙意本會宜聲明此門可暫不砌斷惟將來任何方面覺有不便利之處可即行砌斷其費由發起砌斷之一方任之全體贊成議畢散會

陰歷新年聚餐會記事

時居陰曆新年評議員楊君伯庚等以本會雖未有團拜之規定而同人不可無相當之集會以聯情誼爰發起於二月二十五日（新正十三日）午刻於倚虹樓舉行聚餐會與會者各繳餐費一元是日到者榮宗敬等三十八人下午一時入席席間先討論購置會所墊款繳付日期蔣哲卿主張由會中通函各墊款人請于陰曆正月二十以前將認墊之款交本會事務所掣取借據衆無異議次孫北萱起言本日同人醵金聚餐在本會尚屬創舉到會諸君甚行踴躍具徵諸君對於本會之熱心頃聞丁君仲祜主張此種集會宜每月舉行一次以聯彼此情誼鄙人甚爲贊同應如何規定日期請衆討論蔣哲卿言孫丁

二君之主張鄙人甚表贊同但集會之性質宜有分別如今日之會含有團拜性質應由會中主辦以後可永爲定例每年舉行一次本日到會者大多數爲職員明年宜先期登報定日舉行不論職員會員祇須繳納餐費一元皆可與會以期普遍預料明年集會較諸今年當更歡暢至每月舉行一次係屬一部分之個人聯歡性質宜由私人發起給合按月舉行不由會中主辦以示分別討論結果決定每年陰曆新年舉行會員聚餐會一次此外或按月或按季舉行聚餐另由個人發起結合次陶仞千報告所擬接收會所後整理房屋辦法議決將所擬整理辦法在旅刊公佈徵集各同鄉意見以備採擇餐畢盡歡而散

本會草擬整理新購會所房屋辦法

本會業已購置七浦路霍姓住宅爲會所准於夏曆正月下旬銀屋兩交惟原有房屋亟須整理刷新茲將管見略述於後敬乞諸鄉台察閱并希各抒所見通函本會以便彙交理事會采擇

(一)沿街短牆暫不更動祇宜刷新

(二)房屋正面牆壁擬改用海石子以壯觀瞻門牕一律整理油漆

(三)屋內(甲)底層(一)牌門宜漆白染(二)左邊廂房窗子擬改單扇洋式門(三)正間長牕除去(一移置樓用)東間短牕及牆牕一律拆除(四)正間東西牆一律拆除改做水泥大料承重承重下四角做水泥鋼骨柱子四個以承大料(五)東西兩間地板除去連同正間一律鋪砌花磚(六)正

間後牆擬開牕兩堂兩牕中間留際預備安置銅碑或照片之用(七)東西兩間後牆之牕擬改寬大與正間後牆之牕一律以足光線(八)東間原有腰牆一堵亦應拆除

(乙)樓上(一)前進門牕牆壁皆須粉飾整理(二)後進正間東北南牆壁三堵一律拆去(三)正間南面改裝樓下移來之長牕(四)正間之後原有小扶梯至氣樓應改至右邊以便成一統間預備作評理會議室(五)東邊一間南向擬開門一堂預備作本會俱樂部之用(六)西邊一間牆壁牕戶整理粉刷爲本會職員宿舍(七)玻璃天棚擬整理油漆四邊再加披水以避風雨(八)東間洒台整理

(丙)(一)灶間整理刷新(二)房屋四周粉刷(三)天井內方磚修補整理(四)灶間前小天井舊有不適用之裝置一律拆除(五)門外天井石皮鋪砌整理東西木欄一律拆除

無錫旅滬同鄉諸君公鑒

本會成立以來業已兩載惟是根本要圖之會所雖經理事會日夕籌謀迄因無相當房屋暫付闕如去歲自榮理事長接任以後進行益亟會有七浦路北河南路西首二百七十八號霍姓房屋地點既極相宜屋舍尚屬適用承過君養默之介紹孫君詢芻之慨讓商定購置西式樓房三間兩進計價銀二萬六千五百兩更賴熱心諸同鄉募款進行事以克舉其先後接洽情形迭誌本刊目下該所房屋已於本月十五日付價講定屋主霍姓約定二十八日(陰歷二月十五日)以前出清現方鳩工修理約在六月中可與諸同鄉相見於新會所矣惟是次此購產修理之費以及他日添購會具等款需費在三萬兩以外本會既無的款悉唯諸同鄉是賴今方由熱心諸君領取捐册在外募集望我同鄉踴躍輸助集成此數則豈惟本會之幸實亦同鄉之光其有熱心同鄉願任勸募者請至本會事務所領取捐册協力進行共成偉舉是所馨香禱祝者矣

本月十四日理事會在本會事務所舉行常會人數不足先開談話會陶理事仞千報告諸同鄉繳到購置會所墊款數目(詳數已見九十一期旅刊公佈欄茲不贅)共規元三萬兩次榮理事長報告所擬整理新會所辦法(其辦法已見八十九期旅刊茲不贅)並繪圖說明核計工價需二千七百八十三兩七錢九分至四時半到會理事已達九人改開正式會議榮理事長主席續議整理新會所辦法案於樓下屋內鋪砌花磚或方磚略有討論旋照原議通過遂推定朱鴻昌丁梓仁陶仞千三君爲整理會所工程監察員次議新會所房產價過付案主席報告七浦路新會所房產現與原主霍姓約定明日過劃銀契兩交總價規元二萬六千五百兩除兩次付過定銀七千兩及扣除二千五百兩俟出屋再付外擬付陰歷二月初十期莊票一萬七千兩託過君養默接洽立交屋契據訂明陰歷二月十五日出清過期不遷應由霍姓賠償損失每日二百兩衆無異議次議募集購置會所捐款進行案通過分致認捐及募捐諸君催請繳款函稿兩件次議擬訂購置會所募捐酬庸細則草案略有討論議決將原擬草案中或供長生祿位以及特設報功龕供奉其先人等字樣悉加括弧咨送評議會核議次臨時提議分隊募捐案朱

理事鴻昌王理事禹卿等均以募捐建築費一層雖已訂册分送熱心諸同鄉分頭捐募惟同鄉散處本埠恐未普及擬再分隊進行俾可集腋成裘因臨時提議分隊募捐當經一致通過遂散會

十三年三月二十八日評議會召集春季常會到會者不足法定人數改開談話會討論各事如下(一)修理新置會所案經衆討論以本案經理事會之再三審核所開價值尚屬核實本日係談話會未便議決惟事極急要應先行動工俟再屆評議會開會追認(二)募捐酬庸細則案經衆討論本日先行提出逐條修正俟正式會議通過施行報功龕一節保留(三)組織徵求隊案本案應召集聯席會議解決議畢散會

四月十一日開全體職員聯席會議下午四時三十分開會推陶理事仞千主席所議各事如下(一)主席報告截至本日止收到購置會所捐款洋九千二百五十元(二)三屆報告第一期應歸還墊款銀一萬兩以收到捐款相抵所差尚鉅惟歸還墊款中如孫君詢芻張君卓仁均經聲明所認捐款(各一千元)可陸續於還款中扣除孫鶴卿蔡兼三二君亦可照此辦理(孫一千元蔡五百元)如此則所差亦已無幾惟第二期還款之期爲時僅一個月對於捐款尚須積極進行(三)組織徵求隊案議決徵求隊暫緩組織先由會中通函認募諸君請儘陰歷三月二十日以前將捐册捐款彙交本會事務所以便核計總數支配第二期歸還墊款(四)酬庸細則案議決酬庸細則照三月二十八日評議會談話會所修改通過並於第一條下加(凡認捐不滿百元而在十元以上者彙鐫姓氏於石以紀念之)數語報功

會一節仍保留議畢散會

本會購置會所募捐酬庸細則

（一）認捐百元以上或經募二百元以上者姓名彙鐫銅牌　一凡認捐不滿百元而在十元以上者彙鐫姓氏於石以紀念之

（二）認捐三百元以上或經募六百元以上者除姓名彙鐫銅牌外另贈紀念銀杯一只

（三）認捐五百元以上或經募一千元以上者除姓名彙鐫銅牌暨另贈紀念銀杯外並懸掛本人十寸照片

（四）認捐一千元以上或經募二千元以上者除姓名彙鐫銅牌暨另贈紀念銀盾外並於會場懸掛本人十六寸照片

（五）認捐三千元以上或經募六千元以上者除姓名彙鐫銅牌暨另贈紀念大銀盾外並於會場懸掛本人十六寸銅製照片

（六）認捐五千元以上或經募一萬元以上者同上例惟銀盾及放大照片特別放大至[illegible]十及重[illegible]

（七）認捐一萬元以上或經募二萬元以上者除悉照上例外應召集聯席會議特別酬庸

（八）以上典禮舉行手續另訂之

附則　以上第四第五第六三條凡具有認捐及經募兩項酬庸資格者得并計酬庸

無錫旅滬同鄉會

十年大事記

五月二日爲催集捐款事柬邀[illegible]諸君暨各職員於新虹樓開聚餐會到者丁仲祜[illegible]二十[illegible]人席次陶理事起言本會購置會所截至本日止共收到捐款洋一萬四千餘元除去第一期還款外僅存六千餘元而本期還款須八千餘兩相差甚鉅故假今日聚餐請到會諸君核計已經募到之數目以便籌第二期還款之預備其時認募諸君之到者除已交外在座者有徐可亭榮[illegible]楊[illegible]瑞昌[illegible]華[illegible]蕭致仁[illegible]均起立報告業經募到之約數並聲明不日即可收齊交會次陶仞千報告會所修理將竣應否保火險衆以爲應保主張保房屋險一萬五千兩生財險五千兩共二萬兩二時半散會

五月十六日爲理事常會之期因有攤還墊款一案並邀墊款諸君暨擔任募捐[illegible]君[illegible]到會[illegible]理事不足法定人數改開談話會討論第二期歸還墊款及募捐積極進行兩案陶仞千報告第二期歸還墊款已逾期限而收到捐款數目以之歸還墊款相差尚鉅應請公議如何應付王禹門言宜將捐冊定期收回以資結束要求理事設法歸還墊款以維持信用朱鴻昌表示同意並謂此次如不能持信用以後無一事可以進行至捐冊收回後核計不敷若干應再議組織徵求隊辦法然必先維持信用方[illegible]議及徵求徐可亭言余亦贊成王禹卿之說惟如何與理事長接洽須商一妥善之法[illegible]選任滿職員[illegible]選及下學期兩小學繼續問題案以本日未足法定人數不能議決留待下屆再議次議推任唐寶昌爲名譽理事案照例通函議畢散會

本會於七浦路二百十八號自置新會所業已修葺工竣於本月二十六日遷入辦事各界及[illegible]同[illegible]有事接洽請臨新會所可也

五月四日函復錫金公所建築會所按照去年議案酌予補助大洋四千元

六月十三日開全體職員聯席會議以到會人數太少改開談話會下午四時半開會陶仞千報告第二期墊款未還者有榮事長暨過君養默第三期尚未還起收到捐款無多應如何辦理公議第三期還款再行展期一個月丁梓仁提議會內擬否供關神周銘初言本會性質似不宜供神至在會之教會中人望而却步且供神之例一開倘耶回儒各教均可來會舉行一種儀式無異監獄中之教誨堂亦殊非宜公議本案牽涉宗教問題關係重大姑行保留議畢散會

寶孟幹周銘初沈叔漁周善卿沈仲俊沈仲君沈仲鶴等來函抗議供奉蜀漢關羽丁君梓仁等函送榮德生君筵資洋二百七十九元捐助學務捐款

六月二十七日理事會開本月份常會以人數不足至下午四時改開談話會首議第三期歸還墊款案陶仞千報告收到捐款截至本日止計二萬五千一百三十七元有零錫金公所捐款期票四千元未收到之捐款約計尚有四千元統計約不敷一萬元聘副理事長來函主張墊本宜如期歸還以維信用息金俟經濟寬裕再行歸償奉評議員絅孫來函提倡將息金作爲捐款經衆討論准照聘副理事長所提議墊款本金如期設法還清息金與各墊款人商俟經濟寬裕再還其有願將息金作爲捐款者聽次議下學期學務改革辦法案議定下學期學務以經費支絀將兩校津貼取消於本會內設立補習夜校以便同鄉子弟業餘補習由學務科擬具簡章提交評議會核議次議推任榮君德生爲名譽理事案照章推爲名譽理事議畢散會

十年大事記　四四

特將墊款息金悉數作爲捐款以資提倡具函申謝並附帳單收據各一紙

七月四日評議會補開夏季常會下午四時開會丁副評議員長主席所議各案如下（一）理事會交議下學期改革學務辦法案主席報告理事會來函蔡禹門言理事會提出辦法甚好兩小學辦理兩年費巨而見效不多今既就會所設立夜校以便各業學徒補習或者收效反宏本席極贊成主席詢問諸君有無意見衆無異議通過主席報告業餘補習夜校簡章楊伯庚提議是否須付審查丁仲祜言簡章尚完善似可即時付表決主席付表決全體通過主席報告第一校校長是雨蒼來函並謂既因經費支絀改設夜校應請理事會議決情形函復是君衆無異議（二）追議理事會交議修理新置會所案主席報告理事會來函後陶仞千報告修理工程情形主席詢問對於來函所開修理辦法有無須變更之處及工程上有無欠妥之處衆無發表意見者主席提議應查明所有工程尚欠完善之處（如花磚不平等）函請理事會與過君養默接洽責成承包者修整衆無異議（三）會員過君養默請議修改章程案主席報告過君養默等提出修改章程意見書主席言按照章程第三十一條修改章程可由評議會議決後或會員三百人以上之連署提出後交付會員會討論公決俞仲還言查章程第三十一條規定本章程經評議會議決或會員三百人以上連署得提議修改由會員會議決過君等意見書未滿三百人不妨

改爲由評議會自動如認爲有修改必要即行討論修改製成議案提交會員會如於過君等所提各條外尚有需修改之處亦可一併討論修改主席以俞評議員主張付表決大多數贊成通過俞仲還提議第九條規定評議員五十一人覺開會得過半數頗爲不易可否改爲三十五人陶仞千言辦理上有一困難去年抽簽時留任半數補舉半數今年留任者已滿補舉者未滿期如人數改少改選時若干留任若干重選辦理上發生困難俞仲還言若修改章程後或須重訂辦法現在開會時頗多代表出席似欠尊嚴蔡禹門提議推委員會若干人討論修改章程俞仲還言本日評議會認定章程應須修改先推委員會審查章程提出草案主席詢問對於俞君提議先付審查有無異議衆無異議通過陳漱菴言審查員名額應先商定楊伯庚主張七人主席付表決無異議推定審查員如下俞仲還周銘初孫北萱寶孟幹蔡禹門范和笙丁梓仁寶孟幹提議審查期於十日後開始以便評議員會員提出意見並將本日議決情形通函未到會之各評議員徵求意見周銘初提議審查員中應推一審查員長當即推定俞仲還爲審查員長宣告定本月十七日星期六下午六點半鐘開審查員會議(四)會員寶孟幹等請取銷會中供神動議案議決供神一層不再置議(五)評議員榮永達出缺遞補案議以次多數丁厚卿遞補議畢散會

七月十八日理事會開本月份常會孫副理事長主席所議各案如下(一)暫移救濟剩款歸還墊款案

(說明)本會購置會所連修理等等計需銀四萬五千餘元不敷約洋一萬三千餘元將副理事長前次提議暫挪救濟費以歸還墊本爲維持信用計勢不得不出于此惟事關動用救濟餘款應否提交評議會核議請公決議決俟捐冊全數收回核計實短若干並擬有籌還辦法再交評議會核議(二)錫金公所協助本會購置會所費計十八年二月起至是年十一月止期票八張共計洋四千元擬以五百元歸還蔣副理事長墊款以三千五百元歸還榮理事長墊款是否有當請公決照案通過(三)規定假座章程案主席宣讀所擬章程草案經衆逐條討論略有修整通過(章程另錄)(四)祝理事遺缺應否補充案議決改選在即毋庸補充(五)丁評議員厚卿辭職案議決送交評議會核議(六)購置傢具案議決與周祥泰磋商將價目切實核減即行購置議畢散會

八月八日評議會開秋季常會下午四時三十分開會公推孫君北萱主席所議如下(一)修改章程案主席宣讀審查委員會所提修改章程草案請公衆逐條討論俞仲還以書面委託代表陳述對於修正案之餘意爲第二十條暨第二十一條宜分項目第三十二條宜删經衆討論第二十條項目宜分第二十一條無庸分列第二十二條當删餘均照審查會修正案通過(二)丁評議員厚卿辭職案議由理事會去函挽留(三)報告修正業餘補習夜校章程案主席報告業餘補習夜校章程學額一條改爲高初級各三十名納費一條保證金之數目改爲高級二元初級一元學科一條中高初二級均有尺牘一項現均改爲國文衆無異議議畢散會

八月二十一日下午二時理事會召集本月份常會到蔡緘三等五人至四時尚不足法定人數改開談

話會所議各案如下(一)結束捐款案議定以陽曆八月底爲度如屆時未能催齊一面設法續催一面截數造報其有續繳者臨時加入(二)辦理酬庸案議定細則第二項銀杯價值在十元以內(三)(四)兩項銀鼎價值在二十元以內第五項銀鼎價值在三十元以內第六項銀鼎價值在四十元以內杯上鼎上均鐫字題名其餘悉照酬庸細則辦理(三)業餘補習夜校推任校長案應推孫北萱先生孫固辭結果暫推孫北萱先生協同學務科主特校務一面由理事會物色相當校長再行推任(四)旅刊改組案議定自九月份起改爲月刊專載會務以省篇幅而節開支(五)修正假座章程案本案保留再議(六)朱經濟理事辭職案由理事長去函懇切挽留(七)十四年度決算案本案應即送交評議會核議議畢散會

今將購置會所按照酬庸細則凡認捐百元以上或經募二百元以上者姓氏彙鐫於左

認捐五千元以上者

榮宗敬君

認捐一千元以上者

張卓仁君　孫鶴卿君　匡仲謀君　王堯臣君　孫詢芻君　祝蘭舫君　王禹卿君

認捐五百元以上者

丁梓仁君　蔡兼三君　蔣哲卿君　唐子培君　周愼餘堂　楊伯庚君　浦志達君

嚴裕昆君　馮懋棠君

認捐四百元以上者

徐采丞君

認捐三百元以上者

黃錦帆君　張雲樵君

認捐二百元以上者

秦絅孫君　唐寶昌君　祝伊才君　秦采南君　張春霖君　丁厚卿君　過養默君

浦文汀君　華堯輝君　許小仙君

認捐一百元以上者

徐可亭君　丁仲祜君　榮鄂生君　楊翰西君　陳瑞寅君　陳梅芳君　丁子錦君

施復侯君　梁燮永君　王錦如君　吳臣芴君　查仲康君　朱鴻昌君　張秋園君

許叔娛君　陸培之君　朱寅生君　楊少棠君　沈子明君　榮永吉君　于義庭君

俞仲還君　顧沅芍君　張敬之君　毛鑑清君　戈煥章君　陸佐震君　秦頌陶君

鄧栽臣君　唐星海君　徐頌遐君　陶若洲君　王耀祖君　榮杏芬君　裘可桴君

周善卿君　華幹臣君　沈崇惠君　丁若汀君　劉春圃君　姚潤鏃君　秦待時君

吳昆生君　華瀹中君
經募二千元以上者
陶仞千君
經募一千元以上者
張秋園君　孫鶴卿君　蔣哲卿君
經募六百元以上者
張卓仁君　丁梓仁君
經募二百元以上者
吳臣笏君　榮瑞昌君　朱應昌君　孫兆曾君　陳瑞賓君　唐志達君　秦仲虎君
查仲濂君　張春霖君　張頌南君　過養默君

本會應懸照片姓氏表

今將購置會所按照酬庸細則凡認捐五百元以上或經募一千元以上者除姓氏彙鐫銅牌外另贈紀念銀鼎外應於會場懸照片姓氏開列於左

認捐五千元以上應於會場懸掛放大照片
榮宗敬君

認捐一千元以上或經募二千元以上者應於會場懸掛十六寸照片
張卓仁君　孫鶴卿君　匡仲謀君　王堯臣君　孫詢芻君　祝蘭舫君　王禹卿君
陶仞千君
認捐五百元以上或經募一千元以上者應於會場懸掛十寸照片
丁梓仁君　蔡兼三君　蔣哲卿君　唐子培君　周慎餘堂　楊伯庚君　浦志成君
嚴裕昆君　馮懋堂君　張秋園君

本會應贈紀念銀鼎銀杯表

今將購置會所按照酬庸細則凡認捐三百元以上或經募六百元以上者除姓名彙鐫銅牌外另贈紀念銀品開列於左

認捐五千元以上者應贈紀念大銀鼎一座
榮宗敬君
認捐一千元以上者應贈紀念銀鼎一座
張卓仁君　孫鶴卿君　匡仲謀君　王堯臣君　孫詢芻君　祝蘭舫君　王禹卿君
認捐五百元以上者應贈紀念銀鼎一座
丁梓仁君　蔡兼三君　蔣哲卿君　唐子培君　周慎餘堂　楊伯庚君　浦志峰君
嚴昆裕君　馮懋棠君
認捐三百元以上者應贈紀念銀杯一隻
徐采丞君　黃錫帆君　張雲樵君
經募二千元以上者應贈紀念銀鼎一座
陶仞千君
經募一千元以上者應贈紀念銀鼎一座
張秋園　孫鶴卿君　蔣哲卿君
經募六百元以上者應贈紀念銀盃一隻
張卓仁君　丁梓仁君

本會附設業餘補習夜校章程

一　宗旨　本校專爲便利同鄉業餘補習經商處世應用學識而設
一　定名　本校定名爲無錫旅滬同鄉會附設業餘補習夜校
一　資格　凡同鄉年在十二歲以上三十歲以下有志補習者可由商店經理或本會會員保送入校
一　編制　分高初二級各修業一年高級程度視初中初級程度視高小
一　學額　暫定高初各三十名

一　學科　高級授國文英語珠算簿記商業大意打字初級授國文英語珠算其時間學程分配如下表略
一　納費　學費免繳但報名時預納保證金高級二元初級一元至畢業時發還中途輟學及因故命退者不還
一　課本　各科應用課本暫由校中發給但中途輟學及因故命退者應將所給書本繳還本校
一　授科時間　每日授科二小時下午七時四十分至九時三十分
一　假期　星期日年暑假及令節
一　考試　每學期中間小考一次學期末大考一次每學年終總核成績平均滿六十分以上爲及格准予升級
一　畢業　凡高級修業完畢各科試驗及格者給予畢業證書
一　獎勵　每學期終考核各生成績平均滿八十分以上者品行列最優等或全期中無缺課者均分別獎勵
一　懲戒　凡學生違犯校規不遵師命處以相當懲戒如屢戒不悛情節重大即令退學繳還所發書本
一　報名　須由本人攜具保送書隨帶保證金親至本校報名掣取保證金收據及入學證

一 校址 七浦路二一八號無錫旅滬同鄉會

學生須知

一 學生須按時到校上課非有重要事故不得請假如一學期中缺課時間超過授課三分之一者不得與學期試驗并不得升級超過授課時間三分之二者即令其退學繳還本校所給書本

一 學生請假須由該生所在商店經理或保送人具函蓋章通知本校或由該生預先說明理由經主任教師核准俟銷假時補繳商店經理或保送人之請假函倘不請假而私自缺席者作曠課論

一 凡一學期中曠課滿一星期者不得與學期試驗并不得升級滿二星期者勒令退學繳還本校所給書本

一 上課時須潛心聽講不得談話回顧吸烟食物及私閱他種書籍或作其他不規則之舉動

一 學生對於書本上如有疑義處須起立請求敎師解釋不得故意責難稍涉輕慢

一 休息時間不得任意喧譁不得擅自登樓或無故輒入本會辦公室

一 學生對於會內物件須加意愛護倘有損壞除酌量懲戒外並須賠償修整

一 學生操行不良違犯規則由敎師分別情節輕重酌量懲誡

一 學生如有越軌行爲致損本會名譽者即令其退學繳還本會所給書本

一 學生如有故意逃考或對於敎科上應有練習延不繳卷者本校得令其退學繳還本校所給書本

惟遇有正當理由不能考試練習者經敎師之許可得補行考試

函致祝君伊才伊孚

十月三日（陰曆八月二十七日）下午三時在本會開蘭舫先生追悼大會

九月二十三日下午三時開評理兩會聯席會議到俞仲還等二十餘人公推陶仞千主席首議十四年度決算十五年度預算案議決照章交由評議會核議次議追悼祝前副理事長案議決以同鄉會名義開追悼會日期定十月三日（陰曆八月廿七日）下午三時先期登申新兩報通告並通知祝伊才伊孚先生開會日預備茶點所有支出由本會正式開支次主席報告購置會所墊款除榮理事長有二千五百十六兩五錢蔣副理事長有三百五十九兩以錫金公所期條作抵外（榮三千五百圓蔣五百圓）其餘本金均已設法還清至息金照前此議決俟經濟寬裕再還其有願將息金作爲捐款者聽次主席報告認捐認募購置會所款項諸君應得酬庸大概情形並提出所製銀鼎式樣請衆鑑定議決照辦議畢散會

九月廿六日下午二時理事會開九月份常會以不足法定人數改開談話會陶仞千提出十五年度預算草案議定先行函送評議會核議俟下屆理事會常會追認其餘各條俟下屆開會再議遂散會

十月二日爲本會追悼故副理事長祝公蘭舫之期先期由籌備員俞仲還等佈置一切是日天朗氣清理事評議員及會員到者數百人下午三時振鈴開會主席榮宗敬致開會辭全體起立靜默一分鐘以誌哀思旣而主席上香陶仞千讀祭文維中華民國十有五年十月三日無錫旅滬同鄉會評議員理事暨會員謹以香花鮮果致祭於祝公蘭舫之靈曰嗚呼先生望重鄉邦聲蜚闤闠十萬旅人端推前輩萍水緣深時親謦欬矍鑠是翁曾無老態解脫一朝邑人同慨溯公平素備歷艱辛不儒而賈爰止春申擇業維鐵操奇絕倫唐周媲美富有經綸信義風行聲名日盛譽滿外僑爭先幣聘獨有怡和得人稱慶凡百貿遷維公主政公有餘力霓炬是營萬家燈火競放光明洎乎晚年頗參佛意古塔龍光千雲欲墜修葺觀成公德咸備綜公行事允享大年有妻偕老有子能賢雅擅治生不自暇逸馳驟康莊一踈百密陨此哲人能無悼惜錫山在望魂兮可招凄涼浦月將咽江潮何以薦公丹荔黃蕉嗚呼哀哉尙饗於是全體向祝公遺像行三鞠躬禮復座來賓演說祝公生平功德事蹟孫北萱榮宗敬孫詢芻丁仲祜均有演說

十月廿四日下午二時理事會開十月份常會所議各案如下（一）籌備改選案議決俟召集會員會後辦理（二）定期召集大會案議決定於十一月二十八日（陰歷十月二十四日）召集大會並行新會所開幕禮（三）追認預算案此案經函送評議會核議應請追認衆無異議通過（四）延聘名譽法律顧問案同鄉張桐（號鳳清）王傳璧（號振葦）二君議決去函延聘（五）夜校敎員車費案陶君仞千報告本會所辦業餘補習夜校除本會辦事員擔任課務庶務不另送津貼外其非本會職員來校擔任敎課者有朱君中陽廉君鳴臯二人每人任課八小時應酌送車費若干以資津貼請公決議決朱敎員由會供

膳宿每月津貼四元廉敎員每月津貼八元議畢散會

十一月二十八日開第三屆會員大會並舉行新會所開幕禮到數百人下午三時開會理事長榮宗敬主席秩序如下（一）振鈴開會（二）主席述開會詞略謂今日爲無錫旅滬同鄉會第三屆會員會之日亦即無錫旅滬同鄉會新屋落成開幕之日宗敬承乏會長以來對於本會之會務未能盡量發展實覺愧對同鄉所幸各職員各會員均能熱心指導本會得以維持至今好在本會改選在卽俟賢能接替將來會務發達可操左劵還望今日到會諸君各抒崇論宏議至本會經過事實及置屋情形詳報告中不贅述（三）行開幕禮（全體起立向國旗行三鞠躬禮）（四）報告理事陶仞千報告本會去歲大會後至今一年來辦事經過情形及經濟狀況（詳見本期公布欄）（五）提議事件主席宣布評議會提出修改本會章程一案由書記將章程中修改各條計第三條第八項第五條第九條第十二條第十七條第二十條第二十一條第三十二條逐條與原文對照朗讀均無異議通過（修改章程全文見第一百十七期本刊）蕭效仁提議章程第二十二條評議會常會一年四次似太少對於理事執行事件應經過評議會議決未免有因不値會期而延誤之處應否增加孫北萱言有臨時會可以救濟俞仲還言照章有重要之事交議可開臨時會若開會太繁恐到會人數益少結果仍照原文通過俞仲還申說對於第五條之意見以前之永久會員及普通會員照新章均屬乙類希望有力者均改作甲類若改者有五百人每年可多二千元之收入會中經濟勉可支持請諸君踴躍再永久會員之會費須定一特別保管之方

法萬萬不可動用否則仍祇救濟一時不能持久(五)演說榮宗敬演說略謂今日開第三屆會員會並舉行新會所開幕禮諸君冒雨而來皆爲熱心會務良可欣幸然一念及六千餘會員而到會者僅此少數又覺不無慨然往年兩屆會員會俱假甯波同鄉會爲會場鄙意以爲吾錫人如此之衆何致要假他人同鄉會深以爲缺憾初時蔣祝諸公順應潮流發起同鄉會迄今數年基礎粗具今日幸得在此一堂歡聚據頃間報告經濟狀況會中開支極爲撙節以吾十萬同鄉團體辦十萬同鄉之公事支撑此場面每年僅費五千餘元誠可稱爲經濟之至此種開支似應爲吾同鄉所熱心捐輸共同肩負當本會擬立之初鄙人卽視爲難事以其須大家同心共濟庶克有成今幸根基粗樹年來爲同鄉調處及輔助之事件亦已數十起顧此時本會設立無幾年衆同鄉尚未盡知有一調解爭執之地方將此類事件勢必年益增多以滬埠四方雜處地面遼遠衆同鄉散居其間爭執自所難免一旦有此苟徑行涉訟法庭損失必鉅不如退而求同鄉會調處委曲求全事息而人甯此卽諸君對於同鄉會所享權利之一端夫對於同鄉會之義務固衆人所出其權利亦衆人所共享此種權利諒亦諸君所深知一旦親戚朋友或不幸有爭端或不幸受欺侮或不幸寃抑便可與同鄉會商洽辦理竊嘗謂同鄉會猶一商店會員卽其股東徵求會員猶如出外投股股東多股款足而後事業可發達諸君平日遇有熱心與公益之同鄉便可徵求之將權利關係義務關係詳爲解說勸其入會他日倘同鄉盡皆踴躍入會不僅經濟寬裕而同鄉之顔面亦足再値茲時局滬上風險究較內地爲輕以是各地來滬者日多同鄉來滬便應想及同鄉會因人地生疏倘受欺侮便可告訴會中有全體同鄉爲之相助是所出會費無多而有事可得衆人之後援使他人不敢相欺暗中所享之利益實鉅請在座諸君當將此種情形爲諸同鄉談及則樂於來會者必多斯會前途全賴諸君齊力吹噓盡量徵求庶會員日衆經濟日裕所辦事業日多使他年到會人數此堂不足容而將另構新會所而後本會始能鞏固而永久斯則所以不得不請諸君熱心盡力勸導同鄉入會者也云云孫北萱演說略謂今日同鄉會開會員會亦卽新會所行開幕禮回想前兩屆會員會俱在甯波同鄉會開會當時鄙人卽有一種感想以爲我無爲同鄉何必在甯波同鄉會開會未知何時能在錫人自建之會所開會今日果能成爲事實其愉快何如念我旅滬同鄉號稱十萬年來必有增無減各業各界無不有同鄉足跡而每業又各有傑出之人才本會乃全體同鄉之會非一部份人之會欲會務之發展必須人人負担此會而後可卽就會所購置修理費而論亦以捐款者僅有一部份人致所集不足須暫挪兵災救濟費此後本會事業正多所望各同鄉咸能踴躍輸捐共肩此會往日會所未置時常有風雨飄搖之語今會所雖有而基礎未固倘維持之費不足仍無異在風雨飄搖之中所望此次章程修改之後永久會員都能改爲甲種普通會員大半改爲甲種而新會員亦源源而至由全體同鄉分擔負責鞏固此會再本會應辦之事業甚多而迄今鮮有舉行者實亦經濟使然總之本會前途唯在人的問題同鄉能人人熱心會務分擔負責他日不患不發達今日到會諸君中如蔡兼三先生在風雨之中自錫趕來倘人人能如蔡兼三先生之熱心本會前途必能如理事長適間所言到會人數本會所將不

能容納致另有偉大之第二新會所出現鄙人今値新會所開會之際謹以此言爲祝云云孫詢芻演說略謂鄙人今日並非演說不過有一種意見擬欲申說適間王堯臣先生提及義務權利問題似以本會所請法律顧問未能遍在租界各法庭出庭爲缺憾鄙人雖非法律專家而所經手之訟案頗多頗覺法律上之研究不必問出庭地域祇須問法律之精通與否秦待時律師法學精湛延聘者極衆卽遇租界各法庭訟事偶有不能出庭者不妨介紹他人出庭而自任法理研究之役恐諸君有所誤會故爲申說蓋于法律研究吾人延聘律師猶盲人獲一棒既有此棒到處可行毋須顧慮矣云云(七)致贈酬庸紀念品應得酬庸紀念品諸君姓氏及品名如下榮宗敬大銀鼎一座孫鶴卿銀鼎二座蔣哲卿銀鼎二座張卓仁銀鼎一座銀杯一只丁梓仁銀鼎一座銀杯一只陶仞千銀鼎一座匡仲謀銀鼎一座王堯臣銀鼎一座孫詢芻銀鼎一座祝蘭舫銀鼎一座王禹卿銀鼎一座蔡兼三銀鼎一座唐子培銀鼎一座周慎餘堂銀鼎一座楊伯庚銀鼎一座浦志達銀鼎一座嚴裕昆銀鼎一座馮懋棠銀鼎一座張秋園銀鼎一座黃錦帆銀杯二只徐采丞銀杯一只張雲樵銀杯一只徐可亭銀杯一只(八)攝影(九)散會茶點

第三屆會員會報告全文

(一)購置會所之經過　會所之地點最初擬向錫金公所租借基地從事建築已得公所諸董之允許卒以旅滬同鄉會意見紛歧發生阻力本會欲有傷一部份同鄉之感情乃有另覓地址之計畫其時適現會所前屋主瞿姓出售此屋我同鄉孫君詢芻已向議定購進遂由過君養默之介紹商得孫君之同意轉讓其一部份於本會卽現時會所之全部是也價爲規銀二萬六千五百兩議成於客臘交割於今春款則由同鄉熱心諸君先行認墊一面籌募歸還一面從事拆改及修葺五月間內部工程粗完先行遷入辦事全部工程近始告竣綜計購置修理及添置器具費洋四萬五千餘元幸賴同鄉熱心諸君予既慷慨樂輸復廣爲勸募先後已集得洋三萬五千餘元(捐款諸君台銜除已隨時登載旅刊外其全部收支細數俟結束清楚當於旅刊公佈)出入相抵不敷洋一萬餘元之譜暫於救濟兵災存款項下挪用設法募集歸還

(二)夜校之改設　本會所辦兩小學於去秋改由是君雨蒼錢君晉榮分別接授續辦後本會補助每校每年各五百元酌設免費半費生額若干名訂約一年今夏期滿計收到學務捐款有浦文渭君五百元丁梓仁君一百元秦待時君一百元榮德生君二百七十九元共銀九百七十九元以之補助兩校尚不足銀二十一元本學年鑒於方當籌募購置會所鉅款之後勢難繼募學款學校既不能擴充區區兩校之免費生額同鄉沾惠甚微而會中之經濟又異常支絀故提由評議會議決停止兩校補助就本會會所內設立業餘補習夜校分高初兩級學額暫定高初各三十名免收學費並發給應用課本教職員除由本會一部份職員兼任者不另支薪外其外聘教員酌送車費連同發給學生課本之費預算年支費銀二百四十元數尚有限而於同鄉習商之子弟得以餘暇補修學業不無裨益其餘教育事業仍俟

本會財力稍充再力推行

（一）旅刊之改編本會出版之無錫旅刊原係每星期發行一張查十四年度決算案旅刊經費項下毫無捐款之收入所恃銷售爲數甚微全年虧至四百餘元苟其本會經費充裕固無惜乎此區區之數無如本會經濟亦日見短絀不得不爲撙節之謀故自九月份起改爲月出一冊以節開支內容則僅登公佈之件會員定閱全年祇收郵票六分不取報資期廣推銷俾會員對於本會內容咸能明瞭

（二）同鄉之扶助本會法律顧問除仍繼續聘請秦君待時擔任以備同鄉於法律上請求指示外近又添聘王君傳璧張君椥爲義務法律顧問此外來會請求扶助及調解者則有下列各案（一）祥和號失竊喬錫根被誣案（一）會員吳榮寧被販來收贖遣送案（一）女孩秦王阿秀被拐來申經擴由會留養招領案（一）錫社被人誣控查封函縣持平辦理案（一）婦孺救濟會函送滬路女孩朱錦秀遣送回籍交其父朱龍寶具領案（一）周士林之女鳳英被拐俾與震澤爲娼派員前往查獲追回交其父具領案（一）錢華氏子玉章身死不明請求申雪案（一）救濟婦孺會函送男孩徐又初到會招由其父徐燦根來滬認領案一章東生之女闓弟被夫騙賣於漢口爲娼請求來滬請求救濟案一會員秦履祥走失幼子金寶案一准婦孺救濟會來函資遣女子吳愛寶案一范銘元兄換銅元被指私販請爲救濟案一准婦孺救濟會函送滬路女孩鍾招弟招領案一謝友常之子冠軍私出投軍代爲查詢案一周阿二被騙軍營發給資遣回籍案一瑞和根因船戶盜賣貨請求援助案其餘同鄉來滬流落困苦情形資遣回籍

各案不俱列一經濟之狀況本會十四年度收入項下普通會費預算爲五千元竭盡催收之力僅收到洋二千四百十九元尚不及預算之半額以至開支項下雖竭力撙節仍不敷銀二千一百餘元全部決算案已登載第一百十六期旅刊去年本議決爲第二次會員之徵求卒以傾全力於籌建會所一事未能兼行並進今會所已告成立而財源日涸竭蹶堪虞苟不早爲之圖現狀且難維持更無論事業之興辦爲本會永久穩固計爲本會發展事業計我全體會員所當竭蘊盡力共謀進行者也

第三屆選舉評議員二十四人理事八人

理事會備函挽留錢副理事長

前會審公廨正會審官關炯之先生浩然去職各公團議建去思碑以留紀念敝會亦表同情茲請理事秦華沈評議員仲俊楊蔭接洽函致錢君北鐫

一月八日評議會暨理事會開互選正副評議員長暨正副理事長會是日評議員到丁梓仁等二十二人理事到陶仍千等十人下午二時開會公推陶君仍千主席各評議員各理事分別投票次推沈君仲俊蕭君效仁王君壽臣賈君春華爲檢票員開匭檢票丁君梓仁當選爲評議員長孫君北萱俞君仲還當選爲副評議員長榮君宗敬當選爲理事長孫君詢芻錢君孫卿當選爲副理事長開票畢議定於一月十六日舉行就職禮並新舊職員交替會議畢散會

一月十六日第三屆職員就職禮並舉行新舊職員交替會到評議員長丁梓仁副評議員長孫北萱評議員沈仲俊李惠來華鑑帆黃錦帆秦綱孫朱俊生查仲康丁耘軒陳仲英張步仁蔡兩門蕭效仁張頌南顧沉芳秦理齋徐可亭榮永吉陳瀛奎榮西城龐裕昆張秉鑫毛鑑清王壽臣賈春華張秉森孫志道理事長榮宗敬副理事長孫詢芻理事劉春圃朱濂昌陶仍千王禹卿孫秉三賈春華孫鶴卿等於下午四時開會（一）振鈴由糾儀員導引新舊職員就座（二）新職員行就職禮向國旗三鞠躬（三）行交替禮新舊職員相向一鞠躬（四）臨時提議事件由榮理事長主席所議事件（甲）錢副理事長辭職案評議理事兩會一致議決挽留（乙）前會審公廨會審官關絅之去職各公團議立去思碑本會應否加入議決加入公推賈春華沈仲俊二君向發起人接洽（丙）舉行新年團拜禮議決於陰歷正月初十後十五前舉行聚餐會地點本會餐費每人一元（五）原定攝影以是日陰雨改於陰歷新正聚餐會時舉行（六）茶點散會

二月十二日爲春節後十日在本會舉行團拜禮並聚餐會以聯鄉誼與會者榮可楨等五十七人先行團拜禮次入席進西餐餐爲倚虹樓所備酒半酣孫君詢芻執爵起立謂今日之會爲我同鄉會自置會所後第一次聚餐會與會諸君爭先恐後濟濟一堂較諸去年新正之聚餐會倍形踴躍足徵諸君對於本會非常熱心將來我同鄉會進而謀經濟基礎之鞏固與其他種種會務之進行就今日情形觀之於本會前途有極好之朕兆請諸君共晉一觴以誌祝賀於是全體起立舉杯慶祝酒闌席撤復相率至大門外攝影以留紀念而散

二月二十日爲理事會召集常會之期以不足法定人數於下午三時改開談話會所議各案如下（一）錢副理事長辭去副理事長職務案議決本案俟下屆常會再議（二）補充理事缺額案議決馮理事樹聲因病逝世遺缺以本屆選舉次多數祝君伊才補充（三）延聘陸君鼎揆大律師爲名譽法律顧問案議決去函延聘議畢散會

三月三日爲商榷救濟兵災事宜開全體職員聯席會議下午三時開會丁評議長主席先由陶理事報告無錫紅卍字會華君藝三來函以滬寗路綫風雲日急將來錫滬間水陸交通必至斷絕惟自錫至江陰一路可達長江各處如人民出走此生全之路擬用紅卍字會名義組織澄滬江輪及澄錫內輪臨時救濟結構萬一惟須先得軍事當局批准通令保護方可辦理屬旅滬同鄉協商辦法等語次由江陰同鄉李迪先君報告此事由無錫華君藝三與江陰鄭君三立發起所缺江輪一只現在楊在田先生有輪船四隻已撥一只於必要時開至江陰歸紅卍字會應用云云經衆討論有謂今歲情形與甲子之役不同上海情形之危險不下於無錫是否可以救濟來滬尚屬疑問若有謂澄錫一帶尚未達到救濟之時事前豫張恐遭軍事當局之疑忌者結果以今昔情形雖屬不同然救濟一事不可不預爲之備惟須審愼辦理商定推陶君仍千至上海紅卍字會調查該會與軍事當局接洽情形再行酌奪辦理而散

三月二十日開理事會常會下午三時開會榮理事長主席所議各案如下一追認上屆理事會談話會議決各案一祝君伊才補充理事案通過一聘陸君鼎揆爲名譽法律顧問案通過一籌備救濟兵災案

陶理事報告與江陰同鄉聯合組織紅卐字會澄錫聯合辦事處之經過議决本案業由紅卍字會澄錫聯合辦理於必要時再行召集會議商酌辦案三報告推定沈君仲俊出席關會審去思碑發起人會議案通過四聘副理事長辭去副理事長職務案議决請陶理事長面洽挽留議畢散會

五月八日爲無錫紅十字會來函獨募救濟靖江兵災賑款事開聯席會議下午四時開會榮理事長主席報告無錫紅卍字會來函以靖江難民麕集江陰無錫紅會業已兩次前往救濟茲又繼續告急無錫紅會亦有難以久持之勢是以呼籲旅滬同鄉請爲輸助或米或錢前往協濟等語按諸救災恤鄰之義本會似未便膜視應如何協助之處請衆討論蔡君兼三報告錫紅會所以函請旅滬同鄉協助之原因大致謂軍事初起紅會對於地方一爲救濟問題一爲救護問題當直魯軍南下時錫邑勢頗危險因即集得捐款數千元組織收容所十九處直魯軍退後卽與各醫院接洽設立傷兵醫院共救得傷兵一千九百餘人所費僅七百餘元嗣得悉靖江災民困苦已極卽以餘款派蔣漢卿藍仲和等前往賑濟無如款微災重杯水車薪所濟有限據蔣君等報告江北一帶災民困苦顛連之情形慘不可言而本年吾邑年歲荒歉恐夏秋之間亦須放賑故致函同鄉會請爲設法協助孫北萱言照此情形本會此時祇可於救濟兵災餘款酌撥若干稍盡棉力至各個人之捐助可留些餘力以備本邑夏秋間之恐慌蔡兼三言本人之意亦宜注重在他日本地之救濟經衆討論有主張助米五十石者有主張助款數百元者結果議决於救濟兵災餘款項下撥銀六百元請無錫紅卍字會代辦賑品前往協濟議畢散會

無錫旅滬同鄉會 十年大事記 五十五

函致無錫紅卍字分會

議决於救濟甲子兵災餘款項下撥洋六百元由上海銀行匯交

無錫紅卍字分會函復

承由上海銀行匯下救濟費洋六百元已照收到乞勿念茲寄上收條一紙至祈台收爲荷夏歷六月二十日

本會購置會所收支報告

計開

收款項下

一收捐款銀三萬五千四百七十二元六角七分二厘

支款項下

一支購置會所基地房屋銀三萬七千零九十九元四角一分二厘

一支修理房屋銀四千四百三十四元九角六分二厘

一支自來水銀三十元

一支裝置電燈電汽風扇銀五百五十八元四角零六厘

一支電燈押櫃銀一百三十九元四角七分

一支器具銀一千一百十元零三角二分

一支器具銀一百元

一支本會表面無錫旅滬同鄉會木質金字銀二十元

一支本會後門鉛皮牌一塊銀一元

一支遍額硬對銀七十元

一支茶几磁面銀一角七分

一支添裝尿筒鉛管水斗銀八十一元

一支掩地板紗帶亮油銀五元一角

一支墊款息銀一百二十二元五角九分三厘

一支酬庸製贈銀鼎銀杯銀五百九十二元

一支水作張裕泰號李阿大重行修理屋面工料銀一百五十五元八角八分

一支灶屋重舖鉛皮連抹瓦鱗銀三十五元七角一分

一支裝設鐵門上電燈銀二十二元

一支火爐鐵蓋鐵盤銀二元三角四分

一支接修自來水管銀十一元一角七分五厘

無錫旅滬同鄉會 十年大事記 五十六

一支裝裱書畫四幅銀十五元

一支勸捐請客費銀八十一元三角八分

一支遷移登申新二報費銀二十四元一角五分

一支後路出入年租銀五十元零五角六分二厘

一支添置零件銀十七元零六分

一支巡捕捐銀二十六元

一支地租銀九十五元七角八分八厘

一支自鳴鐘銀十五元

一支屏風一座計銀十五元

一支七層大櫥一具銀三十元

一支添換電燈磁罩銀二十元

一支油木方桌五張銀二十二元五角

一支電燈泡銀四元九角七分

一支保險費銀六十元零二角五分

收支兩抵計不敷銀九千五百九十六元五角二分六厘

（說明）前項不敷之款暫在前年收存救濟費項下挪墊仍擬設法籌款歸還

六月二十六日理事開本月份常會下午四時開會孫副理事長主席所議各案如下（一）本會經費支絀應如何募集基金以維永久案衆議與第二案徵求會員案合併討論（二）本會委員似應設法徵求應如何進行案議決組織徵求委員會廣徵新會員外於舊會員之乙種者勸其改甲種（三）現在理事評議開會三次不到應否照章以次多數遞補案議決照章實行（四）本會尚有餘屋應否召租以資津貼案議決遇有相當租戶再行核議（五）本會前定假座章程應否修改酌收租費案議決修改（章程另附于後）（六）購置會所經費業經募捐應否催繳案議決查明催繳五時半議畢散會

黃君子華之子大霖已有着落函會無用調查營救

第一屆臨時徵求委員會簡章

（一）本屆徵求委員會之職責以徵集本會基金及廣徵本會會員增進本會之羣力爲目的

（二）本屆徵求委員無定額除以全體評議員及理事充任外其會員中有實力者由聯席會議中推任之

（三）本委員會設委員長一人主任一切事宜另設執行委員若干人由委員公推之

（四）本屆徵求分數以每一委員徵滿二百分爲及格（分數之計算照通例以國幣一圓爲一分）

（五）會員之徵求除照本會現行章程第一第二兩類甲種乙種一律徵求外其舊會員之乙種改爲

甲種或第二類改爲第一類者分數得一併計算

（六）基金之徵求不論經募及自捐其分數一律計算

（七）徵求基金所得之分數與徵求會員所得之分數得合併計算

（八）除徵求基金及會員外其有經收舊會員之會費者得併計其分數

（九）關於徵求上一切事宜由執行委員會議決施行

（十）徵求期限以三個月爲度期滿結束取銷之

（十一）此項簡則經聯席會議通過實行其有未盡事宜由本委員會提出經聯席會議議決修正之

第一屆臨時徵求委員會細則

第一條　本委員會關於徵求上一切事宜由執行委員會議決通告全體委員同衷進行

第二條　於徵求期内每星期日下午五時開執行委員會一次每月第四星期日下午三時至五時開全體徵求委員會一次遇有須開臨時會時日期及時刻由委員長臨時酌定之

第三條　臨時會之召集除由委員長決定外執行委員二人以上或委員五人以上認爲有開臨時會必要時委員長應即召集之

第四條　開會時以委員長爲主席委員長有事時於執行委員中公推一人爲主席

第五條　執行委員之非開會有過半數之出席不得開會

第六條　全體徵求委員之開會注重考查徵求所得之成績不爲出席人數之限制如有提議事件有執行委員過半數列席即可開議

第七條　執行委員遇有不得已事故不克出席時得於徵求委員中委托一人爲出席代表

第八條　執行委員開會各徵求委員如有關於徵求上之意見得到會陳述或以書面提出

第九條　本細則有未盡事宜得由徵求委員五人以上提出修正之

第十條　本細則執行委員會通過施行

第一屆臨時徵求委員會酬庸細則

（一）徵求期滿各委員得有分數者以分數之多寡爲序彙鐫姓名於銅碑永樹會中以誌本屆徵求功績

（二）徵求分數及格者除列名銅碑外並製贈銀杯一尊

（三）徵求分數滿五百分者除列名銅碑外並製贈銀盾一座

（四）徵求分數滿一千分者除列名銅牌製贈銀盾外並特鑄紀念銀碑永樹會中以彰殊勛

（五）徵求分數超過一千五百分者由會特鑄酬庸

七月十日爲提議組織徵求委員會事開全體職員聯席會議下午四時開會榮理事長主席所議各案如下一組織徵求委員會案議決定期再行開會召集第一屆各徵求隊重要人員列席會議辦法過養

默提議推定經濟董事一方監察本會之收入支出一方負籌募維持本會經費之責並提議凡永久會員勸其每年繳納維持費五元或十元竇孟幹言經濟董事會章所無於未通過大會之前經濟董事上宜加臨時二字維持二字宜改爲補助二字議決俟徵求委員會成立由理事會移請徵求委員核議辦理二歡迎新任無錫縣長俞仲還先生案議決先推代表與俞先接洽後再定推定榮宗敬等五人爲代表三下學期夜校應續辦案議決繼續照辦四顧評議員沅芍離申辭職案議決顧評議員現尚未居離申之期仍請其照舊任職至離申時再行核議遞補五時半散會

七月十七日爲續議組織徵求委員會事開全體職員聯席會議並函請第一屆徵求各隊重要人員列席下午三時開會孫副理事長主席所議如下一組織徵求委員會辦法案議決委員無定額除現任評議員理事全體充任爲委員外由評議理事於會員中各舉所知一律推爲委員當場推定蔣稷頤等十三人餘隨時續推次通過簡章二補充評議員案議決錢評議員湘伯廉評議員礪清兩缺以本屆選舉評議員次多數施復侯華紫封二君補充三陳評議員澂庵賈理事春華報告會員賈理曾被毆請求援助案議決照本會會員普通請求案辦理四時議畢散會

七月二十六日公讌新任無錫縣長俞仲還先生暨全國特種營業稽徵特派員華彥雲先生於本會來賓除俞縣長華特派員外有張軼歐顧蓋忱胡鴻基吳震修許修直陳通伯職員會員與讌者裘可桴等六十餘人菜由倚虹樓承辦下午一時入席由榮理事長宗敬孫副理事長詢芻孫副評議員長北萱代

表丁評議員長）三人主席席間由孫副理事長起立致辭大致謂今日公讌俞新縣長歡迎而兼歡送性質俞君奉命之初辭不就職我同鄉會以俞君出長鄉邦地方之福公推代表前往勸駕俞君應同鄉之請求取消辭意而行期匆促故本會將歡迎與歡送二事於今日一併舉行俞君此次重長鄉邦凡百刷新必能有以饜鄉人士之屬望而鄙意於地方風俗上應請俞君注意者厥有三端吾邑不良之風俗一曰烟一曰賭一曰灘簧烟賭之風由來已久灘簧初惟四鄉有之近則延及城廂内外烟賭之害與盜賊相連能禁絕烟賭則盜賊之風亦戢灘簧之弊戕賊青年男女長地方淫佚之風其害尤甚惟是人民飽食暖衣作業之暇無正當消遣之法則不良之娛樂因以發生最好令各鄉鄉董於一鄉之中選定演講員若干人赴各大村鎮茶肆之中每日演講一二小時取合於近日潮流之事實爲演講之資料如從前講鄉約者然人民既有消遣之地則煙賭灘簧自易禁絕云云俞縣長起立答辭略謂俞復不敏奉委爲無錫縣長聞命之下恐懼慚惶七號見報載八號即去電懇辭誠以邑人而治邑事諸多窒礙不敢冒高蹈之名惟請量移僻遠乃承旅滬同鄉勸駕殷殷地方人士亦一再敦促到甯後又向省政府固辭不許不得已勉膺斯任到任後如何設施不敢預作空談惟有抱定實事求是之宗旨先從整頓入手今日承諸同鄉之雅意愧不敢當孫先生以注意地方風俗相勗勉自當銘諸心版所恐力不勝任今日與諸君相聚於此堂者不久仍來滬與諸君相聚云云次孫副理事長起言民國以來俞君曾一度長吾邑民政雖爲時未久而地方翕然嗣是以來縣知事屢經更調而鮮有政績可稱吾邑縣長之不易做一由紳

權重而請託多一由胥吏滑而朦蔽巧加以爲縣長者多懷一虛榮與利祿之心是以罕有好官若俞君此去均非所慮地方情弊一目瞭然紳閥胥吏無所施其技倆又加以實心任事以俞君之學問經驗駕輕就熟定然措置裕如現在他人欲加我無錫以模範縣之稱我邑人不妨勉力一做模範人民俞先生定能爲模範縣長亦我旅滬同鄉之光榮也云云次秦理事待時起言今日聯奎有所請求於新縣長者我無錫爲江蘇之一大縣理應設立地方分庭至今未能成立竊謂司法不獨立在縣長亦甚困難蓋爲縣長者宜不得罪於巨室而地方紳士每每干預訟事欲免此困難莫妙於司法獨立蓋縣署請託易而法院則請託甚難以前地方分庭不易成立之原因一則從前縣知事不願分權一由於地方紳士不幫忙一因經費無着今俞君此去於司法獨立實有可達之機會所慮經費一層則地方公款可以或撥或借云云俞縣長於孫秦二君致辭後均有答辭大致謂模範縣長實不敢當司法獨立鄙人早有此心此次在寧並與司法部長有所接洽云云讌飲既畢賓主盡歡而散

七月二十六日公讌新任無錫縣長與讌者均在徵求委員會之列席散後即開徵求委員會成立會先由陶理事仞千述開會辭次議推委員長公推孫北萱先生孫君起言梓桑義務不敢固辭惟關于徵求進行事宜應再推定若干人裨有商榷議決推執行委員七人一切徵求事宜由執行委員會議決辦理當場推定陶仞千李鼎輔馮雲初馮緒承王堯臣陳漱庵爲執行委員連同孫委員長共七人餘俟召集執行委員會議定辦法後進行遂散會

七月三十一日徵求委員會開第一次執行會到會者執行委員全體下午五時開會孫委員長主席所議如下（一）通過本居徵求委員會細則（二）修正簡章第三項主任一切事宜下加另設執行委員若干人一句第九項改爲關於徵求上一切事宜由執行委員會議決施行（三）議決舊有永久會員照現行章程屬於第一類乙種如改爲甲種時祇須補繳四十元應請各委員注意（四）本居徵求應登申新兩報廣告各若干日俾衆週知（五）通過本居徵求酬庸細則議畢散會

初春聚餐會記事

本會以同鄉散處滬上平時職務所羈謀面日少茲際初春公餘多暇正宜一堂歡敘藉以聯絡感情增進鄉誼爰於二月十九日即夏歷正月二十八日舉行聚餐會於本會禮堂到會者有裘葆良等四十餘人午正環立禮堂前相向二鞠躬團拜既畢相將入席酒酣孫副評議長北萱起立致詞略謂今日聚餐之會尚屬開歲後第一次諸君平時或以居處遠隔或以職務所羈雖同居申江而聚首之機會尚不易覯今者不辭遠道惠然蒞止樽聯歡一堂話舊梓桑情誼自覺油然而生此於聯絡感情增進鄉誼上裨益不少但有一事須於諸同鄉商榷者去秋本會舉行徵求以來總計分數尚不足三千分因思同鄉會之基礎全在會員會員多則經濟裕而百務可舉若入會者不見踴躍則精神何能團結吾邑旅滬同鄉號稱十萬今歲應如何繼續徵求如何分途進行請諸公各紓高見俾定方針云云繼由陶理事報告去年徵求成績計收入會費銀二百二十四元永久甲種會員會費銀二百五十元乙種會員會費銀一千

元特種甲乙二類銀二十六元普通會員舊會員會費銀一千三百二十元新會員會費一百六十七元又永久會員特捐十元共銀二千九百九十七元於諸同鄉交換意見盡歡而散

業餘補習夜校開學

本會附設業餘補習夜校自一月七日放寒假後業於二月十一日開學十三日上課本年英文教員以朱龍生君辭職改聘王君煥照担任王君精邃英文尤擅函牘會語歷任寰球學生會等夜校教授經驗極爲宏富又國文教員章君秉嘉抱病亦另聘名家担任寒假中同鄉子弟保送來校者頗多因教室座位有限僅收插班生十人凡未習英文者概令於下學期秋季始業時到校云

同鄉聚餐會之發起

吾邑旅滬同鄉爲聯絡感情計已組織聚餐會其緣起披露如下吾邑旅滬同鄉散居各處聚首良難同仁爲聯絡鄉誼起見擬組織聚餐會簡章列后不家食吉及時聊快朵頤爲餔餟來到此渾忘賓主此啓

一聚餐會每月舉行二次以夏歷每月初二日十六日下午七時爲期不另柬邀（如遇同鄉會有人假座得順延另行通知）過期不候

一會員暫定二十人屆時隨帶會費一元如因事不能與會應推代表不得缺席

一會員因事離滬須脫離本會關係者須向本會聲明以便補充缺額

一每居會期由會員二人當值其次序以抽籤定之

一會所假座七浦路二百十八號無錫旅滬同鄉會
六月三日下午四時開臨時聯席會議到四十餘人陶理事仞千主席(一)主席報告評議員長丁梓仁副理事長王禹卿兩先生辭職議決一致挽留除由本會公函外並請馮雲初吳昆生兩先生代表本會前往挽留丁梓仁先生朱鴻昌查仲康兩先生代表本會前往挽留王禹卿先生(二)孫理事鶴卿病故出缺議決照章以次多數陶若洲先生遞補(三)丁福憐先生函辭評議員議決去函挽留(四)報告爲朱執鈞裘維章設法營救經過評議員周銘初動議連吳正榮一併營救徐評議員詠華報告此案現派錫澄常宜聯防區區長顧笠夫建勛查覆擬由會函請顧君秉公辦理俾免冤抑衆無異議(五)夜校繼續辦理(六)報告遣送被拐同鄉女子李秀英情形(七)報告丁評議員芸軒函請本會扶助同鄉周廷奎現請盛尙志調查員前往調查(八)馮理事緒承演說主張設法籌集基金(九)馮評議員雲初演說主張注重宣傳多辦事業寬籌經費大衆努力(十)孫副評議長北萱演說請理事會擬寬籌經費方法(十一)蔡副評議長禹門演說主張整理同鄉固有公產維持原有事業外添辦新事業(十二)竇評議員孟幹演說聯絡各業徵求籌款方案並報告周評議員銘初意見可辦按月儲蓄六時散會

七月一日下午四時開理事會到八人議決案件如下(一)陶理事若洲辭職去函挽留(二)提議組織徵求隊及籌捐基金並推舉基金委員案馮理事緒承提議(甲)推定各業代表即請擔任徵求員(乙)請公所補助常年經費(丙)周評議員銘初前曾提議辦理儲蓄可設法進行(丁)請本會發起人認捐

陶理事仞千提議組織臨時委員會進行本案事宜先推定朱鴻昌馮緒承諸先生爲臨時委員並定下星期下午六時召集委員會由會中預備晚餐(三)改組夜校案夜校本係補助學識之不足修業期限以限於經費及教授支配等關係暫仍其舊至於添設課堂必須添教育經費支絀暫從緩議打字一科本爲校章所規定祇因經濟困難未曾實行現正籌款稍緩即擬添辦英文教員夫馬費每月原送八元加送兩元供應宿食暫請勉盡義務(四)報告營救黃大霖案上月榮理事長赴粵曾備略呈請建設兼農工廳長馬超俊再函特別法庭審理省釋承允設法辦理榮理事長回申復函請馬廳長從速辦理並請嚴直方君從旁吹噓得復再行報告(五)報告遣送女子蔡寶利案現由孫屛東先生給函其父蔡正榮來會具領轉函新普育堂周銘初君給領六時散會

七月八日下午六時開臨時委員會到會十人提議案件如下(一)討論各項辦法推定各業代表即請担任徵求隊員案馮理事緒承開來各業代表姓名俟下星期開聯席會議討論(二)請公所補助案保留(三)籌備儲蓄案周評議員開出儲蓄會略例俟開會討論(四)請本會發起人認捐案保留決定下星期七月十五號開聯席會議議畢散會

七月十五日下午五時開職員聯席會主席丁梓仁提議事件(一)決議十六年度決算案(二)決議十七年度預算案均由陶理事仞千說明大剛兩案併案審查推定竇孟幹周銘初孫北萱丁福憐張頌南五君担任審查員隨開審查會審查員報告大體無異議惟決算案內於辦事員薪水伙食及添置器具

三項在說明內似應詳細開列衆無異議兩案通過(三)提議本會會費移存案請朱經濟理事鴻昌向錢莊銀行或實業方面接洽後報告理事會(四)報告上次理事會擬定關於經費辦法情形理事陶仞千報告臨時委員會組織及會議情形丁主席謂委員會名稱應否删去臨時字樣議決照辦吳臣笏動議認眞收會費孫北萱主張請理事會認眞收費如分派得力人員定期比較等竇評議員孟幹動議本會第一期組織草創第二期鞏固基礎均已辦到現第三期須籌長久維持計擬改修會章加入學生爲會員再於會員資格上不分性別皆可入會並可請國民黨指導理事陶仞千謂修改會章手續繁重可併交委員會辦理臨時委員會加入竇孟幹吳臣笏張頌南蕭效仁周孟淵王傳璧秦待時陶理事仞千提議委員會中可分組進行(一)草擬修訂會章草案(二)接洽各業代表(三)商量補助費(四)分隊徵求馮理事緒承謂先設法半年維持之資請發起人認捐不妨由在座諸君先認再分頭勸募藉維現狀陳漱庵主張評議理事中先認今日在座者固當認即不在座者亦當認孫北萱謂以上所議皆委員會內之事可併委員會辦理(五)決議徵集基金案(六)徵集常年補助金案(七)各業代表分隊徵求案以上三案併歸委員會辦理(八)剏辦儲蓄案陶理事仞千說明孫北萱謂此案可實做極重要須保十四年信用尤重保管應在委員會內推熟悉金融儲蓄者訂立妥章交理事會議定再交評議會決議云云六時半議畢散會

七月二十二日下午四時開委員會到會者委員蕭效仁等十人決議如下(一)添舉鄧載臣先生加入

委員(二)丁委員梓仁辭職案去函挽留(三)陶委員仞千主張先分組辦理(四)修改章程徵求會員以竇委員孟幹爲主任凡簽字者爲組員(五)辦理儲蓄以周委員銘初爲主任鄒委員頌丹胡委員頌銘陶委員仞千丁委員梓仁爲組員俟後續(六)胡委員頌銘鄒委員頌丹主張先集二千會定期十年每會拱洋五角每月舉行一次四人得會每一組員担任二十會複利獎金及組織法俟推算後下次討論(七)賈委員春華主張會員年齡改爲十六歲(八)馮委員緒承主張先注重保管均通過議畢散會

七月二十九日下午四時開委員會到會者委員朱鴻昌等八人決議如下(一)討論徵求方法徵求人選並決定徵求日期案徵求方法現經理事會議決保留(二)定期宴請徵求人員併入前案(三)審查會章修改部分決議提交評議會並定期開評議會秋季常會案(照章八月開常會)修改章程經理事會議決交秋季評議會核議(四)討論儲蓄複利獎金及組織法案保留(五)竇委員孟幹辭主任及組織案去函挽留議畢散會

七月二十九日下午四時開理事會常會以人數不足改開談話會議案如下(一)核議章程修改部分並定期開評議會常會案修改章程交評議會復議 (二) 決定徵求方法討論徵求人選案保留(三)審查會章修改部分交評議會並請定期開評議會秋季常會案擬函請評議長定期開會提交(四)丁評議長辭職案交評議會(五)無錫工總會函商勸募補助勞工醫院案擬婉辭答復六時散會

無錫旅滬同鄉會創設儲金會緣起

吾邑旅滬同鄉會成立以來六年於茲會員已達七千餘人自前年購置會所僉謂非籌集基金不足以發展會務於是有儲金會之組織所擬簡章大都根據無錫提倡國貨儲金會章程事在創設冀賴羣策羣力俾觀厥成當亦爲我同鄉所贊許也簡章附後

簡章十則

(一)本會集成會股一千股以二十股爲一組不分性別不限同鄉每月第一星期日下午四時舉行掣簽風雨不移每股每屆揕大洋五角凡自第一屆起至一百二十屆止每屆掣簽得獎者一人除給還已揕原本外另給獎洋一百元得獎者以半數補助同鄉會經費嗣後注銷出會款不續揕

(二)本會設委員長一人主持會務副委員長二人贊助委員長處理會務保管委員五人負責保管本會會款均二年一任設委員五十人(按月輪值會務每月十人由委員長列表派定)凡能招集會股二十股者得爲本會委員惟委員長副委員長保管委員均須由各委員互選連舉得連任

(三)本會每股給會摺一扣每屆揕會以會摺蓋印收訖爲憑如會摺遺失須由經手委員通知委員長於下屆舉會時當場宣佈並登報聲明過三月無糾葛者補給副摺概不取費如將會股轉戶亦須經手委員到場聲明方得照轉倘經手委員因故不能到會時得由本組會股中推舉一人繼續負責

(四)本會每屆會期各委員須將本人名下所招各股會款先期如數繳會倘有屆期不繳卽將號籤停抽如由經手委員墊繳者所得獎金歸經手委員得之

(五)本會款項由保管委員負責分存殷實銀行錢莊或工廠商號生息暫定月息最小八厘

(六)本會舉會之法將號數竹籤一千枝由委員長副委員長督同值月委員均數混置十筒筒各一百枝另備筒數木子十枚由委員長或副委員長任摸一枚得何筒卽由委員長指定值月委員一人於該筒內掣簽一枝所掣號籤卽爲得獎隨將該籤注銷憑摺領取獎洋

(七)本會舉至一百二十屆卽停止續舉每股除將揕出會費照數給還外另給息洋十八元

(八)本會就七浦路無錫旅滬同鄉會設立會所辦理一切事務經費每月以十元爲限卽在補助經費內開支至開辦費暫由理事會酌墊俟完會時在贏餘項下撥還

(九)本會委員長副委員長委員及保管委員概不提費惟完會後如存款放利較高除每股給予股分利息並撥還開辦費外倘有贏餘作十五成分派委員長得一成副委員長合得一成保管委員合得三成各委員合得五成未得獎者合得五成作爲紅利

(十)本會如有應行隨時舉辦事宜或會務未盡妥善之處由得委員十人以上之提議修改

創設儲金會預算

(一)假定二千會每會月揕洋五角(二)每月抽籤二會每會除收回已揕會本外再得獎洋五十元兩會共計一百元(三)每月由會內補助同鄉會辦公費洋一百元(四)自第一會起至完會共計一百二十會共收會本洋十一萬二千八百六十元另列表(五)利息(按月息八厘複利計算)共收息洋五萬八千三百十九元三角九分另列表(六)得會還本項下計二百四十會共付洋七千二百六十元另列表(七)完會淨存洋十三萬九千九百十九元三角九分(八)應散還會本計一千七百六十會每會計六十元共付洋十萬零五百六十元(九)未得會者計一千七百六十會每會計息洋十八元共付洋三萬一千六百八十元(十)月息八厘複利計算決算或有出入

儲金會舉行第一屆抽籤得標第七三三號

委員張伯頣

戶名錢順慶

儲金會抽籤手續

一　振鈴入席

二　委員長查檢各委員名下會款曾否繳足如缺少若干號卽將若干號竹籤留出停抽

三　值月委員分檢竹籤一百號自一百號至一百號止餘類推各委員檢查畢混置中間席上

四　委員長將席上竹籤再行混亂

五　值月委員再將混亂竹籤分數一百枝入筒

六　委員長在筒數筒內摸取一子當場宣布籤筒號數

七　委員長指請值月委員一人在宣布號數筒內掣籤一枝送交委員長

八　委員長當衆宣布號籤數目卽爲得獎隨將號籤注銷另行封固保存

九　委員長查明得籤會員是何委員名下知照於三日內憑條領取獎洋

十　振鈴散席

八月五日下午五時開評議會人數未足改談話會議決案件如下(一)丁評議長辭職案議決推鄒頌丹先生代表挽留(二)改訂章程案留待正式會議討論(三)創設儲金會案修改簡章(修改簡章)登入本期公佈欄內(四)臨時提議竇評議員孟幹提議本會製國旗黨旗並懸掛中山先生遺像謁慶典懸旗議決照辦又九月二日下午五時開會到會不足法定人數改開談話會到華衛中等十餘人議決如下(一)報告近兩月徵收會費情形及儲蓄會籌備情形(二)修改儲金會簡章第九則將贏餘分作十五成分派委員長得一成副委員長合得一成保管委員合得三成各委員合得五成未得會者合得五成作爲紅利議畢散會

八月十九日下午四時開聯席會議到會者馮緒承周銘初十餘人議決儲金會各委員酬庸辦法倣照徵求會所經費酬庸辦法中之彙列銅牌一項辦理議畢散會

九月二日下午五時開委員會馮委員緒承主張儲金會委員先分頭接洽徵求錫金公所補助費先由會分函錫金公所各董事接洽如不得要領再開大會公決然後正式請求周委員銘初提議儲金會與

延七月廿二日

十九年二月三日開理事會人數不足改開談話會所有議決案件俟下次開理事會追認一議學務英文教員王煥照君另有他就議决函請朱龍生君繼續擔任並由理事會函知王教員知照一議章義昌卽和林被押海門縣看守所其家屬函請設法援救案議决再函海門縣政府並函請無錫孫縣長轉函海門江縣長迅予釋放一馮理事提議决算有無虧短案會計報告截至現在止已不敷四百元約計再須數百元方能敷用議决催收會員費趕緊設法收取一議本會經收會費向章每元提給車費一分前因寒冬歲闌收取不易已加增一分現在會員四散收取更覺爲難應否再行加增案議决再加一分自二月起收費一元津貼車費三分以示體恤一議學務科秦理齋君辭職案議决一致挽留以資熟手

本會聚餐記事

向例歲首旅滬同鄉有團拜之舉今則舊歷廢除團拜名稱亦無形消滅本會准於二月十四日午刻舉行聚餐藉以聯絡情誼旅滬同鄉之涖會者有裘可桴丁雲軒等三十餘人是日天氣晴和涖會諸君把盞言歡至三時始盡興而返云云

八月三日下午三時開聯席會議主席丁梓仁提議案件如下(一)理事會提議十八年度決算案(二)理事會提議十八年度終了四柱清單及救濟費四柱清單(三)理事會交議十九年預算案議决推鄒頌丹吳臣笏張頌南沈仲俊施復侯五君審查定八月十日下午三時開會審查(四)議吾錫旅滬同鄉號

稱十萬本會開辦之初分設十八隊分隊徵求會員六千人除永久會員七百餘人外普通會員約計五千餘人如果年年收費足額不患會費缺乏乃歷年收不足數十八年度决算祇收普通會費一千零二十餘元縱有遷移不報離滬他適未必有相距如此之多收費不力咎實難辭惟據收費員報告及調查收費情形實有爲難復查甯波同鄉會年年徵求會員年年募捐基金似可仿行現擬從徵求會員入手凡評議員理事名譽理事各爲徵求委員另於各業函請擔任徵求委員每員徵求二十人約可徵求二千餘人每年舉行一次以入會費撥作基金會費撥作本會常年經費可否如此辦理聽候公决馮理事提議此種議案本席極端贊同惟徵不足數應請各徵求委員補足二十元之數稍盡義務議决試辦一年評議員理事名譽理事各徵求會員二十人如徵求不足歸各徵求委員補足二十元之數以盡義務(五)理事會提議職員程申圻擅將被拐送會女子胡小妹帶回無錫並不在會聲明經會查悉指派茶房章嘉寶赴錫追尋曾經無錫縣公安第三分局訊明雖無不檢行爲究屬荒謬失職且於本會名譽攸關如何懲戒案議决該職員係前副理事長祝蘭舫先生推薦應函致祝理事伊才令其自行辭職(六)理事會提議調查員周松平本已解職經賈理事等提議理事會通過復職宜如何潔已奉公乃調查各案仍然不洽輿情不理人言如何辦理應候公决議决應予解職查照上屆會議裁缺不補(七)學務主任秦理齋報告學務情形(八)理事會提議學務秦主任理齋辭職案議决秦主任辦理學務情形熟悉一時難覓替人仍請勉爲其難暫行兼顧由會備函挽留議畢散會

會抽籤期改爲每月第一星期並與評議會諸君公决修改儲金會簡章議畢散會

九月二十三日委員會議下午四時開會提議案件如下(一)報告儲金會委員已集四十六人議决於短時期內招足(二)凡理事評議一律擔認儲金會委員議决備函委派專員分投接洽担認委員

儲金會分致正副委員長保管委員函

逕啓者九月三十日聯席會議議决執事爲無錫旅滬同鄉會儲金會委員長(副委員長)保管委員照錄議案陳請詧核卽祈卽日就職是所切盼此致銘初先生(頌銘先生)(仞千先生)(丁梓仁先生王堯臣先生吳臣笏先生王鄒頌丹先生楊伯庚先生)附錄議案一紙十一月二日

匡理事來函

敬啓者本年三月十日理事常會會議决修改章程交由啓墉修改提出聯席會議議决後再舉行會員大會以便通過實行一案啓墉業經依照原章略加修改對於修改之主要原則有下列各點

(一)因現在會中經濟支絀以多獲會員會費爲目標

(二)會員分等採用甯波同鄉會章程分爲基本贊助持別普通等四種名稱並照原章於各種會員仍別爲永久及常年兩類

(三)依照修改原則對於過去或未來之會員分別加入獎彰條文以資勸勵

(四)開放會員入會機會

(五)評議員與理事人數相等以期容易召集而利會務之進行

(六)確定會員納費年度及納費期限以期截清年限

(七)會計年度亦以會員納費年限爲年度以期一律就上列管見所及爲修改章程之張本茲將修改草案繕就一份送陳台覽尙祈不吝指正爲荷十八，四，十一，

附修改章程草案一份修改章程另印發布

本會爲註册事致社會局呈

呈爲呈請註册事竊宗敬等辦理無錫旅滬同鄉會各項事業理合遵章開具呈請書並檢同章程職員履歷表及調查表暨印鑑單各二份備文呈請鑒核准予註册謹呈上海特別市政府社會局呈請人榮宗敬連署人陸培之王禹卿中華民國十八年四月卅日

社會局批

呈件均悉准先備案仰該會迅將章程修正呈局候核此批件存局長潘公展中華民國十八年六月三日

通知寄宿同鄉函

逕啓者七月二十一日開會議决同鄉須有永久會員資格始得寄宿會中如有未曾加入永久會員者應卽補繳永久會費等因茲查台端尙未加入永久所有永久會費銀十元請卽補繳以符議案望勿遲

本會假座章程

一　凡有喜慶開會等事借用本會正廳或樓上客座者須先期備函到會聲明事由及開會之秩序經總務科主任核定後方得假用如有妨礙得拒却之

二　本會核定允許假座後即行通知聲請人先期繳足假座費掣給定單

三　假座以交費先後爲定並以定單爲憑

四　假座徵收之費用規定如左

甲　會員假座正廳及樓下房間一間者每日（上午九時起至下午十二時爲限）收假座費銀十元

乙　非會員假座正廳及樓下房間一間者每日收假座費銀十五元

丙　非同鄉假座正廳及樓下房間一間者每日收假座費銀二十元

丁　會員假座樓上客座及房間一間者每日收假座費銀五元

戊　非會員非同鄉假座樓上客座及房間一間者收假座費銀十元

己　假用不到限定之時間者其費亦作一日計不得折扣

庚　次日或先一日連續假用者減半徵收

辛　每日徵收電話費洋一元不得因不用免繳

壬　假座交費掣給定單後如到期勿用其費概不退還

癸　當日所點電燈及先期佈置所耗電度均照火表計算另行繳納

五　假座人欲預備中西菜席聽假座者自己招包

六　凡本會代假座人預備之物件均得假用

七　假座人如有損壞物件須照價賠償

八　假座時倘有發生一切事故由假座人自行負責與本會無涉

九　假座者對於工部局照會之手續假座者自行辦理本會概不負責

十　如有未盡事宜隨時商訂之

十一月十五日下午三時開聯席會議主席陸培之議案如下一議修正章程議決組織修改委員會推舉丁梓仁孫北萱蕭效仁沈仲俊竇孟幹鄒頌丹施復侯諸君爲修改委員並函請匡仲謀君到會陳述從前所提修改草案意見決定每三日開會一次以修改竣事爲限二十日起六時開會分函各委員函市黨部索取民族團體組織法一份以資參攷

十一月二十三日下午三時開聯席會議主席丁梓仁提議修改章程案議決將舊章程逐條修改通過先行印刷交會員大會追認

十二月十四日聯席會議主席陶仞千提議（一）改訂假座章程通過並將該章程刊入定單後面（二）報告發出選舉信各情形計發出二千一百八十七件（三）推定鄒頌丹施復侯蕭效仁李鼎甫徐可亭陶仞千諸君爲選舉開票監察員分日監察選舉（四）檢查選舉信匭並粘貼封條

第五屆職員全體名單

理事榮宗敬　蔣哲卿　陸培之　王禹卿　朱鴻昌　秦待時　馮緒承　楊伯庚　陶若洲　匡仲謀　陶仞千　蔡兼三　王堯臣　劉春圃　蕭效仁　賈春華　張秋園　評議員丁梓仁　毛鑑清

唐子培　徐可亭　蔡禹門　吳臣笏　竇孟幹　張頌南　周銘初　陳瑞寅　孫志道　秦理齋

黃錦帆　鄒頌丹　張秉鑫　季雲卿　華衞中　馮雲初　浦志達　徐詠華　榮西城　吳昆生

周肇南　朱寅生　榮永吉　孫北萱　陳漱庵　張春霖　祝伊才　李靜涵　沈仲俊　陳仲英

丁雲軒　施復侯　查仲康　丁仲祜　龔子靑　丁福僯　嚴裕昆　胡頌銘　俞仲還　李鼎輔

秦絅孫　顧執中　范和笙　尤榮伯　王立齋　王傳璧　張雲樵　朱俊生　張敬之

分致各評議員各理事通函

逕啓者十二月二十八日開評理兩長互選會結果丁梓仁先生當選爲評議員長孫北萱先生鄒頌丹先生當選爲副評議員長榮宗敬先生當選爲理事長張秋園先生匡仲謀先生當選爲副理事長茲定於一月四日（星期日）下午三時舉行新職員就職禮屆期敬請台從準時涖臨千萬勿延爲盼此頌台綏十二月二十九日

分致常務經濟教育宣傳調查各理事通函

逕啓者十二月二十八日評理兩會臨時聯席會議議決推舉執事爲（常務　經濟　教育　宣傳　調查）理事辦理一切（日常會務）至希尅日就職以利會務進行不勝盼切之至此致　理事先生

十九年十二月二十九日

第四屆會員會報告全文

本會章程規定每年開會員大會一次惟年來經費異常竭蹶爲節省起見以致自十五年十一月開第三屆大會後未開大會者三年於茲應請會員諸君見諒者也茲將自上屆大會以後會務經過情形略陳於後至於詳細辦事經過隨時均刊登本會出版之旅刊希會員諸君隨時察閱幸甚

學務之近狀年來滬埠居民激增無已而小學教育之發展則以種種關係殊未能與之並駕齊驅租界之內此種現象更形顯著凡我同鄉之有子弟入學者當亦無不感受痛苦是以推行教育夙爲本會主要會務之一理事會夙夜籌維力謀進行顧以會中經費竭蹶萬分無米之炊巧婦所難卽就所設業餘補習夜校一所而論每年開支不過二百餘元而籌措經費亦已備感困難此後尙望會員及同鄉諸君督促提倡多方贊助俾得逐漸推行追踵甯波紹興諸同鄉會不僅嘉惠子弟亦我閩埠同鄉之光至於夜校狀況開辦以來業已四年每學期學生平均約有四五十人前年冬季舉行畢業一次本夏亦有一班可以畢業當開辦之初原設兩教室迨十七年秋季以經費支絀合併爲一教室去年復因學生過多

一教室萬難容納加以一至敎班不僅敎授困難學生受益亦較少故又恢復爲二敎室現有學生約共六十餘人所授課程爲國文英語算術三項惟因滬上爲通商巨埠工商界中英語應用較廣而各學生來自內地英語程度最感不足故英語一課不免較爲側重此亦環境使然不得不因時制宜者也至於歷年夜校詳細狀況具見學務科報告分載本會所編訂之無錫旅刊茲不贅述

儲金會之創設本會自前年購置會所以後房租雖省惟原有普通會員六千餘人所收會費不及半數實屬不敷開支爲維持會務增進收入起見爰有儲金會之發起其內部規章辦法大都根據無錫提倡國貨儲金會章程得各同鄉之踴躍認股已於十七年十月正式成立集得會股一千股每股每屆撳交大洋五角置備號籤一千枝以十年爲期每月第一星期日下午四時抽籤一次每次均照議定抽籤手續並會同公正人員抽籤抽得一籤即以該籤號數爲得獎號數查出戶名通知領獎得獎者可持通知信及該號會摺向會支取已撳原本及獎金五十元每次並須補助同鄉會於同鄉會亦不無小補又儲金會會員有招收二十股以上者即被推爲委員有委員中互選委員長一人副委員長二人保管委員五人保管委員負保管所存儲金之責將來十年期滿應散還會本計八百八十會每會發還本洋六十元另發息金十八元如有盈餘作十五成分派委員長得一成副委員長合得一成保管委員合得三成各委員合得五成未得獎者合得五成作爲紅利

同鄉之援助本會年來除延請律師秦聯奎王傳璧張桐陸鼎揆孫鍾偉諸君爲義務法律顧問解決民

刑訴訟而同鄉謀法律上之援助外所有來會請求援助及調解各種糾紛直接由會處理各案件茲特羅列於後一會員虞采章等函請援助同鄉顧達明無辜被押案一同鄉過王氏之子和根被拐請求援救案一會員顧鳴皋因租屋被迫押遷請求援助案一同鄉迷路女孩沈阿桂具領案一會員鄭鴻儀等函請援助女子諸巧弟被匪人誣認逃妻案一同鄉張金根莫雙全在錫被直魯聯軍拉夫流落滬上請求資遣回藉案一同鄉女孩胡仁弟被拐招領案一營救同鄉黃大霖投軍被誣共黨嫌疑案一營救同鄉丁方正投軍被押案一調解會員沈映泉與同鄉顧翰飛錢債交涉案一會員陳協恭函請調解同鄉學徒張子明被店主追走失蹤案一會員蕭榮發遺失田單糾葛案一調解同鄉章春和嗣產糾葛案一援助同鄉婦女吳彩英被拐並強迫其夫賣妻案一會員張兆熊被淞滬警備司令部偵輯員誤稱夾帶私貨和押請求營救案一同鄉女子陸愛弟被拐請求交涉案一同鄉朱伯昂請求澈究拐逃嫌疑案一同鄉楊石漁函稱同鄉女子葛劉氏被拐至平售入妓院爲娼行將遴奉請求救濟案一會員過錫永貨款糾葛請予證明案一營救張細寶妻女被拐案一援助會員徐菊泉被誣投函嚇詐及其弟徐柏南學徒周正祥曹伯壽牽累被拘案一援助同鄉陶順金被誣拘押案一營救同鄉榮元全女阿娥被拐赴閩案一同鄉唐杏寶妻袁氏被人拐逃請求援助案一會員楊榮寶以次子被人暗殺移屍河浜請求轉請嚴辦兇犯案一王金氏女王阿香被人拐匿請求設法援救案一會員張子鴻置產糾葛案一會員仇文慶前赴南洋經商請求證明領取護照案一舊會役章義昌即和林因赴海門索款被當地保衛團誤認匪類解縣拘押請求援救案一調解會員朱偉祖產承受糾葛案一同鄉華長生被綁匪誣指同黨函公安局證明昭雪案一會員龔榮根弟榮林銀錢失竊請求設法澈究案一會員陳錫麒被租戶欠租並阻礙出入函警押遷案一社會局第四科函送流離鄉人孫鉅麒來會資遣回藉案一會員沈瑞洲王元勛浦粹和顧鴻滔等組有南達汽輪公司行駛汽輪被錫南公司陸士銓等呈建設局制止通行請予援助案一同鄉船戶尤阿銀誤帶未稅香烟致被上海捲煙查驗所查出除將香煙充公外並將船隻扣留須處煙價五倍罰金一千四百餘元請求援助減輕案一會員劉耀甫前往南洋經商請求證明辦理出洋護照案一會員朱全福請求援助租戶抗租案一營救本會調查員尤全根被誣綁票嫌疑案一營救同鄉周耀章被誣共黨嫌疑

一資送回藉各案

十五年度資送回藉者計吳和鳳孫蔭午送來之俞某周阿二過王氏陸金榮陳祖寅錢景林逃女沈阿桂許阿毛倪夢石陳覺生張叔平華楊氏施王氏及女鮑阿福武常裕陳根全等十八名計費洋廿四元五角五分二厘

十六年度資送回藉者計胡仁弟迷途女子二口單樹唐無名小孩女子尤阿細陳叙金陳王氏項孟博潘觀濤及妻幼童二名過子文朱阿大孫其生及妻黎執中孫榮霖王根全李小狗陸根壽王珊玲李阿二王和尚等廿五名口計費洋三十二元四角九分六厘

十七年度資送回籍者計胡范氏及子阿金顧鳳章寶鳳石周根林沈桂泉過小弟吳阿大楊阿鴻張阿大許阿全余抯暎楊阿士高小妹毀元蔣大寶馮魁善惠二寶榮仲和王阿大等二十名口計費洋二十一元九角〇二厘

十八年度資送回籍者計宣權萬鄒望生及妻陸氏范順榮朱農昌郭馨過阿末孫子雲嚴阿二孫錫麒陸覺明楊阿二王阿二張金壽等十四名口計費洋十四元〇六分

十九年半年度資送回籍者計馬煥山胡小妹鄧阿根周蘭寶王大寶榮洪增劉富新陳龍朱仲賢俞文康等十名口計費洋三十四元九角八分五厘

徵求會員之經過十六年舉行徵求會員七月二十六日成立委員會抵定委員七人孫北萱君爲委員長原議每一徵求員二百分爲及格定期三個月嗣屆期滿徵求及格者尚屬少數展限兩個月截至十二月底止共計銀二千九百九十七元即告結束十九年再行舉辦徵求會員截止二十年一月底止計收銀一千〇七十餘元再三函催應者寥寥只能就此結束所有收費清單另入旅刊備查

經濟狀況本會經濟支絀情形早在各會員洞鑒之中十五年度決算收入祇有二千五百八十三元二角二分二厘支出四千二百七十四元五角四分八厘不敷銀一千三百〇七元〇一分十六年度決算收入祇有三千六百六十九元三角〇四厘支出四千四百八十七元二角〇七厘不敷銀八百十七元九角〇三厘十七年度決算收入二千六百六十九元二角一分五厘支出三千二百十六元七角一分

一厘不敷銀五百四十七元四角九分六厘十八年度決算收入二千六百九十二元六角八分支出三千六百十五元〇三分七厘不敷銀一千〇二十二元三角五分七厘歷年不敷之數均在甲乙兩種永久會員費及救濟費息款項下動支本年開會員大會如再循會員之請求續印會員錄隨在須費不敷之數恐較前兩屆決算尤巨還望諸評議諸理事諸名譽理事諸會員同心共濟協力相助以策進行

二十年二月八日三時開聯席會議到會者馮緒承等二十餘人主席賈春華提議案件如下(一)無錫旅滬貨船同業請求附屬本會或組織該業同人俱樂部案決由尤泉根與該貨船同業先行接洽辦理入會手續後再行討論(二)馮理事提議立達學園募捐教育儲金請同鄉諸君協助案決俟至陰曆新年聚餐時再行協助(三)陳評議員漱菴提議援助同鄉周耀章被誣共產嫌疑案決由周戚黃貞白氏來函證明再行轉函當道請其交保釋放五時散會

三月八日下午三時開聯席會議到會者張秋園等二十餘人主席副理事長張秋園提議事件(一)議同鄉袁龢臣函請援助會員李茂林被誣主使殺人罪案決請本會法律顧問王傳璧律師擬具函稿函請特區地方法院伸雪(二)丁評議長梓仁交議改組旅刊縮小印本決旅刊式樣係照各雜誌辦法已出數十期中途變更難昭一律所議暫時保留(三)會員大會先期應如何預備案馮理事提議擴充基金一案開大會時應提出討論再大會時如有提案務於三日前提交本會以便印刷應通告今日未到會諸君決照辦又會員大會除登報外再分函評議理事名譽理事分別通知各會員到會列席(四)議

立達學園籌募教育儲金案決由評議理事盡力推銷

本會於本月八日舉行春宴適逢久雨新晴到會者極為踴躍席間孫北萱君起立致詞匡仲謀君報告開辦蓬萊市場經過情形並贈與宴諸君每位影戲券四張觥籌交錯盡歡而散散會後復開職員會討論本月十五日開會員大會籌備手續屆時定有空前盛況也

本會附設之業餘補習夜校已於本月開學本學期新生報名者頗為踴躍仍分為二教室對於課程方面亦較前增加初級除原有之國文珠算英文外復添設英文會話一科以備學生他日與外人直接談話之需高級則有英文國文英文尺牘及簿算等科上年秋季又增英文三民主義一科採用商務印書館出版李培恩編譯之課本使學生對於黨義方面亦能明瞭現各級尚有餘額倘本會會員子弟欲來校補習者請即日來會接洽

吾邑旅滬同鄉馮緒承趙仲光尤榮伯顧執中諸君二十餘人發起大成劇社社所設於七浦路無錫同鄉會內不日即可成立聞志願入社者頗為踴躍云

四月五日星期日下午三時聯席會議到蕭效仁等二十餘人主席蕭效仁議決如下(一)會員會交議擴充基金案議決下次繼續討論(二)會員會交議會員陳心田主張應將錫金公所歸併於本會為屬部之一案議決此案從前屢經交涉無效將來俟有機會再行辦理(三)會員會交議會員沈仲鶴尤榮伯主張設立圖書館閱報室案議決積極進行(四)自十九年七月一日起至二十年六月止將逐日收到會費按月列入二十年七月份旅刊以昭徵信議決照辦(五)評議員榮西城離滬他去開會不克到會應以次多數榮瑞昌君遞補議決通過議畢散會

五月三十一日星期日下午三時聯席會議到會者匡仲謀等數十人主席副理事長匡仲謀議決事項(一)追認大成劇社租賃房屋案議決通過(二)大成劇社每月暫貼租金十元俟該社籌款後再行酌量補助議決通過(三)夜校兩教員請求加薪案議決朱陳兩教員每月各加津貼五元(四)評議員范和笙作古應推補次多數候補評議員徐釆臣君遞補議決照章遞補(五)評議員俞仲還君早經登報謝絕一切應照章以次多數梁燮永君遞補議決照辦

七月十九日下午開理事評議聯席會議審議十九年度收支決算二十年度新預算及四柱清冊等當即推定評議員施復候鄒頌丹王傳璧尤榮伯李鼎輔等五人定期審查再行報告大會次討論充實經費辦法決定先行努力徵收二十年度新會費及催收舊會費嗣於會務略有討論並通過一年間學務報告而散

七月二十六日開聯席會議討論十九年度本會決算及四柱清單救濟費四柱清單二十年度本會預算案議決照審查通過又普通會費收數不足仍須分函各理事評議徵新會員並代行徵收舊會員會費議決照辦議畢散會

八月十六日下午三時因籌備賑災事宜開聯席會議到者丁仲祜等三十餘人由副理事長匡仲謀主

席秦理齋紀錄主席宣告開會宗旨後繼由孫志道報告無錫被災情形略謂今歲無錫蠶繭麥熟絕無收成四鄉農民咸遭荒災待哺方殷孰料更罹雨洪之禍圩堤潰決遍地澤國田禾淹沒村廬傾頹餓莩遍野情形之慘非言可喻實為數十年來未有之奇災本會義屬桑梓急宜拯救云云次由丁仲祜發表意見謂我邑今歲罹此奇災悽慘之狀不忍直言急宜組織賑災會為當務之急一面捐募現款一面呈請政府撥款賑濟並豁免本年錢糧云嗣由孫北萱蕭效仁提議先行推定本會理事蔡兼三為代表在錫調查災況實情並接洽錫邑各公團及溥仁慈善會同時積極組織賑災機關以便籌款急賑本會宜速行成立賑災協會經主席一一通過後始散會

八月二十七日續開聯席會議商榷賑災事本會前因無錫被災曾發起組織無錫振災協會致函無錫溥仁慈善會調查災況及放賑情形並函推本會理事蔡兼三君代表本會前往接洽迄今旬日兩處均未有復函到會惟蔡理事僅函致孫副評議長一函謂已託人調查須一月後方有確實之報告云云惟本年被災區域不獨無錫一縣為然即以粵豫魯皖贛蘇浙閩冀遼吉黑熱等省無不盡成澤國其災情之重大為百年來所未有政府既在籌款賑濟上海籌募各省水災急賑會籌備處函屬極力捐助本會為公團一份子應如何對付王堯臣君主張先籌商救濟各省水災匡仲謀君主張各省水災自當捐助無錫之災其嚴重情形今冬方見本會須籌商冬賑辦法尤榮伯君主張募得捐款半助各省半助本縣冬賑次匡仲謀君主張先印發捐簿孫北萱君主張發捐簿後限十日繳卷最低限度五十元當推王堯

臣陶仞千匡仲謀蕭效仁孫志道顧執中榮瑞昌尤榮伯馬雲初秦理齋諸君負責辦理議畢散會

函送江蘇水災義賑會振濟江北裏下河各縣洋一千元

函送無錫水災籌賑會收洋一千元救濟災區

復謝上海市打鐵同業公會代募無錫水災振款洋二百八十五元彙寄無錫水災籌賑會指振本邑災區

復謝虹口鐵業老君殿諸同鄉

經募無錫水災振款洋一百元彙寄無錫水災籌振會指振本邑災區

九月六日星期日下午三時開聯席會議主席張秋園議決事項（一）本會一再開會分發指册募款救濟本不分遠近乃閱報載江蘇裏下河各縣被災既重待賑尤急本會先其所急擬將收到捐款內先撥一千元交江蘇水災義賑會一面函催募捐諸君趕速募繳源源撥濟災區議決照辦（二）無錫水災籌賑會及無錫陳縣長代電請予協助決續收捐款即撥無錫（三）國民政府救濟水災委員會函請徵集破舊衣件決分函各會員徵集彙轉（四）報告大成劇社函繳補助費銀二百元並聲明電燈仍每月津貼十元

九月十三日星期日下午三時開會提議事件（一）報告水災捐款截至本日止已收到三千餘元除撥江蘇義賑會指振興化東台等縣洋一千元外尚餘二千餘元（二）餘款及續募之款擬撥無錫議決

通過（三）無錫水災籌賑會一再函電乞賑擬先匯千元附來捐册以本會自行立册籌募毋須分發以免重複並函催未到會諸君中未將款册交到者速即籌募交會議決照辦（四）國民政府水災救濟委員會函邀本會出席會議應否委派代表一人前往列席議決推陶季美君代表列席（五）同鄉張修正函擬將祖遺房產變價出售千元賑濟應如何辦理案議決此時既無受主無法辦理復函知照（六）同鄉女子錢麗文自津函附陝西災民執照請求救濟案議決函請天津華新紗廠批發處王正卿君設法給資回錫執照掛號寄去

無錫水災籌賑會代電

本會收到第一號捐册暨洋一千元毛鑑清先生移撥令孫湯餅宴資特捐錫賑洋一百元均領悉謹爲災民頓首以謝唐文治華文川錢基厚叩篠（九月十七日）

致無錫華藝三先生函

藝三先生大鑒前奉大函以興化散賑屬於上海同鄉會經募款內酌撥一二千元以資協助等因准經會商本會經募諸同鄉撥助洋二千元隨函附陳至祈查收速屬施君前往興化散賑並望函復備查專復敬頌善祺無錫旅滬同鄉會理事長榮宗敬啓十月三十一日附洋二千元

華藝三君函復本會收到交由張仁山兄交到捐助興化賑款洋二千元

十月十一日下午三時開聯席會議主席張秋園議決事項（一）本會經募賑款截至本月九日止計共收到六千七百五十三元二角內除分撥江蘇水災義賑會及無錫水災籌賑會各一千元外實存四千七百五十三元二角原擬備撥無錫冬賑現因報載江蘇水災義賑會等集議報告江北水災奇重前次放賑不過每人得洋數角設所收容入後愈多請撥賑災公債六百萬亦恐不能在短時期內實行應否再行分撥江蘇水災義賑會及無錫指備冬賑各一千元之處議決先做棉衣褲三百套或五百套約費洋一千五百元之數送交該會彙送江北散放（二）代徵舊衣被已收到五十餘件議決即備函送交國民政府救濟水災委員會（三）報載無錫陳縣長及無錫水災籌賑會等擬籌款修築圩岸擬向旅滬紳商募集鉅款以工代賑等情應否劃出一部份捐款指定該項用途決備提一千元候撥（四）議定捐款結束辦法議決函催未交款册諸君册款送會

函送國民政府救濟水災委員會

續收舊衣計五十五件

本會辦理水災救濟經過情形

本年辛未之夏淫雨連綿洪水肆虐被災之區十有六省災情之重爲近百年來所未有吾錫於蠶繭麥熟失收之後亦遭洪禍十五六七區田禾淹沒秋收無望經孫評議員志道提議即於八月十六二十六等日連開聯席會議議決組織振災協會致函無錫溥仁慈善會調查災況及放賑情形並函推本會蔡

理事兼三代表本會前往接洽一面印發捐簿分投勸募先後收到捐款函送江蘇水災義振會撥濟裏下河之興化東台泰縣鹽城阜甯及沿運河之高郵寶應諸縣災區洋一千元無錫水災籌振會撥濟災區洋一千元登入二十年九月一百五十期旅刊匯交無錫水災籌振會華藝三先生協助興化縣振災洋二千元登入二十年十月一百五十一期旅刊上海菩提法會經募無錫仁里等六鄉振款洋一千元登入二十一年四五月一百五十四期合刊協助無錫市第一區施診給藥所洋一百元登入二十一年八九十月一百五十六期合刊共計洋五千一百元所有收支實存數目開陳

察核

計開

收款項下

一收榮宗敬君等捐助洋六千七百五十三元二角

一收馮緒承君等經募馮瑞鍾堂等捐助洋五百七十元除假鈔洋五元外實收洋五百六十五元

一收陶仞千君續募俞錦榮君洋十元

共收洋七千三百二十八元二角

支款如下

一支協助江蘇水災義振會洋一千元

一支協助無錫水災籌賑會洋一千元
一支協助無錫水災籌賑會洋二千元
一支協助上海菩提法會經募無錫仁里等六鄉振款洋一千元
一支協助無錫市第一區施診給藥所洋一百元

共支洋五千一百元

實存項下

一存餘款洋二千二百二十八元二角收入本會救濟費摺內
一存息洋一百十一元收入本會存摺內

說明前項餘款適值一二八滬變發生爲辦理救護挪用直至五月結束始有浮存息款計收前數

本會營救避難同鄉報告

二十一年一月二十八日晚滬變發生閘北同鄉紛紛避難南來本會評議理事諸君有主張組織救護隊者有主張組織收容所者惟本會地居蘇州河北開會難集救護隊恐難組織收容所既難尋覓且組織無人少數人集議商由馮君雲初與紅卍字會東南主會上海辦事處陳民正張蘭坪鄭嬰芝李迪先諸君商辦由本會捐助洋二千元舉凡收容遣送均由紅卍字會辦理遂於二月五日登報聲明設通訊

處於七浦路本會三馬路吳錫旅館大新街梁溪旅館凡被難同鄉請求收容者分送二馬路大陸商場河南路甯波路口紅卍字會收容所收容先由紅卍字會僱輪拖船運送復以避難同鄉請求運送者紛至沓來即於九日登報聲明專僱輪拖運送回錫自此以後逐日由紅卍字會陸續遣送於十三十六十九三次運送較多旋聞紅卍字會經費支絀無力遣送本會改變計劃與各內河輪船局商妥凡錫籍被難同鄉持免費乘船證到局即予乘船返錫事後由局持證到會給價並有願至蘇州轉錫者由會商由招商內河輪局僱船運送數次截至現在止計送被難同鄉三千餘人計費洋三千餘元登報募集救濟捐洋二千餘元不敷尚巨尚祈

熱心同鄉分別捐募歸墊無任盼切

分函評議理事名譽理事各同鄉勸募滬變救濟避難同鄉經費收款處江西路四百二十一號二樓每日上午十時起至下午三時止款到即掣收條以資憑信

第一次函送貝諦鑾路霞飛路八號世界紅卍字會東南主會洋一千元關於救濟事宜無論收容或運送敬請貴會酌量辦理

函告無錫商會紅卍字會文日由協興輪拖難民六百人派周巘臣君督領元日續由招商輪載難民七八百人派陳恪謹董伯新君來錫照料請就近分別遣送澄常此間人多輪少希速派輪拖來滬援救爲感

五月二十二日聯席會議紀錄

（一）陳理事仞千報告會務經過情形

（甲）自滬變發生不第閘北華界同鄉紛紛逃避即向住蘇州河以北同鄉悉數遷居英法各租界本會適在蘇州河以北誠恐會中員役星散鄙人遂遷居本會督率員役鎮守會所一面商諸榮理事長就近在江西路四二一號茂福申總公司邀集丁評議長梓仁等商量救濟避難同鄉乃設所收容房屋難覓運送回錫輪拖缺乏再四商量由會備函委託馮評議員雲初與紅卍字會上海總辦事處接洽捐助紅卍字會會費洋二千元舉凡收容遣送均由該會代爲辦理當時會所在蘇州河之北無人敢到遂函商吳錫旅館主任王立齋梁溪旅館主任李茂林設分事務所於各該旅館派員會同接洽避難同鄉函送紅卍字會分設大陸商場河南路寶豐錢莊舊址收容所收容復以避難同鄉紛求運送回錫紅卍字會所備輪拖不敷運送並由榮評議員瑞昌商由招商內河輪局一再另備輪拖運送大批避難同鄉其後續請運送者人數不多或僅一船裝運數十人或購各輪局船票陸續給與搭輪返錫至經費一項先由鄉望素孚之馮理事培之墊付先生倡捐收容費旋即發起登報徵募救濟捐幷承熱心同鄉慷慨捐輸並由陸理事緒承等分投募捐共計收到救濟捐洋三千七百二十一元二角先後捐入紅卍字會及分僱輪拖暨船客購輪船票費連同資助軍界登報發電等費計洋三千七百五十二元二角二分不敷洋三十一元零二分今日蕭效仁先生捐來洋三十元尚虧一元零二分收支細數刊入本屆旅刊此皆

各同鄉一致協助得有如此結果此經收救濟捐及救濟避難同鄉之實在情形也

（二）本會每年舉行舉行會員會案議決延至本年陽歷八月即陰歷七月中定期舉行

（三）本會會費向特普通會費及房租儲金會補助費等項滬變發生會員星散會費無從收取致柔攀社解散會員寄宿無人臨時假座亦以會址在蘇州河以北即先行說定者亦臨時作罷儲金會延期三月即缺少補助費三月收入陡減而事務費事業費仍照預算支出統計二十年七月一日起至四月止入款祇有一千八百餘元出款乃有三千五百七十八元七角九分七厘不敷已在一千七百餘元無米爲炊殊屬爲難應請公同核議議決俟下屆開會討論具體辦法

（四）馮理事緒承發起組織消費合作社

（五）臨時提議吳評議員民生代表王理事禹卿交議無錫第十六區楊墅園附近淹沒各鄉災戶計仁里鄉約二百數十戶羅安鄉約一百餘戶匡橋鄉約一百餘戶楊橋鄉約一百餘戶高明鄉下祈村約一百餘戶帝裳鄉約一百餘戶共約有災戶八百戶左右擬請協助議決在本會上年收存水災捐款項下提洋一元千協助

今將滬變發生救護被難同鄉收容回錫收支各數開陳

計開

收款項下

一　收第一次救濟捐洋二千五百四十一元
一　收第二次救濟捐洋一百八十五元
一　收第三次救濟捐洋六百四十四元
一　收蔴袋變價洋三百六十二元
一　收助米變價洋十九元二角
共計收洋三千七百五十一元二角

支款項下
一　支世界紅卍字會洋二千元
一　支登報費洋二百七十元零一角四分
一　支電報費洋二元八角六分
一　支運送被難同鄉回錫輪船拖駁及半價票費洋一千二百四十一元六角
一　支助資軍界各費一百三十二元
一　支照料被難同鄉派赴各處司事車點洋十五元二角
一　支司事茶房津貼洋七十七元
一　支雜費洋十三元四角二分

共支洋三千七百五十二元二角二分
兩比不敷洋一元零二分

無錫旅滬同鄉會經收捐款米物公告

此次滬戰發生閘北等處避難同鄉經本會收容遣送達三千五百餘人除開支一切詳登旅刊外所有同鄉諸君熱心捐助現金米物　台銜列右　張承志堂三百元錫金公所蔣貴慶經募元鎰鐵號喬還筵席費各二百元榮宗敬王嘉樂堂王禹卿裘翼經堂源餘號陸佐記嚴裕昆吳昆生榮鄂生朱寅生打鐵同業公會蔣哲卿經募振新紗廠各一百元丁梓仁吳震修季雲卿順康明記遠記張敬之匡仲謀秦釆南寶慶堂各五十元陸培之四十九元丁仲祜四十元蔡禹門蕭劾仁陳貴生立豐晉益各三十元尤庭坤瑞大各二十五元何克家張瑞昌張敬之陶梁臣合七十元陳錦椿曹友慶秦絅孫陳廷忻源祥錢子清恆利源盛福榮永吉各二十元雪浪山農馮緒承尤榮伯各十五元顧鴻鳴寶孟幹吳臣笏華伯申胡頌銘顧執中源豐源康慶昌怡大華南公司丁若汀何宗瀚恆祥尤錦昌丁輔廷錢悅德純紀陳漱菴孫北萱徐可亭陶仞千毛鑑清浦志達錢大椿張春霖施復侯各十元查仲康丁翰英俞湘舟馮緒承夫人馮軍聲周贊成倪寶康徐公明匡寶瑩徐橘香周智卿都浩榮朱俊生華衞中陳心田各五元王立齋王永年各四元無名氏三元張雲章趙斌祥王亦銀無名氏陸榮記張子記袁倫記耕遠堂徐芳各二元馮增堂馮樹聲馮陶然馮姝胤女士俞富生鄒元生侯曄華孫晉良黨家楨華子明彭鶴齡周蕭氏各一元隆昌鐵號年糕二担無名氏白米二石

七月二十四日聯席會議議決案

一議錫金公所同爲吾錫公共機關存項既多收入亦富可否函請補助每月經費二三百元以資挹注應候公決議決備函致錫金公所每月補助若干並公推朱理事鴻昌與公所經濟董事面洽一切
一議大成劇社自二十年七月組織成立所交租金補助等費全爲電費消去不敷其租金全無着落應如何辦理敬候公決議決函致大成劇社開會集議答復核辦
一議今錫山消費合作社組織成立營業時間定每日上午八時起至下午十時止費電甚巨應如何辦理候公決議決俟一二月後用電若干計費若干再行酌辦
一議本會每年舉行會員會案議決八月第一星期舉辦選舉九月第二星期舉行會員大會
一議二十年度決算二十一年度預算議決既由聯席會議報告通過並由鄒評議員頌丹核對無訛即付印公布
一報告省令解散無錫救荒會案議決電省府稿追認通過餘俟錫代表來再行開會集議馮理事交函即由會答復楊函亦復
一馮理事提議每月將收入支出列一總表每屆開會公同閱看如有不合之處提議改良議決通過

第五屆會員大會報告

(甲)本會辦理事務事業情形
一學校　本會仍照上屆辦理夜校一所附設於本會會所延聘英文教員兩人劃分初高兩級每一教員擔任一級學科現有學生約五十餘人俱係同鄉子弟學費均不收取每年辦學經費約三百餘元
二儲金會　本會三年前曾設立一儲金會計一千會每會月納大洋五角每月第一星期抽籤一次抽得者除將本銀收回並補助同鄉會經費五十元外得獎五十元即將該號會籤註消出會向無間斷本年春初因滬戰停閉三月現仍照舊繼續
三旅刊　本會爲聯絡同鄉宣傳會務起見編輯無錫旅刊一種現仍循舊發行
(乙)本會辦理之特別救濟事項
一水災之救濟　去夏淫雨連綿洪水肆虐被災之區十有六省災情之重近百年來所未嘗有本會於是有勸募水災急賑之舉是役收到捐款達六千七百餘元除先後分配江蘇裏運河一帶及無錫各一千元外後因江北方面水災奇重特製棉衣褲三百套計一千五百元又移助無錫水災籌賑會捐定修築圩岸洋一千元續於本年五月撥款一千元協助無錫紅卐字會振濟無錫各鄉災民又撥款一百元協助無錫市第一區施診給藥所
二滬戰之救濟　本年一月滬上突起戰事閘北虹口一帶同鄉爲數衆多紛紛避難其時火車斷絕輪價飛漲本會幾經集議決定與紅卍字會上海總辦事處接洽捐助該會洋二千元請其代辦本籍同鄉

收容遣送等事一面函商吳錫梁溪兩旅館設立本會分事務所派員會同接洽避難同鄉函送紅卐字會分設大陸商場及寶豐錢莊舊址收容所收容陸續運送回籍後以同鄉避難者衆紅卍字會所備輪拖一時不敷運送續由本會設法商由招商等內河輪局一再陸續另僱輪拖或代購船票運送大批被難同鄉回里歷時三月直至滬甯車恢復通車始得無事至經費一項先後由本會分發捐册敦請熱心慈善各同鄉分頭經募共收三千七百餘元先後捐入紅卍字會及分僱輪拖零購船票連同資助軍界登報發電等費洋亦三千七百餘元不敷僅一元有零耳

(丙)同鄉之援助

本會延聘法律顧問解決民刑訴訟事件尚有經本會直接辦理各案除瑣屑不計外羅列如次

一會員張孟昭張雲石顧執中等函請轉函法院究辦姚家良擺渡落河身死案一劉理事春圃函請援助同鄉女子潘琴貞被人強姦加害轉請法院秉公嚴辦案一陳評議員漱菴函請援助同鄉言炳川所設曾保火險之言榮興菜館忽肇焚如轉請出保洋行依照保額賠償案一會員周廷鄉子奚臣冒充法租界救火會繙譯失業函會介紹案一會員李茂林被人誣攀主使殺人先後拘押上海特區法院淞滬警備司令部函請法院函請司令部軍法處長暨市公安局長伸雪案一上海市社會局第四科函請遣送貧苦同鄉衛桂林案一同鄉女子錢蕙文流落天津函請援助案一援助同鄉陸潤葆誤攬印刷反動刊物被法捕房拘押案一同鄉婦女源和錫箔莊女主被人邀請律師函屬停止擺攤請求交涉案一同鄉蔣志仁爲伊妻被人誘姦席捲衣飾銀錢逃往青浦請求援助案一同鄉女子張鳳弟流落滬上設法遣送回籍案一同鄉女子李阿毛被人誘賣交涉及遣送回籍案一會員張仲和被誣竊盜嫌疑被押公安局請求援助案一會員龔瑞祥函請援助同鄉秦望生被誣唆殺要人嫌疑案

(丁)流離之遣送

貧苦同鄉有流離滬上者到會請求援助查係實情卽由會出資遣送回籍

一．十九年度下半年度　周錫根陳學銘王阿世衛姓胡安培及調查救濟會收容小孩車共計洋六元九角

二．二十年度　周倪氏倪彭根周倪氏王小春許宗太華玉富周朱氏胡同一顧康候李生夫婦榮阿根倪小妹李金標俞紀雲同鄉義勇軍十二人回籍旅費共計洋三十九元九角

三．二十一年度上半年度　張鳳弟李阿毛(酬勞顧福全辦理李阿毛被拐)時爲欣胡根全胡施氏胡全寶胡榮生張徐氏徐阿金周金發李緒青李林氏胡根林陸根榮及小孩兩口共計洋三十九元三角二分

八月廿一日下午三時開聯席會議到張秋園等十八人主席張秋園議決各案如次(一)規定選舉標準案議決照上屆辦理(二)決定選舉日期擬於九月十日以前發選舉信二十日截止議決照辦(三)推舉選舉監察員輪任監察事項案議決二十一日開票分兩日完竣(四)認定監察時間案議決二十

無錫旅滬同鄉會　十年大事記　十九

一日上午鄒頌丹君二十一日下午蕭效仁君二十二日上午陶仞千君二十二日下午尤棨伯君(五)未任滿評議員丁福憐君作古應以次多數陸鼎揆君遞補案通過(六)學務科主任秦理齋君自二十年度起所有薪水多充本會特捐現又來函辭職應如何辦理案議決再函挽留(七)會員大會本擬定九月第二星期舉行現因選舉手續未竣應展緩辦理案議決照辦

十月二日聯席會議議決案

一報告初選結果因本日到會人數不足複選改爲通信以五日爲度本會派人收取下星期日（卽九日）下午三時開票

二報告錫金公所函復情形應如何辦理案下次再議

三報告大成劇社函復情形應否繼續進行案自本年七月份起每月貼電費洋十四元租金照舊每月十元已得大成劇社社長同意卽照函復

四會員大會是否與就職日期同時舉行案展緩再議

五會員大會先期應否如何預備案展緩再議

六蔣理事哲卿來函以不常居滬請以次多數遞升竇評議員孟幹來函以不日赴漢請以次多數遞補

馮理事緒承來函辭理事議決一律挽留

十月三十日下午三時舉行六屆職員就職典禮主席匡仲謀首述開會宗旨次卽討論提案(一)決定會員大會於十一月二十七日舉行二十一日起登報公告七天各職員仍照舊通函(二)會員大會先期應如何籌備案議決由常務理事照歷屆成案辦理(三)評議員陳仲英李鼎甫兩君或在他埠任事或返無錫居家均逾三次不到會不派代表之規定應否在本屆當選評議員次多數中遞補議決以次多數敖士洲孫秋屏兩君遞補(四)前准衛國陣亡將士撫育會函請募捐卽經朱寅生張敬之匡仲謀等諸君先後交到共洋六十元應如何辦理案議決卽以已收到經募之款洋六十元備函連同捐册送繳(五)東北義勇君救護隊函送宣言通電徵募款項以備購辦藥品等出關救護應如何對付案查來函幷無負責人員具名且字跡落草應從緩議

評議員竇孟幹君以離中赴漢函請循例遞補

復無錫第一區臨時送診所函洋一百元附繳第一號捐册一本廿一年九月九日

函送衛國陣亡將士遺族撫育會洋六十元捐册一本係丁若汀君洋五元華豐五金號同人洋三十元張敬之君洋十元陳錦椿君洋五元匡仲謀君洋十元

第六屆全體評議理事

祝伊才君　徐采丞君　丁雲軒君　查仲康君　丁仲祜君　秦綗孫君　榮永吉君

陳漱菴君　孫北萱君　沈仲俊君　嚴裕昆君　龔子青君　李靜涵君　張春霖君

胡頌銘君　王立齋君　尤棨伯君　王儁璧君　施復侯君　陸鼎揆君　梁燮永君

無錫旅滬同鄉會　十年大事記

張雲樵君　顧執中君　敖士洲君　孫秋屏君

以上上屆當選評議員(未任滿)

丁梓仁君　馮雲初君　季雲卿君　吳昆生君　徐可亭君　榮鄂生君　蔡禹門君

浦志達君　榮瑞昌君　趙顯吉君　華衛中君　張頌南君　張兵鑫君　竇孟幹君

張敬之君　朱俊生君　鄒頌丹君　毛鑑清君　朱寅生君　吳臣勿君　于義亭君

周壽甫君　孫志道君　榮寶澧君　過守一君

以上本屆當選評議員

匡仲謀君　張秋圃君　蔡兼三君　劉春圃君　陶仞千君　賈春華君　王堯臣君

蕭效仁君

以上上屆當選理事(未任滿)

榮宗敬君　王禹卿君　朱鴻昌君　馮緒承君　蔣哲卿君　楊伯庚君　陶若洲君

尤菊蓀君　王作霖君

以上本屆當選理事

(附註)評議全體五十一人理事全體十七人

第六屆會員大會記事

一本會自前年經一度徵求後尚未續行徵求現擬乘會員大會時舉行徵求除由本會評議理事諸君分任徵求外並請到會會員担任徵求即日組織徵求隊分隊徵求會員以徵求會員三千人爲目的期間自本月分起至十二月分止分數照會員所納之會費每一元作一分結算時比較人數元數分別贈獎以資鼓勵請即議決實行

一本會普通會費收數無定常較預算短收補救之法惟有募捐基金擬請熱心諸君担任募捐由會發出捐冊分頭勸募一次捐助若干集腋成裘或能徵得二三萬金之譜作爲本會基金此項基金祇能勤息不能動本以維永久如有同鄉六十人每人担任募集五百元即已足額熱心會務諸同鄉諸會員想能踴躍認募認捐也請先公決

民國二十一年十一月二十七日星期日下午二時在本會開第五屆會員大會行禮如儀首由主席報告會務經過情形次提議徵求會員議決從緩辦理次議籌捐基金當經到會會員全體贊成馬少荃君首先倡認募捐五百元王傳璧馮雲初匡仲謀諸君均謂可變通議案改爲五百三百二百元三種便利各熱心諸君担認衆均贊成議決交聯席會議討論辦理次匡仲謀君臨時提議修改章程議決交聯席會議討論辦理次報告正風文學院院長王西神君函請營救因共黨嫌疑被捕之學生諸長青案議決由會設法營救

提議各案

十二月十一日下午四時聯席會議主席匡仲謀提議事件如下一會員大會交辦募捐基金案決推舉馬少荃謝仲樂潘燮章趙顯吉鄒頌丹匡仲謀陶仞千顧執中諸君爲籌備募捐基金委員再由委員會議定辦法以便進行並規定每星期三下午七時開會二大會交議修改章程案決推匡仲謀孫北萱王傳璧趙顯吉施復侯陶仞千鄒頌丹張秋圃蕭效仁爲修改章程委員草擬修改一切仍規定每星期三下午七時舉行會議一次三假座電燈爲收費便利起見應否改訂章程案決先付電燈費十元仍照火表計算有餘退還不足補繳

儲金會改選揭曉

鄒頌丹君當選爲委員長陶仞千君胡頌銘君當選爲副委員長王堯臣君丁梓仁君楊伯庚君當選爲保管委員吳臣芴君馮緒承君李鼎輔君各得十三票經到會委員決議以吳君馮君年長當選爲保管委員李君作爲候補保管委員

二十二年三月二十六日上午十二時在本會舉行春季聚餐由會備具西餐到會者有評議長丁梓仁等數十人濟濟一堂頗極一時之盛約一時許宴畢盡歡而散次卽召集到會評議理事開臨時聯席會議主席丁評議長提議案件如下(一)修改章程一案業由委員會就匡副理事長往年擬定之草案略行修改請會議通過議決保留(二)籌捐基金疊經開會討論應如何進行案議決先備函致馮評議員雲初接洽馬少荃君認捐之款餘再就殷實及聲望素孚之同鄉分別接洽辦理並議決逐步整理舊會員催交常年費調查各業代表著手徵求(三)報告孫評議員秋屏前函請本會調查本埠兩橡膠廠失事後被害人中有無同鄉並設法救濟援助當經本會一再委派調查員尤全根前往兩廠調查據稱所有被災之人均已由社會局令飭廠方撫卹云

分致打鐵同業領袖通函

逕啓者吾錫旅滬同鄉號稱十萬初次徵求除永久會員普通會員不足六千人現在逐年減少截至二十一年度決算止普通會員祇有七百三十一人縱有遷移改業離滬他去而未允照繳者所在多有似非查照各同鄉會辦法重行徵求不可惟有人提議照初次分十七隊徵求者又有人提議按照各業推舉領袖設法徵求者提交七月二十三日聯席會議議決先由會函約各業領袖徵求意見再定辦法茲先於七月三十日卽舊歷六月初九日中午十二時略備素餐邀請貴業領袖商量辦法屆時務祈撥冗惠臨天氣炎熱菜蔬實備幸勿見却除函請邱仁之君面約外此致于義庭君蔣廷福君于壽椿君王錫爵君張榮春君張兆麟君浦連桂君張廷楨君戴義芹君錢永泉君蔣金發君于忠義君王順葆君吳巧福君張卓賢君邱仁之君七月廿六日

呈上海市政府稿

呈爲發行無錫旅刊遵照出版法聲請登記事竊屬會發行無錫旅刊理合遵照出版法第七條規定聲

請登記事項繕具聲請書並樣本二份隨文呈請鑒核轉咨內政部准予登記實爲公便謹呈上海市政府計呈無錫旅刊聲請登記書一紙無錫旅刊樣本二份六月十六日

上海市政府第一三三四號批

原具呈人無錫旅滬同鄉會呈一件呈爲發行無錫旅刊聲請登記由呈件均悉據呈當經咨轉內政部核辦在案茲准咨復爲准咨以據無錫旅刊聲請登記一案請查核辦理計附聲請書登記表考查表出版物各一份核與出版法尙屬相符除將原送書表等件存查外相應填具該刊登記證咨復查照轉發見復並希轉飭該刊依照出版法第十三條之規定按期寄呈刊物備查爲荷等由計附登記證一份准此除咨復外合行檢發該證批仰遵照具領并依法寄呈刊物以憑查核爲要此批件存轉計轉發警字第二七三二號登記證一份中華民國二十二年九月十九日市長吳

內政部登記證警字第二七三二號

案據上海市無錫旅刊依法聲請登記業經審核准予登記此證右給無錫旅刊發行人榮宗敬收執中華民國二十二年九月十一日內政部發給

上海郵政管理局來函

逕啓者查國內出版之新聞紙或雜誌應由發行人依照出版法第七條及其施行細則之規定呈由所屬省政府或隸屬於行政院之市政府轉內政部聲請登記並將登記證或黨政機關會同證明文件送

局查驗各節本局自上年九月間奉令後迭經函請查照辦理并經派員接洽各在案乃閱時將近一載迄未見照辦殊以爲憾事關功令未便玩忽用特最後通知卽希於本年九月底以前將內政部登記證或黨政機關會同證明確已核轉登記之文件寄遞過局以憑核檢如逾限仍不照辦本局卽將前准之掛號優益概行撤銷卽希迅予查照辦理此致無錫旅刊上海郵政管理局啓八月十日

本會致郵政管理局函

逕啓者上略等因奉此除依法遵照按期寄呈刊物外相應檢同該證送請察核見復並將原證仍行發還收執爲荷此致上海郵政管理局無錫旅刊社啓九月二十日

(附內政部警字第二七三二號登記證一份)

分致評議理事通函

逕啓者案查上屆聯席會議以本會成立迄今將屆十載提議舉行十週紀念當經議決先行籌備再行定期舉行等由合亟定於十月八日(星期日)下午四時開籌備會議商決應行籌備各事宜除分函外相應函請執事屆時撥冗駕臨列席會議共策進行毋任切盼此頌台綏十月五日

致十週紀念籌備員函

逕啓者本會成立迄今忽屆十稔上屆聯席會議提議開一十週紀念會經十月八日聯席會議議決先行設立籌備會公推執事爲籌備員以期羣策羣力集思廣益(一)應否刊紀念特刊將十年過去經歷去繁就簡刊入特刊(一)應否徵求文藝以誌紀念(一)應如何發展會務(一)應如何徵求會員以上四項應請以意見書面陳述到會(一)推舉籌備員姓名如左馮緒承君蕭效仁君施復侯君孫北馥君匡仲謀君陶仞千君張秋園君徐可亭君浦子瑾君馬少荃君胡頌銘君顧執中君孫秋屏君馮雲初君沈子芳君沈志明君王堯臣君周仲慶君尤棨伯君王立齋君顧鴻沼君張卓賢君楊伯庚君以上諸君係到會諸君所推舉如須補充應請續推(一)准於十月十五日星期日下午三時開籌備會執事屆期務請準時到會列席此頌公綏十月十一日

分致評議理事通函

逕啓者前爲本會章程等事召集聯席會議其時因不足法定人數議決改期討論在案茲定於本月二十九日星期日下午三時續開聯席會議商決一切務請台端撥冗惠臨以便議決通過事關會務進行幸勿延誤是爲至盼此頌台綏十月二十六日

孫秋屏君來函

逕復者展誦大函以本會成立忽屆十年爲集思廣益以謀未來之會務起見特印就應否應如何各兩點徵集意見用備採納等情准此茲就管見所及分條貢獻如下是否有當謹候公決(一)應否刊紀念特刊將十年過去經歷去繁就簡刊入特刊鄙意既爲十週紀念自應發行特刊其意義有二

(一)使平日素不注意社會事業及本會之同鄉閱此特刊可以知本會爲同鄉服務之一班如謂同鄉

苦力者多既未受過相當教育如何能讀本刊是則所望各業各界熱心同鄉將特刊中之義意廣爲宣傳獎起其興趣與認識(二)本會過去十年中爲同鄉服務工作既詳於特刊則留此特刊到十年後以至百年後辦理會務者知本會歷年情狀且含有本會成立後之歷史性質(一)應否徵求文藝以誌紀念此點與前點有連帶性質蓋既發特刊自應廣事徵求文藝既可誌一代同鄉之文學且能籍此以留鴻爪(一)應如何發展會務鄙意先從修改會章及組織法入手同時因發行特刊得徵多數人意見以備採納而理事評議兩會亦應有積極之精神務使議決實施之案必須於最短期間實現之至博採衆意斟酌損益以爲發展會務謀此理事評議兩會之責也(一)應如何徵求會員鄙意請根據馮委員緒承之建議由本會函聘各同業各界之夙具熱心爲社務之同鄉各就本業中互相徵求必有可觀也質諸諸鄉長以爲如何希進而敎正幸甚孫秋屏十月十五日

王立齋君來函

敬覆者接會函本會成立業已十年十月八日聯席會議議決十週紀念先行設立籌備會協力進行函徵意見鄙人才識片無愚無一得不足以言應徵竊就鄙意聊貢管見其一十週紀念應否特刊紀念同鄉會成立已屆十載此十載中對於同鄉之排難解紛振苦濟急救災恤患除暴安良抑強扶弱之事不可勝言凡遇一事之舉動必由我同鄉在會任事諸君負責辦理任勞任怨艱難不避十週紀念正可宣佈一以表已往之成績一以勉將來之勇爲其二文藝應否徵求竊以文字紀載事言發明意義對於服

社會熱心公益者揚之正所以勵之也其三會務之發展夫發展首先經濟經濟要在人才人才既得經濟自足會務無患乎不發其四徵求會員然會員徵求其道不一在商業凋弊之時與市面蒸與之日情有不同以目前論折衷辦法納費之多寡量力而爲處境富饒正可寬其納數倘營業徒敷開支薪金餬可餬口亦不能強些所爲只可依舊以冀多多之益善徵求之法由各業領袖及各業中之熱心公益者最爲相宜氣求聲應可收事半功倍之益是否有當統祈裁奪此請主席公鑒　王立齋謹上

十月八日聯席會議記事

主席匡仲謀君(一)本會成立忽屆十稔上屆聯席會議提議擬開十週紀念會議決先行籌備應如何籌備案議決將十周已往事蹟編入特刊並推舉馮雲初君等爲籌備員下星期十五日開籌備會(二)徵求紀念文字刊印特刊(三)徵求發展會務意見(四)(五)徵求會員應如何辦理徵詢意見用書面陳述(六)章程業已修改應否實行議決開聯席會議審查實行

十月十五日籌備會議記事

主席匡仲謀君(一)議決發行特刊(二)議決推孫北謖君起草徵文啓徵求文藝刊入特刊(三)議決將已修章程通過後積極進行以利發展會務(四)根據新章程分請各業領袖積極徵求會員(五)續推陳梅芳等爲籌備員(六)孫秋屏君王立齋君來函妥爲保留案議決妥爲保留

十月念二日聯席會議記事

主席蕭效仁君(一)通過章程案因不足法定人數議決改期開會討論(二)募捐基金案議決於徵求大會時同時進行(三)評議黃錦帆君作古應以次多數陶樑臣君遞補請公決議決通過(四)報告本會旅刊向內政部登記情形(五)報告最近本會十週紀念籌備情形

十月二十九日聯席會議

主席陶仞千君議決如下(一)議決照修正章程付印俟大會追認(二)議決請到會諸君將旅滬同鄉中有名人物開送本會以便分發並報告籌備情形(三)上海水電業產業工會因工人發生怠工函囑代爲經募並附捐册到會應如何辦理案議決本會經濟亦甚拮据暫從緩議

分致評議理事通函

逕啓者本會成立迄今忽已十稔疊經開會議決定期舉行十週紀念發行特刊在案惟特刊中議決刊印評議理事及曾捐資一千元以上者照片以資激勸爲特備函奉佈至希執事即日將最近四寸半身照片一紙送交本會以備刊布毋任切盼此頌台綏十二月二十三日

分致儲金會各委員函

逕啓者本儲金會定章定期十年應至一百二十屆完會惟現有少數委員提議以期間太長縮短會期五年擬以十二月第六十屆即行結束事關公益茲定於十二月三日即抽籤之日下午三時召集全體委員開會集議務祈撥冗惠臨決定辦法如不克到會即以書面陳述意見先期寄會亦可此頌公綏

十一月二十四日

儲金會臨時緊急會議記事

無錫旅滬同鄉會儲金會截至本年十二月底已屆六十屆屆滿一部份委員主張不待一百二十屆即行結束解散等情特先期通函各委員召集會議徵求意見去後即有委員劉春圃陶若洲李鼎輔尤榮伯趙仲光周伯昌張雲石秦絅孫孫子善蔡禹門諸君先後來函贊成十二月三日星期日下午三時開會討論當由委員長鄒頌丹主席首由主席宣佈開會宗旨後即開始討論由出席委員一致贊成通過議決即行結束所有應行散還會款議決俟二十三年一月五日起由各會員攜帶會摺到會領取其委員中借款利息決定算至二十二年年終爲止以歸一律

無錫旅滬同鄉會紀念特刊徵文啓

無錫旅滬同鄉會成立至今忽忽十年矣其間如購置房產徵求會員創辦儲金會歷辦救濟事宜等同人服務本會亦既稍盡心力至爲同鄉排解糾紛事件尤更僕難數茲屆十週不可無紀念爰有特刊之發起特刊所包者廣文藝其尤要也旅滬諸君子維護本會夙具熱忱務乞
不吝珠玉爲特刊增光鴻篇鉅製以及小品文字均所歡迎佇候
好音惟希
垂詧

十二月十七星期日開十週紀念籌備會

一徵文日期業已逾限議決擇要函催

一評議理事及捐款在一千元以上者議決函徵照片印入紀念册

一徵求新會員議決俟十週紀念册印就再行徵求

一籌備十週紀念議決請馮緒承蕭效仁兩常務理事凡遇星期到會商辦一切

廿三年二月廿五星期日開聯席會議

一本會成立十年應於三月十六日舉行十週紀念惟十週紀念刊不克及時印就議決四月廿九即夏歷三月十六星期日舉行

一本年春季聚餐議決三月十一即夏歷正月廿六星期日舉行

三月十一日本會舉行春宴是日雖春雨濛濛而參加者仍形踴躍計到者可桴丁雲軒丁梓仁孫北謖榮月泉毛鑑清浦志達馮緒承陶仞千楊伯庚榮瑞昌陸佐宸尤榮伯徐可亭陳漱菴秦絅孫榮浩泰丁季達張少村蔣叔襄戈煥章蕭效仁顧執中查仲康榮永吉梁燮永榮鄂生丁禮溶趙顯吉毛兆璋尤祥瀾徐壽生徐復生等五十餘人觥籌交錯滿座春席間關於會務之興革及十週紀念之日期等均曾談及一俟紀念册印即將舉行盛大之十週紀念會想屆時必有一番盛況云

三月二十七日星期二開聯席會議

一榮直卿與袁錫峴兒女交涉旋由榮子民代表袁錫峴到會允每月津貼寡媳用費十元會款亦允
代換衣着醫藥送禮酌量辦理
一四月十九日舉行十週紀念議决預備茶點分贈紀念册
一無錫縣改建新監函會勸募議决旅滬同鄉散居城鄉十七區旣須攤募旅滬者勢難兼顧由會函
復旋因榮理事長赴港從緩
一尤渡里鄉賢古墓爲錫滬公路圈入函會電請建設廳飭屬避免保存先賢古墓議決照辦
一本會會計補缺議决函請陳仲英君推荐陳伯嘉君試辦六個月
江蘇省政府建設廳廳長沈鈞鑒
竊聞錫滬公路經過無錫縣東門外尤渡裏地方有將明代鄉賢尤務樸先生古墓劃入情事本邑士紳
唐文治等以尤務樸先生爲有明一代醇儒歿後崇祀鄉賢祠爲後人所景仰近忽劃入錫滬公路線內
曾經詳呈公懇避免旅滬同鄉聞訊開會集議僉以鄉賢古墓理應保存應由會電請　鈞長俯如唐文
治等所請錫滬路線自周三浜而東南循尤渡河北岸經蕭巷之背面杜巷之前面直達匈巷較爲直捷
旣避免鄉賢古墓且公費亦可節省衆議僉同 宗敬 等爲旅滬錫人且 宗敬 並爲錫滬公路發起人之
一未便默爾理合快郵代電呈仰祈　鈞長察核行令避免實爲公便無錫旅滬同鄉會榮宗敬匡仲謀張
秋園丁彥章孫肇圻鄒呈桂裘可桴陶起鳳丁寶書王堯臣王禹卿楊壽柯馮緒承劉春圃尤菊蓀徐可

孝蔡禹門馮雲初季雲卿華蔭薇祝伊才李徵沈仲俊丁福保榮永肯榮棣輝秦硎孫王傳璧陸鼎揆過
守一敖士洲等叩宥
三月廿六日下午八時交郵

本會章程 民國二十二年十月修正

第一章　總則

第一條　本會係無錫旅滬同鄉組織而成定名爲無錫旅滬同鄉會

第二條　本會以聯絡感情固結團體發揮自治精神力謀同鄉公益爲宗旨

第二章　會務

第三條　本會會務分晰如左

（一）推行教育

（二）提倡實業

（三）調查旅滬同鄉之狀況並逐年編製報告

（四）招待行旅（以會員二十人以上之請求經理事會認可者爲限）

（五）職業介紹

（六）謀同鄉法律上之扶助（由本會專聘之法律顧問隨時指示）及調處請求之爭執事件

（七）救濟流離

（八）助同鄉公憤之伸雪（關於同鄉公憤有會員二十人以上之請求經理事會認可者但不涉政治問題）

（九）公共衛生及有益之俱樂

（十）其他一切經理事會特行提出事項

以上各項細目及推行程序由評議會分別訂定之

第三章　會員

第四條　凡旅滬錫邑同鄉在上海有職業或住所者經本會會員之介紹均得入會爲會員

第五條　凡有志入會者得隨時向本會總務科接洽入會

第六條　會員入會時須塡寫入會願書一份交由本會保管以資查考並帶繳會費掣取本會收據

第七條　會費收據由本會理事長經濟理事常務理事會計主任署名蓋章之

第八條　本會會員分下列四種

（甲）基本會員　一次納會費五百元或年納會費五十元

（乙）贊助會員　一次納會費二百五十元或年納會費二十五元者

（丙）特別會員　一次納會費一百元或年納會費十元者

（丁）普通會員　一次納會費十元或年納會費一元者

第九條　凡一次納會費之甲乙丙丁四種會員均爲本會永久會員

第十條　凡每年納會費之甲乙丙丁四種會員均爲本會常年會員

第十一條　本會各種會員均得享受本會各種利益並有選舉權及被選舉權但年齡未滿廿一歲及本年度未納會費者無選舉權及被選舉權

第十二條　各種常年會員每年以陽曆一月一日起至三月卅一日止爲繳納會費之期由本會派專員徵收之在徵收會費期間不及繳納會費者以本年度未納會費論

第十三條　各種常年會員所納之常年會費每年以一月一日至十二月卅一日爲一個年度凡新會員之中途入會者其所納常年會費亦以本條規定之年度爲標準至次年一月一日起卽爲重行納費年度

第十四條　本會爲力謀擴充會員起見除平時由總務科專司徵求會員外於相當時期另組徵求會員大會再行徵求之

第十五條　本會會員有左列情事之一者喪失其會員資格

（一）普通常年會員在徵收會費期間不繳納本年度會費者

（二）受五等以上有期徒刑並剝奪公權者

（三） 損害本會名譽或財產經評議會議決者

第四章 職員

第十六條 本會設評議員五十一人由會員大會日期前就本年度會員錄上之會員用連記名投票法選舉之以得票比較多數者爲當選評議員更由當選評議員用單記名投票法分次互選評議長一人副評議長二人組織評議會評議一切會務

第十七條 評議會書記庶務等事項由理事會辦事員兼任之

第十八條 評議會之召集及議事由評議會另訂專則行之

第十九條 本會設理事十七人由會員在會員大會日期前就本年度會員錄上之會員用連記名投票法選舉之以得票比較多數者爲當選理事更由當選理事用單記名投票法分次互選理事長一人副理事長二人敎育理事二人經濟理事二人組織理事會執行一切會務

第二十條 理事會之召集及議事由理事會另訂專則經評議會議決行之

第二十一條 理事會辦事細則之訂定與上條同

第二十二條 評議員及理事均不得兼任如雙方同時當選應視其得票多數之一方任之

第二十三條 評議員及理事均以一年爲一任連舉得連任

第二十四條 評議長副評議長理事長副理事長敎育理事經濟理事均以一年爲一任連舉得聯任

一次

第二十五條 評議員及理事之辭職由理事會提交評議會議決定之

第二十六條 理事會得推任或聘任坐辦一人（常駐會所執行日常會務及理事會議決事項並有指示監督各科工作之責任）

第二十七條 理事會得設置左列各料

（一） 總務科 設總務主任一人科員一人或二人（專司徵求會員及關於本會進行事務並其他不屬於文牘會計事項）

（二） 文牘科 設文牘主任一人科員一人或二人（專司文字宣傳及關於本會收發撰輯保存文件並刊行出版物逐年會員錄事項）

（三） 會計科 設會計主任一人科員一人或二人（專司徵收會費及關於本會銀錢出入收支存放按月造具決算書並編製預算統計報告事項

第二十八條 前條各科人員之進退由坐辦提交理事會決定之

第二十九條 本會設名譽會長無定額凡本會會員個人或團體不論其所在地願以經濟贊助本會一次捐助滿一千元以上者均爲本會永任名譽會長

第三十條 本會設名譽會董無定額凡錫邑人士不論其所在地有表同情於本會事業之個人或團體願以經濟贊助本會一次捐資滿一百元以上者均爲本會永任名譽會董

第三十一條 名譽會長及名譽會董均得兼任其他職員

第五章 集會

第三十二條 本會每年舉行會員大會一次報告一年中所辦之業務於陽曆四月舉行之遇有特殊事件經評議員半數以上之決議得召集臨時會員大會（會員大會召集及籌備由理事會執行之

第三十三條 評議會以每年二，五，八，十一，爲常會月期遇有重要事件得開臨時會

第三十四條 理事會每月開會一次遇有重要事件得隨時召集臨時會

第三十五條 凡遇有特殊事件須經理事會評議會共同討論者得開聯席會議討論取決之

第六章 經費

第三十六條 本會收入經費分列如下

（一） 常年會員會費

（二） 永久會員會費所生之利息

（三） 特種捐款

（四） 舉辦特定事業之臨時募集捐款

（五） 其他收入

第三十七條 本會支出經費分列如下

（一） 經常會費 每月假定三百元全年以三千六百元爲度

（二） 會員大會費 每次規定四百元如不足或有餘均當實報實銷

（三） 敎育事業費 由敎育理事以敎育事業之範圍提出預算經理事會提交評議會通過者

（四） 特種事業費 經理事會提交評議會通過者

（五） 其他臨時費 經理事會提交評議會同意者

第三十八條 本會經常費事業費臨時費之收支理事應按年提出決算書經評議會之審查印刷成本分送於全體會員以昭實在

第三十九條 本會每年以一月一日起至十二月三十一日止爲會計年度

第四十條 本會甲乙丙丁四種永久會員會費之收入專以存儲銀行生利祇可動息不得動本

第四十一條 本會舉辦範圍較大之事業需款浩大在本會固有經濟能力不及負擔時得另組徵求大會募集之

第四十二條 本會經濟取公開制以每月末日爲止由會計處造具本月份詳細決算書並將四柱（舊管新收開除實在）列入決算書內揭示於本會揭示處俾得會員隨時到會閱看並

在無錫旅刊公佈欄公佈之

第七章 職 務

第四十三條 評議會之職務如左

（一） 督促會務進行

（二） 理事會議決案認爲有窒礙者得複決之

（三） 審核本會預算決算

（四） 本會職員辦理會務有失當時得舉發之

（五） 召集臨時會員大會

第四十四條 理事會之職務如左

（一） 議決及執行一切應興應革事宜

（二） 徵求會員

（三） 籌集經濟

（四） 訂立各項規章

（五） 聘任各科主任

第四十五條 理事長對外爲本會代表對內爲理事會開會時主席理事長因事不能出席時副理事

長主席之副理事長因事不能出席時年長理事主席之

第四十六條 教育理事以理事會之議決事任督促本會教育事業及審查職教員資格並調驗學業成績稽核教育經費之預算決算

第四十七條 經濟理事以理事會之議決事任保管本會基金之存放及其他動産與不動産並檢查收支帳目稽核預算決算

第八章 獎 彰

第四十八條 本會常年普通會員當在其納費年份之會員錄上題名之

第四十九條 本會永久普通會員當在每届會員錄上永久題名之

第五十條 本會常年特別會員常年贊助會員常年基本會員當在其納費年份之會員錄上題名外更在本會所就其納費年份之會員牌上分別題名之

第五十一條 本會永久特別會員永久會員求久贊助基本會員當在每届會員錄上永久題名外更在本會所永久會員銅牌上分別題名之

第五十二條 本會永任名譽會董當在每届會員錄上題名外更在本會所永任名譽會董銅牌上題名之

第五十三條 本會永任名譽會長當在每届會員錄上題名外更在本會所永任名譽會長銅質紀念碑上題名之並將其玉照永久懸掛本會

第九章 附 則

第五十四條 本會爲調查業務起見得由本會延請各業領袖組合各業代表人會互通聲氣交換知識協助本會調查各該業業務狀況其集會規則另訂之

第五十五條 本章程設有未盡事宜得於每届會員大會時修改之

第五十六條 本會自置會所於七浦路二一八號電話四〇六九四號

勘誤表

名目	頁數	行數	字數	誤	改正
頌詞	一	五	廿二	心	一
	又	六	卅三	蘊	薀
	二	十三	二	個	箇
	五	三	十六	征	徵
	又	九	卅八	紉	仞
	又	又	卅九四十	漏	先生
	八	九	卅八	朽	杇
	又	十一	卅九	漏	絡
	十一	二	四	又	而
	十二	十二	六	往	望
大事記	十二	廿二	四十	慨	概
	十三	三	卅二	凡	几
	十四	三	十	漏	事
	廿四	廿一	十	立	主
	廿八	廿三	廿五	蔡	察
	卅二	廿五	一	章	竟
	卅六	八	三四	衍	告一
	又	九	一二	漏	告一
	卅九	十七	三	日	月
	四一	四	十五	給	結
	四二	一	十五十六	次此	此次
	又	廿三	四十	衍	主
	四四	四	九	漏	理
	又	十八		漏	本會[illegible]案許議[illegible][illegible][illegible][illegible]准以本會建置會所款項籌募[illegible]款
	四六	五	十六	特	持
	四九	十二	十八	懷	壞
	五十	二	十	政	致
	又	八	五	遣	遺
	又	十二	十一	漏	案
	五一	八	卅四	漏	來
	又	廿一	廿三	為	錫
	五二	四	卅二	廷	延
	五二	十二	三	屈	屆
	又	十四	七	衍	會
	又	又	十八	漏	不
	五三	八	十五	賑	賬
	五五	二	十八	案	法
	又	四	九	十	卍
	五七	卅	九十十一	非開會	開會非
	五八	十三	十七	鑄	議
	五九	廿八	十二	裨	俾
	六十	十一	十三	漏	酒
	又	廿	廿六	語	話
	六一	十八	廿八	商	員
	六三	廿六	廿三廿四	由得	得由
	六四	十一	十六	衍	百
	又	十七	八	鑛	獎
	六五	九	十四	衍	會
	又	廿六	廿四	件	件
	六六	十四	卅二	漏	度
	又	廿八	十三	言	口
	六七	廿一	十五	漏	由
	又	廿六	七	族	衆
	六九	一	十三	漏	二
	又	十一	廿	有	於
	又	廿五	廿七	遼	還
	七十	八	十一	漏	案
	又	十七	十五	毀	般
	又	廿三	廿八	抵	指
	七四	八	十五	漏	將
	七五	廿八	十二	日	曰
	七六	十二	三四	助資	資助
	又	廿六	卅八	漏	元
	八十	十七	十三	落	潦
	又	十八	十	中	申
	八一	廿四	廿六	五	六
	又	卅		衍	提議各案
	八二	十四	十八	壘	疊
	八三	廿一	八	奉	准
	八四	十九	卅七	籍	藉
	八六	廿八	廿一	漏	生
	又	廿九	十一	漏	就
	八九	廿	十五	料	科
	九一	廿六	十八	求	永

無錫旅滬同鄉會

十週紀念特刊勘誤表

一

茂新福新申新總公司卅周年紀念册

茂新福新申新總公司 編

《茂新福新申新總公司卅周年紀念册》，茂新福新申新總公司編，上海世界書局代印，一九二九年一月出版，十六開鉛印本。

書前載有史量才、虞和德、王震、馮炳南、穆湘玥、劉樹森、程文勳、胡文儒、華文川、裘可桴、李澄撰寫的《序》十一篇及榮宗敬的《總經理自述》一篇。書中收録了《總公司概況》、《茂新各廠概況》、《福新各廠概況》、《申新各廠概況》、《勸告同人儲蓄宣言暨同人儲蓄部章程》、《榮月泉先生赴歐美考察記》、《三十年來之中國麵粉工業》（施復侯撰）、《茂新福新在中國麵粉業之地位》（丁彦章撰）、《三十年來之中國紡織工業》（張則民撰）、《申新在中國紡織界之地位》（朱仙舫撰）、《卅年紀念册感言》（榮溥仁撰）、《開原馬路及公共汽車》、《創辦學校及圖書館史略》、《總公司及各廠職員録》、《申新紡織公司職員養成所緣起》等文稿十五篇，以及民國大總統題獎匾額、一九二六年費城博覽會獎狀，總經理榮宗敬、總公司同仁、麵粉商標、棉紗商標、各廠領導人及廠房、機器設備、麥莊、批發處等照片一百三十餘幀，《茂新福新麵粉廠一覽表》、《申新紡織廠一覽表》、《批發處一覽表》、《中國標準麥歷年市價升降圖》、《緑兵船標準粉歷年市價升降圖》、《中國花衣歷年市價表》、《中國花衣歷年市價升降圖》、《十六支人鐘標準紗歷年市價升降圖》、《日本三品期紗歷年市價表》、《日本三品期紗歷年市價升降圖》、《美棉米特林歷年市價表》、《美棉米特林歷年市價升降圖》等圖表十二幅。本書是在榮宗敬親自主持下編輯的，是榮氏兄弟前三十年的一部創業史料，也是二十世紀前三十年間中國民族工業發展史的一部重要文獻。但榮德生認爲，當時編輯這部書的時機尚不成熟，因而無錫方面提供的材料較少。

本書據一九二九年鉛印本影印。

（陳文源）

茂新福新中新總公司
卅周年紀念冊

THE THIRTIETH ANNIVERSARY MEMORIAL BOOK

1898-1928

MOW SING & FOH SING FLOUR MILLS

AND

SUNG SING COTTON MILLS

茂新福新申新總公司

三十週紀念刊

民國十八年十一月

陶起鳳題

茂福申新卅週紀念冊目錄

★ ★ ★

茂福申新卅週紀念册 目錄

★ ★ ★

茂福申新卅週紀念册 目錄

茂福申新卅週紀念册　目錄

★ ★ ★

序一

★ ★ ★

國於大地日策富强紛言無補當圖啓沃在昔成周之世齊於海濱爲僻邑管子覵官山府海之治而桓公以九合諸侯炎漢廷爭鹽鐵之利以佑邳盛蓋日中爲市抱布貿絲我以農立國者其肇緒所極固遠在數千禩前也自科舉興而實學衰宦途盛而事功廢積弱之弊勢有由然遜清末葉人競功名政術日墜憂時之士間有發爲嫉俗之言將以致其生利之業者而屢更戊戌庚子之政變又或戢翼斂羽言之傷焉夫政以業成與其斤斤於呫嗶何如昌利用爲厚生導富源以觀邦里於錫山榮宗敬先生庶幾覯之榮氏冏錫山巨族濱陟太湖禮教之邦重以山水之靈淑世多學人先生乃益孟晋以言富强居嘗以爲人生有恃於衣食而絺綌之亭麥麵之需衣食所備苟無靳者爲己足則一切治世之經緯可以迎刃而解披倡之邪說可以不滅而熄志於斯之有懷未即致也歲時之暇蠟屐出其西門曠觀阡畝之盛水利所匯所謂太保墩者足供機械造粉之需則夷然動其遠志遂約賢季德生先生量度擬議而鳩貲以營其鎡基時甫光緒二十六年也逾年而觀成微特年有贏計積之數載蔚爲巨利且役斯者衣食所仰給亦漸致豐蓋其振啓者爲至遠坐其餘羨以營二廠益宏其堂構更六年而營三廠時正革命之後人人言新政昌國貨其

茂福申新卅週紀念册

★ ★ ★

茂福申新卅週紀念册

道遂益茂所以增重於海國者乃不在壇坫而在闤市自茲以還歷建紛廠十二紗廠六資產總額數千萬工役執事者幾十萬而營造日精播傳益遠十八行省靡不樂與其利且進而及南洋諸埠足以徵其籌握矣人事忽忽逾三十年人方以是頌先生而先生固不封其故步又將計設儲蓄部以利同人之需以厚殖其人足家給之計然夷覽三十年間經營之陳迹闢疇萊以至於渠渠夏屋振振機鳴巨突凌霄鱗屋比野則又顧而色喜之夫錫邑具山水之勝多學人所聚自先生倡實業更爲吾省富源之所聚邑人所給贍者不特爲己足且建庠序以宏造就立園林以適游觀國之人聞風嚮往者敬行仰止而海舶遠客來斯土者亦必拓日夕之暇趨而覘之以纚其大業語曰三十年爲一世則先生茲世之功固不欲以所獲自炫而興築之盛近冠里閈遠振瀛壖足爲國光於此覘之矣充其利者以利國齊漢之利寧不易京更三十年愚以獲交於先生者猶將晉一巵爲先生及賢季壽用以佐掀髯之一助也

中華民國十七年二月史量才撰

序二

★ ★ ★

吾國之以實業名家者南通張氏外端推無錫榮氏榮氏所辦實業曰紡織曰麵粉設廠之多行銷之廣非有雄健之魄力與夫百折不回之精神不足以建此利國福民之事業僕自來海上卽獲交於無錫榮君宗敬戊辰春榮君出茂福申新三十週紀念册示余舉凡廠屋機器商標產銷地點價格升降精製圖表朗若列眉當代名人復以弁言相聣僕何人斯而敢贅一辭乎惟僕與榮君交誼欽佩之餘殊有不能已於言者夫實業之於國家猶木之有本水之有源若捐稅重疊運輸阻梗工潮起伏皆拔本塞源之道其隱憂不僅實業凋敝已也外人知有隙可乘賈其餘勇協以謀我舶來之紗與粉遂致充斥市廛君獨竭其智謀起而與之抗成敗利鈍在所不計險阻艱辛在所不辭際此時局不寧而工人之賫以生活者無慮數十萬非特實行闡發民生主義論其慘澹經營之成績抑亦國家之光已僕主三北公司有年矣航運與實業關係尤爲密切若榮君者僕固無從望其項背卽視南通張氏亦有範圍廣狹之不同所望賢明政府維護於上有識之士贊助於下事業發展與年俱進則外人經濟侵畧之計不得售僕之所期於榮君者爲不虛耳是爲序

民國十七年三月虞和德

★ ★ ★

序三

茂福申新卅週紀念册

今之談三民主義者動輒曰民生試問爲民謀生計者何在率掩口而莫知所對噫民豈不爲謀而自能生哉蓋民以食爲天無食則啼飢其次衣無衣則號寒飢寒交迫則民不聊生矣知衣食之源實行爲民謀免飢寒者惟無錫榮君宗敬與其弟德生之所興實業也榮君知民之謀生須農工商通功易事乃有濟於是農有麥收而製爲粉則麥以暢銷生利而得食不飢矣農有棉收而製爲紗則棉以暢銷生利而得衣不寒矣工無事而難免饑寒傭而爲工人以製麥與棉勞其力者分其利工以之而得食與衣不飢不寒矣商無事而難免飢寒出而爲商運以銷粉與紗售其貨者分其利商以之而得食與衣不飢不寒矣此榮君所以於卅年之中中錫等處設麵粉廠者十有二設紗廠者凡有六爲民之謀生者不詳且周哉其魄力之雄心計之工震以三十餘年交友愛之慕之願社會匡翼之政府保護之是則震所馨香祝禱者也兹屆茂新福新申新公司卅周紀念册編輯成書爲贈以序

戊辰春仲吳興王震

序四

★ ★ ★

周禮以冬官攷工一記爲有致用之實而得時哉之妙所首揭纍者曰國有六職百工與居一焉是義已定萬斯年國家社會之狀態矣因而分寄其任以坐而論道屬之王公作而行之屬之士大夫審曲面執以飭五材以辨民器則屬之百工更申之通四方珍異以資之乃屬之商旅而顧及生產之原又以飭力長地財屬之農夫至於國無逸民則治絲枲以成之終遂屬之婦功此簡義耳然已涵概靡遺足範方來者已若是不謂古先哲人若能目驗今茲情況如冰鑑也僕獲交錫山榮君宗敬於滬上有年深佩其默存周官遺瀍而於所謂作而行之之士大夫職責尤歷歷不少放棄者噫直古今無二之沈毅君子也今君之事業固已郁然矣然僕所罄悉君之經歷艱阨所謂天之將降大任必先苦其心志勞其筋骨者終之操心危慮患深而卒底於達是也君與季及其友以無盡之願力排萬難以創興繼立粉廠十二紗廠六於國內資產數千萬工役幾於十萬爲年亦已三十寒暑矣卽令順應無少梗阻當亦罷精敝神昔所僃不遑啓居者亦可思矣況如是大業烏可以無少蹉抑者顧君百折不撓堅忍卓絕金融之亟迫其運用之敏如故也材料之阻乏其配量之洽如故也工司之擾攘停滯其調劑安集似尤日起有功也僕不敏竊於仰頌之餘得

★ ★ ★

一義焉夫以吾國位於摶摶大地之上與列雄爭生存面積之廣人口之庶必不甘被天演之汰而競之最烈者厥爲工商國富不謀庶於何有廣於何有故乎丁此方茁之業若少惑於賊吾者之歆動而引賊作孑物傷其類是直自戕而已卽如麵如布吾人不得已而甘舶來者已亘若干年凡一簪之餐一衣之被孰不欣賞乎他之潔白細膩者然而一孜關册歲出金錢巨額直令人有爲之驚踣者推之他物稱是麵與布其大宗耳幸有所謂作而行之之士大夫如我榮君者知之悉而痛之深故於此三十寒暑其難其愼中閱此偉畧成此粉廠十二以抵舶麵紗廠六以抵舶布於千百分之一二設更有無量沈毅君子如君者出而繼武舉凡無量舶品一一舉而抵之不特抵之且以其餘輸出之豈非吾國民所應具之職責邪抑吾無量之勞力者先得憬然而悟方克有濟於事原以吾業方萌人正日持經濟侵畧之義以臨我苟非通力合作重視國脈輕視私財適中謀我者之機陷而萬劫不復彼謀我者設辭固巧極矣日持先進國工資之率以相衡往往曰美也如何英也如何卽日也又如何而我國工人薪資及待遇又如何等等是固足以聳聽矣不知吾業方萌何堪中刈且生活之費固尤遠未若人例如衣食住行人須日十者我僅二三而已足則人之取入者月百我則月二三十而亦差足以維焉又烏可以懸人以歆我者我勞動之衆設以國家實業爲重不予營業者以難堪又何妨先顧公利留將高率工

★ ★ ★

資優良待遇俟諸業務大盛屏絕船來家給人足之時而取得於自然耶其日來所盛倡勞資調節之眞際竊以爲在此而不在彼也由上所陳言簡誼誠勞資之間如各規其遠大計均不河漢予說然抑有進者則我秉國之鈞之袞袞諸公亦宜渺思熟慮我皸手繭足日出而作日入而息毋慮若干衆之血汗勞人營營擾擾僅博一飽家人婦子啼饑號寒者尙往往而有其一方號爲實業家外觀甚壯乃以時局擾擾連年於茲亦每每外强中乾捉襟見肘張皇補苴其受時事市況之影響而折閱休歇損失頹喪者固不知凡幾卽勉强存在者無非東挪西湊甘挖肉補瘡之痛而無可如何亦唯日盼國家政治淸明社會人心安定則業務不難呈剝極而復之觀受賢有司調劑保護提挈振興斯於積年之茹苦含辛亦差足藉以因緣酬報卽彼芸芸勞力亦同被水漲船高之賜凡種種利益得以不强求而自至寗謂不有共同感戴柄國者之愛護耶然而不及早圖之則此等良模亦徒形夢想而已故吾尤願振發有爲之國府亟於此中一爲綢繆也其他若金融機關則宜隨時加以相當維持勿使受流動之阻滯而隳頹大業言論機關則宜盡情予以極力援助俾政府及社會人士皆深切瞭解實業爲救國唯一之命脈使勞資兩方實行和衷共濟凡此所謂植國家千萬有道之長基矣茲以榮君舉行三十年紀念幷創同仁儲蓄部刊志緣起命爲一言僕不文聊抒所懷如此　馮炳南序

茂福申新卅週紀念册

★ ★ ★

序五

茂福申新卅週紀念册

天道率三十年而一變惟變之鉅細輕重則視潮流之趨向而有不同耳有清末造迄乎今日民國歐風美雨澎湃而來思潮日新科學日進此悠悠三十年實爲新舊蛻化時代亦古今變革之一大關鍵也試居今世而觀電炬星繁城開不夜豈彼篝燈紡績者所能夢見乎墨煙繚繞機運如飛豈彼碓舂磨旋者所能逆料乎則據今日之所有而返觀昔日之所無科學變革之進步亦彰彰矣特是商子之言曰人民可與樂成難與圖始當其時樸僿之氓拘守故常對於破荒之興作每詫爲得未曾有非阻撓牽掣以梗其前即非難詰責以繩其後吾於是不得不驚服榮君宗錦之卓識毅力卒能排危難任艱鉅而溉成此絕大規模爲不可及也余識榮君於海上有年矣凡彼半生經營實業以外如輔助慈善教育諸大端余皆視爲畏友而自歎弗如今讀實業紀念册報告所載三十年間次第開辦紗廠凡六粉廠十二投資逾億收容工役十萬其間接爲國家少留元氣杜塞漏巵其直接寓養民於惠工之中維持窮黎生計不鮮如榮君者嗚呼雄矣寢假並世而有魄力如榮君者接踵而興師其成法推而施諸一邑一鄉其造福殆未艾也雖然工潮橫決於今爲烈勞資齮齕因應俱窮自茲以往時局隱憂孔棘無往不遺辦事者以困心衡慮之磨鍊而增

益其不能然則前此三十年既戰勝艱難經百折以觀厥成後此三十年再接再厲必更有光大發揚之偉業收效指臂躋斯民於正軌且以軼歐駕美頡頏彼邦之大實業家而獨握中華牛耳也予日望之矣是爲序

中華民國十七年三月穆湘玥

★ ★ ★

★ ★ ★

序六

茂福申新卅週紀念冊

遜清季年帝國主義之勢力益張傀儡吾官吏以侵陵吾商民上海爲遠東巨埠中外之接觸愈緊則壓迫之事實亦愈數而愈著樹森嘗引以爲恨爰於甲辰乙巳間糾集商界諸同志組織商學會欲合羣智羣力與外侮相抵抗勉爲自存之計明哲之士翩然來會於時始識無錫榮氏昆季握手一堂晤譚頗洽語及國勢寖微太阿倒持商人所受之痛苦往往躊躇欷歔而宗敬則尤有鑒於社會母財之空乏殖產之衰落生計之艱難異族經濟力之朘脹政府之終無可希望以爲非吾商民起而自救不可而自救之策莫急於注重實業而於衣食二端更爲需要若不早圖必有起而代謀者且裕內方能對外空言抵抗無益也其辭甚爲痛切蓋兩君已先於邑中設有茂新麵粉廠矣樹森聞而怦然心動感服彌深迺各相勗以盡力於實業爲職志由遜清以達民國君所屬之麵粉廠日有增加又開辦紗廠多所樹森亦從君後有大維寶通寶豐寶成一二三紗廠及寶源東西兩紙廠之設立及民國九年茂新福新申新總公司成立樹森曾爲詞以發之追敘昔日商學會初見相勗之言以引其端而於資本人材藝術三者之缺乏已有不勝慓慓之感矣然試顧當時歐戰初定各國亟於興復不暇東漸食用品物以求過於供値價騰躍而不已而儕輩中

★ ★ ★

有志之士各乘時並起從事企業驊機築廠不謀而成夏屋渠渠而雲屑燈火熒熒而星密汽車聲鳴鳴而雷殷於戲何其盛也迺不數年間情勢遽變與疇昔比例適爲正之與反樹森既以主持無狀不克自支而視同時興作諸君子其遭遇之相類亦往往而有於戲又何其衰也而獨君昆季以堅固不搖之志措拄其間砥柱中流巋然魯殿且經營愈廣發展愈速迄於今歲適爲始業之三十年綜計前後所創辦之麵粉廠凡十二紗廠凡六行銷徧及海內外斥資金數千萬傭男女十餘萬近更爲工役員司裕財計有同仁儲蓄部之設規模宏遠在他人或感不足而君昆季迺恢然有餘於戲此又何也說者爲關稅未能自主不平等條約未能修改是帝國主義者之勢力仍在而十餘年軍閥代嬗縱橫擾亂爲帝國主義者之傀儡以侵陵吾商民較之清季官吏爲尤甚使實業界遭種種之損失故多數不易發達其說固是然此類痛苦爲君昆季所同受非一方所獨受而何以枯菀異集說者又爲君氣度卓絕一時又富有冒險性質故足以濟事然吾歷數同時興作諸君子其魄力亦未嘗不雄厚而勇往直前之概亦未必減遜於君而何以得失異途吾思之吾重思之而知君之所以獨優者計有數端涉務則勤於躬親而好問必察遇事有眞知灼見之益往日既卓苦而明習後雖總綰各廠席不暇暖而仍不改其常度於本業大小市場每按時蒞止探其幾先趨勢或與同業虛心商榷其於瑣屑而有關係之役必

★ ★ ★

身預其間絕不自異自諉故凡盈虛消長之理希微曲折之情均能入深出顯曾無誤會中隔之蔽而主宰自定此爲吾輩所不及者一也待人則忍以自抑而善交信友隨時有得道多助之樂蓋營運既廣則挹注自繁在交換之際不得不賴易中之維持然金融家之措施亦正難以揣測若不得其情輒格格不相入而事業因之頓挫惟君負重以赴功忍辱以將事謙尊而光同塵而利能生其歡心而樂爲君助故於泰否相續之交有指揮若定之素而形勢自固此爲吾輩所不及者二也有此二者加之腦系之靈敏手腕之迅速暈而知風潤而知雨苟朕兆之微萌斯玄黃之倏變譬之走馬準時而馳而目標所赴必君着先鞭此更爲吾輩所萬萬不及者三也明此因果則雖十餘年來同遭軍閥及帝國主義者之困阨而君獨能卓然有以自立之故可恍然悟矣令值三十年紀念之辰仍追敘當日初見相勗之言及此際成功之由爲君昆季慶邇者國民政府成立軍閥傀儡之患當可稍紓然而關稅未能自主不平等條約未能修改是帝國主義者之勢力仍在而兩君之艱辛奮鬬尤未可以或息也敬進滿觴爲壽祝君昆季萬歲永存以與帝國主義者相抵抗更祝茂新福新申新三公司愈益發展長蒙無疆之庥此即吾儕當日創立商學會之初衷而君獨有志竟成也敘竟綴之以辭曰

矯矯二子實業之雄卓犖其志黽勉其躬衣被天下食飫寰中宏沾利澤更有農工

造端於一孳乳無窮層樓叠叠霄漢高蹤艱辛卅載力戰成功十世百世長樂永豐
民國十七年五月武進劉樹森撰

★ ★ ★

★★★

序七

茂福申新卅週紀念冊

物競天擇適者生存造物酷例莫可倖免嘗聞非洲有野馬必奔馳覓食以沙漠中水草之區分散捷足先至盡食其所有後至者徒勞無獲往往力竭斃途中其疾行者固未嘗加害於其緩行之同類也而舉足先後之間死生以判可見優勝劣敗不必有强凌弱衆暴寡之例方顯也一落後乘便難振拔吾國自開海禁數十年國人衣食所需無不仰給於舶來品土法出品漸歸天然淘汰每年漏卮以億萬計抑且逐年昂進不知所屆雖曰條約不平等政府無切實之保商政策所致而國人乏實業觀念不能製造新品出以替代絕續之土貨實商戰失敗之一大原因也吾鄉風氣開最先求學經商者幾隨地皆有而尤以榮君宗錦德生昆季之事業足以高掌遠蹠超邁千古榮君于三十年之間創設麵粉廠十二處紡織廠凡六處綜計資產在三千萬元以上外則抵制漏卮內則開發生計直接間接恃榮君之事業爲生者不下百萬人此非有藉于國家之援助與保護也且値多事之秋兵亂頻仍工商業所受之痛苦殆有不可言與不忍言者而榮君以堅忍果毅之力卒能維護其事業於不墜如榮君者殆所謂非常之人歟吾憶昔年留學比國時曾與理財學教授辯難不承認人滿爲患之說謂人類竭科學之力必能有以足食生齒雖衆何足爲

忠教授亦爲莞爾無以相難也以吾國地大物博邊遠省分地利均未開發膏腴未盡墾植即向稱富庶之區如江浙兩省恐地尙未必盡其利人尙未必盡其力苟助以科學之方機械之力自可得更進一步之發展更何至有人滿之患惟國人通病在于善因襲而憚創造善因襲故祇知攘奪奔走逐鹿于已成之局憚創造則各業鮮見有長駕遠馭之魄力以開闢新機民窮國斂禍亂俟尋皆此之由否則事業日益發達人人皆有業以自樂內政自能修明外侮自無由而至矣吾故於榮君創業三十週紀念之際不禁重有所感焉蓋以吾國實業人才缺乏求如榮君之明于物競天演原理不憚創造艱辛以成其優勝偉大之建設者如麟鳳之不可得坐使國家實業以封以廢不能與列强爭雄爲可慨也抑榮君所辦各廠平日辦事職工本有存款廠中之舉收支手續一如普通商店之例茲屆三十週紀念榮君與各股東議決集各廠存款組織儲蓄部以嘉惠職工一切仿銀行條例釐訂規章將以樹金融界與實業界互助合作之先聲洵盛事也夫治人治法本相輔而行不得人則凡百事業無由而興無善法則成敗繫於一身事業無由而久榮君既於儲蓄部有精密之規章與組織推之于一般廠務莫不有精密之規章與組織藉創業者之精神毅力董率而厲行之納人人于一定規道以養成其服從規章之習慣使基礎日以鞏固如是則目前三千萬之事業何難擴充至六千萬一萬萬或竟三萬萬即退而

★ ★ ★

★ ★ ★

茂福中新卅週紀念册

言守成原有基礎自得安如磐石吾鄉周祝唐諸先生當年均以鐵業翹楚馳譽海上今則身故而事業亦漸不聞其故在無精密之組織與規章也榮君能注意及此其深謀遠慮尤加人一等矣吾認榮君昆季爲救國良材徵文下逮爰抒管見以爲祝頌

中華民國十七年三月程文勛

序八

★ ★ ★

古來成大事立大功者必有高遠之學識經久之計劃沈毅不撓之氣概其進取也速其退守也嚴故其建樹者偉而固如無錫宗敬榮先生其殆古之人傑歟先生生當叔季憤洋貨之充斥痛民生之凋敝慨然有志於實業謂人民生活唯恃衣食衣以布爲主食以麵爲重爰於光緒二十六年創設茂新麵粉廠自第一廠至第十二廠由無錫以推而至上海又推而遠至鄂之夏口魯之濟南紡織廠發軔於上海而遠之至於無錫常州又遠而至於夏口凡爲廠六榮君殫精竭慮慘淡經營經三十年之久得有此十八廠之成績而榮君已垂垂老矣且夫實業云者豈徒營業之實哉必也運以實力宰以實心而無纖毫虛僞之見存其中者也近世風俗日薄商人之道德日衰高者弋名譽獵爵位次者廣交游侈聲氣最下則蓄珍異美田宅以自肥其身家浮而不實華而不實始則金玉其外敗絮其中終且銅山西傾洛鍾東應身敗名裂一蹶不振然而前者仆後者繼以一身殉以一家殉而不稍覺悟者無他假實業以邀虛榮虛榮盛而實業衰迨至實業敗壞虛榮亦與之俱滅雖學問冠於一時聲望重於一國而猶不免蹈此積習嗚呼此吾國實業所由不振而洋貨所日

茂福申新卅週紀念册

益充斥民生所日益凋敝也余亦商人兢兢業業誠不敢以實業自豪而蟄處故鄉

墨守先業愧不能有所展布以追隨先生而欽仰先生五體投地願祝先生後此三

十年盡量發展使各廠出品流行環球爲中國塞漏巵爲商界發異彩則此紀念之

册僅嚆矢耳又烏敢以浮文進

中華民國十七年三月胡文儒

★ ★ ★

〔18〕

★ ★ ★

序九

人生數十寒暑中熙熙攘攘類皆徵逐於聲色貨利子女玉帛之場迄老死牖下不能成一事業而又必依賴於人以資生活者不知其幾千萬億惟吾友榮氏宗敬德生昆仲爲吾二十年前貧賤交也時當遜淸光緒季年予方主錫商會君昆仲亦甫創無錫茂新第一粉廠每相遇於中錫車座間屢出圖相示籌所以改良及進行方畧處心積慮孜孜不倦顧業鉅而力有不逮邑之先進其富而老成者又皆淡漠不之睬而君昆仲持志甚堅不稍沮也及今不二十稔果成紗廠六粉廠十有二歲納國賦百有餘萬職工之恃以舉火者亦數十萬人推而及於地方公益若公學公路公園與圖書館諸務無役不從無廢不舉此其事業之鉅固統中國不數覯者而君昆仲猶奔走勞苦不自滿足夏一葛冬一裘迄未見其擁豔姬厚滋味蓄犬馬事摴蒱以耽安樂者玆又綢繆及於同人爲興辦儲蓄之舉法良意美至周且備此其處事則艱苦卓絕自奉則省嗇儉約急公則踴躍輸將待人則推心置腹苟秉國者而皆若是則實業振興餉源無虞缺乏不必從事於羅掘也治事者均能如是則料量精確措施無或乖戾不必競尚陰謀也立身者知皆效法則戒奢崇儉積少可以成多不必臨渴掘井也吾不禁於舉世滔滔之日而猶幸榮氏之有人也吾不禁于僅

僅榮氏之有人而益盼世之人皆當奮勉效法不宜嫉視而必協助以輔成之也至與榮氏共事諸君若堯臣禹卿昆季與丁君梓仁浦君文汀志達春霖諸子皆一時後彥同起患難亦均爲文川所欽佩崇拜者爰泚筆而爲之序

中華民國十七年三月華文川

★　★　★

序十

榮宗敬君組織公司以次設麵粉廠十二紡織廠六直接生產之勞工萬七千人間接者不與焉歲出麵粉三千萬包紗十四萬包布一百七十萬匹吾國自有史以來五千餘年工業生產之量未有若斯之偉大者也榮氏殆天人歟非也汽力電力爲之也同時南通張氏亦復名聞中外與榮氏相頡頏之二人者地位不同志趣不同運用母財之法亦不盡同一以紗業顯一以麵粉雄江海奧區衣食所需皆仰給焉何以故能利用汽電二力故

家庭工業時代手指百而止矣僮工時代手指千而止矣自人類發明汽電二力乃別開一新天地而大規模之工業興溢貨無窮既患市場之太寡地力有限又患農產之無多於是萬目耽耽競趨海外恃彼國力別尋禁臠而經濟侵略之帝國主義由是起縮萬里爲咫尺履大海若坦途示威樽俎之間耀武腹心之地一國得利羣起效尤先聲奪人百計要挾而不平等條約由是成由果溯因非有他故彼能利用汽電而我不能故

不能故外貨滔滔而來國財源源而往甘地無所施其計杯葛不能遏其流遲之又久始有榮氏及類于榮氏者應運而興購最新之機造相當之貨即以其人之盾抵

★ ★ ★

制其人之矛歲銷麵粉若干萬即歲減若干萬麵粉之漏巵歲銷紗布若干萬即歲減若干萬紗布之漏巵而上海德商麵粉廠且因此而不能自存汽電競爭幸得國家免稅之保護主勝客敗固其宜矣抑其效猶不止此

三十年前農產價格麥一石爲銀幣二圓今高四倍棉百斤爲規銀八兩今高六倍自工廠迭起原料日昂田疇因之日闢厚利可歆不待勸勉遠及秦晉鐵軌可通亦有芟夷蘊藁改爲棉田者矣往時大江南北產麥畝不過五六升棉不過五六十年今以價騰之故不惜加工培壅斥母施肥務盡地力聞老農言腴田一畝麥可二石四斗棉可百四十斤收穫之豐遠逾疇昔以是知工商昌熾即農業繁盛之因而交通便利又爲工商昌熾之因因之中又有因焉則以汽電二力故

嗚呼水火相激磁鐵相感別有物焉約束之利導之而汽電之大力生古人不能知也假令宇宙間蓄此二力永無人知則世變無由而起一切政教風俗皆如古初因革損益眞乃百世可知矣而今不然者汽電二力爲之也自汽電二力日益發展而世變成遂令重洋失其險弧矢失其威四百兆軒轅之子孫爲彼登俎之魚肉四千萬方里之國土爲彼國貨之尾閭矣

今何世哉汽電優勝之世也凡能利用汽電之國罔不興不能利用罔不亡即不亡亦必不齒于他國坐受侵掠而已矣汽電之在今日富源恃以闢武力恃以增民生

恃以舒國防持以固促成帝國主義在此鏟除帝國主義亦在此卽他日最高理想之世界冀有實現之可能亦必恃此方而後成而吾國今日甫當汽電萌芽之時凡能利用汽電之人其志固以求利也而其所得之利不啻奪自外人之手爲國家計收効已宏竊願吾政府研求增加生產之法討論減輕成本之方保護而維持之俾免風雨漂搖之感藉收抵制外貨之功近今數年商力凋敝不得已則皆假借外債勉自支持而某某兩大紗廠已折而入于日商之手臥榻之下眈眈虎視乘機兼併無有已時此後楚弓既失將不復爲楚人所得矣烏乎所謂抵制云者必當努力製造使吾國汽電事業發達至相當程度而後可以應國人之需求免外貨之侵畧或且制其死命而有餘也不然則是感情抵制而已矣

民國十七年五月　裘可桴

★　★　★

序十一

茂福申新卅週紀念册

富國之道千經萬緯而實業尤爲要素吾國實業萌芽於清季當局亦稍稍提倡創設南洋勸業會以資觀摩民國成立以迄於今其間戰爭頻仍幾無寧歲歐戰之際實予以振興實業之絕好機會惜乎內憂未已政府實無餘力可以兼顧近今辦實業者類皆感受金融交通工潮種種困難抱振奮實業之鉅力宏願者幾爲之阻吾讀茂福申新三十周紀念册不能不重有感也榮宗敬德生昆季所經營者曰麵粉曰紡織發軔於無錫茂新麵粉廠距今已三十年榮君獨運商戰策畧以求適合於世界潮流不因時爲轉移不畏難而却步有爲有守百折不回是爲毅力其不可及者一也學識經驗相輔而行專心致志庶幾深造既不入政界亦不兼他業子弟大學畢業則入廠研求以圖改進寢饋於斯孜孜不倦是爲專門其不可及者二也有彊固之精神而後可以成偉大之事業榮君手創粉廠凡十二紗廠凡六總公司實爲樞紐綱舉目張有指臂之效無隔閡之情出作入息不間寒暑是爲眞精神其不可及者三也具是三端所以能崛起於商工各界數十載日新月盛羣推爲實業專家無媿色美矣茂矣可謂盛矣雖然猶有進焉大廈非一木能支千里亦跬步所積聯鑣並駈社會之責也誘掖奬勸有司之任也果人人以榮君之職志爲職志則舳

來品物可絕迹於市廛國貨經營胥騰躍於都會由此足國裕民利不外溢詎非吾人所奢望而大願者歟今者和平實現統一可期在商言商在工言工知必有奉斯冊爲圭臬者豈惟粲君之幸吾邑之光抑亦邦家之光矣

中華民國十七年六月　　李澂

★

★

★

★ ★ ★

總經理自述

語云三十年爲一世三十年中人事遷變或有記載之價值姑就個人與本公司關繫言之余年未弱冠即習商賈之事往來申錫間見夫生齒日繁一日舶來品日盛一日不禁興起創辦實業思想維時吾國商辦實業無多而洋粉洋紗運銷於吾國者爲數至鉅竊思衣食爲人生要需解決衣食問題莫如多辦麵粉廠與紡織廠願同志難得集款維艱而相當地點急切又未易指定某日偶過吾邑西門外見有荒地可二十餘畝一水瀠洄交通便利即所謂太保墩相度地勢可建粉廠當徵得余季德生同意即購地集股從事經營時清光緒二十六年也翌年廠屋落成是爲茂新第一麵粉廠三十四年創設二廠於邑之惠山浜民國三年就一廠之旁添設三廠四年創設福新一廠於上海新閘橋五年創設二廠於莫干山路六年創設茂新四廠於山東濟南同時創設福新三廠於上海小沙渡路又就二廠附近創設四廠又創設五廠於漢口礄口宗關七年創設六廠於上海新垃圾橋同時創設七廠於上海新閘大通路創設八廠於上海東京路綜計麵粉廠凡十二廠至紡織廠則自民國四年創設上海白利南路之申新一廠始在上海宜昌路者爲申新二廠在吾邑西門外五洞橋者爲申新三廠均八年創設九年創設四廠於漢口礄口宗關十

三年創設五廠於上海楊樹浦高郎橋十四年分六廠於常州南門外綜計紡織廠凡六廠皆無限公司也皆股東王君堯臣禹卿丁君梓仁浦君文汀以及故人浦君文渭等同心協助以有今日也若夫主持無錫廠務尤以余季德生之力爲多計自創設至今忽忽三十年余不敢謂於社會國家有所裨益惟力之所能爲者任何艱苦困難在所弗辭亦聊盡國民一份子之義務而已茲屆三十周紀念同人以爲創業三十年設廠十八處規模如是其宏遠根柢如是其深穩宜創設儲蓄部以利同人股東多贊許此意爰決議創設儲蓄部姑先以同人爲限既釐訂章程裝印小冊用誌其緣起並述三十年辦廠之順序迄今過吾邑西郊見有烟突干雲機聲軋軋孰不知爲茂新一廠孰知三十年前固猶是荒烟蔓草人迹罕至之太保墩也追憶前塵不禁有滄桑之感已

中華民國十七年一月無錫榮宗錦

前大總統題獎匾額

一九二六年美國費城博覽會贈與本公司之麵粉獎狀

OUR HONOR IN THE SESQUI—CENTENNIAL INTERNATIONAL EXPOSITION PHILADELPHIA—PENNSYLVANIA

總經理榮宗錦先生

General Manager Mr. T. K. YUNG

民國十八年茂新福新申新總公司同人爲卅週紀念攝影以誌盛況

★ ★ ★

經理兼麵粉營業部主任王禹卿先生

文牘孫北萱先生

文牘陶仞千先生

〔1〕

茂福申新卅週紀念册

★ ★ ★

茂新福新申新總公司全景
General View of Head Office
上海江西路五十八號
58, Kiangsi Road, Shanghai

茂福申新總公司概況

茂新公司批發處。本附設於南市廣生錢莊。嗣後遷至三洋涇橋臨平里。民國九年。自建新屋於江西路。維時福新申新公司次第成立。翌年遷居。是爲茂福申新總公司。分庶務、文牘、會計、粉麥、花紗、五金、電氣、運輸各部。近復添設同仁儲蓄部。概由總經理總其成。各廠經理於製造方面。各負責任。而於采辦及推銷。皆聯絡進行。呵成一氣。以故本埠各廠經理。依時集議。事無隔閡。而總公司與外埠各廠。恆用郵電傳遞消息。外埠各廠亦如之。蓋總公司之地位。猶人體之有腦。各廠則五官百骸。其關係視唇齒尤爲密切。是以總公司對於各廠。無分軒輊。酌盈濟虛。以冀平均發達。所望各廠營業順利。歲有贏餘。則不特總公司之幸也。

茂新福新麵粉廠

麵粉商標

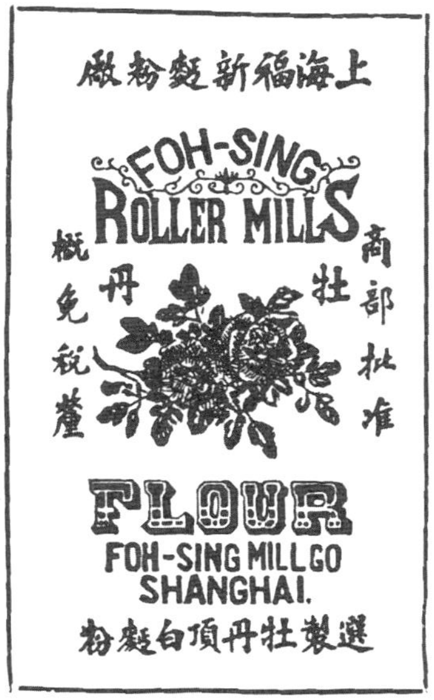

申新紡織廠
棉紗商標（一）

女仙

做好

天女散花

鐘人

美人

報喜

童子軍

四平蓮

申新紡織廠

棉紗商標（二）

寶塔

龍船

福字

招財

鐵錨

茂新福新麵粉廠一覽表

A BRIEF LIST OF MOW SING & FOH SING FLOUR MILLS

廠名 Name of Mill	廠址 Locality of Mill	電話號數 Phone No.	創辦日期 Estb'ld.	經理 Manager	副經理 Assistant Manager	技師 Engineer	資金 Capital	每年用麥 Yearly Consumption of Wheat	每年產粉 Yearly Output of Flour	粉磨座數 No. of Rollers	商標種類 Trade Marks	職員人數 No. of Staffs	工役人數 No. of Workers
茂新一,三廠 Mow Sing Mill 1,3	無錫西門外太保墩 Tai Pao Tun, West Gate, Wusih	一六 16	光緒二十七年 1901	榮德生 T. S. Yung		李友世 Y. S. Lee	一百廿萬元（茂二在內） $1,200,000 (Mow Sing Mill 2 included)	六十萬擔 600,000 Piculs	一百二十萬包 1,200,000 Bags	三十六 36	兵船 Battleship	三十六 36	二百四十 240
茂新二廠 Mow Sing Mill 2	無錫西門外惠山浜 Wei San Pan, Wusih	四六八 468	民國五年 1916	陸輔臣 F. C. Loh	孫蔭午 Y. W. Sung			三十萬擔 300,000 Piculs	六十萬包 600,000 Bags	十八 18	兵船 Battleship	二十四 24*	一百六十 160
茂新四廠 Mow Sing Mill 4	濟南十王殿北陳家樓 Tsinan	一八〇三 1803	民國八年 1919	張文煥 W. H. Chang		包文高 林福生 W. K. Pao F. S. Ling	二十五萬元 $250,000	三十萬擔 300,000 Piculs	六十萬包 600,000 Bags	十二 12	兵船 Battleship	二十一 21	七十九 79
福新一廠 Foh Sing Mill 1	上海閘北光復路 Kwongfo Road, Chapei, Shanghai	北二一三三 N. 2133	民國二年 1913	王堯臣 Y. C. Wang	浦志達 C. T. Poo	鄔珠貴 C. K. Wu	五十萬元 $500,000	六十萬擔 600,000 Piculs	一百二十萬包 1,200,000 Bags	十五 15	寶星, 六蝠盤壽 Star Happiness	二十 20	八十 80
福新二廠 Foh Sing Mill 2	上海西蘇州路 West Soochow Road, Shanghai	西四三一 W. 431	民國三年 1914	丁梓仁 T. J. Ting		羅子章 T. C. Lo	一百九十萬元* $1,900,000*	五百零八萬擔* 5,080,000 Piculs*	九百九十萬包* 9,900,000 Bags*	四十八 48	六蝠盤壽 Happiness	七十六* 76*	四百九十四* 494*
福新三廠 Foh Sing Mill 3	上海小沙渡底浜北 End of Ferry Road, Shanghai	閘北四四四 Chapei 444	民國十五年 1926	王堯臣 Y. C. Wang	吳昆生 K. S. Woo	張文彬 W. P. Chang	三十萬元 $300,000	八十萬擔 800,000 Piculs	一百五十萬包 1,500,000 Bags	二十四 24	兵船, 寶星, 六蝠盤壽 Battleship, Star, Happiness 牡丹, 天竹, 漁翁 Peony, Heaven-Bamboo, Fisherman	三十 30	一百 100
福新四廠 Foh Sing Mill 4	上海東京路 Tonquin Road, Shanghai	西一二九 W. 129	民國二年 1913	丁梓仁 T. J. Ting		羅子章 T. C. Lo				三十二 32	六蝠盤壽 Happiness		
福新五廠 Foh Sing Mill 5	漢口礄口宗關 Hankow	二〇〇九 2009	民國七年 1918	榮月泉 Y. T. Yung	李國偉 華棟臣 K. W. Lee T. C. Hua	華[illegible]英 E. Y. Hua	一百五十萬元 $1,500,000	一百十萬擔 1,100,000 Piculs	二百萬包 2,000,000 Bags	三十八 38	牡丹 Peony	二十二 22	一百八十 180
福新六廠 Foh Sing Mill 6	上海北蘇州路新垃圾橋 North Soochow Road, Shanghai	北一九〇〇 N. 1900	民國八年 1919	查仲康 C. K. Ch'a	王堯臣 Y. C. Wang	張文彬 W. P. Chang	四十萬元 $400,000	六十萬擔 600,000 Piculs	一百十萬包 1,100,000 Bags	十八 18	兵船, 寶星 Battleship Star	二十 20	一百二十六 126
福新七廠 Foh Sing Mill 7	上海大通路 Tatung Road, Shanghai	西四六六二 W. 4662	民國九年 1920	王堯臣 王禹卿 Y. C. Wang, Y. C. Wang	張春林 C. L. Chang	王曉[illegible] H. M. Wang	一百五十萬元 $1,500,000	二百萬擔 2,000,000 Piculs	四百萬包 4,000,000 Bags	四十九 49	兵船, 寶星, 六蝠盤壽 Battleship, Star, Happiness 天竹, 牡丹, 漁翁 Heaven-Bamboo, Peony, Fisherman	三十七 37	二百四十 240
福新八廠 Foh Sing Mill 8	上海莫干山路 Mokansan Road, Shanghai	西一八八四 W. 1884	民國八年 1919	丁梓仁 T. J. Ting		羅子章 T. C. Lo				五十六 56	六蝠盤壽 Happiness		
總計							七百五十五萬元 $7,550,000	一千一百三十八萬擔 11,380,000 Piculs	二千二百十萬包 22,100,000 Bags	三百四十六 346		二百八十六 286	一千六百九十九 1699

*此數包括福新四廠與八廠

* Foh Sing Mill 4 & 8 being included

茂新第一麵粉廠經理

榮德生先生

Mr. T. S. Yung

Manager of Mow Sing Flour Mill No. 1

茂新第一麵粉廠概况

本廠自開辦迄今。屈指三十年矣。此三十年中。雖盈虧互見。而主其事者。大抵苦境多而樂境少。未嘗有足以自逸之日也。溯夫始創十年中。經營締造。歷盡艱難。而經濟之支絀。人事之周章。尤在在無樂觀可言。其次十年。雖基礎粗定。營業漸佳。而擴充之志甚堅。所負責任益大。精籌詳畫。夙夜操心。最近十年。則範圍既廣。管理愈難。兼以時局多故。營業皆受影響。途長負重。一己之安危得失。巨萬工人之生計所繫。故本廠經理人之苦心孤詣。有非外界所得盡知者。茲將本廠創辦之歷史。暨卅年來之經過情形。略述於下。

光緒廿五年冬。本廠廠長榮德生先生。應朱君仲甫之招。赴粵任補抽局總賑。日理稅務。知麵粉入口。載明條約。爲洋人食品。得免捐稅。輸入之數。獨冠各物。名爲外人所需。實則華人之需要亦頗巨。次年庚子匪亂。遄返里門。過香港。亦見洋粉爲大宗營業。時先生與乃兄宗敬先生所設之廣生錢莊。營業頗佳。因欲以其盈餘。爲創辦工廠之基本。興業之心由。是而日超堅定矣。廣生莊由申至錫之匯兌極盛。稽其款項之來由。則大半皆增裕阜豐兩廠辦麥所用。前既見粵省洋粉之充斥。今又見蘇省機粉之暢銷。因知粉廠一業。關係民食所需。倘在無錫產麥之區。建設一廠。必能發達。秋後朱君由粵卸事回蘇。世味飽嘗。宦情恬淡。有心興業。以順潮流。遂乘此時機。以粉廠必有發展之說進。朱即允爲分任招股。共得十三股。每股三千兩。即于冬間立案。取名保興。購定西門外太保墩基地十餘畝爲廠基。次年建造廠房。至廿八年二月正式開工。翌年朱君又因他事至粵。無意再辦。即另招新股三萬五千兩。改名茂新。以兵船爲商標。宗敬駐滬總理銷粉。德生經理廠務。此時機僅石磨四部。每日出粉三百包。經營兩載。備受艱困。三十一年。廠務略見起色。即從事擴充。添裝英國鋼磨六座。此後因原料歉收。外粉競賣。又連年挫折。幾至難于維持。幸經理人竭力支撑。急求改良出貨。以維營業。宣統二年。遂將舊機拆去。添造廠房。裝置美國鋼磨十二座。因之現金益缺。周轉愈難。宣統三年。大水爲災。各棧廠間積麥。有爲水浸及。而起霉味者。其粉即味惡而難下咽。本廠知之獨審。凡遇受濕之麥。悉屏勿入。出粉色味。較他廠獨優。人漸樂購。次年又進大批小麥。粉色更佳。自是兵船牌粉。遂膾炙人口。而爲買客所歡迎矣。民國二年。廠基已固。又添裝美國鋼磨十二座。旋因歐洲戰起。外粉出數銳減。供不應求。我國麵粉出口甚多。價亦陡漲。粉廠營業大盛。民國七年。又添裝美機十二座。由是每日夜出粉達八千包。資本亦以盈餘所得。增加至一百廿萬元。自民國二年起。本廠因逐漸添機。力事擴充。而因餘力所及。在外埠所設之紗粉各聯廠。其數亦在十外。是可知本廠經辦人之不辭煩勞。志在振興實業。維持工人生計。不以牟利爲目的矣。

★ ★ ★

〔2〕

★ ★ ★

本廠創辦之經過。固如上述。其營業情形。則可別之爲二。一曰收麥。一曰銷粉。在十餘年前。粉廠極少。原料之收買。專恃本埠。已能敷用。年來粉業發達。各廠競爭購辦。價格倍于從前。收數則反形不足。滬埠各廠。在求過于供時。尚賴洋麥輸入爲接濟。錫地則情形不同。捨本埠外。便須至鄰近各縣。及兗南江北等處。設莊收買。運費既大。蝕耗尤多。至不得已時。原料購辦爲難。便須停機以待。本廠近年頗感受此種痛苦。

茂一前景

Front View of Mow Sing Flour Mill No. 1

若不急謀增加產額。便利運輸。則將來機粉成本有加無已。影響于粉業前途者至大。本廠銷粉。向以滬埠爲大宗。江西路五十八號。即本公司之總批發處。其銷售至國外或他省者。大都均由滬轉。內地則錫事蘇鎮杭州五埠。亦均設有批發處。專爲本廠售粉。以前粉價。尚能以成本爲定衡。近年交易所興。買空賣空之空氣。恆能左右市面。而使廠家受其極大之影響。斯亦年來粉業不振之一大緣因也。

茂新第二麵粉廠
MOW SING FLOUR MILL NO. 2

茂新第二麵粉廠副經理
孫蔭午先生
Mr. Y. W. Sung
Assistant Manager of Mow Sing Flour Mill No. 2

茂新第二麵粉廠經理
陸輔臣先生
Mr. F. C. Loh
Manager of Mow Sing Flour Mill No. 2

茂二前景
Front View of Mow Sing Flour Mill No. 2

★ ★ ★

茂新第二麵粉廠概況

本廠在無錫西門外惠山濱。原名惠元。民國五年。由一廠出資租辦。有鋼磨十座。每日出粉一千七百包。租約兩年。期滿後。惠元股份。悉數售與本廠。廠權卽因之轉移。卽改名曰茂新第二廠。加裝美機十一座。每日夜出粉共六千包。十五年冬十月。機器及機房盡燬於火。十六年春。收拾燼餘。另在原址建造鋼骨水泥機房。定購美國最新式鋼磨十八座。現在房屋已經工竣。機器亦均裝齊。此次新麥登場時。已照常開機矣。

廠房側景

Side View of the Mill

★ ★ ★

茂新第四麵粉廠
MOW SING FLOUR MILL NO. 4

茂新第四麵粉廠經理
張文煥先生
Mr. W. H. Chang
Manager of Mow Sing Flour Mill No. 4

茂新第四麵粉廠概況

濟南爲南北重鎭。膠濟津浦兩路之所交會。素爲產麥之區。亦北省有名之都會也。本公司有鑒於此。思乘歐戰期間於對外貿易有所發展。遂於民國八年九月。於濟南膠站之北。陳家樓之西。先後購地十六畝有奇。建設五層廠屋及倉庫辦公用屋等。共費洋二十五萬元。九年五月。裝置美國腦大克式磨粉機十二部。及最新式三百五十匹馬力之發動煤氣引擎一部。招集職工二十四名。另建營業處房屋於濟市最繁盛之普利門內。

★ ★ ★

總共費洋二萬三千元。九年五月。開機工作。日出麵粉三千餘袋。以黃綠紅藍白兵船爲商標。其時麥價百觔四元。粉價亦近三元。且其產額不敷市銷。蓋以當時粉廠僅有豐年惠豐及日人所設之滿洲廠三家而已。總三廠之所出。僅與我等。方期年豐麥賤。有所進展。豈意工人失措。發動飛輪。橫遭毀碎。修理半載。始克蕆事。綜計損失不下八萬元。此爲我第四廠最不幸之厄運。嗣後同業競爭日烈。二三年間。濟市粉廠增至十家。磨機達百餘部。每日產額將近四萬。粉業之盛。可見一斑。而其發達之所以如斯之速者。未始非由我茂新第四廠爲之先導有以增進促成

茂四前門
The Front Gate of the Mill No. 4

★ ★ ★

茂四工場

Side View of the Mill No. 4

之也。查濟市人口僅三十三萬。南人與日僑。仍多食米。窮苦土民。則食高糧。食麵之家。僅三之一。日銷粉不過四千袋左右。其餘全恃外埠以銷納。十四年後。烽煙雲起。運輸奇困。加諸軍隊增多。財源日涸。軍用省鈔。相繼發行。錢商兌換。例有折耗。牌照房捐。層層擔負。生活增高。開支加大。資本小者。相率停業。現雖有豐年、民安、同豐、成豐、惠豐、華慶、恆興等七廠。然時作時歇。若存若亡。

際此困頓之局。我四廠之能屹然不動。始終如一者。豈偶然哉。

★ ★ ★

福新第一麵粉廠
FOH SING FLOUR MILL NO. 1

福新第一麵粉廠副經理
浦志達先生
Mr. C. T. Poo
Assistant Manager of Foh Sing Flour Mill No. 1

福新第一第三第七麵粉廠經理
王堯臣先生
Mr. Y. C. Wang
Manager of Foh Sing Flour Mill No. 1,3,7

福新第一麵粉廠概況

本廠創設於民國二年二月間。在閘北光復路。坐北朝南。毗連英租界。南瀕西蘇州河。地當水陸孔道。運輸便利。全廠面積約佔十五六畝。廠房爲六層樓。長八十四英尺。闊四十八英尺。高七十八英尺。全部牆壁。均用鋼骨和水門汀築成。屋頂有蓄水櫃。可容水量三千加倫。凡安全自來水龍頭及保險門等。設備俱全。公事房在廠房之南。其西有棧房四所。均係二層樓。廠中機器。成購自美國。全部原動力爲四百三十匹馬力之馬達兩具。構造均極精良。每日夜共計用麥二千四百擔。出粉四千八百包。商標爲綠寶星。綠兵船。紅寶星。紅藍福壽等。所用小麥。購自江南江北

福新第一廠前景

Front View of Foh Sing Flour Mill No. 1

平方篩

Plane Shifters

山東安徽等省。均選最優之品。而於製造工作。尤悉心研究。力求精良。故所成麵粉。色白質靱。馳名遐邇。十餘年來。行銷日廣。凡國內各大埠以及東西洋列邦。莫不爭購寶星兵船福壽等牌麵粉也。

福新第二麵粉廠
FOH SING FLOUR MILL NO. 2

福新第二第四第八麵粉廠經理
丁梓仁先生
Mr. T. J. Ting
Manager of Foh Sing Flour Mill No. 2,4, 8

煉粉機
Purifiers

福二背景

Back View of Foh Sing Flour Mill No. 2

★　★　★

福新第二第四第八麵粉廠全景

General View of Foh Sing Flour Mill No. 2, 4, 8

正中爲福八廠房　Central: Foh Sing Flour Mill No. 8
左邊爲福四廠房　Left: Foh Sing Flour Mill No. 4
右邊爲福二廠房　Right: Foh Sing Flour Mill No. 2

福新第二四八麵粉廠概況

福新第二第四第八三廠。雁列成一字長形。東西袤長一千三百餘尺。南爲莫干山路。西沿東京路。北臨蘇州河。水陸交通。均極便利。至於建築之壯麗。規模之宏大。尤推各廠之冠。上圖爲三廠全景。正中爲福八廠房。右爲福二廠房。左爲福四廠房。前馬路。爲莫干山路。其後即西蘇州路也。

福新二廠。始創於民國三年。屆指已十有五年矣。最初係租辦中興粉廠。嗣後購置廠東沿河曠地。並增設廠房公事房棧房修機間等。於是規模粗具。當時資金不過銀十萬兩。製粉之機。亦祇一千筒。開歇未及數載。歐洲戰禍連綿。國外工廠生產力銳減。華粉遂乘機運銷各國。粉業發達。於斯爲盛。本廠際此鬱業鼎盛之時。乃力謀擴充。續設福新四廠福新八廠。以應社會之需要。於是三廠鼎立。遂成我國麵粉業範圍最大之工場。此雖有賴時機之促成。然苟無雄厚之魄力。敏捷之手腕。固不足以赴之也。

福二現有粉磨四十八。福四磨三十二。福八有磨五十六。三廠共計有粉磨一百三十六座。每年用麥約需五百餘萬擔。造粉約計九百九十萬包。商標以六蝠盤壽爲主。最初所用原料。僅限江南各埠。其後即達於大江以北。今則魯皖諸省。均往採辦。但求品質之佳。路途迢遠。在所不顧。而於製造方法。更不憚盡力改善。蝠壽牌粉之所以能膾炙人口者。豈無故哉。

★ ★ ★

福二馬達間

此馬達有一千三百匹馬力爲上海全埠最大之馬達

1,300 H. P. Motor of Foh Sing Flour Mill No. 2.The Biggest one in Shanghai

福二消防機

Fire Extinguisher of Foh Sing Flour Mill No. 2

茂福申新卅週紀念冊

★ ★ ★

福二職員住宅

Dormitory of Mill Staffs

福新第三麵粉廠
FOH SING FLOUR MILL NO. 3

福新第三麵粉廠副經理
吳昆生先生
Mr. Q. S. Woo
Assistant Manager of Foh Sing **Flour Mill** No. 3

升運機頭及收灰機
Elevators Head and Purifiers Exhausting Dust Collectors

★ ★ ★

麩皮打包機
Bran Packers

麵粉打包間縫口機
Packing Flour : Showing Two Bag Clossing Machines

★ ★ ★

福新三廠前景

Front View of Foh Sing Flour Mill No. 3

福新第三麵粉廠概況

本廠創設於民國十五年。在上海小沙渡浜北。前臨蘇州河。後依滬杭線。原係興華廠舊址。因鑒此廠地址適宜。運輸便利。乃於丙寅三月間購進。名曰福新三廠。若照次序而論。固係第九。因福新一廠前遭失愼。故將原有三廠改爲一廠。卽以本廠爲第三廠。全廠面積共計三十餘畝。廠屋則佔十分之二。前爲公事房。東西兩棧附焉。後爲機房。爲五層樓。長一百八十英尺。高八十四英尺。闊五十英尺。全部牆壁及樑柱。純用鋼骨水門汀築成。廠內有自流井。屋頂有蓄水櫃。可容水量四千加倫。凡安全自來水龍頭及保險門等。設備俱全。廠中機器。係購自美國華而夫廠。全部原動力爲五百匹馬力之德國馬達兩座。每日夜共計用麥三千擔。出粉六千包。商標與福新第一二廠相同。所用小麥。採自蘇皖魯兩湖等省。原料既良。出品自精。加諸本廠對於製造方面。日事研究。宜乎顏色白而經線長。爲各邦人士所歡迎。今春在廠東購地七十餘畝。由茂福申新總公司名義。建築堆棧六所。復在滬杭路上。闢一支路。東接堆棧。西達粉廠。運輸之便。莫與倫比。前途發展。殊無涯涘也。

★ ★ ★

福新第四麵粉廠
FOH SING FLOUR MILL NO. 4

福 四 全 景

General View of Foh Sing Flour Mill No. 4

地 軸

Shafting

磨子間

Roller Mills

麥棧之一部

One Part of Wheat Warehouse

★ ★ ★

福新第五麵粉廠
FOH SING FLOUR MILL NO. 5

福五申四副經理
李國偉先生
Mr. K- W. Lee
Assistant Manager of Foh Sing Flour Mill No. 5
& Sung Sing Cotton Mill No. 4

福五申四經理
榮月泉先生
Mr. Y. T. Yung
Manager of Foh Sing Flour Mill No. 5
& Sung Sing Cotton Mill No 4

福新第五麵粉廠概況

漢口據長江上游。輪軌交通。百貨雲集。爲吾國中部唯一之商埠。論者比爲美國之芝加哥。堪稱確當。總理榮君有鑒於斯。於戊午年買地於礄口上游之宗關。建立福新第五粉廠。集資三十萬元。規畫經營。鳩工庀材。悉由李君國偉主其事。越年工竣。一切設備。均臻完善。原動力爲六百匹馬力蒸汽引擎一副。裝置磨子二十二座。日夜出粉六千包。以牡丹牌爲商標。榮君月泉先期由總公司派往歐美攷察實業。購辦機器。時適回國。乃被任爲廠經理。李君國偉爲協理。楊君少棠則主營業諸務。（楊君少棠於丁卯秋間辭職由總公司派華君棟臣接任）己未十月。正式

★ ★ ★

開機營業。於工作注意研究。故出品精良粉色潔白不數月而暢銷於此省各埠及湘贛等省。時大戰甫終。歐洲各國。需糧甚殷。乃由洋商購運牡丹牌粉數十萬包。前往英荷等國接濟。銷路益形暢旺。乃於乙丑年籌謀擴充。添購毘連廠旁基地。建造新廠。購置日夜出粉五千袋之磨子十六座。其他配置機件。均擇其最新式而最精良者。翌年春。並定購一千啓羅華次之發電機一座。同時在漢購進歆生路基地二百十餘方。建造福新里市房。又在前英租界湖北路購地八十餘方。以爲建築營業部之用。詎六月間。大水爲患。廠後積水數尺。工程因之阻滯。逾月始退。七月杪。國民軍到漢。首先奪獲漢陽之黑山。該山適在廠之對岸。相隔祇數百步。而在漢口一方面之北軍。列陣於廠後大堤之上。兩軍對峙。本廠適在火線之中。槍礮不絕。歷一晝夜。廠房中彈六七處。幸戰事不一日即告結束。否則將不堪設想矣。但禍有不單行者。戰事甫平。共黨即起而搗亂。苛求勒索。幾無寧日統計丙寅丁卯之間。有形無形之耗損。實屬不貲。嗣共以後。政治漸復清明。設能交通恢復。苛稅免除。則漢口商務之孟晉。不能以道里計也。豈獨本廠蒙其利哉。

福五全景

General View of the Mill

★ ★ ★

(1) 廠房之一部
One Part of the Works

(2) 工廠之前景
Front View of the Mill

★ ★ ★

漢口福新申新分公司
Branch Office at Hankow

福五申四副經理兼營業部主任
華棟臣先生
Mr. T. C. Hua
Assistant Manager of Foh Sing Flour Mill No. 5 & Sung Sing Cotton Mill No. 4
Manager of Foh Sing & Sung Sing Branch Office at Hankow

★ ★ ★

福五新機間
內景

Interial Views of the New Mill
of Foh Sing Flour Mill No. 5

漢口福新五廠電氣間

打包間

福新第六麵粉廠
FOH SING FLOUR MILL NO. 6

福新第六麵粉廠經理
查仲康先生
Mr. C. K. Ch'a
Manager of Foh Sing Flour Mill No. 6

福新六廠側景
Side View of Foh Sing Flour Mill No. 6

〔17〕

福新第六麵粉廠概況

★ ★ ★

本廠在北蘇州路。南面臨河。兩傍文極司脫路。水陸交通。均臻便利。全部機棧。均係西式樓房。統計有四五十間。地積三畝餘。該廠係祝氏所創辦。原名華興。民國六年。招租與本公司。遂改今名。至民國八年。乃正式轉移。永歸本公司營業。由是力謀整頓。廢棄從前之老式引擎。改用工部局馬達。各部機件。亦大加改良。更於機房對面。添造三層樓棧房一所。使機力增加。貨儲無患。內部煥然一新。每日夜製成粉額。遞加至四千餘包。所用原料。均選購各產區最良之品。故所出麵粉。質純色白。酵韌俱足。十餘年來。推銷日廣。頗受外界歡迎也。

粗麩皮機細麩皮機及保險圓篩

Bran and Shorts Dusters and Redressers

★ ★ ★

福新第七麵粉廠
FOH SING FLOUR MILL NO. 7

福新第七麵粉廠副經理
兼總公司麥務部主任
張春霖先生
Mr. C. L. Chang
Assistant Manager of Foh Sing Flour Mill No. 7
Chief of wheat Buying Dept. in Head Office

福新第七麵粉廠經理
兼總公司麵粉營業部主任
王禹卿先生
Mr. Y. C. Wang
Manager of Foh Sing Flour Mill No. 7
Chief of Flour Sales Dept. in Head Office

福新第七麵粉廠概况

本廠創設於民國九年九月間。在上海英租界大通路底。坐南面北。南接新閘路。北瀕西蘇州河。地當水陸孔道。交通便利。全廠面積共約三十餘畝。廠房爲八層樓。長二百十六英尺。寬五十三英尺。高一百十二英尺。全部牆壁及樑柱純用水門汀和鋼骨築成。凡保險門安全自來水龍頭等。各層設備俱全。（屋頂更有蓄水櫃可容水量一萬加倫）公事房在其北。其左右兩旁爲一二 三 四 五號粉麥堆棧。均平其頂。以備夏秋間曬麥之用。由二號棧斜達河岸。懸架空中形如天橋者。麵粉輸送機也。廠中機器咸購自美國。全部原動力爲六千伏而次高壓。一千二百四馬

福新七廠前景
Front View of Foh Sing Flour Mill No.7

六十寸闊雙皮帶拖動全廠機器
60-inch Wide Double Belt furnishing the Main transmission of the Mill

★ ★ ★

磨子間 Roller Mills

力之大馬達。亦係美製。構造均極精良。每日夜共計用麥七千擔。出粉一萬四千包。商標爲綠兵船。綠寶星。紅綠天竹。紅綠牡丹。紅藍福壽。綠漁翁等。所用小麥。均選購大江南北各產區最良之品。而於製造方法。尤力事研究。精益求精。故所成麵粉。色白而質靱。經綫長而酵素足。六七年來。推銷日廣。凡國內各省

麵粉打包機 Flour Pachers

★ ★ ★

皮帶運粉機由廠中運至棧房

Endless belting Conveyor Carrying the finished Flour to the warehouse

南北洋諸大埠。遠及東瀛西歐。莫不爭購兵船寶星。天竹牡丹福壽漁翁等牌麵粉也。以上所述僅就本廠一部份而言。每月製成麵粉已達四十餘萬包。若合福新新八廠及茂新四廠而併計之。則其所成粉數每日統計八萬餘包。每月共有二百四十餘萬包。實占全國粉廠造成麵粉額之過半數焉。

粉棧之一部

One Part of flour warehouse

★ ★ ★

福新第八麵粉廠
FOH SING FLOUR MILL NO. 8

福八前景

Front View of Foh Sing Flour Mill No.8

福八運轉機

福八磨子間

Roller Mills of Foh Sing Flour Mill No. 8

★ ★ ★

磨 方 間

Another Roller Mill Lines

方 篩

Shifters

練 粉 機

Purifiers

申新紡織廠一覽表

A BRIEF LIST OF SUNG SING COTTON MILLS

廠名 Name of Mill	廠址 Locality of Mill	電話號數 Phone No.	創辦日期 Estb'ld.	經理 Manager	副經理 Assistant Manager	技師 Engineer	資金 Capital	錠子數 No. of Spindles	織機數 No. of Looms	每年用棉 Yearly Consumption of Cotton	每年出紗 Yearly Output of Cotton Yarn	每年出布 Yearly Output of Cloth	紗商標 Trade Marks of Yarn	布商標 Trade Marks of Cloth	職員人數 No. of Staffs	男工人數 No. of Male Workers	女工人數 No. of Female Workers
申新一廠 Sung Sing Mill 1	上海白利南路 Brennan Road, Shanghai	西七〇二七 W 7027	民國四年 1915	嚴裕昆 Y. K. Yon (廠長)	王啓周 C. C. Wang (副廠長)	鄭人奎 J. K. Chen	三百萬元 $3,000,000	三萬八千八百八十枚 38,880	一千一百十部 1,110	十萬擔 100,000 Picus	二萬七千餘件 27,000 Bales	六十萬疋 600,000 Pieces	人鐘 Man & Bell	人鐘，雙鐘，三鐘，四鐘，五鐘，三星 Man & Bell, Two-Bells, There-Bells, Four-Bells, Five-Bells, Three-Stars	九十六 96	一千四百八十 1,480	三千二百六十八 3,268
申新二廠 Sung Sing Mill 2	上海宜昌路 Ichang Road, Shanghai	西二八四 W 284	民國八年 1919	朱仙舫 S. F. Chu (廠長)	榮溥仁 P. Z. Yung (副廠長)	曾祥熙 S. H. Chêng 朱熙奎 Y. K. Chu	一百九十一萬七千元 $1,917,000	三萬五千四百枚 35,400		九萬四千五百擔 94,500 Picus	二萬七千件 27,000 Bales		人鐘，美女，天女散花，童子軍 Man & Bell, Boy-Scout		五十六 56	二百二十八 228	一千五百三十六 1,536
申新三廠 Sung Sing Mill 3	無錫西門外五濶橋 Wusih	六三六 636	民國十年 1921	榮德生 T. S. Yung	榮鄂生 N. S. Yung 榮爾仁 E. Z. Yung	汪孚禮 F. L. Wang	二百萬元 $2,000,000	五萬一千枚 51,000	九百零四部 904	十四萬七千擔 147,000 Piculs	四萬二千件 42,000 Bales	一百〇五萬疋 1,050,000 Pieces	人鐘，四平蓮，好做 Man & Bell, Four-Lotus	四平蓮 Four-Lotus	九十七 97	一千二百 1,200	二千八百五十 2,850
申新四廠 Sung Sing Mill 4	漢口礄口宗關 Hankow	三二四二 3242	民國九年 1920	榮月泉 Y. T. Yung	李國偉 K. W. Lee 華棟臣 T. C. Hua	蕭松立 S. L. Siao	一百萬元 $1,000,000	一萬七千六百枚 17,600	二百七十三部 273	五萬五千五百擔 55,500 Piculs	一萬五千件 15,000 Bales	十二萬三千疋 123,000 Pieces	人鐘，四平蓮 Man & Bell, Four-Lotus	雙喜	五十 50	四百五十 450	一千三百二十 1,320
申新五廠 Sung Sing Mill 5	上海楊樹浦高郎橋 Ward Road, Shanghai	東一九七 E 197	民國十四年 1925	朱仙舫 S. F. Chu (廠長)	榮偉仁 W. Z. Yung (副廠長)	黃炳奎 P. K. Whang	一百七十八萬元 $1,780,000	三萬一千一百十六枚 31,116		八萬五千二百擔 85,200 Piculs	二萬四千件 24,000 Bales		人鐘，寶塔，童子軍，福字 Man & Bell, oy-Scont, Pagoda		五十七 57	四百三十九 439	一千一百六十三 1,163
申新六廠 Sung Sing Mill 6	常州小南門外 Changchow	二五四 254	民國十四年 1925	榮鄂生 N. S. Yung	榮吉人 C. J. Yung	盧大楨 T. L. Lu	十五萬元 $150,000	一萬四千二百六十四枚 14,264		三萬五千擔 35,000 Piculs	一萬件 10,000 Bales		人鐘，仙女，報喜 Man & Bell		三十八 38	一百五十 150	一千 1,000
總計							九百八十四萬七千元 $9,847,000	十八萬八千二百六十枚 188,260	二千二百八十三部 2,287	五十一萬七千二百擔 517,200 Piculs	十四萬五千件 145,000 Bales	一百七十七萬疋 1,773,000 Pieces			三百九十四 394	三千九百四十七 3,947	一萬一千一百三十七 11,137

★ ★ ★

申新第一紡織廠
SUNG SING COTTON MILL NO. 1

申新第一紡織廠代理副廠長
王啓周先生
Mr. C. C. Wang Acting Assistant Manager of Sung Sing Cotton Mill No. 1

申新第一紡織廠廠長
嚴裕昆先生
Mr. Y. K. Yên Manager of Sung Sing Cotton Mill No. 1

廠 門
The Front Gate of the Mill

細紗間

漿紗間

〔2〕

★ ★ ★

中新第一紡織廠全景

BIRD'S-EYE VIEW OF SUNG SING COTTON MILL No. 1

中新第一紡織廠概況

本廠創辦於民國四年。在滬西白利南路周家橋購得油廠舊址二十四畝。中有公事房兩座。廠房一所。屋宇雖舊。建築尚固。本廠考察該屋尚堪應用。遂即重行修葺。改作廠房。向安利洋行訂購英式紡紗機細紗錠一萬二千九百六十枚。并將油廠所有之製油機多種及五十匹小引擎一座鍋爐一只拆除。另建本廠引擎間爐子間修機間軋花廠等。暫資應用。後因日事擴充。地基不敷。即在廠旁逐年購置空地。添辦各部及工人住房一百八十四幢。實佔地共有四十餘畝。六年創設布廠。購布機三百五十架。七年又購布機七百六十架。合前共有布機一千一百十架。所出布疋。除銷售各埠外。餘悉自製粉袋。供給本公司各麵粉廠應用。即上所用商標。亦由本廠購機自行印刷。八年。建設新紗廠。在慎昌洋行購得美式細紗錠二萬五千九百二十枚。并置二千二百匹馬力之新式馬達一具。隔河尚有空地五畝。日來正在規劃建築新式樓房。以備本廠職員創辦俱樂部之用。

當本廠尚未開辦時。四周一片荒土。既無所謂市鎮。更無所謂馬路。迨本廠建築工房以後。工人日夜往來。頓形熱鬧。始有人在本廠附近建造房屋。開設店舖。工部局亦將原有土路。改築柏油路。交通便利。商市漸盛。工廠之能促進市政。於此可見。

本廠創辦後。因歷年措置得宜。故營業頗稱發達。平時尤注意管理。故在共黨紛擾時。他廠皆呈不安之象。而本廠獨能照常工作。未受絲毫損失。至於工務方面。亦力圖革新。以求出品之精良。

本廠建築。可分五大部。

（一）公事房　就舊有廠門向東西兩座樓房稍形修葺。樓下作為辦公處。朝東分為經理室賬房間。朝西分為考工處應接室。樓上為職員宿舍。物料所即在賬房後面。咫尺之間。接洽甚為便利。計共佔地一畝八分九釐。後門內有棧房辦事處。共有棧房七所。專為貯藏原料出品之用。計佔地四畝八分四釐。

（二）老紗廠　該廠即前油廠舊身。建造雖固。而裝置頗簡陋。後經添置門窻。大加刷新。方能應用。該廠後面有自造之清花部搖紗部。後因老廠出紗全供布廠需用。故搖紗部即行拆除。平个共佔地五畝四分二釐。

（三）新紗廠　該廠係自建之新式樓房。七年動工。八年工竣。全用水泥鋼骨。堅固耐久。計佔地八畝三分。

（四）老布廠　該廠初係自造之單層廠房。旋即重建新式水泥鋼骨廠房。舊廠則改裝膠紗機。共佔地三畝六分三釐。

（五）新布廠　本廠因續增布機。廠屋不敷應用。又行自建大規模最新式單層廠房一幢。屋頂柱樑。俱用鋼骨水泥。磚牆作紅色。外觀殊為壯麗。南臨馬路。北接運河。乃本廠最鉅之建築物也。共佔地十五畝四分九釐。

★ ★ ★

織布間

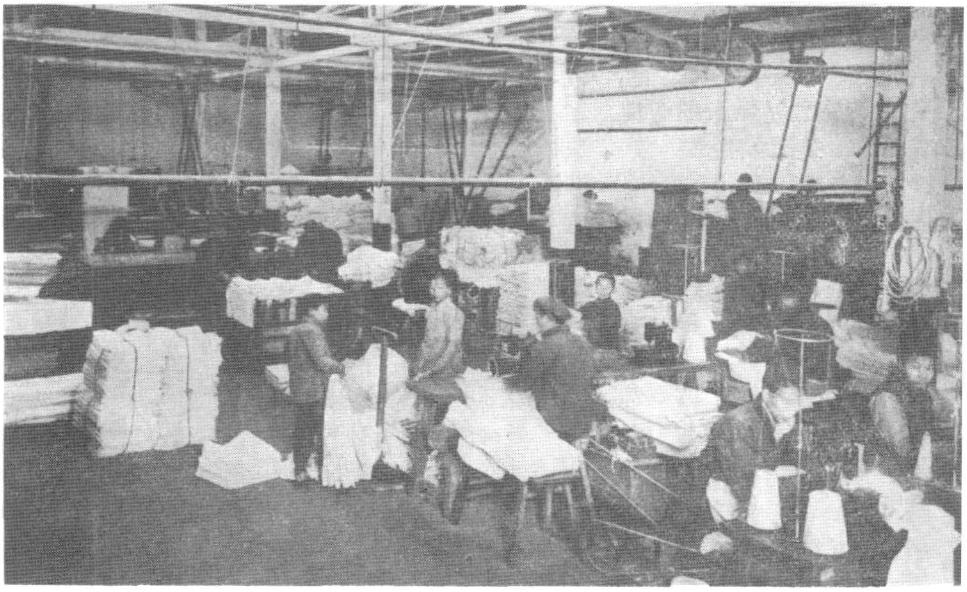

縫袋間

申新第二紡織廠
SUNG SING COTTON MILL NO. 2

中新第二第五紡織廠廠長
朱仙舫先生
Mr. S. F. Chu
Manager of Sung Sing Cotton Mill No. 2 & 5

申新第二紡織廠副廠長
榮溥仁先生
Mr. P. Z. Yung
Assistant Manager of Sung Sing Cotton Mill No. 2

申新第二紡織廠概况

本廠廠基。坐落上海公共租界西區。前臨宜昌路。後沿蘇州河。水陸運輸。均極便利。計地二十四畝一分七厘。原爲恆昌源牌號。民八陰曆三月。由本公司購入。定爲申新紡織第二廠。原有機器房屋。僅北廠一部。卽於四月中起。增造鋸齒廠房。添購勃拉特紗機。合舊有勃拉特道白生計錠一六六九九二枚。是爲北廠。占地六百七十七方。復於北廠右側。新建鋼骨水泥三層樓房。民九三月工竣。裝置美國維定及沙克絡機。計錠一八四〇八枚。是爲南廠。占地二百七十方。動力原用引擎。

★ ★ ★

廠房一隅

One Corner of the Mill

自本公司經營後。即改用工部局電氣。各部安設馬達。運轉靈便。且較經濟。居地之正中者為工務室。室左為工人食堂及休息所。右為鍋爐間。南廠之東為公事室。室前樓房為職員宿舍。右為物料所修機間雜工間。南廠之南為花紗棧軋花間。此外廠門左側。建有工房五十幢及職員家屬住宅。廠門右首。沿宜昌路建有市房工房五十幢。俾服務人員。咸得安居樂業。此本廠創辦及佈置之大概情形也。全廠機正開齊。適值歐和告成。鉄血戰鬥之幕甫閉。正經濟競爭之劇隨起。加以內戰不息。苛稅繁興。紗市因即一落千丈。國人凡於此時新建或擴張之廠。大都停歇倒閉。本廠尚克繼續維持。且能力謀光大者。其故可深長思也。

前夏長江交通阻塞。紗積不銷。因即利此時機。五月停廠。八月改組。將北廠各機。重

★ ★ ★

行整理排列。幷添最新式潑朧脫淸花機。添購道星大引伸細紗機。補充鋼絲條子粗紗頭二三道。以增其力量。專紡卅二支、四十二支細紗。以供市場。對於搖紗則概改用附有分縷及搭頭器者。上正開車。人員分配。工作方法。悉從良規。以故紡出各紗。品質優美。備受用戶歡迎。現猶積極鑽研。或能於整理舊廠史中。一放異彩也。

女工制服

Uniform of Mill Girls

工人膳堂

Dinner Room of Mill Workers

申新第三紡織廠
SUNG SING COTTON MILL NO. 3

申新第三紡織廠副經理
榮鄂生先生
Mr. N. S. Yung
Assistant Manager of Sung Sing Cotton Mill No. 3

申新第三紡織廠經理
榮德生先生
Mr. T. S. Yung
Manager of Sung Sing Cotton Mill No. 3

申新第三紡織廠概況

本廠位於無錫西門外梁清溪兩岸。界無錫、揚名三市鄉。有申新、勸工、太平三橋架於上。三河之東南爲紗廠。東北爲布廠。西岸爲公事房職員宿舍及發電軋花修機等部。全廠佔地九十二畝六分有奇。南通太湖。北毗運河。加以錫湖輪船。往返便捷。滬甯車站。相去咫尺。水陸交通。堪稱便利。本廠地勢之優越。可見一斑。

本廠創設於民國八年秋間。最初就華昌舊址建立公事房。翌年正月。建築電機間鍋爐修機間等處。二月續建紗廠。十月告竣。而紗機因受歐洲罷工影響。一再延緩。直至十年五月中旬始陸續裝置。十一年正月初四正式開工。是年五月復建織布廠。隨時裝置布機。至十月正式開機。十七

★ ★ ★

廠房側景

Side View of the Mill

年春。復擴充布廠。添裝布機。最近共有美機細紗錠二萬六百枚。英機細紗錠三萬四百枚。共計五萬一千枚。近更添置好華特大牽伸細紗機三千錠。合計共五萬四千錠。布機共九百部。此外調劑室內乾濕者。有冷熱等噴霧機。調和氣溫者。有通風穴吸風風管電扇等。全廠電燈。均係彈沙及無反射光者。藉以保護工作者之目力。並有救火機以防火患。升降機以節勞力。此皆本廠重要之設備也。近年於工務上力求革新。民國十一年副經理榮君鄂生東渡攷察。以為改良之借鏡。

助理榮爾仁先生

Mr. E. Z. Yung

Assistant of Assistant Manager of Sung Sing Cotton Mill No. 3

★　★　★

申新第三紡織廠全景

GENERAL VIEW OF SUNG SING COTTON MILL NO. 3

申新第三紡織廠建築概畧

紡紗部　南北約長五百餘尺。東西寬二百餘尺。佔地十八畝有奇。分兩大造。前造計屋一百三十二間。後造計屋一百三十六間。均係鋼筋水泥建築。底腳柔用三和土。四周鐵窗。則嵌以鐵絲玻璃。門則鐵皮裝成。所以彌火患也。內外牆壁。復用水泥粉飾。屋頂及近樓板處。均開有風洞。流通空氣。計此項工程。歷一年許。始克告竣。

織布部　原佔平地六畝五分。計二百念八間。每間長二十英尺。闊十二英尺。俱係磚砌鋸齒式之平房。上覆瓦楞鐵皮。齒頂裝窗。用鐵絲油光玻璃。蓋取其光綫較充足也。近復在原址南面。添趕新機間一所。可容布機四百架。計長二十六丈四尺。闊十丈另四尺。佔地二畝六分。作氣樓式。取簡省也。

電機部　建鍋爐間一層。電氣廠二層。底腳俱用鋼筋水泥。牆壁均和水泥磚砌。屋宇高爽。光綫充足。同時建築者有進水井一口。深十六英尺。徑十二英尺。並有方棚間二層。

軋花部　計磚砌屋七間。與花樓房毗連。

棧房　河東棧房計二座。佔地二畝。均緊接布廠。該屋擔高十五英尺。每座東西闊九丈六尺。南北進深六丈。兩座共十六間。均係磚砌。四周復開鐵窗。用以堆積花紗及布疋之用。棧之東北隔有洵尺式過樓。可通織布部及紡紗廠之成包間。除所紡之經緯紗得由此逕送織布部外。其已成包之紗。更可由此直達棧房。無雨雪之阻礙。且省人工時間。便莫甚焉。

河西亦有棧房三十六間。其擔高則與每間長闊相等。亦用三和土砌成磚牆。除靠南第二節七間現作軋花之用外。餘均用以堆積棉花。又花下腳棧房十一間。粗下腳棧房十四間。皆貼近西棧焉。

公事房及職員宿舍　就公事房建四層樓洋房一座。頭層為公事房。二三四層為職員宿舍。佔地二十六方丈。四周均用磚砌。

工人宿舍　河東有十一開間平房二所。又十二開間樓房一所。又十三開間樓房八所。河西亦有平房一所。計二十一間。又八開間樓房一所。計十六幢。統計上下宿舍三百三十一間。可容工人二千餘。

★ ★ ★

申三總工程師汪孚禮

申三鋼絲間

Card Engines

★ ★ ★

無錫申新三廠電氣間

十四年春。復聘汪君孚禮爲總工程師。十五年先後派助理榮君仲詔及總管薛君明劍赴日本切實攷察。惟是吾國紡織業尙在幼稚時代。加以工友囿於成見。墨守舊章。偶有更張。往往發生誤會。本廠幾經改革。備歷艱辛。今幸漸次就緒。略見成效。先難後獲。於茲益信。輓近風俗日趨浮華。尤以服裝爲甚。外人揣摩社會之時尙鈎心鬥角。日新月異。故所織布疋。式樣新穎。種類繁夥。以之運銷我國。藉關稅之協定。致暢行而無阻。通都大邑。窮鄉僻壤。五光十色。目爲之迷。是故我國紡織工廠。亦非注意整理染色。不足以言競爭。故增加整理染色等工程。爲本廠預定計畫之一。其他如擴充職工宿舍。開闢申新市。創設俱樂部職工保險部以及消費合作社等。均將次第推行。以臻完善。

★ ★ ★

無錫申新鐵工廠(一)

無錫申新鐵工廠(二)

★ ★ ★

申新電氣廠
Sung Sing Power Plant

申新電氣廠内景
Interier View of Sung Sing Power Plant

〔12〕

★ ★ ★

申新第四紡織廠
SUNG SING COTTON MILL NO. 4

申新第四紡織廠概况

庚申年。總理榮公因鑒紗市頗振。而漢鎮集陝豫湘鄂四省之花。由是而輸往下遊者年四五百萬擔。而棉紗之供給。均來自申廠。故決計添辦申新第四紡織廠於漢口。適宗關旁有隙地二千六百餘方。爲皖人李綏福之產。情願出讓。即以福新第五廠名義購入。又向祥興洋行定購道白生紗錠一萬五千枚。命李君國偉主持造廠規劃機件事。辛酉春間。開始建造廠屋。進行至二月間。屋基均已完畢。而祥興洋行因英國機廠增加工資。要求多增機價。總理未允。故將訂機合同取消。房屋工程。因之中止兩月。迄四月間。改向慎昌洋行定思克羅惠而之紡紗機一萬四千七百八十四枚。八月間交貨。該時廠房亦已

茂福申新卅週紀念冊

申四前門
Front Gate of Sung Sing Cotton Mill No. 4

〔13〕

完工。即從事裝置機器。壬戌二月初九日開工。該時武昌裕華震寰亦陸續開廠。致工人頗難招覓。春夏兩季．只開一萬一二千錠。秋末冬初。全廠始開齊。癸亥甲子兩年。因此貴紗賤。營業未如人意。且機匠固守陳法。不知改良。故特向上海方面。聘請專材。大加整頓。出數由是日增。此爲我廠革新之初步。惟出數雖增。錠數尚感不足。乃向思克羅而增添紗錠二千八百十六錠。合前共計一萬七千六百枚。同時又向三井定豐田布機二百七十三台。布廠於乙丑秋開動工。年底裝機。丙寅四月出布。福新五廠之麪粉袋。全由布廠供給。原動力本係蒸氣機。旋以用煤頗費。故又與福五共購一千基羅華次之透平發電機一副。是爲四廠工務上改進之大概。滿望營業從此蒸蒸日上。不意丙寅季夏。江水泛濫。廠旁均成澤國。不得已停工八日。損失不貲。秋間新花上市。正擬力圖恢復。而南北戰爭又相持於武漢。我廠適在戰線之中。敵火連天者兩日餘。幸同仁及工人支持得力。未受重大損失。而因是又停機二十日。迄八月十七日開工後。共黨暴動。日以打倒資本家爲標榜。每日出紗只十一二件。岌岌有不可終日之勢。七八月間。又受國庫券及中央票之損失。勢已不能支持。而工人復要挾不准停廠。困苦情形。達於極點。幸九月二十二日重行開機後。聘請蕭倫豫先生爲技師。更添置思克洛大引伸細紗車七部。合成二萬錠。工作漸有改良。至年底出數已能恢復乙丑年之情狀。深望以後時局敉平。庶辦實業者不致虛耗精神。損失資產。而工作者生計亦有所資。抵制外貨。發展實業。胥賴乎是。

★ ★ ★

★ ★ ★

申四打包間

Bundling Room

申四清花間

Scutcher Room

申新第五紡織廠
SUNG SING COTTON MILL NO. 5

申新第五紡織廠副廠長
榮偉仁先生
Mr. W. Z. Yung
Assistant Manager of Sung Sing Cotton Mill No. 5

申新五廠前門
Front Gate of the Mill

★ ★ ★

中新第五紡織廠概況

本廠創於民國三年。原爲德大紗廠。民國十四年夏歷三月。由本公司購得。定爲中新紡織第五廠。廠基坐落上海東區華德路高郎橋堍。前面及左側。均沿直通黃浦之小河。水陸運輸便利。計占地念七畝八分四厘。原分南北兩廠。北廠裝置英國赫乍靈墩紗機。計一五七二〇錠。南廠裝置美國沙克洛紗機。計一〇三六八錠。及赫乍靈墩線機。計二八八〇錠。兩廠之中。前爲和花清棉間。後爲搖紗承包間。皆係鋼骨水泥所建之樓房。構造堅固。光線充足。兩廠上下。均可相通。管理極便。即於是月下旬

公事房與職員宿舍
Office Rooms & Dormitory

運轉北廠。五月初旬運轉南廠。惟原有機器配置。尚未完備。故復添購勃拉特清棉機。沙克洛梳棉機及頭二三道粗紡並精紡各機。又南廠精紡。每機僅二八八〇錠。工人分配地面排置等。均不經濟。因概接長。改爲三八四錠。現計一四二〇八枚。北廠亦復添購赫乍靈墩精紡機二部。現

計一六九〇八枚。廠門右側爲二層樓棧房再進爲電氣變壓所物料所職員宿舍。更進爲新建三層樓公事房。公事房前爲二層鋼骨水泥棧房。此外廠前沿華德路爲職員家屬住宅。高郎橋西。沿華德路建有工房八十幢。十五年冬。復添購眉州路底基地四畝七分三厘。建設工房七十二幢。此創辦及佈置之大略情形也。開工即由專家計畫。再添置最新式瀫朧脫一萬錠。專紡卅二、及四十二支雙線寶塔廿、十六、十支人鐘各紗。備受用戶歡迎。近更精益求精。冀副愛用國貨諸彥之雅意云。

★ ★ ★

申五工房

Dormitory of Mill Workers

申新第六紡織廠
SUNG SING COTTON MILL NO. 6

A LEASED MILL

申新第六紡織廠副經理
榮吉人先生
Mr. C. J. Yung
Assistant Manager of Sung Sing Cotton Mill No. 6

申新第六紡織廠經理
榮鄂生先生
Mr. N. S. Yung
Manager of Sung Sing Cotton Mill No. 6

申新第六紡織廠概况

本廠係租辦常州紗廠。該廠創始於民國九年三月。地址在武進縣小南門外御史橋南首門臨運河。離車站約六里。有英錠八千枚。美錠六千六百二十四枚。一切設備。均稱完善。當定購機械時。正值歐戰未了紗業鼎盛之際。故造本極鉅。逮工程告竣。開始營業。紗市已一落千丈。竭力維持年餘。卒因周

★ ★ ★

（1）大門
The Gate of the Mill

（2）工廠
Side View of the Mill

★ ★ ★

轉爲難。遂告停業。十四年夏。本公司總經理榮君以與該廠主有友誼關係。允協商輔助。乃出資十五萬元租辦。期自乙丑年六月起。至丁卯年十二月止。原約刻已期滿。今又續租兩年。當本廠接手時。因停機已久。整理設施。頗費經營。工務上亦大加整頓。卒使所出仙女紗。屹然爲市上上等牌子。惟因時局關係。所獲甚微。每年約出紗萬件。需用原料約在三萬五千擔之譜云。

丁卯新年發給女工獎品

Prizes Given to Mill Girls in the New Year 1927

申新第七紡織廠
SUNG SING COTTON MILL NO. 7

廠房一隅

★ ★ ★

申新紡織第七廠全景

申新第七廠創辦及其佈置概略

本廠原名瑞記紗廠。係由德商創辦。但英人亦有投資。成立於光緒二十二年。歸瑞記洋行經理。歐戰後。併與英人。乃由安利洋行經理。改稱東方紗廠。近以連歲虧折。勢難支持。故於十七年夏。停廠出售。本公司爲增高我國工業地位計。爲維持貧民生活計。爰於十八年一月購入。旋即開工。廠址在上海楊樹浦三十六號。前臨馬路。後通黃浦江。大小船舶。均可直駁棧房碼頭。交通便利。無踰於此。門沿楊樹浦路。西側爲二層樓之公事房及宿舍。次爲鋸齒平房布機間。及鋼骨水泥二層準備間。更次爲三層樓之物料所及染色間。東側爲二層樓之北廠。上排細搖。下排鋼條粗紡各機。次爲清棉部。再次爲鋼骨水泥三層樓之南廠。上排磨花機。中排細紗。下排鋼條粗紡各機。由北廠細紗至準備。搖紗至成包。及南北兩廠之間。均有天橋可通。以故全廠運搬管理。極其便利。黃浦江邊。則有最新式之四層鋼骨水泥棧房在焉。全廠地面。計有六十六畝六〇三。對面沿平涼路。尚有職員住宅及棧房等。計地二十一畝五一五。總計地面六十八畝一一八。紗機共五萬三千八百四十四錠。（英國愛紗里司所製）布機共四百五十五台。（英國背里公司所製）南廠布廠。均用馬達傳動。惟北廠係用一千二百匹馬力之引擎。現亦改用馬達矣。所有組織管理設備。以及機器排列配置。悉採最良方法。積極施行。紗則精紡二十。十六龍船人鐘招財及六支鐵錨牌等。布則精織九、十、十一、十二、十三、十四、十六磅平斜粗細雙聚寶盆及四平運等。此外並織三磅至四磅半重之得勝牌各色絨毯。開工未及數月。而品質優美之譽。洋溢于用戶。蓋接收伊始。即由紡織專家主持計畫。極種出品。莫不力求精良。此本公司之所以時自勗勵。堪爲愛用國貨諸彥敬告者也。更有進者。現全國三百六十餘萬錠。上海約占一百九十餘萬。而此一百九十餘萬中。華商僅有七十七萬餘。喧賓奪主。可爲痛心。蓋從來只見華廠出售於外人。未有華商收買大規模之洋廠者。有之實以本廠爲嚆矢。（申新二廠亦由洋廠售出但原僅八千餘錠）伏冀政府及各界同胞。對此棉業歷史上最關重要之廠。勤加鞭策。羣力維護。俾早健全發達。庶臥榻之側。漸絕他人鼾睡。衣被所需。悉自供給。則匪特本公司之幸。實我國家無彊之庥也。

A BRIEF LIST OF BRANCH OFFICES：批發處一覽表

縣城 City	名稱 Name of Branches	地址 Address	開辦日期 When Established	主任 Manager	每年原料採辦額數 Yearly Purchases of 花衣 Cotton	每年原料採辦額數 Yearly Purchases of 麥子 Wheat	每年出品推銷數 Yearly Sales of 紗 Yarn	每年出品推銷數 Yearly Sales of 布 Cloth	每年出品推銷數 Yearly Sales of 麵粉 Flour
蘇州 Soochow	茂新批發處 Mow Sing Branch Office	山塘橋 醃豬河路	宣統三年 1911	榮仲華 C. H. Yung					三十萬包 300,000 Bags
無錫 Wusih	茂新申新批發處 Mow Sing & Sung Sing Branch Office	北塘 錢家弄口		榮顥鏘 H. Y. Yung			二萬件 20,000 Bales	五萬疋 50,000 Pieces	
常州 Chang-chow	申新批發處 Sung Sing Branch Office	青菓巷	民國十六年二月 1927	于智文 C. W. Yü			六千件 6,000 Bales		
鎮江 Ching-kiang	茂新辦麥處 Mow Sing Wheat Buying Office	義渡碼頭	民國二年 1913	朱啓人 Y.J. Chu 陳涵初 H. T. Chen		八萬擔 80,000 Piculs			
南京 Nanking	茂新批發處 Mow Sing Branch Office	下關 鮮魚巷	民國元年 1912	榮渶臣 H. C. Yung	四千擔 4,000 Piculs	八萬餘擔 80,000 Piculs	三千件 3,000 Bales		六萬包 60,000 Bags
太倉 Taitsang	申新辦花處 Sung Sing Cotton Buying Office I	浮橋	民國七年 1918	榮霭臣 A. C. Yung	六萬擔 60,000 Piculs				
太倉 Taitsang	申新辦花處 Sung Sing Cotton Buying Office II	六渡橋	民國七年 19	許鳴皋 M. K. Hsu	四萬五千擔 45,000 Piculs				
杭州 Hangchow	茂新批發處 Mow Sing Branch Office	拱宸橋	民國五年 1916	榮炳泰 P. T. Yung					八十餘萬包 800,000 Bags
平湖 Pinghu	茂福申新批發處 Mow Sing, Foh Sing & Sung Sing Br. Office	東門外 南廊下	民國十七年正月 Jan. '28	黃松年 S. N. Whang	四萬五千擔 45,000 Piculs	一萬擔 10,000 Piculs	三千件 3,000 Bales	八千疋 8,000 Pieces	六萬包 60,000 Bags
常熟 Changshu	福新辦麥處 Foh Sing Wheat Buying Office	小東門 東市河	民國八年 1919	龔旭初 H. T. Kung		廿八萬擔 280,000 Piculs			
常熟 Changshu	申新批發處 Sung Sing Branch Office	大東門	民國十一年 1922	劉勛圃 C. P. Liu			二千七百件 2,700 Bales		
常熟 Changshu	申新辦花處 Sung Sing Cotton Buying Office	支塘	民國十年 1921	查仲康 C. K. Ch'a	四萬五千擔 45,000 Piculs	三萬五千擔 35,000 Piculs			
揚州 Yangchow	福新辦麥處 Foh Sing Wheat Buying Office	便益門外	民國四年 1915	曹炳南 P. N. Tsao		四十餘萬擔 400,000 Piculs			
高郵 Kaoyu	茂新辦麥處 Mow Sing Wheat Buying Office	南門外	光緒三十四年 1908	汪瀾 L. Wang		三十萬擔 300,000 Piculs			二十萬包 200,000 Bags
姜堰 Chiangyen	茂新辦麥處 Mow Sing Wheat Buying Office	下壩河	光緒二十九年 1903	龔旭初 H. T. Kung		二十萬擔 200,000 Piculs			七千包 7,000 Bags
泰州 Taichow	福新辦麥處 Foh Sing Wheat Buying Office	東臺縣 溱潼鎮	民國八年 1919	陳文波 W. P. Chen 陸孟韜 M. T. Loh	二千擔 2,000 Piculs	二十萬擔 200,000 Piculs			一萬包 10,000 Bags
濟南 Tsinan	茂新批發處 Mow Sing Branch Office	商埠 十王廟							
九江 Kiukiang	申新批發處 Sung Sing Branch Office	環城馬路 西一區二十一號	國民十六年 1927		五萬擔 50,000 Piculs	八萬擔 80,000 Piculs			
漢口 Hankow	福新申新批發處 Foh Sing & Suug Sing Branch Office	歆生路 鼎安里		華棟臣 T. C. Hua					
總計					二十五萬一千擔 251,000 Piculs	一百六十六萬五千擔 1,665.000 Piculs	三萬四千七百件 34,700 Bales	五萬八千疋 58,000 Piculs	一百四十三萬七千包 1,437,000 Bags

茂福申新卅週紀念册

★ ★ ★

批發處之一斑

杭州茂新批發處
Mow Sing Branch Office at Hanchow

支塘申新辦花處
Sung Sing Cotton Buying Office at Changshu

六渡橋申新辦花處
Sung Sing Cotton Buying Office at Taitsang

茂福申新卅週紀念册

蘇州批發處

山東申新辦花處打包間

溱潼麥莊

〔2〕

勸告同仁儲蓄宣言

現今風俗競尚奢華生計益形困難若不從節儉二字着想於個人生存問題恐有絕大危險但節儉非可託諸空言如何可以達到節儉目的如何可以得到節儉利益舍儲蓄外別無良法惟是儲蓄談何容易非有卓著之信用切實之保障與夫優厚之權利則儲蓄有名無實不能得多數之同情本公司有見於此就三十週紀念之際創設儲蓄部便利同仁應勸同仁注意者厥有三端

（一）儲蓄與同仁之關係　同仁辛勤所得或不足以養瞻家室儲蓄二字似覺難言但於無可節儉之中別籌一節儉之法小而烟酒大而酬酢以及起居服御能減省若干即儲蓄若干日計不足月計有餘語云積少成多子母相生積累不已既可得取攜之便復可備不時之需習慣自然養成儉得此應勸同仁注意者一也

（二）同仁儲蓄與本公司之關係　本公司自創設以來盡量發展迄今粉廠凡十二廠紗廠凡六廠平時於工作及營業積極進行早已共見共聞無待贅述同仁在本公司範圍以內休戚與共利害相關今辦同仁儲蓄是本公司之愛護同仁亦即同仁之愛護本公司至防止利權外溢尤其餘事此應勸同仁注意者二也

茂福申新卅週紀念冊

（三）本公司同仁儲蓄與社會之關係　本埠儲蓄機關隨處皆是然於實業界發生關係者絕少本公司所辦儲蓄是以儲蓄輔助實業即以實業保障儲蓄社會而有維護實業之決心對於同仁儲蓄必有無形之贊助此應勸同仁注意者三也

票之同仁儲蓄於公於私有百利而無一弊望同仁加以考慮互相勸告節有用之金錢獲充量之利益處以恆心出以毅力爲實業儲蓄創一新紀元諒同仁不以斯言爲河漢也

同仁儲蓄部主任榮輔仁先生

〔1〕

同仁儲蓄部章程

★ ★ ★

通則

一 基金　本公司籌集銀元一百萬元爲同仁儲蓄部基金

二 利息　存款利息除本章程已經規定外餘由本部參酌市面情形隨時與存戶面訂凡存款過期不取或于未到結算期陸續提清者概不計息

三 期限　存款未到期以前不能提取或轉戶

四 轉期　存款到期如需續存即來公司換新存單或先函知續存期限

五 印鑑　存款憑印鑑支取者先將簽字或及圖章填明於本部印鑑條以後取款或續存均憑原印鑑辦理

六 掛失　（甲）存戶圖章遺失立即繕具詳信將圖章式樣及遺失日期地點緣由一一填明並攜帶原存摺單來公司聲明掛失一面邀相當保證人在函內署名簽印經本公司查明認可後照指定之報紙登載作廢廣告如無糾葛自約定之日起以新印鑑爲憑

（乙）存摺單遺失立即繕具詳函將存摺單種類號數戶名金額及遺失日期地點緣由一一填明來公司掛失一面邀相當保證人在函內署名簽印經本公司查明認可照指定之報紙登載作廢廣告俟滿三月後如無糾葛來部補領

七 查對　存款摺據如有誤記存戶須立即通知本部查對不可自行塗改

八 住址　存戶初次存款時即將姓名住址及職業填告本部以便通信

九 手續　存戶對於本章程所載各項手續務宜注意辦理如因手續未全致受損失本部不負責任

定期儲蓄存款

一 此項存款存入金額至少洋一百元或銀一百兩由本部填發存單爲憑

二 利息照規定期限分列如左

三個月　年息八厘
六個月　年息九厘
一年　年息一分
一年以上　臨時酌議

三 存戶留有印鑑者到期支取本息簽印於存單未留印鑑者憑存單支取

★ ★ ★

定期複利儲蓄存款

一 此項存款存入金額至少洋十元或銀十兩由本部發給存單爲憑

二 此項存款利息每半年結算一次併入存本利上生利茲規定期限列表于後

三 此項存款之期限長短由存戶自行擇定既定之後不得更改留有印鑑者支取本息皆須簽印未留者憑存單支付

■定期複利存款支取本利表■

限期	存入左列數目滿期後可得洋一百元	存洋一百元滿期後可得左列之本利
二年	八十一元九角	一百二十二元一角
三年	七十三元一角二分	一百三十六元七角六分
四年	六十四元七角	一百五十四元五角六分
五年	五十六元六角七分	一百七十六元二角三分
六年	五十元〇六角六分	一百九十七元三角八分
七年	四十五元二角四分	二百二十一元〇七分
八年	四十元〇三角九分	二百四十七元六角
九年	三十六元〇六分	二百七十七元三角一分
十年	三十二元二角	三百十元〇五角九分

定期取息儲蓄存款

茂福申新卅週紀念冊

一 此項存款存入金額至少洋五百元或銀五百兩由本部填發定期取息存摺爲憑利息照規定期限列表于後（以洋一千元爲例）

二 此項存款之期限及分次取息之期由存戶自定既定以後不得更改留有印鑑者

三 支取本息皆須簽印未留者憑存摺辦理

■定期取息存款支息表■

期限	每月支息	每三個月支息	每六個月支息	每年支息
一年	七元九角二分	廿四元〇六分	四十八元七角五分	一百元
二年	八元三角三分	廿五元三角一分	五十一元二角五分	一百〇五元
三年	八元七角五分	廿六元五角六分	五十三元七角五分	一百十元
四年	九元一角七分	廿七元八角一分	五十六元二角五分	一百十五元
五年	九元五角八分	廿九元〇六分	五十八元七角五分	一百廿元

零存定期儲蓄存欵

一 此項存款存入金額至少洋十元或銀十兩方可開摺以後不論多寡皆可照收由本部發給存摺爲憑

二 此項存款利息視定期年限長短從優規定每逢六月十二月結算利息一次併入本金利上生利

三 此項存款自開摺之日起一年之內祇存不取到期後本息一併給還留有印鑑者到期取款簽印於摺後未留者憑摺支付

零存整取儲蓄存款

一　此項存款每月存入金額至少洋一元或銀一兩由本部發給存摺爲憑

二　利息按規定期限列表于後

三　存戶按月存洋須按照第一次存入日期

四　不可間斷若遲過五日應照補利息此項存款期限由存戶認定認定之後不得更改留有印鑑者到期取款時須簽印于摺後未留者憑摺支付如有特別事故不能續存者須具函來部聲明由本部斟酌情形到原定期限從優給還本息

★ ★ ★

零存整取存款年限本利表

定期年限	每月存洋一元	每月存洋五元	每月存洋十五元	每月存洋二十元
一年	一二·五八	六二·九〇	一八八·七〇	二五一·六〇
二年	二六·四三	一三二·一五	三九六·四五	五二八·六〇
三年	四一·八七	二〇九·三五	六二八·〇五	八三七·四〇
四年	五八·七一	二九三·五五	八八〇·六五	一一七四·二〇
五年	七八·二〇	三九一·〇〇	一一七三·〇〇	一五六四·〇〇
六年	九九·一〇	四九五·五〇	一四八六·五〇	一九八二·〇〇
七年	一二二·一八	六一七·九〇	一八三二·七〇	二四四三·六〇
八年	一五〇·七九	七五三·九五	二二六一·八五	三〇一五·八〇
九年	一八〇·〇九	九〇〇·四五	二七〇一·三五	三六〇一·八〇
十年	二一二·六二	一〇六三·一〇	三一八九·三〇	四二五二·四〇
十一年	二五六·二一	一二八一·〇五	三八四三·一五	五一二四·二〇
十二年	二九八·四三	一四九二·一五	四四七六·四五	五九六八·六〇
十三年	三四五·五〇	一七二七·五〇	五一八二·五〇	六九一〇·〇〇
十四年	四一三·九四	二〇六九·七〇	六二〇九·一〇	八二七八·八〇
十五年	四七六·四〇	二三八二·〇〇	七一四六·〇〇	九五二八·〇〇
十六年	五四六·三五	二七三一·七五	八一九五·二五	一〇九二七·〇〇
十七年	六二四·六九	三一二三·四五	九三七〇·三五	一二四九三·八〇
十八年	七一二·四三	三五六二·一五	一〇六八六·四五	一四二四八·六〇
十九年	八一〇·七〇	四〇五三·五〇	一二一六〇·五〇	一六二一四·〇〇
二十年	九二〇·七六	四六〇三·八〇	一三八一一·四〇	一八四一五·二〇

★ ★ ★

通知儲蓄存款

一 此項存款存入金額至少洋一百元或銀一百兩方可開摺以後不論多寡皆可照收由本部塡發存摺爲憑

二 此項存款之利率與存戶面訂之每逢六月十二月結算利息一次滾入本金利上生利

三 此項存款取款時須先一個月通知留有印鑑者須簽印于支款單未留者憑摺辦理

活期儲蓄存款

一 此項存款存入金額至少洋十元或銀十兩由本部發給存摺爲憑

二 利息按年息七厘計算每逢六月十二月結算利息一次滾入本金利上生利

三 此項存款隨時可以支取留有印鑑者簽印于支款單未留者憑摺支付

禮券儲蓄存款

一 此項禮券共分一元二元四元六元八元十元六種另備空白一種印就格式空出數目以便隨時塡寫聽憑選購

二 此項禮券得隨時向本公司或所屬各分理處兌換現款

三 此項禮券如移作各項存款者自該禮券發出之日起得按照訂定之存款利息計算

四 此項禮券如有塗改概作無效並不得掛失

活期流通存券

一 此項存券爲求與本公司往來各行號及存戶之便利而設凡屬本公司範圍內各廠各批發處採辦處不拘數目皆可代收由各廠處經理或主任簽字發給存券

二 此項存券得隨時向本公司或所屬各分理處抵付貨款（如麵粉麩皮棉紗棉布之類）或取用現金

三 此項存券自存入之日起至取出之日止按年利七厘計息（不滿一月者概不計息）

四 此項存券在外埠本公司所屬各處取款免收匯水以示優待

五 此項存券若因市面發生特殊情形本外埠銀洋行市距離過大時本部得按照市面酌加貼水或照存戶原存地之銀洋發還

★ ★ ★

活期流通存券通用地點

△上海▽

茂新福新申新總公司　江西路五十八號
福新麵粉第一廠　新閘橋
福新麵粉第二廠　莫干山路
福新麵粉第三廠　小沙渡
福新麵粉第四廠　東京路文極司脫路北蘇州路角
福新麵粉第六廠
福新麵粉第七廠　新閘大通路
福新麵粉第八廠　東京路
申新紡織第一廠　陳家渡白利南路
申新紡織第二廠　戈登路底宜昌路
申新紡織第五廠　楊樹浦高郎橋

△蘇州▽

茂新批發處　山塘橋醃豬河路

△無錫▽

茂新麵粉第一廠　西門外太保墩
茂新麵粉第二廠　惠山浜
茂新麵粉第三廠　西門外太保墩
申新紡織第三廠　西門外五洞橋
茂新申新批發處　北塘

△常州▽

申新紡織第六廠　南門外
申新批發處

△鎮江▽

茂新辦麥處　義渡碼頭

△南京▽

茂新批發處　下關

△太倉▽

申新辦花處　浮橋
申新辦花處　六渡橋

△杭州▽

茂新批發處　拱宸橋

△平湖▽

茂福申新批發處　東門外南廊下

△常熟▽

福新辦麥處　大東門
申新紗布批發處　大東門
申新辦花處　支塘

〔6〕

★ ★ ★

△揚州▽

福新辦麥處 揚州

△高郵▽

茂新辦麥處 小南門

△姜堰▽

茂新辦麥處 姜堰

△泰州▽

福新辦麥處 溱潼

△濟南▽

茂新麵粉第四廠 商埠十王廟

茂新批發處 商埠十王廟

△九江▽

申新紗布批發處 環城馬路西一區廿一號

△漢口▽

福新第五麵粉廠 礄口宗關

申新第四紡織廠 礄口宗關

福申新批發處 歆生路鼎安里

★ ★ ★

總公司同人歡宴榮月泉先生專赴歐美考察麵粉紡織事業

（民國八年三月三日）

Reception Given on March 3, 1920 by Staff of the Head Office to Mr. Y. Z. Yung in Honour of his Departure Specially Appointed for an Investigation of the Flour and Conton Industry in Europe and America.

榮君月泉派赴歐美考察麵粉紡織業記畧

當歐戰之季。中國各項實業。頗有發展之象。而紡織麵粉兩業。尤有蓬勃之勢。本公司從事兩業。歷有年所。得此時機。急謀發展。深知歐美機製工作。日新月異。欲資師道。非從實地考察不可。榮君月泉。曾遊學海外。熟悉彼邦情形。因特派赴歐美從事考察。時歐戰甫終。各國方開和平會議於巴黎。中國亦派員列席。上海總商會以歷年受稅則不平等之束縛。國計民生。交受其困。乃委榮君順道赴法請願。遂於民國八年三月八日乘春陽丸放洋。四月抵美。留美凡兩閱月。先後赴明尼波黎斯印第安那及密爾華紀等處調查麵粉事業。明尼波黎斯為美國麵粉業之中心。其最大

★ ★ ★

之粉廠。日夜可出粉至八萬數千袋。印第安那及密爾華紀均以製造粉機及電機著名。榮君詳察各廠之所長。定購新式粉機若干種。又一千六百啓羅華次之發電機二副。爲無錫中新三廠之用。繼至麻省。該省爲美國紡織業薈萃之處。製造紡織機之工廠。多在其地。五月渡海赴英。旋卽轉赴巴黎。爲取消不平等稅則事。屢謁陸王諸使。詳陳利害。兩使以此事關於吾國大計。允於和會中提出。榮君始復赴英。以孟哲斯德爲英國紡織業之中心點。特駐其地從事攷察凡三閱月。所謂蘭開夏州者。其氣候土地。最宜於紡織。由此知天時地利實爲造成此世界紡織業發祥地之主因。英國共有紗錠五千餘萬支。太半在孟哲斯德附近之二三百里內。而在奧爾屯一鎭。已有一千餘萬錠之多。當歐戰時。各機器工廠多改製軍械。時値戰事甫終。各工廠皆未回復原狀。中日各國爭購紡機。多不能如期供應。交貨期限。有遲至兩年外者。亦可見當時遠東紡織業風起雲湧之一斑。

臨行時榮君特向好華特白羅廠定購細紗機三萬錠。交貨期爲十二月。卽今日無錫中新三廠所置者是也。九月二日。渡大西洋繞道坎拿大而至舊金山附輪回國。於十月十三日抵滬。

三十年來之中國麵粉業

施復侯

導言

我國人民雖以米爲主要食物。但北方諸省。太半食麵。是以麵粉事業。發達極早。磨麥之具始於周世。公瑜作磑。合兩石爲之。中琢縱橫齒。能旋轉碎物成屑。至晉王戎。成水磨之具。製粉之器稍進。漢世百官湯官主餅餌。麥麵之製漸盛。元巧工瞿氏造磨樓。樓上設磨。樓下設機軸以旋之。製粉之處。牲畜所不能及。無臭穢塵土以侵入。其法益巧。洎乎明清之世。粉業日益發達。然製法不免簡陋。製品仍是粗劣。海通以後。外粉源源而來。當時進口無稅。占利甚多。土粉銷場。將爲所奪。有心之士。乃有機製麵粉公司之設。其最早者厥爲光緒廿二年興辦之上海增裕麵粉廠。惟尙屬德人所辦。自後華廠接踵而起。三十年來。其經過之事實。有足述者。玆特纂輯過去三十年間粉業發展之順序。與其重心點之遷移。歷年華洋麥粉輸出輸入之數目及其價值。我國小麥之產額及其品質。華洋粉麥之消長。粉麥與運輸之關係。近年來粉廠之工作與粉廠之副產品等。各述梗概。以爲國人觀感興起之助。其詳則非玆篇所能盡也。

粉業發展之順序

我國粉業發展之順序。約可分爲三期。第一期自中日戰爭至日俄戰爭。（光緒廿年至光緒卅年）爲創始時代。第二期自日俄戰爭至辛亥革命。（光緒卅年至宣統三年）爲漸進時代。第三期由辛亥革命至歐洲大戰。（民國元年至民國八年）爲勃興時代。玆將最近調查之全國機製麵粉廠一覽表列後。藉資參證。並以示粉廠於新興工業中所佔之地位焉。

中國機製麵粉公司一覽表

公司名稱	工廠地址	性質	設立年月	資本	每日製粉數	商標	備攷

茂福申新卅週紀念册

茂福申新卅週紀念册

三井製粉工廠	上海	日商	光緒廿三年	三千萬元	二,五00包	三馬、金魚、壽星、	舊爲德商增裕廠
阜豐麵粉公司	又	華商	光緒廿四年	一百萬元	六,000包	自行車、雙虎、雙魚	
復新麵粉公司	通州	又	光緒廿六年		一,二00包	雙鶴、旭日	
茂新第一三麵粉廠	無錫	華商	光緒廿七年	一百廿萬元 與茂二合計	一,二00,000包 全年計算	兵船	
華興麵粉公司	上海	又	光緒廿八年		四,八00包	天官、火車、鷹	
雙合盛火磨	哈爾濱	華商	光緒廿九年	四十萬羅布	四,五00普得	雞藍星	
永勝公司	又	法商	光緒三十年		二四,000袋	日月星	
裕順火磨	寧古塔	華商	又		一,二六0普得	鹿	
裕順利火磨	又	又	又	五十萬元	一,000普得	鹿	
裕豐麵粉公司	上海	又	又	二千萬兩	二,000包	雙龍	
United Machurian Flour Mill Co., Ltd.	哈爾濱	俄商	光緒卅一年	二千萬羅布	一五,000普得		
和豐麵粉公司	漢口	中日合辦	又	六十萬元	九00袋	火車、飛鶴	
海豐麵粉公司	海州	華商	又	二十萬元	一,五00包		
松花江製粉公司	哈爾濱	俄商	光緒卅二年	五十萬羅布	三0,000普得	江麥穗、日月	
廣記火磨公司	黑龍江	華商	又	四十萬元	一,000普得	雙獅	
漢豐麵粉公司	漢口	又	又	三十萬元	一,六00袋		
大豐麵粉公司	清江浦	又	又	二千萬兩	一,七00包		
益新製粉會社	蕪湖	又	光緒卅四年	十萬元	一,000包		

★ ★ ★

	永遼火磨公司	阿什河	華商	光緒卅四年	五萬元	八00普得		
	滿洲製粉會社	鉄嶺	日商	又	三百萬日元	二,000袋	龍	
	長寧火磨公司	寧古塔	華商	又	四萬元	五00普得		
	裕隆麵粉公司	漢口	又	宣統元年	三十萬兩	三,000袋	雙鳳、芙蓉	
	東興火磨	傅家甸	華商	宣統元年	五萬羅布	二,000普得	太陽	
	立大麵粉廠	上海	又	又	二十萬兩	三,000包	天字牌	
★	裕順和火磨	吉林	又	宣統二年	五萬元	二,二四0普得	鹿	寧古塔裕順和火磨分廠
	中大麵粉公司	上海	又	又	二十萬元	四,000包	雙馬	
	雙合盛火磨公司	雙城堡	又	宣統三年	十萬元	一,000普得	鷄星	
★	沅廣益	哈爾濱	又	民國元年	十五萬羅布	三,000普得	鹿	
	Soskin& Co.	又	俄商	又	十萬羅布	三,五00普得	星	
★	滿洲製粉會社	長春	華商	又		四,八00袋	龍	鉄嶺分廠
	金龍麵粉公司	漢口	又	又	二十萬兩	一,五00袋	三星、麒麟	
	九豐麵粉公司	無錫	又	民國元年	五十萬兩	八,000包	山鹿	
	信義製粉會社	沙市	華商	民國元年	十六萬兩	六00包	仙鶴	
	福新第一麵粉廠	上海	華商	民國二年	五十萬元	四,八00包	兵船、寶星、蝠壽	
	東興火磨	哈爾濱	華商	民國二年	四十五萬羅布	四,五00普得	三鷄	
	成東益火磨	傅家甸	又	又	十萬羅布	二,000普得	地球	

茂福申新卅週紀念册

(3)

★ ★ ★

新華機器麵粉廠	寧古塔	又	又		九〇〇普得		
永榮火磨	呼蘭	又	又		七七〇普得	國旗	
立成麵粉公司	上海	華商	民國二年	五萬元	一,〇〇〇包		
福新麵粉第四廠	又	又	又	二十萬元	六,〇〇〇包	六蝠盤壽 紅綠麥根牌	
華豐麵粉公司	上海	華商	民國二年	三十萬兩	三,五〇〇包	雙桃綠牌 雙喜	
福新第二麵粉廠	上海	華商	民國三年	九十萬元	一三,五〇〇包	六蝠盤壽	
永豐製粉會社	開封	又	民國三年	四萬元	五〇〇包		
信泰製粉會社	靳水	又	又	一萬六千兩	二〇〇包		
泰隆麵粉公司	無錫	又	又	二十萬元	一,八〇〇包	鷹球	
裕昌順火磨	長春	又	又	三十萬元	二,〇〇〇袋	三羊	
大豐盈麵粉公司	淮陰	又	民國四年	十萬兩	一,二〇〇包		
貽成麵粉公司	鎮江	又	又	二十萬元	二,〇〇〇包	金山寺	舊合興麵粉公司
豐年麵粉公司	濟南	又	又	一百萬元	五,七〇〇袋	魚龍獅	
恆茂火磨	吉林	又	民國五年	三十萬元	一,〇〇〇包		
茂新第二麵粉廠	無錫	華商	民國五年		七〇〇,〇〇〇包 全年計算	兵船	
壽星麵粉公司	天津	中日合辦	又		三,〇〇〇袋	三桃	現已停業
長豐麵粉公司	上海	華商	又	四十萬元	二,五〇〇包	砲車	去年失火 現已停業
茂蘭福麵粉公司	福山	華商	民國五年		三,〇〇〇包		

茂福申新卅週紀念册

湖南製粉會社	長沙	又	又	二十萬元	一,六〇〇包	嘉禾	
福新第六麵粉廠	上海	華商	民國六年	四十萬元	一,三六八,〇〇〇袋 全年計算		
萬福興	傅家甸	中日合辦	民國六年	廿五萬羅布	二,五〇〇普得	龍	
山東濟豐麵粉公司	濟南	華商	民國六年	十萬元	一,〇〇〇袋	寶塔	
福新第五麵粉廠	漢口	華商	民國七年	一百五十萬元	一一,六〇〇包	牡丹	
青島製粉會社	青島	日商	民國七年		一,一〇〇包		
中華麵粉廠	上海	華商	又	十萬元	二,〇〇〇包		
元豐麵粉公司	上海	華商	民國七年	三十萬元	一,五〇〇包	汽車	
天民麵粉公司	北京	華商	民國七年	二十萬元	六,〇〇〇袋	雙種麥、綠囍	
惠豐麵粉公司	濟南	又	又	五十萬元	二,五〇〇袋	雙獅地球	
滿洲製粉濟南分工廠	又	日商	又		二,八〇〇袋		由鐵嶺分設現已停業
亞洲興業公司	寬城子	華商	又	三十萬元	二,〇〇〇袋	獅球	
義昌泰	哈爾濱	又	又	十萬元	二,五〇〇普得	馬	
滿洲製粉會社	哈爾濱	日商	民國七年		八,〇〇〇袋	龍、虎、獅、孔雀	哈埠共有三工場
北滿製粉會社	又	又	又		一七,五〇〇普得	象、獅、火車	
東盛火磨	傅家甸	華商	又	五萬羅布	八〇〇普得	汽車	
安裕火磨	又	又	又	二十萬羅布	二,〇〇〇普得	飛艇	
廣裕火磨	又	又	又	十五萬羅布	一,二〇〇普得	孔雀	

茂福申新卅週紀念冊

福新第八麵粉廠	上海	華商	民國八年	八十萬元	1四,五00包	六鶴盤雲
茂新第四麵粉廠	濟南	華商	民國八年	廿五萬元	全年計算包 六00,000	兵船
廣信火磨	哈爾濱	又	民國八年		1,五00普得	紅星
廣大火磨	又	又	又		1,000普得	鹿頭
Blagoveshchensk Flour Mill Co.	又	俄商	又	卅萬羅布	二,五00普得	麥穗
厚康火磨	又	華商	又	七十萬羅布	10,000普得	三星象
中東製粉會社	開源	中日合辦	又	卌五萬元	二,000普得	火車
通豐麵粉公司	新鄉 河南	又	又	五十萬元	五,000包	
福新第七麵粉廠	上海	華商	民國九年	二百五十萬元	1四,000包	壽星、人人、大船、喜鵲、雙魚、五蝠
天興福磨麵粉廠	哈爾濱	華商	民國九年	五十萬羅布	六,000普得	天官
慶天火磨	傅家甸	又	又	三十萬羅布	三,000普得	又
天興福磨麵粉廠	長春	又	又	一百五十萬元	二,000袋	又
雙和棧火磨	又	又	又	五十萬元	1,五00袋	雙仙
中華製粉株式會社	又	中日合辦	又	一百廿五萬元	四,000袋	
永業廣火磨公司	呼蘭	華商	又	十七萬元		國旗
德昌火磨公司	黑龍江	又	又	三十萬元	1,000普得	福字
萬豐會麵粉公司	西黑河	又	又	十八萬元	1,八00袋	獅子
大豐機器麵粉公司	天津	又	又	一百萬元	四,000袋	虬龍

哈爾濱分廠

	Walo Siberian	傅家甸	華俄合辦	民國十年	六萬盧布	一,五00普得		
	吳興恆火磨	姑鄉屯	華商	又	十萬盧布	二,五00普得	雙旗	
	晉豐麵粉公司	太原	華商	民國十年	一百萬元	一,三00包	雙象	
	成豐麵粉公司	濟南	又	又	一百萬元	六,000袋	雙鹿	
	正利厚麵粉公司	又	又	又	三十萬元	四00袋	十字	
	華慶麵粉公司	又	又	又	五十萬元	一,八00袋	五蝠	
★	恆興麵粉公司	又	又	又	四十萬元	一,八00袋	火輪	
	祥新麵粉公司	上海	又	又	五十萬元	二,五00包	丹鳳五蝠	
	振昌機器火磨公司	齊齊哈爾	又	民國十一年	六十萬元	一,五00普得	自由鐘	
★	民安麵粉公司	濟南	又	又	一百十萬元	七,000袋	麥穗金鐘	
	勝新麵粉公司	漢口		又		三,000袋	紅綠萬年青	
★	大同麵粉公司	南京	華商	又	五十萬元	二,100包	月兔	
	德培火磨公司	齊齊哈爾	又	又	十五萬元	五00普得	塔字	
	嘉瑞麵粉公司	天津	又	民國十二年	五十萬元	五,000袋	牧牛	
	慶豐麵粉公司	天津	華商	民國十二年		四,二00袋	雙如意	現已停業
	亨豐麵粉公司	漢口	又	又	一萬兩	二00袋		
	同豐麵粉公司	濟南	又	又	三十萬元	四五0袋	鷹	
	大同麵粉公司	大同	又	民國十三年	五萬兩	四五0包	萬年青	

茂福申新卅週紀念册

★ ★ ★

信大麵粉公司	上海	華商	民國十三年	五十萬元	三,000包	三多砲台、進寶麟鳳	
晉省電燈公司附設磨麵粉廠	太原	又	又		10,000斤	電燈	日間不用電燈時借用電力以磨麵夜間停止
Buzanoff& Low Suri-Pantze Co.	哈爾濱	華俄合辦		十五萬羅布	二,五00普得	龍	
民豐麵粉公司	天津	華商		一百萬元	五,二00袋	斗	
湧沅機器磨麵公司	又	又			一,二00袋		
福星麵粉公司	又	又		六十萬元	五,000袋	福星	
裕和	天津						
乾義麵粉公司	保定	又				太極圖	
福新第三麵粉廠	上海	華商	民國十五年	卅萬元	六,000包	兵船、寶星、蝠壽	
三星	天津						
華盛麵粉公司	濟南	華商				五蝠	
裕亨麵粉公司	高郵	又		十二萬元	二,000包	雙子	
泰來麵粉公司	泰州	又		十二萬元	二,000包	山羊	
芝罘麵粉公司	芝罘	又			八00包		
裕通麵粉公司	上海	又	民國十五年		六,000包		

卅餘年來。我國機製麵粉廠之設立。都一百卅餘處。計其成立之先後。除年月不詳之十一廠外。在光緒廿二廿四廿六年各一廠。至光緒廿九年而增至六廠。至宣統三年而增至廿八廠。民國元年至八年成立之廠。凡五十五處。民九至民十三又增廿八處。夫以我國向乏確切之統計與

★ ★ ★

調查。所記未免不詳。右表所載。不過略示粉廠發展之一斑。其所以成爲新興主要工業者。一以適應時代之需要爲主因耳。

粉業重心點之遷移

粉廠之原料爲小麥。東三省爲中國重要產麥之區。故麵粉事業。發軔最早。其發展之地域。由南而北。因南部原料豐富。俄僑多而需要殷。一九〇二年（光緒廿八年）已有粉廠三所。迨日俄戰爭。粉廠增至十六。一九〇九年（宣統元年）俄人變其工業政策。廢去極東貿易制度。凡屬東三省北部所產之小麥。進口時一律重徵其稅。同時鐵道之運費。亦故昂其值。業粉廠者大受恐慌。一九一三年（民國二年）中俄國境五十里外之自由貿易地域撤去。於是東三省北部之製粉事業。一落千丈。其後歷時既久。復因人口增殖。需要日殷。從事粉業者。乃捲土重來。乘時再起。惟時當地出產有限。供不敷求。遂有滬粉及美粉之輸入。自此而粉業之重心點漸移於華南。尤以揚子江流域。發展較速。又値歐戰方興。需要正殷。十數年中。設廠之盛。有如雨後春筍。卽以上海一地而論。亦幾數十處。惟是小麥產額。不與俱增。供求不平。原料驟昂。加之連年政局不寧。兵爭擾攘。農工事業。莫不受其影響。而各國大戰以後。農工業漸次恢復。麥田面積增加。產額愈多。日美坎澳之粉麥。於華北諸地。紛紛輸入。我國粉業。遂受巨創。茲者日本粉業。已告生產過剩。而其工場增設之計劃。仍不稍衰。近年以來。更挾大宗資本。謀向華北進展以圖壟斷。回視我國。但知囿於一時之利。未嘗作有計劃之抵制。際此經濟競爭劇烈之時。優勝劣敗。不進則退。我粉業之能否保持其固有地位。誠爲一大疑問也。

歷年麵粉輸出之數目及價値

我國麵粉出口。初無統計可攷。至光緒三十四年。海關貿易册始有麵粉出口之記載。是年出口數目計卅六萬九千四百四十五担。宣統年間。大致在六十萬担至八十萬担之間。民國元年。稍爲減色。計六十三萬餘担。值關平銀三百廿六萬餘兩。民國三年。減至八萬餘担。值銀四十二萬餘兩。五年始增至廿八萬九千餘担。值銀一百十四萬餘兩。六年又增至七十九萬八千餘担。值銀二百廿九萬餘兩。七年至九年。復由二百○一萬餘担。增至三百九十六萬餘担。價值由八百四十一萬餘兩加至一千八百廿五萬餘兩。十年減至二百○四萬餘担。十一年減至五十九萬餘担。十二年減至十三萬餘担。價值則十年減至九百廿六萬餘兩。十一年減至三百六十五萬餘兩。十二年更減至七十八萬餘兩。近年以來。又復續減。茲將歷年麵粉之輸出數及價目列表如左。以資參考。

★ ★ ☆

歷年麵粉輸出數量及價值表

年次	數量(担)	價值(兩)
光緒卅四年	三六九、四四五	一、三四一、七一〇
宣統二年	八八四、〇二八	三、五七五、二六〇
民國元年	六三七、四八四	三、二六一、九六八
民國二年	一三九、二〇六	六一〇、一一二
民國三年	八七、〇四一	四二二、三〇九
民國四年	二一六、二二五	七九一、九〇三
民國五年	二八九、七四七	一、一四一、七〇七
民國六年	七九八、〇三一	二、二九三、三八二
民國七年	二、〇一一、八九九	八、四一〇、五五七

民國八年	二、六九四、二七一	一〇、八七三、三一八
民國九年	三、九六〇、七七九	一八、二五一、七二二
民國十年	二、〇四七、〇〇四	九、三六六、二五四
民國十一年	五九三、二五五	三、六五四、八一〇
民國十二年	一三一、五五三	七八二、七八八
民國十三年	一五七、二五八	七一三、九六三
民國十四年	二八八、〇六〇	一、三〇三、一九一
民國十五年	一一八、四二一	五三三、三七七
民國十六年	（海關貿易册尚未出版）	

★ ★ ★

歷年麵粉輸入之數目及價值

查海關貿易册洋粉之輸入。始自前清光緒廿九年。（廿九年以前海關尚無記載）是年進口七十六萬餘担。值關平銀二百八十六萬餘兩。至光緒卅三年。增至四百四十一萬餘担。值銀一千三百九十八萬餘兩。至宣統元年。減至五十九萬餘担。值銀二百六十九萬餘兩。宣統三年。復增至二百十八萬三千餘担。值銀八百七十餘萬兩。至民國元年。續增至三百卅萬零二千餘担。值銀一千二百六十九萬三千餘兩。至民國三年。減至二百十九萬七千餘担。值銀九百十四萬〇八百餘兩。民國四年至八年。適值歐洲酣戰之時。輸入之數大減。九十兩年歐戰告終。輸入復形增加。二年平均輸入六十三萬餘担。值銀三百餘萬兩。十一年更增至三百六十餘萬担。值銀一千六百七十四萬餘兩。十三年增至六百六十二萬餘担。值銀三百十一萬餘兩。十四五年。因各國歉收。輸入稍減。玆將麵粉歷年輸入數量及價值列表如

茂福申新卅週紀念冊

左。以資參攷。

★ ★ ★

歷年麵粉輸入之數目及價值表

年次	數量（担）	價值（兩）
光緒廿九年	七六六、三二四	二、八六九、七〇八
光緒卅一年	九三一、七六一	三、七〇六、一五九
光緒卅三年	四、四一四、三八四	一三、九八四、五四六
宣統元年	五九六、七七七	二、六九一、三九九
宣統三年	二、一八三、〇四二	八、七〇八、四五一
民國元年	三、二〇二、五〇一	一二、六九三、八三九
民國二年	二、五九六、八二一	一〇、三〇〇、六一二
民國三年	二、一九七、二四一	九、一四〇、八六二
民國四年	一五八、二七三	七九五、一三七
民國五年	二三三、四六四	一、一七四、五四四
民國六年	六七八、八四九	二、八一八、五七六
民國七年	四、五五二	一九、八四六
民國八年	二七一、三二八	一、二四二、二八四
民國九年	五一一、〇二一	二、三三〇、二一五
民國十年	七五二、六七二	三、五〇三、五一五

民國十一年	三、六〇〇、九六七	一六、七四〇、四九一
民國十二年	五、八二六、五四〇	二七、二三二、九四八
民國十三年	六、六二二、七三六	三〇、一一九、三八五
民國十四年	二、七八二、七一八	一四、六八二、七一八
民國十五年	四、二六八、〇九三	二三、五二三、九九三
民國十六年	（海關貿易冊尚未出版）	

綜觀兩表。洋粉之輸入。在十年前計達二百萬担以上。其後歐戰發生。各國軍事倥偬。不暇注力於生產。洋粉輸入大減。吾國麵粉。且乘機輸出外洋。於是我國麵粉事業。乃呈空前未有之活躍。然此乃一時時會所致。非可望於久遠者。果然。歐戰甫終。輸入之數。又復與年俱增。致其原因。一因國內民齒日繁。消費日增。供給不敷需求。二因年歲不豐。原料欠足。生產不能增加。夫外貨之輸入增。則國貨之銷路滯。金錢之流出鉅。則企業之資本減。對外貿易之盛衰。實為國民經濟榮枯之關鍵。是以對外貿易之入超巨。國民之經濟枯寂甚。企業力薄。而事業振興之希望低。粉業今日之情狀。不猶是耶。夫以吾國號稱地大物博之農國。對此卅年來粉業對外之貿易。不特不能執世界粉業之牛耳。而反落人之後。此足為吾粉業悲。深望國內企業。家有以自振也。

華粉輸出國之國別

當民國六年歐戰最烈之時。地中海諸國及俄國。吸收我國麵粉最多。其輸入美國之數。當一九一七年為十萬〇七百八十二担。值銀四十四萬餘兩。一九一九年增至卅二萬三千八百餘担。值銀一百四十五萬七千九百餘兩。一九一九年。英人對於中國輸入麵粉之品質。故作懷疑。謂食中國麵粉者。易罹皮膚病及睡眠病。後經倫敦衛生試驗所之精密致查。始證其妄。故英國至今猶爲中國麵粉之主要輸入國。輸入日本之數。一九一七年爲一千〇六十一担。價五千四百九十一兩。一九一九年增至八十九萬八千七百〇四担。價四百〇一萬九千九百六十兩。其他輸諸法國者。爲數亦不少。而香港菲律賓安南土耳其等處。亦年有輸往。

小麥之品質及產額

麵粉以小麥爲唯一原料。故視小麥產量之豐歉。可測知麵粉產量之多寡。小麥品質之優劣。可斷定麵粉出品之精粗。就我國小麥之品質言。則較之日美澳坎之粉。獨多麵筋質。以百分計。可四十五至五十。而日美澳坎之粉。其筋力祇卅至四十而已。就其製粉之產率論。則日美澳坎約百分之七十至八五。而華麥僅可百分之六五至八十。至我國產麥之區。首推東三省。其次黃河流域東三省之南北部每歲所產小麥。當在七八百萬石之間。據農商部民國七年（一九一八）之調查。河南境內有四萬四千餘萬畝。產麥二萬五千餘萬石。江蘇境內有四千五百餘萬畝。約產麥四千二百餘萬石。全國總產額年約六千萬石以上。茲將各國產額列表比較。以見我國種麥之田。產麥之額。在在不如他人。於是洋粉洋麥之輸入。遂亦與年而俱增。試觀民國以來。華麥出口與洋粉洋麥進口數值。相爲比較。中間除特殊情形不計外。莫不爲反比例。此實爲我粉業前途之隱憂。雖然。國際貿易之原理。原料進口。係國內工業發達之結果。此乃在國內本無此原料物。或雖有此物而產額不能增加之際爲然。例如英日俱盡量輸入棉花。以發展其偉大之紡織業。當世無非議之者。以此二國之本境內。不產棉故也。若吾國者。素稱爲世界大農業國。土地肥沃。產麥豐饒。麵粉之生產力。宜乎未有涯涘。而今乃仰給洋麥與洋粉。此種趨勢。設繼續不已。則粉業前途。有不堪設想者。是故發展粉業。應首先推廣種麥。並改良**麥種。此實爲根本要務。慎勿以迂緩忽之也。**

各國產麥總額比較表 （每英畝約合六華畝）

（國別）	（A土地總面積以一千英畝爲單位）	（B可耕植之土地面積以一千英畝爲單位）	（A項與B項之百分比）	（C專種麥之土地面積以一千英畝爲單位）	（A項與C項之百分比）	（麥產總額以一千斗爲單位）	（每英畝之平均產額）
中國(一)	一、二三三、七〇四	一八〇、〇〇〇	一五	四五、〇〇〇	三、七	六三〇、〇〇〇	一四、〇
英國	七六、六三九	二〇、〇〇六	二六	四、〇〇四	五、二	一二五、六六四	三一、四
法國	一三六、一〇一	五五、八二二	四一	一二、七〇一	九、三	二三四、八五〇	一八、五
美國(二)	一、九〇三、二六九	二三六、三四六	一三	六一、二三〇	三、二	八五六、三三三	一四、〇
加拿大	二、三〇六、一三五	五六八、八〇九	二、五	二一、六四〇	〇、九	三八八、七七三	一七、三
印度	六三五、一四九	三三三、八二五	三五	二八、二三四	四、五	三一四、一四四	一一、一
日本(三)	九一、〇〇〇	一四、八七六	一五	一、二九九	一、四	二三、〇九三	三三、四

註（一）祇包括十八省及滿洲

（二）阿拉斯加省除外

（三）台灣與朝鮮不計在內

（四）估計之數

上列比較表內有可注意者數點

（一）我國可耕殖土地與全國土地面積之比較。合美利堅加拿大外。實爲全世界此項比較中之最低度者。

（二）種麥之土地面積與全國土地總面積相較。除美加拿大及日本外。亦較其餘各國爲低。

（三）每英畝之平均產額。中國祇較印度爲高。

（四）我國種麥之土地面積與可耕殖之土地面積比較。以印日爲準我國每年產額六千萬石計數目有過無不及。

★ ★ ★

麵粉需給與華洋粉麥之消長

我國粉麥。在歐戰以前。對於洋粉洋麥。關係已非淺尠。至歐戰方殷。各國既注其全力於軍事。不遑生產。而製造銳減。華粉輸出之數。驟然大增。實爲粉業發展最盛之時。迨夫歐戰告終。各國農工業漸次恢復。種植之面積又復擴展。我國未嘗因之推廣種麥。而人口增殖。與需要加殷。亦隨各國俱進。同時麥收歉薄。原料缺乏。粉廠製粉。實感困難。外洋粉麥。乘機輸入者頗巨。近年以來。農人更鑒於麥收之歉薄。棉花栽培之有利。而從事於植棉者頗多。小麥產量。遂不能有充分之增進。至內地小麥。如陝西河南等省。產額本甚豐富。徒以戰事頻仍。交通不便。運費加昂。往往未能南下。廠方爲維持工作計。或都採購洋麥。良以洋麥進口之水脚。較之運自內地者爲廉。成本自較合算。是以年來外麥輸入之數。年有增加。國內產麥之量。既不增益。需求又復不能適合。價格自隨之昂貴。麥價既昂。粉價不得不隨之而上漲。於是廉價之洋粉。乃乘機而輸入。洋粉之輸入愈盛。華粉之銷路漸蹙。價格反爲壓小。洋麥之輸入愈盛。華麥種植之推廣愈難。而其影響於製粉者尤大。爲今之計。惟有停辦洋粉。則華粉可以藉資推銷。一方提倡推廣種麥。增加產量。則可以拒洋麥輸入。不可圖於一時之利。而置粉麥前途於不顧。否則豈惟粉業前途之隱憂。實我國農工業前途之一大問題也。

民國以來華麥出口與洋粉洋麥進口表

年別	出口華麥 數量	出口華麥 價值	進口洋麥 數量	進口洋麥 價值	進口洋粉 數量	進口洋粉 價值
民一	一、六二三、六二三	四、二七九、二二八	一三、四二〇	一二七、五四二	三、二〇二、五〇一	一三、六九三、八三九
二	二、一一三、八三二	五、一七九、六一〇	七、一八一	三六、〇三五	二、五九六、八三二	一〇、三〇〇、六一二
三	三、一五七、七八五	四、一一八、八三三	九、〇五五	四五、〇五七	二、一六六、三一八	九、〇一六、五八九
四	一、五八三、三九二	四、一五七、三六八	一三、八二七	六〇、一九七	一七七、三六七	八六五、八四二
五	一、一七一、二二九	二、二四九、七五六	六八、四一八	一六三、一一三	二三三、四六四	一、一七四、五四四
六	一、五七九、四九五	三、三〇六、八一四	九〇、四八九	一九〇、〇三七	六七八、八四九	二、八一八、五七六
七	一、八〇五、三六四	四、〇六九、四五七	四、七四四	二四、九九八	四、五五一	
八	四、六九九、八七六	一〇、五七〇、八八八	七、一七三	三四、四三八	二七一、三三八	一、二四三、二八五
九	八、五三五、一一三	二五、六一四、六九五	一三、五八〇	七三、七五二	五一一、〇三一	二、三三〇、三一五
十	五、二三五、〇九五	一六、九五三、〇四四	九〇、八二八	三五一、四三六	七五二、六七三	三、五〇三、五一三
十一	一、一六九、二六八	四、二八〇、七三四	八八七、六九九	三、一二三、二四〇	三、六〇〇、九六七	一六、七四〇、四九七
十二	六四八、二九九	二、一九一、四九四	二、六〇九、二七六	九、一六〇、五九七	五、八二六、五四〇	二七、二三二、九四八
十三	一四〇、一八五	五四一、〇八九	五、一六七、二三四	一七、七六五、六六九	六、六二三、七三六	二一、〇二九、三八五
十四	二〇七、四〇三	八二四、八二九	七〇〇、二〇五	二、六五五、三八五	二、七八二、七一八	一四、六八二、七一八
十五	四、九七一	二〇、四六七	四、一五八、三七八	一七、九六五、一九四	四、二六八、〇九三	二三、五二三、九九三
十六						

茂福申新卅週紀念冊

★ ★ ★

民國十三年麵粉改磅

我國機製麵粉。向來習慣。每袋重五十磅。進口之洋粉。每袋均四十九磅。在普通用戶心理。無論華粉洋粉。祇知出價若干。購粉一袋。重量不甚研究。故市上每袋四十九磅之洋粉。與每袋五十磅之華粉。售價得以相同。又以洋粉原料豐富。成本較輕。售價得以相同。惟其成本較輕。即使磅重與華粉相等。華粉已不能與之競爭。何況每袋更暗多一磅。則尤不能與洋粉競爭。因此麵粉同業。遂提議華粉減重。以資補救。僉謂商戰時代。經濟趨於大同。機製麵粉。每袋磅重。未便獨守舊規。獨自標異。應與各國洋粉一致。一律改爲每袋四十九磅。以免暗虧。乃決於是年五月初一日起實行。但改磅之前。反對者亦大有其人。其所持理由。大致謂洋粉進口暢銷。而華粉之所以能競爭者。因洋粉與華粉市價相等之際。一般用戶。仍樂購華粉。以其較洋粉每袋多裝一磅。兩種相較。猶以華粉爲合算耳。若每袋改裝四十九磅。與華粉一律。則華粉銷路。恐不免將受影響。此說因非無理。麵粉公會。亦曾一度爲之討論。卒以多數之主張。不惑於一時之利。而通過實行。

粉業發展與小麥運輸之關係

粉廠所在之地。大都通商要埠。而小麥所産之地。又散布四方各區。麥之運輸。遂與粉業之發展發生絕大之關係。運輸一道。原非甚難。顧在中國。殊屬不易。一省所産之麥。運之他省。轉輾求售。中間幾經重征斂稅。運費尤巨。合之成本。惟其運輸之難。運價愈加昂貴。運價愈昂。貨物愈難流通。流弊所致。足以使粉廠缺乏原料。而停業有之。或産麥因運輸之難。而腹地深遠。無人顧問。致使華廠多用洋麥。大宗金錢。流溢外洋。嗟乎。粉業發展之難。其故甚多。而運輸之困難。實一重大原因也。

粉廠一年間之工作

年來我國粉廠。當五六月間新麥登場之時。進行甚爲活躍。迨十月間漸趨疲滯。工作之率。亦因漸減。此由於本國小麥種植未廣。產額不充之故。至定購外麥。大都於十月之後。源源運到。當此青黃不接之時。工廠遂未能十足開工。迨十二月左右。外麥輸入最爲湧躍。各廠或能全班開工。但於春季中國新麥未收穫以前。仍恐不足。故此時若外麥市價低廉。各廠仍事收買。以爲工作之儲也。

麵粉之副產品　麩皮爲麵粉之副產品。在十餘年前。不過爲家畜飼養之用。並不占商品中重要地位。迨近年銷路日廣。市價漲落頗巨。遂亦列入重要商品之中。至其出數之多寡。一視麵粉暢旺與否爲轉移。至其出品之良窳。一以習慣與信用而定。初無種類與牌子之分別也。其行銷之地。國外以日本爲多數。約占全額十分之六七。浙蘇及其他占十分之三四。惟日本行銷之麩皮。分大包小包兩種。如大阪神戶長崎專銷大包。即爲麥袋所裝。每包重壹百斤。餘如名古屋東京等行銷小包。即用布製麵袋。每包裝五十斤。至國內之銷售。幾全爲鄉間飼牲畜之用。其價值普通均以大包爲標準。客戶如需小包。照市價每小包加銀一錢五分。此爲各廠之通例。向來麩皮買賣。附屬於麵粉交易所。五六年前。因拍做期貨。發生阻障。遂爾停止。近來買賣多由居間人向廠家大盤批進。加佣轉售。老於經營者。頗易從中取盈也。

結論　中國者。世界著稱之農業國也。麵粉者。農產之製造品而爲中國新興之實業也。夫以吾國位於溥博大地之上。與列強爭生存。面積之廣。人口之庶。天時地利。在在處於優越之地。使推行盡利。宜其可以自給給人。謀國之富。既庶且廣矣。乃跡之卅年來粉業之消長。洋粉洋麥入超之巨額。華廠金融之迫亟。原料之阻乏。司工之擾攘。而人之謀我者。又持經濟侵略主義。調節勞資也。提高工率也。譬言以惑我。我粉業謂爲可以樂觀耶。證之已往。而希望來者。竊不能無說焉。

★ ★ ★

茂福中新卅週紀念册

嘗觀東西各國。左右政治之潛勢力。實操之社會之各種團體。我實業各界。即其儔亞。然而勢力遠遜者。無團體之結合。與無縝密之組織也。故欲使一業順利發展。當於事業本身以外。同時共謀所以組織團結之方。團結既固。舉凡外來一切之阻礙。可以全力祛除之。進行自無所顧忌矣。此希望者一也。今日者。經濟戰爭。資本賭賽之時代也。粉業大盛。在於歐戰以後。其先起者。稍獲盈利。遂爾相率彷傚。馴致公司蔚起。各樹一幟。資本多者數十萬。少者僅數萬元。其未有吸收巨資包舉一切氣魄雄厚規模宏大之組織者。夫資本原已缺乏。復不集中。此其所以一逢市況不利而停閉倒歇者踵相接也。故謀粉業前途之發展。集中資本。實爲要圖也。至如吸收遠道之麥。將以製粉。裝運已成之粉。銷行各地。自必有賴於運輸。欲利運輸。必賴交通。交通末闢。運輸不使。轉輾求售。稅脚重於成本。卒至富棄於地。貨藏莫興。是我粉業之發展。爲疎通原料計。則有賴乎運輸之利便。交通之發展者也。至若關稅之束於條約。不得自由。應限制之貨物。不能重征。應獎勵之商品。無從末減。粉業方在衰落時代。而保護無所施。外貨充斥市廛。而稅課莫能及。抵制舶麵。推銷華粉。是又有賴於外交方面者也。夫在歐美各國。政府往往不惜費巨大資金。遠大計劃。爲獎勵或救濟國內實業之用。彼邦企業之雄厚。豈無故哉。今日者。國民革命。已告成功。國是澄清。已見端倪。願吾國人。苟能移其終日競權逐利之心。以從事於正眞實業之發展。人民通力合作。勞資雙方互助。福國利民。庶有豸乎。

茂新福新在中國麵粉業之地位

丁彦章

凡事創始難。持久尤難。溯茂新創始以來。忽忽三十年。福新亦幾及二十年。其間人事之遷變。時局之遞嬗。商業之盈虛。消息殆不可以僂指計。而茂新福新順自然之趨勢。奮鬬以迄於今。其在我國麵粉業占有相當地位。可斷言也。按茂新凡四廠。每日平均用麥八千五百餘擔。成粉壹萬六千七百包。福新凡八廠。每日平均用麥三萬六千二百擔。成粉七萬零五百包。茂福新合計。每日平均用麥四萬四千七百餘擔。成粉八萬七千二百餘包。兵船、寶星、紅藍福壽、紅綠牡丹等商標。蜚聲全國。名聞遐邇。品質之純潔適口。固已遠駕舶來品之上。猶憶歐戰時運銷國外。西人爭先採購。其明證也。惟以關稅不能自主。國貨總難暢銷。舶來之品。且以我爲尾閭。如南洋則仰給於澳美。北洋則采購自日本。我粉業之受重創。固不獨茂新福新爲然也。加諸內戰頻仍。麥田漸變爲荒墟。交通阻梗。運輸困難。猶其餘事。所幸政府洞悉商艱。豁免稅釐。華廠於困頓之中。猶有來蘇之望。倘統一可期。和平實現。非特茂新福新得以增進固有地位。當亦我粉業同人所馨香祝禱者也。更有進者。三十年前。大江南北產麥之區猶少。自茂新創設後。始陸續派遣廠員分赴各處勸導種麥。榮君宗敬更歲集鉅貲。補助農事試驗場。良以生齒日繁。需粉日增。麥產若不增加。勢必採自外洋。原料竭蹶。粉業前途。必更難振作。金錢之漏巵、固無論矣。是以推廣種麥。增加原料產額。實爲今日要圖。蓋原料富足。成本自輕。而粉銷亦易。吾知粉業同仁。必有韙余言者。愚與粉業關繫較深。追隨諸君子與聞廠務。不敢謂辦理已臻美善。亦惟有於出品營業勤慎將事。以冀增進茂新福新固有之地位焉耳。

★　★　★

三十年來之中國紡織業

張則民

吾國以農立國。耕織並重。植棉之區。農事之暇。抒軸機聲。恆達戶外。彼時原料也。紡紗也。織布也。幾可謂出諸棉農之一家。迨有清之初。西人東來。挾其製造品與俱。鴉片之戰。江寧海關約成。國外棉製品。始大行於我國。迨光緒二年。進口棉貨一項。其值已達一千七百三十七萬七千四百十三兩之鉅。即棉紗亦十一萬九千二百擔。估值二百八十三萬八千八百卅三兩。機器優於手工。喜精厭粗。人之恆情。且以洋布一入中國。銷路日盛。而織布者亦以洋紗色美而質勻。漸取以代土紗。我國舊有土布土紗之銷途。遂爲外貨所奪。然我國機器紡織業之動因。亦於斯時起。首倡紡織廠之議者。爲合肥李鴻章。洋布局首先成立。光緒十四年工竣。後兩年華新廠與南洋織造廠先後繼起。華新原營軋棉。至是改業紡織。與商合辦。易名紡織新局。織造廠初本招股。乃無應者。機已運到。資金猶虛。遂由武進盛氏集資改組。名曰華盛。茲三廠者。實中國棉紡織廠之嚆矢。惜洋布局成立未久。遽燬於火。餘二廠歷盡艱辛。屹立至今。昔之紡織局。即今之恆豐紡織新局。昔之華盛。即今之三新也。

上述三廠。初皆官辦。一廠既燬。其他二廠。亦以營業不振。奄奄無生氣。主事者初無若何目的。迨夫興志既闌。遂亦置之。故在光緒十四年。振興棉業之空氣甚濃。不久即復歸岑寂。甲午一役。馬關約成。允外人在國內設廠。向之運銷紗布之洋商。乃紛起組織紗廠。光緒念一及念二年間。上海共成七廠。以國別言。則英商二。即怡和老公茂是。德英合資一。即瑞記是。中英合資一。即鴻源是。華商三。即裕源大純與三泰是。除華商三廠。餘均爲在滬之英德商洋行所經營。此七廠中。以怡和組織爲完善。成績亦好，迄今仍存。而以怡和稱。其他六廠。早已屢屢更主易名。如瑞記初由

★ ★ ★

茂福申新卅週紀念册

德英商合資。後純屬英商。更名東方。英商之老公茂。於民十五售於日商而稱公大。華商之裕源。於民七歸日商之內外爲第九廠。中英合資之鴻源。同年歸日商日華爲第一廠。華商之大純。歸日商上海紡績會社爲第一廠。此外尚有一廠。由日商三井收買。名曰三泰。後亦歸上海紡績會社而稱第二廠。綜此七廠。今爲日人有者凡五。

（註）三泰紗廠之命甚短。不過二年。其先似爲華人所組織。其原名已不可考。爲日商三井洋行購得。始名三泰。未幾卽歸上海紡績會社。

甲午一役。國勢日替。外貨源源輸人。漏卮日巨。棉布進口値近五千萬兩。棉紗亦近是。有識之士。心焉憂之。既鑒於外商在華設廠之相迫。復動於南通張氏棉鐵救國之偉論。內地紡織業。乃如春雲之乍展。惟風氣未開。民智尚塞。鉅萬資本之工業。爲國人所未見。而公司招股。亦屬創聞。故舉辦一廠。資本人才。兩告缺乏。慘淡經營。遠非近年可比。數年間在蘇有上海之裕通。（光緒念四）南通之大生。（光緒念五）無錫之業勤。（光緒念一）蘇州之蘇綸四廠。在浙有杭州之通益公。（光緒念五）蕭山之通惠公及寧波之通久源三廠。南通大生。創議於光緒念一年。與無錫楊氏所創之業勤。同爲內地紗廠之權輿。喚起國人興實業重棉紡織之興味。玆二廠實與有功。而以大生爲最。大生自倡議至開車凡五年餘。中經艱阻。屢瀕絕境。張氏求實業教育棉鐵主義之實現。持百折不屈之精神。集股不足念四萬。幸撥官機二萬四千錠。爲官股。始底於成。開機之後。雖經紗布不振之秋。猶獲巨萬之利。至甲辰年。復撥官機二萬四千錠。增集商股卅三萬兩。以成大生第一廠。國人至斯乃稍稍知棉紡焉。而所謂官機者。乃南皮張之洞所訂。共四萬八千錠。南皮由鄂調甯。機亦運甯。不能設。則又運滬。儲楊樹浦席棚中者三年。擱置不用者前後且五年矣。而運費棧租保險月息洋匠月俸統計之始八十三萬兩焉。以上所述各廠。除外商外。

★ ★ ★

多半爲官商合辦。所謂合辦者。官商合資。由官督而商辦之。惟裕源裕通與業勤三廠。完全商辦。故以今日所有之各紗廠言。商辦最早者。當推業勤。裕源爲朱氏（鴻度）所創。鴻度既逝。其子幼鴻繼。復創裕通。而以裕源歸其兄視濤。皆以經營不利。日漸不振。裕源於民七併於日之內外。裕通於民六由寶通承辦。復於民十盡燬於火。浙省三廠。在甯波之通久源。於民六燬於火。其廠址則售於和豐。（和豐曾擬辦第二廠。後未行。）杭州之通益公。即前租辦之鼎新。與蕭山之通惠公迄今如故。惟通益公因鼎新租期已滿。無人接辦。現尚在停閉中。此外尚有裕晉一廠。亦無錫楊氏在光緒念三四年間所興辦。時晉撫爲胡聘之。欲與實業。以晉產棉。奏設紡織廠。而委楊藝芳督辦其事。擇地於新絳。機已運絳。廠亦垂成。乃以胡氏去位而罷。其機後復運甯。爲崇明大生第二廠購去。故裕晉一廠。垂成而廢。亦中國初期紗廠之一也。故附及之。

江浙兩省內地紗廠之所以發動最早者。以上海外商紗廠競起而大利不可不爭。而江浙又產棉甚豐。原無待外求也。次江浙而開廠經營棉業者。厥惟鄂省。時爲光緒二十九年。是年鄂督張之洞。在武昌創辦絲麻紗布四局。紡織各居其一。庚子以還。國勢大衰。各國對華野心日著。羣挾其經濟侵略之主義以凌我。光緒卅一年進口棉貨值一萬一千五百十七萬七千三百十四兩。爲過去未有之高額。棉紗亦值六千六百念七萬五千六百卅九兩。南通張氏棉業救國之說。遂愈爲人重視。於是光緒卅二三年間。各地紗廠又復有一度之勃興矣。

光緒卅二年及卅四年之三年間。國內所成紗廠凡九。而此九廠。亦均在江浙兩省。上海計三廠。爲振華（卅三年）九成（卅三年）及同昌。（卅四年）其他在蘇境者。有崇明之大生第二廠。（卅三年）無錫振新。（卅二年）常熟裕泰。（卅二年）太倉濟泰。（卅二年）及江陰利用。（卅二年）在浙者爲甯波和豐。（卅二年）一廠。振華初由怡和西人和禰氏與華人徐祥

茂福申新卅週紀念冊

林所組織扣氏旋卽退出。遂純屬華商。今則爲薛氏所經營。九成一廠。變遷最多。廠名亦屢更。初名九成。（卅三年）由華人與日信洋行合辦。適日本某紗廠燬於火。購其剩機益以新購者若干錠而成。未幾由日人獨資經營。更名日信。至民國五年。日信停辦。乃由祝蘭舫等購得。更名恆昌源。民八由申新購得。改稱申新第二廠。日商紗廠爲華商所得者。厥惟此廠。此亦過去中國棉紡織史中之異彩也。同昌爲朱志堯氏所辦。以同昌油廠尙多餘地。乃兼營棉廠。朱氏固彼時熱心實業者之一也。南通張氏。創辦大生既大效。而崇明亦以重棉稱。張氏乃以大生所遺之利「一部份。合新招之股。辦大生二廠於崇明。其機之一部。卽購自前述垂成而罷之裕晉。太常亦蘇省產棉之區。於此期間。先後成三廠。三廠僻居內地。規模上亦稍小。皆不過萬餘錠。利用一廠。中間曾以資金不充。出租一次。今已增資自營。成績尙佳。裕泰濟泰兩廠。出租改名者多次。迄今仍在租辦中也。

★ ★ ★

宣統間僅河南安陽成立廣益一廠。此爲北方有紡織廠之始。在此期間。棉紡業又承前度之勃興而入於停頓時期。其原因爲革命日亟。淸室瀕危。百業俱稍阻頓。不僅棉紡已也。惟日人之在華實地經營棉紡。實發軔於此時。宣統三年。內外棉在上海建第三廠。其第一第二早成於日本國內。外商在華創辦紗廠。前已言之。始於光緒念一年之怡和等。日商三井。固亦於念六年購廠經營。惟自建紡廠。則自內外第三始。淸末日本棉紡織業。已蒸蒸日上。對華貿易。漸有與英印爭雄之勢。印英棉紗進口。逐年減少。英紗仍由光緒十八年之八萬八千四百卅九擔之最大額量。減降而至於宣二之五千一百四十七擔。印度亦由光緒念五年之一百九十萬六千四百念擔減至宣三之一百〇五萬八千二百六十三擔。而日本紗則由光緒念五年之一萬九千一百四十八擔。增至宣二之九十三萬七千九百〇八擔。日紗進口。關冊自光緒二十年始列專欄。十年之

★ ★ ★

間。長足進步。越英而追印度。實可驚駭。在華紗錠。既奪印英之地步。乃進而就華設廠。就地取棉。製而售之。內外棉爲日本紡廠中之巨擘。乃首建分廠於滬。果然收效速而且巨。今內外在華之廠。上海十一。青島四。錠數共達三十三萬枚。爲國內日廠之冠。故此期間。中國紗廠雖未有發展。而日商則已活動。在我國棉紡織業中。植其基礎矣。此誠談我國棉紡史者。所應注意者也。

民國肇興。英日在華棉製品之競爭益烈。雖南通張氏長農商。頒棉業條例。願以鼎革初成。國是未定。國人雖懷企業之思。殊未敢率爾從事。故在民元二年。棉紡業初無若何之進展。迨民三穆抒齋穆藕初氏設德大於滬。民五榮宗敬氏成申新第一廠。徐靜仁氏成溥益。鄭培之氏成鴻裕。悉在滬上。此外山東魯豐亦於民五成立。而在光緒中葉經營紡織之楊氏。其嗣翰西君。在無錫成廣勤。榮氏。徐氏。楊氏。皆今日中國棉織業之領袖。其注重棉業。固已甚久。然自建廠。則從此始。又民七以後。中國紗廠。有極蓬勃之發展。其動機亦於此時孕之。

自洋布局成立之光緒四年。迄民國六年止之卅年間。國內所成棉紡織廠。計華商凡念八。內焚於火者有洋布局及裕通二廠。爲日人購得者有大純三泰裕源。僅餘念三廠。英商五廠。除一廠爲日人所得外。僅餘四廠。合購諸華英者共得八廠。綜計卅年間。華英日商所成卅七廠。其發展進程。誠屬甚緩。迨民國七年。情勢頓變。至民國十一年。所增紗廠。超過舊有一倍以上。我國過去棉紡史中之黃金時代。實在此時。顧後此敗徵。亦伏於此。容述於後。

中國人口爲全世界冠。而僅有卅餘廠。百萬紗錠。本不足以應需求。故棉貨進口。與時並進。民國二年各種主要布疋（本色布市布粗布細布粗細斜紋洋標布）之進口。計英國七百十六萬七千五百念六疋。美國二百念八萬一千一百念三疋。是其明證。故彼時中國棉業貿易。仍以舶來品爲主。國產不過占其微弱之一部分耳。迨民國三年。奧塞失和。英德法意諸國。均入戰渦。繼

茂福申新卅週紀念册

★ ★ ★

茂福申新卅週紀念册

而美國又復牽入。夫此數國者。皆以棉製品輸入我國者也。戰事瀰漫。工業乃停。而海上運輸。亦復阻滯。向之源源供給遠東之棉貨。頓形減少。民七爲歐戰將終之時。中國進口主要棉布。計英國九十七萬一千三百二十五疋。美國十萬〇〇三百〇九疋。較之民二英減爲八分之一。美則不及十分之一。雖日本乘時崛起。努力於棉紡織業之發展。對於中國市場。尤竭其力之所能。奪英人之地位而代之。顧日本與中國同爲棉紡織後起之國。不過其進步稍速。歐戰因予以勃興之機。然製品一時亦不能驟增。日本主要棉布進口。民二計五百七十一萬六千五百九十四疋。民七增至七百萬〇五千〇八十八疋。所增僅足補向時美國進口而已。更言棉紗。民二進口英印及日本之棉紗共二百六十八萬五千三百六十三擔。民七則爲一百十一萬四千六百十八擔。亦減一半。在歐美方面。棉貨固隨出產減少而大俏。而我國市場。驟減若大之供給。致棉紗一項。曾由百兩而躍至二百兩以上。其暴漲爲空前所無。過去卅年所成諸廠。歷久奄奄不振者。茲皆頓然起色。盈利年餘百萬。企業者乃踵起而營紡織廠矣。

歐戰起於民國三年。其明年棉市即猛漲。各處創辦紗廠之聲。已頻傳耳鼓。惟彼時東西洋交通不似平時之易。而紡機出產之英德又皆爲主要之戰國。且日本同時亦增紡廠。紡機爲日人所得者占大多數。初訂貨者。尚有少數餘機應求。後訂者遂多不能如期交貨。新廠成立開工之遲早。乃受售機國輸出時間問題之支配。其坐失時機。折損虛耗。固無論矣。所最受打擊者。則歐戰時金價九先令。戰後漸貴至三四先令。各廠以機件未到。先令不結。致機件成本。超過預算一倍以上。成本既昂。過轉不易。獲利尤難。循至虧耗停閉者。比比皆是。所受影響之巨。至堪痛心。綜此一期間歷年所成之棉紡廠。計民國七年四廠。八年三廠。九年五廠。十年十六廠。（內一廠今爲日人所有）十一年九廠。十二年三廠。十三年三廠。十四年一廠。（現爲日人所有）十五年一

★ ★ ★

廠。自民七至十一之五年間。所成紗廠卅有七。與過去卅年適相等。可謂盛矣。此五年中。以民十與十一年所成紗廠獨多。蓋民八以後。歐戰既停。前訂之英美紡機。今始逐漸運到也。民十二以還。棉市已入反動時期。而新廠猶年有增加。則民十十一年間所組織而不得不開工者也。

民七以前。國內所有紗廠。均集於較大之商埠。且多偏於長江一帶。而江浙尤多。民七以後。始漸向內地各方分佈。蘇省除滬錫崇明外。常州民十有大綸常州二廠。黃河流域。昔僅安陽廣益一廠。至民七天津裕元及華新津廠成。此為天津紗廠之始。天津為北方唯一棉業市場。現有紗廠凡六。其在天津附近者。則十一年所成之華新唐廠。及同年石家莊之大興紗廠也。河南民九鄭州有豫豐。民八武陟有成興。民十衛輝有華新衛廠。豫省產棉甚豐。又近陝西。經營棉紡。其利最厚。故設廠較多。山東青島。於民九成華新青廠。青島今有日廠凡八。而華廠僅一。即華新青廠是。青島有魯棉供給。亦良好棉紡之地。喧賓奪主。可慨也已。安徽蕪湖民八成裕中。江西民十五成久興。漢口民八成漢口第一。民十成申新第四。民十一成震寰裕華。漢口為中部之棉業市場。鄂因產棉。陝豫棉亦以漢為集合地。而紗銷亦鉅。宜乎紡業。惟近年武漢多故。影響商業。各廠殊受打擊。如漢口第一以債務關係。現已為利安洋行管理矣。湖南長沙民十成湖南第一廠。奉天民十二成奉天廠。東省銷費棉貨。為量甚鉅。日人極力經營。先後亦成三廠。山西新絳之大益成。陝西夏口之秦豐二廠。則僅有計畫。尚未觀成。於此可見此一時期。不僅棉紡業有大量發展。且漸普徧於國內產棉之區。陝晉棉產。豐而且優。經營棉紡。獲利操券。大益成及秦豐二廠。迄未實現者。殆食西北頻年戰爭之賜也。

各省新廠既紛然競起。或已開工。或正在建築間。而棉業可貴之黃金時代。已隨歐戰而俱逝。我國紡織業之悲境。遂接踵以來。盛衰興伏。固事理之常。獨我國紡織業之不振。出於天定者尚少。

茂福申新卅週紀念冊

★ ★ ★

出於人事者實過半焉。歐戰後世界金融紊亂。銷費量減。生產過剩。棉業與他業同、當能獨異。而我國則捨此以外。尚有三種重要原因。（一）過去棉紡之發展極遲緩。茲以三數年間。廠數驟增一倍。其興也暴。過剩情形。固不能免。更以日本竭其全力。謀執遠東棉業牛耳。中國棉紡之發展。實非所願。乃力持其經濟壓迫。與我角逐。一面以國內所製棉貨。竭力對華推銷。一面在中國大建紡廠。日人在華經營紡織。前已言之。而在歐戰後。其猛進亦殊無異於國人所經營。計民七成四廠。八年九年各二廠。十年十廠。十一年六廠。十二及十三年各四廠。十四年一廠。共成卅三廠。其競爭之烈。可想見矣。（二）華廠多半匆促成立。資金本不甚充裕。又復有金價及紗機遲到之故。基金皆極薄弱。即開工較早而獲利者。亦多盡量分紅。未嘗稍留餘力。一值市況不良。即呈捉襟見肘之勢。（三）民十以後。內戰不已。凡東南富庶之區。幾無一不遭蹂躪。人民瑣尾流離。有求一飽而不可得者。更無購置衣被之餘力。致紗銷日疲。紗價乃不能隨世界棉市以俱進。虧損隨之矣。

綜此數因。棉紡業之困苦顛連。乃為各界所僅見。其不幸而犧牲者固可悲痛。其幸而存在者。日處驚風駭浪之中。外感經濟之壓迫。內受工潮之播蕩。其一種黽勉圖存之苦況。歷六七年而不衰。誠足令人低徊興感。而深祝其日起有功也。

如斯則對於大有造於我國棉紡業已往先哲及當今巨子。不可無一言以彰其烈。且亦本篇所許也。（一）南通張嗇公。當嗇公創設紗廠之時。風氣未開。民智丕塞。南通僻處海濱。更無巨商大賈。足相掖助。僅以在籍翰林。往來於滬甯官商之間。既成復輟。荏苒五載。始集商股二十餘萬。撥官機二萬四百錠以經營之。當時之艱苦。誠有履險縋幽分寸失足之勢。迨廠成利見。復以餘力而成二三兩廠。墾植鹽荒以裕原棉。復立學校以培人才。而其他實業機關。直接或間接由棉

★ ★ ★

業而發生者。無慮數十。各省之聞風興起以興棉紡業者乃日衆。故張氏有造於我國棉紡業。其功最不可沒。而其創業之難。亦我國棉紡史中所僅見者也。（二）衡山聶雲台先生。先生經營紡織新局。既著成效。復以餘力擴一新廠。先生於紡織機械。研究有素。更復資遣學子。紛往歐美。實地練習。故人才輩出。而紡織新局技藝之精。恆爲同業所借鑒。先生猶以爲未足也。思更組一最完善之廠。爲世界率。乃復親往歐美。實地考察。半載歸來。而大中華紗廠因之以成。舉凡一切計劃組織。由廠之打樣以至於辦事細則。雖不有極精密之研究。民十廠成。中外人士。無不嘆爲觀止。不幸以市況窳敗。竭蹶而停。先生於新棉業尤多主張。惟未盡行。固不獨先生之不幸。抑亦我國棉紡業之最不幸事也。惟此後各廠於紡織技術。稍稍知所研究。紛紛聘用技師而廢除工頭制。實先生有以啓之。而當時由先生延致及造就之紡織人才。幾無一不爲人所重。其裨益於斯界。即此一端。已非淺鮮矣。（三）無錫榮宗敬先生。榮氏之投身紡織業。實自光緒末年主辦無錫之振新始。當時海內多故。百業凋萎。先生所夕經營。成效大著。至民國初年。乃事擴充。曾由紗錠一萬增至三萬枚。計所獲利。且達七八十萬兩。詎即因此爲董事所忌。憤而走滬。集資創申新第一無限公司。蓋深痛股份有限公司之不可與成事也。乃不數年。成效又大著。更以餘資收買恆昌源爲申新第二。復於無錫創申新第三。漢口創申新第四。其時紗錠已達十三四萬枚。而紗市亦由極盛而入於恐慌時代。時局又紛亂益甚。先生猶能堅持不衰。而成效益著。然所經之艱苦困難。亦非恆人所能忍受者。至民十四年更以餘力購買德大爲申新第五。復租辦常州紡織爲申新第六。蓋先生至此。共有紗錠十九萬枚。布機。亦二千數百台矣。在我國紡織界中。要以申新之規模爲最巨。而在我國紡織史中。亦以先生爲歷經艱阻終告成功之第一人也。（四）上海穆藕初先生。先生初在美研習植棉。學成返國。助杼齋先生辦德大而效著。貝薛兩氏創厚

★ ★ ★

生。更延先生主其事。效亦大著。乃復集資創豫豐於河南鄭州。鄭州為豫陝棉之集中點。於廠最宜。然為兵家必爭之地。故中原有事。鄭必首當其衝。而豫豐之為累深矣。先生既精於農。又深慨夫我國紗廠日衆。原棉不足。乃竭力提倡植棉。期有以改良其品質而擴充其產額也。果著明效。迄今我國棉產日增。而豫魯等省棉質日有改進。未始非先生提倡之力也。

以上所述。皆我國棉紡業數十年發展之大概情形。以我國幅員之廣大。人口之繁庶。區區一二百萬錠之棉紡。雖十倍此數。猶嫌不足。是則今日之中國棉紡業。雖謂為尚未脫離萌芽時代。固無不可。然而今之主持棉業者。幾無不左支右絀。極盡應付之苦。日以脫離為幸。夫豈斯業佳朕。顧其中亦實有其困難之點。而非局外人所能瞭然者。本國棉產不敷。不得不購用外棉。而未嘗獲政府之援助。經濟不充。不得不吸用外資。而未嘗得金融界之諒解。更況臥榻之旁。他人鼾睡。處心積慮。日思有以謀我。而我又無卵翼為維護之者。一任其風雨飄搖。自生自滅。此皆事之在人者也。若其在我者。則人財之難得。技術又嫌未精。縱苟有一二人材。又往往未能盡其長以竟其功。而為之股東者。遇有患難。大都畏縮不前。深恐置身為累。遇有利益。反競相爭攫。絕不肯稍留餘地。以為萬一之備。凡此種種。幾數十年如一日。主持其事。欲保持應付之不暇。更何足與外競。而我國棉紡業危矣。深望今之執政及廁身斯業諸君子。懲前毖後。力圖奮發而有覽於斯文也。

申新在中國紡織界之地位

朱仙舫

古者男耕婦織。民生大經。抒軸緯墜。各家咸備。章身之物。自供自求。數千年來。國計周裕如也。互市以還。輸入機製棉貨。歲歲增加。物美值廉。羣趨若騖。而我國原有手工紡織。淘汰殆盡。漏卮日增。生計益蹙。其孰有甚于斯者乎。李文忠愍焉憂之。爰于光緒十四年。創立機器織布局于上海。翌年又與盛宣懷氏集商股而成紡織新局。是爲我國機器紡織廠之嚆矢。而自下關條約成。外人得在通商口岸。設立製造工廠。一八九五年。東方、怡和、老公茂（現改公大二廠）等始創于滬上。是爲歐人設立紡織廠于我國之先河。一九一一年。內外棉創設第三廠于滬西。一九一三年及一九一四年。又復增設第四第五等廠。是爲日人創設紡織廠于我國之權輿。蓋自茲鼎足競爭之勢已成。而國人紡織。即日陷于四面楚歌之境矣。光復告成。張南通出長農商。提倡棉業益力。加以英國捲入歐戰漩渦。輸入棉貨驟減。于是萎靡不振之斯界。頓呈佳象。而以裕民生計爲己任之榮總理宗敬。乘時組織申新紡織公司。始設一廠于滬西白利南路。繼設二廠于宜昌路。再設三廠于無錫。復設四廠于漢口。又設五廠于滬東華德路更設六廠于常州。不數年間。突飛猛進。遂成今日我國斯界重鎮焉。謹將各廠開工年月。所有紗錠布機。並全國中外紗錠布機總數。列表如下。諒亦留心國計民生諸彥所樂睹也。

廠別	年別	廠址	紗錠	布機
申新一廠	民五	上海陳家渡	三八八八〇	一一一〇
申新二廠	民八	上海宜昌路	三五四〇〇	—
申新三廠	民十	無錫西門外	五一〇〇〇	九〇四

★ ★ ★

★ ★ ★

申新四廠	民十	漢口宗關	一七〇〇〇	二七三
申新五廠	民十四	上海華德路	三一一六〇	—
申新六廠	民十四	常州小南門外	一四二六四	—
合計			一八八三〇四	二二八七
全國華商紡織廠			二〇三三五八八	一三八五九
全國英商紡織廠			二〇五三二〇	二三四八
全國日商紡織廠			一三〇二六七六	一三九八一
全國中外紡織廠			三五四一五八四	三〇一八八
申新在全國華商紡織所占百分率			九、二%	一、六五%
申新在全國中外紡織所占百分率			五、三%	七、五%

統觀上表。有介人之于申新。不得不力加維護者。卽申新之能隆興。實不啻我國紡織業之大隆興。雖謂我國經濟地位。得由是而固。人民生計。得由是而安焉可也。請詳陳之。衣為人生要素之一。防寒蔽體。舍此末由。而我國民衆。尤以需用棉織物為最多。毛絨絲麻。則為數甚微也。茲將我國民元至民十紗布銷用數量。表示如下。

	棉紗產額	棉紗輸入額	銷用額
元年	二六七千包	七六九千包	一、〇三六千包
二年	四〇〇	九〇〇	一、三〇〇
三年	五三一	八三一	一、三六二
四年	五三一	八六八	一、三九九

	粗布產額	輸入粗布	輸入整理細布
五年	八三四	八〇〇	一、六三四
六年	八六七	六六七	一、五三四
七年	九〇〇	三六七	一、二六七
八年	一、一〇〇	四六六	一、五六六
九年	一、三四〇	四三四	一、七七四
十年	一、五〇〇	四〇〇	一、九〇〇

	粗布產額	輸入粗布	輸入整理細布	銷用額
元年	二、四六六千疋	三、五〇〇千疋	九、三四九千疋	一五、三一五
二年	二、六九一	五、二〇〇	一二、五〇八	二〇、三九九
三年	二、八九三	五、六〇〇	一一、五五九	二〇、〇五二
四年	三、五二三	三、〇〇〇	一一、九四七	一八、四七〇
五年	四、〇六三	二、三〇〇	一一、〇二一	一七、三七四
六年	四、二八八	二、七〇〇	一三、〇〇〇	一九、九八八
七年	四、九一四	二、三〇〇	一〇、四八二	一七、六九六
八年	五、〇四〇	二、四〇〇	一五、一八八	二二、六二八
九年	五、二六五	二、五〇〇	一六、〇四九	二三、八一四
十年	五、五六四	二、三〇〇	一一、六二四	一九、四八八

據是而觀。我國近十年間。棉貨銷額增加之速。令人心驚。第此只就海關能有統計者言之。其在當地製造銷售。及鄉間手工紡織。猶未與焉。蓋人類愈進化。則需用棉織物愈多。此證諸歐美而

★ ★ ★

有以明其然也。查世界紗錠總額。約與人口相等。英合每一二人有一錠。美合二人共一錠。法合六三人共一錠。日合十二人共一錠。印合四十八人共一錠。我國則每二百人僅有一錠。（依準前所有紗錠計算）他姑勿較。即須能與印度比。亦必擴張至千萬錠以上而後可。故我國棉業前途。頗饒發展之餘地也。更進而究其與國民經濟之關係。則今之衮衮諸公。終日奔走呼號。或事宣傳指導。或事籌謀策畫。非爲國計民生乎。今之武裝志士。環甲執兵。不惜犧牲性命以赴之。非爲國計民生乎。等而下之。鈎心鬥巧。爭權奪利。至以人民供犧牲。此民賊之爲私人生計者也。搶掠盜竊。鬥毆殘殺。此強悍之迫于生計者也。形容枯槁面目黎黑。此庸弱之困于生計者也。此特舉其一二言之也。若欲悉數。則更數僕而不能盡。要之國人生計。緣何如是困難。則以經濟枯窘故。經濟緣何枯窘。則以漏卮太巨故。漏卮緣何太巨。斯即不得不太息痛恨于棉貨之輸入矣。且國人之最傷心疾首者。罔莫過于庚子賠款及歷年所舉外債也。然試查所欠總額。約廿五億元耳。若就民元至民十棉貨進口價值而統計之。竟達三十四億元矣。苟于上述十年間。毫無外國棉貨輸入。則除抵還外債外。尚有九億元之剩餘。又我國對外貿易。恆屬入超。現金流出甚巨。若于上述十年間進口貨中。除去棉貨。則出入兩抵之外。出超實在八億元以上。嗟我國人。果甘坐視經濟破產。束手待斃。斯亦已矣。藉曰非然。則亟須力謀紡織業之擴張。且以足供本國需要爲至少限度。庶能保持國家經濟地位。解決人民生計。是其關係重要爲何如耶。

夫我國棉業之發展。既大有可爲。且于國民經濟。又復甚形重要。此申新之所以不畏艱險。竭其全力。勇猛精進。常圖擴張。外期杜塞輸入漏卮。內冀戰勝臥榻壓迫。藉求所負使命之完成。惟茲事體大。必有政府力加保護。國人羣策維持。俾克健全發展。然後可臻隆盛之域。則匪惟申新之幸。亦即斯界之幸。抑尤我國國計民生之大幸也。

卅週紀念冊感言

榮溥仁

歲次戊辰。適值茂新麵粉公司創立三旬紀念。刊印是冊。以資紀念。余因之有感矣。嚮者若麵粉多仰給於外人。金錢輸出。何可勝數。自本公司創設以迄於今。其間振興國貨。挽回利權。當亦為熱心愛國者所贊許。若夫農業發達。視工廠為轉移。清季江蘇全省每歲僅產麥二三百萬擔。嗣後粉廠日興。產額驟增三倍。由此觀之。工廠多則農業發展。農業發展。則民生安裕。民國三四年間。歐戰始起。各國商業停滯。我國由茂福新輸出之粉達五六百萬包。遠至英、法、南洋、新嘉坡、小呂宋諸埠。莫不知有兵船牌麵粉。光緒卅二年。因用中國土式石磨。每日僅出粉百餘包也。至申新始創。不過用舊式木機。購洋紗自織。每日出布百餘疋。一小布廠而已。至今推廣至六廠。紗錠十九萬枚。布機二千三百台。每日出紗五百件。布六千疋。誠所謂始願不及者也。惟是實業受時局影響。日趨凋敝。已成之局。如何維持而使之久遠。或較創始時為尤難。此則讀是冊不能無所感耳。

★ ★ ★

中國標準麥子歷年市價升降圖
CHART OF MONTHLY HIGH & LOW PRICES OF CHINESE STANDARD WHEAT

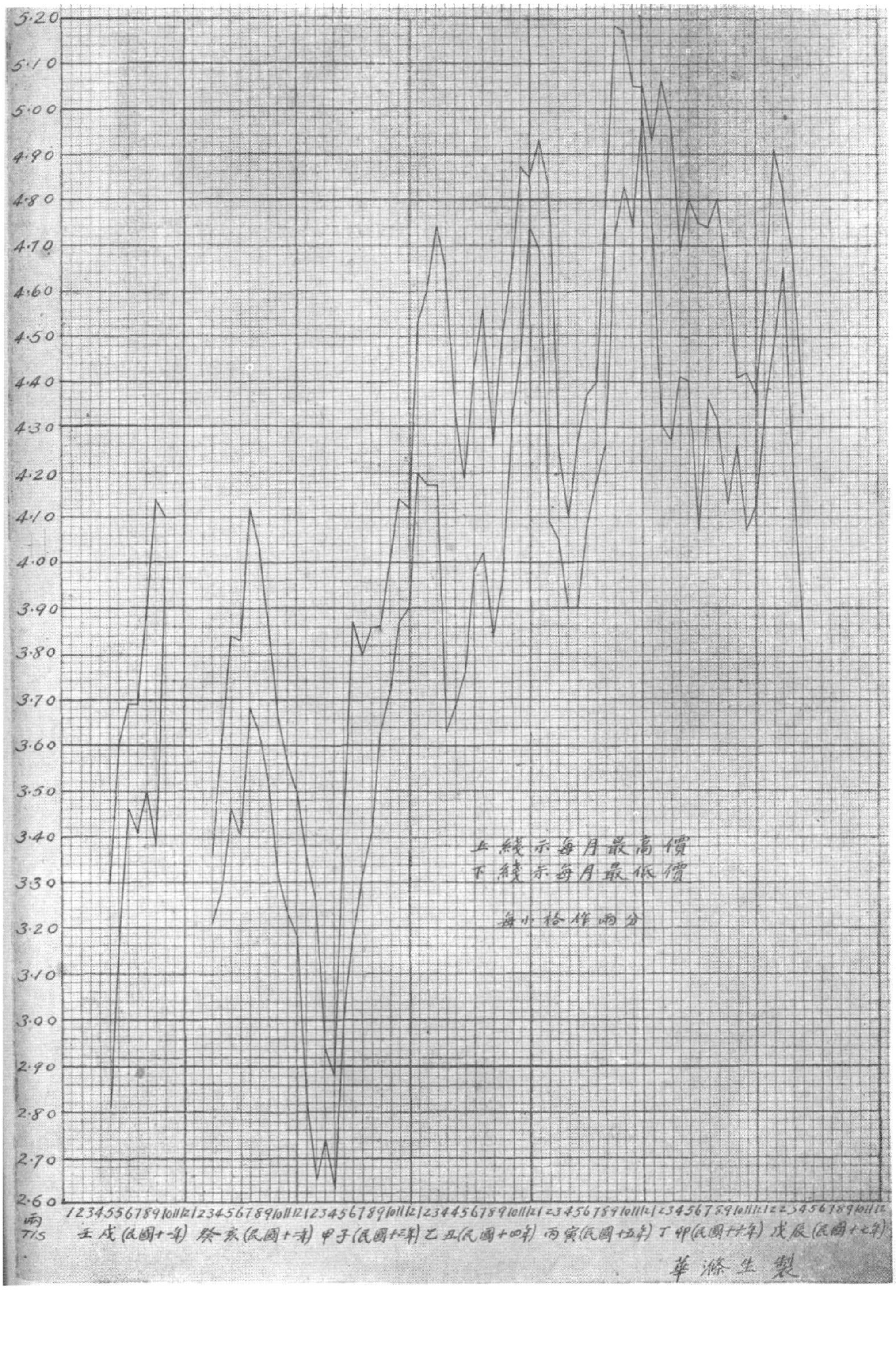

綠兵船標準麵粉歷年市價升降圖

CHART OF MONTHLY HIGH & LOW PRICES OF CHINESE STANDARD FLOUR—"GREEN BATTLESHIP"

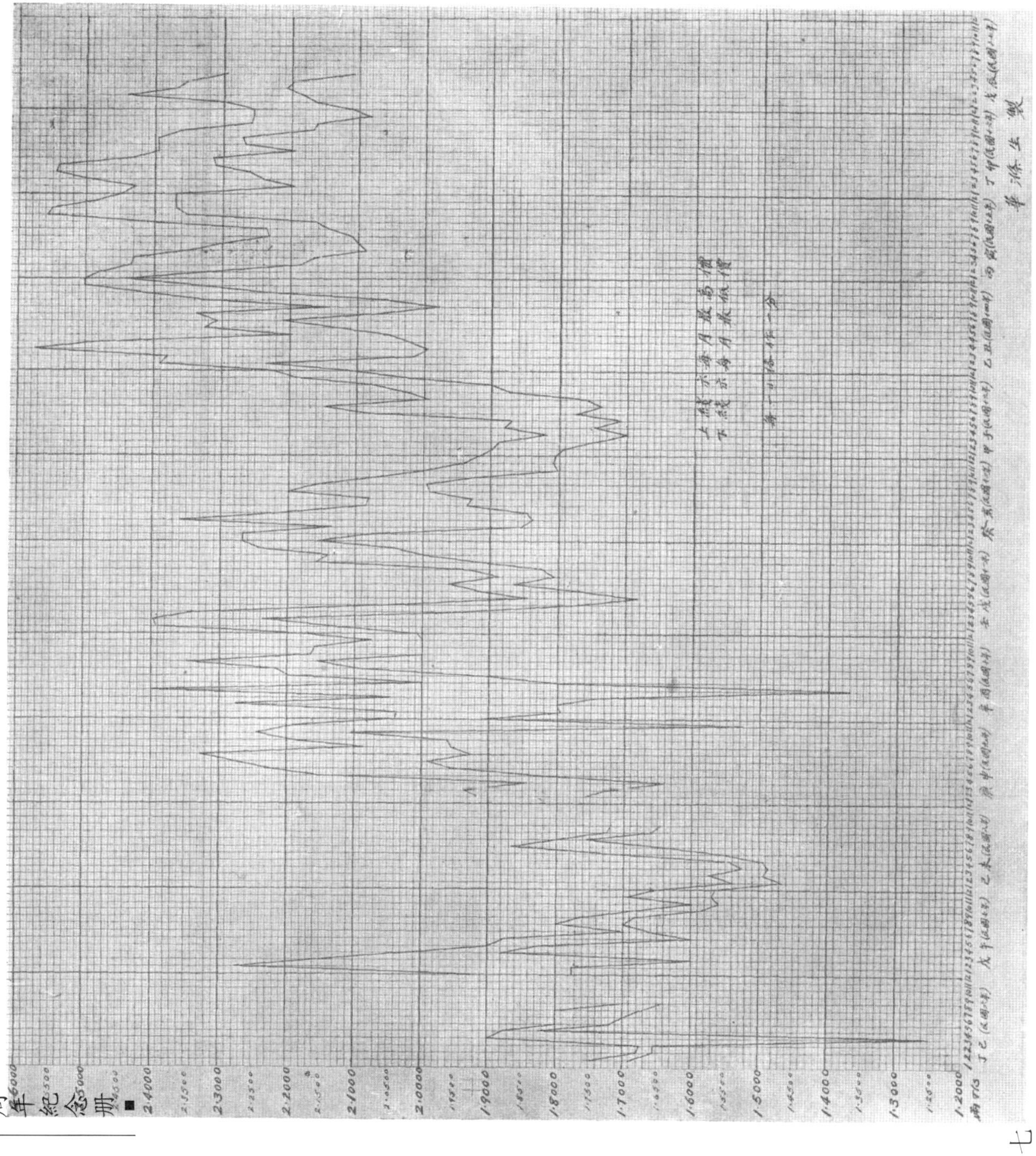

中國花衣歷年市價表
MONTHLY PRICES OF CHINESE COTTON

年 YEAR	月 MONTH	最高 THE HIGHEST 兩 TLS.	最低 THE LOWEST 兩 TLS.	標準價格 THE STANDARD 兩 TLS.	年 YEAR	月 MONTH	最高 THE HIGHEST 兩 TLS.	最低 THE LOWEST 兩 TLS.	標準價格 THE STANDARD 兩 TLS.
1922 民國十一年	1				1925 民國十四年	1	41.1	39.8	40.408
	2					2	42.7	39.25	40.639
	3					3	44.55	41.95	43.458
	4					4	43.50	40.05	42.327
	5					5	41.9	37.2	39.685
	6					6	43.05	37.90	40.322
	7					7	42.75	37.45	39.521
	8					8	40.30	36.3	37.873
	9					9	42	36.05	37.786
	10					10	39.35	34.45	37.089
	11	以下	通州	標準		11	36.90	34.35	35.86
	12	37.85	31.6	33.91		12	35.30	31.05	33.368
1923 民國十二年	1	41.1	36	37.274	1926 民國十五年	1	34.45	31.75	33.32
	2	45	40.7	42.524		2	34.6	31.3	32.586
	3	43.2	34	39.739		3	34	29.05	31.612
	4	39	38	38.51		4	33	28.75	31.056
	5					5	31	*26.9	29.489
	6	35.25	32.3	33.569		6	31.2	27.5	29.525
	7	36.95	31.9	34.411		7	33.35	29.25	31.567
	8	36	31.9	33.956		8	33.15	30.15	31.898
	9	39.1	33.05	35.408		9	32.35	30.95	31.679
	10	45.5	35.15	39.534		10	32	29.5	30.798
	11	49.5	42	44.865		以下	漢口	細絨	標準
	12	49.55	44.6	46.458		11	30.4	27.5	28.394
						12	28.9	27.65	28.157
1924 民國十三年	1	48.35	46.35	47.237	1927 民國十六年	1	29.5	28.05	28.769
	2	47.3	41.8	44.074		2	31.85	28	29.633
	3	45.8	40.5	43.229		3	33.45	30.55	32.373
	4	48.5	39.95	44.695		4	32.6	30.1	31.152
	5	47.25	38.35	42.938		5	35.05	31.45	33.462
	6	47.35	38.70	42.462		6	35.6	33.4	34.551
	7	50	36.5	40.765		7–10	反日	運動	停市
	8	*51.5	36.8	41.379					
	9	42.6	34.6	37.183					
	10	38.6	35.2	36.710					
	11	41	36.5	38.99		11	37.4	33.4	35.406
	12	40.8	38.35	39.31		12	36.1	32.5	34.915

年 YEAR	月 MONTH	最高 THE HIGHEST 兩 TLS.	最低 THE LOWEST 兩 TLS.	標準價格 THE STANDARD 兩 TLS.
1928 民國十七年	1	36.5	33.6	35.079
	2	36.7	33	35.499
	3	38.9	35.85	37.52
	4	39.65	37.50	38.69
	5	40.07	37.15	39.14
	6	39.95	36.9	38.393

*51.5 歷年最高價　　*26.9 歷年最低價

中國標準花衣歷年市價升降圖

CHART OF MONTHLY HIGH & LOW PRICES OF CHINESE STANDARD COTTON

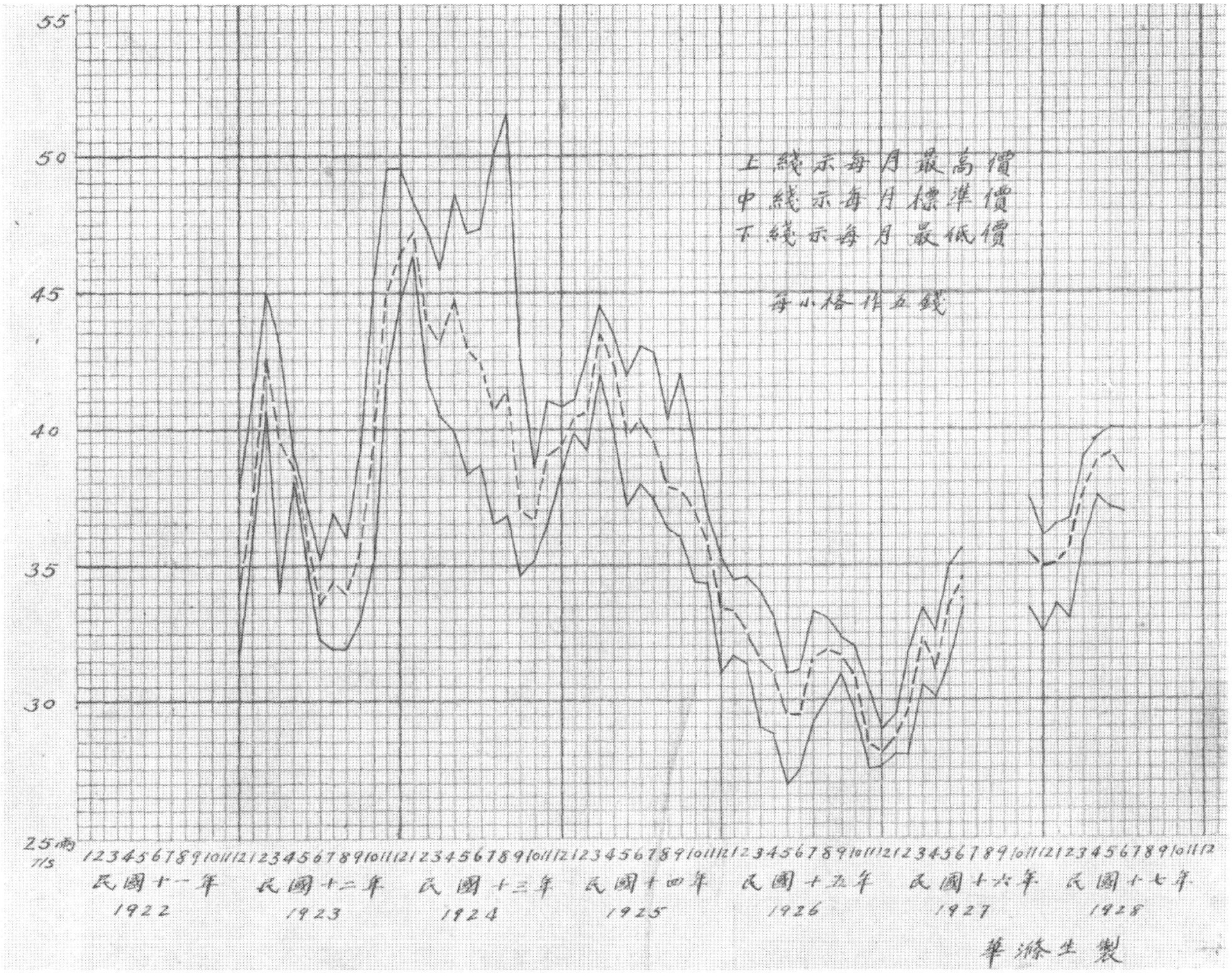

十六支人鐘標準紗歷年市價表

MONTHLY PRICES OF CHINESE COTTON YARN—"Man & Bell," 16 Counts

年 YEAR	月 MONTH	最高 THE HIGHEST 兩 TLS.	最低 THE LOWEST 兩 TLS.	標準價格 THE STANDARD 兩 TLS.
1921 民國十年	1			
	2			
	3			
	4			
	5			
	6			
	7	158.3	145.7	紗布交易所開市
	8	164.1	146.7	
	9	174.4	160.9	
	10	168.5	149.6	
	11	151.4	132	
	12	153.9	135.8	
1922 民國十一年	1	155.4	140	
	2	149.7	139.6	
	3	149.8	143.4	
	4	151.2	132.9	
	5	146.8	138.2	
	6	144 5	138.5	
	7	144.3	138.3	
	8	145.5	131.6	
	9	138.7	124	
	10	133.2	**121.3***	
	11	140.5	130.5	
	12	153	131	
1923 民國十二年	1	160.4	142	152.29
	2	169.5	152.2	160.55
	3	167.3	138.4	151.79
	4	149.4	141.5	145.26
	5	152.2	141.4	146.12
	6	151.6	145.3	148.61
	7	153.1	141.3	148.20
	8	147.8	141.4	144.476
	9	155.6	142.9	149.598
	10	173.5	149.8	161.506
	11	**184.3***	165.1	174.376
	12	184.1	167.8	176.756
1924 民國十三年	1	182.6	175.9	180.346
	2	181.4	164	171.831
	3	178	161.8	169.501
	4	182.8	164.8	173.797
	5	179.8	164	172.717
	6	178.9	162.8	171.928
	7	176.1	155	165.967
	8	180.7	155.5	167.608
	9	164.8	148.5	155.35
	10	161	149.7	154.206
	11	170	154.6	162.275
	12	169.9	161	164.488

年 YEAR	月 MONTH	最高 THE HIGHEST 兩 TLS.	最低 THE LOWEST 兩 TLS.	標準價格 THE STANDARD 兩 TLS.
1925 民國十四年	1	167.4	163.2	165.043
	2	169.4	159.3	163.617
	3	180	165.6	172.11
	4	179.8	163	170.036
	5	169 6	155.1	162.478
	6	174	158.8	167.555
	7	175	163.4	169.458
	8	紗廠	缺電	停市
	9	169.8	159.3	163.867
	10	169.8	152.3	160.409
	11	161.4	152.4	157.391
	12	156.3	144	150.083
1926 民國十五年	1	152.1	146.4	150.114
	2	151.5	142	146.199
	3	148.9	138	143.743
	4	147.3	136.6	143.065
	5	145.7	135.2	140.668
	6	143.4	134	138.5
	7	146.5	136.9	142.347
	8	147.6	139.4	144.144
	9	145.8	132.9	140.228
	10	142	129.6	136.389
	11	135.8	122.1	128.787
	12	130 8	124 9	128.032
1927 民國十六年	1	132	125.1	129.035
	2	138.3	124.8	131.959
	3	145	132.9	139.894
	4	142.5	128.5	135 279
	5	144.5	131.5	138.938
	6	146.6	136.2	141.588
	7–10	反日	運動	停市
	11	151.4	139.5	146.914
	12	153.2	141	147.558
1928 民國十七年	1	155.1	146.6	150.925
	2	156.7	146.3	152.447
	3	162.8	153.8	158.030
	4	161.7	156.2	158.730
	5	165.9	157.5	161.890
	6	162.4	158.1	159.638
	7			
	8			
	9			
	10			
	11			
	12			

*184 3 歷年最高價　　*121.3 歷年最低價

十六支人鐘標準棉紗歷年市價升降圖

CHART OF MONTHLY HIGH, LOW & STANDARD PRICES OF CHINESE STANDARD COTTON YARN—,,MAN & BELL," 16 COUNTS

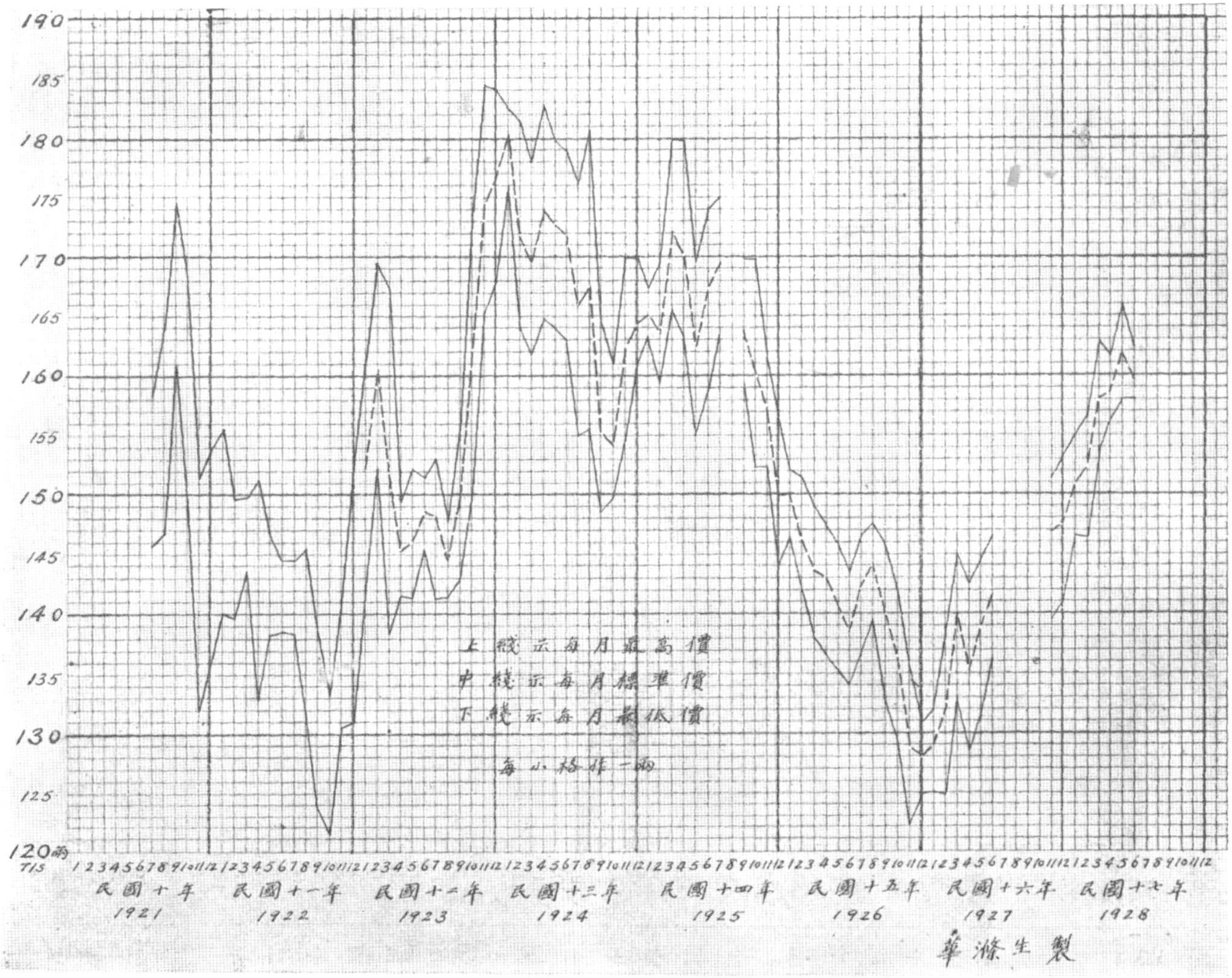

日本三品期紗歷年市價表

MONTHLY PRICES OF JAPANESE COTTON YARN

SAMPING EXCHANGE, OSAKA

年 YEAR	月 MONTH	最高 THE HIGHEST 日元 (Yen)	最低 THE LOWEST 日元 (Yen)	年 YEAR	月 MONTH	最高 THE HIGHEST 日元 (Yen)	最低 THE LOWEST 日元 (Yen)
1923				1926			
	1	255.5	225.5		1	284.5	260.5
民	2	261	238	民	2	268.5	250
國	3	268.5	220	國	3	261	239.5
十	4	251.5	230	十	4	250	217.5
二	5	261	236.5	五	5	246	221.5
年	6	259.5	245	年	6	256.5	230
	7	253.5	234.5		7	261	243.5
	8	242	226.5		8	261.5	229
	9	255	224		9	238.5	192
	10	265.5	244.5		10	213.5	171
	11	307	256		11	190	**166.5***
	12	312.5	**273**		12	194	169
1924				1927			
	1	329	291		1	201.5	182
民	2	330	288	民	2	215	194
國	3	319.5	280	國	3	221.5	196.5
十	4	338	301.5	十	4	206.5	185.5
三	5	325	297	六	5	232.5	202
年	6	318.5	277	年	6	233	216
	7	323	278.5		7	245.5	218.5
	8	342	291		8	256.5	221
	9	377	285.5		9	261	237
	10	360	301		10	256.5	228
	11	389	311		11	253.5	232.5
	12	**396***	333		12	255	234
1925				1928			
	1	388	338.5		1	250.5	209.5
民	2	358	328	民	2	228.5	194.1
國	3	338	326.5	國	3	238.7	213.5
十	4	329	297	十	4	244.8	219.0
四	5	308	269	七	5	248.0	228.2
年	6	325	302	年	6	254.2	232.1
	7	342	305		7		
	8	344	315.5		8		
	9	337	308		9		
	10	330	284		10		
	11	307	271		11		
	12	287	258		12		

*396 歷年最高價. *166.5 歷年最低價.

日本三品期紗歷年市價升降圖

CHART OF MONTHLY HIGH & LOW PRICES OF JAPANESE COTTON YARN
SAMPING EXCHANGE, OSAKA

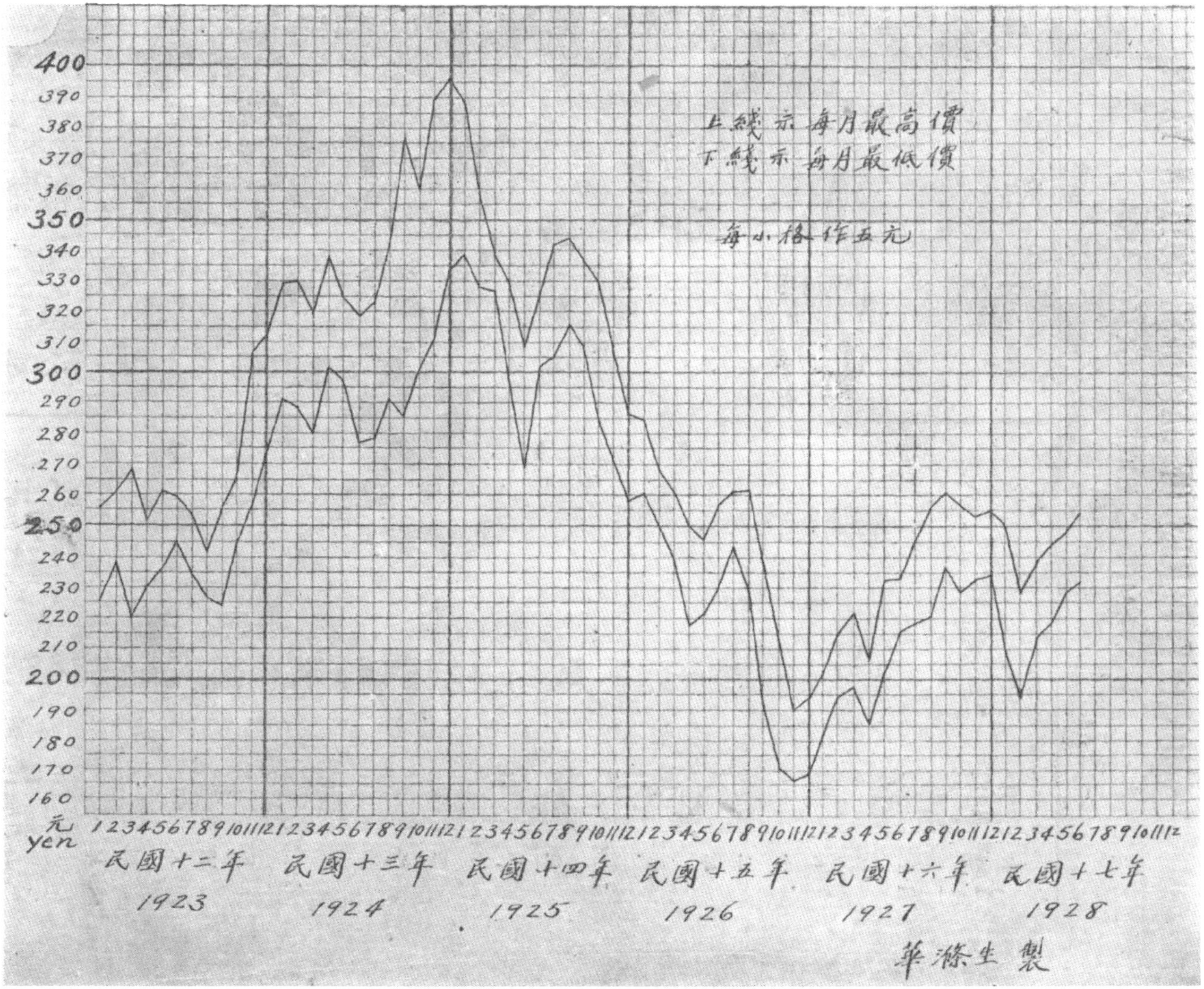

印棉白洛去歷年市價表
MONTHLY PRICES OF INDIAN COTTON—BROACH

年 YEAR	月 MONTH	最高 THE HIGHEST	最低 THE LOWEST	年 YEAR	月 MONTH	最高 THE HIGHEST	最低 THE LOWEST
1915	1	194	*178	1919	1	684	566
	2	204	186		2	601	496
民	3	262	196	民	3	504	446
	4	272	256		4	526	460
國	5	258	230	國	5	558	462
	6	248	234		6	598	528
四	7	244	234	八	7	664	586
	8	260	252		8	594	468
年	9	290	258	年	9	536	444
	10	318	290		10	536	486
	11	294	270		11	584	530
	12	292	280		12	564	536
1916	1	300	280	1920	1	580	538
	2	290	274		2	532	480
民	3	288	272	民	3	506	460
	4	284	258		4	502	462
國	5	296	286	國	5	450	404
	6	296	280		6	462	426
五	7	308	290	九	7	460	416
	8	350	306		8	456	420
年	9	348	330	年	9 }		
	10	404	344		10 }	market closed	
	11	428	388		11 }		
	10	436	358		12	350	298
1917	1	416	382	1921	1	342	292
	2	396	374		2	336	290
民	3	408	388	民	3	292	240
	4	436	404		4	290	239
國	5	428	354	國	5	344	288
	6	530	432		6	352	321
六	7	576	474	十	7	352	324
	8	498	436		8	438	315
年	9	470	404	年	9	592	446
	10	468	422		10	622	482
	11	540	442		11	492	410
	12	564	500		12	536	450
1918	1	626	578	1922	1	522	406
	2	676	606		2	440	382
民	3	730	670	民	3	462	396
	4	716	680		4	492	448
國	5			國	5	526	478
	6				6	536	486
七	7 }	Market closed	on accit of	十	7	562	528
	8 }	goat control.			8	548	508
年	9 }			一	9	494	404
	10 }				10	474	450
	11 }	*734	664	年	11	500	454
	12	670	520		12	486	453

印棉白洛去歷年市價表（續）
MONTHLY PRICES OF INDIAN COTTON—BROACH (Continued)

年 YEAR	月 MONTH	最高 THE HIGHEST	最低 THE LOWEST	年 YEAR	月 MONTH	最高 THE HIGHEST	最低 THE LOWEST
1923	1	526	476	1926	1	367	347
	2	528	498		2	368	349
民	3	578	538	民	3	359	350
	4	536	502		4	354	323
國	5	530	500	國	5	350	326
	6	544	520		6	350	332
十	7	532	478	十	7	349	329
	8	490	450		8	349	323
二	9	530	454	五	9	329	296
	10	568	503		10	296	242
年	11	696	544	年	11	464	405
	12	674	608		12	257	238
1924	1	662	592	1927	1	265	248
	2	632	556		2	302	272
民	3	586	544	民	3	310	286
	4	588	554		4	305	275
國	5	596	518	國	5	343	305
	6	536	514		6	346	330
十	7	538	478	十	7	389	332
	8	538	486		8	466	348
三	9	498	435	六	9	481	416
	10	499	454		10	431	399
年	11	488	455	年	11	408	381
	12	470	454		12	384	370
1925	1	462	452	1928	1	387	347
	2	472	454		2	371	342
民	3	488	468	民	3		
	4	472	450		4		
國	5	466	430	國	5		
	6	458	434		6		
十	7	462	448	十	7		
	8	463	405		8		
四	9	437	407	七	9		
	10	422	378		10		
年	11	396	378	年	11		
	12	383	342		12		

*734 歷年最高價　　*178 歷年最低價

印棉白洛去歷年市價升降圖

CHART OF MONTHLY HIGH & LOW PRICES OF INDIAN COTTON—"BROACH"

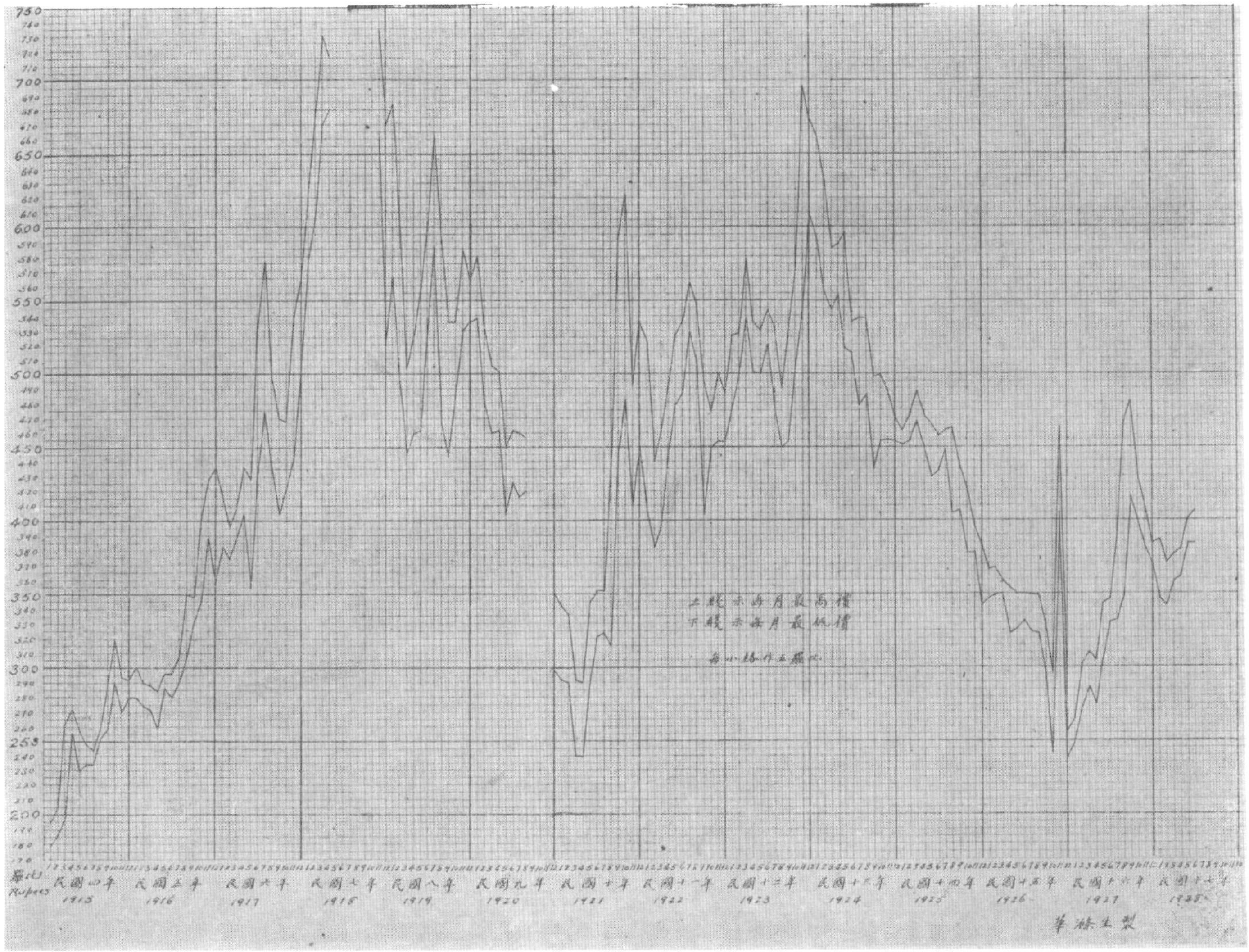

美棉米特林歷年市價表

MONTHLY HIGH AND LOW SPOT PRICES IN N.Y.—MIDDLING UPLAND COTTON

年 Year	月 Month	最高 The Highest	最低 The Lowest	年 Year	月 Month	最高 The Highest	最低 The Lowest
1894	1			1898	1	5.91	5.87
	2				2	6.31	5.91
	3				3	6.31	6.06
	4				4	6.44	6.19
	5				5	6.56	6.31
	6				6	6.56	6.31
	7				7	6.25	6.06
	8	7	6.87		8	6.12	5.75
	9	6.94	6.31		9	5.81	*5.71
	10	6.31	5.75		10	5.5	5.31
	11	6	5.56		11	5.62	5.31
	12	5.81	5.69		12	5.87	5.56
1895	1	5.75	5.62	1899	1	6.44	5.87
	2	5.62	5.56		2	6.62	6.31
	3	6.44	5.56		3	6.56	6.19
	4	7	6.37		4	6.31	6.12
	5	7.37	6.75		5	6.25	6.12
	6	7.25	7		6	6.31	6
	7	7.19	7		7	6.25	6.12
	8	8.19	7.12		8	6.5	6.12
	9	9.12	7.12		9	6.87	6.25
	10	9.37	8.5		10	7.37	7.19
	11	9	8.37		11	7.81	7.37
	12	8.56	8.25		12	7.81	7.5
1896	1	8.31	8.19	1900	1	8	7.56
	2	8.25	7.81		2	9.31	8.12
	3	8	7.62		3	9.87	9.44
	4	8.12	7.86		4	9.87	9.56
	5	8.37	8		5	9.87	9
	6	8	7.44		6	10	8.81
	7	7.44	7.06		7	10.25	9.81
	8	8.62	7.44		8	10.25	9.5
	9	8.87	8.19		9	11	9.62
	10	8.37	7.91		10	11	9.44
	11	8.19	7.62		11	10.25	9.56
	12	7.68	7.06		12	10.31	9.75
1897	1	7.37	7.06	1901	1	12	9.87
	2	7.44	7		2	10	9.25
	3	7.44	7.19		3	9.19	8.06
	4	7.75	7.31		4	8.56	8.19
	5	7.87	7.62		5	8.31	8.06
	5	7.87	7.68		6	8.91	8.25
	7	8	7.87		6	8.87	8.06
	8	8.25	7.87		8	8.62	8
	9	7.81	6.25		9	8.62	8.19
	10	6.62	6		10	8.56	7.91
	11	6	5.81		11	8	7.81
	12	5.91	5.81		12	8.56	8

美棉米特林歷年市價表(續)

MONTHLY HIGH AND LOW SPOT PRICES IN N.Y.— MIDDLING UPLAND COTTON *(Continued)*

年 YEAR	月 MONTH	最高 THE HIGHEST	最低 THE LOWEST	年 YEAR	月 MONTH	最高 THE HIGHEST	最低 THE LOWEST
1902	1	8.44	8.19	1906	1	12.25	11.35
	2	8.81	8.25		2	11.45	10.8
	3	9.19	8.87		3	11.8	10.95
	4	9.87	9		4	11.9	11.55
	5	9.75	9.37		5	12	11.45
	6	9.44	9.25		6	11.3	10.8
	7	9.37	8.91		7	11	10.8
	8	9	8.87		8	10.9	9.8
	9	9.12	8.87		9	10	9.6
	10	8.94	8.65		0	11.4	10.25
	11	8.65	8.3		1:	11.4	10.1
	12	8.9	8.5		12	11.25	10.45
1903	1	9.05	8.85	1907	1	11	10.7
	2	10.25	9		2	11.25	11
	3	10.35	9.9		3	11.45	10.9
	4	10.75	9.9		4	11.45	10.9
	5	12	10.95		5	12.9	11.5
	6	13.35	11.5		6	13.25	12.8
	7	13.5	11.6		7	13.5	12.85
	8	12.75	12.75		8	13.55	13
	9	13	13		9	13.55	11.75
	10	10.6	10.6		10	12	10.8
	11	11.65	11.65		11	11.8	10.6
	12	13.7	13.7		21	12.2	11.7
1904	1	16.25	13.1	1908	1	12.25	11.3
	2	16.5	13.5		2	11.85	11.35
	3	16.65	14		3	11.65	10.4
	4	15	13.75		4	10.5	9.9
	5	13.9	12.75		5	11.5	10.2
	6	12.4	10.85		6	12.2	11.3
	7	11.25	10.6		7	11.5	10.7
	8	11.65	10.45		8	10.85	9.5
	9	11.5	10.6		9	9.6	9.3
	10	10.6	9.9		10	9.45	9
	11	10.25	9.3		11	9.55	9.25
	12	9	6.85		12	9.35	9.10
1905	1	7.35	7	1909	1	10	9.25
	2	8.15	7.35		2	10	9.65
	3	8.3	7.75		3	9.85	9.6
	4	8.15	7.55		4	10.9	9.95
	5	8.85	7.85		5	11.8	10.85
	6	10.15	8.4		6	12	11.2
	7	11.4	10		8	13.15	12.1
	8	11.35	10.5		8	13.1	12.4
	9	11.1	10.65		9	13.75	12.4
	10	10.75	9.85		10	15.05	12.3
	11	12	10.9		11	15.2	14.2
	12	12.6	11.65		12	16.15	14.65

美棉米特林歷年市價表（續）

MONTHLY HIGH AND LOW SPOT PRICES IN N.Y.—MIDDLING UPLAND COTTON *(Continued)*

年 YEAR	月 MONTH	最高 THE HIGHEST	最低 THE LOWEST	年 YEAR	月 MONTH	最高 THE HIGHEST	最低 THE LOWEST
1910	1	16.1	13.85	1914	1	13.05	12.3
	2	15.25	14.1		2	13.05	12.55
	3	15.35	14.65		3	13.75	13
	4	15.3	14.55		4	13.4	13
	5	16.05	14.5		6	14.5	12.9
	6	15.4	14.5		6	13.75	13.25
	7	16.45	15.25		7	13.25	12.5
	8	19.75	15.2		8	11	9.00*
	9	15.5	13.6		9	9.00*	8.25*
	10	14.9	13.75		10	8.25*	7.50*
	11	15.15	14.5		11	7.75	7.50
	12	15.25	14.8		12	7.80	7.25
1911	1	15	14.75	1915	1	8.7	7.9
	2	14.95	14		2	8.7	8.35
	3	14.65	14.2		3	9.8	8.25
	4	15.45	14.4		4	10.6	9.8
	5	16.15	15.35		5	10.4	9.5
	6	15.95	14.75		6	9.85	9.45
	7	14.85	12.5		7	9.6	8.9
	8	13.15	11.6		8	9.85	9.20
	9	12	10.35		9	12.4	9.75
	10	10.2	9.35		10	12.75	11.85
	11	9.6	9.3		11	12.5	11.6
	12	9.65	9.2		12	12.75	11.95
1912	1	9.7	9.35	1916	1	12.6	11.8
	2	10.70	9.9		2	12.15	11.2
	3	10.9	10.35		3	12.15	11.45
	4	12	10.85		4	12.2	11.95
	5	11.9	11.3		5	13.35	12.3
	6	11.9	11.4		6	13.45	12.65
	7	13.4	11.65		7	13.3	12.9
	8	13.1	11.25		8	16.4	13.35
	9	11.9	11.45		9	16.15	15.15
	10	11.7	10.75		10	19.3	16.6
	11	13.1	11.75		11	20.9	18.75
	12	13.2	12.75		12	20.3	16.2
1913	1	13.4	12.85	1917	1	18.8	16.75
	2	13.05	12.5		2	17.05	14.3
	3	12.9	12.4		3	19.3	17
	4	12.6	11.7		4	21.15	19.85
	5	12.1	11.8		5	22.1	19.6
	6	12.5	11.7		6	27.4	22.65
	7	12.45	11.95		7	27.65	24.6
	8	12.7	11.9		8	28	23.1
	9	14.3	12.75		9	26.3	21.2
	10	14.5	13.7		10	29.9	25.25
	11	14.1	13.3		11	31.25	28.75
	12	13.5	12.5		12	31.85	29.85

美棉米特林歷年市價表（續）

MONTHLY HIGH AND LOW SPOT PRICES IN N.Y.— MIDDLING UPLAND COTTON *(Continued)*

年 Year	月 Month	最高 The Highest	最低 The Lowest	年 Year	月 Month	最高 The Highest	最低 The Lowest
1918	1	33.3	31.5	1922	1	19.05	16.45
	2	32.69	31.2		3	18.85	16.85
	3	35.05	32.7		3	18.7	17.8
	4	36	26.75		4	18.35	17.75
	5	30.1	25.7		5	21.8	18.95
	6	32.3	29		6	23.7	20.75
	7	34.1	28.55		7	23.75	21.45
	8	37.3	29.7		8	23.2	20.4
	9	38.2	32.65		9	22	20.6
	10	34.45	30.2		10	24.4	20.4
	11	31	27.75		11	26.8	23.5
	12	33	27.5		12	26.8	23.6
1919	1	32.4	25.6	1923	1	28.8	26.5
	2	27.85	25		2	30.8	27.4
	3	28.7	26.1		3	31.3	30.85
	4	29.65	28.3		4	31.1	27.6
	5	34	28.75		5	29.9	25.3
	6	34.95	30.35		6	29.9	27.3
	7	36.6	33.4		7	28.3	22.5
	8	35.7	30.55		8	26.3	23.5
	9	32.85	28.85		9	30.8	26
	10	38.55	31.1		10	31.8	28.1
	11	40.2	38.4		11	37.6	31.3
	12	40.25	38		12	37.8	33.7
1920	1	39.75	38.75	1924	1	26.2	32.9
	2	40.1	37.55		2	34.9	29
	3	43.25	40.25		3	29.3	26.8
	4	43.25	41.25		4	31.7	28.5
	5	43	40		5	32.9	30
	6	40	37.75		6	32.85	28.8
	7	*43.75	39.25		7	35.3	29.6
	8	40	31.75		8	31.5	25.85
	9	32.25	25.5		9	26.1	22.1
	10	25.25	20.5		10	26.9	22.9
	11	22.5	15.5		11	24.85	23.55
	12	16.7	14.5		12	24.6	23
1921	1	18.25	14.3	1925	1	24.4	23.5
	2	14.2	11.25		2	25.2	24.25
	3	12.55	11.2		3	26.5	25.55
	4	12.45	11.65		4	24.95	24
	5	13.15	12.45		5	24.15	22.2
	6	12.95	10.85		6	24.8	23.3
	7	12.85	11.95		7	25.9	23.8
	8	16.6	12.8		8	24.65	22.2
	9	21.55	17.5		9	24.75	22.35
	10	21.35	18.5		10	23.55	19.4
	11	19	16.7		11	21.65	19.9
	12	19.45	17.5		12	19.15	19.15

美棉米特林歷年市價表（續）
MONTHLY HIGH AND LOW SPOT PRICES IN N.Y. MIDDLING UPLAND COTTON *(Continued)*

年 Year	月 Month	最高 The Highest	最低 The Lowest
1926	1	21.25	20.4
	2	21	19.75
	3	19.6	19.05
	4	19.45	18.75
	5	19.35	18.7
	6	18.85	18
	7	19.35	17.85
	8	19.2	17.7
	9	18.95	14.7
	10	14.3	12.45
	11	13.1	12.6
	12	13.1	12.15
1927	1	13.7	12.8
	2	14.5	13.65
	3	14.85	14
	4	15.35	14.3
	5	17.05	15.45
	6	17.05	16.35
	7	18.95	17.05
	8	23.25	17
	9	23.9	20.55
	10	21.8	19.9
	11	21.3	19.3
	12	20.15	18.6
1928	1	19.85	17.95
	2	19.05	17.45
	3		
	4		
	5		
	6		
	7		
	8		
	9		
	10		
	11		
	12		

*43.75 歷年最高價　　*5.31 歷年最低價

美棉米特林歷年市價升降圖

CHART OF MONTHLY HIGH AND LOW SPOT PRICES IN NEW YORK—MIDDLING UPLAND COTTON

光緒廿年至民國十七年　　AUGUST 1894—JUNE 1928

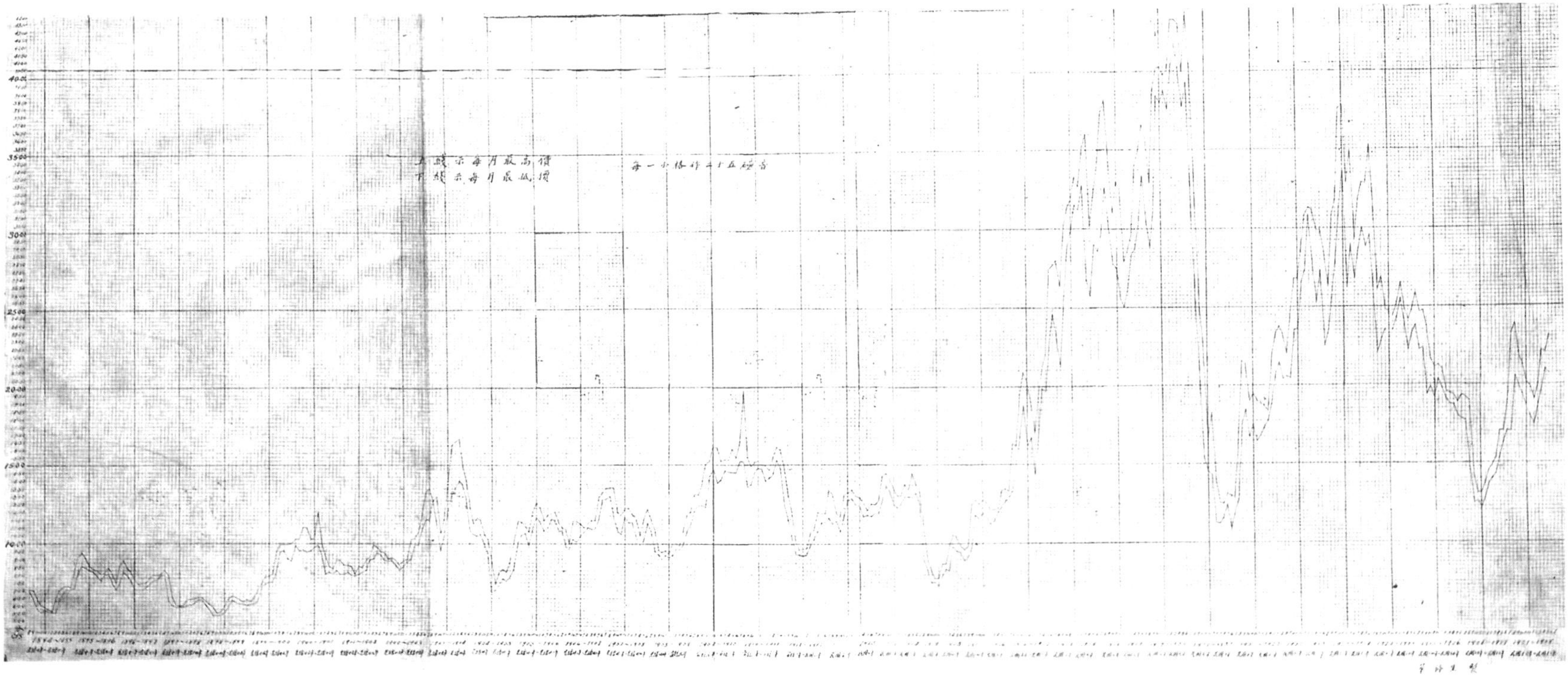

★ ★ ★

開原馬路

6 Mile Highway, Kai Yuan Road at Wusih Built chiefly with the Contribution of Mr. T. K. Yung and Mr. T. S. Yung

總經理榮公宗敬及其弟德生先生。平時以振興實業之餘緒。從事於路政之建設。廿餘年來。成效卓著。無錫之開原馬路。即爲兩君所倡議而與地方人士合力築成者。是路以錫邑西門迎隆橋爲起點。經河埒口榮巷而直達梅園。全線長六英里。乃開原鄉與城市間之唯一要道也。其他如通惠路及城鄉各支路等。兩君亦莫不慷慨輸將。力助其成。統計歷年捐資於建築道路及橋梁等者。不下二十餘萬元。實爲兩君所辦社會事業中之最堪紀述者。

總公司及各廠同人。鑒於開原路交通之未臻完善。爰於今春集資創設開原公共汽車公司。而以行政權屬諸鄉政局。行駛以來。成績甚佳。往來城鄉者。益感便利。蓋公司之宗旨。在便利民衆。而不在牟利。故取費低廉。而服務又能週密也。

開原公共汽車

Car of Kai Yuan Automobile Co. promoted by some staffs in Head Office and Mills

★ ★ ★

茂新申新卅週紀念冊

無錫梅園勝景

★ ★ ★

創辦學校畧史

宗錦宗銓之有事於教育事業也。始於清光緒三十二年。由初等而高等而中學。由男校而女校。由男女小學各一校而推廣至各四校。其間所歷事實。可得而言焉。

（一）六年制公益第一小學校　光緒三十二年正月開辦。校址在無錫榮巷。校舍係特建。現有學生二百九十八人。開教室七所。去年春。以校舍尚嫌迫隘。分三年級以上五教室於巷西楊絲橋已停辦之工商中學內。校長朱鏕。字毓騏。任職盈十年矣。

（二）四年制公益第二小學校　民國二年正月開辦。校址在無錫徐巷之梅園。校舍係特建。現有學生八十二人。開教室兩所。校長錢藝。字潄六。

（三）四年制公益第三小學校　民國二年二月開辦。校址在無錫大淀。校舍係借用民房。現有學生四十一人。開教室一所。校長

茂福中新卅週紀念册

公益第一小學校廿週紀念全體攝影（民國十五年三月）

〔1〕

★　★　★

顧學潛。字亦昭。

（四）四年制公益第四小學校　民國二年二月開辦。校址在無錫下俞巷。校舍半係新建，半係借用廟宇。現有學生五十五人。開教舍一所。校長辛一霖。字栽臣。

（五）六年制競化第一女子小學校　清光緒三十四年開辦。校址在無錫榮巷。校舍係特建。現有學生一百五十人。開教室四所。校長施嘉績。字獻臣。開辦至今。未嘗更動。

以上各校為現在繼續進行者。其他辦而更變或辦而中止者。尚有下列數校。

（六）四年制競化第二女子小學校　民國四年正月開辦。校址在無錫河埒口。校舍係借用家屋。學生最多時盈七十人。開教室兩所。茲於十六年七月停止。自後由當地人士籌款續辦。改名化新。

（七）四年制競化第三女子小學校　民國四年三月開辦。校址在無錫仙蠡墩。校舍係

公益競化第一小女學校廿周紀念聯合會攝影（民國十五年三月）

〔2〕

★　★　★

公益競化第四次聯合運動會全體攝影（民國九年四月）

借用家屋。迄十六年七月停止。

（八）四年制競化第四女子小學校　民國四年正月開辦。校址在無錫徐巷。校舍係借用家屋。學生最多時盈七十人。開教室兩所。玆於十六年七月停止。有當地人繼續維持。

（九）公益工商中學校　民國八年八月開辦。校址在榮巷西楊絲橋。校舍係特建。學生達三百人。迄十六年四月停止。中間舉行畢業者五屆。共得二百餘人。此校自購地建築以及經常臨時諸費。前後八年間總費約二十五萬元。其餘各小學暨圖書館前後一應費。用數亦稱是。

（十）申新學校　總經理榮公因鑒於工人子弟失學之可慮。爰於民國六年。購地數畝。建築學校一所於周家橋。定名曰私立申新學校。闢教室二。他如成績室運動場等。應有盡有。七年春。開始招生。迄乎今日。學

★ ★ ★

申新學校民國十年暑假全體攝影

申新學校第四屆畢業生全體攝影

生達一百二十餘人。十六年起。添設高級。將來更擬力事推廣。以收工人教育之實效云。

★ ★ ★

大公圖書館前景

大公圖書館創設於民國五年之雙十節地址在無錫榮巷房屋係特建所藏新舊圖書雜誌不下十六萬卷館長嚴懋功字肖蘭任職垂十年矣

★ ★ ★

總公司及各廠職員錄

姓名	職務	籍貫
榮宗敬	總經理	無錫
王禹卿	經理兼麵粉營業部主任	無錫
嚴少蘭	出納主任	吳縣洞庭
榮蓉初	出納	無錫
汪曉初	出納	安徽休甯
榮得其	出納	無錫
榮宗範	出納	無錫
陶仞千	文牘主任	無錫
孫北萱	文牘副主任	無錫
陳述昆	匯票部	江陰
胡遠仲	紗布部	皖涇
居仲超	紗布部	上海
吳少軒	會計	江甯
張先德	會計	安徽桐城
劉選英	會計	海門
章鬱楠	會計	江陰
項惠卿	花紗營業部	太倉
榮溥仁	花紗營業部	無錫
毛鑑青	花紗營業部	無錫
嚴慕遠	花紗營業部	吳縣洞庭
郁念玆	花紗營業部	太倉
榮雲海	棉花部	無錫
榮學明	庶務部	無錫
榮作人	紗布部會計	無錫
榮守明	紗布部會計	無錫
許季青	印花布部會計	上海
洪月鋤	粉麩營業部	六合
榮寶寅	粉麩營業部	無錫
榮浩泰	粉麩營業部	無錫
曹啓東	粉麩營業部	無錫
張景杜	粉麩營業部	無錫
沈志道	粉麩營業部	無錫
華麟光	粉麩營業部	無錫
張春霖	麥務部主任	無錫
陳子博	麥務部副主任	無錫
浦志達	麥務部副主任	無錫
張賓鴻	麥務部練習生	無錫
榮景春	報關進出口主任	無錫
榮寶錦	報關部	無錫
沈錫祺	報關部	無錫
榮永吉	五金部主任	無錫
金叔榮	五金部副主任	無錫
榮錫麒	五金部	無錫
榮士湘	五金部	無錫
葉偉興	五金部	無錫
華衛中	電氣部主任	無錫

茂福申新卅週紀念册

錢少伯	文書部	杭州
薛冠羣	文書部	江陰
陸逢治	文書部	無錫
徐緝夫	文書部	無錫
榮輔仁	儲蓄部主任	無錫
方誠一	儲蓄部副主任	靖江
汪琪生	儲蓄部	常熟
胡詠春	儲蓄部	皖涇
榮士培	運輸部主任	無錫
周耀珊	運輸部	無錫
陳紀芳	運輸部	無錫
周榮賡	練習生	無錫
榮耀松	練習生	無錫
榮守堅	練習生	無錫

★ ★ ★

★ ★ ★

茂新第一三麵粉廠

姓名	職務	籍貫
榮宗敬	總經理	無錫
榮德生	經理	無錫
浦文汀	顧問	無錫
陸輔仁	總賬	無錫
項仰斯	麥務主任	無錫
顧志南	麥莊	無錫
管梓懷	又	江陰
蔣成之	賬房	無錫
榮條甫	又	無錫
趙敬銘	又	無錫
榮錫霖	又	無錫
榮緯生	又	無錫
章百熙	文牘	武進
榮少章	扦麥碼	無錫
胡竹平	麥務	無錫
胡志珊	又	無錫
胡省三	又	無錫
錢達璋	又	無錫
竇季方	又	無錫
蔣樹聲	又	溧陽
陳念萱	又	吳縣
吳廷銓	又	無錫

茂新第二麵粉廠

姓名	職務	籍貫
榮宗敬	總經理	無錫
陸輔仁	經理	無錫
孫蔭午	副經理	無錫
許雲川	辦麥	無錫
單念澄	賬房	無錫
蔣式之	又	江陰
周蘭卿	又	無錫
朱椿庭	麥務	無錫
榮茂宗	又	無錫
王效文	又	無錫
李星燦	又	無錫
榮晉昌	又	無錫
李伯壎	批發	無錫
榮壽賡	轉運	無錫
史季卿	門批發	無錫
居長保	物料	無錫
吳子賢	又	無錫
何珍寶	機房	武進
顧梅清	又	無錫
張亦剛	又	無錫
張蘭芳	棧房	無錫
榮逸清	又	無錫

李乃志	又	無錫
張繼昌	又	無錫
李耀奎	麥務	無錫
榮鸻臣	又	無錫
榮三林	又	無錫
蔣坤堂	又	江陰
榮月清	棧房	無錫
朱蘭生	又	吳縣
史月青	又	無錫
曹星南	物料	無錫
周鏡蓉	又	無錫
周孟述	造成間	無錫
蔣紹良	又	江陰
許善寶	又	無錫
許雲石	又	無錫
嚴漢生	又	無錫

★ ★ ★

茂新第四麵粉廠

姓名	職務	籍貫
榮宗敬	總經理	無錫
張文煥	經理	無錫
蔡履陶	稽查	安徽黟縣
孫慕愈	會計處	無錫
張錫華	又	常州
張益甫	又	無錫
榮培泉	麥務處	無錫
張懷玉	又	山東章邱
張佩孫	又	無錫
徐敏慎	又	蘇州
徐中傑	又	無錫
周耀祖	又	無錫
王祥卿	又	山東齊東
張樂亭	又	山東歷城
于守儉	又	山東桓台
榮祥生	又	無錫
孫仲卿	門批發	無錫
查定和	庶務處	無錫
蔡子陶	機房	安徽黟縣
榮鴻祥	粉棧房	無錫
陳望陶	批發處	無錫
榮三林	又	無錫

★ ★ ★

福新第一麵粉廠

姓名	職務	籍貫
榮宗敬	總經理	無錫
王堯臣	經理	無錫
浦志逵	副經理	無錫
胡梅卿	銀錢賬	餘姚
王葆吕	司賬	無錫
俞鏡芙	信席物料賬	無錫
席升之	收發賬	洞庭
王樂水	帮賬兼稽查	無錫
王德仁	副賬	無錫
榮馨珊	麥務	無錫
查劍如	粉棧	無錫
徐五康	出麥	餘姚
錢永甫	出麥	無錫
查鳳翔	過磅	無錫
華君平	灰砂	無錫
丁逵民	造成間	無錫
錢少莪	收發籌	無錫
吳伯英	值夜班	洞庭
虞錫良	值夜班	無錫
鄒福源	過磅	無錫
胡致芲	練習生	餘姚
王聽賡	練習生	無錫

華雲青	練習生	蘇州

福新第二四八麵粉廠

姓名	職務	籍貫
榮宗敬	總經理	無錫
丁梓仁	經理	無錫
王桐	帳房	無錫
高福同	粉麸驗發	吳縣
榮錦庵	物料	無錫
朱德裕	機間驗粉	無錫
孫驥程	機間督察	無錫
許壽恆	機間督察及工帳	無錫
曹咨淑	出麥	無錫
施嘉謨	出麥	無錫
陸福保	外莊辦麥	無錫
周光晨	麥棧收麥	臨海
丁澄	機間督察	無錫
賀毓秀	外莊辦麥	無錫
徐燧華	麥棧收麥	無錫
張旭峯	粉棧收發	無錫
陶式瑗	信房	無錫
韓星叔	外莊辦麥	無錫
任清泉	麥棧收麥	無錫
丁麟章	機間夜班	無錫
孫以賢	工帳	無錫

姓名	職務	籍貫
丁晝堂	稽核	無錫
丁樹錚	灰間收發	無錫
史宗煥	外莊辦麥	無錫
吳敬棠	粉棧收發	太倉
榮基達	麥棧收麥	無錫
丁潔予	登錄外莊帳務	無錫
吳必勤	物料	吳縣
胡松華	粉棧發粉	紹興
黃鐘佾	麥棧收麥	太倉
姚一經	機間夜班	川沙
嚴仁寶	粉棧帳	鎮安
嚴慶裕	粉棧收粉	吳縣
孫頌瀛	外莊辦麥	無錫
榮永緒	出麥	無錫
張燮鈞	麥棧收麥	無錫
榮炳魁	麥務帳	無錫
蔣聽榮	粉棧收發	無錫
張志善	麥棧收麥	無錫
陳浚章	粉棧收粉	寧縣
陳宗瀛	外莊辦麥	無錫
陳文椿	麥務主任	無錫
王莘稔	粉麩驗發	無錫
陳榮發	粉棧收粉	宿縣
張祖安		無錫
施復侯	總務處稽核	無錫

姓名	職務	籍貫
柯渭泉	外莊辦麥	無錫
錢淞孫	外莊辦麥	無錫
榮金茂	外莊辦麥	無錫
陳文楫	外莊辦麥	無錫
朱耀明	練習生	無錫
馮錦安	錫麥莊副帳	無錫
榮瑞東	麥棧收麥	無錫
王煥	麥莊辦麥	無錫
吳廷模	練習生	無錫
榮海清	練習生	無錫
陶鴻書	機間夜班	無錫
榮永昌	練習生	無錫
何雨蒼	麥莊帳房	無錫
高響	麥莊辦麥	無錫
陸根祥	麥棧收麥	無錫
孫奇	粉棧收發	常州
蔣承基	脚貨整理	無錫
浦君逵	外莊辦麥	無錫
孫禹廷	外莊辦麥處練習生	無錫
徐清泉	外莊辦麥處練習生	無錫
寶祚衍	麥棧收麥	無錫
施念琴	外莊辦麥	無錫
胡繼生	粉棧收發	安徽徽州
孫懷青	粉棧收發	無錫
陳鴻江	外莊辦麥	安徽壽州

★ ★ ★

吳耀庭	粉棧收粉	吳縣
戴桂冬	外莊辦麥	

福新第三麵粉廠

姓名	職務	籍貫
榮宗敬	總經理	無錫
王堯臣	經理	無錫
吳昆生	副經理	無錫
王禹卿	營業部長	無錫
張春霖	麥務主任	無錫
查秋泉	總稽查	無錫
張文彬	麵粉師	
許仲耀	銀錢賬席	無錫
劉耀卿	批發棧總	無錫
查寶善	五金物料兼管車間	無錫
俞望高	信房兼副賬	無錫
陳浩元	外棧出麥	無錫
陳曜東	又	嘉定
沈贊南	粉麩棧主任	無錫
唐濟周	又助理員	無錫
胡律庵	粉麥總收發	餘姚
方廷棟	進廠小麥過磅	無錫
榮柏雲	又	無錫
趙仲剛	進廠小麥過磅	太倉
王紹賢	造成間	無錫

周二葭	車間夜班	無錫
惠基良	車間夜班	無錫
沈廷瑞	外棧出麥	無錫
榮全泰	管理灰砂下脚麥袋	無錫
楊光宇	批發賬副賬	無錫
錢詠青	造成間助理員	無錫
祝士林	五金物料助理員	無錫
莊才良	總收發處助理員	無錫
沈柏生	灰砂下脚間助理員	無錫

福新第五麵粉廠

姓名	職務	籍貫
榮宗敬	總經理	無錫
榮月泉	經理	無錫
李國偉	副經理	無錫
華棟臣	副經理	無錫
華邇英	技師	無錫
朱小培	帳務處	吳縣
楊金甫	帳務處	無錫
張雲祺	帳務處	無錫
王景范	麵粉棧單並代替班	無錫
秦芹生	總務主任兼麥務處	無錫
王裳卿	麥務處	無錫
周秋泉	麥務處	無錫
榮直卿	同上	無錫

王雲卿	同上	無錫
王歷耕	粉棧	無錫
張道三	粉棧	六合
薛子良	機務處	上海
張之光	同上	無錫
時維周	門售處	儀徵
榮燧昌	副技師兼外六部	無錫
胡壽卿	物料處	臨海
周瀏岐	同上	無錫
孫雲翔	替班職員	無錫
榮廣鑫	又	無錫
孫承根	庶務	江甯
楊蔭甫	秘書處書記	無錫

★ ★ ★

福新第六麵粉廠

姓名	職務	籍貫
榮宗敬	總經理	無錫
查仲康	經理	無錫
王堯臣	副經理	無錫
張文彬	技師	無錫
王秋舫	稽查	無錫
華孟丹	清賬	無錫
莫雲寶	副賬	無錫
范致平	粉麥賬兼麥袋賬	無錫
曹渭生	五金物料賬兼粉麩袋賬	無錫

錢紹曾	造成間兼五金物料粉麩袋賬	無錫
王世清	造成間副手	無錫
李振玉	管理下脚灰砂賬兼麥袋收發	甯波
李競益	粉麩棧房賬兼扦驗下脚灰砂	無錫
張毓麟	粉麩棧房副手兼收麥簿	蘇州
袁光奎	小麥進廠過磅	無錫
王煥文	小麥進廠過磅	無錫
魏榮生	外棧出麥	紹興
江翼臣	外棧出麥	無錫
張雲亭	外棧出麥	嘉定
程禎祥	外莊裝貨	海門
虞叔介	查夜兼驗看粉色	無錫
史念祖	查夜兼驗看粉色	無錫
陳毓齡	賬房內練習生	無錫

福新第七麵粉廠

姓名	職務	籍貫
榮宗敬	總經理	無錫
王禹卿	經理	無錫
王堯臣	廠務經理	無錫
張春霖	副經理	無錫
何仁榮	總稽查	甯波
沈西苑	書記長	無錫
華惠坪	棧總賬	無錫
吳敬僊	挪賬	無錫

★ ★ ★

周象馨	銀錢賬	紹興
李誌慶	匯劃賬	紹興
周季煐	帮賬	紹興
毛志章	五金物料	甯波
錢學瑾	出麥	無錫
曹啓東	營業部	無錫
沈志道	又	無錫
華秋生	又	無錫
周郁齋	袋皮間	無錫
韓詒穀	造成間	無錫
李壽詠	又	無錫
施雲章	棧單賬	無錫
過德孫	帮賬	無錫
查錫芳	粉麩棧	無無
李品芳	粉麩棧	紅與
胡肅菴	又	紹興
周鳳歧	又	上海
趙錫麟	麥務部	無錫
李仲瀾	進廠過磅	無錫
秦振卿	又	無錫
蔣惠生	又	無釪
黃猷卿	又	無錫
許柏春	出麥	無錫
阮家山	又	甯波
查桂棨	出麥	無錫
張浩溪	又	無錫
林修良	收籌	甯波
程鵬源	又	常熟
張永年	麥務	無錫
王春生	又	無錫
孫仲青	又	無錫
沈光奎	學生	甯波
嚴淦權	各莊流水抄報	鎮江

申新第一紡織廠

★ ★ ★

姓名	職務	籍貫
榮宗敬	總經理	無錫
嚴裕昆	經理	無錫
王堯臣	副經理	無錫
王啓周	代理副經理	無錫
鄭仁奎	總管	上海
張文秉	副總管	無錫
榮秉餘	清賬	無錫
毛壽祥	銀錢賬房	無錫
榮秉隆	清賬助理	無錫
嚴應萬	銀錢帳房助理	無錫
朱景子	復帳	無錫
嚴承德	布廠工帳房	無錫
榮新華	練習生	無錫
溫錫榮	紗廠工帳房	無錫
諸桂章	又	無錫
謝震卿	助理	無錫
秦耀珊	又	蘇州
鄒鴻儒	練習生	無錫
洪禹銘	紗廠總領班	徽州
張伯陶	又	蘇州
劉有璵	紗廠總領班	上海
王士璋	布廠總領班	嵊縣
馬信人	又	蘇州
許箴荃	棧房主任	無錫
周廷章	總帳	無錫
榮炳生	磅手	無錫
周漢昌	練習生	無錫
榮寶善	物料所主任	無錫
嚴榮寶	助理	無錫
榮家麟	布疋房領班	無錫
盛源清	助理	無錫
朱廉馨	又	常州
吳禮銓	細紗領班	無錫
王志遠	又	丹陽
王仲卿	又	丹陽
溫雄飛	又	無錫
李榮增	粗紗領班	蘇州
王炳熙	又	常州
柏松卿	又	南京
李松林	又	常州
何彭壽	搖紗領班	上海
閻克文	清花領班	徽州
沈樹卿	又	蘇州
許浩豐	又	無錫
朱瑞忠	又	無錫
孫壽祥	粗紗助理	無錫
沈景緯	又	無錫
邱永昌	又	無錫

★ ★ ★

陳鶴庭	又	無錫
王茂祺	又	無錫
成啓大	粗紗助理	揚州
朱雲章	細紗助理	無錫
嚴樹德	又	無錫
榮可賢	又	無錫
馮松海	又	蘇州
徐念劬	又	常州
洪質彬	成包房領班	徽州
榮坤培	軋花領班	無錫
榮菊畊	助理	無錫
秦韻笙	揀花領班	蘇州
華仲堅	庶務	無錫
陸炳緯	又	無錫
陸雲軒	又	無錫
駱舜臣	試驗室	杭州
華韶聲	又	無錫
嚴厚裁	又	無錫
張國珍	驗紗處	無錫
壽仰高	保全部	杭州
張三甸	經紗領班	上海
陳篤馨	又	無錫
許雲軒	助理	無錫
楊振威	又	蘇州
鄭士希	漿紗領班	上海

張瑞祥	漿紗領班	無錫
洪子修	助理	徽州
顧鳴勳	膠紗領班	無錫
邵薌蓀	又	湖州
燕壽文	助理	徽州
孫海泉	又	無錫
榮建華	紆紗掉換處	無錫
洪品超	紆紗掉換處	徽州
嚴士善	布廠領班	無錫
談拱辰	又	無錫
郁嘉盛	又	無錫
陳崇禮	又	杭州
丁杏芳	又	無錫
張涵春	又	蘇州
張濟川	助理	蘇州
呂友蘭	又	蘇州
朱文卿	又	無錫
榮震華	助理	無錫
尹景鵬	又	蘇州
朱載陽	又	無錫
保紉蓮	代班	江陰
張子明	又	無錫
張賡興	又	無錫
陳耀祖	又	蘇州
何時元	又	諸暨

申新第二紡織廠

姓名	職務	籍貫
趙錦紳	代班	宜興
榮宗敬	總經理	無錫
朱仙舫	廠長	江西臨川
榮溥仁	副廠長	無錫
竹祥熙	技師	四川永川
朱應奎	技師	湖南汝城
榮錫增	稽核	無錫
江渠清	會計	無錫
孫寅賓	又	無錫
沈光祚	又	慈谿
榮紹翔	花紗	無錫
榮鳴九	又	無錫
榮棣鄂	又	無錫
榮慶臣	工帳	無錫
席春坡	又	東洞庭
胡子淵	又	安徽涇縣
趙毓祥	物料	無錫
稽德辰	又	無錫
徐德先	庶務	無錫
孫尊衔	後部保全運轉主任	無錫
李憲章	前部保全運轉主任	湖南澧縣
劉啟緒	整理	湖南新化
黃龍華	工人課	湖北大冶
范炳春	又	南京
酈策芳	清棉	南通
傅翰生	清棉	四川
陳瑞雲	梳條	常州
莫文範	梳條	桃源
葉偉賢	梳條	甯波
袁贊誠	梳條	無錫
洪吉安	粗紡	黃梅
刁石麟	粗紡	揚州
何子遐	又	鎮江
鄒定壽	又	吉安
崔華良	又	江都
酈伯耕	細紡	無錫
章立元	又	長沙
章錦炎	又	長沙
許卓齋	又	九江
許浩昌	又	無錫
陳登泰	搖紗	無錫
胡慶祥	搖紗	無錫
顧一峯	又	淮陰
顧文照	又	太倉
洪廣錠	又	安徽婺源
嚴志浩	成包	無錫
朱伯時	又	無錫

姓名	職務	籍貫
榮錫霖	揀花	無錫
邵曼	試驗	江都
李士傑	試驗	江西
蔡濟華	練習	湖南
吳叔銓	練習	洞庭山
高兆驥	又	無錫
陳受之	又	江都

★ ★ ★

申新第三紡織廠

姓名	職務	籍貫
榮宗敬	總經理	無錫
榮德生	經理	無錫
榮鄂生	協理	無錫
榮爾仁	助理	無錫
資慕儀	帳	無錫
華少庚	流水	無錫
張仁山	騰清	無錫
榮靖庵	銀錢	無錫
秦士浩	報單	無錫
王駿如	工帳房	無錫
陸禹錫	又	無錫
孫希程	又	無錫
薛雲圖	又	無錫
王言如	收花處	無錫
丁春芳	又	無錫
丁培興	收花處	無錫
李孟瀚	又	無錫
秦鳳儀	又	無錫
榮達泉	收花處	無錫
馮春榮	又	無錫
華慕仙	又	無錫
曹根福	又	無錫
張振千	物料處	無錫
徐宇平	又	無錫
朱易卿	又	無錫
過冠生	文牘	無錫
徐菊粹	庶務	無錫
張琢初	門批發	無錫
任理平	又	無錫
汪孚禮	總工程師	湖南沅江
薛明創	總管	無錫
顧穀貽	又	無錫
雷錫璋	保全	湖南澧縣
鄒春坐	又	無錫
賈鳳笙	又	無錫
周錫卿	又	無錫
談家根	考工	無錫
鄭翔德	又	無錫
高秀文	拼花	無錫
陸本慶	拼花	無無

★ ★ ★

胡明虎	清花	無無
陸伯瑞	又	無錫
馮樹巽	鋼絲	無錫
臧啓懷	又	無錫
馮秉權	粗紗	無錫
華菊人	又	無錫
許君浩	又	無錫
蔣夢漁	又	無錫
張仲書	又	無錫
榮振海	又	無錫
江鳳卿	又	無錫
張樵生	細紗	無錫
祝祖祺	又	無錫
滕伯根	又	無錫
楊屺懷	又	靖江
許篤臣	又	無錫
俞聖言	搖紗	徽州
殷有成	又	無錫
嚴恩華	又	無錫
嚴壽增	又	無錫
馮伯安	又	無錫
査尚卿	又	無錫
榮伯耕	又	無錫
劉錫志	又	無錫
榮潤泉	又	無錫

邵錫範	磅	無錫
王謀中	熱試驗兼轉花	無錫
華安康	驗紗	無錫
華學仁	兼保全帳	無錫
陸鴻生	打包	無錫
孫裁卿	揀花	無錫
張伯謙	軋花	寶應
龔子賢	又	無錫
王仲和	又	無錫
李耀東	又	無錫
高振青	布廠總管	無錫
秦宗潞	考工	無錫
康駿生	經緯	無錫
王鶴齡	又	溧陽
黃鏡祥	領班	江陰
蔣紹儀	又	江陰
陸海帆	漿扣	無錫
賈子仁	又	無錫
顧鼎勳	整理	無錫
唐仲韶	又	無錫
秦桐卿	保全	無錫
殷樹菁	布機	無錫
榮永吉	又	無錫
郁仁祥	又	無錫
曹學文	又	無錫

★ ★ ★

王梅菁	布機	無錫
余鐵華	又	無錫
惠光第	布機	無錫
郭昌熙	修機	無錫
榮鑑權	花紗布外棧	無錫
榮耀柏	儲蓄部	無錫

申新第四紡織廠

姓名	職務	籍貫
榮宗敬	總經理	無錫
榮月泉	經理	無錫
李國偉	副經理	無錫
華棟臣	副經理	無錫
蕭松立	總技師	無錫
章劍慧	紗廠技師	湖南常德
邵心冶	藝務英文秘書	無錫
劉潤之	布廠主任	湖南沅江
衛葉封	會計主任	無錫
徐秉三	會計處	無錫
龔培卿	又	無錫
蔣仲怡	保全主任	無錫
馮劍青	前部保全	無錫
孫東遙	後部保全	徐州
瞿冠英	布廠保全	靖江
龔一鷗	外七部主任	無錫
劉振周	考工員	湖南常德
蔣叔澄	考工員	江陰
張仁親	車間書記	無錫
過崑璇	清花部	無錫
何少軒	清花部	餘姚
湯富	粗紗主任	浙紹
舒午莊	粗紗部	安徽黟縣
劉天目	又	無錫
馮成效	又	浙江上虞
過寶瑗	細紗部主任	無錫
侯有聲	細紗部	天津
王守忍	又	無錫
沈渭榮	又	無錫
魯光浩	搖紗部	餘姚
馬鏡樹	又	無錫
榮松椿	又	無錫
瞿永城	又	靖江
高濬文	成包部	無錫
王關林	又	南匯
楊賡和	揀花	無錫
榮蓉泉	工帳房	無錫
李伯純	又	武進
王永泉	又	無錫
蔣範九	又	浙江臨海
祝耀庭	織布部	湖南沅江

姓名	職務	籍貫
蔣國榮	織布部	浙江諸暨
榮續旂	又	萍鄉
余克後	準備部	湖南
杜伯芳	又	無錫
李承業	整理部	湖南常德
孫以亭	花紗棧房	無錫
周懷歧	又	無錫
華翰卿	物料處	無錫
華宗彝	又	無錫
何致中	替班職員	無錫
王元璋	外部稽查	無錫

★ ☆ ★

申新第五紡織廠

姓名	職務	籍貫
榮宗敬	總經理	無錫
朱仙舫	廠長	江西臨川
榮偉仁	副廠長	無錫
黃炳奎	工程師	湖南長沙
陳步韓	攷工主任	六合
任浩	攷工主任	澧縣
榮寶椿	稽核	無錫
夏毅生	會計部主任	無錫
沈瑞麒	會計部副主任	無錫
祝咸熙	會計部員	無錫
陳有豐	棧房部主任	無錫
沈雲慶	棧房部員	無錫
孫淵	又	無錫
榮德馨	棧房部員	無錫
榮尧勳	工帳部主任	無錫
張庠	工帳部部員	無錫
李靜堂	工帳部部員	上虞
陳善章	又	上虞
高宏度	物料部主任	無錫
張妙生	物料部部員	南匯
胡慶昇	庶務部主任	江都
談友三	庶務部部員	無錫
榮錫忠	表册員	無錫
鄭家樸	保全部主任	長沙
李廷光	保全部部員	桃源
喻會孝	又	江西
榮泉源	又	無錫
顧德先	清棉部領班	無錫
張泰來	又	無錫
何培禮	粗紡部總領班	長沙
孫保堅	粗紗部領班	無錫
廖培興	又	無錫
胡幹才	又	湖南沅江
宋石安	又	南潯
劉啓綱	又	湖南新化
汪華棠	又	湖南沅江

★ ★ ★

陸詠清	粗紗部記帳	太倉
柳克馥	細紗部雙領班	長沙
范智泉	細紗部雙領班	無錫
榮耕莘	細紡部領班	無錫
詹廣鍠	又	婺源
顧翼元	又	無錫
榮畯發	又	無錫
盛麗德	細紡部記帳	無錫
許錫坤	又	無錫
稽鏡澄	又	無錫
張樹坤	又	高郵
洪政舉	搖紗部總領班	婺源
胡忠樑	搖紗部領班	無錫
唐崇鈺	又	吳縣
朱金聲	又	餘姚
姜　行	又	六合
范大治	成包部雙領班	無錫
高乃瞻	成包部領班	無錫
單琴蓀	又	上海
張養綌	揀棉部部員	無錫

中新第六紡織廠

姓名	職務	籍貫
榮宗敬	總經理	無錫
榮鄂生	經理	無錫
榮吉人	副經理	無錫
王式臣	帳房總帳	無錫
王之清	帳房	無錫
朱士生	帳房現數	無錫
顧志初	工帳	無錫
虞以仁	工帳	無錫
盧清培	工帳練習	武進
任子昂	物料房主任	宜興
榮有成	物料房練習	無錫
劉紱之	棧房主任	吳縣
胡少蘭	棧房記帳司磅	無錫
荊殿英	棧房	丹陽
葛順源	庶務	上海
盧贊廷	工務	吳縣
錢皆安	保全	武康
榮渭臣	修機	無錫
陳克勤	軋花	常熟
朱士林	又	無錫
許祖祥	清花	無錫
李純清	又	武進
郭畏三	粗紗	吳縣
錢壽元	又	無錫
陳可新	又	無錫
黃觀成	又	揚中
薛佩荀	精紡	武進

徐子良	精紡	山陰
徐毓本	又	武進
孫保琮	又	無錫
徐耀甫	換紗	無錫
華少琴	又	常熟
錢樸甫	又	無錫
唐佑生	又	武進
謝惠民	成包	武進
許延年	揀花	無錫
周騏生	試驗部	靖江
秦孟堅	預備職員	無錫
于叔怡	本批所主任	武進
卜瑞蓀	本批所	武進
徐相平	又	無錫

★ ★ ★

申新第七紡織廠

姓名	職務	籍貫
榮宗敬	總經理	無錫
朱仙舫	廠長	江西臨川
榮偉仁	廠長	無錫
曾祥熙	工程師	四川永川
楊蔭堃	工程師	四川遂縣
李致一	副工程師	江西萍鄉
李榮先	副工程師	湖北光化
朱壽楨	副工程師	江西臨川
劉升之	稽核	吳縣
沈瑞琦	會計部主任	無錫
張孟昭	會計部員	無錫
孫辰初	出納員	無錫
胡志浩	練習生	無錫
蔣叔芳	棧務部主任	無錫
周仲英	棧務部員	無錫
張秋江	棧務帳房	劉河
錢瑞林	棧務部員	無錫
薛禮信	練習生	江陰
高涵如	物料部主任	無錫
周郁齋	物料部員	無錫
榮錫根	物料部員	無錫
高志安	練習生	上海
胡鵬	庶務主任	江都
鄭久也	庶務部員	吳縣
黃統甌	庶務部員	江陰
李靜堂	工帳部主任	紹興
袁鎮邦	工帳部員	常州
唐伯陰	工帳部員	無錫
張俊俠	工帳部員	無錫
徐煥泉	工帳部員	無錫
丁錦棠	練習生	無錫
鄭汝熊	練習生	廣東
曾永壽	調查主任	四川酆都

★ ★ ★

何培醍	考工主任	湖南長沙
曹 瑛	考工主任	江蘇常熟
李廷光	保全主任	湖南桃源
喩會孝	保全主任	江西高安
蔡杜瀾	粗紡保全部員	江西萍鄉
孫保堅	細紡保全部員	無錫
傅翰聲	清梳條保全部員	四川涪陵
朱壽楣	布廠保全部員	江西宜黃
劉月令	保全部練習生	湖南桃源
賈濟康	布保練習生	無錫
黃龍華	工人課	湖北大冶
洪吉安	整理部主任	湖北黃梅
蔡兆藩	整理部員	江蘇寶應
陸維垣	工務處練習生	浙江平湖
趙祈康	試驗部練習生	浙江上虞
劉冠英	試驗部練習生	江蘇海門
顧德先	清棉部雙領班	無錫
屠熙官	清棉部領班	武進
秦可均	清棉部領班	無錫
龐嘉濤	練習生	無錫
施崐源	揀花部員	南京
稽頌湯	仝	無錫
鄒定壽	粗紡部領班	江西吉水
許思衡	仝	江西臨川
沈文成	粗紡部領班	無錫

張仲書	仝	湖南湘陰
許慶棨	仝	江蘇泗陽
王宗漢	仝	江西東鄉
江成秋	仝	江蘇揚州
李文鄂	仝	江蘇太倉
王景川	仝	浙江紹興
樓秀卿	粗紡部記賬	浙江義烏
歐陽金本	梳條部領班	湖南衡山
方燦鎔	仝	浙江永康
李君宜	仝	無錫
蔡頌銓	練習生	無錫
夏榮椿	仝	江西東鄉
劉正雲	仝	湖南湘鄉
李國棟	細紡部雙領班	河南羅山
王一鳴	仝	江西南昌
胡文斌	細紡部領班	江蘇崇明
熊文烈	仝	江蘇淮安
魯永芳	仝	江蘇海門
何 達	仝	雲建建水
劉宴如	仝	湖南長沙
王渭初	仝	無錫
盧程瀚	細紡部記帳	江蘇靖江
俞聖言	搖紗部領班	安徽徽州
周鎬卿	仝	浙江杭縣
黃子詳	搖紗部領班	江蘇寶山

揭吉生	仝	浙江杭縣
陳松林	仝	湖南長沙
榮金魁	仝	無錫
劉錫志	仝	無錫
王至善	仝	湖南衡山
蕭文輝	特別部雙領班	湖南湘鄉
周耀義	特別部領班	無錫
殷士奎	仝	無錫
陳祥裕	仝	浙江甯波
張志龍	練習生	無錫
項介經	成包部員	江蘇太倉
徐士泉	練習生	無錫
陳驊聲	染色部員	福建閩侯
郭君若	布廠準備部領班	山東鉅野
李士傑	仝	江西臨川
吳德明	緯紗部領班	浙江東陽
曾啓智	緯紗部領班	湖南長沙
鄧敬章	布機部領班	湖南澧陵
蕭篤生	布機部副領班	湖南湘鄉
胡紹良	布機部練習生	浙江永康
黄守仁	布疋房	安徽徽州
蔣慶鍾	仝	無錫

★ ★ ★

申新職員養成所

姓名	職務	籍貫
沈泮元	主任	松江

★ ★ ★

蘇州茂新批發處

姓名	職務	籍貫
榮仲華	主任	無錫
李墨西	清賬信房	江陰
榮耀廷	雜務	無錫
薛俊生	外賬	無錫
蔣文鑫	本外收賬	無錫
榮奐若	練習	無錫

無錫茂新申新批發處

姓名	職務	籍貫
榮顯鏞	主任	無錫
李伯塤	走莊	無錫
查仲芳	司賬	無錫
趙履卿	司賬	無錫
楊宰時	司賬	無錫

鎮江茂新辦麥處

姓名	職務	籍貫
朱蓉人	一三七廠辦麥賬務兼主任	松江
陳涵初	二廠辦麥事務	鳳台
徐潤富	管理各貨棧事務	無錫
沈葆章	一三七廠鄉辦麥務	無錫
劉雲階	一三七雜務什物等	無錫
姜鍾吾	一三七走站要車事務	江都

南京茂新批發處

姓名	職務	籍貫
榮漢臣	當莊主任	無錫
居魯臣	當莊賬務	洞庭東山
榮子玉	仝上	無錫
榮錦華	外賬	無錫
劉義泉	轉運處	無錫
卞志豪	練習生	常州

太倉申新辦花處

姓名	職務	籍貫
許鳴皐	主任	無錫
榮錫麐	賬房	無錫
查杏奎	大秤	無錫
榮文淵	副賬副秤	無錫
沈東屏	外場	太倉
榮全喜	門莊	無錫
張耀祥	發洋	無錫
陸仁德	採花	無錫
張仲勳	格秤	無錫

★ ★ ★

太倉浮橋申新辦花處

姓名	職務	籍貫
榮鶴臣	主任	無錫
曹玉亭	總賬	無錫
周青士	南行秤	太倉
查保裕	北行秤	無錫
周浩如	外辦採花	太倉
孫禹三	南行發洋賬	徽州
王蘭生	南行副秤	無錫
徐榮棠	採花	無錫
沈耀明	採花	無錫
榮鶴青	北行副賬	無錫
賈炳連	採花	無錫
查全興	北行副秤	無錫
沈全榮	北行發洋賬	無錫
曹玉成	南行門莊賬	無錫
凌瑤明	北行門莊賬	太倉
丁耆生	雜務	無錫
榮永九	南行學生	無錫
仇永林	北行學生	太倉
王保榮	南行學生	無錫

杭州茂新批發處

姓名	職務	籍貫
榮炳泰	主任	無錫
江鳴樵	司帳	歙縣
都仲良	外勤	無錫
陶芝霖	外勤	杭州
倪志高	外帳	嘉興
吳鳳生	外帳	甯波
沈華山	管棧	紹興
顧根昌	練習生	無錫

常熟申新批發處

姓名	職務	籍貫
劉勤圃	主任	江陰
劉漢三	司帳	江陰
張馥蓀	外場	常熟
姚志善	外賬	無錫
姚吉人	雜務	吳縣
朱紀歷	雜務	江陰

常熟福新辦麥處

姓名	職務	籍貫
龔旭初	主任	無錫
龔炳元	辦麥兼助理賬務看貨打包裝船	無錫
汪祖鴻	賬管理銀錢	浙江

朱珍慶	看貨打包裝船	無錫
沈廷粹	看貨打包裝船	無錫

★ ★ ★

常熟支塘申新辦花處

姓名	職務	籍貫
查仲康	主任	無錫
榮藹臣	經理	仝上
榮湛卿	總賬	仝上
鄒子剛	驗花	常熟
丁景蓀	採辦	無錫
沈益三	大秤	太倉
蔣仲賢	大秤	無錫
陳春山	信賬	仝上
陳梅芬	採辦	仝上
榮吉甫	發洋兼賬	仝上
徐渭清	發洋兼賬	仝上
薛達圖	採辦	常熟
周粹文	採花	太倉
榮炳奎	格稱	無錫
殷鶴齡	寫門莊	仝上
榮葵生	格稱	仝上
許公旦	採花	仝上
繆瑞麟	寫門莊	常熟
賈德芳	寫門莊	無錫

都仲英	格稱	無錫
張維勤	發洋	無錫
曹耀臣	練習	無錫

揚州福新辦麥處

姓名	職務	籍貫
曹炳南	主任	江蘇江都
陸希夷	司賬	江蘇江都

高郵茂新辦麥處

姓名	職務	籍貫
汪紫東	主任	無錫
柯渭泉	主任	無錫
朱藹人	會計	南翔
沈文卿	會計兼麥務	甯波
榮錦懋	麥務	無錫
賀士鏞	麥務	無錫
韓棨尊	麥務	無錫
錢筱川	麥務	無錫

姜堰茂新辦麥處

姓名	職務	籍貫
龔旭初	主任	無錫
趙廷贊	幫辦	無錫

姓名	職務	籍貫
田吉元	賬房	紹興
榮盤根	管理棧房	無錫
劉澤安	棧房雜務	泰縣
賀軼千	二四八廠進麥主任	無錫
陸孟韜	賬房	無錫
孫拜言	驗貨兼雜務	無錫
徐清泉	練習生	無錫

★ ★ ★

泰州福新辦麥處

姓名	職務	籍貫
陳文波	進出麥務	無錫
陸孟韜	進出麥務	無錫
洪止堂	會計	六合
王郛暢	裝麥過磅	無錫

九江申新批發處

姓名	職務	籍貫
殷叔申		無錫
尤廷坤		無錫
榮學明		無錫

漢口福新申新公司營業部

姓名	職務	籍貫
華棟臣	副經理兼營業主任	無錫
蔣國琴	營業副主任兼辦麥主任	慈谿
張棫泉	花部主任	無錫
熊少臣	麵粉營業員	鎮江
陸頌南	進麥部	上海
龔炳祥	進麥部	無錫
俞培漳	麩皮營業員	無錫
李金軒	麥務見儀員	南通
榮金喜	麥務見儀員	無錫
丁樹葆	麥務見儀員	無錫
榮士正	麥務見儀員	無錫
馮衛卿	花部營業員	湖北漢陽
許道淵	進花部	無錫
王壽鈞	進花部	無錫
王少臣	花部練習	無錫
王紹璐	司賬	無錫
胡鳴玉	稽查文書兼庶務	無錫
王浩明	幫賬	無錫
秦景明	棧單	無錫
楊士春	幫賬	無錫
楊伯敏	棧單	南京
馬寶卿	幫賬	丹徒
吳天池	報關	無錫

★ ★ ★

中新紡織公司職員養成所

沈泮元先生

中新紡織公司職員養成所緣起

民國十七年秋間。榮公宗敬德生昆仲。創設職員養成所。以泮元曾留學英日。學習紡織。由卒業而服務彼邦。十易寒暑。於紡織一門。稍有經驗。使充主任。造就國內紡織專門人才。泮元不才克承其乏。遂招考實習生十名。設校於榮巷工商中學舊址。半日在校練習科學。半日赴廠實習工業。各該實習生兢兢業業。練習一年。斐然可觀。一班業經畢業。現正招考第二班生。隨後逐漸招考。逐漸習練。使各廠均用專門人才。廠務日見發達。泮元亦與有榮施。茲値總公司發刊卅週紀念冊之舉。特識數語以附冊末。

民國十八年仲夏月松江沈泮元識

★ ★ ★

上海江西路五十八號
電報掛號五三九九

福新麵粉
茂新麵粉 總公司出版
中新紡織

電話號碼中央
一〇五三（總經理室）
二五三八（總辦事室 儲蓄部）
三八六二（麵粉營業部）
六二九三（五金部）
四五八四（銀帳房）

中華民國十八年一月

TELEPHONE CENTRAL

1053 (General Manager's Office Room)
2538 (General Office Room & SAVINGS DEPT.)
3862 (Flour Sales Dept.)
6293 (Material Supply Dept.)
4584 (Accounting Dept.)

CABLE ADDRESS

Mowsiflour

PUBLISHED BY

MOW SING & FOH SING FLOUR MILLS
NAD
SUNG SING COTTON MILLS
HEAD OFFICE
58, KIANGSE ROAD, SHANGHAI, CHINA
1929

上海世界書局代印
PRINTED BY
THE WORLD BOOK CO. LTD.

後記

無錫是中國吴文化的發祥地。七千多年悠久歷史與文明，造就了『梁溪明秀之區，衣冠禮樂甲於江左』的城市人文傳統和深厚的歷史文化底藴。數千年來，文脉綿延，永世流芳。邵寶在《錫山遺響》序中曾經這樣描述：『錫之爲邑，在三吴間。山水清麗豐曠，生其地者，多沉雅秀整，以文名家，代不乏人。』文化已經成爲這座城市最本色的氣質。爲傳承吴地文明，建設文化名城，進一步彰顯無錫城市内在精神特質，經過幾年的精心策劃，旨在全面整理地方文化典籍的《無錫文庫》編纂出版工作於二〇一〇年全面啓動，二〇一一年起陸續與讀者見面了。

無錫的城市文化曾經爲中華文化寶庫作出過巨大貢獻。顧愷之、倪瓚、王紱、鄒一桂、賀天健、徐悲鴻、錢松嵒、吴冠中，如松秀群嶺，在中國繪畫史上擁有很高的地位；華秋蘋、楊蔭瀏、劉天華、華彦鈞（阿炳），乃韵動天籟，對中國音樂發展發揮了重要作用；李紳、蔣防、尤袤、蔣捷、陳維崧、顧貞觀、嚴繩孫、周濟、劉半農，皆胸懷錦綉，在中國文學史上可謂各領風騷；計六奇、顧祖禹、顧棟高、秦蕙田、嵇璜、錢基博、錢穆、錢鍾書、錢海岳，可稱堂奥廣庭，學造淵源，在中國學術史上卓然大家；顧憲成、高攀龍之東林，唐文治之『國專』，徐霞客之游記，徐壽、華蘅芳之『格致之學』，陳翰笙、錢俊瑞、孫冶方、薛暮橋之經濟學，都堪稱中華文化史上的一座座高峰，至今閃耀着炫目的光芒。

深厚的歷史文化底蘊激發了無錫城市的文化自覺。市委、市政府滿懷對鄉土誠摯之情、對文化敬畏之感，以義不容辭的責任擔當，致力於文化强市建設，以科學的理念和方式對歷史文化遺産作全方位的觀照、深層次的發掘、系統性的保護，匯四海之智，舉全市之力，共襄文化建設盛舉。二〇〇六年十二月，無錫市成功申報國家歷史文化名城，標志着新一輪文化意識的覺醒，并迅速轉化爲文化自覺的實踐。近年來，我市全面啓動惠山、清名橋、小婁巷、榮巷、蕩口等五個歷史文化街區和十個古村落保護修復工程，『護其貌，顯其顔，鑄其魂，揚其韵』；鴻山遺址成功保護的經驗被國家文物局譽爲大遺址保護『無錫模式』，并被授予首批國家考古大遺址公園，闔閭城遺址考古發現則確立了歷史上無錫曾作爲吴王闔閭都城的地位；建成開放六十餘座博物館、名人故居和紀念館；對無錫的非物質文化遺産予以重點保護；每年春天舉辦的中國（無錫）吴文化節、中國文化遺産保護論壇成爲文化亮點，享譽海内外。這些舉措遵循規律，探索文化建設體制和機制的創新，形成了寶貴的『無錫經驗』，得到海内外學者、專家的一致肯定。

在注重保護歷史文化遺存的過程中，發掘、整理無錫歷史文獻著作，展示和弘揚無錫城市的思想精神世界，自然而然成爲大家關注的重點。二〇〇六年，市委宣傳部組織無錫文史專家、學者編撰的十七册三百萬字的《無錫文化叢書》正式出版，引起强烈反響，出版後供不應求，在二〇〇八年再版加印。《無錫文化叢書》集中反映了無錫城市文化精華，展示了無錫城市文化特質，彰顯了無錫歷史文化的厚重，同時也告訴人們，文化精神的傳遞是文化繁榮發展的重要内涵，一旦擦去歲月蒙塵，優秀的歷史文化就會轉化成爲取之不盡的精神財富。

爲了進一步彰顯城市歷史文化底蘊，二〇〇七年，市委、市政府將全面系統整理無錫文化典籍擺上工作議事日程，明確提出編纂《無錫文庫》。由于無錫歷史文化底蘊深厚，卷帙浩繁，内容豐富，編纂工作千頭萬緒，要想整理出一部簡明扼要而又内容翔實、主旨鮮明而又文質彬彬的文獻集成，難度遠大於預想。爲此，我們先後成立了《無錫文庫》工作委員會和編輯委員會，加强對編纂出版工作的組織領導與統籌協調，在尊重歷史、尊重規律、尊重科學、尊重專家的基礎上，積極推進文庫編纂工作。編輯委員會經過反復論證，明確原則，綱舉目張，有條不紊地開展工作。充分憑借地方文史專家的優勢，充分發揮高校人文學院、研究機構的作用，充分依靠出版機構的專業經驗，并邀請國内外著名文史專家指導、把關，形成了文庫編纂的工作合力。

在編輯過程中，我們力求使《無錫文庫》成爲經得起歷史考驗的鄉邦文獻集成。

全面規劃又保持開放結構。面對豐富的歷史文化積澱，没有規劃就不可能形成清晰的編纂思路。在前期編纂工作中，編輯委員會經過二十餘次的論證會和專題研討會，形成并確定了《無錫文庫》總書目，明確了收録範圍和内容主體，立足無錫市區，兼顧江陰、宜興，主要體現無錫本土内容，突出人文科學，適當兼顧其他門類。據此，《無錫文庫》收録圖書五百五十餘種，分爲五輯：第一輯『官修舊志』，收編無錫地方志（含江陰、宜興）；第二輯『地方史料專著』，收編反映無錫地方史料的專著與筆記；第三輯『年譜家乘』，收編無錫（含江陰、宜興）地方名人年譜和望族的家譜；第四輯『無錫文存』，收編歷史上無錫作家詩文和專著的精華；第五輯『近現代名家名著存目』，編撰無錫近現代名家名著的書目提要。爲使文庫具有更大的開放度和包容量，《無錫文庫》注重整體設計，在框架分類上既注意整合，又突出重點，考慮到文庫的涵蓋面和系統性；在書目選擇上既注重經典性，又强調代表性，兼顧到圖書本身質量和作者特點；在出版方式上既總體規劃、循序推進，又采取較爲靈活的方式，成熟一批出版一批，不編序號，爲今後增補書目預留空間。

尊重歷史又反映時代特色。《無錫文庫》注重歷史性與時代性相結合，以嶄新的學術角度和現代學科理念對城市歷史文化進行整理和弘揚。編纂工作充分體現對歷史傳統的尊重，儘可能減少評述性成分，杜絶截割、改篡、增删圖書内容，對節選本祇采取作者的自選本。與此同時，以現代學術視野來看待傳統史料，增加收録有價值的歷史資料和文獻，如對民國時期的一些稿本、期刊、會刊、紀念册也予以應有的關注，收入了部分重要的民間史料。

保持原貌又便于讀者查閲。《無錫文庫》除第五輯外，全部采用原版影印方式，力争選擇最優版本作底本，保持文獻著作的歷史面目。爲了便於閲讀、查證、使用、研究，每一輯均撰寫編輯説明，每種書撰寫提要，并編撰《文庫》書目索引。通過這樣的方式，使《無錫文庫》兼具工具書檢索的作用，增强文化典籍整理的實用功能。

如期完成又精益求精。《無錫文庫》作爲一項重大文化工程，編纂工作面廣量大，必須集中力量，一鼓作氣。我們明確，從編纂工作全面啓動開始，花三年時間完成《無錫文庫》出版工作。《無錫文庫》總書目形成後，五輯的書目編纂工作同時開展、整體推進。我們要求，《無錫文庫》編纂出版工作要强化精品意識，力求思想精深、内容精彩、選編精當、學風精良、裝幀精美。文庫編纂出版的每個環節都反復論證推敲，確保經得起歷史檢驗。

《無錫文庫》的編纂出版工作，得到了鳳凰出版傳媒集團的大力支持，鳳凰出版社在版本選擇、編輯出版方面做了細緻的工作；由於《無錫文庫》收録的資料有三分之二散落在全國各圖書館中，中國國家圖書館、上海圖書館、南京圖書館等一批國内知名圖書館爲此提供了積極的幫助；應邀擔任《無錫文庫》學術顧問的專家，都是無錫籍的文化名人和國内一流的古籍研究專家，他們有的不顧年事已高，有的不顧自身工作繁忙，爲《無錫文庫》的編纂工作付出辛勤勞動；《無錫文庫》工作委員會和編輯委員會成員以及編務人員在文庫編纂出版過程中做了大量的工作。在此，謹向他們表示崇高的敬意和由衷的謝忱！

由於《無錫文庫》收録内容涉及範圍廣、時間跨度長，部分書目已經散佚，可利用資料受到限制，加之編輯委員會水平有限，《無錫文庫》的編纂工作難免會有一些疏漏和錯誤，不當之處敬請讀者指正。

王立人

二〇一一年一月